Uni-Taschenbücher 105

W0187828

Eine Arbeitsgemeinschaft der Verlage

Wilhelm Fink Verlag München
Gustav Fischer Verlag Stuttgart
Francke Verlag Tübingen
Harper & Row New York
Paul Haupt Verlag Bern und Stuttgart
Dr. Alfred Hüthig Verlag Heidelberg
Leske Verlag + Budrich GmbH Opladen
J. C. B. Mohr (Paul Siebeck) Tübingen
R. v. Decker & C. F. Müller Verlagsgesellschaft m. b. H. Heidelberg
Quelle & Meyer Heidelberg · Wiesbaden
Ernst Reinhardt Verlag München und Basel
K. G. Saur München · New York · London · Paris
F. K. Schattauer Verlag Stuttgart · New York
Ferdinand Schöningh Verlag Paderborn · München · Wien · Zürich
Eugen Ulmer Verlag Stuttgart
Vandenhoeck & Ruprecht in Göttingen und Zürich

Umberto Eco

Einführung
in die Semiotik

Autorisierte deutsche Ausgabe von Jürgen Trabant

Wilhelm Fink Verlag München

6., unveränderte Auflage 1988

ISSN 0340-7225
ISBN 3-7705-0633-2

© 1972 Wilhelm Fink Verlag GmbH & Co. KG
Ohmstraße 5, 8000 München 40

Printed in Germany

Einbandgestaltung: Alfred Krugmann, Freiberg am Neckar

Herstellung: Ferdinand Schöningh, Paderborn

Deutsche Ausgabe von Umberto Eco: „La struttura Assente" (© 1968, Casa editrice
Valentino Bompiani & C. S. p. A., Milano) in Lizenz des Verlages Bompiani

INHALTSVERZEICHNIS

Vorwort des Übersetzers

1. Daß Umberto Ecos wichtige Bücher in Deutschland noch nicht veröffentlicht worden sind – bekannt geworden sind hier nur seine Untersuchungen zum Kriminalroman und zur Filmsemiotik –, ist wohl der Tatsache zuzuschreiben, daß von der intellektuellen Produktion Italiens nur relativ wenig im Ausland bekannt wird, während doch in Italien ausländische wissenschaftliche Werke schnell und lebhaft rezipiert werden. (Als Index für dieses Versäumnis mag hier u. a. angeführt werden, daß sogar die lebendige italienische Germanistik bei uns weitgehend unbekannt ist). In der Literaturbeilage der römischen Tageszeitung *Paese Sera* wurde kürzlich dieses Phänomen in eigentümlicher Selbstunterschätzung als „Provinzialismus" der italienischen Kultur diskutiert; ein „Provinzialismus" aber, wie mir scheint, dem, abgesehen davon, daß die Offenheit und Rezeptionsfreudigkeit des italienischen kulturellen Klimas nicht gerade Zeichen provinzieller Abgeschiedenheit sind, doch wohl schon die Tatsache selbst widerspricht, daß die „negative kulturwissenschaftliche Außenhandelsbilanz" nicht den Nachbarn angelastet wird.

Dem Fink-Verlag ist es zu danken, daß mit der vorliegenden *Einführung in die Semiotik* ein wichtiger Beitrag der italienischen Kulturwissenschaft, die Synthese von Ecos umfassender semiotischer Erfahrung, in der Bundesrepublik veröffentlicht wird und durch die Aufnahme in die UTB-Reihe auch einem größeren Publikum zugänglich gemacht wird.

2. Umberto Ecos kulturelle Ausstrahlungskraft in Italien ist mit der eines Roland Barthes in Frankreich zu vergleichen. Mit Barthes gemeinsam ist ihm nicht nur der semiologische oder semiotische Ansatz, sondern auch die Untersuchung von „Mythen des Alltags", von denen bei Eco allerdings, der unterschiedlichen kulturellen Realität Italiens entsprechend, andere im Vordergrund der Untersuchungen stehen. Eco steht auf der Grundlage eines der jüngeren italienischen Intellektuellengeneration selbstverständlichen historisch-materialistischen Denkens, dem es um die Vermittlung von Prozeß

und Struktur geht. Als ganz besonders bedeutsam für Ecos Arbeiten muß seine Herkunft aus der philosophischen Ästhetik betrachtet werden.

3. Eco hat mit seinem ersten Buch, *Il problema estetico in San Tommaso* (1956), ein wichtiges Kapitel der Geschichte der Ästhetik geschrieben. Gegen die Auffassung Croces, daß die Beschäftigung mit mittelalterlicher Ästhetik wegen der späten Herausbildung der Ästhetik als autonomer philosophischer Disziplin im 18. Jahrhundert kaum der Mühe wert sei, interpretiert Eco hier Thomas' Reflexionen über das Schöne und die Kunst in ihrer Bindung an dessen System. Er will nicht etwa die Autonomie der Ästhetik schon bei Thomas von Aquin behaupten, sondern in historiographischer Absicht sowohl die massive Präsenz und tiefe philosophische Durchdringung der Kategorie des Schönen bei Thomas und in der mittelalterlichen Philosophie überhaupt darstellen als auch das Aufkommen der neuen Ästhetik der menschlichen Kreativität in der bürgerlichen Kunst der Renaissance durch die Darstellung der thomistischen Ästhetik e contrario erhellen.

Zahlreiche Aufsätze nach diesem ersten Buch zeigen Ecos Entwicklung von der historiographisch und allgemein ästhetischen Beschäftigung zur Problematik des „Offenen Werks" (vgl. *La definizione dell'arte*, 1968). *Opera Aperta* (1962) thematisiert das ästhetische Problem des Verhältnisses von Werk und Betrachter, die Struktur des Rezeptionsverhältnisses auf informationstheoretischer Basis: Das Kunstwerk wird verstanden als eine grundlegend zweideutige Botschaft, ein Signifikans, das eine Vielzahl verschiedener Signifikate in verschiedenen Interpretationen und unter verschiedenen Perspektiven erhält. Offenheit, d. h. die fundamentale Ambiguität, ist ein Charakteristikum jedes Werks zu jeder Zeit, sie wird aber in den zeitgenössischen Poetiken eine explizite Finalität des Werks, ein zu realisierender Wert, was Eco an den Poetiken von Joyce exemplifiziert.

Sein 1965 erschienenes Buch *Apocalittici e Integrati* behandelt die Rezeption der Werke der „Massenkultur", das Verhältnis von Ästhetik und Massenmedien, die Dialektik von „höherer Kultur" und Kultur der Massenkommunikationen. Mit den beiden Typen des Apokalyptikers und des Integrierten werden entgegengesetzte, in ihrer reaktionären Funktion jedoch auch wieder identische Verhaltensweisen gegenüber den Massenmedien gekennzeichnet. Der Apokalyptiker, der uomo di cultura, kann in den Massenkommunikationen nur den Verfall der elitären KULTUR erkennen, während der Integrierte, der Produzent von Kultur für die Massen, optimistisch und kritiklos an den Medien partizipiert. Beide jedoch, der eine durch elitäre Abstinenz, der andere durch kritiklose Partizipation, versäumen es gleichermaßen, in ihrer Verachtung für die „Massen", gesellschaftliche Realität als veränderbar zu begreifen. Nur durch die exakte wissenschaftliche Analyse der verschiedenen Massenkommunikationen, wie sie in *Apocalittici e Integrati* exemplarisch vorgeführt wird – der kulturellen Szene Italiens entsprechend stehen Comic Strips, zusammen mit Schlager und Fernsehen, als besonders charakteristische Phänomene der „Massenkultur" im Vordergrund –, kann der Kommunikationszusammenhang verändert werden. Während Eco hier noch für eine Verbesserung der Botschaften selbst eintrat, erkennt er später, daß die Veränderung angesichts der gesellschaftlichen Übermacht der „Integrierten" und angesichts der Redundanz der Botschaften, durch die auch die Rezeption schon weitgehend festgelegt werden soll, nur noch in der Veränderung der Rezeptionscodes und Rezeptionsumstände bestehen kann.

Ecos Mitarbeit an der Wochenzeitschrift *L'Espresso*, in der er eine Rubrik mit dem Titel „Die Zeichen und die Mythen" betreut, dient dieser Aufgabe der „semiotischen Praxis". Allwöchentlich setzt er sich hier mit „Mythen des Alltags", mit Reklame, Fernsehen, Kino, Plakaten, Kitsch etc. auseinander. Seine wissenschaftlichen Untersuchungen der „Kultur als Kommunikation" basieren daher auf einer ständigen Analyse der Kommunikationsverhältnisse in unserer Gesellschaft, und sein semiotisches Wissen gewinnt vice versa praktische, d. h. verändernde Kraft in seiner publizistisch-politischen semiotischen Arbeit (erwähnt sei hier auch noch die von ihm mit besorgte Ausgabe von Comics aus China: *I fumetti di Mao*, 1971).

4. Ecos ästhetische Einsichten, seine praktische Erfahrung mit „Zeichen und Mythen", seine Auseinandersetzung mit dem französischen Strukturalismus, insbesondere mit Lévi-Strauss, und seine umfangreiche Kenntnis semiotischer Theorien und Forschungen (in Italien hat er z. B. die Bemühungen der sowjetischen Semiotik bekannt gemacht, vgl. Eco und Faccani (Hrsg.): *I sistemi di segni*

e lo strutturalismo sovietico, 1969) gelangen in dem hier vorliegenden Buch zu einer Synthese. Im Anschluß an und in ständiger
Auseinandersetzung mit dem französischen Strukturalismus, in der
theoretischen Begründung aufbauend auf der Informationstheorie
und in Fortführung der Saussureschen und Peirceschen Zeichenauf-
fassung entfaltet Eco hier eine Semiotik als Wissenschaft von der
Kultur, der „Welt des Sinnes". Die Grundthese des Buches ist, daß
Kultur als Kommunikation untersucht werden kann und unter diesem Aspekt von der Semiotik untersucht wird. Die Grenzen dieser
Welt des Sinnes abzustecken, „Schwellen der Semiotik", d. h. notwendig vorläufige Grenzlinien einer im Entstehen begriffenen – histo-
risch-dialektischen – vereinigten Wissenschaft der Kultur zu bestimmen, ist das Ziel des Buches. Es geht dabei sowohl um die Bestimmung
semiotischer Arbeitsinstrumente, die zwar zum Teil aus anderen Be-
reichen oder besser entwickelten Teilbereichen der Semiotik, z. B. der
Linguistik, stammen, die aber zu Instrumenten einer allgemeineren
Wissenschaft von den Zeichen werden, als auch um die Abgrenzung
des Objektbereichs der Semiotik und um die Vertiefung einzelner
Gebiete:

Im Rahmen dieser umfassenden Semiotik als Erforschung der
Kultur als Kommunikation wird – und hier wird die Thematik von
Opera Aperta wieder aufgegriffen – das Kunstwerk als Idiolekt
dargestellt, der eine Offenheit präsentiert, welcher die Interpretation
in ihrem rekonstruierenden und schöpferischen Moment Rechnung
tragen muß. Die Ideologien, bisher immer als außersemiotisches
Residuum der Inhaltssubstanz betrachtet, werden als Codes in das
Feld der Semiotik eingeholt, ebenso wie die Rhetorik, die ideologische Systeme vermittelt. Die Dialektik von Ideologie und Rhetorik wird exemplifiziert an Analysen von Reklame-Botschaften. Das
Problem der visuellen Codes stellt den Prüfstein für die Autonomie
der Semiotik dar: Sie werden im allgemeinen als analogisch und
natürlich motiviert angesehen, können aber als digitalisierbar und
damit als konventionalisierbar, zeichenhaft und dem Bereich der
kulturellen Einheiten zugehörig nachgewiesen werden. Bei der
Untersuchung der visuellen Codes zeigt sich dann auch, daß die
doppelte Gliederung, die in der Linguistik als Kriterium für die Konstituierung eines Codes gilt, in der allgemeinen Semiotik nicht ver-
bindlich ist. Der doppelten Gliederung der sprachlichen Codes steht

eine Vielfalt semiotischer Systeme mit anderen Gliederungen gegenüber, z. B. der kinematographische Code mit drei Artikulationsebenen oder die idiolektalen Codes der informellen Malerei, in denen sich die Artikulationen auf eine Ebene verflachen. Auch Objekte, die nichts mitzuteilen scheinen, Gebrauchsobjekte, wie die architektonischen Gegenstände, sind semiotische Objekte, d. h. Zeichen ihres Gebrauchs.

Der zentrale Begriff der semiotischen Forschung, Struktur, erfährt seine epistemologische Begründung als Operationsmodell und Arbeitsinstrument der Semiotik. Eco widerlegt den „ontologischen" Strukturalismus, indem er nachweist, daß die Struktur keine ontologische Realität hat – als solche zerstört sie sich selbst, ist abwesend und wird zum mystischen Begriff –, sondern nur Verfahrensinstrument der semiotischen Forschung sein kann.

5. Die vorliegende Fassung des Buches ist eine völlig überarbeitete Fassung der italienischen Ausgabe, die in dieser Form noch nicht in Italien erschienen ist. Bei der Neubearbeitung des Buches haben sich die Akzente entscheidend verlagert: Nicht mehr die Widerlegung des „ontologischen" Strukturalismus, auf die der (von Eco für die Übersetzung nicht mehr gewünschte) polemische Titel der italienischen Ausgabe hinweis: *La struttura assente* („Die abwesende Struktur"), steht im Vordergrund, sondern es geht nun vielmehr um die Bestimmung der Grenzen und des Instrumentars der Semiotik überhaupt, der die Abgrenzung gegenüber dem ontologischen Strukturalismus auch weiterhin als eine zentrale epistemologische Aufgabe verbleibt.

6. Wir müssen hier der Übersetzung noch eine terminologische Anmerkung vorausschicken. Es hat sich in der deutschen wissenschaftlichen Literatur ein inkohärenter Gebrauch der Termini *signifiant, signifié, referent, interpretant* herausgebildet. So sagt man zwar oft *das* Signifikat, aber *der* Signifikant, der Referent, *der* Interpretant. Gerade der Terminus *interpretant* bei Peirce wird nun aber verschieden aufgefaßt: Ist *interpretant* ein Interpretierender oder ein Interpretierendes? Da Eco (vgl. A. 2. IV. 1.) sich klar für die zweite Möglichkeit entscheidet, hielt ich es der größeren terminologischen Klarheit wegen für angemessen, hier die Möglichkeiten des Deutschen auszunutzen und den terminologischen Unterschied auch sprasprachlich auszudrücken durch den Gebrauch des Neutrums mit der

latinisierenden Form auf ans: *das* Interpretans (vgl. auch *das* Signans bei M. Bierwisch, „Strukturalismus. Geschichte, Probleme und Methoden", in *Kursbuch* 5 (1966), S. 83/84). Die anderen Termini sind als korollare Begriffe diesem Sprachgebrauch angepaßt worden: das Referens, das Signifikans, das Signifikat.

7. Der dritte Abschnitt des Buches ist schon in der Übersetzung von Bernhard Schneider (Berlin) erschienen in: A. Carlini und B. Schneider (Hrsg.): *Konzept 1. Architektur als Zeichensystem.* Tübingen 1971. Ich habe diese Übersetzung bis auf einige terminologische Angleichungen und die von Eco selbst gewünschten Veränderungen hier übernehmen können, wofür ich Herrn Schneider an dieser Stelle danken möchte.

Jürgen Trabant, Rom.

EINLEITUNG

1. DAS SEMIOTISCHE FELD

1. Zu Beginn einer Untersuchung über die Grenzen und die Gesetze der Semiotik[1] muß vor allem bestimmt werden, a) ob man unter dem Namen „Semiotik" eine spezifische *Disziplin* mit einer eigenen einheitlichen Methode und mit einem genau bestimmten Objekt versteht oder b) ob dagegen die Semiotik ein *Feld* von Untersuchungen, eine noch nicht vereinheitlichte Ansammlung von Interessen ist. Wenn die Semiotik ein „Feld" ist, dann wären die verschiedenen semiotischen Untersuchungen vor allem durch die Tatsache gerechtfertigt, daß sie existieren, und eine Definition von „Semiotik" müßte *induziert* werden, indem man aus diesem Feld

---

1 Über den Namen der Disziplin ist lange diskutiert worden. *Semiotik oder Semiologie?* „Semiologie", wenn man die Definition Saussures vor Augen hat (vgl. z. B. Barthes, 1964 a), „Semiotik", wenn man an die Lehre von Peirce oder an die Semiotik von Morris denkt (vgl. Maldonado, 1959 und 1961; Rossi-Landi, 1967). Und man sagt dann, man könne von Semiologie sprechen, wenn man an eine allgemeine Disziplin denke, die Zeichen untersucht und sprachliche Zeichen nur als eine besondere Provinz betrachtet. Barthes hat aber die Definition Saussures umgedreht und die Semiologie als eine Translinguistik verstanden, die alle Zeichensysteme als auf die Gesetze der Sprache zurückführbar untersucht. Deswegen meint man, daß, wer dagegen zu einer Erforschung der Zeichensysteme neigt, die nicht unbedingt von der Linguistik abhängt (wie wir es im vorliegenden Buch vorschlagen), von Semiotik sprechen solle (Rossi-Landi, 1966). Die Tatsache, daß Barthes dem Vorschlag Saussures einen besonderen Sinn gegeben hat, sollte uns nicht daran hindern, zu Saussure zurückzukehren, den ursprünglichen Sinn wieder aufzufrischen und die Terminologie wieder zu gebrauchen. Wir haben uns jedoch in diesem Buch entschlossen, endgültig den Terminus „Semiotik" zu verwenden, ohne Rücksicht auf die Diskussionen über die philosophischen und methodologischen Implikationen der beiden Termini. Wir schließen uns damit einfach dem Beschluß an, den im Januar 1969 ein internationales Komitee in Paris gefaßt hat, das auch die Gründung der International Association for Semiotic Studies veranlaßte und das (ohne den Gebrauch von „Semiologie" völlig auszuschließen) den Terminus „Semiotik" als denjenigen akzeptiert hat, der fortan alle möglichen Bedeutungen der beiden diskutierten Termini decken soll.

der Untersuchungen eine Reihe konstanter Tendenzen und dann ein einheitliches Modell extrapolierte. Wenn die Semiotik eine „Disziplin" ist, dann müßte der Forscher deduktiv ein semiotisches Modell entwerfen, das als Parameter dient, aufgrund dessen die verschiedenen Untersuchungen ins semiotische Feld aufzunehmen oder aus ihm auszuschließen wären.

Wir werden in diesem Buch einer dialektischen Methode folgen. Wir glauben, daß man keine theoretische Untersuchung durchführen kann, ohne den Mut zu haben, eine Theorie – und folglich ein elementares Modell als Leitfaden für die folgenden Überlegungen – vorzuschlagen. Wir glauben aber auch, daß jede Untersuchung den Mut haben sollte, die eigenen Widersprüche aufzuzeigen und sie da, wo sie nicht ins Auge springen, offenzulegen.

Deshalb müssen wir uns vor allem das *semiotische Feld* vergegenwärtigen, wie es sich heute darstellt, in all seiner Vielfalt und in all seiner Verwirrung. Dann müssen wir ein offensichtlich simplifizierendes *Untersuchungsmodell* vorschlagen. Schließlich müssen wir diesem Modell andauernd widersprechen, indem wir im semiotischen Feld alle die Phänomene und Methoden aufzeigen, die sich dem Modell nicht einfügen und die es dazu zwingen, sich umzugestalten, sich zu erweitern und sich zu korrigieren. Auf diese Weise gelingt es uns vielleicht, (sei es auch nur provisorisch) die Grenzen der zukünftigen semiotischen Forschung zu ziehen und eine einheitliche Methode vorzuschlagen, mit der Phänomene in Angriff genommen werden können, die äußerst verschieden voneinander und bis heute unvereinbar scheinen. Falls unser Vorgehen Erfolg hat, ist es unserem semiotischen Modell gelungen, die Komplexität des Feldes zu bewahren, dadurch daß es ihm eine Struktur gegeben hat, d. h. dadurch daß es das Feld in ein *System* verwandelt hat. Es ist klar, daß, während die Elemente des Feldes eine „objektive" Existenz hatten (in dem Sinne, daß sie als Aspekte der Kultur existieren), die Struktur des Feldes als System als *Verfahrenshypothese* zu betrachten ist, als das methodologische Netz, das wir über die Vielfalt der Phänomene geworfen haben, um von ihnen sprechen zu können.

Diese deduktiv gesetzte Struktur gibt nicht vor, die „wirkliche Struktur des Feldes" zu sein. Die Struktur als objektive Struktur des Feldes anzuerkennen, ist ein Fehler, durch den sich die Überlegungen – statt sich erst zu eröffnen – schon als abgeschlossen darstellen. Dies rechtfertigt den Titel des Abschnitts D dieses Buches und seinen Haupttitel in der ersten italienischen Ausgabe: „Die abwesende Struktur". Eine semiotische Untersuchung hat nur Sinn, wenn die Struktur des semiotischen Feldes als ungenaue Größe angenommen wird, deren Klärung sich die Methode vornimmt (durch ein ständiges Hervortreiben der Widersprüche der Struktur). Es hat keinen Sinn, wenn die deduktiv gesetzte Struktur als „wahr", „objektiv" und „definitiv" betrachtet wird. In diesem Fall bekommt die Semiotik als Forschung, als Methode, als Disziplin drei negative Charakteristika: a) sie ist schon abgeschlossen im Augenblick ihrer Entstehung; b) sie ist eine Betrachtungsweise, die alle nachfolgenden Überlegungen ausschließt und sich als absolut setzt; c) sie ist weder eine wissenschaftliche Disziplin, noch die Methode einer kontinuierlichen Annäherung an ein Fachgebiet, sondern eine Philosophie im schlimmsten Sinne des Wortes. Wie wir in Abschnitt D sehen werden, ist eine Semiotik mit den Charakteristika (a), (b) und (c) auch keine Philosophie (in dem Sinn, den die griechischen Philosophen diesem Wort zuschrieben), sondern eine Ideologie in dem Sinn, den die marxistische Tradition diesem Terminus zuschreibt (und den wir mit semiotischen Begriffen in A klären werden).

2. Unsere Untersuchung wird also mit einem schnellen Überblick, gewissermaßen in Form einer kommentierten bibliographischen Liste, über das semiotische Feld beginnen müssen.

Als Untersuchung der Kultur als Kommunikation muß die Semiotik ihre Überlegungen mit einem Panorama der semiotischen Kultur beginnen, d. h. der Metasprachen, die die zahllosen Varietäten der „Sprachen" aufzuzeigen und zu erklären versuchen, durch die sich Kultur konstituiert. Für unseren Überblick müssen wir als Arbeitshypothese annehmen, daß eine semiotische Untersuchung dann vorliegt, wenn vorausgesetzt wird, daß alle Kommunikationsformen als Sendung von Botschaften auf der Grundlage von zugrundeliegenden Codes funktionieren, d. h. daß jeder Akt von kommunikativer „performance" sich auf eine schon bestehende „competence" stützt. Was wir unter Code und unter Botschaft verstehen, werden wir erst weiter unten definieren. Für den Augenblick werden die beiden Termini in ihrer weitesten und ungenauesten Bedeutung gebraucht. Nach Miller (1951) definieren wir als Code „jedes System von Symbolen, welches durch vorherige Übereinkunft dazu bestimmt ist, die Information zu repräsentieren und sie zwischen Quelle und Bestimmungspunkt zu übertragen".

Es muß klar sein, daß wir in dieser Phase unserer Ausführungen weder „System", noch „Symbol", noch „Information", noch „Quelle", noch „Bestimmungspunkt" definiert haben. Wir können aber zumindest sagen, daß, sobald ich an jemanden das Wort, eine Geste, ein gezeichnetes Zeichen oder einen Laut richte (damit dieser etwas erfährt, was ich vorher erfahren habe und den anderen wissen lassen will), ich mich auf eine Reihe von irgendwie verabredeten Regeln stütze, die mein Zeichen verständlich machen.

Es ist eine der Hypothesen der Semiotik, daß unter jedem Kommunikationsprozeß diese Regeln – oder Codes – existieren und daß diese auf irgendeiner kulturellen Übereinkunft beruhen. Wenn man annähme, daß diese Zeichen auf „intuitive" Art und Weise, durch spontane Teilnahme, durch direkten Kontakt zwischen zwei „geistigen Größen", ohne die Vermittlung von gesellschaftlichen Konventionen verstanden würden, dann hätte die Semiotik keinen Sinn. Wir stellen also fest, daß *die kommunikative Dialektik zwischen Codes und Botschaften* und *die konventionelle und kulturelle Natur der Codes* nicht Entdeckungen sind, die die Semiotik erst machen muß, sondern die Voraussetzung, auf der sie gründet, und die Hypothese, die sie leitet.

3. In diesem Sinne gehören heute die folgenden Forschungsgebiete zum semiotischen Feld. In unserer Aufzählung gehen wir von den offenbar „natürlichsten" und „spontansten", weniger „kulturellen" Kommunikationssystemen aus, um schließlich zu den komplexesten kulturellen – und von allen als solchen anerkannten – Prozessen zu gelangen:

Zoosemiotik: Sie stellt die unterste Grenze der Semiotik dar, weil sie sich mit kommunikativen Verhaltensweisen nicht-menschlicher Gemeinschaften und folglich mit nicht „kulturellen" Verhaltensweisen beschäftigt. Aber durch das Studium der animalischen Kommunikation kann man zu einer Definition der biologischen und natürlichen Komponenten der menschlichen Kommunikation gelangen oder auch zu der Erkenntnis, daß auch auf der animalischen Ebene Verhaltensweisen existieren, die in einem gewissen Maße als „kulturell" und „sozial" definiert werden können. Damit erweitert sich die semantische Ausdehnung dieser Termini und folglich unser Begriff von Kultur und Gesellschaft (vgl. auch für die Bibliographie: Sebeok 1967, 1968).

Geruchssignale: Schon die romantische Dichtung (Baudelaire) hatte die Existenz eines „Codes der Gerüche" identifiziert. Wenn Gerüche mit – in emotionalem Sinn – konnotativem Wert existieren, dann gibt es auch Düfte mit präzisen referentiellen Werten. Diese können als „Indices" (Peirce, 1931) untersucht werden, als proxemische Indikatoren (Hall, 1966), als chemische Qualifikatoren usw.

Kommunikation durch Berührung: Sie wird von der Psychologie untersucht, in der Kommunikation zwischen Blinden spielt sie eine anerkannte Rolle. Sie wird in den proxemischen Untersuchungen behandelt (Hall, 1966). Sie erweitert sich zu klar codifizierten sozialen Verhaltensweisen wie beim Kuß, bei der Umarmung, der Ohrfeige, dem Schulterklopfen usw. (Frank, 1957).

Geschmackscodes: In der Kochkunst praktiziert, untersucht von der kulturellen Anthropologie; sie haben eine klar „semiotische" Systematisierung in Lévi-Strauss (1964) gefunden.

Paralinguistik: Sie untersucht die sogenannten „suprasegmentalen" Züge und die fakultativen Varianten, welche die sprachliche Kommunikation verstärken und welche immer mehr als institutionalisiert und systematisiert erscheinen. Siehe die Untersuchungen von Fónagy (1964), Stankiewicz (1964), Mahl und Schulze (1964, mit einer Bibliographie von 274 Titeln). Wir zitieren noch die Forschungen von Trager (1964), der alle Geräusche, die keine sprachliche Struktur haben, unterteilt in

a) *Stimmtypen:* verbunden mit dem Geschlecht, dem Alter, dem Gesundheitszustand, den Tagesumständen, den chemischen Bedingungen;

b) *Parasprache:* unterschieden in: i) Stimmqualitäten (Höhe der Töne, Typ der Kontrolle von Lippen und Stimmritze, artikulatorische Kontrolle usw.); ii) Stimmgebungen, die ihrerseits unterteilt werden in: ii 1) Stimmcharakterisatoren (Lachen, Weinen, Gegreine, Schluchzen, Flüstern, Geschrei, Rülpsen, Gejammer usw.), ii 2) Stimmqualifikatoren (Tonintensität, Tonhöhe), ii 3) Stimmsegregate (Geräusche der Zungen und der Lippen, welche die Interjektionen begleiten, Nasalisierungen, Einatmen, Zwischengegrunze usw.).

Gegenstand der Paralinguistik ist auch die Untersuchung der Trommel- und Pfeifsprachen (La Barre, 1964).

Medizinische Semiotik: Bis vor kurzem war dies die einzige Art von Forschung, die als „Semiotik" oder „Semeiotik" oder „Semiologie" bezeichnet wurde (so daß auch heute noch Mißverständnisse entstehen). Sie gehört unbedingt zur allgemeinen Semiotik, wie wir sie in diesem Buch verstehen, und zwar in zweifacher Hinsicht. Als Untersuchung des Verhältnisses zwischen gewissen Zeichen oder Symptomen und der Krankheit, die diese anzeigen, ist sie Untersuchung und Klassifizierung von Indices im Sinne von Peirce (Ostwald, 1964). Als Untersuchung der Art und Weise, wie der Kranke seine eigenen inneren Symptome verbalisiert, trifft sie sich auf der komplexesten Ebene mit der Psychoanalyse, welche ja außer einer allgemeinen Theorie der Neurosen und einer Therapie auch eine systematische Codifizierung der Bedeutung gewisser Symbole ist, wie sie in bestimmten Situationen auftreten (vgl. die Untersuchungen von Lacan, 1966; Piro, 1967; Maccagnani, 1966; Szasz, 1961; Barison, 1961).

Kinesik und Proxemik: Der Gedanke, daß Gesten wohl von kulturellen Codes abhängen, ist inzwischen längst von der kulturellen Anthropologie aufgenommen worden und hat spezifische semiotische Forschungen angeregt, von denen wir die von Birdwhistell (1952, 1960, 1963, 1965) anführen wollen. Eine Liste von Gestensprachen ist von La Barre (1964) vorgeschlagen worden; sie reicht von der stummen Sprache gewisser religiöser Gemeinschaften bis zum Stil der Gehweise und zu den verschiedenen Körperstellungen, die schon von Mauss (1950) unter anthropologischem Gesichtspunkt untersucht worden sind. Über die ritualisierte Gestik, von der Etikette bis zur Liturgie und zur Pantomime, siehe die Untersuchungen der russischen Semiotiker (Civ'ian, 1962). Siehe auch De Jorio (1832), Guilhot (1962), Greimas (1968). Zur Proxemik, auf die wir im Abschnitt C dieses Buches zurückkommen, siehe Hall (1959, 1966) cit. Eine bibliographisch aktuelle Synthese findet man in *Pratiques et Langages gestuels* (Greimas, 1968).

Musikalische Codes: Die ganze Musikwissenschaft von den Pythagoräern an ist ein Versuch, das Gebiet der musikalischen Kommunikation als ein streng strukturiertes System zu beschreiben. In dieser Hinsicht hat man angemerkt, wie wenig die zeitgenössische Musikwissenschaft von den strukturalistischen Forschungen beeinflußt worden ist, da es sich um Methoden und Themen handelte, die sie sich seit Jahrhunderten angeeignet hatte. Es muß jedoch darauf aufmerksam gemacht werden, daß die strukturalistischen Methodologien einige beachtenswerte Studien musikalischer Semiotik angeregt haben, wie Langleben (1965), sowie Lévi-Strauss (in der Ouverture von *Le Cru et le Cuit,* die wir in D. 4. diskutieren werden) und Ruwet (1959), und daß sie Musiker beeinflußt haben, die für die theoretischen Probleme ihrer Kunst offen sind wie Boulez, Berio, Pousseur und andere.

In eine musikalische Semiotik kann wieder eine neue Untersuchung der onomatopoetischen Zeichen eingeführt werden (vgl. Jakobson 1964, 1967) sowie eine neue Betrachtung der konnotativen Zeichen in der Musik. Denn wenn einerseits die Musik das Problem eines semiotischen Systems ohne semantische Dichte stellt (die musikalischen Zeichen hätten syntaktische Beziehungen, aber keinen semantischen Inhalt; die Musik wäre ein System mit einer einzigen Gliederung; siehe dagegen unsere Bemerkungen in B. 2. und D. 4.), so existieren andererseits doch musikalische Syntagmata mit ausdrücklichem denotativem Wert (die Trompetensignale in den Armeen, die eine und eine einzige ganz genau bestimmte Sache bedeuten wollen) und es existieren Syntagmata oder vollständige, gegliederte Botschaften mit im Laufe der Zeit kulturell verfestigtem konnotativem Wert („Hirtenmusik", „kriegerische Musik", „spannungerzeugende Musik" usw.). Siehe betreffs der ethnographischen Gesichtspunkte auch La Barre (1964, S. 208–210). Wie für jedes andere semiotische System stellt sich dann im Augenblick seines ästhetischen Gebrauchs das Problem des konnotativen Wertes der verschiedenen Stile.

Formalisierte Sprachen: Von der Algebra bis zur Chemie besteht kein Zweifel, daß die Erforschung der Gesetze dieser Sprachen in die Zuständigkeit einer allgemeinen Semiotik fällt. Zu diesen Forschungen gehören die Untersuchungen der mathematischen Strukturen (Vailati, 1908; Barbut, 1966; Prieto, 1966; Gross und Lentin, 1967; Bertin, 1967), ohne die alten Versuche der universalen Kombinatorik zu vergessen, die von Raimundus Lullus bis Leibniz reichen (siehe auch Mäll, 1968, und Kristeva, 1968, sowie Rossi, 1960). Zu dieser Rubrik zählen wir auch die Bemühungen um eine kosmische und interplanetarische Sprache (Freudenthal, 1960)[2], die Struktur von Codes wie dem Morsealphabet und der Algebra von Boole sowie der verschiedenen formalisierten Sprachen für elektronische Kalkulatoren (vgl. *I Linguaggi nella scienza e nella tecnica, 1970*). Hierher gehört auch das Problem einer „Metasemiologie".[3]

Geschriebene Sprachen, unbekannte Alphabete, Geheimcodes: Während die Erforschung von antiken Alphabeten und von Geheimcodes eine illustre Tradition in der Archäologie und in der Kryptographie hat, ist die Aufmerksamkeit für die Schrift als etwas von den Gesetzen der Sprache, die sie umschreibt, Verschiedenes eher neu. Wir denken an Studien wie die von Mc Luhan (1962) über die Weltanschauung, die durch das gedruckte Wort entstanden sei, und über die anthropologische

---

2 Man beachte aber die Einwände, die gegen dieses Buch von Robert M. W. Dixon in seiner Rezension in *Linguistics 5* vorgebracht worden sind. Dixon bemerkt, daß auch die mathematischen Formeln, die der Autor für „universal" hält, Abstraktionen von indoeuropäischen syntaktischen Modellen sind und daher nur für den verständlich sind, der schon die Codes gewisser natürlicher Sprachen kennt.

3 Dies ist die Forderung nach einer hyperformalisierten Sprache, die aus *leeren Zeichen* gebildet werden und geeignet sein soll, alle möglichen Semiotiken zu beschreiben. Über diesen Plan vieler moderner Semiotiken sh. Julia Kristeva, *L'expansion de la sémiotique, 1967*. Sie bezieht sich auf die Forschungen des Russen Linzbach und prophezeit eine Axiomatik, durch welche „die Semiotik sich dann auf der Leiche der Linguistik aufbauen wird – ein Tod, den Linzbach schon voraussah und mit dem sich die Linguistik abfinden wird, nachdem sie das Feld für die Semiotik bereitet hat, und der den Isomorphismus der semiotischen Praktiken mit den anderen Gebilden unserer Welt beweist". Die Semiotik würde sich also als ein axiomatisierter Begegnungsort aller möglichen Kenntnisse, Kunst und Wissenschaft inbegriffen, darstellen. Dieses Projekt ist von Kristeva in *Pour une sémiologie des paragrammes, 1967,* entwickelt worden (wo uns die verzweifelte Formalisierung der poetischen Rede kaum zufriedenstellende Ergebnisse zu erbringen scheint) und in *Distance et anti-représentation, 1968,* wo sie Linnart Mäll, *Une approche possible du Sunvayada,* einführt, dessen Untersuchung des „zerologischen Subjekts" und des Begriffes des „Leeren" in alten buddhistischen Texten merkwürdig an das „Leere" bei Lacan erinnert. Hier muß aber darauf hingewiesen werden, daß dieses ganze axiomatische Programm der Semiotik zu Leibniz' *Characteristica universalis* führt und von Leibniz hinab zu den spätmittelalterlichen *artes combinatoriae* und zu Lullus (eine Übersicht über diese Verwandtschaft sh. in: Paolo Rossi, *Clavis Universalis – Arti mnemoniche e logica combinatoria da Lullo a Leibniz,* Milano, Ricciardi, 1960.)

Revolution der „Gutenberg Galaxy" sowie an die „Grammatologie" von Derrida (1967 b). Zwischen der klassischen Semantik und der Kryptographie stehen Untersuchungen wie die von Greimas (1970) über die „écriture cruciverbiste" (Kreuzworträtselschreibweise) und alle Untersuchungen über Rätsel und Riddles (z. B. Krzyzanowski, 1961).

Natürliche Sprachen: Dies ist das Feld der eigentlichen Linguistik, von der Phonologie bis zur Grammatik und zur Semantik. Jeder bibliographische Hinweis über dieses Thema wird auf die allgemeine Bibliographie der Linguistik, insbesondere der strukturalen Linguistik, verweisen müssen. Wir wollen hier nur bemerken, daß das semiotische Interesse, wenn es einerseits von logischen und sprachphilosophischen Untersuchungen seinen Ursprung nimmt (z. B. Peirce oder Morris), andererseits seine vollendetste Form in den Studien der strukturalen Linguistik gefunden hat, z. B. die implizite Begründung einer „sémiologie générale" durch Saussure.

Visuelle Kommunikationen: Dies ist das Feld, wo die Semiotik sich in den letzten Jahren immer mehr ausdehnt. Wir ersparen uns hier eine Reihe von bibliographischen Hinweisen, weil das Problem einer visuellen Kommunikation explizit im Abschnitt B dieses Buches behandelt wird. Wir erinnern jedoch daran, daß die Untersuchungen dieser Art von den Codes der Signaletiken mit hoher Formalisierung (Prieto, 1966) bis zu chromatischen Systemen (Itten, 1961), zu graphischen Systemen (Bertin, 1967), zu den ikonischen Eigenschaften der Graphe (Jakobson, 1966), zur Bekleidung (Barthes, 1967) bis zur Untersuchung des ikonischen Zeichens (Peirce, 1931; Morris, 1946, usw.) reichen. Auf den höheren Ebenen haben wir schließlich die Erforschung der großen ikonographischen Einheiten (vgl. z. B. Panofsky im allgemeinen), der visuellen Phänomene in den Massenkommunikationen, von der Reklame bis zu den Comic Strips, den Systemen des Papiergeldes, den Spielkarten, den Rebus, den Wahrsagekarten und allen Spielen im allgemeinen (vgl. z. B. Lekomceva, 1962; Egorov, 1965), bis hin zur visuellen Erforschung des architektonischen Projekts (siehe den Abschnitt C im ganzen), der choreographischen Notierung, und der geographischen und topographischen Karten (Bertin, 1967). Eine erste kritische Bestandsaufnahme dieser Themen findet sich in Nr. 15 der *Communications,* die der *Analyse des Images* gewidmet ist.

Systeme von Objekten: Die Objekte als Kommunikationstatbestände gehören zum Bereich der Semiotik. Von der Architektur (der Abschnitt C gewidmet ist) bis zu den Objekten im allgemeinen (vgl. Baudrillard, 1968 und die Nr. 13 von *Communications: Les Objets,* 1969).

Strukturen der Intrige: Von den Forschungen Propps (1928) bis zu den jüngsten Beiträgen der französischen und italienischen Semiotik haben wir hier einen der lebendigsten Bereiche der semiotischen Forschung (vgl. Bremond, 1964, 1966; Greimas, 1966, 1970; Metz, 1968; Barthes, 1966; Todorov, 1966, 1967, 1968, 1970; Genette, 1966 a; V. Morin, 1966; Gritti, 1966, 1968). Hervorzuheben sind die sowjetischen Untersuchungen (Sceglov, 1962; Zolkovskij, 1962, 1967; Karpinskaja-Revzin, 1966; über die klassischen russischen Formalisten hinaus). Die Untersuchung der Intrigen hat ihre wichtigste Entwicklung gefunden in der Untersuchung primitiver Mythologien (Lévi-Strauss, 1958 a und b; Greimas, 1966; Maranda, 1962; Dundes, 1966), von Spielen und volkstümlichen Erzählungen (Dundes, 1964; Beaujour, 1968; Greimas-Rastier, 1968) und sie reicht schließlich bis zu Untersuchungen über die Massenkommunikationen, von den Comic Strips (Eco, 1964) bis zum Kriminalroman (Sceglov, 1962 a) und zum Trivialroman des 19. Jahrhunderts (Eco, 1965, 1967).

Kulturelle Codes: Die semiotische Forschung verlegt schließlich ihre Aufmerksamkeit auf Phänomene, die nur schwer als Zeichensysteme im engeren Sinn und ebensowenig als Kommunikationssysteme zu definieren wären, sondern es sind eher Verhaltens- und Wertsysteme. Wir wollen anführen: die Systeme der Etikette, die Hierarchien, die Systeme der Weltmodellierung (unter diesen Terminus ordnen sowjetische Wissenschaftler Mythen, Legenden, primitive Theologien ein, die auf organisierte Art und Weise die Weltanschauung einer gewissen Gesellschaft darstellen) (vgl. Ivanov und Toporov, 1962, 1965; Todorov, 1966), und endlich die Typologie der Kulturen (Lotman 1964, 1967 a), welche die Codes untersucht, die ein bestimmtes kulturelles Modell definieren (z. B. der Codex der mittelalterlichen ritterlichen Mentalität); schließlich die Modelle gesellschaftlicher Organisation wie Verwandtschaftssysteme (siehe Lévi-Strauss, 1947) oder Organisationsschemata fortgeschrittenerer Gruppen und Gesellschaften (Moles, 1967). Alle diese Systeme haben auf den ersten Blick nichts mit Kommunikation zu tun, außer in dem Sinn, daß ihre Elemente mögliche *Inhalte* verbaler, visueller, gestueller usw. Kommunikation werden.

Ästhetische Codes und Botschaften: Das semiotische Feld umfaßt auch das traditionelle Gebiet der Ästhetik. Gewiß beschäftigte sich die Ästhetik auch mit den nichtsemiotischen Seiten der Kunst (wie z. B. mit der Psychologie der künstlerischen Schöpfung, den Beziehungen zwischen künstlerischen und natürlichen Formen, der physio-psychologischen Definition des ästhetischen Genusses, der Analyse der Beziehungen zwischen Kunst und Gesellschaft usw.). Es ist aber gewiß, daß alle diese Probleme in dem Moment unter einem semiotischen Gesichtspunkt angegangen werden können, wenn man anerkennt (wie wir es in A. 3. tun werden), daß jeder Code einen *ästhetischen Gebrauch* seiner Zeichen erlaubt.

Massenkommunikationen: Wie bei der Ästhetik, so ist auch dies ein Feld, das verschiedene Disziplinen interessiert, von der Psychologie bis zur Soziologie und Pädagogik (vgl. Eco, 1964). Aber in den letzten Jahren hat sich eine Tendenz herausgebildet, das Problem der Massenkommunikationen in eine semiotische Perspektive einzubeziehen, da die semiotischen Methoden sich als nützlich zur Erklärung zahlreicher Phänomene der Massenkommunikation herausgestellt haben. Als Disziplin besteht die Erforschung der Massenkommunikationen nicht schon dann, wenn sie die Technik und die Wirkungen einer besonderen „Gattung" (Kriminalroman oder Comic Strip, Schlager oder Film) mit irgendeiner Forschungsmethode untersucht, sondern erst in dem Moment, in dem sie feststellt, daß alle diese Gattungen im Rahmen einer industriellen Gesellschaft ein gemeinsames Charakteristikum haben.

Die Theorien und die Analysen der Massenkommunikationen können nämlich auf verschiedene „Gattungen" von Kommunikation angewandt werden, wenn vorliegen: 1.*eine Gesellschaft industriellen Typs, die scheinbar ausreichend nivelliert, aber in Wirklichkeit reich an Unterschieden und Gegensätzen ist*; 2. *Kommunikationskanäle, die es erlauben, nicht nur bestimmte Gruppen, sondern einen unbestimmten Kreis von Empfängern in soziologisch verschiedenen Lagen zu erreichen*; 3. *Produktionsgruppen, die bestimmte Botschaften mit industriellen Mitteln ausarbeiten und verbreiten.*

Wenn diese drei Bedingungen vorhanden sind, geraten die Wesens- und Wirkungsunterschiede verschiedener Kommunikationsarten (Kino oder Zeitung, Fernsehen oder Comic Strip) in den Hintergrund angesichts des Auftauchens gemeinsamer Strukturen und Wirkungen.

Die Untersuchung der Massenkommunikationen hat ein einheitliches Objekt vor sich, insofern sie postuliert, daß die Industrialisierung der Kommunikation nicht nur die Empfangs- und Sendebedingungen der Botschaft (und auf diesem scheinbaren Paradox gründet die Methodologie dieser Untersuchungen), *sondern auch gerade den Sinn der Botschaft verändert* (d. h. jenen Block an Bedeutungen, von denen man dachte, sie machten einen unveränderbaren Teil der Botschaft aus, so wie sie der Autor gedacht hatte, unabhängig von den Verbreitungsmodalitäten der Botschaft).

Aber wenn die Untersuchung der Massenkommunikation so genau ihren eigenen Gegenstand festlegt, ist sie gezwungen, auch ihre eigene spezifische Methode festzulegen. Um die Massenkommunikationen zu untersuchen, um Material zu sammeln, das geeignet wäre, einheitlich in ihre verschiedenen Gegenstände einzudringen, kann und muß man (*durch interdisziplinäre Arbeit*) auf disparate Methoden zurückgreifen, von der Psychologie bis zur Soziologie und zur Stilistik. *Man kann aber eine einheitliche Erforschung der Phänomene erst dann ansetzen, wenn man die Theorien und die Analysen der Massenkommunikationen als ein Kapitel der allgemeinen Semiotik betrachtet.*

Rhetorik: In der Erforschung der Massenkommunikationen (und folglich der Kommunikationen mit überredendem Zweck) konvergieren heute die wiedererstandenen Untersuchungen über die Rhetorik. Eine neuerliche Lektüre der traditionellen Abhandlungen unter dem Blickwinkel der Semiotik erweist sich als reich an Anregungen. Von Aristoteles bis Quintilian, von den Theoretikern des Mittelalters und der Renaissance bis zu Perelman erweist sich die Rhetorik (nach der Linguistik) als das zweite Kapitel einer allgemeinen Semiotik, das mit einem Vorsprung von Jahrhunderten untersucht ist und das nunmehr bestimmt ist, der Disziplin Instrumente zu liefern, die es jetzt in sich einschließt. Deswegen ist eine Bibliographie der semiotischen Aspekte der Rhetorik identisch mit der ganzen Bibliographie über die Rhetorik (für eine erste Orientierung vgl. Lausberg, 1960).

Nachdem wir jetzt das semiotische Feld ungeordnet und nur annäherungsweise durchlaufen haben, erhebt sich eine Frage: Können alle diese Probleme und verschiedenen Ansätze in einem einzigen Ansatz vereinheitlicht werden? Kann die Art und Weise, wie die natürlichen Sprachen untersucht werden, gleichfalls zur Erforschung von Kulturtypen und ikonischen Zeichen dienen? Gibt es einen wesentlichen Grund, so verschiedene Phänomene von verschiedenen Seiten her unter dem einen Blickwinkel der Kommunikation zu untersuchen? Ist die Semiotik nur ein Etikett, das ein Feld von miteinander unvereinbaren Disziplinen bedeckt, welche nur durch die Beachtung des allgemeinen kommunikativen Aspekts verschiedener Phänomene vereinigt sind, oder ist sie schon eine vereinheitlichte Methode, die die Kommunikation als eine konstante Struktur zu definieren erlaubt? Um eine Antwort auf diese Frage zu geben, soll die Deskription aufgegeben werden und eine vorläufige theoretische Definition der Semiotik gewagt werden.

2. DIE SEMIOTISCHE „SCHWELLE"

I. Zwei Definitionen der Semiotik

Wenn eine Disziplin wie die Semiotik im Begriff ist, sich auszu-
breiten und sich zu definieren, ist das erste Problem, das sich stellt,
das ihrer Grenzen.

Gewiß, als erste Annäherung könnten die Definitionen der zwei
Gelehrten dienen, die schon vor fünfzig Jahren die offizielle Entstehung und wissenschaftliche Organisation der Semiotik vorausgesehen
haben: Saussure und Peirce (um nicht bis zur Definition von Locke
zurückzugehen). Aber diese beiden Definitionen stellen verschiedene
Probleme.

I. 1. Saussure: „La langue est un système de signes exprimant des
idées et par là comparable à l'écriture, à l'alphabet des sourds-muets,
aux rites symboliques, aux formes de politesse, aux signes militaires,
etc., etc. Elle est seulement le plus important de ces systèmes. On
peut donc concevoir *une science qui étudie la vie des signes au sein
de la vie sociale;* elle formerait une partie de la psychologie sociale,
et par conséquent de la psychologie générale; nous la nommerons
sémiologie (du grec *semeîon,* „signe"). Elle nous apprendrait en quoi
consistent les signes, quelles lois les régissent. Puisqu'elle n'existe
pas encore, on ne peut dire ce qu'elle sera; mais elle a droit à
l'existence, sa place est déterminée d'avance." (Saussure, 1916, S. 33).

Diese Definition, die wohl den größten Teil der heute betriebenen
semiotischen Forschungen angeregt hat, ist unvollständig und unbefriedigend, eben weil sie den Ausdruck „Zeichen" verwendet. Für
Saussure ist das Zeichen die Vereinigung eines Signifikans mit einem
Signifikat, und wenn dann die Semiotik die Wissenschaft wäre, die
die Zeichen untersucht, müßten viele Phänomene ausgeschlossen
bleiben, die heute als „semiotisch" oder als zum Bereich der Semiotik gehörend verstanden werden.

Gehört z. B. die Informationstheorie in den Bereich einer allgemeinen Semiotik? Wenn ja, wie erklärt sich dann die Tatsache, daß
die Informationstheorie nichts mit Signifikaten zu tun hat, sondern

nur mit Sende–Einheiten, die unabhängig von ihrer möglichen Bedeutung quantitativ berechenbar sind und die daher als „Signale"
und nicht als „Zeichen" zu betrachten sind (sh. unten A. I.)? Gibt
es vielleicht nicht die „Zoosemiotik", welche die Übermittlung von
Informationen bei den Tieren untersucht, wobei es schwierig wäre,
von Übertragung von „Signifikaten" zu sprechen? Fällt etwa nicht
die ganze Ebene der *Figuren* („Phoneme" in der Wortsprache, „Figuren" in anderen Kommunikationssystemen; diese haben zwar
oppositiven Wert, aber keine Bedeutung) in den Bereich der Semiotik? Untersucht etwa die Semiotik nicht die musikalische Notierung
und die Musik im allgemeinen, die aber gerade das Beispiel für eine
Rede ohne semantische Dichte (mit Ausnahme einiger seltener Fälle)
ist und wo man folglich erst bestimmen muß, was man unter
„Zeichen" verstehen soll?

I. 2. Wir übernehmen daher die Definition von Peirce: „I am, as
far as I know, a pioneer, or rather a backwoodsman, in the work
of clearing and opening up what I call *semiotic*, that is, the doctrine
of the essential nature and fundamental varieties of possible semiosis ..." (Peirce, 1934, 5, 488). Diese Semiotik, die Peirce an anderer
Stelle (2.227) „Logik" nennt, stellt sich dar als eine „Lehre von den
Zeichen", was sie mit dem Begriff der „Semiose" verbindet, die gerade das konstituierende Charakteristikum der Zeichen ist. Unter
Semiose versteht Peirce (5.484) „an action, an influence, which is,
or involves, a cooperation of *three* subjects, such as a sign, its object,
and its interpretant, this thri-relative influence not being in any way
resolvable into actions between pairs". Auch wenn wir den Begriff
„Interpretans" (interpretant) erst weiter unten genauer definieren
werden (vgl. A.), so ist doch klar, was Peirce meint: in einer Beziehung Stimulus – Respons stellt sich ein Verhältnis zwischen zwei
Polen, dem stimulierenden Pol und dem stimulierten Pol, ohne jede
Vermittlung her. In einem Semiose-Verhältnis aber ist der Stimulus
ein Zeichen, das, um eine Reaktion hervorbringen zu können, von
einem dritten Element vermittelt werden muß (nennen wir es nun
„Interpretans", „Sinn", „Signifikat", „Verweis auf den Code" ...),
welches bewirkt, daß das Zeichen sein Objekt für den Empfänger
darstellt.
Wie wir später sehen werden, impliziert das triadische Verhältnis
bei Peirce, auch wenn er nicht ausdrücklich darauf hinweist, ein

Element von Konvention und Gesellschaftlichkeit wie die Definition von Saussure. Außer daß in der Definition von Saussure die Zeichen „Ideen ausdrücken": und dieses Charakteristikum muß so verstanden werden, daß die Zeichen die Ideen eines *Senders*, die einem *Empfänger* mitgeteilt werden, ausdrücken. Vom Peirceschen Gesichtspunkt aus dagegen ist die Semiose-Triade auch auf Phänomene anwendbar, die keinen Sender haben. Dies sind z. B. jene Naturphänomene, die von einem menschlichen Empfänger als Symptome verstanden werden (z. B. ist die Beschleunigung des Pulsschlags für den Arzt *Symptom* für Fieber). Die Peircesche Definition teilt dem Bereich der Semiotik auch solche Phänomene zu, die im Umkreis Saussures aus ihr ausgeschlossen bleiben, und begegnet somit einem Einwand, der von verschiedenen Seiten gegen das Unternehmen der Semiotik vorgebracht worden ist (Segre, 1969, S. 68ff.). Die Anerkennung auch der Symptome als semiotischer Vorgänge bedeutet keineswegs eine Entkonventionalisierung der Semiotik, so daß man sie als eine Theorie der Sprache Gottes oder des Seins betrachten könnte. Sie bedeutet nur eine Feststellung von Interpretationskonventionen auch in der Art und Weise, wie wir versuchen, Naturphänomene zu entziffern, *als ob* diese Zeichen wären, die etwas mitteilen. Die Kultur hat nämlich einige Phänomene selektioniert und als Zeichen aufgestellt, eben weil diese in der Tat unter geeigneten Umständen etwas mitteilen. Dieser Peircesche Gesichtspunkt würde es schließlich gestatten, sogar die Theorie der perzeptiven Bedeutung von Naturphänomenen mit semiotischen Begriffen zu lösen; und in diesem Sinne werden wir den Peirceschen Ansatz an der Stelle, die vom *Referens* handelt, wieder aufnehmen (vgl. A. 2).

Der Peircesche Blickwinkel ist also umfassender als der Saussuresche. Er gründet aber ebenfalls auf dem Begriff des Zeichens als Vereinigung eines Signifikans und eines Signifikats; denn auch die Symptome (da sie semiosischer Art sind) haben dieselben Charakteristika wie das Saussuresche Zeichen: eine physikalische Form, die für den Empfänger auf etwas verweist, was diese physikalische Form denotiert, bezeichnet, nennt, aufzeigt, und was nicht die physikalische Form selber ist. Folglich läßt auch diese Definition eine Reihe von Vorgängen außerhalb der Semiotik, die heute als Kommunikationsvorgänge untersucht werden (wie z. B. die kybernetischen Prozesse), wo man es mit der Übertragung von Signalen von einer Sendequelle auf ein Empfangsgerät zu tun hat: weil die Signale auf das Empfangsgerät als *Stimuli* und nicht als Zeichen wirken. Wie wir sehen werden, implizieren die Signale eine Beziehung zwischen zwei Polen, eine Dialektik von Anreiz und Antwort, und keinen triadischen Vorgang, in den sich ein vermittelndes Element („Bedeutung", „Signifikat", „Interpretans" o. ä.) einfügt.

II. *Die untere Schwelle der Semiotik*

II. 1. Bei den Definitionen von Saussure und Peirce bleiben also ausgeschlossen: die Forschungen der Neurophysiologie über die sensorischen Phänomene, die als Übertragung von Signalen von den peripheren Nervenenden zur Hirnrinde betrachtet werden (vgl. z. B. Ashby, 1960; Goudot-Perrot, 1967); die auf lebende Organismen angewandten kybernetischen Forschungen (vgl. z. B. Ashby, 1960; Shannon & Weaver, 1949; Ruyer, 1958) oder die Forschungen der Genetik, wo man im übrigen von Codes und Botschaften spricht.

Diese Einschränkung könnte mißlich erscheinen angesichts der Tatsache, daß die Semiotik von Forschungen dieser Art viele ihrer Instrumente bezieht (wie z. B. den Begriff der „Information" als binärer Wahl). Es handelt sich aber gerade darum, diese Forschungen als eine Art unterer Grenze der Semiotik zu identifizieren, als den Punkt, an dem die Semiotik aus etwas entsteht, was nicht Semiotik ist, als das Verbindungsglied zwischen der Welt des Signals und der Welt des Sinnes – wie in der physischen Anthropologie zwischen dem letzten Primaten und dem *homo sapiens.* Eine Untersuchung dieser ersten semiotischen „Schwelle" wird also eher dazu dienen, die Semiotik von außen abzugrenzen, als sie von innen zu charakterisieren. Gleichzeitig wird sie Instrumente liefern, die, nachdem die erforderlichen Unterschiede genau bestimmt sind, bei der Bestimmung der spezifischen Natur der Semiotik dienlich sein werden.

II. 2. Wenn man sagt, daß die Semiotik da beginnt, wo sich die noch dunkle Größe des „Sinnes" abzeichnet, so bedeutet dies nicht, daß die Semiotik mit der Semantik verwechselt werden dürfte, die sich traditionellerweise mit dem „Sinn" oder der „Bedeutung" beschäftigt hat (oder so getan hat, als beschäftige sie sich damit). Die Semiotik muß auch die Prozesse untersuchen, die, ohne die Bedeutung direkt einzubeziehen, die Zirkulation von Bedeutung ermöglichen.

II. 3. In einer ersten Annäherung können wir also sagen, daß die Semiotik alle kulturellen Vorgänge (d. h. wenn handelnde Menschen ins Spiel kommen, die aufgrund gesellschaftlicher Konventionen zueinander in Kontakt treten) als Kommunikationsprozesse untersucht.

Diese Definition schließt wohlgemerkt für den Augenblick zwei Formulierungen aus, die zu Mißverständnissen Anlaß geben können. Die erste ist: „Zeichensystem" und die zweite: „Kommunikationssystem". Wir wissen nämlich noch nicht, ob in den Kommunikationsprozessen nur „Zeichen" zugegen sind oder ob die Kommunikationsprozesse auf „Systemen" basieren. Aber der Begriff der „Kommunikation" ist selber noch ungeklärt.

Wenn die untere Schwelle der Semiotik von der Grenze zwischen Signal und Sinn dargestellt wird, so wird die obere Schwelle der Semiotik von den kulturellen Phänomenen dargestellt, die *ohne jeden Zweifel* „Zeichen" sind (z. B. die Wörter), und von den Kulturphänomenen, die andere Funktionen zu haben scheinen als die der Kommunikation (ein Auto z. B. dient zur Beförderung und nicht zur Mitteilung). Wenn nun nicht sofort das Problem dieser oberen Schwelle gelöst wird, kann man auch nicht die Definition der Semiotik als Disziplin, die *alle* Kulturphänomene als Kommunikationsprozesse untersucht, akzeptieren.

III. *Die obere Schwelle der Semiotik*

III. 1. Wenn man den Terminus „Kultur" in seinem korrekten anthropologischen Sinn gebraucht, zeichnen sich sofort zwei elementare Kulturphänomene ab, denen die Eigenschaft, Kommunikationsphänomene zu sein, nicht abgesprochen werden kann: a) die Herstellung und die Benutzung von Gebrauchsgegenständen, die zur Veränderung des Verhältnisses Mensch – Natur dienen; b) der Austausch von Verwandten als erster Kern einer institutionalisierten gesellschaftlichen Beziehung.

Wir haben absichtlich diese beiden Phänomene gewählt: sie sind nicht nur, zusammen mit der Entstehung der artikulierten Sprache, die grundlegenden Erscheinungen jeder Kultur, sondern sie sind auch als Gegenstände verschiedener semio-anthropologischer Studien identifiziert worden, um zu zeigen, daß die ganze Kultur Kommunikation ist und daß Humanität und Gesellschaftlichkeit nur dann vorliegen, wenn Kommunikationsbeziehungen errichtet werden.

Diese Art von Untersuchung kann sich wohlgemerkt mittels zweier Hypothesen artikulieren: mittels einer radikaleren – eine Art von „nicht zur Verhandlung stehender Frage" der Semiotik – und mittels einer anderen, anscheinend gemäßigteren. Die beiden Hypothesen sind: a) *Die ganze Kultur muß als Kommunikationsphänomen untersucht werden;* b) *Alle Aspekte einer Kultur können als Inhalte der Kommunikation untersucht werden.*

III. 2. *Erste Hypothese:* Sie kursiert gewöhnlich in ihrer extremsten Formulierung: „die Kultur *ist* Kommunikation". Diese Formulierung, die die Gefahr des Idealismus enthält, muß übersetzt werden in: „die ganze Kultur muß als Kommunikationsphänomen untersucht werden". N. B.: wir sagen nicht „kann", sondern „muß". Die Kultur *kann* nämlich nicht nur als Kommunikation untersucht werden, sondern – wie wir sehen werden – nur indem sie als Kommunikation untersucht wird, kann sie in einigen ihrer grundlegenden Mechanismen geklärt werden. Es ist jedoch ein Unterschied, ob man sagt, die Kultur „muß untersucht werden als", oder ob man sagt, die Kultur „ist" Kommunikation. Es ist nämlich etwas anderes, ob man sagt, ein Gegenstand sei *essentialiter* etwas, oder ob man sagt, er könne *sub ratione* dieses Etwas betrachtet werden.

Versuchen wir, einige Beispiele zu geben. Wenn ein Australopithecus einen Stein gebraucht, um einem Pavian den Schädel einzuschlagen, dann ist noch immer keine Kultur da, auch wenn der Australopithecus tatsächlich ein Element der Natur in ein Werkzeug verwandelt hat. Wir können sagen, daß Kultur dann entsteht (und wir wissen nicht, ob der Australopithecus diese Bedingungen erfüllte), wenn a) ein denkendes Wesen die neue Funktion des Steines festlegt (es ist nicht nötig, daß er bearbeitet und in einen Faustkeil verwandelt wird,[4] b) es ihn „benennt" als „Stein, der zu etwas

---

4 Das könnte bedeuten, wie Piaget (1968, S. 79) vorschlägt, daß die Intelligenz der Sprache vorausgeht. Aber diese Behauptung bedeutet nicht, daß die Intelligenz der Kommunikation vorausgeht. Wenn man einmal

dient" (es ist nicht nötig, daß er vor anderen oder mit lauter Stimme *benannt* wird), c) es ihn wiedererkennt als „Stein, der die Funktion X erfüllt und den Namen Y hat" (und es ist nicht nötig, daß er ein zweites Mal als solcher benutzt wird. Es reicht, wenn er wiedererkannt wird.).

Wie man wohl bemerkt hat, implizieren diese drei Bedingungen nicht, daß zwei menschliche Wesen da sind: die Situation ist auch für einen einsamen schiffbrüchigen Robinson möglich. Es ist aber nötig, daß der, der den Stein zum ersten Mal benutzt, die Möglichkeit bedenkt, die erworbene Information ans eigene Ich des folgenden Tages zu übermitteln, und dafür eine mnemonische Geschicklichkeit entwickelt. Den Stein einmal zu benutzen ist noch keine Kultur. Aber festzulegen, daß und wie diese Funktion wiederholt werden kann, und diese Information vom einsamen Schiffbrüchigen von heute demselben einsamen Schiffbrüchigen von morgen zu übermitteln, das ist Kultur. Der Einsame verwandelt sich in Sender und Empfänger einer Mitteilung. Natürlich kann eine Definition wie diese (in ihrer absoluten Einfachheit) eine Gleichsetzung von Denken und Sprache implizieren: man braucht nur – wie dies übrigens Peirce tut (5.470–480) – zu sagen, daß auch die Ideen Zeichen sind. Aber das Problem stellt sich auf so extreme Art nur, wenn man bei dem Grenzbeispiel des mit sich selbst kommunizierenden Schiffbrüchigen stehenbleibt. Sobald aber zwei Individuen vorhanden sind, besteht die Möglichkeit, das Problem nicht auf die Ideen, sondern auf *beobachtbare Zeichenträger* zu übertragen.

Wenn die Kommunikation zwischen zwei Menschen stattfindet, ist es leicht, sich vorzustellen, daß das, was man beobachten kann, das verbale oder gezeichnete Zeichen ist, mit dem der Sender dem Empfänger den Gegenstand Stein und seine mögliche Funktion durch einen Namen mitteilt (z. B. „Kopfeinschläger" und „Waffe"). Aber damit wären wir erst bei unserer zweiten Hypothese: der Kulturgegenstand ist zum Inhalt einer möglichen verbalen Kommunikation geworden. Die *erste Hypothese* setzt dagegen voraus, daß der Absender die Funktion des Gegenstandes mitteilen kann, auch ohne unbedingt den Umweg über einen verbalen Namen zu nehmen, son-

---

die Gleichung „Kommunikation = Sprache" ausgeschaltet hat, müßte man Intelligenz und Kommunikation als einen einzigen Vorgang betrachten, dessen Entstehen *nicht* in zwei Etappen gesehen werden könnte.

dern indem er ihn einfach zeigt. Die *erste Hypothese* nimmt an, daß, weil ja der mögliche Gebrauch des Steins begrifflich festgehalten worden ist, der Stein selbst zum konkreten Zeichen des möglichen Gebrauchs wird. Man behauptet also (Barthes, 1964 a), daß, weil Gesellschaft da ist, jede Funktion sich automatisch in *Zeichen dieser Funktion* verwandelt. Dies ist möglich, weil Kultur da ist. Doch Kultur ist da, nur weil dies möglich ist.

Betrachten wir nun ein Phänomen wie das des Verwandtenaustausches. Zunächst muß das Mißverständnis ausgeräumt werden, daß jeder „Austausch" „Kommunikation" sei (so wie mancher denkt, daß jede Kommunikation „Transport" sei). Es stimmt, daß jede Kommunikation einen Austausch von Signalen impliziert (so wie der Austausch von Signalen „Transport" von Energie impliziert). Es gibt aber Austausch, wie den Warenaustausch (oder den Frauenaustausch), der nicht nur Austausch von Signalen, sondern von Materie, von konsumierbaren Körpern ist. Es ist gewiß möglich, den Warenaustausch als semiotische Erscheinung zu interpretieren (Rossi-Landi, 1968), aber nicht deshalb, weil der Warenaustausch körperlichen Austausch impliziert, sondern weil im Austausch der *Gebrauchswert* der Ware sich in *Tauschwert* verwandelt – und man folglich einem *Symbolisierungsprozeß* beiwohnt, der dann von der Erscheinung des Geldes perfektioniert wird, das für „etwas anderes" „steht", wie dies auch bei den Zeichen geschieht.

In welchem Sinne wäre dann der Austausch von Frauen, die in diesem Rahmen als physische Gegenstände erscheinen, welche mittels physiologischer Handlungen zu gebrauchen sind (zu „konsumieren", wie es beim Essen und bei anderen Waren geschieht), ein symbolischer Vorgang? Wenn die Frau nur der physische Körper wäre, mit dem der Mann sexuelle Beziehungen unterhält, um Kinder zu zeugen, dann könnte man nicht erklären, warum nicht *jeder* Mann sich mit *jeder* Frau verbindet. Weil der Mann von ein paar Konventionen gezwungen wird, *eine* auszuwählen (oder auch mehrere, je nach den Sitten) nach ganz genauen und unaufhebbaren Auswahlregeln? Weil es nur der symbolische Wert der Frau ist, der sie innerhalb des Systems mit den anderen Frauen *kontrastiv* macht. In dem Moment, in dem die Frau „Ehefrau" wird, ist sie nicht mehr nur ein physischer Körper: sie ist ein *Zeichen,* das ein System gesellschaftlicher Verbindlichkeiten konnotiert (Lévi-Strauss, 1947).

Es ist nun also klar, wie unsere erste Hypothese aus der Semiotik eine allgemeine Theorie der Kultur macht und letztenendes die kulturelle Anthropologie ersetzt. Aber wenn man die ganze Kultur auf Kommunikation zurückführt, so bedeutet dies doch nicht, daß man das ganze materielle Leben auf „Geist" oder jedenfalls auf rein geistige Ereignisse zurückführt. Die ganze Kultur *sub specie communicationis* zu betrachten, heißt nicht, daß die Kultur nur Kommunikation ist, sondern daß sie besser und tiefer verstanden werden kann, wenn man sie unter dem Gesichtspunkt der Kommunikation betrachtet, und daß Objekte, Verhaltensweisen, Produktionsverhältnisse und Werte gesellschaftlich als solche funktionieren, weil sie gerade semiotischen Gesetzen gehorchen.

III. 3. Die *zweite Hypothese* bestimmt, daß alle Kulturphänomene Gegenstand von Kommunikation werden können. Wenn man dieser Formulierung auf den Grund geht, stellt man fest, daß sie einfach folgendes meint: jeder Aspekt der Kultur wird zu einer semantischen Einheit. Mit anderen Worten: eine entwickelte Semantik kann nichts anderes sein als die Erforschung aller Aspekte der Kultur als Bedeutungen, die die Menschen sich nach und nach mitteilen. Diese letzte Formulierung scheint stark einschränkend: wenn man sagt, daß ein Objekt (z. B. ein Auto) zu einer semantischen Größe wird, wenn ich mit dem Zeichenträger /*Auto*/ die Bedeutung „Auto" übermittle, so ist das äußerst wenig. In dieser Hinsicht ist es offensichtlich, daß die Semiotik sich auch mit Natriumchlorid beschäftigen müßte (das keine kulturelle Größe ist, sondern eine natürliche), wenn sie das als Bedeutung des Signifikans /*Salz*/ (oder umgekehrt) betrachtet.

Aber unsere zweite Hypothese versucht, etwas mehr zu sagen. Wie wir näher in Abschnitt A sehen werden, behauptet diese Hypothese, daß die Bedeutungssysteme (verstanden als Systeme von kulturellen Größen und Einheiten) Strukturen bilden (semantische *Felder* und *Achsen*), die denselben Gesetzen gehorchen wie die signifikanten Formen. Mit anderen Worten: „Auto" ist nicht allein dann eine semantische Größe, wenn es mit der signifikanten Größe /*Auto*/ zusammengestellt wird, sondern es ist dann eine semantische Größe, wenn es sich auf einer Achse von Oppositionen und Beziehungen mit anderen semantischen Einheiten wie „Schubkarren", „Fahrrad" oder auch „Fuß" (in der Opposition „mit dem Auto" vs „zu Fuß") einfindet. Ein Auto kann auf verschiedenen Ebenen betrachtet werden (von verschiedenen Gesichtspunkten aus):

a) auf der *physikalischen Ebene* (es hat ein Gewicht, ist aus einem bestimmten Metall und aus anderen Materialien hergestellt);

b) auf der *mechanischen Ebene* (es funktioniert und erfüllt eine bestimmte Funktion auf der Grundlage bestimmter Gesetze);

c) auf der *ökonomischen Ebene* (es hat einen Tauschwert, einen bestimmten Preis);

d) auf der *sozialen Ebene* (es hat einen Gebrauchswert, gleichzeitig zeigt es einen bestimmten Status an);

e) auf der *semantischen Ebene* (es fügt sich in ein System semantischer Einheiten ein, mit denen es bestimmte Beziehungen unterhält, die von der strukturalen Semantik untersucht werden; Verhältnisse, die gleich bleiben, auch wenn die signifikanten Formen sich verändern, mit denen wir das Auto bezeichnen, d. h. auch wenn wir statt /Auto/ /car/, /coche/ oder /voiture/ sagen).

Das bisher Gesagte würde genügen, um festzuhalten, daß es *zumindest eine* Art gibt, alle Kulturphänomene auf semiotischer Ebene zu betrachten. Alles, was die Semiotik nicht anders untersuchen könnte, untersucht sie auf der Ebene der strukturalen Semantik. Aber so einfach ist das Problem nicht. Kehren wir z. B. zur Ebene (d), d. h. zur sozialen Ebene, zurück. Wenn das Auto einen bestimmten sozialen Status anzeigt, so erhält es einen symbolischen Wert nicht nur, wenn es als Inhalt einer verbalen oder ikonischen Kommunikation mitgeteilt wird, d. h. wenn die semantische Einheit „Auto" mittels des Signifikans /car/, /voiture/ oder /bagnole/ bezeichnet wird, sondern es hat symbolischen Wert auch dann, wenn es als Gegenstand gebraucht wird, d. h. das Objekt /Auto/ wird zum Signifikans einer semantischen Einheit, die nicht „Auto" ist, sondern z. B. „Geschwindigkeit", „Komfort" oder „Reichtum". Das Objekt /Auto/ wird auch zum Signifikans seines möglichen Gebrauchs. Auf der sozialen Ebene hat der Gegenstand *als Gegenstand* schon eine Zeichenfunktion und ist folglich semiotischer Natur. Folglich verweist die *zweite Hypothese,* derzufolge die Kulturphänomene Inhalte einer möglichen Kommunikation sind, schon auf die *erste Hypothese,* derzufolge die Kulturphänomene als Kommunikationsphänomene angesehen werden müssen. Untersuchen wir nun die Ebene (c), die ökonomische Ebene. Wir sehen sogleich, daß ein Gegenstand aufgrund seines Tauschwerts zum *Signifikans anderer*

Gegenstände werden kann. Und es ist mitnichten ein Vertreter des semiotischen Imperialismus (und folglich der „idealistischen" Versuchung der Semiotik), der uns zu diesem Schluß kommen läßt, sondern ein materialistischer Denker wie Marx.

Im ersten Buch des *Kapitals* zeigt Marx nicht nur, wie jede Ware in einem allgemeinen System der Waren zum Signifikans, das auf eine andere Ware verweist, werden kann, sondern auch, daß dieses Verhältnis gegenseitiger Signifikation möglich ist, weil das System der Waren sich vermittels eines Spieles von Oppositionen strukturiert, ähnlich dem, das die Linguisten ausgearbeitet haben, um die Struktur z. B. des phonologischen Systems zu bestimmen. Und nur, weil jede Ware eine Stelle im System erhält, durch die sie zu anderen Waren in Opposition steht, kann man einen Warencode aufstellen, in welchem man eine semantische Achse einer anderen semantischen Achse entsprechen läßt und die Waren der ersten Achse zu Signifikanten der Waren der zweiten Achse werden, die dann zu deren Signifikaten werden.

Durch die Ausführungen von Marx wird nicht nur festgelegt, daß die Gegenstände der Kultur nach semiotischen Regeln funktionieren, sondern auch, daß in einem allgemeinen semiotischen System jede Größe zum Signifikans oder zum Signifikat werden kann. Auf die gleiche Weise kann auch in der verbalen Sprache ein Signifikans (/*Auto*/) zum Signifikat eines anderen Signifikans (/*car*/) werden innerhalb einer metasprachlichen Rede wie z. B. der auf den vorangegangenen Seiten.

Die zweite Hypothese verweist also auf die erste Hypothese. In der Kultur kann jede Größe zu einem semiotischen Phänomen werden. Die Gesetze der Kommunikation sind die Gesetze der Kultur. Die Kultur kann vollständig unter semiotischem Gesichtspunkt untersucht werden. Die Semiotik ist eine Disziplin, die sich mit der ganzen Kultur beschäftigen kann und muß.

IV. Die Grenzen der Semiotik

IV. 1. Fassen wir zusammen: Die Semiotik untersucht alle kulturellen Prozesse als Kommunikationsprozesse. Ihre Absicht ist es, zu zeigen, wie den kulturellen *Prozessen Systeme* zugrundeliegen. Die Dialektik von System und Prozeß führt zur Aufstellung der Dialektik von Code und Botschaft. Wenn diese drei Voraussetzungen akzeptiert werden, dann hat eine allgemeine Einführung in die Semiotik die folgenden Aufgaben (die den verschiedenen Teilen des Buches entsprechen). Das Buch kann somit als eine „Landkarte" betrachtet werden, die die Grenzen der Semiotik zeichnet, die Gebiete, die ihr zugehören, und die, an deren Grenzen sie haltmachen muß.

Abschnitt A.1. Hier wird der Versuch unternommen, den Unterschied zwischen kultureller Kommunikation und der Information als physikalischem Prozeß zu begründen. Dies sind die Grenzen zwischen *kybernetischem Signal* und dem *Sinn.*

Abschnitt A. 2 Hier soll der Unterschied zwischen *Signifikans* und *Signifikat* begründet werden, und es sollen für eine *Semantik* (die noch nicht existiert) dieselben Möglichkeiten einer strengen Systematisierung bestimmt werden, die die Linguistik für die *Syntax* entwickelt hat. Aber wenn dieser Unterschied geklärt ist, muß gezeigt werden, wie in einem allgemeinen semiotischen System jede Größe sowohl die Stelle des Signifikans als auch die des Signifikats einnehmen kann. In diesem Abschnitt wird auch das Problem des *Referens* in Angriff genommen, und d. h. der Grenzen zwischen den *Zeichen* und den *Sachen.* Die Semiotik nimmt an, daß die Sachen für sich selbst existieren und entzieht sich jeder idealistischen Versuchung. Aber sie muß die Parameter zur Verifizierung der Zeichen mit semiotischen Kategorien und nicht mit dem physikalistischen Rückgriff auf die Sachen begründen – eben weil sie Wissenschaft der Kultur und der gesellschaftlichen Konventionen und nicht Naturwissenschaft ist. Gleichzeitig muß sie die Fälle anerkennen, in denen die Referenten nicht als Objekte der Zeichen, sondern als Elemente des Signifikans in den Kommunikationskreislauf eintreten. In diesem Abschnitt wird auch der Begriff des *Codes* wieder ins Auge gefaßt, indem auch der Vorgang untersucht wird, durch den das Hervorbringen von neuen Botschaften die bestehenden Codes umbildet: man kann nämlich keine *Semiotik des Codes* aufstellen, ohne nicht auch eine *Semiotik der Botschaft* zu entwerfen. Diese Dialektik von Code und Botschaft wird auch in Abschnitt D als Dialektik zwischen Strukturen und historischem Prozeß wieder aufgenommen.

Abschnitt A. 3. Hier wollen wir sehen, wie die Begriffe Signifikans, Signifikat, Code und Botschaft die sogenannte „ästhetische" Erfahrung semiotisch erklären können. In diesem Abschnitt werden folglich die Grenzen zwischen den Erscheinungen der herkömmlichen Kommunikation und jenen Erscheinungen von „unaussprechlicher Pseudo–Kommunikation" gezogen, auf die ein großer Teil der Ästhetik die künstlerische Kommunikation reduziert.

Abschnitt A. 4. Hier werden die Grenzen zwischen der Welt der Zeichen und jenem noch ungenügend untersuchten nebelhaften Gebiet gezogen, das Hjelmslev „Substanz" des Inhalts nennt. Auch die Inhaltssubstanz muß, um mitgeteilt zu werden, sich in eine „Inhaltsform" umbilden, die der Ausdrucksform struktural homolog ist. Aber der Punkt, an dem die Inhaltssubstanz ein außersemiotisches Residuum zu bilden scheint, ist die Welt der *Ideologien*, der Weltanschauungen, die die Wahl der semantischen Systeme als Objekt der Kommunikation bestimmen würden. Wenn es uns gelingt, den Begriff „Ideologie" mit semiotischen Begriffen zu formalisieren, so heißt das, daß wir eine weitere Grenze gezogen haben und eine „terra incognita" beseitigt haben.

Abschnitt A. 5. Hier stellt sich das Problem jener „persuasiven" Praktiken (die von der traditionellen Rhetorik untersucht werden), die sich ästhetische Techniken zunutze machen, nicht um eine mehrdeutige Kommunikation anzuregen, sondern um ideologische Systeme zu vermitteln. Dieses Kapital versucht daher, die klassischen Themen der Rhetorik mit semiotischen Begriffen umzuformulieren.

Abschnitt B. Dieser Abschnitt beschäftigt sich mit denjenigen Kommunikationsphänomenen, die anscheinend nicht auf Konventionen basieren, sondern die auf „natürlichen" oder „analogischen" Prozessen zu basieren scheinen. Dies sind z. B. die visuellen Zeichen und insbesondere die *ikonischen Zeichen.* Indem wir auch diese Phänomene – nach dem linguistischen Modell – auf die Hypothese von der Konventionalität der Codes zurückführen, versuchen wir gleichzeitig zu zeigen, wie das linguistische Modell in allgemeinere semiotische Modelle integriert werden muß und daß die Semiotik nicht nur von linguistischen Modellen beherrscht werden darf. Wir akzeptieren daher die Hypothese Saussures, derzufolge die Linguistik nur eines der Kapitel, wenn auch das wichtigste, der Semiotik sein soll und nicht umgekehrt (wie Barthes, 1964 a, dagegen vorschlägt).

Abschnitt C. Wir unternehmen hier den Versuch, die Grenze zwischen *Zeichen* und *Funktion* zu bestimmen. Wir entwickeln daher eine Semiotik jener Objekte, die anscheinend nichts mitteilen, sondern *zu etwas dienen.* Der Versuch, eine Semiotik der Architektur zu entwickeln, dient dem Beweis von Barthes' Hypothese, daß in jeder Gesellschaft, sobald ein Gebrauch begründet ist, das zu gebrauchende Objekt auch als „Zeichen dieses Gebrauchs" gilt.

Abschnitt D. Dies ist der im herkömmlichen Sinn „philosophischste" Teil des Buches, wo wir versuchen, ein grundlegendes methodologisches Problem zu lösen und eine semiotische Forschung zu ermöglichen, die nicht nur einfach Metaphysik des Zeichens ist. Wir polemisieren hier gegen einen „ontologischen" Strukturalismus, der die semiotischen Gesetze auf natürliche Gegebenheiten zurückführen möchte (auf die Struktur des *Menschlichen Geistes)* und sich damit in unlösbare Aporien verwickelt. Wir schlagen dagegen vor, die semiotischen Gesetze als *Operationsmodelle* zu verstehen. Gleichzeitig wird damit unter dem Aspekt der strukturalen Methodologie ein schon in Abschnitt A behandeltes Problem wieder aufgenommen, das der Dialektik von Code und Botschaft – hier gesehen als Opposition zwischen *strukturaler Logik* und *dialektischer Logik,* zwischen Struktur und Prozeß. Es ist das Problem der diachronischen Dimension der Semiotik.

Schluß. Durch die Wiederaufnahme der Themen der vorangegangenen Abschnitte wird eine letzte Grenze der Semiotik gezogen: die zwischen der Welt der Kommunikation und der Welt der außersemiotischen *Umstände,* in denen die Zeichen ersonnen und ausgetauscht werden. Diese Umstände sind die ökonomischen, physikalischen und biologischen Bedingungen und die geschichtlichen Ereignisse in all ihrer Unvorhersehbarkeit und Komplexität. Das Vorhandensein der Umstände macht es nötig, die letzte Grenze zu ziehen: die zwischen *semiotischem Wissen* und *semiotischer Praxis.* Dieser Punkt könnte als wenig „wissenschaftlich" und als allzu „politisch" erscheinen. Aber eher wäre ein solcher Vorwurf wenig wissenschaftlich. Die Ausübung der Kommunikation wird bestimmt von den außersemiotischen Umständen und trägt gleichzeitig dazu bei, diese zu verändern: die Semiotik darf also nicht nur als eine Theorie der Zeichen betrachtet werden, sondern auch als Methodologie der Praxis der Zeichen. Diese praktische Aufgabe der Semiotik macht jedoch kein besonderes Untersuchungsobjekt des vorliegenden Buches aus. Sie wird nur zum Abschluß kurz skizziert als Hinweis dafür, wie der Leser die vorhergehenden Seiten noch einmal lesen und gebrauchen kann.

IV. 2. Eine letzte Frage, die wir uns stellen, bevor wir unsere Untersuchung beginnen, ist, ob es nicht fruchtbarer wäre, die Existenz eines völlig strukturierten semiotischen Feldes anzunehmen und dessen Architektur theoretisch zu formulieren. D. h., ob es nicht nützlicher wäre, ein Geflecht, ein System von Abhängigkeiten, einen Aufbau der ganzen Disziplin zu konstruieren, der dank seiner Strenge die Untersuchung leiten würde. In dieser Hinsicht wäre das vollständigste Modell das, welches Hjelmslev schon 1943 aufgestellt hat. Aber dieses Modell gibt auch zu manchem Widerspruch Anlaß.

Nach Hjelmslev müßten außer den natürlichen Sprachen auch noch andere Zeichensysteme (die dann wiederum in das System der natürlichen Sprache übersetzbar wären) identifiziert werden, und diese Systeme wären „Semiotiken". Die Semiotiken würden sich in *denotative Semiotiken* und *konnotative Semiotiken* unterteilen. Die denotativen Semiotiken wären solche Semiotiken, bei denen keine der Ebenen (Ausdruck und Inhalt) eine Semiotik ist; die konnotativen Semiotiken hätten als Ausdrucksebene eine denotative Semiotik.
Die Semiotiken würden sich dann in *wissenschaftliche Semiotiken* und in *nicht-wissenschaftliche Semiotiken* unterteilen.
Eine *Semiologie* wäre dann eine Metasemiotik, die eine nicht-wissenschaftliche Semiotik als Objekt untersucht. Eine *Metasemiologie* müßte die besondere Terminologie der Semiologie untersuchen. Hjelmslev schlägt aber auch eine *Meta-(konnotative Semiotik)* vor, die als Gegenstand die konnotativen Semiotiken untersucht. Aber diese Klassifikation läßt viele Fragen ungelöst. Es gibt z. B. Systeme wie die Spiele, die als

Modell für die wissenschaftlichen Semiotiken dienen, die Semiotiken zu nennen Hjelmslev aber zögert; dann kann man fragen, warum eine allgemeine Semiologie nicht alle Semiotiken untersuchen sollte, auch die wissenschaftlichen (wie von vielen Seiten in der Tat vorgeschlagen wird) und die konnotativen.

Schließlich treten für Hjelmslev in den konnotativen Semiotiken *Konnotatoren* auf (Töne, Register, Gesten usw.), die er vorher als nicht zur Ausdrucksform, sondern zur *Substanz* gehörig betrachtet und folglich als traditionell außerhalb jeder semiologischen Betrachtung befindlich, so daß er die Untersuchung dieser materiellen Erscheinungen der Metasemiologie vorbehält. Die Metasemiologie erscheint nun einerseits als metalinguistische Formalisierung der Forschungsinstrumente der allgemeinen Semiologie (und schließt sich so den Vorschlägen einer *Characteristica universalis* an, die wir weiter unten untersuchen), und andererseits nähert sie sich den Untersuchungen einer Disziplin, die sich zu Hjelmslevs Zeiten noch nicht herausgebildet hatte, der *Paralinguistik* (mit ihren wahrscheinlich unabhängigen Fortsetzungen, der *Kinesik* und der *Proxemik*). Außerdem betrifft ein Teil des Gegenstandes der Metasemiologie als Untersuchung der Substanz und der außersprachlichen Erscheinungen die Erforschung der *Universalien der Sprache* und die *Psycholinguistik,* ein anderer Teil aber dieser von der Paralinguistik und der Psycholinguistik untersuchten Aspekte (die Konnotatoren z. B.) würde sowohl zur Metasemiologie als auch zur *Meta-(konnotativen Semiotik)* gehören. Endlich glaubt Hjelmslev, daß die Untersuchungen über diejenigen außersprachlichen Realitäten (soziologische, psychologische, politische, religiöse usw.), die der Analyse der Semiologie als Wissenschaft von den denotativen Semiotiken entgehen, zur *Meta-(konnotativen Semiotik)* gehören. Heute beschäftigt sich aber die semantische Forschung, die für Hjelmslev den denotativen Semiotiken zugeteilt werden sollte, auch mit der Systematisierung von Bedeutungseinheiten, die gerade psychologische und soziale Fakten sind (Systeme der Weltmodellierung für die Kulturtypologie oder Untersuchungen semantischer Felder in besonderen Kulturen).

Diese Bemerkungen wollen Hjelmslevs Systematisierung, die grundlegende Aufklärung gebracht hat, nicht ihres historischen und operationellen Sinnes berauben. Es ist gerade Hjelmslev gewesen, dem nach Saussure bewußt geworden ist, daß „wir keine Nicht-Semiotik finden, die nicht Bestandteil einer Semiotik ist, und letztenendes keinen Gegenstand, der nicht von der Schlüsselposition der Sprachtheorie beleuchtet wird … Die Sprachtheorie gelangt durch eine innere Notwendigkeit dazu, nicht nur das Sprachsystem zu erkennen, in seinem Schema und seinem Gebrauch, in seiner Totalität und in seiner Individualität, sondern auch den Menschen und die menschliche Gesellschaft hinter der Sprache und die ganze Sphäre des menschlichen Wissens durch die Sprache." (Hjelmslev, 1943, S. 111–112). Hjelmslev hat die Linguisten (und die allgemeine Semiotik) auf das Problem der Existenz und der eventuellen Identifikation der relevanten Elemente des Inhalts aufmerksam gemacht.

Wir glauben jedoch, daß es beim gegenwärtigen Stand der Forschung unmöglich ist, deren Architektur zu bestimmen und damit das Feld in eine definitive Hierarchie von Semiotiken und Metasemiotiken einzuspannen. Die Semiologie ist, wie Todorov (1966 c) bemerkt, eine Wissenschaft, die postuliert wurde, bevor sie existierte. Ihre Begriffe entstammen nicht einer empirischen Notwendigkeit, sondern sind a priori gesetzt. So glaubt er, Unterteilungen als unwesentlich betrachten zu können, die sich später als sehr wichtig herausstellen werden. Die Notwendigkeit, Grundbegriffe a priori zu postulieren, darf uns nicht dazu führen, *alle* Begriffe der Semiotik a priori zu postulieren, sondern nur die, ohne welche es unmöglich wäre, überhaupt irgendwelche Überlegungen zu beginnen. Der Rest wird sich nach und nach im Laufe der Klärung der Gedanken bilden.[5]

IV. 3. Das vorliegende Buch will folgendermaßen in die semiotische Forschung einführen: es bestimmt an verschiedenen Punkten

---

5 Andere Versuche, das Feld zu hierarchisieren, sh. Metz (1966 b) und Greimas (1970) in seinem Artikel „Considérations sur le langage", wo der Plan Hjelmslevs wieder aufgenommen wird und wo die Formalisierungen der Naturwissenschaften als „Semiotiken" und die Formalisierungen der Humanwissenschaften als „Semiologien" definiert werden. Greimas schlägt außerdem vor, den Terminus „Semiotik" für die Wissenschaften vom Ausdruck zu gebrauchen und den Namen „Semiologie" den Wissenschaften vom Inhalt vorzubehalten. Es sind verschiedene andere Klassifikationen vorgeschlagen worden, abgesehen von den Klassifikationen von Peirce und Morris oder anderer Autoren, auf die wir im Laufe dieses Buches noch zu sprechen kommen. Die semiolinguistische Abteilung des Laboratoire d'Anthropologie sociale de l'Ecole Pratique des Hautes Etudes et du Collège de France unterscheidet zwischen: 1. Semiotischer Theorie (Allgemeines, diachronische Dimension, wissenschaftliche Metasprachen); 2. Linguistik (Semantik, Grammatik, Phonetik und Phonologie); 3. Semiotik der literarischen Formen und Gegenstände (literarische Semiotik, Poetik, Erzählstrukturen); 4. Verschiedenen Semiotiken. Die sowjetischen Forscher von Tartu unterscheiden von den linguistischen Forschungen die Systeme sekundärer Modellierung, die sich auf das primäre denotative System der

(von verschiedenen Gesichtspunkten aus, in verschiedenen Richtungen und „Dimensionen") die *Schwelle,* diesseits welcher ein semiotisches Phänomen vorliegt und jenseits welcher etwas liegt, wovon die Semiotik trotz ihres legitimen „Imperialismus" nicht sprechen kann.

Beim Aufzeigen dieser „Schwellen" hat das Buch gewisse Lücken und Schwerpunkte: es geht bestimmten Problemen tiefer auf den Grund und läßt andere in der Schwebe: a) Es geht weiter voran, wo es Klärungsmöglichkeiten entdeckt; b) es hält sich auf der Ebene von einführenden Hypothesen, wo es einen Weg vermutet, wo aber eingehendere Untersuchungen fehlen; c) es geht über die Punkte hinweg, für die schon zufriedenstellende Untersuchungen vorliegen. In dieser Hinsicht ist das Buch, auch wenn es einen systematischen Aufbau hat, keine Abhandlung, sondern eine Sammlung von Artikeln, die auch getrennt gelesen werden können. Dieser systematische Anspruch, dem aber kein System entspricht, sollte nicht als Schuld oder Mangel des Buches betrachtet werden. Er spiegelt den heutigen Zustand dieser im Entstehen begriffenen Disziplin der Semiotik wieder, die ihren Gegenstand durch systematische Raster betrachtet, ohne noch zu wissen, was das für ein Gegenstand (in seiner ganzen Ausdehnung) ist, noch ob er durch diese Raster definiert werden kann.

Sprache stützen (vgl. *Trudy po znakovym sistemam,* II, Tartu 1965). In *Approaches to Semiotics* (S. 232) schlägt Erving Goffman folgende Unterscheidung vor: 1. „detective model", das wären *Indices;* 2. semantische Codes; 3. Kommunikationssysteme im engeren Sinn; 4. Soziale Beziehungen; 5. Wechselwirkungserscheinungen zwischen zwei Sprechern.

A. SIGNAL UND SINN

1. DIE WELT DES SIGNALS

Wenn jedes Kulturphänomen ein Kommunikationsphänomen ist und nach den Schemata erklärt werden kann, die jedem Kommunikationstatbestand zugrundeliegen, *dann muß man die elementare Struktur der Kommunikation dort aufsuchen, wo Kommunikation sozusagen minimal stattfindet,* d. h. auf der Ebene der Übertragung von Information zwischen zwei mechanischen Apparaten. Nicht etwa, weil die komplexeren Kommunikationserscheinungen (die der ästhetischen Kommunikation eingeschlossen) auf die Übertragung eines Signals von einer Maschine auf eine andere zurückgeführt werden könnte, sondern weil es nützlich ist, das Kommunikationsverhältnis in seiner wesentlichen Dynamik dort aufzuzeigen, wo es sich mit größter Evidenz und Einfachheit abzeichnet und uns die Konstruktion eines elementaren *Modells* erleichtert. Nur wenn es uns gelingt, dieses Modell zu bestimmen, das fähig sein sollte, auch auf den Ebenen größerer Komplexität zu funktionieren (sei es auch durch Differenzierungen und Komplikationen verschiedener Art), erst dann können wir von *allen* Kulturphänomenen unter dem Gesichtspunkt der Kommunikation sprechen.

I. Ein Kommunikationsmodell

I. 1. Nehmen wir eine der einfachsten Kommunikationssituationen an[1]: Man will im Tal wissen, wann ein Stausee, der zwischen zwei Bergen liegt, ein bestimmtes Sättigungsniveau erreicht, das wir als Alarmniveau definieren.

Wir definieren das Alarmniveau als Punkt 0.

Ob Wasser vorhanden ist oder nicht, ob es über oder unter dem Punkt 0 steht, wieviel darüber oder darunter, mit welcher Geschwin-

---

1 Das folgende Beispiel wurde angeregt durch den Artikel von Tullio De Mauro: „Modelli semiologici – L'arbitrarietà semantica", in *Lingua e stile,* I. 1. Dieser Artikel ist eine der klarsten und nützlichsten Einführungen in die Probleme der Codifizierung.

digkeit es steigt, all das – und anderes mehr – stellt eine Reihe von *Informationen* dar, die mich vom Stausee erreichen können, welchen ich daher als eine Information*quelle* betrachte.

Nehmen wir an, daß es im Becken ein Gerät gibt (z. B. eine Art Schwimmkörper), das bei Erreichen des Niveaus 0 ein *Sendegerät* in Gang setzt, welches ein *Signal* (z. B. ein elektronisches Signal) ausstoßen kann. Dieses Signal wird durch einen *Kanal* (einen Elektrodraht, Radiowellen usw.) geleitet und von einem Empfangsgerät aufgefangen. Dieses *Empfangsgerät* verwandelt das Signal wieder in eine bestimmte Form zurück, welche die an den *Empfänger* gerichtete *Botschaft* bildet. In unserem Fall ist der Empfänger ein anderer Apparat, der entsprechend instruiert ist, so daß er beim Empfang der Botschaft eine Korrektur der Ausgangssituation auslöst (z. B. einen feed-back-Mechanismus, der die Wasserentleerung im Becken besorgt).

Eine Kommunikationskette dieser Art arbeitet in vielen als Homöostaten bezeichneten Apparaten, die z. B. dafür sorgen, daß eine bestimmte Temperatur nicht eine vorher festgelegte Grenze überschreitet, indem sie sofort Korrekturen der Wärmesituation an der Quelle vornehmen, sobald sie eine entsprechend codifizierte Botschaft erhalten. Eine solche Kommunikationskette können wir aber auch bei einer Kommunikation durch das Radio feststellen: Die Informationsquelle ist der Sprecher der Botschaft, der, nachdem er eine bestimmte Menge von mitzuteilenden Ereignissen identifiziert hat, diese Ereignisse dem Sendegerät (dem Mikrophon) zukommen läßt, das sie in physikalische Signale umwandelt, die durch den Kanal geschickt werden (Hertzwellen) und von einem Empfangsgerät aufgefangen werden, welches sie wieder in *Botschaft* (artikulierte Laute) verwandelt, die der *Empfänger* erhält. Wenn ich mit einem anderen Menschen spreche, ist mein Gehirn die Informationsquelle und das des Anderen der Empfänger. Meine Sprechwerkzeuge sind das Sendegerät und sein Ohr das Empfangsgerät (vgl. Weaver, 1949).

Wie wir sehen werden, wird dieses Verhältnis aber komplizierter, wenn darin zwei menschliche Wesen, jedes an einem Ende der Kette, erscheinen. Kehren wir also zu unserem Modell zurück, das sich auf zwei Maschinen an den entgegengesetzten Polen bezieht.

I. 2. Um den Empfänger zu benachrichtigen, wenn das Wasser das Niveau 0 erreicht, muß man ihm eine Botschaft schicken. Wir denken bei dieser Botschaft an ein Lämpchen, das im gegebenen Augenblick aufleuchtet – aber es ist wohl klar, daß das Empfangsgerät, das keine Sinnesorgane hat, das brennende Lämpchen nicht zu „sehen" braucht. Dem Apparat kann etwas anderes genügen, wie das Einschalten eines Schalters oder das Öffnen eines Stromkreises. Wir stellen uns jedoch – der Einfachheit halber – die Botschaft weiterhin als Lämpchen vor.

Das Lämpchen bildet schon den Anfang eines *Code: /brennendes Lämpchen/* bedeutet „Niveau O erreicht", während */ausgeschaltetes Lämpchen/* „Niveau unter O" bedeutet. Der Code stellt schon eine Entsprechung zwischen einem *Signifikans* (dem brennenden oder ausgeschalteten Lämpchen) und einem *Signifikat* her. Im hier vorliegenden Fall ist das Signifikat nur *die Anordnung, daß der Apparat auf eine bestimmte Art dem Signifikans antworten muß.* Jedoch unterscheidet sich auch in dieser Hinsicht das Signifikat vom *Referens,* d. h. von dem Phänomen in der Wirklichkeit, auf das sich das Zeichen bezieht (d. h. vom Niveau 0), weil der Apparat ja nicht „weiß", daß das Wasser ein bestimmtes Niveau erreicht hat, sondern nur instruiert worden ist, dem Signal „brennendes Lämpchen" einen gewissen Wart zu geben und entsprechend darauf zu reagieren.[2]

Im übrigen gibt es ein Phänomen, das als *Geräusch* bekannt ist. Geräusch ist eine Störung, die im Kanal auftritt und die physische Struktur des Signals verändern kann. Es kann sich dabei um eine Reihe von elektrischen Entladungen handeln oder um eine unvorhergesehene Stromunterbrechung, die bewirkt, daß die Störung „ausgeschaltetes Lämpchen" (wegen Stromunterbrechung) als Botschaft verstanden wird („Wasser unterhalb von 0").

Es hat sich nun eine Kommunikationssituation abgezeichnet, die dem Schema 1 entspricht:

---

2 Von nun an ist klar, daß das Paar Signifikans – Signifikat auch funktioniert, wenn die Maschine durch einen Irrtum oder aus Bosheit *lügt,* d. h. auch wenn das Referens anders ist oder nicht existiert.

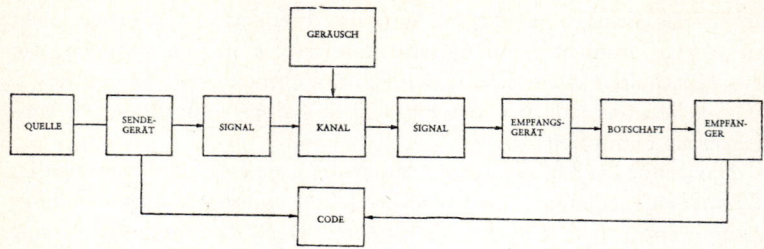

I. 3. *Um das Risiko des Geräuschs auf ein Minimum zu reduzieren, muß ich den Code komplizieren.* Nehmen wir an, ich bringe zwei Lämpchen A und B an. Wenn A brennt, bedeutet das, daß alles gut verläuft; wenn A ausgeht und B aufleuchtet, bedeutet das, daß das Wasser über 0 gestiegen ist. In diesem Fall habe ich den „Aufwand" der Kommunikation verdoppelt, aber die Möglichkeit von Geräusch verringert. Eine Stromunterbrechung würde beide Lämpchen zum Erlöschen bringen, und der von mir eingeführte Code sieht die Möglichkeit „zwei erloschene Lämpchen" nicht vor: ich wäre somit imstande, die Nicht-Signale von den Signalen zu unterscheiden.

Andererseits besteht immer noch die Gefahr, daß ein besonderer Elektroschaden A statt B aufleuchten läßt oder umgekehrt. Um dieser Gefahr zu begegnen, muß ich die kombinatorischen Möglichkeiten des Codes noch einmal komplizieren. Ich bringe noch zwei Lämpchen an und verfüge sodann über eine Reihe ABCD, auf Grund deren ich bestimmen kann, daß /AC/ = *„sichere Wasserhöhe"* und /BD/ = *„Niveau O"* bedeutet. Auf diese Weise habe ich die Möglichkeiten, daß eine Reihe von Störungen im Kanal die Botschaft verändert, verringert.

Ich habe somit „redundante" Elemente in den Code eingeführt: Der Gebrauch von zwei Lämpchen, die zwei anderen Lämpchen gegenüberstehen, um das zu sagen, was ich auch mit dem einfachen Wechsel brennend-ausgeschaltet in einem einzigen Lämpchen sagen konnte, erlaubt es mir, die Botschaft zu wiederholen und sie auf eine Form von Wiederholung zu stützen.

Aber die Redundanz bedeutet nicht nur, daß ich die Botschaft wiederholen kann, um sie abzusichern: Redundanz bedeutet auch, daß der solcherart komplizierte Code es mir erlauben *könnte,* andere Arten von Botschaften mitzuteilen. Der Code, der über die Elemente ABCD verfügt, läßt nämlich verschiedene Kombinationen zu: z. B. A – B – C – D – AB – BC – CD – AC – BD – AD – ABC – BCD – ACD – ABD – und auch die alternierenden Formen /AB – CD/ oder /A – C – B – D/ usw. Der Code setzt ein *Repertoire von Symbolen* fest, unter denen ich die aussuchen kann, die bestimmten Erscheinungen zuzuordnen sind. Die anderen können als *Reserve* bleiben, als nichtsignifikante Möglichkeiten (erkennbar falls sie durch Geräusch in Erscheinung treten sollten), die zur Bezeichnung anderer Phänomene bereitstehen.

Jedenfalls kann mein Code nunmehr etwas mehr bezeichnen als bloß das Gefahrniveau 0. Ich kann eine Reihe von Wasserständen markieren, von völliger Gefahrlosigkeit bis zur Vorgefahr (ich nenne sie die Niveaus −3, −2, −1 usw.), und eine Reihe von Wasserständen oberhalb von 0 (+1, +2, +3), von der Alarmsituation bis zur höchsten Gefahrensituation; und jedem dieser Niveaus kann ich eine Kombination des Codes entsprechen lassen.

I. 4. Worauf basiert die Übertragung eines Signals? Auf einer *alternativen Wahl,* die wir als eine *Opposition zwischen „ja" und „nein"* bezeichnen können. Entweder brennt das Lämpchen oder es ist ausgeschaltet (entweder fließt Strom oder nicht). Auch in dem Fall, in dem das Empfangsgerät kein Lämpchen „sieht", sondern auf einen elektrischen Impuls reagiert, ändert sich der Vorgang nicht. Es liegt eine binäre Opposition vor, eine maximale Schwankung zwischen 1 und 0, zwischen ja und nein, zwischen an und aus. Auf dieser Schwankung basiert die Informationstheorie.

Die Prinzipien der Informationstheorie sind gut bekannt. Es scheint uns jedoch aus zwei Gründen angebracht, sie hier kurz und in offensichtlich populärer Form zusammenzufassen: a) da wir das Gebiet der Informationstheorie von dem umfassenderen Gebiet der Semiotik unterscheiden müssen, müssen wir mit Gewißheit wissen, *wovon wir sprechen;* b) leider werden die Prinzipien der Informationstheorie außerhalb der Ausführungen der Spezialisten als Fetische oder *flatus vocis* gebraucht. So geschieht es, daß Termini wie „Information", „Entropie" o. ä. oft metaphorisch gebraucht werden. Sie müssen daher mit Geduld auf ihre ursprüngliche Bedeutung zurückgeführt werden.

II. 1. Wenn wir wissen, welches von zwei Ereignissen eintreten wird, haben wir eine Information. Man nimmt an, daß die beiden Ereignisse die gleiche Wahrscheinlichkeit haben, sich zu verwirklichen, und daß daher unsere Unkenntnis bezüglich der Wahrscheinlichkeitsdisjunktion total ist. Die Wahrscheinlichkeit ist das Verhältnis zwischen der Zahl der Fälle, die eine Realisierung des Ereignisses begünstigen, und der Zahl der möglichen Fälle. Wenn ich eine Münze in die Luft werfe (und Zahl oder Wappen erwarte), habe ich eine Wahrscheinlichkeit von 1:2 für jede Seite der Münze.

Im Falle des Würfels, wo sechs Seiten vorliegen, habe ich für jede Seite eine Wahrscheinlichkeit von 1:6 (falls ich zwei Würfel werfe, ist die Wahrscheinlichkeit, daß zwei unabhängige Ereignisse zusammen eintreten – daß es mir z. B. gelingt, sechs und fünf zu werfen, vom Produkt der einzelnen Wahrscheinlichkeiten gegeben: und ich hätte in diesem Fall 1 : 36).

Die Beziehung zwischen einer Reihe von Ereignissen und der Reihe der damit verbundenen Wahrscheinlichkeiten ist das Verhältnis zwischen einer arithmetischen Progression und einer geometrischen Progression, und die zweite Reihe stellt den Logarithmus der ersten dar.

D. h.: gegeben ein Ereignis und 64 Wahrscheinlichkeiten verschiedener Realisierung (z. B. welches der Felder des Schachbretts wird ausgewählt?), dann erhalte ich, wenn ich erfahre, welches Ereignis eingetreten ist, eine Information gleich dem $lg_2 64$ (gleich 6). D. h., um eines von vierundsechzig gleichwahrscheinlichen Ereignissen zu identifizieren, sind sechs Disjunktionen oder binäre Wahlen nötig gewesen.

Diesen Mechanismus kann das Schema 2 besser erklären, das uns zeigt (die beteiligten Elemente sind zur Erleichterung der Operation verringert worden), wie bei acht gegebenen Ereignissen, deren Vorkommen man nicht voraussagen kann, da sie die gleiche Wahrscheinlichkeit der Verwirklichung haben, die Identifikation eines dieser Ereignisse mittels binärer Wahlen drei Wahlvorgänge, drei Optionen, drei Alternativen impliziert.

Die Punkte binärer Disjunktion sind mit Buchstaben bezeichnet. Und man sieht, daß drei binäre Wahlen getroffen werden müssen, um das Ereignis 5 zu identifizieren: 1) von A aus wähle ich zwischen

B_1 oder B_2; 2) von B_2 aus gehe ich gegen C_3; 3) von C_3 aus wende ich mich 5 statt 6 zu.

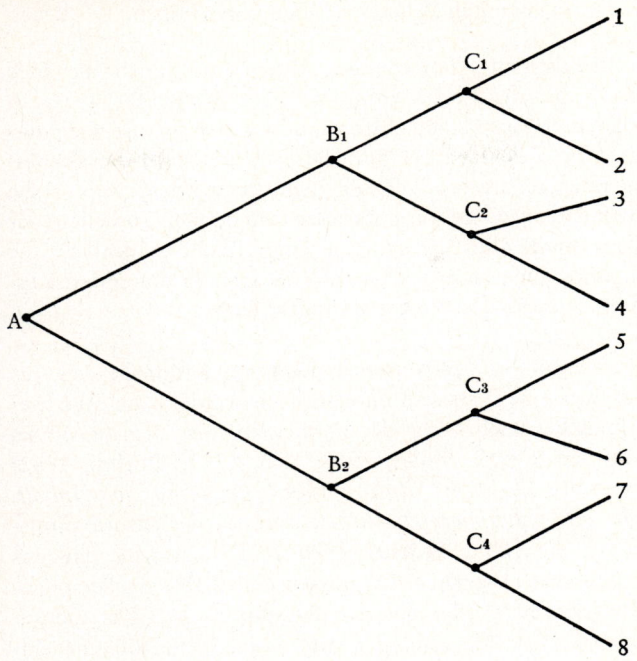

Da hier ein Ereignis aus acht zu bestimmen war, ist der logarithmische Ausdruck dieser Sachlage:

$$\lg_2 8 = 3.$$

Die Informationstheorie nennt Informationseinheit oder *bit* (von „binary digit", d. h. „binäres Signal") die Einheit der binären Disjunktion, die man zur Identifikation einer Alternative braucht. Man sagt also, daß ich im Falle der Identifikation eines Elements aus acht 3 bit Information erhalten habe; im Falle der vierundsechzig Elemente hatte ich 6 bit erhalten.

Mit der Methode der binären Disjunktion ist es möglich, ein Ereignis aus einer unendlichen Anzahl möglicher Ereignisse zu identifizieren. Man braucht nur ständig in einer Reihe sukzessiver Verzweigungen fortzuschreiten, indem man nach und nach die auftretenden Alternativen eliminiert. Dies ist bekanntlicherweise das Verfahren, dem die sogenannten „digitalen" Computer folgen.

II. 2. Die linguistischen Forschungen legen uns jedoch die Idee nahe, daß auch auf der Ebene komplizierterer Systeme – wie z. B. der der verbalen Sprache – die Information durch binäre Disjunktion entsteht. Alle Zeichen einer Sprache können durch die Kombination eines oder mehrerer *Phoneme* gebildet werden, welche die mit unterscheidendem Wert ausgestatteten minimalen Einheiten der Lautproduktion sind. Die Anwesenheit eines Phonems schließt die Anwesenheit eines anderen aus, das, wäre es anstelle des ersteren erschienen, die Bedeutung des Wortes verändert hätte.

II. 3. Aber kehren wir zu unserem Kommunikationsmodell zurück. Es muß hier eine Tatsache unterstrichen werden, die man wegen des analogischen Gebrauchs der mathematischen Begriffe oft zu vernachlässigen neigt (vgl. Moles, 1958; Eco, 1962; Dorfles, 1962; usw.), daß nämlich *der Wert „Information" nicht mit dem Inhalt, der mitgeteilt wird, gleichgesetzt werden darf.* In der Informationstheorie *zählt* die mitgeteilte Bedeutung *nicht* (die Tatsache, daß das Ereignis aus den acht möglichen Ereignissen eine Zahl, ein Personenname, ein Lotterieschein oder ein Attribut Gottes ist). Für die Informationstheorie zählt die Zahl der Alternativen, die für eine eindeutige Definition des Ereignisses erforderlich ist, und es zählen die Alternativen, die sich an der Quelle als mitmöglich darstellen. Die Information ist nicht so sehr das, was gesagt wird, *sondern das, was gesagt werden kann.* Die Information ist *das Maß einer Wahlmöglichkeit bei der Selektion einer Botschaft.* Eine mit einem bit berechenbare Botschaft (die Wahl zwischen zwei gleichwahrscheinlichen Möglichkeiten) und eine mit drei bit berechenbare Botschaft (die Wahl zwischen acht gleichwahrscheinlichen Möglichkeiten) unterscheiden sich durch die größere Zahl möglicher Wahlen, die die zweite Situation gegenüber der ersten an der Quelle aufwies. Im zweiten Fall informiert die Botschaft mehr, weil an der Quelle größere Ungewißheit über die Wahl, die getroffen werden würde, bestand. Um ein leichtes und verständliches (aber analogisches und metaphorisches) Beispiel zu geben: in einem Kriminalroman, in dem der Mörder unter einer größeren Anzahl von Personen vermutet wird und wo die Lösung umso unerwarteter kommt, herrscht größere Spannung. *Die Information stellt die Auswahlfreiheit dar, die bei der Bildung einer Botschaft vorliegt, und muß folglich als statistische Eigenschaft der Quelle der Botschaften betrachtet werden.* Anders gesagt: die Information ist jener Wert von Gleichwahrscheinlichkeit unter vielen kombinierbaren Elementen, der umso größer ist, je mehr Auswahlmöglichkeiten bestehen: In einem System, an dem nicht zwei oder acht oder vierundsechzig, sondern *n* Milliarden gleichwahrscheinlicher Ereignisse beteiligt wären, ergäbe der Ausdruck

$$I = \lg_2 10^9 n$$

in der Tat eine höhere Zahl. Und wer eine Botschaft von einer solchen Quelle erhielte, bekäme, wenn ein Ereignis unter *n* Milliarden möglicher Ereignisse identifiziert worden wäre, viele bit Information. Aber es ist klar, daß die empfangene Information schon eine Reduzierung und Verarmung jenes unendlichen Reichtums möglicher Wahlen darstellen würde, der *an der Quelle* bestand, bevor das Ereignis ausgewählt und die Botschaft gesendet wurde.

Die Information mißt also eine Situation von gleicher Wahrscheinlichkeit und einheitlicher statistischer Distribution, die an der Quelle besteht; und dieser statistische Wert wird von den Informationstheoretikern, mit dem der Thermodynamik entnommenen Terminus, *Entropie* genannt (Wiener, 1948; Shannon & Weaver, 1949; Cherry, 1961). *Die Entropie eines Systems ist nämlich der Gleichwahrscheinlichkeitszustand, zu dem seine Elemente tendieren.* Die Entropie wird ansonsten einem Zustand der *Unordnung* gleichgesetzt, in dem Sinne, daß *die Ordnung ein System von Wahrscheinlichkeit ist,* die in das System eingeführt wird, um dessen Verlauf vorhersehen zu können.

Wenn alle Buchstaben des Alphabets, die man mit den Tasten einer Schreibmaschine bilden kann, ein System von höchster Entropie darstellten, dann hätten wir eine Situation von maximaler Information. Da ein auf jeder maschinengeschriebenen Seite 25 Zeilen mit je 60 Anschlägen versehen kann, da die Tastatur der Schreibmaschine 42 Tasten besitzt, von denen jede zwei Schriftzeichen erzeugen kann, und da mit der Taste für den Zwischenraum (der Zeichenwert hat) die Tastatur 85 verschiedene Zeichen erzeugen kann, entsteht hier – nach einem Beispiel von Guilbaud – folgendes Problem: Da 25 Zeilen mit je 60 Anschlägen

1500 Anschläge ermöglichen, wie viele Folgen von 1500 Anschlägen können entstehen, wenn man jedes der 85 verfügbaren Zeichen auf der Tastatur wählt?

Man erhält die vollständige Zahl der Botschaften mit der Länge L, die eine Tastatur mit C Zeichen liefert, wenn man C zur Potenz L erhebt. In unserem Fall wissen wir, daß wir 85^{1500} mögliche Botschaften herstellen können. Dies ist die gleichwahrscheinliche Situation an der Quelle: Die Anzahl der möglichen Botschaften wird durch eine Zahl mit 2895 Stellen ausgedrückt.

Aber wie viele binäre Wahlen sind nötig, um eine der möglichen Botschaften zu identifizieren? Eine ungeheuer hohe Zahl, deren Übertragung einen beachtlichen Aufwand an Zeit und Energie erfordern würde, umso mehr als jede mögliche Botschaft, wie wir wissen, aus 1500 Anschlägen besteht und jedes dieser Zeichen durch aufeinanderfolgende binäre Wahlen unter den 85 von der Tastatur vorgesehenen Zeichen identifiziert werden muß... Die Information an der Quelle, als Freiheit der Wahl, ist beachtlich, aber die Möglichkeit, diese mögliche Information zu übertragen, indem man an der Quelle eine vollständige Botschaft identifiziert, wird ziemlich schwierig (vgl. Guilbaud, 1954).

II. 4. Hier greift nun die ordnende Funktion des Codes ein. Was bewirkt die Einführung eines Codes? Die Kombinationsmöglichkeiten zwischen den beteiligten Elementen und die Anzahl der Elemente, die das Repertoire bilden, werden eingeschränkt. In die gleichwahrscheinliche Situation der Quelle wird ein Wahrscheinlichkeitssystem eingeführt: Bestimmte Kombinationen sind möglich und andere weniger. Die Information der Quelle nimmt ab, die Möglichkeit, Botschaften zu übertragen, nimmt zu.

Shannon (1949; vgl. auch Hartley, 1928; Rapaport, 1953) definiert die Information einer Botschaft, die N Wahlen unter h Symbolen impliziert, als:

$$I = N \lg_2 h$$

(eine Formel, die an die der Entropie erinnert).

Eine Botschaft, die unter einer äußerst hohen Anzahl von Symbolen ausgewählt werden müßte, zwischen denen eine astronomische Zahl von Kombinationen möglich wäre, wäre nun zwar sehr informativ, wäre aber unübertragbar, weil sie zu viele binäre Wahlen erfordern würde (und die binären Wahlen kosten etwas, da sie elektrische Impulse, mechanische Bewegungen oder auch einfach geistige Operationen sein können: und jeder Übertragungskanal läßt nur die Übertragung einer gewissen Anzahl solcher Wahlen zu). Folglich muß man, um die Übertragung zu ermöglichen und um

Botschaften bilden zu können, die Werte von N und h reduzieren. Es ist einfacher, eine Botschaft zu übertragen, die mir Informationen über ein System von Elementen liefern soll, deren Kombinationen von einem System von vorher festgelegten Möglichkeiten geregelt werden. Je weniger Alternativen es gibt, desto leichter ist die Kommunikation.

Der Code führt mit seinen Ordnungskriterien diese Kommunikationsmöglichkeiten ein; *der Code stellt ein Wahrscheinlichkeitssystem dar, das über die Gleichwahrscheinlichkeit des Ausgangssystems gelegt wird, um dieses kommunikativ zu beherrschen.* Es ist auf jeden Fall nicht der statistische Wert „Information", der dieses Ordnungselement erforderlich macht, sondern deren Übertragbarkeit.

Mit der Auferlegung des Codes verringert eine Quelle mit hoher Entropie, wie z. B. die Tastatur der Schreibmaschine, ihre Wahlmöglichkeiten; sobald ich mit dem Code deutsche Sprache ans Schreiben gehe, besitzt die Quelle eine geringere Entropie. Mit anderen Worten: aus der Tastatur können keine 85^{1500} mögliche Botschaften von einer Seite entstehen, sondern eine viel geringere Anzahl, die von Wahrscheinlichkeitsregeln reguliert wird, einem System von Erwartungen entspricht und folglich viel eher vorhersehbar ist. Auch wenn natürlich die Anzahl möglicher Botschaften auf einer maschinengeschriebenen Seite immer noch sehr hoch ist, so schließt doch das vom Code eingeführte Wahrscheinlichkeitssystem aus, daß in meiner Botschaft Buchstabenfolgen wie /xwxwsxdewvxvx/ erscheinen können (außer im Fall metalinguistischer Formulierungen wie der hier vorliegenden). Es schließt aus, daß nach einer Folge von Symbolen /str/ der Buchstabe /q/ folgen kann, und läßt vorhersehen, daß dagegen ein Vokal folgen kann (von dessen Erscheinen dann mit einer auf Grund des Vokabulars berechenbaren Wahrscheinlichkeit das Wort /Stroh/, /Strafe/, /Strudel/ usw. abhängen könnte). Die Existenz des Codes, wenn sie auch Kombinationen verschiedener Art ermöglicht, schränkt doch die Zahl der Auswahlmöglichkeiten beträchtlich ein.

III. Einleitende Bestimmung des Begriffes „Code"

III. 1. Von jetzt an muß aber ein Problem geklärt sein, das in vielen semiotischen Ausführungen nicht zufriedenstellend gelöst ist.

Dieses Problem betrifft den Begriff des Codes. In den vorangegangenen Abschnitten wurde das Wort „Code" in zweifacher Bedeutung gebraucht, in einer engeren und in einer weiteren Bedeutung. Kehren wir für einen Moment zum Beispiel der Tastatur der Schreibmaschine zurück. Der Code, der die anfängliche Gleichwahrscheinlichkeit einschränkt und so ein System von Wiederholungen herstellt und gewisse Symbolkombinationen ausschließt, ist ein System von rein *syntaktischen* Regeln (er legt Vereinbarkeiten und Unvereinbarkeiten fest, wählt bestimmte Symbole als zugehörig aus und schließt andere als nicht zugehörig aus). In demselben Sinn wählt der Code unseres anfänglichen (in 1. II. 2. beschriebenen) Kommunikationsmodells ein Repertoire von Symbolen aus (z. B. ABC, AB, BC usw.) und schließt andere aus (z. B. ABD oder BCD).

Aber der Code unseres Ausgangsmodells macht außerdem auch noch etwas anderes: Er setzt fest, daß jedem ausgewählten Symbol eine Wasserhöhe entspricht: er sagt z. B., daß /ABC/ „Niveau O" bedeutet. Er stellt also *semantische* Regeln auf.

Gewöhnlich versteht man in den semiotischen Forschungen unter „Code" beide Verfahren. Diese Verwirrung ist aus einem subtilen Grund gerechtfertigt: Wenn ein Code nämlich auf rein syntaktische Art und Weise bestimmte kombinierbare Einheiten unter Ausschluß anderer ausgewählt hat, dann eben deshalb, weil diese Operation dazu diente, eine semantische Funktion zu ermöglichen. Der Code unseres Ausgangsmodells selektioniert nur bestimmte Kombinationen, weil er die praktische Funktion hat, bestimmte Wasserhöhen anzuzeigen.

Im Wasserbecken könnten sich Phänomene verschiedenster Art ereignen. Das Wasser könnte unendlich viele Höhen mit infinitesimalen Unterschieden einnehmen. Wenn man alle möglichen Wasserhöhen mitteilen müßte, müßte man ein sehr großes Repertoire von Symbolen verwenden. Aber es würde nichts nützen, wenn man wüßte, daß das Wasser um einen oder zwei Millimeter gefallen oder gestiegen ist. Der Code wählt daher diskontinuierliche, diskrete, aus dem Kontinuum der möglichen Tatsachen herausgeschnittene Situationen aus und bestimmt diese zu *Einheiten,* die für die Zwecke der interessierenden Kommunikation *relevant* sind. Wenn man einmal bestimmt hat, daß es interessiert, ob das Wasser vom Niveau −2 zum Niveau −1 steigt, dann ist die Tatsache, daß das Wasser ein paar Zentimeter oder ein paar Millimeter über −2 steht- ohne Interesse. Das Niveau ist erst dann nicht mehr −2, wenn es −1 ist. Der Rest ist *irrelevant*. Man kann daher einen Code entwickeln, der von den zahlreichen zwischen den vier Symbolen möglichen Kombinationen nur einige als die wahrscheinlichsten vorsieht. Z. B.:

A		AB = −3	BCD	
B	Elemente ohne Bedeutung, mit rein unterscheidendem Wert	BC = −2	ACD	nicht vorgesehene Kombinationen
D		CD = −1	ABD	
		ABC = 0	AB—CD	
		AC = +1		
C		BD = +2	A—C—B—D	
		AD = +3	usw.	

In diesem Sinn kann das Empfangsgerät so instruiert werden, daß es auf angemessene Weise auf die vorgesehenen Kombinationen reagiert und daß es nicht auf die nicht vorgesehenen Kombinationen reagiert, die es als Geräusch versteht. Nichts schließt aus – wie gesagt –, daß die nicht vorgesehenen Kombinationen genutzt werden können, wenn man die Wasserstände weiter differenzieren will. Damit bestimmt man andere relevante Einheiten im Code.

III. 2. Aber von einem informationstheoretischen Gesichtspunkt aus können die semantischen Äquivalenzen ignoriert werden und folglich auch die funktionalen Gründe, derentwegen der Code sich durch eine Auswahl ganz bestimmter Symbole und ganz bestimmter Kombinationen strukturierte. Was zählt, ist, daß sich in die entropische anfängliche Unordnung ein Wahrscheinlichkeitssystem eingefügt hat, das die Information (als statistische Größe *vor* der Botschaft) einschränkt und deren Übertragung ermöglicht (wie wir in 1. II. 4. gesagt haben).

Solange wir also das Signal als von der Informationstheorie mathematisch berechenbare Größe untersuchen, interessiert uns der Code nur im ersten Sinn, d. h. im engeren Sinn. In diesem engen (und rein syntaktischen) Sinn kann ein Code einfach ein *codifizierendes System* genannt werden. Ein solches System ist das, was in anderen Kontexten als *Struktur* bezeichnet wird.

Wenn man auch von Struktur erst in Bezug auf Codes im vollen Sinne des Wortes wird sprechen können, so ist es doch sehr wichtig, festzustellen, ob und wie sich der Begriff der Struktur schon auf diesem elementaren Niveau klärt.

Bevor wir jedoch zur elementaren Definition der Struktur übergehen, muß noch ein letztes Wort bezüglich des Verhältnisses von Information und codifizierendem System gesagt werden.

III. 3. Der Begriff der Information als Möglichkeit und Freiheit der Wahl an der Quelle hat sich hier in zwei Begriffe gespalten, die intensionell gleich (es handelt sich um ein Maß der Freiheit der Wahl), aber extensionell verschieden sind. Wir haben nämlich einerseits eine *Information der Quelle:* Diese muß (in Ermangelung von hydrographischen und meteorologischen Elementen, die es mir erlauben würden, Vorhersagen zu machen) als Gleichwahrscheinlichkeit betrachtet werden: das Wasser kann alle möglichen Höhen haben.

Diese Information der Quelle wird vom codifizierenden System korrigiert, das ein Wahrscheinlichkeitssystem etabliert. An die Stelle der statistischen Unordnung setzt es eine probabilistische Ordnung.

Wir haben aber andererseits eine *Information des codifizierenden Systems* (und folglich jedes Codes im weiten Sinn): auf Grund des Codes kann ich nämlich sieben verschiedene Botschaften ausarbeiten, die untereinander gleichwahrscheinlich sind. Der Code hat innerhalb des physikalischen Systems eine Ordnung eingeführt und die Informationsmöglichkeiten eingeschränkt, aber in Bezug auf die Botschaften, die er erzeugen kann, stellt der Code selbst, wenn auch nur in beschränktem Maße, ein gleichwahrscheinliches System dar (das nur von der Sendung einer einzelnen Botschaft eingeschränkt werden kann). Da die einzelne Botschaft eine konkrete Form darstellt, eine Auswahl dieser einen bestimmten Symbolfolge, bildet sie eine definitive Ordnung (wie weit diese geht, werden wir später sehen), die sich über die (partielle) Unordnung des Codes legt.

Begriffe wie Information (gegenüber Botschaft), Unordnung (gegenüber Ordnung), Gleichwahrscheinlichkeit (gegenüber Wahrscheinlichkeitssystem) sind *relative* Begriffe. Die Quelle ist entropisch in Bezug auf den Code, der daraus die *für die Kommunikation relevanten Elemente* auswählt, aber der Code besitzt eine relative Entropie in Bezug auf die zahlreichen Botschaften, die er erzeugen kann.

Ordnung und Unordnung sind relative Begriffe: Man ist ordentlich in Bezug auf eine vorherige Unordnung und unordentlich in

Bezug auf eine nachfolgende Ordnung, genau wie man jung ist in Bezug auf seinen eigenen Vater und alt in Bezug auf den eigenen Sohn, libertin in Bezug auf das eine System moralischer Regeln und streng in Bezug auf ein anderes, dehnbareres.

Diese Unterscheidung wird sich als nützlich erweisen, wo wir einen dritten Typ von Information, die *Information der Botschaft,* anerkennen müssen (in 2. XIV.).

Der Gebrauch des Terminus „Information" in drei verschiedenen Fällen stellt keine analogische oder metaphorische Freiheit dar; wir haben ja doch bestimmt, daß „Information" in allen Fällen bedeutet: *das Maß der Freiheit der Wahl innerhalb eines bestimmten Wahrscheinlichkeitssystems.*

IV. Die Struktur als Verfahrensmodell

IV. 1. Wenn wir zum codifizierenden System als Struktur zurückkehren, bemerken wir, daß dieses System einige Funktionen und Eigenschaften hat.

Seine Funktionen: Das System macht eine Ausgangssituation (an der Quelle) verständlich (intelligibel) und mitteilbar, die sich sonst unserer Kontrolle entzöge. Indem es die Situation intelligibel macht, macht es sie auch mit anderen Situationen vergleichbar (z. B. mit einem anderen Behälter mit Wasser auf derselben Höhe oder auf einer anderen Höhe. Aber nur wenn ein einziges System vorhanden ist, das beide Informationsquellen verständlich macht, kann man sagen, daß das Wasser auf gleicher oder auf einer anderen Höhe steht).

Seine Eigenschaften: Das System wird von einem *Repertoire* von Einheiten gebildet, die sich durch binäre Ausschlüsse unterscheiden und zueinander in Opposition stehen. Mit anderen Worten: wenn die vier Lämpchen A, B, C, D gegeben sind, so ist die Erkennbarkeit eines Lämpchens von seiner Stellung im Zusammenhang mit den anderen und von der Tatsache gegeben, daß es den anderen gegenübersteht (und daß eines unter Ausschluß der anderen ausgewählt wird; die Erkennbarkeit der Kombination AB ist gegeben durch die Tatsache, daß eine Kombination BC vorhanden war, die nicht gewählt wurde).

Nun sind sowohl die Funktionen als auch die Eigenschaften unseres elementaren Systems dieselben, die die Saussuresche Linguistik der Struktur zuschreibt (die bei Saussure nicht von ungefähr niemals als „Struktur" bezeichnet wird, sondern als „System").

IV. 2. Für Ferdinand de Saussure wie für die ganze linguistisch-strukturalistische Tradition ist Struktur ein System, a) in dem jeder Wert durch Positionen und Differenzen bestimmt wird und b) das nur in Erscheinung tritt, wenn man verschiedene Phänomene durch Rückführung auf dasselbe Bezugssystem miteinander vergleicht.

Betrachten wir diese beiden Punkte etwas näher, die von Claude Lévi-Strauss (1960) sehr gut zusammengefaßt worden sind: „Struktur ist nur die Zusammenstellung, die zwei Bedingungen entspricht: Sie ist ein System, das von einer inneren Kohäsion zusammengehalten wird. Und diese Kohäsion, die dem Beobachter eines isolierten Systems unzugänglich ist, enthüllt sich in der Untersuchung der Transformationen, durch die ähnliche Eigenschaften in scheinbar verschiedenen Systemen enthüllt werden."

In der Linguistik ist das Phonem die minimale Einheit, die unterscheidende Lauteigenschaften aufweist; sein Wert wird durch eine Position und durch eine Differenz in Bezug auf die anderen Elemente bestimmt. Es kann *fakultative Varianten* (free variants) einer phonologischen Opposition geben, die sich von Sprecher zu Sprecher verändern, die aber nicht die Differenz berühren, von der die Bedeutung abhängt.

Das System der Phoneme bildet ein System von Differenzen, das in verschiedenen Sprachen homolog sein kann, auch wenn die phonetischen Werte sich verändern (die „-etischen" Werte im Sinn der physikalischen Natur der Laute,[2a] Hjelmslev würde sagen: die Ausdruckssubstanz). Ebenso kann der für unser Modell entwickelte Code funktionieren, ob A, B, C und D nun Lämpchen, elektrische Impulse, Felder in einer Lochkarte oder anderes sind. Dasselbe differentielle Kriterium funktioniert, wie wir in A. 2. sehen werden, auf der Ebene der mit Bedeutung ausgestatteten Einheiten und folglich auf der Ebene der *semantischen Systeme*.

2a Das „*-etische*" (abgeleitet aus phon-*etisch* etc.) steht als das Nicht-Distinktive dem „*-emischen*" (abgeleitet aus Phon-*em* etc.), dem Funktional-Distinktiven, gegenüber (Übers.).

IV. 3. Hier stellt sich nun folgendes Problem: Ist die so definierte Struktur eine *objektive* Realität oder eine operationelle Hypothese? Weitergehende Ausführungen zu diesem Punkt werden wir in Abschnitt D machen. Für den Moment beschränken wir uns darauf, den Sinn zu klären, in dem auf den folgenden Seiten der Terminus „Struktur" gebraucht wird (der dieselbe Extension hat wie der Terminus „System" und fast immer wie der Terminus „Code", auch wenn der Code eher die Koppelung von Elementen zweier Systeme ist).

Eine Struktur ist ein Modell, das nach Vereinfachungsoperationen konstruiert ist, die es ermöglichen, verschiedene Phänomene von einem einzigen Gesichtspunkt aus zu vereinheitlichen.

Eine phonologische Struktur erlaubt es, verschiedene physikalische Typen von Lautproduktionen vom Gesichtspunkt der Übertragung eines bestimmten Bedeutungssystems aus zu vereinheitlichen (indem man von den Intonationsvarianten abstrahiert, die in anderen Sprachen, wie dem Chinesischen, unterscheidenden Wert haben).

Von diesem Gesichtspunkt aus ist es nutzlos, sich zu fragen, ob die solchermaßen identifizierte Struktur *an sich* existiert. Die Struktur ist ein technisches Mittel, um auf homogene Art und Weise verschiedene Dinge benennen zu können.

Wenn man sich zu fragen beginnt, ob dieses Modell eine *objektive Natur des Menschlichen Geistes* darstellt, verwickelt man sich, wie wir in D sehen werden, in eine Reihe von philosophischen Widersprüchen, die der semiotischen Analyse den Garaus bereiten. Man geht dann nämlich von einem *methodologischen Strukturalismus* (der den Begriff der Struktur gebraucht, *solange er ihm nutzt*) zu einem *ontologischen Strukturalismus* über.

IV. 4. Die mit den denkenden und mitteilenden Maschinen gemachte Erfahrung (wie bei unserem Ausgangsmodell, das ein ziemlich vereinfachtes Beispiel einer solchen Maschine darstellt) ist nützlich, weil sie ein Modell der Möglichkeit vorschlägt, *wie* die Kommunikationsprozesse im allgemeinen *funktionieren könnten* (auch da, wo diese Prozesse nicht durch experimentelle Entscheidung hergestellt sind, sondern wo sie *in natura* zu existieren scheinen, wie im Fall der verbalen oder ikonischen Sprache). Auch weil man annehmen kann, daß das Funktionieren des menschlichen Geistes (das in der Tat nicht erkennbar ist) sich dann manifestiert, wenn der menschliche Geist die einfachste Art herausfinden muß, wie ein mechanischer Geist funktionieren kann.

Was wir über unser Ausgangsmodell herausgefunden haben, nützt jedoch nicht, eine semiotische Theorie in ihrer ganzen möglichen Ausdehnung zu begründen. Alles, was wir gesagt haben, gilt nur, sofern a) eine physikalische Quelle möglicher Ereignisse vorhanden ist, aus der ein Code bestimmte mitteilenswerte und als relevant beurteilte Ereignisse selektioniert hat, b) das Empfangsgerät eine Maschine ist, die auf die erhaltenen Botschaften auf unzweideutige Weise reagiert, c) ein dem Sendegerät und dem Empfänger gemeinsamer Code vorliegt und dieser Code sehr einfach ist, d) die Maschine weder als Sendegerät noch als Empfänger den Code in Frage stellt. Das Problem verändert sich, wenn wir die Situation folgendermaßen verändern:

a 2) An die Stelle der Quelle setzen wir ein menschliches Wesen: So fallen Quelle und Sendegerät zusammen und im äußersten Fall Sendegerät und Code, wenn das gleichwahrscheinliche System, das der Code gewährt, die einzige Informationsquelle darstellt, die der Sender hat (vgl. A. 2. I.).

b 2) An der Stelle des Maschinen–Empfängers steht ein menschliches Wesen. Dies ist der Übergang von der Welt des Signals zur Welt des Sinnes (vgl. A. 2. insgesamt).

c 2) Es ist nicht mehr nur ein einziger Code vorhanden, und die Codes sind dem Sender und dem Empfänger nicht gemeinsam. In diesem Fall wird die Botschaft selbst zur Informationsquelle (vgl. A. 2. XIV.).

d 2) Man kann annehmen, daß in gewissen Fällen Sender und Empfänger den Code in Frage stellen (vgl. A. 3.).

Diese vier neuen Bedingungen führen uns zum Problem des *Sinnes*.

2. DIE WELT DES SINNES

I. Vom Signal zum Sinn

I. 1. Nehmen wir an, daß der Empfänger der vom Wasserbecken kommenden Botschaft nicht mehr eine Maschine, *sondern ein menschliches Wesen* ist.

Dieser Mensch weiß, da er nach dem Code instruiert wurde, daß /ABC/ dem „Nullpunkt" entspricht und daß andere Signale anderen Wasserhöhen minimaler und maximaler Gefahr entsprechen.

Nehmen wir nun an, daß der Mensch das Signal /ABC/ empfängt. In diesem Fall wird er verstehen, daß das Wasser die Höhe O (Gefahr) erreicht hat, aber er wird sich darauf nicht beschränken. *Er könnte sich z. B. erschrecken.* Dieser Schreck kann nicht unter die von den Kommunikationsphänomenen unabhängigen emotionalen Reaktionen eingeordnet werden, da er ja auf einem Kommunikationsphänomen basiert. Das Symbol /ABC/, ein rein physikalisches Ereignis, konnotiert nämlich für den Menschen auch noch „Gefahr", über die Tatsache hinaus, daß es das Signifikans des denotativen Signifikats „Niveau O" ist. Dies traf für die Maschine nicht zu: Die Maschine empfing /ABC/ und reagierte den Instruktionen folgend auf die erforderliche Art und Weise; sie empfing eine Information, aber keine Bedeutung; die Maschine wußte nicht, was /ABC/ bedeutete, sie verstand weder „Höhe O" noch „Gefahr". Sie erhielt soundsoviele berechenbare bit von dem Ingenieur, der für die Übertragungsmöglichkeiten über den Kanal zu sorgen hatte, und handelte entsprechend.

Auf der Ebene der Maschine waren wir noch im Bereich der Kybernetik, die sich für das *Signal* interessiert. Durch die Einführung des Menschen sind wir zur Welt des *Sinnes* übergegangen. Es hat sich ein *Signifikationsprozeß* eröffnet, weil das Signal nicht mehr eine Reihe von diskreten Einheiten ist, die in bit Informationen berechenbar sind, sondern eine signifikante Form, die der menschliche Empfänger mit Bedeutung füllen muß.

I. 2. Sehen wir, ob wir in einer ersten Annäherung erklären können, wie sich dieser Signifikationsvorgang ereignet. Der menschliche
Empfänger ordnet dem Signal /ABC/ einen Sinn zu, weil er einen
Code besitzt. Dieser Code kann für den Augenblick als eine Liste
von Äquivalenzen betrachtet werden (wodurch /ABC/ = „Niveau
O"). Er ist kein System von Oppositionen (wie wir in A. 1. IV. 2.
gesehen haben). Er ist eher die Regel einer Terminus-für-Terminus-
Äquivalenz zwischen zwei Systemen von Oppositionen: das eine ist
das System der Signale (wodurch /ABC/ innerhalb des Systems der
anderen Signale kontrastiv ist) und das andere ist das System der
Wasserhöhen, wodurch /Niveau O/ innerhalb des Systems der anderen Wasserhöhen konstrastiv ist und sich z. B. von /Niveau + 1/
unterscheidet).

Wir können den Code, den der menschliche Empfänger besitzt,
einen denotativen Code nennen. Aber er muß auch noch einen anderen Code besitzen, der sich auf der Grundlage des vorhergehenden
aufbaut. „Niveau O", das die von /ABC/ denotierte Bedeutung war,
wird seinerseits nämlich zu einem Signifikans: /Niveau O/ = „Gefahr". Die Bedeutung „Gefahr" ist nun das Element eines neuen
Wertesystems (z. B. /Gefahr/ vs /Sicherheit/), welches zur konnotativen Bedeutung einer darunterliegenden denotativen Bedeutung
wird. Das Verhältnis von Denotation und Konnotation stellt sich
dar als ein System von Überlagerungen, das man graphisch folgendermaßen ausdrücken kann:

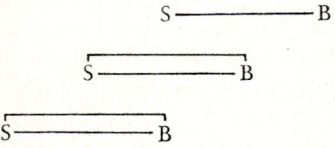

Nehmen wir an, daß unser menschlicher Empfänger, nachdem er
die Mitteilung „Gefahr" erhalten hat, unverzüglich den Befehl „A-
larm geben" assoziiert. Wir müssen in diesem Fall annehmen, daß
sein Wissensschatz durch einen weiteren konnotativen Code ergänzt
wurde, der ihn ein Äquivalenzverhältnis zwischen /Gefahr/ und
„Alarm geben" setzen läßt. Wir sprechen natürlich nur von Code,
insofern diese Äquivalenz institutionalisiert ist (d. h. die idiosynkra-
tischen Reaktionen des Empfängers werden nicht beachtet: Dieser

könnte z. B. durch psychische Störungen eine äußerst persönliche Äquivalenz aufgestellt haben zwischen /Gefahr/ und „freudiger Erwartung der Katastrophe").

Andererseits könnte der Empfänger eine andere institutionalisierte Äquivalenz akzeptiert haben: Das Gefahrensignal konnotiert dann für ihn nicht die Pflicht, Alarm zu geben, sondern die, bestimmte technische Operationen vorzunehmen, die die Gefahr eindämmen sollen. In diesem Fall würde er einen anderen konnotativen Code benutzen, der die Äquivalenz: /Gefahr/ = den Hebel X herunterziehen" setzt. Der eine der beiden Codes schließt den anderen nicht aus. Der Empfänger kann im Besitze zweier auf derselben Ebene alternativ funktionierender Codes sein und kann entscheiden, welchen von beiden er in der Situation, in der er sich befindet, gebrauchen will. Wir haben somit einen neuen Begriff eingeführt, den der *Situation,* in der die Mitteilung empfangen wird: Die Situation stellt sich als ein außersemiotischer Kontext dar, der aber *die Wahl eines bestimmten Codes anstelle eines anderen bestimmt.*

Wenn die beiden konnotativen Codes, von denen wir gesprochen haben, alternativ sind, so scheint doch der zugrundeliegende denotative Code nicht alternativ zu sein: /ABC/ bedeutet „Niveau 0" für alle, die dieselbe Gesamtheit von Kenntnissen besitzen. Wir können also festhalten, daß ein zugrundeliegender denotativer Code existiert, auf dem sich weitere, oft optionale Codes aufbauen (die wir konnotative Codes genannt haben), welche als *Subcodes* verstanden werden müssen. Zum Wissensschatz eines Mitteilenden gehören ein Code und eine Reihe von Subcodes, deren Auswahl (um eine Botschaft mit Sinn zu erfüllen) von einer Reihe von (im Moment noch) außersemiotischen Umständen bestimmt wird, die unter zwei allgemeine Kategorien zusammengefaßt werden können: die Kommunikationssituation und die Gesamtheit des Wissensschatzes, der es dem Empfänger ermöglicht, Wertungen und interpretative Auswahlen vorzunehmen.

I. 3. Das bisher Gesagte bezieht sich darauf, was geschieht, wenn statt eines Maschinen-Empfängers ein Mensch als Empfänger angenommen wird. Dies ist, wie wir gesehen haben, der Übergang von der *Welt des Signals* (berechenbar in Einheiten von übertragener physikalischer Information) zur *Welt des Sinnes* (der mit den Begriffen Denotation und Konnotation erfaßt wird). Das Gesagte hilft uns aber auch verstehen, was geschieht, wenn wir an die Stelle der physikalischen Ereignis-Quelle und der Sende-Maschine ebenfalls ein menschliches Wesen setzen.

Hier könnten wir sagen, daß Quelle und Sendegerät im Menschen zusammenfallen, der zum *Sender* der Botschaft wird (auch wenn wir im Sender das Gehirn als Quelle vom Stimmapparat als dem Sendegerät unterscheiden können).

Wir sind aber nun gezwungen, uns zu fragen, ob der Mensch, wenn er spricht, frei ist, alles mitzuteilen, was er frei denkt, oder ob er vom Code determiniert wird. Gerade die Schwierigkeit, „unsere Gedanken" nicht anders als durch sprachliche Ausdrücke identifizieren zu können, läßt wohl mit Recht vermuten, daß der Sender der Botschaft *vom Code gesprochen wird.* Die Mechanismen und Automatismen der Sprache würden den Sprecher also dazu zwingen, bestimmte Dinge zu sagen und andere nicht. In diesem Sinne wäre die wirkliche Quelle der Information, das Reservoir möglicher Information, der Code selbst. Der Code – daran sei erinnert – als Wahrscheinlichkeitssystem, das über die Gleichwahrscheinlichkeit der Quelle gelegt wurde, stellt sich aber seinerseits als gleichwahrscheinliches System dar in Bezug auf die zwar nicht unendliche (im Sinne eines *diskreten Unendlichen*), wohl aber äußerst lange Reihe der Botschaften, die er ermöglicht.

Dieses Problem rührt an den Kern der philosophischen Reflexion über die Sprache und ist auf verschiedene Weise behandelt worden. Wir wollen es für den Moment damit auf sich beruhen lassen, daß wir den Sender als einen Sprecher definieren, der allen biologischen und kulturellen Konditionierungen des Zufalls unterworfen ist und von dem man annehmen darf, daß er im größten Teil der Situationen von den Automatismen des Codes gesprochen wird (vgl. z. B. Lacan, 1966). *Wo wir von Sender sprechen, werden wir ihn jedoch mit der Informationsquelle gleichsetzen* (zumindest in dem Sinne, daß der Sprecher, auch wenn er vom Code gesprochen wird, die Regeln und das Wahrscheinlichkeitssystem des Codes über den Reichtum der möglichen Informationen legt, die er *hätte* erzeugen *können*, wenn der Code ihn nicht kontrolliert hätte).

I. 4. Mit dieser Analyse kann man auf elementare Weise erklären, wie komplex der Vorgang des Ausfüllens einer Botschaft mit Sinn ist. Aber keiner der gebrauchten Termini *(Signifikat (Bedeutung),*

Denotation, Konnotation, Code, Subcode, Situation, Wissensschatz) ist ausreichend definiert. Es ist, wenn man will, die Stellung jeder dieser semiotischen Größen im Kommunikationsprozeß aufgezeigt worden, aber es ist noch nicht gesagt worden, *was* sie sind.

Die strenge Definition dieser Größen ist eine so schwierige Aufgabe, daß man behaupten kann, daß weder die Linguistik, noch die Informationswissenschaften, noch die Semiotik im allgemeinen diese bis jetzt mit befriedigender Exaktheit definiert haben. Die folgenden Seiten (d. h. der ganze Abschnitt A) wollen nicht so sehr versuchen, diese Größen ein für allemal zu definieren, als deren Komplexität aufzuzeigen und die Wege anzugeben, auf denen die semiotische Forschung weiterarbeiten muß. Angewandt auf den verbreitetsten und am besten untersuchten Kommunikationstyp, den verbalen, werden diese Begriffe ihre ganze komplexe Widersprüchlichkeit enthüllen. Und es mag genügen, diese Widersprüchlichkeit durch die Bestimmung einer Reihe von „Schwellen" der semiotischen Forschung beleuchtet zu haben. Aber wo wir versuchen, das semiotische Modell auf andere Kommunikationsformen wie die visuelle (Abschnitt B) oder auf die Welt der Kommunikation der Objekte (Abschnitt C) anzuwenden, wo die wissenschaftliche Literatur spärlich und unbefriedigend ist, werden wir uns damit begnügen können, diese Begriffe in dem allgemeinen und elementaren Sinn zu handhaben, der in den folgenden Paragraphen skizziert wird.

II. *Das Mißverständnis vom Referens*

II. 1. Die semiotische Erforschung der Bedeutung wird noch heute verwirrt und erschwert von einem äußerst schädlichen Schema, welches des Problem sichtbar verhärtet hat. Es handelt sich um das in seiner gebräuchlichsten Form von Ogden und Richards (1923) verbreitete bekannte Dreieck, in dem jedem Symbol (wir würden sagen: Signifikans) eine *reference* und ein *referent* (Referens) entspricht:

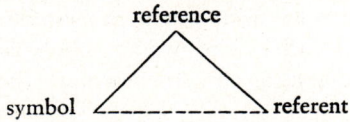

Abgesehen von der Tatsache, daß das Dreieck den Gedanken nahelegt, daß im Signifikationsverhältnis drei Größen auftreten (während doch, wie wir sehen werden, weit mehr Größen darin verwickelt sind und das Dreieck einem komplexen Polyeder weichen müßte), ist der Schaden, den das Dreieck der Semiotik zugefügt hat und immer noch zufügt, der, daß es die Auffassung perpetuiert (für die Frege der Hauptverantwortliche ist), die Bedeutung eines Ausdrucks hätte etwas mit der Sache zu tun, auf die der Ausdruck sich bezieht. Das Referens ist nämlich der vom Symbol benannte Gegenstand. Die Referenz dagegen ist etwas sehr viel Ungenaueres. Ullmann (1962) definiert sie als die Information, die der Name dem Hörer übermittelt. Frege (1892) versteht sie als „Sinn" gegenüber dem Referens, das die „Bedeutung" sei. Der *Sinn* sei die Art und Weise, auf die uns das Objekt gegeben werde. Die *Bedeutung* dagegen sei das Objekt, auf das das Zeichen Bezug nehme. Nach einem Beispiel von Russell wären dann /*Walter Scott*/ und /*der Autor von „Waverley"*/ zwei signifikante Formen, die dieselbe *Bedeutung* (sie beziehen sich auf dasselbe menschliche Wesen), aber verschiedenen *Sinn* hätten – sie stellen dieselbe Sache unter zwei verschiedenen Gesichtspunkten dar oder, wie die Scholastiker gesagt hätten, unter zwei *suppositiones*.

Diese Auffassung hat die ganze moderne Reflexion über die Zeichen beeinflußt: sie findet sich in der Opposition von *denotatum* und *designatum* (oder *significatum*) (vgl. Morris, 1938, 1946) ebenso wie als Opposition von *Extension* und *Intension* im logischen Denken (Carnap; der auch von *nominatum* und *sense* spricht), als Unterschied zwischen *denotation* und *connotation* (Stuart Mill) und als *denotation* und *meaning* (Russell, Schaff usw.). Für manche, wie für Bloomfield (1933), fällt das *meaning* direkt mit dem *denotatum* (im Sinne der Fregeschen „Bedeutung") zusammen, für andere bleibt das *denotatum* das Objekt, auf das sich das Zeichen bezieht, die Fregesche „Bedeutung", während das *meaning* dem, was Frege „Sinn" nannte, immer ähnlicher wird (Ullmann, 1962; Antal, 1964; Quine, 1953, 1960; usw.).

Das Problem ist nun nicht, genau zu bestimmen, was das Signifikat als „Sinn" ist (dies wird weiter unten geschehen)[3], sondern die schädliche Auffassung von „Bedeutung" (im Fregeschen Sinn)

---

3 In A. 2. VIII. werden wir sehen, wie die Begriffe *Sinn, Intension, Eigenschaft, Signifikat* usw. eine Reihe von sehr komplexen semiotischen

aus jeder semiotischen Untersuchung kurz und bündig zu eliminieren als ein Residuum, welches verhindert, das kulturelle Wesen der Signifikationsprozesse zu begreifen.

II. 2. Wenn man die Verifizierung eines Signifikans an den Gegenstand bindet, auf den es sich bezieht, entstehen zwei überflüssige Probleme: a) Man macht damit den semiotischen Wert des Signifikans von seinem Wahrheitswert abhängig. b) Man ist gezwungen, den Gegenstand zu identifizieren, auf den sich das Signifikans bezieht, und dieses Problem führt zu einer unauflösbaren Aporie.

Betrachten wir Punkt a). Es ist schon immer eine der Klippen der Semantik gewesen, das Referens von Ausdrücken wie /*Einhorn*/ oder /*Kentaur*/ zu bestimmen, die keiner wirklich existierenden Sache entsprechen. Gewiß kann man antworten, daß das Objekt des Zeichens nicht unbedingt ein physischer Gegenstand sein muß, sondern auch eine logische Beziehung, eine Eigenschaft oder ein Vorgang sein kann. Aber wie wir sehen werden, bringt diese Lösung das Problem a) nur auf das Problem b) zurück. Frege behauptete kohärenter, daß die „*Bedeutung*" „mit den Sinnen wahrnehmbar" sein müsse. Eine solche Auffassung des Referens hat zweifellos Sinn in den Naturwissenschaften, wo jede Behauptung über die Realität anhand von Experimentalprotokollen verifiziert werden muß und als wahr oder falsch beurteilt werden muß (d. h. als dem Referens entsprechend oder nicht entsprechend). Um aber zu verstehen, wie ein Zeichen funktioniert, hilft dieser Rückgriff auf das Referens in keiner Weise. Er hilft höchstens verstehen, wie das Referens funktioniert.

Eine andere gebräuchliche Lösung in Fällen wie /*Einhorn*/ besteht darin, daß man sagt, daß es sich um Wörter ohne Referens, aber mit einer Referenz handele. Goodman (1949) z. B. definiert sie als Wörter mit „the same (null) extension" (vgl. auch Church, 1943), die sich aber im meaning oder *secondary extension* unterscheiden, d. h. in der Beschreibung, die wir von ihnen geben können. Wir sehen aber, daß diese Antwort, wenn sie auch vom logischen Gesichtspunkt aus zufriedenstellend ist, vom semiotischen Gesichtspunkt aus nicht ausreicht. Oder sie ist bestenfalls in dem Sinne befriedigend,

---

Operationen bezeichnen, die wir der Einfachheit halber unter dem Terminus „Konnotation" zusammenfassen.

daß sie beweist, daß man sehr gut ohne das Referens auskommt, wenn man über die Bedeutung (Signifikat) eines Ausdrucks sprechen will.

II. 3. Selbstverständlich wird hier nicht behauptet, es gäbe *keine* Aussagen, denen wir die Werte Wahr und Falsch zuschreiben wollten, indem wir sie mit „wirklichen" Ereignissen vergleichen, die wir erfahren. Und es wird *nicht* behauptet, daß der Empfänger einer Botschaft die Botschaft *nicht* auf die Sachen bezieht, von denen er spricht und von denen man ihm erzählt (falls man ihm von Sachen erzählt).

Wer die Botschaft /*dein Haus ist abgebrannt*/ erhält, denkt wahrscheinlich an sein Haus (das Haus, in dem er wohnt) und versucht, wenn er klug ist, herauszufinden, ob die Aussage wahr ist, auch wenn er ein Professor der Semiotik ist, der unser Mißtrauen gegenüber dem Referens teilt. Aber für diese beiden Tatsachen ist die Semiotik nicht zuständig, die nur die Bedingungen der Mitteilbarkeit und Verstehbarkeit der Botschaft (der *Codierung* und der *Decodierung)* untersuchen soll. Die Gründe, warum die Botschaft Sinn bekommt, sind unabhängig von der Tatsache, daß der Empfänger ein Haus hat und daß dieses wirklich brennt. Das semiotische Problem ist das eines Signalaustausches, der unabhängig von der Wahrheit oder Falschheit der Behauptung Verhaltensweisen erzeugt (der Empfänger läuft nach Hause) oder der *Übersetzungen* der Aussage erzeugt (der Empfänger zeichnet für einen Freund, der Analphabet ist, das Haus, das in Flammen steht).

Im Falle zweier Sätze wie /*Napoleon starb am 5. Mai 1821 auf St. Helena*/ und /*Odysseus eroberte seine Herrschaft zurück, indem er alle Freier tötete*/ ist es semiotisch irrelevant, daß man weiß, daß der eine *historisch* wahr und der andere falsch ist. Das bedeutet nicht nur, daß – wie Frege sagen würde – die beiden Sätze auf gleiche Weise vom Gesichtspunkt des „*Sinnes*" aus untersucht werden können oder daß – wie Carnap sagen würde – die Analyse ihrer Intensionen der Verifizierung ihrer Extension vorausgehen muß. Sondern vom semiotischen Gesichtspunkt aus interessiert, a) daß in unserer Kultur Codes bestehen, derentwegen der erste Satz verstanden wird, in der Schule gelernt wird und „historische Wahrhaftigkeit" konnotiert, und b) daß in der klassischen griechischen Gesellschaft Codes bestanden, durch die der zweite Satz verstanden und in der Schule gelernt wurde und „historische Wahrhaftigkeit" konnotierte. Die Tatsache, daß der zweite Satz für uns „Legende" konnotiert, ist der Tatsache semiotisch analog, die in einer zukünftigen Kultur eintreten könnte: nämlich daß man auf Grund von bis jetzt unbekannten (oder falschen) Dokumenten zu der Überzeugung gelangen könnte, Napoleon sei an einem anderen Ort oder an einem anderen Tag gestorben (oder habe niemals existiert).

Die Semiotik interessiert sich für die Zeichen als gesellschaftliche Kräfte. Das Problem der Lüge (oder der Falschheit), das für die Logiker von Bedeutung ist, ist prä- oder post-semiotisch.

Wenn man sagt, der Ausdruck /Abendstern/ bezeichne ein bestimmtes großes und kugelförmiges physisches „Objekt", das etliche Millionen Meilen von der Erde entfernt durch den Raum fliegt (Quine, 1953, 1), dann müßte man eigentlich sagen, daß der fragliche Ausdruck eine bestimmte entsprechende *kulturelle Einheit* bezeichnet, auf die sich der Sprecher bezieht und die er in dieser Beschreibung von der Kultur, in der er lebt, empfangen hat, ohne jemals die Erfahrung des wirklichen Referens gemacht zu haben. So weiß auch nur der Logiker (vgl. Frege, cit.), daß dieser Ausdruck dieselbe *„Bedeutung"* hat wie der Ausdruck /Morgenstern/. Wer dieses Signifikans hervorbrachte oder empfing, dachte, daß es *zwei verschiedene Dinge* seien. Und er hatte recht in dem Sinne, daß die kulturellen Codes, auf die er Bezug nahm, hier zwei verschiedene kulturelle Einheiten vorsahen. Sein soziales Leben spielte sich nicht auf der Grundlage von Sachen ab, sondern auf der Grundlage von kulturellen Einheiten. Oder besser: für ihn wie für uns waren die Sachen nur durch die kulturellen Einheiten bekannt, die die Welt der Kommunikation *statt der Sachen* zirkulieren ließ.[4] Wir sprechen

---

4 Man könnte glauben, daß es einen Typ von Zeichen gibt, die nur funktionieren, wenn sie im Referens verankert sind: die Indices. Aber wenn man den Gebrauch einiger verbaler Indices wie der *shifters* oder *embrayeurs* untersucht, muß man sagen, daß diese nur dank des Kontextes anderer kultureller Einheiten indizieren können. Man betrachte einen Satz wie: /Hier *ist ein Junge, der* Tom *heißt und in New York lebt. Dieser* Junge *ist zwei Meter groß*/. Wie man sieht, indiziert sowohl der grammatikalische Index als auch der besondere Typ von Index, den der Eigenname darstellt, jemand Bestimmten oder etwas Bestimmtes und dem Empfänger schon Bekanntes, ohne daß sie physikalisch mit dem Referens verbunden wären, wie es Peirce möchte.

gemeinhin von einer Sache, die /Alpha Centauri/ heißt, aber wir haben diese niemals erfahren. Mit irgendeinem merkwürdigen Gerät hat wohl manchmal ein Astronom eine Erfahrung von dieser Sache gehabt. Wir aber kennen diesen Astronom nicht. Wir kennen nur eine kulturelle Einheit, die uns durch Worte, Zeichnungen oder andere Mittel vermittelt worden ist. Für die Verteidigung oder Zerstörung dieser kulturellen Einheiten (und anderer wie /Freiheit/, /Transsubstantiation/ oder /freie Welt/) sind wir sogar bereit, in den Tod zu gehen. Wenn der Tod kommt – und erst danach –, ist er das einzige Referens, das einzige nicht semiotisierbare Ereignis (ein toter Semiotiker teilt keine semiotischen Theorien mehr mit). Aber *bis einen Augenblick vor seinem Eintreten* wird der Tod meistens als kulturelle Einheit gebraucht.

III. Das Signifikat als „kulturelle Einheit"

III. 1. Wir wollen aber doch sehen, welches der Gegenstand ist, der einem sprachlichen Ausdruck entspricht. Nehmen wir den Ausdruck /Hund/. Das Referens ist gewiß der Hund X, der neben mir steht, während ich das Wort ausspreche (außer in dem äußerst seltenen Fall von indikalischen Zeichen – aber in diesem Fall würde ich /dieser Hund/ sagen und das verbale Symbol mit einem gestischen Index begleiten). Für jemanden, der die Lehre vom Referens vertritt, ist das Referens in diesem Fall: alle existierenden Hunde (und alle, die jemals gelebt haben und leben werden). Aber /alle existierenden Hunde/ ist kein mit den Sinnen wahrnehmbarer Gegenstand ... Es ist ein Ganzes, eine logische Größe, und ähnelt daher gefährlich der Referenz, jener oberen Spitze des Dreiecks von Ogden und Richards.

Jeder Versuch zu bestimmen, was das Referens eines Zeichens ist, zwingt dazu, dieses Referens als eine abstrakte Größe zu definieren, die nichts anderes als eine kulturelle Übereinkunft ist. Aber selbst wenn man zugibt, daß es für gewisse Ausdrücke möglich ist, ein wirkliches, mit den Sinnen wahrnehmbares Referens greifbar aufzuzeigen, so ist doch derjenige, der das Signifikat mit dem Referens gleichsetzt (oder den Wert des Zeichens von der Anwesenheit des Referens abhängig macht), gezwungen, alle die Zeichen aus den Überlegungen über das Signifikat auszuschalten, die keinem wirklichen Gegenstand entsprechen können. Z. B. alle die Ausdrücke, die die klassische Linguistik *synkategorematisch* gegenüber den *kategorematischen* nannte: Ausdrücke wie /dem/, /von/ und /jedoch/ hätten kein Referens. Da sie aber grundlegende Elemente im Kommunikationsprozeß sind, muß man annehmen, daß der Begriff des Referens zwar bestimmt den Physikern und Logikern nützt, für die Semiotik aber nutzlos und schädlich ist. Und daher befreien wir den Terminus „Denotation" von seiner historischen Kompromittierung durch das Referens und behalten ihn uns vor, um eine andere Erscheinungsweise der Signifikation damit zu bezeichnen (vgl. A. 2. VII.).

III. 2. Was ist also nun das Signifikat eines Ausdrucks? Vom semiotischen Gesichtspunkt aus kann es nur eine *kulturelle Einheit* sein. In jeder Kultur ist „a unit... simply anything that is culturally defined and distinguished as an entity. It may be a person, place, thing, feeling, state of affairs, sense of foreboding, fantasy, hallucination, hope, or idea. In American culture such units as uncle, town, blue (depressed), a mess, a hunch, the idea of progress, hope, and art are cultural units" (Schneider, 1968, S. 2). Wir werden später sehen, daß eine kulturelle Einheit semiotisch als eine in ein System eingefügte semantische Einheit definiert werden kann. Einheiten dieses Typs können auch als interkulturelle Einheiten betrachtet werden, die unverändert bleiben können trotz der unterschiedlichen sprachlichen Symbole, durch die sie ausgedrückt werden: /Hund/ denotiert nicht ein physisches Objekt, sondern eine kulturelle Einheit, die konstant und unverändert bleibt, auch wenn ich /Hund/ mit /dog/, /chien/ oder /cane/ übersetze. Im Falle von /Verbrechen/ kann ich entdecken, daß die entsprechende kulturelle Einheit in einer anderen Kultur eine größere oder eine begrenztere Extension hat. Im Falle von /Schnee/ kann man herausfinden, daß es für die Eskimos gar vier kulturelle Einheiten gibt, welche vier verschiedenen Zuständen des Schnees entsprechen, und daß diese Vielfalt von kulturellen Einheiten auch ihr Lexikon modifiziert und sie dazu zwingt, statt eines Wortes vier Wörter zu gebrauchen.

III. 3. Die Anerkennung der Existenz dieser kulturellen Einheiten (die dann die Signifikate sind, die der Code dem System der Signifikanten entsprechen läßt) bedeutet, daß man die Sprache als soziales Phänomen versteht. Wenn ich behaupte: /*In Christus sind zwei*

Naturen, die menschliche und die göttliche, und eine einzige Person/,
dann können der Logiker und der Wissenschaftler mir gegenüber
bemerken, daß dieser Komplex von Signifikanten keinerlei Extension und kein Referens hat, und ihn daher als bar jeder Bedeutung
und folglich als Pseudo-statement bezeichnen. Aber dem Logiker
oder dem Sprachanalytiker wird es niemals gelingen zu erklären,
warum große Gruppen von Menschen sich jahrhundertelang um
eine Behauptung dieser Art oder um deren Ablehnung gestritten haben. Offensichtlich ist dies doch geschehen, weil diese Botschaft präzise Signifikate übermittelte, die als kulturelle Einheiten innerhalb
einer Kultur *existierten.* Durch ihre Existenz wurden diese Signifikate zu Trägern von konnotativen Weiterentwicklungen und eröff-
neten eine ganze Skala von semantischen Reaktionen, die auch Verhaltensreaktionen nach sich zogen. Aber man braucht keine Verhaltensreaktionen, um zu bestimmen, daß die Botschaft ein Signifikat
hat: Die Kultur, auf die in der Botschaft Bezug genommen wird,
hat selbst eine Reihe von Definitionen und Erklärungen der vorkom-
menden Termini entwickelt (*Person, Natur* usw.). Jede Definition
war eine neue sprachliche (oder visuelle Botschaft), die ihrerseits wieder in ihren Signifikaten durch andere sprachliche Botschaften geklärt werden mußte, die die in der vorherigen Botschaft enthaltenen
kulturellen Einheiten definieren sollten. Die Reihe der Klärungen,
die in einer endlosen Bewegung die kulturellen Einheiten einer Gesellschaft umschreiben (diese manifestieren sich immer in der Form
von Signifikanten, welche sie denotieren), ist die Kette der *Interpre-*
tanten, wie sie Peirce (5.470 ff.) nannte.

IV. Das Interpretans

IV. 1. Peirce verstand das Zeichen – in einer Form, die an das
Richardssche Dreieck erinnert („something which stands to some-
body in some respect or capacity" (2. 228)) – als eine triadische
Struktur, die an der Basis das Symbol oder *Repraesentamen* hat,
das in Bezug gesetzt ist zu einem *Objekt,* das es repräsentiert; an
der Spitze des Dreiecks hat das Zeichen das *Interpretans* (interpretant), das viele dem Signifikat oder der Referenz gleichsetzen wollen. *Auf keinen Fall aber ist das Interpretans der Interpret,* d. h.
derjenige, der das Zeichen empfängt (wenn sich auch manchmal bei

Peirce eine solche Verwirrung einstellt). Das Interpretans ist das, was die Gültigkeit des Zeichens auch in Abwesenheit des Interpreten garantiert.

Das Interpretans könnte als Signifikat verstanden werden, weil es definiert ist als das, was das Zeichen in dem Quasi-Geist erzeugt, den der Interpret darstellt; aber es ist auch als die Definition des Repraesentamens betrachtet worden (und folglich als Intensions-Konnotation). Die am fruchtbarsten scheinende Hypothese ist jedoch die, *das Interpretans als eine weitere Repräsentation zu betrachten, die sich auf dasselbe Objekt bezieht.* Anders gesagt: um zu bestimmen, was das Interpretans eines Zeichens ist, muß man es mittels eines anderen Zeichens benennen, das seinerseits ein anderes Interpretans hat, welches mit einem weiteren Zeichen benannt werden kann und so fort. Es würde sich hier ein Prozeß *unendlicher Semiose* eröffnen, der – wie paradox das auch sein mag – die einzige Garantie für die Begründung eines semiotischen Systems ist, das fähig wäre, nur mit seinen eigenen Mitteln über sich selbst Rechenschaft abzulegen. *Die Sprache wäre also ein System, das sich aus sich selbst heraus durch aufeinanderfolgende Systeme von Konventionen klärt, die sich gegenseitig erklären.*

Was ist ein Zeichen für Peirce?

„Anything which determines something else (its *interpretant*) to refer to an object to which itself refers (its object) in the same way, the interpretant becoming in turn a sign, and so on *ad infinitum.* (2.300).

Die Definition des Zeichens selbst impliziert den Prozeß unendlicher Semiose (vgl. Bosco, 1959).

IV. 2. Nicht von ungefähr hat der Begriff des Interpretans viele Forscher erschreckt. Diese haben sich beeilt, ihn zu verbannen, weil sie ihn mißverstanden (Interpretans = Interpret oder Empfänger der Botschaft). Die Idee des Interpretans macht aber die Semiotik zu einer strengen Wissenschaft der Kulturphänomene, weil sie sie von der Metaphysik des Referens befreit.

Das Interpretans kann verschiedene Formen annehmen:
a) Es kann das äquivalente (oder anscheinend äquivalente) Zeichen in einem anderen Kommunikationssystem sein. Ich lasse z. B. dem Wort /Hund/ die Zeichnung eines Hundes entsprechen.

b) Es kann der Zeigefinger sein, der auf ein einzelnes Objekt deutet, eventuell meint man dabei ein Element universaler Quantifikation mit („alle Objekte wie dieses").

c) Es kann eine wissenschaftliche (oder naive) Definition mit den Ausdrücken desselben Kommunikationssystems sein: Beispiel: /Salz/ bedeutet „Natriumchlorid".

d) Es kann eine Gefühlsassoziation sein, die zu einem fixierten konnotativen Wert wird: /Hund/ bedeutet „Treue" oder umgekehrt.

e) Es kann einfach die Übersetzung des Ausdrucks in eine andere Sprache sein.

Der Begriff des Interpretans ist gerade in seinem Reichtum und seiner Ungenauigkeit fruchtbar, weil er uns zeigt, wie die Kommunikation vermittels eines Systems kontinuierlicher Kommutationen durch das Verweisen von Zeichen zu Zeichen – wie eine Asymptote, die die kulturellen Einheiten niemals „berührt" – die kulturellen Einheiten umschreibt, die andauernd als Gegenstand der Kommunikation vorausgesetzt werden. Diese kontinuierliche Zirkularität kann hoffnungslos erscheinen, aber sie ist die normale Bedingung der Kommunikation, eine Bedingung, die analysiert werden muß und nicht durch die Metaphysik des Referens negiert werden darf.

IV. 3. Außerdem zeigt uns der Begriff des Interpretans noch einmal, wie im Leben der Kultur jede Größe das Recht hat, unabhängig Signifikans oder Signifikat zu werden. „Salz" ist das Interpretans von /NaCl/, aber „NaCl" ist auch das Interpretans von /Salz/. In einer bestimmten Situation kann eine Handvoll Salz das Interpretans von /Salz/ sein, ebenso wie das gestische und physiognomische Zeichen, das jemanden nachahmt, der sich eine Prise salziger Substanz auf die Zungenspitze streut (in einer interkulturellen Beziehung zwischen Anthropologe und eingeborenem Informanten).

Der Begriff des Interpretans kann folgendermaßen formuliert werden: *Das Interpretans ist die in ihrem Wesen als kulturelle Einheit verstandene Bedeutung eines Signifikans, die durch ein anderes Signifikans aufgezeigt wird, um ihre Unabhängigkeit (als kulturelle Einheit) vom ersten Signifikans zu zeigen.*

Ob die verschiedenen Signifikanten, die als Interpretanten das Signifikat als kulturelle Einheit umschreiben, intensionelle Analysen oder extensionelle Äquivalenten darstellen, ob sie denotative oder konnotative Vorgänge sind, wird näher in A. 2. VIII. untersucht.

Was für den Augenblick deutlich geworden sein sollte, ist, daß der Begriff des Interpretans reicher und problematischer (aber gerade darum fruchtbarer) ist als der Begriff „Synonym", mit dem viele Semantiker die Bedeutung zu definieren versuchen (vgl. z. B. Carnap, 1955; Quine, 1953).

IV. 4. Andererseits erscheint jedesmal, wenn das Funktionieren der natürlichen Sprachen von der formalen Logik betrachtet wird, die Idee einer Kette von Interpretanten und deren strenger Untersuchung, auch wenn die Bezugnahme auf Peirce fehlt. Man betrachte z. B. die Abhandlung *Meaning and Synonymy in Natural Languages* von Carnap (1955), wo versucht wird, die wissenschaftlichen Möglichkeiten der Bestimmung der Intensionen eines Ausdrucks festzulegen. Da die Bestimmung der Extension eines Terminus für Carnap bedeutet, die Klasse der faktischen Situationen zu finden, auf die sich der gegebene Ausdruck bezieht (es handelt sich, mit wenigen Unterschieden, um Freges „*Bedeutung*"), so bedeutet die Bestimmung der Intension, daß diejenigen Eigenschaften erhellt werden, welche die kognitiven und bezeichnenden Bestandteile der Bedeutung desselben Ausdrucks darstellen (die emotionalen Intensionen werden aus praktischen Gründen ausgeschlossen). Carnap behauptet auch, daß nur die Bestimmung der Intension eines Ausdrucks (sein „meaning") es uns in der Folge ermöglicht zu bestimmen, „to which locations, if any, the expression applies in the actual state of the world" (1947, § 45). Wie man sieht, wird das Problem des Signifikats hier unabhängig gemacht von den empirischen Bedingungen der Wahrheit der Aussage, d. h. von der Existenz oder Nichtexistenz des Referens.

Carnap erinnert daran, daß, wenn man einem Prädikat bestimmte Intensionen zuschreibt, „there are more than one and possibly infinitely many properties whose extension within the given region is just the extension determined for the predicate" (Carnap, 1955, 3). Das bedeutet zweierlei: Einerseits wird die semiotische Beschreibung eines Ausdrucks durch die Zuhilfenahme von verschiedenen Interpretanten gegeben, die ihrerseits andere sprachliche Größen sind, deren Bedeutung bestimmt werden muß. Andererseits wird hier, um das Wesen dieser neuen Ausdrücke zu bestimmen, die die Eigenschaften bezeichnen, auf eine Referens-Bestimmung zurückgegriffen, d. h. auf eine Bestimmung der Koextensionalität der Eigenschaften in Bezug auf den interpretierten Ausdruck. Aber dieses Vorgehen, das auf der

Ebene alltäglicher Kommunikation das bequemste zu sein scheint, ist nicht wesentlich. Das beweist Carnap selbst, wo er sich das Problem stellt, wie man einen Roboter instruiert, eine Reihe von Ausdrücken zu verstehen und Urteile abzugeben, dadurch daß man ihm eine intensionelle Beschreibung der verschiedenen Ausdrücke gibt. Da im allgemeinen „the tests concerning intensions are independent of questions of existence", kann der Roboter auch Instruktionen über die Intensionen von Ausdrücken wie /Einhorn/ bekommen. Der Roboter kann auch ohne Zuhilfenahme des Referens auskommen.

Wie kann der Roboter instruiert werden? a) Durch visuelle Bilder des beschriebenen Gegenstandes, b) durch verbale Beschreibungen des Gegenstandes, c) durch Prädikate des Gegenstandes selbst. Wie man sieht, wird der Roboter, nach dem Peirceschen Ausdruck, mit Interpretanten gespeist, und diese Interpretanten sind nicht einfach Synonyme.

Wie Carnap mit Bezug auch auf Bar-Hillel als Schlußfolgerung seiner Untersuchung bemerkt, ist es für den Linguisten möglich, eine Theorie der Bedeutung aufzustellen, die weder auf das Referens noch auf die Hypothese psychischer Erfahrungen (die Bedeutung als geistiges Ereignis, Bild, Begriff usw.) zurückgreift. Wir können sagen, daß von einem Peirceschen semiotischen Gesichtspunkt aus die Theorie des Interpretans es ermöglicht, die Signifikate als kulturelle Einheiten vermittels anderer kultureller Einheiten zu identifizieren, welche alle durch signifikante Formen ausgedrückt werden.

IV. 5. Wir müssen hier einen Abschnitt einschieben, um eine Reihe von lähmend wirkenden Diskussionen darüber, was eine lexikalische Einheit ist, (für den Moment) auszuschalten. Ein Wort? Ein Morphem? /unacceptable/ ist ein Wort, das sich aus drei Morphemen zusammensetzt (/un/, /accept/ und /able/), von denen jedes Träger eines Signifikats ist, so daß es verschiedene Kombinationen eingehen kann. Aber eine Diskussion über die Einheit der Signifikation kann zu unnützen Byzantinismen führen. Zweifelsohne kann man im italienischen Wort /pane/ zwei Morpheme unterscheiden (/pan/ und /e/). Martinet (1960) würde im zweiten Fall von „Morphem", im ersten Fall von „Lexem" sprechen und der Zusammensetzung beider den Terminus „Monem" vorbehalten. Aber das Morphem /pan/ kann auch als Präfix verstanden werden, das anderen

Ausdrücken die Bedeutung „omnia" hinzufügt *(panslavismo)*. Wir glauben, daß man in der gegenwärtigen Phase der semantischen Forschung alles das als lexematische Einheit betrachten muß, was ein unterscheidendes Signifikat trägt: Nicht nur ist /pan/ als Äquivalent von „omnia" eine von /pan/ als Wurzel von /pane/ verschiedene Einheit, sondern auch /pane/ (Singular) ist eine von /pani/ (Plural) unterschiedene semantische Einheit. Wie man komponentenanalytisch sieht, bekommen /pane/ und /pani/ zwei verschiedene grammatikalische und semantische Kennzeichen (für Singularität und Pluralität) und müssen folglich als zwei verschiedene semantische Einheiten mit zahlreichen gemeinsamen semantischen Bestandteilen betrachtet werden. Es interessiert nicht, daß /able/ von /unacceptable/ ein autonomes Signifikat hat, wenn ich es innerhalb dieses Wortes identifiziere und es als Endung eines Ausdrucks behandele, der seine eigene Definition bekommt und eine feste Position in einem semantischen Feld einnimmt, in dem er /acceptable/ einerseits und beispielsweise /desirable/ von einem anderen Gesichtspunkt aus gegenübersteht.[5]

V. *Die Semiotisierung des Referens*

V. 1. Obgleich das Referens als Bedingung der Verifizierung des Signifikats eines Zeichens aus der semiotischen Welt ausgeschlossen wurde, gehört es doch in dreifacher Hinsicht auch wieder dazu: Einerseits begleitet das Referens als Vorhandensein der Sachen und der konkreten Realität den Kommunikationsprozeß als Kommunikationsumstand. Hierüber werden wir in A. 2. XIV. sprechen.

---

5 Wenn man ein semiotisches und nicht eng linguistisches Kriterium anwendet, könnte man sogar sagen, daß als semantische Einheiten (die praktisch Lexemen äquivalent sind) auch die schon fertigen Ausdrücke, die Redewendungen zu betrachten sind, die die Sprache schon fix und fertig liefert (und die meistens reinen Kontaktwert haben) und die institutionell ein einheitliches Signifikat besitzen. Diese Ausdrücke (die Lyons (1963) anderswo einem Faktor von „recall" in der Erlernung oder im Gebrauch der Sprache zuschreibt) reichen von /how do you do?/ bis zu /allons donc/. Greimas (1966) nennt diejenigen Ausdrücke „Paralexeme", die, obwohl sie ein aus mehreren Lexemen geformtes Syntagma bilden, konventionell ein als einheitlich wahrgenommenes Signifikat vermitteln, z. B. /fico d'India/.

Zweitens gibt es ein Phänomen, das wir *Semiotisierung des Referens* nennen werden. Drittens haben wir das Phänomen, daß die physischen Ereignisse (das Objekt der Wahrnehmung) als Zeichen auftreten.

Beschäftigen wir uns mit den beiden letzteren Fällen.

Die neuesten Untersuchungen der Kinesik (vgl. z. B. Ekman und Friesen, 1969) stellen gestische Zeichen heraus, die alles andere als willkürlich sind (wie die konventionellen Zeichen für ja und nein), sondern auf einer gewissen Ähnlichkeit mit dem dargestellten Gegenstand beruhen. Diese wären *ikonische Zeichen*, und wir werden im Abschnitt B die Analyse dieser Zeichen und die Kritik des Begriffes der Ikonizität entwickeln. Für den Augenblick sagen wir nur soviel, daß ein ikonisches kinesisches Zeichen vorliegen könnte, wenn ein Kind den Zeigefinger der rechten Hand ausstreckt, der den Lauf einer Pistole darstellt, und der Daumen bewegt, der den Hahn darstellt (und die Geste mit einem onomatopoetischen Zeichen begleitet, das den Schuß darstellt). Es gibt aber noch andere Zeichen, die nicht direkt ikonisch sind, und die Ekman und Friesen „intrinsically coded act" nennen. Nehmen wir noch einmal das Beispiel der Pistole: das Kind stellt auch dann eine Pistole dar, wenn es nur den gekrümmten Zeigefinger bewegt, als ob es auf den Abzug drückte, während die anderen Finger zu einer Faust geballt sind, so als ob sie den Griff hielten. In diesem Fall wird nicht die Pistole imitiert. Und es wird auch nicht der Akt des Schießens *imitiert*. Der Akt des Schießens wird bezeichnet durch ein gestisches Signifikans, das nichts anderes ist als *ein physisch präsenter Teil des angenommenen Referens* (die Pistole ist nicht da, dafür aber die Hand, die sie hält; und die bedeutete Geste ist eben gerade „Hand, die eine Pistole hält").

Die angeführten Autoren untersuchen das Problem nicht weitgehend genug, aber es ist klar, daß hier *ein als Signifikans gebrauchter Teil des Referens* vorliegt. Der Teil wird für das Ganze gebraucht. Dies ist folglich ein *metonymischer Gebrauch des Referens*.

V. 2. Zeichen dieses Typs sind ziemlich gebräuchlich in der Praxis des Alltags. Ein Friseur kann einen Zylinder mit roten, weißen und blauen Strichen vor seinen Laden hängen[5a], um seine An-

---

5a In Italien hängen solche rot-weiß-blau gestreiften Zylinder vor den Friseurgeschäften (Übers).

wesenheit anzuzeigen, und in diesem Fall haben wir ein „Symbol" im Sinne von Peirce, ein willkürliches Zeichen. Er kann aber auch ein Schild aushängen, auf dem ein Rasiermesser abgebildet ist, und wir haben ein „Icon". Er kann aber auch die Schüssel heraushängen, mit der die Kunden eingeseift werden (den Helm Mambrinos von Don Quijote . . .). In diesem Fall wird ein Teil der bezeichneten Gesamtheit von Objekten selbst durch Metonymie zum Signifikans. Ein Teil des Referens wird semiotisiert und willkürlich symbolisch gemacht für den ganzen Komplex, auf den er sich bezieht.

Das Referens wird in folgender Hinsicht semiotisiert: Es wird nicht als *token,* als Individuum, genommen, sondern willkürlich zum *type* einer größeren Reihe von Objekten gemacht, *zu denen es als Teil eines Objektes gehörte.* Logisch ausgedrückt heißt das: Wenn sich ein Signifikans zu seinen Signifikaten wie der Exponent eines normalen Ganzen verhält, so verhält sich das semiotisierte Referens zu dem, was es bedeutet, wie der Exponent eines nicht normalen Ganzen.

V. 3. Man müßte untersuchen, ob nicht viele Erscheinungen, die wir für ikonisch halten, zu dieser Kategorie gehören; ob nicht z. B. die Onomatopoetika in der verbalen Sprache dazu gehören. Und ob die typische Bedingung der ästhetischen Botschaft (untersucht in A. 3.), wo die Ausdruckssubstanz selbst zeichenhaftes Objekt ist, nicht auch darin besteht, daß als Signifikanten alle jene Aspekte der Materie, aus der die Botschaft besteht, ausgewählt werden, die die Botschaft als auf sich selbst bezogene (autoreflexive) Botschaft (im Sinne Jakobsons, 1960) bedeutet.[6]

Schließlich ist wohl auch die Bemerkung nicht ganz überflüssig, daß die Utopie einer Signifikation, die nur auf semiotisierten Referenten basiert, von Swift behandelt wurde: Swift schreibt über die Weisen von Laputa, daß sie für die Signifikation in einem Sack die Objekte bei sich trugen, auf die sie sich beziehen wollten, und diese als Symbole ihrer selbst zeigten.

---

6 Während wir diese Seiten schrieben, hatten wir Gelegenheit den wichtigen Aufsatz von Eliseo Veró (1970), „L'analogique et le contigu", zu lesen, wo mit einer anderen Methode und von einem anderen Gesichtspunkt aus aasselbe Phänomen beleuchtet wird.

V. 4. Es gibt schließlich einen kurzen Abschnitt bei Peirce, wo er eine völlig neue Auffassungsweise der realen Gegenstände vorschlägt (5. 480). Gegenüber der Erfahrung, sagt er, versuchen wir, Ideen zu entwickeln, um die Erfahrung zu erkennen. „These ideas are the *first logical interpretants* of the phenomena that suggest them, and which, as suggesting them, are signs, of which they are the ... interpretants." Diese Passage bringt uns auf das große Problem der *Wahrnehmung als „Interpretation" von Empfindungsdaten,* die noch nicht von einem auf Grund vorhergehender Erfahrungen vorgenommenen Erkenntnisvorschlag gebündelt und zu einer Wahrnehmungseinheit zusammengefaßt sind (vgl. Piaget, 1961). Stellen wir uns vor, daß wir auf einer dunklen Straße gehen und auf dem Gehsteig eine unbestimmte Form undeutlich wahrnehmen. Bis ich sie erkannt habe, frage ich mich: „Was ist das?". Aber dieses „Was ist das?" bedeutet auch (und manchmal sagt man es auch so): „Was bedeutet das?". Wenn ich meine Aufmerksamkeit anspanne und die Empfindungsdaten besser auswerte, erkenne ich es schließlich: es ist eine Katze. Ich erkenne sie, weil ich schon andere Katzen gesehen habe. Ich wende auf ein unbestimmtes Feld von sensorischen Stimuli die kulturelle Einheit „Katze" an. Ich kann die Erfahrung sogar in ein verbales Interpretans übersetzen („ich habe eine Katze gesehen"). Das Feld der Stimuli stellte sich mir also als ein Signifikans eines möglichen Signifikats dar, das ich schon vor diesem Wahrnehmungsgeschehen besaß.

Goodenough (1957) bemerkt:

„a house is an icon of the cultural form or complex combination of forms of which it is a material expression. A tree, in addition to being a natural object of interest to a botanist, is an icon signifying a cultural form, the very same form which we also signify by the word *tree*. Every object, event, or act has stimulus value for the members of a society only insofar as it is an iconic sign signifying some corresponding form in their culture ..."

Es ist deutlich, wie sich diese Position von einem anthropologischen Gesichtspunkt aus dem nähert, was wir in der *Einleitung* sagten oder was wir im Abschnitt C sagen werden über die Möglichkeit jedes Objekts, im Umkreis einer gegebenen Kultur zum Zeichen zu werden; und es ist klar, wie die hier dargelegte Theorie in vielen

Punkten mit den von Peirce vorgeschlagenen Gedanken übereinstimmt.

Andererseits wäre es wohl der Mühe wert nachzuprüfen, in welchem Ausmaß der Begriff „Bedeutung" in den Wahrnehmungsphänomenologien mit dem semiotischen Begriff der kulturellen Einheit übereinstimmt. Eine so ausgerichtete neuerliche Lektüre der Erörterungen über die Bedeutung in Husserls *Logischen Untersuchungen* brächte uns vielleicht zu der Feststellung, daß die semiotische Bedeutung nichts anderes ist als die sozialisierte Codifizierung einer Wahrnehmungserfahrung, die die phänomenologische *epoché* uns in ihrer ursprünglichen Form zurückerstatten müßte. Und das Signifikat der alltäglichen Wahrnehmung (bevor die *epoché* diese auffrischt) ist nichts anderes als die Zuordnung einer kulturellen Einheit zum Feld der Wahrnehmungsstimuli, wie wir oben gesagt haben. Die Phänomenologie würde es übernehmen, die Bedingungen der Bildung von kulturellen Einheiten wieder von Anbeginn an zu begründen, welche die Semiotik als gegeben akzeptiert, weil auf Grund dieser Bedingungen die Kommunikation funktioniert. Die phänomenologische *epoché* würde also die Wahrnehmung wieder zu einem Stadium der Befragung der Referenten machen, die nicht mehr als decodierbare Botschaften erscheinen, sondern als äußerst zweideutige Botschaften, ähnlich den ästhetischen Botschaften, die wir in A. 3. beschreiben (über die Beziehungen zwischen phänomenologischer Methode und strukturalistischer Methode, vgl. Paci, 1965).

Dies ist jedoch nicht der geeignete Ort, um dieses Problem eingehender zu behandeln. Für jetzt mag es genügen, daß wir eine andere Grenze der Semiotik aufgezeigt haben, die es jedoch wert wäre, weiter erforscht zu werden in Bezug auf die Genese des Signifikationsverhältnisses.

VI. *Das semantische System*

VI. 1. Wenn aber diese kulturellen Einheiten, die Signifikate, nur durch den Prozeß unendlicher Semiose identifiziert werden könnten (durch den die Interpretanten bis ins Unendliche durch die Übersetzung des einen in das andere aufeinander folgen), dann könnten wir noch nicht sagen, ob und wie die Zuordnung von Signifikaten zu Signifikanten auf der Basis von Codes vor sich geht. Und in der

Tat hat Peirce, indem er das Problem der Signifikation in das des Interpretans auflöste, eine noch halb zwischen dem Empirischen und dem Metaphysischen liegende Erklärung gegeben. In Wirklichkeit wird eine kulturelle Einheit nicht nur durch die Reihe der Interpretanten bestimmt. Sie wird auch definiert durch eine „Stellung" in einem System von anderen kulturellen Einheiten, die ihr gegenüberstehen und sie umschreiben. Eine kulturelle Einheit liegt vor und wird anerkannt, sofern eine andere kulturelle Einheit existiert, die einen anderen Wert hat. Die Beziehung zwischen den verschiedenen Ausdrücken eines Systems kultureller Einheiten nimmt jedem einzelnen Ausdruck das weg, was die anderen bringen.

Diese Übersetzung des Signifikats in den Stellenwert des Zeichens erscheint sehr klar in dem klassischen Beispiel Hjelmslevs (1957, S. 104). Im folgenden Schema können wir sehen, wie das französische Wort /arbre/ denselben Bedeutungsumkreis deckt wie das deutsche Wort „Baum", während das Wort /bois/ sowohl dafür gebraucht wird, das zu bezeichnen, was die Italiener „legno" nennen, als auch das, was sie „bosco" nennen, während /forêt/ eine größere und dichtere Ansammlung von Bäumen bezeichnet. Das deutsche Wort /Holz/ dagegen bezeichnet „legno", nicht aber „bosco", und beläßt die italienischen Signifikate „bosco" und „foresta" unter der allgemeinen Benennung /Wald/.

In einer solchen Tabelle haben wir es nicht mehr mit „Ideen", psychischen Einheiten und auch nicht mit Referenten als Gegenständen zu tun: *Wir haben es mit Werten zu tun, die sich aus dem*

FRANZÖSISCH	DEUTSCH	DÄNISCH	ITALIENISCH
arbre	Baum	trae	albero
bois	Holz		legno
	Wald	skov	bosco
forêt			foresta

System herleiten. Die Werte entsprechen zwar kulturellen Einheiten, sind aber als reine Differenzen definierbar und kontrollierbar. Sie werden nicht durch ihre Inhalte (und also durch die Möglichkeit intensioneller Analyse) definiert, sondern durch die Art und Weise, wie sie zu anderen Elementen des Systems in Opposition stehen, und durch die Stellung, die sie im System einnehmen. Wie im Falle der Phoneme im phonologischen System liegt hier eine Reihe von unterscheidenden Selektionen vor, die mit binären Methoden beschrieben werden können.

Auf diese Art bekommt auch die Inhaltsebene jene strukturale Kohärenz, die schon Humboldt sah, als er sagte: „In der Wirklichkeit wird die Rede nicht aus ihr vorangegangenen Wörtern zusammengesetzt, sondern die Wörter gehen umgekehrt aus dem Ganzen der Rede hervor." (Gesammelte Werke, VII, 17, S. 72). Eine Kohärenz, die für Saussure (Cours, S. 24) typisch für die Sprache in all ihren Aspekten war. Wie in einem Schachspiel erhält jede Figur ihren Wert durch die Stellung, die sie in Bezug auf andere Figuren einnimmt, und jede Störung des Systems verändert den Sinn der anderen korrelativen Figuren.

VI. 2. Wenn man die Unterscheidung Hjelmslevs zwischen *Ausdrucksebene* und *Inhaltsebene* akzeptiert, die beide jeweils in *Substanz* und *Form* unterteilt sind, stellt man fest, daß die strukturale Linguistik sich bis in die letzten Jahre hauptsächlich darum bemüht hat, die Ausdrucksform mit äußerster Genauigkeit zu beschreiben. Die begrenzte Anzahl der Phoneme, die in den Sprachen im allgemeinen wirken, erlaubte es der strukturalen Phonologie, äußerst ausführliche Modelle der Ausdrucksform zu konstruieren (Trubetzkoy, 1939; Schane, 1967).

Forschungen wie die der Paralinguistik, auf die wir in der Einleitung hingewiesen haben, machen heute nichts anderes, als Phänomene, die als Ausdruckssubstanz betrachtet worden waren, in die Ausdrucksform einzuholen (Trager, 1964; *Approaches to Semiotics,* 1964). Alle Forschungen über die syntaktischen Strukturen formalisieren, wenn sie sich auf die Oberflächenstrukturen und auf die phonologische Beschreibung der Sequenzen beschränken, immer besser den Bereich der Ausdrucksform (Chomsky, 1957, 1965 a; Schane, 1967; Ruwet, 1969).

Aber das Problem der Inhaltsform blieb in einem solchen Ausmaß ungenau, daß man denken könnte, die Linguistik (und folglich auch die Semiotik im allgemeinen) sei unfähig, sich mit dem Problem der Bedeutung zu beschäftigen. Letzteres betraf eher die Welt der objektiven Referenten oder die Welt der psychischen Ereignisse oder die Welt der gesellschaftlichen Gebräuche (Antal, 1964).

Die *Philosophischen Untersuchungen* Wittgensteins stellen im Grunde den rigorosesten (und anregendsten) Versuch dar, jede formalisierte Erforschung der Bedeutung zu beseitigen.

Jetzt erst nimmt die strukturale Semantik die ehrgeizige Aufgabe wieder auf, ein allgemeines System der Inhaltsform zu entwickeln. Der von den Zeichen mitgeteilte Inhalt ist kein nebelhaftes Gebilde. Er ist eine Welt, die die Kultur in *Untersysteme, Felder* und *Achsen* strukturiert (vgl. Guiraud, 1955; Greimas, 1966; Todorov, 1966 c; Ullmann, 1962).

VI. 3. Daß jeder Ausdruck der Sprache eine Reihe von Assoziationen auslösen kann, war schon vor langer Zeit gezeigt worden. Saussure hatte das Beispiel eines Ausdrucks wie /enseignement/ gegeben, der einerseits die Reihe /enseigner, enseignons usw./ evoziert, auf der anderen Seite /apprentissage, éducation usw./, weiterhin die Reihe /changement, armément usw./ und schließlich die Reihe /clément, justement usw./.

Aber über diese Art der Assoziation sprechen wir bei den Konnotationsmechanismen (A. 2. VIII. 1). Es handelt sich hier nicht um ein strukturiertes Feld, sondern um die Fähigkeit eines Ausdrucks, durch rein phonische Analogie, durch homologe kulturelle Klassifizierung, durch die Kombinierbarkeit verschiedener Morpheme mit dem Lexem als Wurzel (im Sinne Martinets) Assoziationen zu bilden. Kohärenter ist der Ansatz von Trier: die Konstruktion von strukturierten semantischen Feldern, wo der Wert eines Begriffes von den Grenzen abhängt, die ihm von benachbarten Begriffen gesetzt werden (wie es für Termini wie *wisheit, kunst* und *list* im 13. Jahrhundert geschieht) (vgl. Guiraud, 1955; Ullmann, 1962; Lyons, 1963, 1968; Todorov, 1966). Die Arbeit der Lexikographen hat sich dann mit der Arbeit der Anthropologen verbunden, die äußerst strukturierte Systeme kultureller Einheiten wie die Felder der Farben, der Verwandtschaftsbeziehungen usw. identifiziert haben (vgl. Conklin, 1955; Goodenough, 1956).

VI. 4. Natürlich muß eine strukturale Semantik danach trachten, das *Semantische Feld* (als Inhaltsform im Sinne Hjelmslevs) in seiner ganzen Globalität zu begründen. Aber diese Tendenz, die die regulative Hypothese der Forschung darstellen kann, trifft auf zwei Hindernisse: auf ein empirisches und auf ein für den semiotischen Prozeß konstitutives. Das erste Hindernis besteht darin, daß die bis jetzt vorliegenden Untersuchungen uns nur eine Strukturierung von sehr begrenzten Untersystemen liefern, wie z. B. das der Farben, der botanischen Klassifikationen, der meteorologischen Termini usw. Wir sind also zur Zeit gezwungen, eigene Beispiele zu finden, indem wir begrenzte Abschnitte des *Semantischen Systems* untersuchen, die wir „Felder" nennen werden. Das zweite Hindernis (das wir eingehender in A. 2. VI. 9. prüfen werden) hängt mit der Tatsache zusammen, daß das Leben der semantischen Felder kürzer ist als das der phonologischen Systeme, wo die strukturalen Modelle versuchen, Formen zu beschreiben, die sich im Laufe der Geschichte einer Sprache für lange Zeit unverändert erhalten. Da die semantischen Felder den Einheiten einer bestimmten Kultur Form geben und Teile der dieser Kultur eigenen Weltanschauung sind, genügen Akkulturationserscheinungen, Begegnungen zwischen verschiedenen Kulturen, kritische Revisionen des Wissens, um ein semantisches Feld umzuwerfen. Wenn die Saussuresche Metapher vom Schachbrett zutrifft, dann genügt die Verschiebung einer Figur, um alle Beziehungen des Systems zu verändern. Es genügt also, daß mit der Entwicklung der Kultur dem Terminus /*Kunst*/ umfassendere Anwendungsbereiche als die gewohnten angewiesen werden, um das von Trier untersuchte Beziehungssystem des 13. Jahrhunderts zu verändern und den Terminus /*List*/ wertlos zu machen.

VI. 5. In welchem Sinn manifestiert ein semantisches Feld die einer Kultur eigene Weltanschauung? Wir beziehen uns auf eines der kanonischen Beispiele der Feldtheorie und untersuchen die Art, wie eine europäische Kultur das Farbspektrum analysiert, indem sie verschiedenen Wellenlängen (ausgedrückt in Millimikron) Namen gibt (und folglich in kulturelle Einheiten einteilt):

a.	ROT	800–650 μμ
b.	ORANGE	640–590 μμ
c.	GELB	580–550 μμ

d.	GRÜN	540–490 μμ
e.	BLAU	480–460 μμ
f.	INDIGO	450–440 μμ
g.	VIOLETT	430–390 μμ

Bei einer ersten naiven Interpretation könnte man behaupten, daß das Spektrum, eingeteilt in Wellenlängen, das Referens darstellt, den Gegenstand der Erfahrung, auf den sich die Farbnamen beziehen. Wir wissen aber, daß die Farbe auf Grund einer visuellen Erfahrung benannt wird (die der naive Sprecher als „Wahrnehmungswirklichkeit" definieren würde), die nur von der wissenschaftlichen Erfahrung in Wellenlängen übersetzt wird. Aber nehmen wir trotzdem an, daß das, was bei einer wissenschaftlichen Nachprüfung absolut wirklich ist, die Wellenlänge wäre. Es bereitet keinerlei Schwierigkeiten zu behaupten, daß das ununterschiedene Kontinuum der Wellenlängen die „Wirklichkeit" darstellt. Die Wissenchaft kennt aber diese Realität erst, nachdem sie sie *relevant* gemacht hat. Im Kontinuum sind Teile herausgeschnitten worden (die, wie wir sehen werden, willkürlich sind), daher bildet z. B. die Wellenlänge d (von 540 bis 490 Millimikron) eine kulturelle Einheit, der ein Name zugeteilt wird. Wir wissen auch, daß die Wissenschaft das Kontinuum auf diese Art unterteilt hat, um eine Einheit durch Wellenlängen zu rechtfertigen, die die naive Erfahrung ihrerseits schon abgegrenzt hatte, indem sie ihr den Namen /grün /zuordnete.

Die von der naiven Erfahrung getroffene Wahl ist in der Hinsicht nicht willkürlich gewesen, als wahrscheinlich die Erfordernisse des biologischen Überlebens dazu gezwungen haben, diese Einheit statt einer anderen als relevant zu betrachten (so wie die Tatsache, daß die Eskimos aus dem Erfahrungskontinuum vier kulturelle Einheiten statt der einen, die wir /Schnee/ nennen, herausgeschnitten haben, damit zusammenhängt, daß das vitale Verhältnis zum Schnee sie zu Unterscheidungen zwingt, die wir ohne bemerkenswerten Schaden vernachlässigen können). Aber diese Wahl war willkürlich in dem Sinn, daß eine andere Kultur dasselbe Kontinuum auf andere Art unterteilt hat. Beispiele gibt es viele: Für den Abschnitt e des Kontinuums (BLAU) hat die russische Kultur zwei verschiedene kulturelle Einheiten (/goluboj/ und /sinij/), während die griechisch-römische Kultur für die Bezeichnung des Abschnitts d-e wahrscheinlich eine einzige kulturelle Einheit mit verschiedenen Namen hatte

/glaucus/, /caerulus/) und das Hindi unter einem einzigen Ausdruck (einer einzigen kulturellen Einheit) den Abschnitt *a – b* vereinigt.

Wir können also sagen, daß eine bestimmte Kultur das Erfahrungskontinuum unterteilt hat (und es ist gleichgültig, ob dieses Kontinuum mit der Wahrnehmungserfahrung betrachtet wird oder ob es durch Oszillographen und Spektrographen abgegrenzt vird), indem sie bestimmte Finheiten als relevant betrachtet und andere als bloße Varianten, Allophone, versteht. So stellt die Bestimmung einer Farbe als /hellblau/ und einer anderen als /dunkelblau/ für die gewöhnliche Sprache die Bestimmung einer fakultativen Variante dar, nicht anders als es bei der Identifizierung zweier idiosynkratischer Aussprachen eines Phonems geschieht, welches vom „-emischen" Gesichtspunkt aus[6a] als relevante Einheit des phonologischen Systems betrachtet wird.

VI. 6. All dies läßt eine Frage offen, die sich deutlicher abzeichnet, wenn man die Einheiten zweier verschiedener semantischer Felder in zwei verschiedenen Sprachen, Latein und Deutsch, vergleicht:

MUS	MAUS
	RATTE

Das Schema kann folgendermaßen übersetzt werden: Dem lateinischen Wort /mus/ entsprechen zwei verschiedene Sachen, die wir x_1 und x_2 nennen. Können wir sagen, da die Existenz von x_1 und x_2 sich nur im Vergleich der beiden semiotischen Systeme offenbart, daß x_1 und x_2 unabhängig von den ihnen von einer der beiden Sprachen zuerteilten Namen existieren, die sie als kulturelle Einheiten und folglich als „Signifikate" eines bestimmten Signifikans konstituieren?

Wenn man zu den Farben zrückkehrt, ist die Antwort einfach: Es besteht kein Grund, warum eine physikalische Einheit bestehen sollte, die bei Wellenlänge 640 μμ beginnt und bei Wellenlänge 590 μμ endet. Und tatsächlich geschieht die Segmentierung des Kon-

---

6a Vgl. Fn. 2a. (Übers.)

tinuums in der Hindi-Kultur ja erst bei 550 μμ. Aber warum sollte keine kulturelle (und Erfahrungs-) Einheit indentifiziert werden, die von 610 μμ bis 600 μμ reicht? Und in der Tat würde uns ein Maler mit einer extremen Sensibilität den Farben gegenüber, der ein vollkommeneres Benennungssystem besitzt, antworten, daß es diese Einheit gibt und daß sie in seinem besonderen Code vorhanden ist, in dem diesem Wellenlängenabschnitt ein spezifischer Name entspricht.

Das Problem bezüglich /mus/ liegt aber anders. Der Zoologe würde uns sagen, daß die dem deutschen /Maus/ und /Ratte/ entsprechenden x_1 und x_2 als besondere Gegenstände existieren, deren verschiedene Eigenschaften und Funktionen analysiert werden können. Aber was Foucault (1966) über die *episteme* bestimmter Epochen und über die Veränderung ihrer Einteilung der Welt und was Lévi-Strauss (1962) über die Taxonomie der primitiven Völker geschrieben hat, sollte genügen, uns darauf aufmerksam zu machen, daß auch bei diesem Punkt ein vorsichtiges Vorgehen angebracht ist. Da die Semiotik sich schließlich nicht für x_1 und x_2 interessieren darf, die zwei Referenten sind (für die die Naturwissenschaften zuständig sind), mag also die Feststellung genügen, daß im Deutschen ein Nagetiere betreffendes Feld besteht, das analytischer ist als das lateinische, und daß folglich für den Deutschsprechenden zwei kulturelle Einheiten existieren, wo für den Lateinsprechenden nur eine einzige kulturelle Einheit existierte.[7]

---

7 Wer sich mit griechischer oder mittelalterlicher Ästhetik beschäftigt hat, kennt die Schwierigkeiten, die auftreten, wenn man die Tragweite von Termini wie *techne* und *ars* definieren soll, die ein viel umfassenderes Feld decken als unsere Begriffe Technik und Kunst. Im Griechischen deckt *techne* ungefähr auch die Bedeutungen des lateinischen *ars* und umgekehrt. Beide Termini decken die Bedeutungen von *Kunst* und *Technik* in den modernen europäischen Sprachen; aber nur bis zu einem gewissen Grad. Ins Italienische könnte ein linguistisches Buch wie das von Hockett, *The State of the Art,* nur dadurch übersetzt werden, daß man /art/ durch /disciplina/ oder einen anderen Terminus ersetzt, da /arte/ die Redebedeutung nicht besitzt, die der Webster /art/ zuschreibt, d. h.: „any of certain branches of academic learning". Das italienische /arte/ gibt (im Umkreis seines eigenen semantischen Feldes) einen Teil seiner Bedeutung an einen Terminus wie /materia/ ab, der sich seinerseits auch mit kulturellen Einheiten wie „Thema des Schulunterrichts" anreichert.

VI. 7. Das bisher Gesagte bringt das Problem der semantischen Felder auf die sogenannte Sapir-Whorf-Hypothese und auf die Frage, ob die Form der Kommunikationssysteme die Weltanschauung einer bestimmten Kultur determiniert. In dieser Phase der Untersuchung scheint es uns nicht angebracht, dieses Problem in Angriff zu nehmen: Wir wollen uns mit der Annahme begnügen (zumindest auf der Ebene der Segmentierung der Inhaltssubstanz in Inhaltsform), daß eine sehr enge Wechselbeziehung besteht zwischen der Weltanschauung einer Kultur und der Art, wie diese ihre semantischen Einheiten relevant macht. Wenn folgende beteiligten Elemente gegeben sind: y (materielle Lebensbedingungen), x (wahrgenommene Erfahrungseinheiten), z (entsprechende kulturelle Einheiten) und s (signifikante Einheiten, die diese bezeichnen), dann ist es in diesem Rahmen nicht nötig zu wissen, ob y x bestimmt, welches z ermöglicht, indem es ihm den Namen s zuerteilt; ob y zur Entwicklung der Namen s treibt, um die Erfahrung in x zu segmentieren, dem z entsprechen; ob eine tiefe semiotische Tätigkeit den Menschen dazu bringt, auf Grund von s zu denken, die nicht nur z und x ermöglichen, sondern das menschliche Wesen geradezu dazu disponieren, die Erfordernisse y zu empfinden usw. Dies sind außersemiotische Probleme.

VI. 8. Vom semiotischen Gesichtspunkt aus wäre es interessanter zu erfahren, in welchen Kulturen ein semantisches Feld funktioniert und an welchem Punkt es sich aufzulösen beginnt, um einem anderen Platz zu machen; und wie in ein und derselben Kultur zwei oder mehr auch oppositionelle semantische Felder koexistieren können, wenn Überlagerungen von Kulturen stattfinden. Ein typisches Beispiel dafür liefert uns die Reihe von Definitionen, die Aulus Gellius im zweiten Jahrhundert nach Christus in seinen *Noctes Atticae* (II, 26) von den Farben gibt: Er assoziiert z. B. den Terminus /*rufus*/ (den wir mit „rot" übersetzen würden) mit Feuer, Blut, Gold und Safran. Er behauptet, daß das Wort /*xanthós*/ = „goldfarben" eine Nuance der roten Farbe sei, ebenso wie /*kirrós*/ (das in der Kette der Interpretanten, die die lateinische Philologie rekonstruiert, als unserem „orangegelb" äquivalent verstanden werden müßte). Außerdem versteht er als weitere Benennungen der roten Farbe /*flavus*/ (das wir gewöhnlich auch mit Gold, mit Korn, mit dem Wasser des Tibers assoziiert sehen) und /*fulvus*/ (das gewöhnlich die Farbe der Mähne des Löwen ist). Aber Aulus Gellius nennt /fulvus/ auch den Adler, den Topas, den Sand und das Gold, während er /flavus/ als ein „Gemisch von rot, grün und weiß" definiert und es der Farbe des Meeres und des Laubes des Ölbaums zuschreibt. Schließlich behauptet er, daß Vergil den Terminus /caerulus/, der gewöhnlich für die Farbe des Himmels gebraucht wird, zur Bestimmung der „grünlichen" Farbe eines Pferdes verwendet. Die große Konfusion, die uns in diesem lateinischen Text auffällt, hängt wahrscheinlich nicht nur mit der Tatsache zusammen, daß das Feld der Farben des Aulus Gellius von unserem verschieden ist, sondern auch damit, daß im zweiten Jahrhundert nach Christus in der lateinischen Kultur alternative Farbfelder durch den Einfluß anderer Kulturen nebeneinander lebten. Daher die Verwirrung bei Aulus Gellius, dem es nicht gelingt, einen Stoff, den er aus Zitaten von Schriftstellern verschiedener Epochen bezieht, in ein strenges Feld umzubilden. Wie man sieht, wird hier die „wirkliche" Erfahrung, die der Autor vom Himmel, vom Meer und von einem Pferd hätte machen können, vermittelt durch den Rückgriff auf bestimmte kulturelle Einheiten, und seine Weltanschauung wird (auf reichlich unzusammenhängende Weise) bestimmt von den kulturellen Einheiten (mit den entsprechenden Namen), die ihm zur Verfügung stehen.

VI. 9. Wir könnten also behaupten, a) *daß in einer bestimmten Kultur einander widersprechende semantische Felder existieren können:* Dies ist ein abweichendes kulturelles Ereignis, das die Semiotik berücksichtigen muß und das sie nicht beiseite lassen darf; b) *daß eine und dieselbe kulturelle Einheit* – innerhalb ein und derselben Kultur – *in komplementären semantischen Feldern auftreten kann.* Carnap (1947, 29) gibt das Beispiel für eine doppelte Klassifikation, wodurch die Tiere einerseits in Wasser-, Luft- und Landtiere eingeteilt sind, andererseits aber in Fische, Vögel und andere Tiere. Eine kulturelle Einheit wie /Wal/ könnte also verschiedene Stellungen in beiden semantischen Feldern einnehmen, ohne daß die beiden Klassifikationen unvereinbar wären. Man wird dann zugeben müssen, daß der Sprecher in seiner „Sprachkompetenz" die Möglichkeit besitzt, einem System von Signifikanten verschiedene Systeme von Signifikaten zuzuordnen, wie wir in A. 2. IX.–XI. sehen werden. c) In ein und derselben Kultur *kann sich ein semantisches Feld äußerst schnell auflösen und in ein neues Feld umstrukturieren.*

Wenn auf der Ebene der Farben und der Verwandtschaftsbezeichnungen diese Umstrukturierung auch ziemlich langsam erscheint (daher kann man von „starken" Systemen und Codes sprechen), so gibt es doch sehr viel „schwächere" Systeme und Codes, die sich durch den geringsten äußeren Druck verändern. Ein merkwürdiges und noch schwer zu formalisierendes Beispiel liefert folgendes Phänomen, das im Winter 1969 in der amerikanischen öffentlichen Meinung festgestellt wurde. Eine wissenschaftliche Untersuchung hatte unvermutet aufgedeckt, daß die Cyclamate, eine zur Süßung von Diätnahrung verwendete chemische Substanz, Krebs hervorrufen. Alle Diätnahrung, die zur Unterstreichung der Abwesenheit von Zucker einen Hinweis auf die Anwesenheit von Cyclamaten trug, mußte aus dem Handel gezogen werden. Die Angst vor den Cyclamaten ist bei den Verbrauchern so schnell und intensiv aufgetreten, daß die neue Diätnahrung den Satz „with sugar added" auf den Packungen und in der Reklame aufweisen mußte.

Auf den ersten Blick scheint diese Lösung paradox. Es ist absolut blödsinnig, ein Nahrungsmittel, das nicht dick machen soll, mit der Beteuerung zu präsentieren, es enthalte Zucker, der, wie allgemein bekannt ist, dick macht. Aber die neue Reklame ist von den Verbrauchern akzeptiert worden. /Zucker/ stand in der Reklame nun offensichtlich nicht mehr in Opposition zu /Cyclamat/, sondern zu /Krebs/. Darum wurde der Zucker nun als positives Element akzeptiert.

Wir können folgende Hypothese aufstellen: die Kultur hatte eine Reihe von semantischen Achsen α, β, γ, δ folgendermaßen akzeptiert:

—A		+B
α Zucker	vs	Cyclamat
↓		↓
β dick	vs	schlank
↓		↓
γ Herzinfarkt möglich	vs	kein Herzinfarkt
↓		↓
δ Tod	vs	Leben

Wir können annehmen, daß sich konnotative Subcodes gebildet haben (A und B), die die Einheiten der einen Achse denen der anderen Achse äquivalent machten in der vom Pfeil bezeichneten Richtung. Die Einheiten der Achse α wurden zu Signifikanten, deren Signifikate die Einheiten der Achse β waren; aber die Einheiten der Achse β wurden ihrerseits zum Signifikans von γ usw. Daher bildeten sich konnotative Ketten vom Typ:

A. Zucker = dick = Herzinfarkt möglich = Tod (daher: Zucker = Tod) (—).

B. Cyclamat = schlank = kein Herzinfarkt = Leben (daher: Cyclamat = Leben) (+).

Natürlich galten die Subcodes und Achsen nur für den Gebrauch, den die Sprecher davon machten und der in ihrer Sprachkompetenz mit anderen Subcodes und Achsen koexistieren konnte, in denen dieselben kulturellen Einheiten andere Stellungen einnahmen.

Dann setzt unversehens eine neue Botschaft (die die „wirkliche" Erfahrung und nicht die Situation der Codes betrifft: sh. in A. 2. XV. den Unterschied zwischen faktischen und semiotischen Urteilen) die Gleichung *Cyclamat = Krebs.* Der Subcode B strukturiert sich dann folgendermaßen um:

B. Cyclamat = Krebs = (leere Stelle) = Tod (—)

Folglich strukturieren sich die vier semantischen Achsen α, β, γ, δ folgendermaßen um:

+ A	— B
α Zucker	vs Cyclamat
↓	↓
β dick	vs Krebs
↓	↓
γ Herzinfarkt möglich	vs Krebs sicher
↓	↓
δ Leben möglich	vs Tod sicher

Es ist klar, daß, während anfangs der Rubrik A das Minuszeichen und der Rubrik B das Pluszeichen zukam, jetzt das Gegenteil eintritt. Die Zeichen + und — stellen letztenendes eine Art *axiologischer Hyperkonnotation* der zwei konnotativen Ketten dar. Deshalb hat der Hinweis auf den Zucker auf den Packungen der neuen Nahrungsmittel eine positive Konnotation angenommen.

In diesem Fall haben wir die Umstrukturierung eines semantischen Feldes beobachten können, welche durch die Ausgabe von Botschaften über Tatbestände bewirkt wurde, die indirekt als die konnotativen Subcodes kritisierende Botschaften funktionierten und die als Endergebnis die Umstrukturierung des semantischen Feldes bewirkten. Wir haben hier also ein Beispiel für eine Botschaft, die einen Code umstrukturiert und die als Gegenschlag die Systeme umstrukturiert, die dieser Code zusammenkoppelte. So wie eine Botschaft, die behauptete: /*Gold hat nicht die Farbe des Meeres*/, das Farbsystem umwirft, wie es bei Aulus Gellius erscheint.

VI. 10. Das angeführte Beispiel eröffnet eine Reihe von Fragen über die Vergänglichkeit der Codes, die in A. 2. XIV. wieder aufgenommen werden. Für den Augenblick hat uns das Beispiel sehen lassen, wie die Existenz semantischer Felder auch die Strukturierung von semantischen Achsen impliziert, die als Paare von Oppositionen oder Antonymen verstanden werden. Die Untersuchung dieser Bedeutungsoppositionen nimmt einen großen Raum z. B. in der strukturalen Semantik von Greimas (1966) ein. Lyons (1968) klassifiziert sie in drei Typen: *komplementäre Antonyme,* wie *männlich* vs *weiblich* (wo die Negation des einen die Affirmation des anderen impliziert); *eigentliche Antonyme,* wie *klein* vs *groß* (wo die Prädikation des einen relativ sein kann: man ist klein in Bezug auf etwas und groß in Bezug auf etwas anderes; folglich müssen diese als Formen der Abstufung betrachtet werden); und schließlich *konträre Antonyme,* wie *kaufen* vs *verkaufen* (welche syntaktische Transformationen implizieren, wenn sie einander ersetzen). Wir wollen diese Charakteristika nicht weiter untersuchen und beschränken uns für jetzt darauf, das Vorhandensein dieser drei Typen von Achsen zu registrieren, die, da sie sich in der Kompetenz eines Sprechers einrichten, diesem die Verbindung eines Signifikans mit dessen Signifikat in einem besonderen Typ von konnotativer Kette ermöglichen, die wir in A. 2. X. untersuchen werden.

VI. 11. Die neuesten und weitergehenden Forschungen der strukturalen Semantik erlauben uns außerdem die Behauptung, daß man semantische Achsen und Felder auch für die semantischen Einheiten aufstellen kann, die nicht den Namen von Gegenständen entsprechen. Folglich ist das „Signifikat" als „kulturelle Einheit" nicht nur auf die Ausdrücke anwendbar, die die Alten kategorematisch nannten, sondern auch auf synkategorematische. Apresjan (1962) weist auf Felder hin, in denen die Pronomen in Opposition zueinander stehen (Pronomen, die *Belebtes* bezeichnen, vs Pronomen, die *Unbe-*

lebtes bezeichnen; und man denke an den Raum, den das englische /you/ einnimmt, verglichen mit dem Raum, den it. /tu/, /Lei/, /voi/ oder dt. /du/, /Sie/, /ihr/ einnehmen). Er weist hin auf Felder von Verben, die verschiedene Handlungen bezeichnen, die aber zum selben Bereich von Handlungen gehören (z. B. *mitteilen, versichern, überzeugen, informieren* usw, die alle zur Sphäre der „Informationsübertragung" gehören). Das erlaubt uns, wie wir in A. 2. VII. sehen werden, das Problem der möglichen Denotation und Konnotation der synkategorematischen Termini oder der sogenannten „funktionalen Morpheme" zu lösen; ein Unternehmen, das unmöglich war, solange das Signifikat im Referens verankert war, da es unmöglich ist, das Referens von /der/, /zur/ oder /jedoch/ zu bestimmen.

VI. 12. Eine letzte Bemerkung in Bezug auf die semantischen Felder: Es wäre äußerst schädlich für eine semiotische Untersuchung, wenn man sich fragte, ob die Felder „wirklich" existieren. Das käme der Frage gleich: „Gibt es im Geiste dessen, der bedeutungstragende Ausdrücke versteht, etwas, was einem semantischen Feld entspricht?"

Wir antworten dagegen: a) es wird postuliert, daß das Signifikat eine kulturelle Einheit ist; b) diese kulturelle Einheit kann dank der Kette ihrer Interpretanten identifiziert werden, wie sie sich in einer bestimmten Kultur manifestiert; c) das Studium der Zeichen in einer Kultur erlaubt uns die Bestimmung des Wertes der Interpretanten, indem man diese in einem System von Positionen und Oppositionen betrachtet; d) die Postulierung dieser Systeme gestattet eine Erklärung der Entstehung des Signifikats; e) wenn man einer solchen Methode folgt, wäre es theoretisch möglich, einen Roboter zu konstruieren, der eine Auswahl von semantischen Feldern und die Regeln besitzt, diese mit Systemen signifikanter Formen zu verbinden; f) in Ermangelung der Beschreibung des *Globalen Semantischen Systems* (der Formgebung der Weltanschauung einer Kultur; ein unmögliches Unternehmen, weil sich diese Weltanschauung in ihren Wechselbeziehungen mit anderen und in ihren Randerscheinungen andauernd verändert) werden die semantischen Felder als Instrumente *postuliert,* die man zur Erklärung der signifikanten Oppositionen braucht, um eine bestimmte Gruppe von Botschaften untersuchen zu können.

Wenn Greimas (1966) ein System von Bedeutungsoppositionen ausarbeitet, um die Erzählstruktur bei Bernanos zu erklären, so beleuchtet er damit ohne Zweifel im Text auffindbare Oppositionen auf der Ebene einer bestimmten Lesehypothese; aber nichts schließt aus, daß ein anderer Leser, der diesen Text auf andere Art gebraucht, einen anderen Leseschlüssel im Text entdeckt und den Text auf andere Wertoppositionen zurückführt. Wie wir in A. 3. sehen werden, besitzt die ästhetische Botschaft Eigenschaften der Ambiguität und Offenheit, die viele Wahlen als möglich erscheinen lassen. Diese Bemerkungen zielen darauf, der strukturalen Semantik – zumindest für den Augenblick – den Auftrag abzusprechen, unmittelbar und ohne Diskussion die unveränderbaren Strukturen der Bedeutung aufzustellen (in Zusammenhang mit der im Abschnitt D vertretenen These, daß die ontologische Beschaffenheit der Strukturen abzulehnen ist).

Ein Beispiel für diese Versuchung der strukturalen Semantik liegt vor in der Kritik, die Bremond (1966 a) gegenüber einer Lochkarten-Analyse der Begriffe des Korans übt.[8]

Bremond bemerkt, daß diese Untersuchung tatsächlich „durch die Aufdeckung von Stellen der Anziehung und Abstoßung zwischen Begriffen, bei denen es einem nicht einfallen würde, sie zueinander in Beziehung zu setzen, unerwartete Konstellationen aufdecke, die zwar der Struktur des Textes selbst inhärent, aber auch bei der aufmerksamsten Lektüre nicht wahrnehmbar seien"; aber letztenendes hätten die Autoren, indem sie ihre eigenen Codes auf die Botschaft zurückstrahlen lassen, nicht die „objektiven" Ideen des Korans systematisiert, sondern „die Ideen des zeitgenössischen wissenschaftlichen Westens über den Koran". Bremond stellt diesem Ansatz eine objektive Untersuchung gegenüber, die ein „dem Text immanentes" Begriffssystem aufdeckt, indem sie sich nicht von der bequemsten *Codierung*, sondern von der „exaktesten" *Decodierung* leiten läßt.

Der Einwand Bremonds setzt voraus, daß jede signifikante Form dank der Existenz eines einzigen Codes auf eine eindeutige Stellung im Globalen Semantischen System verweist. Aber wenn die semantischen Felder zahlreich und widersprüchlich sind, hängt ihre Wahl

---

8 M. Allard, M. Elzière, J. C. Gardin, F. Hours, *Analyse conceptuelle du Coran sur cartes perforées,* Den Haag, Mouton, 1963.

von der Hypothese ab, nach der der Text gelesen wird. Das, was sich als ein System von dem Koran immanenten semantischen Einheiten ausgibt, kann entweder das System der Ideen sein, die der wissenschaftliche Westen über den Koran hat, oder das System von Ideen, das eine kulturgeschichtliche Untersuchung (durch den Rückgriff auf die Reihen von Interpretanten, die die arabische Kultur zur Decodierung der Signifikanten des Korans bereitstellt) als in der arabischen Welt der Zeit des Korans anwesend aufzeigt. Es ist wohl kaum möglich, daß eine interpretierende Lektüre eine Dialektik zwischen diesen beiden Momenten umgehen könnte (abgesehen von der Tatsache, daß auch die semantischen Felder der Kultur des Korans widersprüchlich und verwickelt sein können). Ein Schema, wie das am Schluß dieses Abschnitts über die Decodierung der ästhetischen Botschaft, zeigt, wie man diese interpretative Dialektik verstehen kann. Die Existenz dieser Dialektik nimmt jedoch einer strukturalen Semantik, einschließlich ihrer Unterabteilungen der Untersuchung der narrativen Funktionen, jeden Anspruch auf absolute Objektivität.

In diesem Falle könnte eine erneute Lektüre der *Poetik* von Aristoteles (von der so viele Überlegungen über die Narrativität abhängen) vor vielen Mißverständnissen bewahren. Gewiß, eine Intrige kann als eine Reihe von *Funktionen* oder als eine strukturierte Matrix von Funktionen in alternativer Opposition betrachtet werden, aber die Identifizierung dieser Funktionen kann sich nicht von der vorhergehenden Zuordnung von Relevanz (und folglich von Bedeutung) zu jeder dieser Funktionen freimachen. Was bedeutet es z. B., daß dieser einen Person etwas Schreckliches oder Mitleiderregendes zustoßen muß? Es bedeutet, daß etwas geschehen muß, was (im Lichte der gemeinhin in einer bestimmten Gesellschaft verbreiteten Meinungen) Mitleid oder Schrecken erregt. Erregt es Schrecken, daß jemand ohne sein Wissen dazu gebracht wird, das Fleisch seines eigenen Sohnes zu essen? Für einen Griechen und im allgemeinen für einen Menschen der westlichen Kultur ja. Aber wir können uns ein Kulturmodell vorstellen, im dem dieses rituelle Verhalten nicht schrecklich erscheint. Es ist verständlich, daß ein Grieche Mitleid empfindet angesichts der Tatsache, daß Agamemnon Iphigenie opfern *mußte,* während uns, wenn uns diese Tatsache außerhalb ihres ursprünglichen Kontextes erzählt würde, ein Mensch nur widerlich erscheinen würde, der es aus bloßem Aberglauben akzeptiert, die

Tochter zu töten, so daß wir Agamemnon gegenüber nicht Mitleid, sondern Empörung und den Wunsch nach Bestrafung empfinden würden. Die *Poetik* kann nicht ohne Bezugnahme auf die *Rhetorik* verstanden werden: Die Funktionen der Intrige erhalten nur dann einen Wert, wenn sie auf die Wertsysteme einer bestimmten Gruppe bezogen werden. Man kann ein Faktum nicht als „unerwartet" definieren, wenn man nicht das Erwartungssystem des Empfängers kennt. So verweist auch die Erforschung der Strukturen der Erzählung auf eine gesellschaftlich-historische Definition der semantischen Systeme; sie kann sich wohl nützlicherweise in Richtung auf eine Betrachtung der universellen Konstanten der Narrativität entwickeln, sie darf aber die *Reihen,* die sie findet, nicht als definitive *Strukturen* hinstellen.

VI. 13. Die vorsichtigste Schlußfolgerung scheint uns die Einleitung zu sein, die Greimas (1970) seinem Aufsatz „La structure sémantique" voranstellte:

> „Par structure sémantique on doit entendre la forme générale de l'organisation des divers univers sémantiques – donnés ou simplement possibles – de nature sociale et individuelle (cultures ou personnalités). La question de savoir si la structure sémantique est sous-tendue à l'univers sémantique, ou si elle n'est qu'une construction métalinguistique rendant compte de l'univers donné, peut être considérée comme non pertinente" (S. 39).

VII. Die Denotation unter semiotischem Gesichtspunkt

VII. 1. Jetzt können wir die Denotation besser definieren als elementare Art einer vom Referens losgelösten Signifikation. Wir müssen nur genauer sagen, daß wir im Augenblick von der Denotation des isolierten Signifikans sprechen (das in der Linguistik *Lexem* genannt werden kann). Natürlich gibt es auch das Problem des kontextuellen Signifikats, und die schon klassischen Beispiele der generativen Grammatik vom Typ /*they are flying planes*/ (ein Satz, in dem die verschiedenen Lexeme nur auf Grund eines besonderen vom Kontext vermittelten Verständnisses Sinn bekommen) stellen dieses Problem sehr deutlich. Aber es gibt auch Instrumente, die Wörterbücher nämlich, mit deren Hilfe die Kultur – sei es auch auf plumpe Art – versucht, die Bedeutung des einzelnen Lexems zu bestimmen. Und es gibt die Untersuchungen der Komponentenanalyse (auf die wir in A. 2. IX. zu sprechen kommen), die die kontextuelle Bedeutung aus einem Amalgam von semantischen Bestandteilen der isolierten Ausdrücke entstehen lassen.

Stellen wir uns nun die Frage nach der Denotation des Lexems; d. h., wie das Lexem – als morphologische Größe – auf eine kulturelle Einheit verweist, die wir erst später bei der Untersuchung des Begriffes der Konnotation als analysierbare semantische Einheit, d. h. als *Semem,* betrachten werden.

VII. 2. Eine bequeme Art, die Denotation ohne Rückgriff auf das Referens zu definieren, wäre es, sie als die Invariante in den Übersetzungsprozessen zu verstehen (Shannon). Aber abgesehen davon, daß diese Definition eine *petitio principii* impliziert (man definiert nämlich als die Bedeutung eines Signifikans das, was als Bedeutung bleibt, wenn man das Signifikans auswechselt), kann sie auch nicht auf das isolierte Lexem angewandt werden. Die semantischen Felder verschiedener Kulturen müßten dann nämlich isomorph sein. Dann wäre das Äquivalent von /bois/ „Wald" – was aber nicht der Fall ist.[9]

Wenn man dann unter Invariante in den Übersetzungsprozessen eine Definition verstände, die den genauen Sinn von /bois/ in einer anderen Sprache wiedergibt, hätten wir eine Definitionsbedeutung, die, wie wir sehen werden, schon als Konnotation verstanden werden muß (da sie die intensionelle Spezifizierung der semantischen Eigenschaften dieses Ausdrucks ist). Unter Denotation wollen wir dagegen die unmittelbare Bezugnahme verstehen, die ein Ausdruck im Empfänger der Botschaft auslöst. Und da nicht auf mentalistische Lösungen zurückgegriffen werden soll, müßte Denotation *die unmittelbare Bezugnahme sein, die der Code dem Ausdruck in einer bestimmten Kultur zuschreibt.*

---

9 Daher ist ein deutsch-französisches Wörterbuch kein Code, außer in einem sehr weiten Sinne. Sofern ein Terminus einem anderen gleichgesetzt wird, ist dies nur ein Kunstgriff, um die Übersetzung zu erleichtern. In Hinblick auf die Übersetzung liefert das Wörterbuch kontextuelle Beispiele und sammelt – auf unsystematische Art – intensionelle Definitionen.

Die einzige mögliche Lösung ist also folgende: *Das isolierte Lexem denotiert eine Position im semantischen System.* Das Lexem /Baum/ im Deutschen denotiert denjenigen Raum, diejenige semantische Valenz, die aus /Baum/ (im semantischen System der deutschen Kultur und in der vorausgesetzten Kompetenz des Sprechers) das macht, was /Holz/ und /Wald/ gegenübersteht. Es sei angemerkt, daß man durch eine Lösung dieser Art auch verstehen könnte, was Denotation für einen Roboter heißt, der mit einem semantischen System von Valenzen ausgestattet ist (welche dann von den entsprechenden Intensionen spezifiziert werden). Außerdem wollen wir darauf aufmerksam machen, daß diese Lösung auch auf andere, von der verbalen Sprache verschiedene Kommunikationssysteme anwendbar ist. Wie wir im Abschnitt C sehen werden, denotiert eine architektonische signifikante Form eine Funktion, und eine Funktion ist nichts anderes als eine Position in einem strukturierten Feld von Funktionen.

VII. 3. Man kann sich nun fragen, ob diese Auffassung von Denotation dem Begriff der Extension gleichkommt. Die Antwort ist nur in dem Sinn positiv, daß ein Ausdruck statt einer Klasse von wirklichen Gegenständen die Klasse jener kulturellen Einheiten denotiert, die eine bestimmte Stellung in einem semantischen Feld einnehmen. Nur daß diese Klasse eine Klasse mit einem einzigen Glied ist.

Man könnte versucht sein, die Gleichung in folgendem Sinn auszudehnen: Das Lexem denotiert die Klasse aller jener kulturellen Einheiten, die in verschiedenen semantischen Feldern, die verschiedenen Kulturen angehören, dieselbe Stellung im respektiven Feld einnehmen. Aber dies würde wiederum voraussetzen, daß die Felder isomorph wären. Da sie es aber nicht sind, müssen die Einheiten eines Feldes mit den Einheiten eines anderen Feldes durch Kommutationsproben (man versucht, ob sich, wenn man das Signifikans verändert, das kontextuelle Signifikat ändert) oder durch Substitutionsproben (man prüft, ob, wenn man das Signifikans ändert, das Signifikat unverändert bleibt) verglichen werden. Aber eine solche Operation beinhaltet eine Analyse des in den Kontext gestellten Lexems; und um zu prüfen, ob das Signifikat sich verändert hat oder nicht, muß man das Lexem mittels anderer Interpretanten übersetzen, indem man es mit Intensionen belädt. Daher muß man bei all ihrer Begrenztheit die vorsichtigste Definition akzeptieren, die noch die folgende ist: *Das Denotatum eines Lexems ist seine semantische Valenz in einem bestimmten Feld.*

Dieses denotative Signifikat ist das, was gewisse Autoren (vgl. z. B. Lyons, 1968, 9. 4. 2.) *sense* nennen: „by the sense of a word we mean its place in a system of relationships which it contracts with other words in the vocabulary".

VII. 4. Wir haben unter anderem gesagt, daß ein Lexem eine Stellung in verschiedenen und komplementären semantischen Feldern einnehmen kann. Man sehe z. B. den Ausdruck /terra/ im Italienischen, der gegenüber /mare/ „Festland" bedeutet, gegenüber /sole/ „dritter Planet des Sonnensystems", und gegenüber /cielo/ bedeutet er eine Reihe von ziemlich verschiedenen kulturellen Einheiten, die auch die Konnotation „Situation des Menschen als materielles und sterbliches Wesen" umfassen können. Es taucht hier das Problem auf, ob es sich um bloß homonyme Termini handelt oder ob sich Reihen von durch Subcodes fixierten Konnotationen auf eine primäre Konnotation stützen. Auf jeden Fall kann das Signifikat nur durch den Kontext und mit Hilfe des Kommunikationsumstandes bestimmt werden. Wenn der Mastkorbwächter des Columbus „Terra!" ruft, dann bringt nur der Umstand, in dem das Wort ausgesprochen wird, die Empfänger dazu, unverzüglich dessen Stellung in demjenigen semantischen Feld zu identifizieren, das die Achse /terra/ vs /mare/ aufweist.

VII. 5. Unsere Definition von Denotation muß auch auf drei Kategorien von Signifikanten angewandt werden können, die gewöhnlich eine Reihe von semantischen Aporien hervorrufen: a) die synkategorematischen Ausdrücke; b) die Eigennamen; c) die Signifikanten von rein syntaktischen semiotischen Systemen ohne semantische Dichte, wie z. B. die musikalischen Signifikanten oder die Signifikanten der musikalischen Notierung.

Was die synkategorematischen Termini betrifft, so ist die Antwort schon in der Tatsache impliziert, daß es möglich ist, ein semantisches Feld von Ausdrücken zu bilden, die sich nicht auf äußere Objekte beziehen, sondern die im Gegenteil grammatikalische Funktionen erfüllen (vgl. A. 2. VI. 11.). Ausdrücke wie /der/, /für/ und /jedoch/ denotieren ihre Stellung in einem Feld möglicher grammatikalischer

Funktionen. In diesem Sinn denotieren sie eine genau bestimmte kulturelle Einheit. Dasselbe Problem betrifft die semiotische Konstitution von architektonischen Zeichen, die Funktionen denotieren (vgl. Abschnitt C); diese Funktionen können als in einem System organisiert betrachtet werden, das manchmal anderen Systemen wie den Systemen von räumlichen Beziehungen oder von Verhaltensweisen äquivalent gemacht wird (vgl. C. 6. II.).

VII. 6. Was das Problem der Eigennamen betrifft, so ist dies dem Problem der ikonischen Zeichen verwandt, die sich wahrscheinlich auf jemanden beziehen, ohne daß ein genauer Code festlegt, wer dieser Jemand ist (z. B. die Photographien von Personen). Wir wollen vor allem zu verstehen versuchen, was im Fall von Eigennamen geschieht, die sich auf bekannte historische Persönlichkeiten beziehen. Wir werden dann später sehen, daß die anderen Fälle strukturell nicht verschieden sind. Der Ausdruck /Napoleon/ denotiert eine gut bestimmte kulturelle Einheit, die eine Stelle in einem semantischen Feld von historischen Größen einnimmt. Dieses Feld ist vielen verschiedenen Kulturen gemeinsam; es können höchstens die Konnotationen variieren, die die verschiedenen Kulturen der kulturellen Größe „Napoleon" zuschreiben.

Nehmen wir nun den Fall an, daß der Autor dieses Buches die Botschaft /Stefano/ erhält. Der Autor besitzt eine Kompetenz, die von vielen Personen seiner Umgebung geteilt wird und die ein Feld von kulturellen Einheiten betrifft, das seine Verwandten und Freunde umfaßt, und das Signifikans /Stefano/ denotiert für ihn unmittelbar seinen eigenen Sohn. D. h. er identifiziert eine Position in einem System. In diesem Fall haben wir es mit einem sehr viel begrenzteren Code zu tun als dem, mit dem /Napoleon/ decodiert wurde, aber der semiotische Mechanismus ist unverändert geblieben. Es kann Sprachen geben, die nur von sehr wenigen Sprechern gesprochen werden (Idiolekte).

Man kann einwenden, daß /Stefano/ auch noch andere Individuen denotieren kann. Aber hier haben wir einfach einen Fall von Homonymie vor uns. Homonymie trifft man oft im Sprachgebrauch, und dann müssen Kontextsituationen bestimmen, ob ein Ausdruck /x/, der sich sowohl auf ein Signifikat „X_1" als auch auf ein Signifikat „X_2" beziehen kann, auf die eine oder auf die andere Art verstanden werden muß. Die Welt der Eigennamen ist einfach eine sprachlich ziemlich arme Welt, wo Fälle von Homonymie äußerst häufig sind. Aber die semantische Welt der damit verbundenen kulturellen Einheiten (die benannten menschlichen Wesen) ist dagegen sehr reich, und jede Einheit ist darin durch Systeme von ganz präzisen Oppositionen bestimmt.

In demselben Sinn sind auch die Synkategoremata Homonyme. Das /nach/ von /die Uhr geht nach/ ist nicht dasselbe wie in /ich gehe nach Hause/. Ullmann (1962, S. 122) behauptet jedoch, daß ein Eigenname außerhalb eines Kontextes nichts denotiere, während ein Appellativ außerhalb eines Kontextes immer eine lexematische Bedeutung habe. Aber jedes Signifikans denotiert doch nur, wenn es (auch auf Grund des Kontextes, natürlich) auf einen spezifischen Code bezogen wird, in dem es vor allem als Element eines Wörterbuchs oder eines Repertoires von Signifikanten erscheint. Wenn mir das graphische Signifikans /cane/ ausserhalb eines Kontextes und ohne Hinweis auf einen Code mitgeteilt wird, kann es entweder ein lateinischer Imperativ („singe!"), ein italienisches Appellativ („Hund") oder ein englisches Appellativ („Rohr") sein.

Man braucht also immer den Hinweis auf einen Code mit dem Verweis auf ein bestimmtes Vokabular. Und zu einem Vokabular kann auch ein Namensverzeichnis gehören, das mir sagt, daß ein noch unklares Signifikans wie beispielsweise /Tom/ ein Eigenname ist und folglich „menschliches Wesen männlichen Geschlechts" konnotiert.

Im Falle von *Eigennamen unbekannter Personen* müßte man jedoch zugeben, daß diese konnotieren und nicht denotieren,[10] indem man die Meinung von J. S. Mill umkehrt, derzufolge Eigennamen denotieren, aber nicht konnotieren (und es ist nicht einzusehen, warum ein bekannter Name /Napoleon/, sobald er eine Position im Feld der bekannten Personen denotiert hat, nicht auch eine Reihe von semantischen Bestandteilen der Einheit „Napoleon" konnotieren sollte).

Man kann folgende Abgrenzung akzeptieren: Die Eigennamen unbekannter Personen sind Signifikanten mit offener Denotation[11] und werden decodiert wie ein abstruser wissenschaftlicher Terminus, den man noch nie gehört hat, von dem man aber sicher ist, daß er etwas ganz Bestimmtem entsprechen muß. Es macht also keinen großen Unterschied, ob man die Botschaft /Ascorbinsäure/ empfängt und vermutet, daß es sich wohl um eine chemische Zusammensetzung handelt (ungenaue Konnotation), ohne zu wissen welche (keine Denotation), oder ob man die Botschaft /Tom/ empfängt und weiß, daß es sich um einen Mann handeln muß (ungenaue Konnotation), ohne zu wissen, um wen (keine Denotation). Dies sind zwei Fälle von unvollkommenem Besitz der Codes einer Gruppe. Im ersten Fall frage ich einen Chemiker, im zweiten verlange ich, daß mir Tom vorgestellt wird.[12]

VII. 7. Schließlich stellt sich das Problem jener semiotischen Systeme, die rein syntaktisch und ohne offensichtliche semantische

---

10 In demselben Sinn ist, wie wir in B sehen werden, das ikonische Bild von Tom (z. B. die Photographie) zwar ohne Denotation (wer ist denn das?), aber reich an Konnotationen (er hat eine Brille, eine dicke Nase, einen Schnurrbart, ein trauriges Lächeln usw.).

11 Sie entsprächen dem, was die Logiker „ein nicht quantifiziertes x" in einer *offenen Aussage* nennen.

12 Das aber würde den Rückgriff auf das Referens implizieren. Es genügt dagegen, daß mir seine Stellung im Feld der bekannten Personen angezeigt wird: „Er ist der Vetter von John und der Mann von Mary".

Dichte sind. Typisch ist der Fall der Musik. Es handelt sich wohlgemerkt nicht darum, das Signifikat des folgenden graphischen Ausdrucks zu definieren:

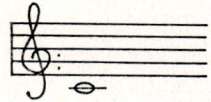

Dieses Signifikans denotiert „Note C" in der mittleren Tonleiter des Klaviers; es denotiert eine Position im Notensystem; es denotiert eine Klasse von Klangereignissen, die mathematische Werte und oszillographische oder spektrographische Maße zum Interpretans haben.

Das Problem ist dagegen, *was* und *ob* das Signifikans /„Note C"/, wie es beispielsweise von einer Trompete hervorgebracht wird, denotiert. Hierzu muß gesagt werden, daß die Signifikanten der syntaktischen Systeme Denotationen haben, insofern man deren Interpretanten identifizieren kann. So denotiert die Note /C/ der mittleren Oktave oder die von der Trompete hervorgebrachte eine solche Position im musikalischen System, die durch verschiedene Transpositionen aufrechterhalten wird. In gewissen Fällen denotiert das physikalische Signal /„Note C"/ diejenige Position in der musikalischen Leiter, die unverändert bleibt, ob sie nun vom Zeichen:

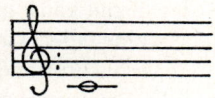

oder vom Zeichen:

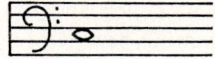

interpretiert wird. Der Musiker muß ja, außer in den seltenen Fällen von sogenanntem „absolutem" Gehör, die Note C in Beziehung zu einer anderen Note und folglich in ihrer Position in der Tonleiter hören, um sie als /„Note C"/ zu erkennen.

VIII. 1. So definiert erscheint die Denotation nur wie eine ziemlich theoretische Definition des Signifikats eines Lexems. Man versteht, wie die ganze Folge der Interpretanten, durch die der Prozeß der Semiose dem Lexem Leben gibt und es praktikabel macht, auf der Konnotation beruht. Aber unter dem Terminus „Konnotation" kann man zahlreiche Phänomene verstehen. So wie wir den Terminus gebrauchen, deckt er alle diese Phänomene. Wie man sehen wird, wollen wir den bei vielen Autoren anzutreffenden Unterschied zwischen „kognitiver Bedeutung" und „emotionaler Bedeutung" ignorieren, weil uns scheint, daß das Funktionieren eines Signifikans im Semioseprozeß diese beiden Bedeutungsformen gleich wichtig macht. Wenn man die zweite in einen Bereich verweist, von dem die Semantik nicht sprechen könne (vgl. Carnap), dann kann man zwar mit einer gewissen Genauigkeit die referentielle Funktion der Sprache untersuchen, man verliert aber den Reichtum des Kommunikationsprozesses. Die Semiotik darf solche Kastrationsformen nicht akzeptieren, auch wenn sie dabei ein paar Ungenauigkeiten auf sich nimmt. Bevor sie zu einer Disziplin wird, die ihr Untersuchungsfeld mit wissenschaftlicher Strenge behandelt, muß sie zu einer Disziplin werden, die den Mut hat, alles, was sie betrifft, in ihr Untersuchungsfeld aufzunehmen. Zur Rechtfertigung der folgenden Liste sagen wir daher, daß die Konnotation die Gesamtheit aller kulturellen Einheiten ist, die von einer intensionellen Definition des Signifikans ins Spiel gebracht werden können; sie ist daher die Summe aller kulturellen Einheiten, die das Signifikans dem Empfänger institutionell ins Gedächtnis rufen kann. Dieses „kann" spielt nicht auf psychische Möglichkeit an, sondern auf eine kulturelle Verfügbarkeit. Die Sequenz der Interpretanten eines Terminus in einer Kultur beweist, daß dieser Terminus sich mit allen anderen Zeichen verbinden kann, die auf irgendeine Weise auf ihn bezogen sind.

a) *Konnotation als Definitionsbedeutung:* Jedes Lexem konnotiert die Eigenschaften, die der denotierten kulturellen Einheit von der intensionellen Definition zugeschrieben werden, welche gewöhnlich auf sie angewandt wird. Diese Definition kann naiv (der /Morgenstern/ ist „das, was wir Venus nennen") oder wissenschaftlich sein (der /Morgenstern/ wird streng astronomisch definiert). Da in einer Kultur beide Formen von Definitionen – und andere Zwischenformen – existieren, bildet der Besitz der einen oder der anderen das kulturelle Erbe des Empfängers.

b) *Konnotationen der semantischen Einheiten, aus denen die Bedeutung besteht:* Einige dieser semantischen Bestandteile sind an der Definition der kulturellen Einheit beteiligt (wie wir in A. 2. IX. sehen werden). Eine benannte Einheit kann auch ihr eigenes grammatikalisches Kennzeichen konnotieren (/sole/ im Italienischen konnotiert „maskulin" gegenüber einem anderen Lexem wie /luna/, das „feminin" konnotiert. In einem Märchen, wo die Gegenstände belebt sind, haben solche Konnotationen semantischen Wert. Im Deutschen haben /Sonne/ und /Mond/ die entgegengesetzten Konnotationen.).

c) *„Ideologische" Definitionen:* In A. 4 werden wir genauer bestimmen, was wir unter „Ideologie" verstehen. Für jetzt mag soviel genügen, daß man unter ideologischen Definitionen unvollständige Definitionen versteht, die eine kulturelle Einheit oder einen Komplex von kulturellen Einheiten unter einem einzigen seiner möglichen Blickpunkte betrachten. In dieser Hinsicht können sie wie der *„Sinn"* bei Frege verstanden werden, d. h. als die besondere Art, wie der Gegenstand bedeutet wird. /Napoleon/ z. B. kann als „der Sieger von Marengo" oder als der „Besiegte von Waterloo" definiert werden. Es ist klar, daß eine der beiden Konnotationen anderen, emotionalen Konnotationen den Weg bereitet (die unter dem folgenden Punkt untersucht werden), wodurch im einen Fall eher eine Konnotation der „Bewunderung" und im anderen eher eine des „Mitgefühls" ausgelöst wird.

d) *Emotionale Konnotationen:* Wenn die *Gefühlsbedeutung* (emotive meaning) nach der Definition von Stevenson (1944) ist: „a meaning in which the response (from the hearer's point of view) or the stimulus (from the speaker's point of view) is a range of emotion", dann könnte man annehmen, daß die emotionale Konnotation ein absolut idiosynkratischer Tatbestand ist, den die semiotische Analyse nicht erfassen kann. Aber wenn auch die für Androclus mit dem Stimulus /Löwe/ verbundene Konnotation „Zuneigung" zweifellos ein idiosynkratisches Faktum war, so ist die Konnotation „Wildheit" und „Stolz", die im Umkreis unserer Kultur demselben Stimulus zugeordnet wird, ohne Zweifel ein codifiziertes Faktum. Wie wir in A. 3. bei der Analyse der ästhetischen Botschaft sehen werden, ist es gerade dieser Art von Botschaft eigentümlich, neue Konnotationen aufzustellen und ihre Denotationen in Konnotationen zu verwandeln. So wird in Shaws *Androclus und der Löwe* innerhalb des Werks die Konnotation „Zuneigung" in Bezug auf den Denotations-Stimulus /Löwe/ institutionalisiert. Die ästhetische Botschaft setzt persönliche Codes, d. h. einen *ästhetischen Idiolekt.*

Sobald die emotionale Konnotation institutionalisiert ist, hört sie auf, eine „Vorstellung" im Sinne Freges zu sein, d. h. ein durch vorhergehende Erfahrungen angeregtes, von den Gefühlen beeinflußtes persönliches Bild. Die vorherigen Erfahrungen werden, wenn sie sozialisiert sind, zum Element eines Codes. Es ist folglich für große Menschengruppen legitim, die Denotation /Konzentrationslager/ oder /Gaskammer/ mit einer Reihe von emotionalen Konnotationen zu assoziieren, die von einer langen Interpretantenreihe gerechtfertigt sind. Die *Messung der Bedeutung* (measurement of meaning), die Osgood (1957) praktiziert, ist also eine empirische Art, den Grad der Institutionalisierung der mit einem stimulierenden Terminus assoziierten emotionalen Konnotationen zu bestimmen.[13]

e) *Konnotationen aus Hyponymie, Hyperonymie und Antonymie:* Obwohl diese in gewisser Hinsicht in der Definitionsbedeutung enthalten sein können, betrachten wir sie als besondere Fälle von Konnotation, wo /*Tulpe*/ die Klasse „Blume", zu der sie gehört, konnotiert (Hyponymie), während es seinerseits besondere Eigenschaften konnotiert (dank seiner Definitionsbedeutung), die /*Blume*/ nicht konnotiert. /*Blume*/ kann so ihre eigenen Unterarten, darunter /*Tulpe*/, aus Hyperonymie konnotieren. Ebenso kann ein Ausdruck (z. B. /*Ehefrau*/) sein Antonym konnotieren (/*Ehemann*/) vgl. Lyons, 1968, 10. 3–4; Jakobson, 1956, 2).

f) *Konnotationen durch Übersetzungen in ein anderes semiotisches System:* Ein Lexem kann seine Übersetzung in eine andere Sprache konnotieren. Aber, mehr noch, es kann das Bild des bezeichneten Gegenstandes evozieren (so wie das Bild eines Gegenstandes seinen Namen konnotiert). Man braucht sich nicht zu fragen, was ein geistiges Bild ist. Es reicht, wenn man annimmt, daß das Wort /*Hund*/ andere vorher gesehene Abbildungen von Hunden konnotiert. Gewöhnlich berücksichtigen die semantischen Analysen nicht die Tatsache, daß die Reduktion der Kommunikation auf verbale Sprache eine Vereinfachung der Linguisten ist und daß das Funktionieren unseres Geistes (und der Kultur) den ununterschiedenen und oft konfusen Gebrauch von äußerst verschiedenen Codes beinhaltet. Wer sagt denn, daß Wörter nur andere Wörter evozieren?

g) *Konnotationen durch rhetorische Kunstgriffe:* Wie wir in A. 5. sehen werden, bietet uns die Rhetorik Schemata zur Realisierung von unerwarteten Beziehungen an (z. B. die Metapher, die eine überraschende Ähnlichkeit darbietet und den ersten Terminus der Ähnlichkeit ausläßt). Angesichts einer gelungenen Metapher nimmt der Empfänger die Dechiffrierung eines unerwarteten Verhältnisses vor. Diese Dechiffrierung stellt, wenn sie gelingt, eine konnotative Beziehung zwischen *Vehikel* und *Tenor* der Metapher her (im Sinne von Richards [1936]).

---

13 Zu dieser Kategorie gehören nicht die Assoziationen des Typs, wie sie Saussure untersucht hat, wo /*enseignement*/ durch rein phonische Assoziation „armément" evoziert. Dies ist ein Fall von zufälliger (wenn auch statistisch häufiger) Assoziation durch Analogie der Ausdruckssubstanz. Die Konnotation /*enseignement*/ = „éducation" könnte dagegen zur Kategorie (a) gehören. Die Assoziationen durch Analogie der Ausdruckssubstanz, die in der Psycholinguistik untersucht werden, können im poetischen Gebrauch der Sprache große Anwendung finden. Der Reim und die Assonanzen sind Beispiele dafür (vgl. Jakobson, 1960). Viele der *puns* in Joyces *Finnegans Wake* gehören zu demselben Typ. In einem solchen Fall kann die poetische Botschaft die Konventionalisierung der Assoziation herbeiführen.

h) *Rhetorisch-stilistische Konnotationen:* Auch diese werden in A. 5. untersucht. Eine bestimmte Form der Botschaft kann entweder die stilistische Richtung, der sie zugeordnet wird, oder die ideologische Sicht, die sich dieser rhetorischen Form für den Ausdruck bedient, konnotieren.

i) *Globale axiologische Konnotationen:* Eine Kette von Konnotationen kann für den Empfänger positiven oder negativen Wert annehmen. Die angeführte Kette *Cyclamat = mager = kein Infarkt = Leben* z. B. hatte positiven Wert, während die Kette *Cyclamat = Krebs = Tod* negativen Wert besaß. Diese *abschließenden axiologischen Kennzeichen,* die abschließende Konnotationen der Konnotationen sind, sind mit dem Problem der Ideologie verbunden, das in A. 4. untersucht wird.

Die vorliegende Liste gibt nicht vor, vollständig zu sein. Sie will nur zeigen, welche und wieviele Arten es gibt, wie das Paar Signifikans und denotiertes Signifikat (das, was Saussure Einheit des Zeichens nannte) auf andere kulturelle Einheiten verweisen kann, welche ihrerseits von der Kultur durch andere Zeichen ausgedrückt werden. Alle diese Arten haben, wenn sie funktionieren, ihre Berechtigung, und die Semiotik muß versuchen, sie zu definieren. Alle diese Funktionen stützen sich auf Codes, die die Semiotik zunächst postulieren und bei der Analyse einer Botschaft zu erläutern suchen muß, um zu zeigen, wie und in welchem Ausmaß die Botschaft kommuniziert.

VIII. 2. Das Denotatum an sich ist als Position im semantischen System *reines Paradigma.* Um sich ins Syntagma einfügen zu können und um sinntragende Ausdrücke ermöglichen zu können, muß es konnotative Bestandteile haben.

Daher muß die von Carnap (1955, 3) folgendermaßen gestellte Frage umformuliert werden: „granted that the linguist can determine the extension of a given predicate, how can he go beyond this and determine all its intensions?" Die Frage muß folgendermaßen gestellt werden: Da der Linguist nur eine ziemlich restriktive Definition der Denotation geben kann, *muß* die Semiotik weiter gehen und auf die bestmögliche Art die Mechanik der Konnotation bestimmen. Wohlgemerkt, eine Untersuchung der Konnotationen, die ein Lexem in einem Kontext annehmen kann, ist noch *keine Semiotik der Botschaft* im Gegensatz zu einer *Semiotik des Codes.* Zwar legt eine Semiotik, die sich auf den Reichtum des kontextuellen Sinnes bezieht, ohne Zweifel die Grundlagen für eine Semiotik oder eine Linguistik der „parole" (vgl. Bally, 1950; Segre, 1963). Aber damit sich eine Semiotik der „parole" entwickeln kann, braucht man eine Semiotik der Realisationsbedingungen des konnotativen Reichtums der „parole": und das ist eine Semiotik der konnotativen Codes.

VIII. 3. Ein Signifikans kann verschiedene Signifikate konnotieren (die wir besser „Sinn" nennen, indem wir „Signifikat" der Klasse jedwelchen Sinnes eines Semems vorbehalten, vgl. A. 2. IX. – XI.), die manchmal in gegenseitiger Opposition zueinander stehen. Wenn man weiß, welches von diesen in einem gegebenen Kontext konnotiert, so bedeutet dies, daß man die vom Sender oder vom Empfänger getroffene Wahl kennt. Die Wahl besteht darin, verschiedene und komplementäre Positionen innerhalb verschiedener semantischer Felder zu bestimmen. /Mus/ kann „Lebewesen" konnotieren, wenn es sich auf eine Achse *belebt vs unbelebt* bezieht, es kann „Nagetier" konnotieren, wenn es sich auf ein zoologisches Feld bezieht, es kann „schädliches Tier" konnotieren, wenn es sich auf die Achse *schädlich vs unschädlich* bezieht, oder *zähmbar vs unzähmbar* usw., bis zu den komplexesten Definitionsbedeutungen, zu Märchen- und Legendenkonnotationen. Mit anderen Worten: ein Signifikans s denotiert nicht nur eine Position $\alpha 1$ in einem gegebenen Feld $F\alpha$, sondern es kann auch die Position $\beta 1$ im semantischen Feld $F\beta$, die Position $\gamma 1$ in $F\gamma$ usw. konnotieren. D. h., daß s eine Reihe von Verzweigungen in Positionen verschiedener semantischer Felder aufstellt.

Als wir von den semantischen Feldern sprachen, war es möglich, sich den Code eines Sprechers als eine Kompetenz vorzustellen, die eine sehr große Reihe von semantischen Feldern umfaßte, welche sich hin- und hergleitend auf die verschiedenste Art und Weise koppeln. Im folgenden Schema wäre daher nur eine dieser Koppelungen möglich:

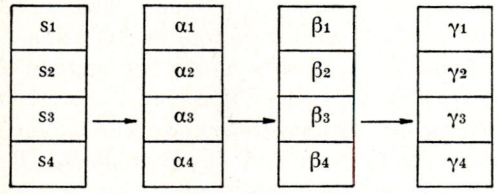

Die Reihe der s ist ein syntaktisches System von signifikanten Einheiten, und die Reihen α, β, γ sind semantische Systeme, während die Folge $s\,3 \ldots \gamma\,3$ eine Kette von Konnotationen ist.

Nun aber zeichnet sich eine komplementäre Form der Kompetenz ab, die sich mit der vorhergehenden überschneidet und die die möglichen Bestandteile eines isolierten Lexems und seine Fähigkeit der Kombination mit anderen Lexemen betrifft:

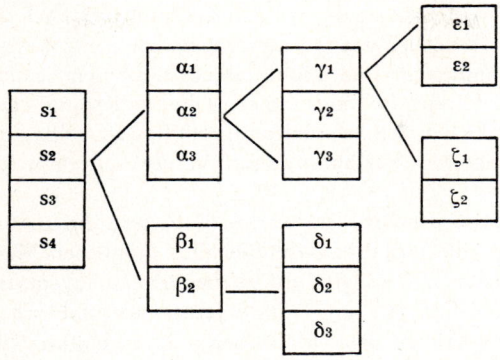

D. h., daß wir mit Greimas (1966, S. 38) sagen: „le lexème est le lieu de manifestation et de rencontre de sèmes provenant souvent de catégories et de systèmes sémiques différents et entretenant entre eux des relations hiérarchiques, c'est-à-dire hypotaxiques."

VIII. 4. In einem Schema wie dem hier vorgestellten (das als zum Code einer bestimmten Gemeinschaft gehörend angenommen wird) werden die Endpunkte der einzelnen Verzweigungen des Signifikans als dessen *semantische Komponenten* (oder „Seme" oder „semantic markers", je nach den Autoren) betrachtet. Wie wir sehen werden, sind diese Komponenten nicht notwendigerweise die, die das Wörterbuch einem bestimmten Lexem zuschreibt, oder die, die eine wissenschaftliche Definition nach Gattung und Art mit dem Lexem assoziieren könnte.

IX. *Die semantischen Komponenten*

IX. 1. Ohne Zweifel bestimmt eine Lexikon-Eintragung (lexical entry) in einem Wörterbuch oder eine wissenschaftliche Definition für das Lexem Endpunkte in einigen semantischen Feldern; aber sie schöpfen die Verzweigungsmöglichkeiten nicht aus. Sonst wäre der

Wunsch Hjelmslevs (1943, S. 61) Wirklichkeit geworden, der „die Möglichkeit, eine unbegrenzte Anzahl von Zeichen, auch in Bezug auf ihren Inhalt, mit Hilfe einer beschränkten Anzahl von Figuren zu erklären und zu beschreiben" voraussah. Bei der Untersuchung einiger Versuche der Komponentenanalyse werden wir aber sehen, wie gerade die eindeutige Präzisierung dieser Komponenten sich als ziemlich schwierig erweist. Und wir werden zeigen, wie diese Schwierigkeit gerade der Komplexität und Mobilität des Globalen Semantischen Universums inhärent ist und daher – zumindest für den Augenblick – eine mehr empirische Haltung veranlassen sollte, die diese struktural-deskriptiven Verfahren ohne Verabsolutierung gebraucht.

Für Hjelmslev bestand das Problem darin, Einheiten, die zu unbegrenzten Inventaren (die möglichen Inhalte aller möglichen Wörter) gehören, in Einheiten zu zerlegen, die zu begrenzten Inventaren gehören. Im Falle von /Hengst/ und /Stute/ einerseits und /Eber/ und /Sau/ andererseits sah er die Möglichkeit, die Bedeutung der vier Termini dadurch zu analysieren, daß nur zwei semantische Komponenten *(männlich vs weiblich)* auf nur zwei lexikalische Einheiten /Pferd/ und /Schwein/ angelegt werden.

IX. 2. Es stellt sich nun aber die Frage, ob diese Komponenten wirklich zahlenmäßig begrenzt sind und ob sie universell sind. Bei Chomsky (1965) erscheinen diese Komponenten als leicht identifizierbar, wenn sie „subcategorisation rules" sind, die die grammatikalische Verkettung eines Satzes erlauben. So begründen die Subkategorisierung der Verben in Transitiv oder Intransitiv oder die Äquivalente für die Adjektive, warum ein Satz wie /John found sad/ grammatikalisch unannehmbar (oder zumindest merkwürdig) ist.

Was die „selectional rules" betrifft, so bestimmen diese die Vereinbarkeit oder Unvereinbarkeit von „selectional features", die das Signifikat eines Ausdrucks bilden und folglich den berühmten Satz /colorless green ideas sleep furiously/ unannehmbar machen. Wenn man dann behauptet: „Der Begriff ‚Lexikon-Eintragung' selbst setzt eine Art festgelegten, universellen Vokabulars voraus, mit dessen Hilfe diese Objekte charakterisiert werden, ganz so, wie der Begriff ‚phonetische Repräsentation' eine Art universeller phonetischer Theorie voraussetzt" (Chomsky, 1965; dt. 1969, S. 202), und wenn man sagt, daß nur der augenblickliche Zustand unseres Wissens es uns nicht erlaube, von einer apriorischen Struktur des Systems der Begriffe zu sprechen, so kann das zwar stimmen in Bezug auf die Merkmale, die zwischen den grammatikalischen Merkmalen und gewissen elementaren semantischen Merkmalen wie *Abstrakt, Belebt, Singular* usw stehen. Diese Merkmale legen gegenseitige Vereinbarkeiten und Unvereinbarkeiten zwischen verschiedenen Lexemen fest und machen Sätze wie /*John found sad*/ unverständlich oder unannehmbar. Aber in Bezug auf /*colorless green ideas*/ ist ausführlich gezeigt worden, daß es viele Kontexte und Kommunikationsumstände gibt, in denen ein solcher Satz als reich an Bedeutung erscheint; man braucht zu einem Ausdruck wie /*furiously*/ nur konnotative Komponenten zu assoziieren, durch die er auf einen unruhigen, tiefen und durch Schlafmittel und Drogen hartnäckig herbeigeführten Schlaf bezogen werden kann (vgl. Jakobson, 1959). Unter dem Blickpunkt der „selectional features" – die für Chomsky *universell* und *begrenzt* sind – dürfte ein Ausdruck wie /*language speaks Noam*/ überhaupt nichts bedeuten: Aber wenn es angeborene Universalien der Sprache gibt, dann gibt es auch einen philosophischen Kontext, in dem diese Metapher sinnvoll ist.

Man könnte also De Mauro (1965, 3. 4. 19. 1. und 3. 4. 27.) zustimmen, der behauptet, daß, während ein phonologisches System aus relevanten Einheiten besteht, die Systeme von Noemen (die er „lexikalische Noeme" nennt, die in kleinere signifikante Einheiten wie die „Hyposeme" zerlegt werden können, die unseren Lexemen entsprechen) keine *relevanten* semiotischen Komponenten haben, außer in besonderen Fällen (wie in den wissenschaftlichen Systemen), wo sehr präzise Selektionsregeln und eindeutige Bedeutungsbestimmungen des Ausdrucks bestehen, die in jeder minimalen Komponente detailliert bestimmt sind.

IX. 3. Ansonsten scheint die Identifizierung der semantischen Komponenten von Autor zu Autor nach der folgenden analytischen Hypothese zu variieren.

Wenn Pottier im Lexem /*fauteuil*/ die Seme *pour s'asseoir, sur pied(s), pour 1 personne, avec dossier* und *avec bras* identifiziert, während das Lexem /*canapé*/ die beiden ersten Seme hat, das dritte nicht hat (es ist für mehrere Personen) und die letzten beiden Seme haben oder nicht haben kann und während dem Lexem /*chaise*/ das letzte Sem fehlt, so merken wir, daß die Seme Pottiers nicht zum selben Typ gehören wie die Chomskyschen Komponenten. Sie sind eher Zusammenfassungen von intensionellen Definitionen ausführlich deskriptiver Art (die Katz und Fodor eher „distinguishers" nennen würden; vgl weiter unten).

Wenn Greimas (1966, S. 45) dagegen das Semem /Kopf/ in seinen „semischen Kern" (noyau sémique) zerlegt, indem er darin durch sukzessive Annäherungen und Verbesserungen Kerne wie „Extremität" und „Kugelhaftigkeit" entdeckt, so scheint er elementarere Definitionseinheiten als Pottier zutage zu fördern. Auf jeden Fall werden weder bei Pottier noch bei Greimas universelle Komponenten gesucht, die sich von grammatikalischen Kategorien herleiten, sondern *Begriffskerne*, die sich eher auf den Gebrauch beziehen, den eine bestimmte Kultur von einem bestimmten Lexem macht, und auf die vorwissenschaftliche oder wissenschaftliche Auffassung, die diese Kultur von der kulturellen Einheit hat, auf die sich das Lexem bezieht. Daher stehen ihre Seme dem näher, was der Wissenschaftler „Eigenschaften" des Gegenstandes nennt, den er untersucht und eben mittels einer Hierarchie von Eigenschaften beschreibt, von denen einige wesentlich und einige unwesentlich sind. Man kann vernünftigerweise z. B. nicht sagen: /*die Zitrone ist ein Mineral*/, aber man kann unter gewissen Umständen sagen: /*die Zitrone ist grün*/ oder sogar: /*die Zitrone ist blau*/ (auf einem impressionistischen Bild oder durch eine seltsame botanische Kreuzung), auch wenn eines der Seme von /*Zitrone*/ ohne Zweifel das Merkmal „gelb" ist.

Bei anderen Autoren, die sich das Problem unter operationellem Gesichtspunkt stellen (Konstruktion von Denkmaschinen), erhebt die Klassifikation und die Hierarchie der semantischen Komponenten schließlich keinerlei Anspruch auf absolute Klassifikation, sondern hängt von einer empirischen Wahl ab. So versteht man, wie Bertram Raphael (in: Minsky, 1968) die Klasse /*cats*/ mit Merkmalen vom Typ: „*Ton:* Miau; *Farbe:* schwarz, weiß, gelb, braun; *Beine:* 4 . . ." beschreiben kann.

X. *Der Stammbaum von Katz und Fodor (Stammbaum KF)*

X. 1. Die Klassifikation der verschiedenen Konnotationstypen (vgl. A. 2. VIII. 1.) erlaubt es uns, den von Katz und Fodor (1963) unternommenen Versuch, die Struktur einer semantischen Theorie zu entwerfen, näher zu bestimmen. Das Beispiel des Lexems /bachelor/, das diese Autoren anführten, ist in der Folge Gegenstand zahlreicher Diskussionen und Revisionen gewesen, und es bleibt uns nichts anderes übrig, als dieses Beispiel in seiner ausführlichsten Form wiederzugeben (vgl. Katz und Postal, 1964):

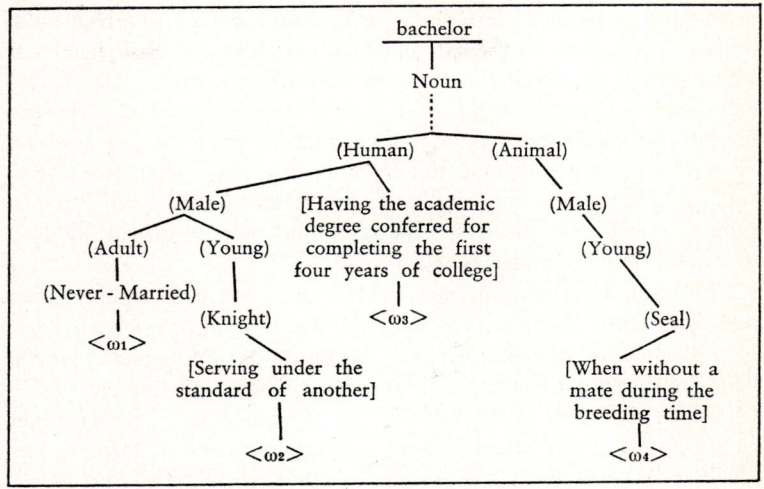

In diesem Schema (das wir von nun an *Stammbaum KF* nennen werden) gibt es *syntactic markers*, ohne Klammer (die Kategorien wie Belebt, Zählbar, Appellativ usw. umfassen können). In runden Klammern stehen die *semantic markers*, die dem ähneln, was andere Autoren Seme nennen und die zweifelsohne zahlenmäßig begrenzt sein können, wie es Hjelmslev wollte. In eckigen Klammern stehen die sogenannten *distinguishers*, die an die Konnotationstypen erinnern, die wir in A. 2. VIII. 1. „Definitionsbedeutung" genannt haben und die auch die Konnotationen durch Hyperonomie oder Hyponomie umfassen können. Schließlich kommen die *restriktiven Selektionen,* die hier von griechischen Buchstaben in Winkelklammern symbolisiert werden. Unter restriktiven Selektionen versteht man „a formally expressed necessary and sufficient condition for that reading to combine with others" (Katz und Postal, S. 15). Ein „reading" ist die Wahl eines „Pfades" (path), d.h. einer *Marschrichtung.* Je nach dem Kontext verbinden sich die verschiedenen semantischen

Komponenten mit denen der anderen anwesenden Lexeme, um einen Satz wie /a married man is no more a bachelor/ oder /my husband is a Bachelor of Arts/ verständlich zu machen oder nicht.

Die Kombinationsmöglichkeit des Lexems im Kontext wird von einer Reihe von *Projektionsregeln* (projection rules) gegeben, die von Katz und Fodor ausführlich analysiert werden.[14] Durch diese ist es möglich, angesichts des Satzes /*the man hits the colorful ball*/, sobald jedem Lexem seine semantischen Komponenten zugeteilt worden sind, eine Reihe von unterschiedlichen Lektüren des Satzes zu konstruieren. /*Colorful*/ hat nämlich zwei semantic markers: (*Color* und *Evaluative*), zwei distinguishers: [*Abounding in contrast or variety of bright colors*] und [*Having distinctive character, vividness, or picturesqueness*] und selektive Restriktionen wie ›*Physical Object*‹ vs ›*Social Activity*‹ einerseits und wie ›*Aesthetic Object*‹ vs ›*Social Activity*‹ andererseits.

Erst wenn bestimmt ist, mit welchen semantischen Komponenten von /*ball*/ dieses Adjektiv in Kontakt treten muß, weiß man, welches die *amalgamated paths* sind, die einen das Syntagma /*colorful ball*/ interpretieren lassen als: a) „dem Tanzen gewidmete gesellschaftliche Tätigkeit voller Farben", b) „kugelförmiger, farbenfroher Gegenstand", c) „festes, von Kriegsgeräten projiziertes, farbiges Geschoß", d) „dem Tanzen gewidmete lebhafte und pittoreske gesellschaftliche Tätigkeit". Und so weiter bis zur vielfältigen umfassenden Lektüre des ganzen Satzes.

X. 2. Katz und Fodor präzisieren, daß die semantischen Komponenten, um interpretiert zu werden, nicht von der Situation oder dem Umstand (die sie *setting* nennen) abhängen dürfen, in denen der Satz ausgesprochen wird. Sie zeigen nämlich, wie man sieht, verschiedene mögliche readings auf, ihre semantische Theorie will

---

14 Die Position von Katz und Fodor ist ausführlich von Weinreich (1965) diskutiert worden, der eine komplexere Formalisierung sowohl der semantischen Komponenten als auch der Projektionsregeln vorschlägt. Diese These von Weinreich ist in verschiedenen Punkten sehr überzeugend und stellt eine Vertiefung des Stammbaumes KF dar. Wir wollen aber hier das Problem nicht weiter verfolgen, da der Stammbaum KF für uns ausreicht, eine, eher vom theoretischen Gesichtspunkt als vom Gesichtspunkt der praktischen Anwendbarkeit aus untersuchte, Arbeitsrichtung aufzuzeigen.

aber nicht festlegen, wann, wie und warum der Satz in dem einen und wann er in einem anderen Sinn gebraucht werden muß. Die Theorie kann zwar erklären, ob und warum ein Satz vielen verschiedenen Sinn hat, nicht aber, unter welchen Umständen er seine Zweideutigkeit verlieren muß, noch, in welche Richtung das geschieht. Diese Position gibt Anlaß zu etlichen kritischen Bemerkungen, die wir weiter unten machen werden, aber für den Augenblick ermöglicht sie eine erste Definition des „Sinnes" in Zusammenhang mit dem in A. 1. II. Gesagten.

X. 3 Der *Sinn* bestimmt sich hier genauer als eine *binäre Wahl,* die der Empfänger des Satzes (und der Sender, als er daran dachte, wie der Satz interpretiert werden sollte) unter den verschiedenen möglichen Komponentenverzweigungen der Lexeme trifft. Wenn die Bedeutung des Lexems die Gesamtheit seiner Denotation und seiner Konnotation war, dann ist der dem Signifikat zugeschriebene Sinn ein selektiver Pfad (path) (der durch Ja und Nein voranführt). Auf diesen Aspekt des Sinnes als Wahl, der auch die höheren Ebenen der Semiotik mit der Ebene der informationellen Analyse des Signals verbindet, werden wir in A. 2. XIV. 5. zurückkommen. Damit aber eine allgemeine Semiotik die Auswahlbedingungen des Sinnes eines Lexems (und davon abgeleitet: einer Aussage) bestimmen kann, muß einer grammatikalischen Theorie des Satzes eine Theorie der settings oder eine Theorie des *Kommunikationsumstandes* beigefügt werden (sei es auch nur in allgemeiner Form), was wir in A. 2. XIV. 4. tun werden.

X. 4. An dieser Stelle müssen drei Grenzen der Katz und Fodorschen Formalisierung betrachtet werden:

a) Wenn man bei den distinguishers Halt macht, dann ermißt man nicht alle Konnotationsmöglichkeiten des Lexems (vgl. X. 5.).

b) Sowohl die semantic markers als auch die distinguishers sind Zeichen oder Zeichengruppen, die dazu dienen, das Anfangszeichen zu interpretieren: Es stellt sich das Problem ihrer Interpretation (vgl. X. 6.).

c) Der Stammbaum KF erkennt die gewöhnlich von einem Wörterbuch festgelegten Intensionen an; der Code fällt also mit dem Wörterbuch zusammen. Die Existenz von besonderen Konventionen und Codes, die etwa andere Verzweigungen vorschlagen, wird nicht berücksichtigt, ebensowenig wie die Tatsache, daß in ein und derselben Gemeinschaft verschiedene Formen der Verzweigung nebeneinander bestehen können, die von den Benutzern eines gegebenen semantischen Systems (im vorliegenden Fall: der Sprache) als komplementär akzeptiert werden (vgl. X. 7.)

Untersuchen wir diese drei Punkte.

X. 5. Wenn wir auf die Liste der Konnotationstypen zurückschauen, die wir in A. 2. VIII. 1. aufgestellt haben, sehen wir, daß das Schema, das wir Stammbaum KF genannt haben, unendlich viele mögliche Verzweigungen (oder paths) nicht berücksichtigt. Es kann Subcodes geben, in denen /bachelor/ „Wüstling" oder „begehrenswerter junger Mann" oder auch „Libertin mit Garçonnière" bedeutet („ideologische" Definitionen). Dementsprechend (z. B. im Bereich der Boulevardstücke) kommen emotionale Konnotationen der Sympathie oder Antipathie und globale axiologische Konnotationen hinzu. /Bachelor/ (immer nur verstanden als: „a man who has never married") konnotiert auch durch Antonymie „Ehe". Ausserdem müssen Interpretantenreihen betrachtet werden, die das Lexem konnotiert und die nicht zum semiotischen Ausgangssystem gehören. Das Lexem /Hund/ konnotiert, wie gesagt, oft das Bild eines Hundes. Wenn man die Existenz und die Selbstverständlichkeit solcher Konnotationen ablehnt, so bedeutet das, daß man die intensionelle Analyse des Lexems allein auf den sprachlichen Umkreis beschränkt. Dagegen ist, nicht nur in der Umgebung des kulturellen Kreises der Interpretanten, sondern auch in dem vermutlichen geistigen Umkreis des Empfängers, die Assoziierung eines verbalen Stimulus mit dessen visuellem Interpretans völlig spontan und natürlich. Es ist Mentalismus, wenn man dieses als ein ungenau spezifiziertes geistiges Bild auffaßt, aber es ist semiotische Bewußtwerdung, wenn man anerkennt, daß das Bild von der Kultur abgeleitet werden kann und daß es die intensionelle Analyse des verschiedenen Sinnes des Lexems und die Wahl eines „Pfades" begünstigen kann. Im Falle von /bachelor/ können das herkömmliche Bild von dem jungen Studenten, der das Jahresabschlußdiplom bekommt, und das Bild des Pagen eines mittelalterlichen Ritters die distinguishers als verbale Definition ersetzen (sh. was über die ikonologischen Codes im Abschnitt B gesagt wird). Wenn man einmal das Modell des Stammbaums KF akzeptiert hat, muß man auch zugeben, daß zwischen seinen Ästen die ganze riesige Familie der Interpretanten eines Ausdrucks Platz finden kann.

Wenn diese Familie die ganze Vielfalt ihrer Verzweigungen entfaltet, dann wird es schwer – wie es Katz und Fodor tun – die Verantwortung für die semantischen Relationen allein den semantic markers anzuvertrauen, indem man die distinguishers als die Endpunkte versteht, zu denen die semantischen Relationen führen. Man muß dagegen annehmen, daß das Amalgam eines „Pfades" sich an irgendeinem der Knoten (nodes) des Stammbaumes vollziehen kann. Z. B. trägt /Stuhl/ das Kennzeichen *Unbelebt*, das vom Gesichtspunkt der markers aus Sätze wie /der Stuhl hat geboren/ unmöglich macht. Aber in einem geeigneten Kontext wird es möglich, Sätze zu bilden vom Typ: /der Heilige Stuhl hat, erleuchtet vom Heiligen Geist, eine Enzyklika geboren/. Wir befinden uns hier auf der Ebene der rhetorischen Figuren. Aber es ist die rhetorische Konvention, die dem Ausdruck /Stuhl/ (sei es auch nur im Kontext des Syntagmas /der Heilige Stuhl/) die konnotative Bedeutung „Papst" zuschreibt. So wird es dann wegen dieser Verzweigung möglich, /Stuhl/ ein Merkmal möglicher *Belebtheit* zuzuteilen. Außerdem war die Erwähnung des Heiligen Geistes eine *praesuppositio*, die auf die Niederkunft der Jungfrau Maria verweist. Deswegen bekommt /Stuhl/ (/cattedra/ im Italienischen hat schon eine grammatisches Merkmal für das Feminin) ein semantisches Merkmal der Weiblichkeit, so daß es mit dem Verb /gebären/ zusammengestellt werden kann. Unsere Analyse gibt nicht das vom Kontext bewirkte subtile Spiel der Verschiebungen wieder, sie zeigt jedoch, wie /Stuhl/ an einem seiner Knoten „Papst" konnotiert, wie die an diesem Knoten vollzogene Korrelation das Merkmal *Unbelebt* annulliert, so daß auf Grund des Kontextes das Merkmal *Feminin* hinzugefügt werden kann. Wie man sieht, ist es die Korrelation zwischen den äußeren Knoten des Stammbaums, die die Verschiebungen und die Vereinbarkeiten mit den Knoten an der Wurzel bestimmt. Eine Kompetenz, die nicht auch die konventionalisierten Möglichkeiten des rhetorischen Gebrauchs des Lexems berücksichtigt, läßt keinen reich gegliederten Gebrauch der Sprache zu. Der Stammbaum KF muß unbedingt ergänzt und kompliziert werden, auch wenn er für experimentelle Zwecke vereinfacht werden kann.

X. 6. Wenn man die Zahl der Interpretanten erhöht hat, entsteht das Problem ihrer Interpretation. Entweder sind die semantic markers logische Konstrukte, die nur der Einfachheit halber durch sprachliche Formen ausgedrückt werden (Katz und Fodor, 1963), oder sie sind sprachliche Formen. In beiden Fällen sind sie kulturelle Einheiten, die eine andere kulturelle Einheit erklären, und jede von ihnen kann Ausgangspunkt für einen anderen Stammbaum KF werden, der ihre Intensionen darlegt. Und das, auch wenn es sich um logische Operationen handelt, da man ja entschieden hat, den Mechanismus Denotation-Konnotation nicht nur auf Zeichen anzuwenden, die Gegenstände bezeichnen, sondern auch auf die, die grammatikalische Funktionen ausdrücken.

X. 7. Letzter Punkt: Die aufgezeigten Komponenten sind die vom Wörterbuch aufgezeigten. Wir müssen aber noch andere Möglichkeiten berücksichten:

a) *den Fall eines unvollständigen Codes:* der Benutzer besitzt nur einige „Pfade" und kennt andere nicht;

b) *den Fall einer wissenschaftlichen Definition:* Diese wählt eine einzige der möglichen Auffassungen der distinguishers des Lexems aus und leitet daraus einen neuen Verzweigungstyp mit markers ab, die „objektive" Eigenschaften oder zumindest kulturelle Einheiten, die von einer genauen Taxonomie anerkannt werden, repräsentieren. Mit der historischen oder ethnographischen Veränderung des Typs der Taxonomie ändern sich auch die Eigenschaften des Gegenstandes. In einem denkbaren Stammbaum KF hätte /Wal/ im Mittelalter die Eigenschaft *Fisch* (Konnotation durch Hyperonomie) erhalten, während es heute das Klassifikationsmerkmal *Säugetier* erhalten würde. Aber der Code, den heute ein Leser der Bibel oder anderer poetischer Werke zuhilfenimmt, muß auch das Merkmal *Fisch* für alle die Fälle enthalten, in denen der /Wal/ als Fisch angeführt wird.

Besser noch nimmt man die Existenz zweier Formen von Stammbaum an, die beide als Aspekte von spezifischen Subcodes von einer Kultur erworben worden sind. Die eine Form ist der *wissenschaftliche* Stammbaum, in dem verschiedene markers und distinguishers (*epistemischen* Wahlen im Sinne Foucaults folgend) als Eigenschaften des bezeichneten Objekts verstanden werden, und in einer Hierarchie organisiert werden, die von den allgemeinen Eigenschaften bis zu

analytischeren Spezifizierungen reicht. Ein solcher Stammbaum hat
die folgende Form (E = Eigenschaft):

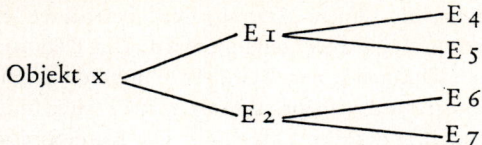

Der andere Stammbaum (oder die Reihe der anderen Stammbäume,
die als komplementäre Lösungen nebeneinander bestehen können)
ist der *gewöhnliche* Stammbaum, der alle möglichen Konnotationen
ohne Hierarchisierung aneinanderreiht oder sehr empirische Hierar-
chisierungen aufweist und daher dagegen folgende Form hat (K =
Konnotation):

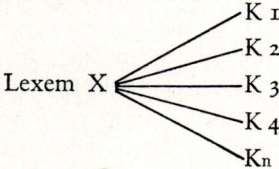

Für den Gegenstand (die kulturelle Einheit) */Zitrone/* umfaßt der
wissenschaftliche Stammbaum, wie wir gesagt haben, wesentliche
Eigenschaften wie „Pflanze" und unwesentliche wie „gelb", während
der gewöhnliche Stammbaum in loser Ordnung auch Konnotationen
wie „Salatwürze", „Süden", „Chinese" oder „Gelbsucht" umfaßt.

Diesen Überlegungen zufolge erscheint das Modell ergiebiger zu
sein, das M. Ross Quillian in seinem Artikel „Semantic Memory"
(in: Minsky, 1968) vorgeschlagen hat, wo er ein Modell eines me-
chanisch realisierbaren menschlichen Gedächtnisses entwirft. Was
Quillian „Gedächtnis" nennt, bildet die wesentliche Grundlage für
die Organisation eines Codes oder eines Systems von konnotativen
Subcodes (wir werden später sehen, in welcher Hinsicht dies noch
kein Code-Modell ist).

XI. *Das Modell von Quillian (Modell Q)*

XI. 1. Das Modell von Quillian (Modell Q) basiert auf einer
Menge von Knoten (nodes), die durch verschiedene Typen von asso-

ziativen Bindungen miteinander verbunden sind. Für jedes Signifikat eines Lexems sollte im Gedächtnis ein Knoten existieren, der den zu definierenden Terminus als seinen „Stammvater" betrachtet, der hier mit Peircescher Terminologie *type* genannt wird. Die Definition eines type A sieht den Gebrauch einer Reihe von anderen Signifikanten – als seine Interpretanten – vor, die als *tokens* subsumiert werden (und die im Modell andere Lexeme sind). Die Konfiguration des Signifikats des Lexems wird von der Vielfalt seiner Bindungen mit verschiedenen tokens gegeben, von denen jedes aber seinerseits zum type B, zum „Stammvater" einer neuen Konfiguration wird. Type B umfaßt als tokens viele andere Lexeme, von denen einige auch tokens des types A waren und die auch den type A selbst als token umfassen können. Als Beispiel führen wir hier die Definition von /plant/ an, die in graphischer Form im hier wiedergebenen Schema erscheint (sh. S. 125).

Wie man in diesem Schema sieht, kann ein token wie /grow/ zum type einer neuen Verzweigung (oder *plane*) werden, der unter seinen tokens viele der tokens von /plant/ (wie z. B. /air/ oder /water/) und sogar /plant/ selbst einbegreift. „The over-all structure of the complete memory forms an enormous aggregation of planes, each consisting entirely of token nodes except for its ,head' node" (S. 237).

Wie man sieht, liefert dieses Modell die Definition jedes Zeichens dank der wechselseitigen Verknüpfung mit dem Gebiet aller anderen Zeichen in Interpretantenfunktion, von denen jedes jederzeit das von allen anderen Zeichen interpretierte Zeichen werden kann: Das Modell gründet in seiner Komplexität auf einem Prozeß *unendlicher Semiose*. Von einem als type angenommenen Zeichen aus ist es möglich, vom Zentrum bis zur äußersten Peripherie das ganze Universum der kulturellen Einheiten zu durchlaufen, von denen jede ihrerseits zum Zentrum werden und unendliche Peripherien erzeugen kann.

XI. 2. Ein solches Modell kann noch zweidimensional graphisch dargestellt werden, wenn man nur einen Teil davon untersucht (und es ist verständlich, daß man ihm in seiner mechanischen Verfälschung dank der begrenzten Anzahl der aufgenommenen tokens eine beschreibbare Struktur geben kann). Tatsächlich aber *ist keine graphische Darstellung imstande, das Modell in seiner Komplexität darzu-*

PLANT: 1. Living structure which is not an animal, frequently with leaves, getting its food from air, water, earth.
2. Apparatus used for any process in industry.
3. Put (seed, plant, etc.) in earth for growth.

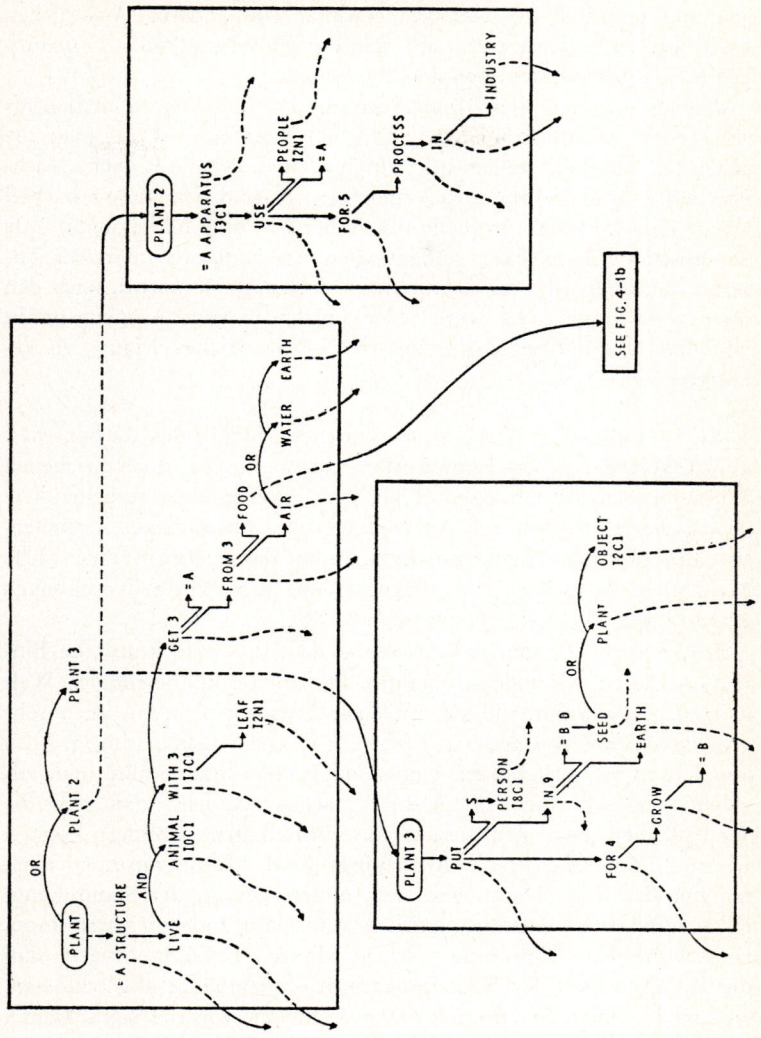

125

stellen. Es müßte eigentlich als eine Art von mehrdimensionalem Netz mit topologischen Eigenschaften erscheinen, wo die „Pfade" sich verkürzen und verlängern und jeder Ausdruck durch Abkürzungen und unmittelbare Kontakte Nachbar von anderen Ausdrücken wird und doch gleichzeitig nach ständig sich verändernden Beziehungen in Verbindung mit allen anderen bleibt.

Wir könnten uns die einzelnen kulturellen Einheiten vorstellen als eine große Anzahl von Kugeln in einer Schachtel: Wenn man die Schachtel schüttelt, stellen sich verschiedene Konfigurationen, Nachbarschaften und Verbindungen unter den Kugeln ein. Diese Schachtel würde eine Informationsquelle mit hoher Entropie bilden und würde das abstrakte Modell der semantischen Assoziationen in freiem Zustand darstellen. Je nach Laune, nach vorheriger Kenntnis, nach den eigenen Idiosynkrasien wäre jeder imstande, vom Ausgangspunkt /*Kentaur*/ zur Einheit „Atombombe" oder „Mickey Maus" zu gelangen.

XI. 3. Wir suchen aber ein semiotisches Modell, das Rechenschaft ablegt von den durch Konvention einem Lexem zugeschriebenen Konnotationen. Wir müssen folglich zu magnetischen Kugeln übergehen, die ein System von Anziehungen und Abstoßungen herstellen, so daß sich einige einander nähern, andere dagegen nicht. Eine solche Magnetisierung würde die Möglichkeiten von Wechselbeziehungen einschränken. *Sie würde einen Code bilden.*

Besser noch könnten wir uns vorstellen, daß jede kulturelle Einheit in diesem Globalen Semantischen Universum bestimmte Wellenlängen ausstrahlt, die sie mit einer begrenzten (wenn auch sehr großen) Anzahl von anderen Einheiten in Gleichklang bringen. Auch hier hätten wir das Modell eines Codes. Allerdings müßte man zugeben (wie wir näher in A. 2. XV. sehen werden), daß sich die Wellenlängen durch neu ausgestrahlte Botschaften verändern können und daß sich folglich die Anziehungs- und Abstoßungsmöglichkeiten mit der Zeit verwandeln; daß, anders gesagt, der Stammbaum KF seine markers und distinguishers verändern und bereichern kann. Dies würde die Hypothese von De Mauro (1970) bestätigen, daß die Komponenten der Bedeutung nicht zahlenmäßig abgeschlossen, erstarrt in einem System relevanter Einheiten wie die signifikanten Einheiten sind, sondern daß sie eine offene Reihe bilden.

Das Modell Q sieht in der Tat vor, daß der Code mit neuen

Informationen gespeist werden kann (Quillian, S. 246) und daß aus unvollständigen Daten andere erschlossen werden können (S. 251).

XI. 4. *Das Modell Q ist ein Modell der sprachlichen Kreativität.* Außerdem gibt es auch ein zusammenfassendes Bild von den Überlegungen Wittgensteins über die Bedeutung. Wo Wittgenstein (1953, I, 67) die Existenz von Familienähnlichkeiten anführt, gibt er das Beispiel des /*Spiels*/. Die Idee des Spiels bezieht sich auf eine Familie von äußerst disparaten Tätigkeiten, die vom Schachspiel bis zum Ballspiel reichen und Komponenten gemeinsam haben können (Schach und Ballspiel von zwei Personen haben den Gedanken des Gewinnens oder des Verlierens gemeinsam) und durch radikale Unterschiede getrennt sein können (Schach und Spiel eines einzelnen Kindes, das den Ball gegen die Wand wirft, oder Schach und Ringelreihen). Wittgenstein schließt: „es läuft ein Etwas durch den ganzen Faden – nämlich das lückenlose Übergreifen dieser Fasern". Dieses Bild einer kontinuierlichen Überlagerung von Korrelationen erinnert an das Bild des Modells Q: Das Modell Q ist schon, in der Phase, in der es Quillian vorstellt, ein Stück Semantisches Universum, in dem der Code schon Anziehungen und Abstoßungen hergestellt hat.

Es bleibt uns nun noch zu sagen, wie im Lichte des bisher Gesagten der Begriff des kontextuellen Signifikats und der Begriff des Codes verstanden werden müssen.

XII. Der Kontext als syntaktische Struktur

XII. 1. Es ist bekannt, daß eine ganze Richtung der transformationellen Grammatik der syntaktischen Struktur die Aufgabe zuerkennt, die semantische Interpretation der Aussage und folglich die Bedingungen der Auswahl der „Pfade" zu bestimmen, die eine Komponentenanalyse herausarbeitet.[15]

---

15 Autoren wie Prieto (1964) und De Mauro (1965) verstehen sogar unter „Zeichen" nicht das Lexem (oder *Hyposem*) sondern die Aussage, der das *Noem* als Bedeutungseinheit entspräche. Andererseits geht die Polemik, ob die Bedeutung aus dem Kontext entsteht oder auf die elementare semantische Einheit zurückgeht, durch die ganze Geschichte

„Klar ist, wie Katz und Fodor betont haben, daß die Bedeutung eines Satzes auf der Bedeutung seiner elementaren Bestandteile und dem Modus ihrer Kombination beruht. Ebenso ist es klar, daß die Art der Kombination, die durch die Oberflächen-IC [immediate constituents]-Struktur gegeben ist, im allgemeinen nahezu völlig irrelevant für die semantische Interpretation ist, während die grammatischen Beziehungen, die in der abstrakten Tiefenstruktur ausgedrückt sind, häufig gerade die sind, die die Bedeutung des Satzes bestimmen." (Chomsky, 1965, S. 162; dt. 1969, S. 204).

Von dieser früheren Auffassung ist Chomsky zu einer differenzierteren Position (die sich schon in *Aspects*, S. 163; dt. S. 205/6, ankündigte) durch Überlegungen gelangt, über die der Artikel „Deep Structure, Surface Structure, and Semantic Interpretation" von 1969 berichtet: hier wird die semantische Interpretation auf halbem Weg zwischen Tiefen- und Oberflächenstruktur angesiedelt, ohne sie weiterhin von der Tiefenstruktur abhängen zu lassen und ohne sie als eine ursprünglichere tiefe Schicht zu betrachten, die eben diese Tiefenstruktur erzeugt. Andere Autoren wie Lakoff (1969) versuchen, eine generative Semantik zu schaffen, die eine enge Verbindung zwischen syntaktischen und semantischen Phänomenen aufweist. Quillian versteht dagegen in seinem angeführten Aufsatz seine Konstruktion eines semantischen Modells eher als die Negation einer auf der Syntax basierenden generativen Semantik (oder zumindest würde er das Erklärungsmodell der *Produktion* der Sätze von dem der *Interpretation* unterscheiden). Es ist auf jeden Fall klar, daß, wenn es einer Komponentenanalyse gelänge, in die semantischen Komponenten eines Lexems auch präzise Selektionen des Kontextes (innerhalb der Aussage) und des Umstandes (außerhalb der Aussage) einzubeziehen, man dann eine semantische Theorie hätte, die genaue syntaktische Situationen berücksichtigt. Gleichzeitig würde die Aussage in ihrer syntaktischen Dimension als *Funktion* der Signifikate der Einheiten, aus denen sie besteht, erscheinen. Diesen Punkt werden wir bei der Behandlung des „Kommunikationsumstandes" in A. 2. XIV untersuchen.

---

der Semantik. Die Komponentenanalyse scheint die zweite Hypothese bekräftigt zu haben, auch wenn, wie wir gesehen haben, die Wahl der Sinn-„Pfade" vom Kontext bestimmt ist. Auf jeden Fall gilt, wenn das Zeichen die Aussage ist, die Definition der Bedeutung als Invariante in den Übersetzungsoperationen.

XII. 2. Der Zustand dieser Diskussion ist heute dermaßen fliess-
send, daß es schwierig wäre, eine Position auf der Ebene der allgemeinen semiotischen Theorie zu beziehen. Schon allein auf der Ebene der Sprachanalyse sieht sich die generative Grammatik heute gezwungen, eine solche Anzahl von Regeln und Unterregeln aufzustellen, um das Funktionieren ihrer Modelle zu erklären, daß sie den
semantischen Theorien, die sich auf die Komponentenanalyse stützen, keine einfacheren Lösungen anzubieten hat. Sie scheint nicht
mehr so vielversprechend wie noch zu dem Zeitpunkt, als Chomskys
Behauptung erschien: „as syntactic description becomes deeper,
what appear to be semantic questions fall increasingly within its
scope" (1962, 2. 3.).

Für den Augenblick mag die Feststellung genügen, daß die Tie-
fen- und Oberflächenstruktur des Kontextes ohne Zweifel Zwänge
setzen, die die Wahl der von einem Lexem vorgeschlagenen Sinn-
„Pfade" bestimmen; und es ist wohl klug, wenn man keinem der
beiden Momente die Priorität gibt, indem man bestimmt, daß eines
der Ziele der semiotischen Forschung das vertiefte Eindringen in eine
Situation ist, die sich im Moment als dialektisch und zirkulär darstellt und die wahrscheinlich in dieser ihrer Zirkularität akzeptiert
werden muß. Auch weil, wie wir in A. 2. XIV. sehen werden, diese
Zirkularität mit der Anwesenheit der Kommunikationsumstände
noch komplizierter wird, die ebenso wie der Kontext der Botschaft
bei der Bestimmung der Wahl der Sinn-„Pfade" mitwirken.

XIII. *Komplexität des Codes*

XIII. 1. Das bisher Gesagte zwingt uns schließlich, noch einmal
den Begriff des Codes zu revidieren. In A. 1. III. haben wir gesagt,
daß der Code nicht einfach ein System von Oppositionen ist, auch
wenn man manchmal ein System deswegen „Code" nennt, weil es
Ordnung in eine Situation mit hoher Entropie bringt. Dann schien
es, als mache der Code die Elemente zweier Systeme Ausdruck für
Ausdruck äquivalent. Der Morse-Code erschien als das typische Beispiel eines Systems von Signifikanten (verschieden kombinierte Punkte und Striche), das Ausdruck für Ausdruck mit einem System von
Signifikaten, den Buchstaben des Alphabets, gekoppelt wurde. Aber
die Untersuchung der semantischen Felder hat uns gezeigt, daß man

(wenn man von einer „langue" als „Code" spricht) sich eine lange
Reihe von kleinen semantischen Systemen (oder Feldern) vorstellen
muß, die sich auf verschiedene Weise mit den Einheiten des signifikanten Systems koppeln. An diesem Punkt begann der Code sich
abzuzeichnen als: a) System der signifikanten Einheiten und ihrer
Kombinationen;[16] b) System der semantischen Systeme und der
Regeln der semantischen Kombination der verschiedenen Einheiten
(durch ihre semantischen Komponenten voneinander unterschieden
und miteinander vereinbar oder unvereinbar); c) System ihrer möglichen Koppelungen (couplings) und die Regeln der Transformation
vom einen zum anderen; d) ein Repertoire an Umstandsregeln, das
verschiedene Kommunikationsumstände vorsieht, die verschiedenen
Interpretationen entsprechen (vgl. A. 2. XIV. 4.).[17]

XIII. 2. Aber die Tatsache, daß die Koppelungen (c) vielfältig und
komplementär sind, bewirkt, daß für jedes Lexem auch mehrere
Stammbäume KF existieren müssen, die es gleichzeitig mit verschiedenen Positionen der semantischen Felder verbinden. Folglich wird
das System der semantischen Felder, die ständig hin- und hergleiten,
von den verschiedenen „Pfaden" jedes Semems durchkreuzt (einer
anderen Dimension folgend, die wohl keine graphische Darstellung
mit der vorhergehenden Dimension in Übereinstimmung bringen
kann). Die Summe dieser Durchkreuzungen wäre das Modell Q.
Ein Code als „langue" muß also als eine Summe von Begriffen
verstanden werden – die aus Verständlichkeitsgründen als Kompetenz des Sprechers bezeichnet werden kann –, die aber in Wirklichkeit jene Summe der individuellen Kompetenzen wäre, die den Code
als kollektive Konvention bilden. Der Code als „langue" ist also
eher ein netzartiger Komplex von Subcodes und Kombinationsregeln, der weit über – im übrigen umfassende – Begriffe wie „Grammatik" hinausgeht. Er ist ein Hypercode – so wie es einen Hyper-
kubus gibt –, der verschiedene Subcodes, starke und stabile wie die

---

16 Auch wenn man glauben dürfte, daß die Kombinationsregeln nichts
   anderes wären als die Bedeutung der synkategorematischen Ausdrücke.
17 Man könnte auch sagen, daß am Code beteiligt sind: a) die
   morphologischen Systeme; b) die grammatikalischen Regeln; c) die
   semantischen Systeme; d) die Koppelungs- und Übergangsregeln zwischen morphologischen und semantischen Systemen; e) die Regeln semantischer Projektion.

denotativen Koppelungen, schwache und vergängliche wie die peripherischen konnotativen Koppelungen, miteinander verbindet.

XIII. 3. Aber diese Schwierigkeit, alle Regeln, die den Code bilden, zu definieren, hängt nicht nur von der Tatsache ab, daß sich die Forschung noch in einem Anfangsstadium befindet, sondern davon, daß *der Code vermutlich weder eine natürliche Bedingung des Globalen Semantischen Universums ist, noch eine Struktur, die fest und unverrückbar dem Komplex von Bindungen und Verzweigungen zugrundeliegt, der das Funktionieren jeder Zeichenassoziierung begründet.*

Kehren wir zu der Metapher der Schachtel mit den Kugeln zurück. Wir sagten, daß, wenn die Kugeln in Freiheit das Modell einer Informationsquelle mit hoher Entropie darstellen, der Code die Regel ist, die die Kugeln nach einem Anziehungs- und Abstossungssystem magnetisiert. Nun bedeutet, wie wir im Abschnitt D sehen werden, die Behauptung, es gebe eine Struktur des *Menschlichen Geistes,* die eben die Struktur jeder Kommunikation sei, daß die Magnetisierung den Kugeln wie eine ihrer Eigenschaften inhäriert. Wenn dagegen der Code eine gesellschaftliche Konvention ist, die sich in Raum und Zeit verändern kann, dann ist die Magnetisierung eine vorübergehende Bedingung des Systems. Die Ablehnung des sogenannten „ontologischen" Strukturalismus (sh. Abschnitt D) bedeutet eben, die Magnetisierungen als kulturelle Phänomene zu verstehen und die Quelle Schachtel höchstens als *den Ort einer Kombinatorik,* eines höchst unbestimmten Spiels, zu betrachten, der die Semiotik vor dem Auftreten der Magnetisierung nicht interessiert. Wenn das stimmt, dann wird man auch zugeben müssen, daß das, was wir Subcodes nennen (z. B. ein bestimmter Typ von konnotativer Assoziation von Elementen zweier semantischer Felder anstelle eines anderen, komplementären Typs), ziemlich vorübergehende Phänomene sind, die man nicht als feste Strukturen aufstellen und beschreiben sollte, außer in Fällen *starker* und dauerhafter Magnetisierung (den wissenschaftlichen Definitionen). Außerdem erschwert die Tatsache, daß jedes Element des Spiels gleichzeitig Beziehungen mit zahlreichen anderen unterhalten kann, die Vereinfachung von Fällen einfacher Ersetzung, wie z. B. die Koppelung zweier isolierter semantischer Felder, Element für Element, oder die Aufstellung erklärender, aber vereinfachender graphischer Darstellungen wie eines

Stammbaums KF. Auch wenn es möglich ist, zur Erklärung einer bestimmten Botschaft (ob diese nun die Rede über die Cyclamate oder ein Satz wie /the man hits the colorful ball/ ist) eine Koppelung von Systemen oder einen Stammbaum KF aufzustellen, die sich als *für diese Gelegenheit* erklärend erweisen.

XIII. 4. Das bedeutet, daß es zwar für die Signifikantensysteme oder für syntaktische Systeme (Beispiel für starke Codes: der phonologische Code besteht seit Jahrhunderten) möglich ist, das System in seiner ganzen Vollständigkeit aufzuzeichnen (auch dank der begrenzten Zahl der daran beteiligten Elemente). Für die semantischen Systeme muß dagegen die Erstellung eines vollständigen Codes *nur eine regulative Hypothese* bleiben: In dem Augenblick, in dem ein solcher Code gänzlich beschrieben wäre, wäre er schon verändert und nicht nur durch den Einfluß der verschiedenen historischen Faktoren, sondern durch die kritische Erosion selbst, die die Analyse des Code diesem gegenüber bewirkt hätte.

Es muß also ein methodologisches Prinzip der semiotischen Forschung sein, daß das Entwerfen von semantischen Feldern und Achsen und die Beschreibung von Codes als gegenwärtig funktionierend fast immer nur *bei Gelegenheit der Untersuchung der Kommunikationsumstände einer bestimmten Botschaft* durchgeführt werden können.

D. h., daß *eine Semiotik des Codes ein operatives Instrument ist, das einer Semiotik der Botschaft dient.* Sobald man die Möglichkeit einer Semiotik des Codes behauptet, erkennt man deren ständige Partialität und Revidierbarkeit an; und man muß zugeben, daß sich diese Semiotik nur dann konstituieren kann, wenn die Existenz einer Botschaft sie als ihre Erklärungsbedingung *postuliert*. Wie der Titel des Abschnitts D andeutet, muß die Semiotik darangehen, verbundene Strukturen zu identifizieren, *als ob* es eine definitive allgemeine STRUKTUR gäbe; aber um das tun zu können, muß sie annehmen, daß diese STRUKTUR bloß eine regulative Hypothese ist und daß, *jedesmal wenn eine Struktur beschrieben wird, sich etwas im Universum der Kommunikation ereignet hat, das diese Struktur nicht mehr völlig glaubwürdig macht.* Diese Bedingung eines empfindlichen Gleichgewichts und eines offensichtlichen Mangels an Halt ist jedoch kein Widerspruch der Semiotik: Es ist eine methodologische Bedingung, die sie mit anderen Disziplinen wie der Physik verbin-

det, die von methodischen Kriterien wie dem Prinzip der Unbestimmtheit oder dem Prinzip der Komplementarität geleitet werden.
*Nur wenn die Semiotik dieses Bewußtsein ihrer eigenen Grenzen
gewinnt, ohne den Anspruch zu erheben, absolutes Wissen zu sein,
kann sie hoffen, eine wissenschaftliche Disziplin zu werden.*

XIII. 5. Die Semiotik kann behaupten, daß es eine Ausdrucksform
gibt, die die Ausdruckssubstanz isomorph zu dem segmentiert hat,
was gegenwärtig innerhalb eines gegebenen kulturellen Modells als
Inhaltsform betrachtet wird, die die Inhaltssubstanz segmentiert hat.
Welche Segmentierung zuerst vorgenommen wurde, ist eine metaphysische Entscheidung. Die Kultur existiert, gerade weil sie sich in
dieser Sprache und in semiotischen Systemen desselben Typs erkennbar macht. Man kann höchstens sagen, daß einer Einheit der Ausdrucksform verschiedene Einheiten der Inhaltsform entsprechen (was
Modelle wie den Stammbaum KF oder das Modell Q entstehen
läßt).

Diese Komplexität, die nur schwer von einem zweidimensional
dargestellten synchronischen Modell wiedergegeben werden kann,
führt uns dazu, auch in den folgenden Abschnitten den Begriff des
Codes wie eine Art Schirm-Terminus aufrechtzuerhalten, der eine
sehr differenziert gegliederte Realität überspannt. Wenn man sagt,
daß es in einer Botschaft einen Code gibt, so ist das jedoch kein me-
taphorischer oder anspielender Ausdruck. Zweifelsohne gibt es Regelsysteme, die die Produktion und die Interpretation der Botschaft
regeln; nur sind sie dermaßen komplex, daß es für den Moment
keine andere Lösung gibt, als sie alle umfassend „Code" zu nennen.[18]

XIII. 6. Man mag hinzufügen, daß man für den Augenblick legi-

---

18 „Aufgrund der nicht allzu großen Genauigkeit der Schlußfolgerungen,
die heute vertretbar erscheinen, ist die Vermutung vernünftig, daß eine
generative Grammatik ein System von vielen hundert Regeln mehrerer
unterschiedlicher Typen ist, die in Übereinstimmung mit gewissen festen
Prinzipien der Anordnung und Anwendbarkeit organisiert sind und
eine gewisse feste Substruktur enthalten, die, zusammen mit den gene-
rellen Organisationsprinzipien allen Sprachen gemeinsam ist." (Chomsky, 1968; dt. 1970, S. 144). Dieselbe vorsichtige Haltung muß bezüglich
des Begriffes des Codes gelten.

timerweise voraussetzen (und annehmen) darf, daß einige dieser Regeln *binär-diskreten* Charakters sind (z. B. die Struktur der semantischen Felder), während andere noch *analogischen* Charakters wären (oder – beim gegenwärtigen Stand unserer Kenntnisse – nicht anders darstellbar als durch analogische Modelle). Im Abschnitt B, der den ikonischen Zeichen gewidmet ist, werden wir zu zeigen versuchen, daß auch die analogischen Modelle auf diskrete Modelle zurückgeführt werden können; aber wir werden auch behaupten, daß man, jedesmal wenn es sich als nützlich erweisen sollte, ein *Prinzip der Komplementarität* anwenden und mit analogischen Modellen diejenigen Phänomene erklären sollte, die nicht mit digitalen diskreten Modellen erklärt werden können. Auch bei der Definition des Codes als System von in einer Kultur vorhandenen Regeln ist es opportun, für den Augenblick eine gewisse Flexibilität aufrechtzuerhalten.

XIV. Die Vielfalt der Codes, der Kommunikationsumstand und die Botschaft als Quelle.

XIV. 1. Es ist nun klar, daß das anfängliche Kommunikationsmodell, das einen dem Sender und dem Empfänger gemeinsamen Code vorsah, sich als äußerst summarisch herausstellt. Die Vielfalt der Subcodes, die eine Kultur durchkreuzen, zeigt uns, daß dieselbe Botschaft von verschiedenen Gesichtspunkten aus und unter Zuhilfenahme verschiedener Systeme von Konventionen decodiert werden kann. Zwar kann die grundlegende Denotation eines Signifikanten, so wie sie der Sender intendierte, verstanden worden sein. Es können dem Signifikanten aber verschiedene Konnotationen zugeschrieben werden, einfach deswegen, weil der Empfänger einen „Pfad" in dem Stammbaum KF verfolgt, auf den er sich bezieht, der *nicht* in dem Stammbaum KF *existierte,* auf den sich der Sender bezog (beide Stammbäume werden von der Kultur, in der der Sender und der Empfänger leben, als legitim anerkannt).

XIV. 2. Schließlich gibt es die extreme Möglichkeit, daß derselbe zugrundeliegende Code für Sender und Empfänger verschieden ist und die Botschaft dennoch in beiden Fällen einen vollständigen Sinn übermitteln kann. Ein paradoxes Beispiel für diese Möglichkeit liefert der Satz /I *Vitelli Dei Romani Sono Belli*/, der entweder in Bezug auf den Code italienische Sprache (wo er bedeutet: „die Kälber der Römer sind schön") oder in Bezug auf den Code lateinische Sprache gelesen werden kann (wo er bedeutet: „Geh, o Vitellius, beim Kriegsschall des römischen Gottes").

Wenn dieses Beispiel auch paradox ist, so gibt es doch genügend normalere Situationen, wie die von Katz und Fodor angeführte, in der /*he follows Marx*/ entweder als „er folgt Groucho (einem der Marx-Brothers) auf Schritt und Tritt" oder als „er ist ein Schüler von Karl" gelesen werden kann.

Solche Beispiele bringen uns auf zwei grundlegende Probleme: a) Es gibt außersemiotische Bedingungen und Gelegenheiten, die es erlauben, die Decodierung eher in die eine als in die andere Richtung zu orientieren. b) Die Botschaft ist mit einer gewissen Unbestimmtheit oder „Offenheit" ausgestattet, die sie ihrerseits zur Quelle möglicher Information macht.

XIV. 3. Einige Faktoren können uns bei der Lektüre von /*he follows Marx*/ die Richtung angeben.

1. Der Bezug auf das *Universum der Rede* (vgl. Lyons, 1963, S. 83). Eine Reihe von vorangegangenen oder vorausgesetzten Botschaften, die uns zeigt, daß wir von der Geschichte der Arbeiterbewegung sprechen, läßt uns /*Marx*/ die vom Sender gewollte Denotation zuschreiben. Aber es bleibt noch zu bestimmen, ob der Satz heißt: „er ist ein Schüler von Karl" oder: „er folgt zeitlich auf Karl".

2. Der Bezug auf eine *Ideologie*. Wir werden „Ideologie" in A. 4. definieren. Für den Augenblick verstehen wir sie als eine bestimmte Form, die die vorhergehenden Kenntnisse des Empfängers angenommen haben, als ein System von Meinungen und Vorurteilen, als einen Blickwinkel über die Welt. In dieser Hinsicht ist es klar, daß der Empfänger je nach den Vorurteilen dem /*follows*/ eine bestimmte Konnotation zuteilen wird: Die bezeichnete Person erscheint als ein treuer Schüler von Marx oder als ein Epigone, der zu spät nach Marx gesprochen hat.

3. Der *Kommunikationsumstand*. Gewiß ist die Bedeutung des Satzes, wenn er von Breschnew während einer öffentlichen Zeremonie auf dem Roten Platz ausgesprochen wird, denotativ, und der verschiedene konnotative Sinn kann ohne Spur eines Zweifels bestimmt werden. Eine Reihe von Umständen orientiert die Empfän-

ger, auf die Ideologie des Senders und folglich auf die Subcodes zu schließen, auf die er sich bezogen haben kann (Es bleibt aber die Tatsache, daß ein besonderer Empfänger mit antikommunistischer Ideologie zwar genau die Denotation „Karl" und die verschiedenen Konnotationen vom Typ „treuer Schüler" aufnehmen kann und trotzdem die ganze konnotative Kette mit negativem Vorzeichen versehen kann, als globale axiologische Konnotation, so daß er letztenendes eine andere Botschaft empfängt als die anderen Anwesenden).

Während die Angabe des Universums der Rede immer auf irgendeine Weise im Kontext enthalten ist (unmittelbar oder entfernt: z. B. findet man das Wort /Zeichen/ im *Cours* von Saussure, oder man erhält die Botschaft /das Zeichen, wie es Saussure versteht .../), scheint sich der Kommunikationsumstand dagegen der semiotischen Kontrolle zu entziehen.

XIV. 4. Vom philosophischen Standpunkt aus bringt plötzlich der Kommunikationsumstand in gewisser Hinsicht wieder das Referens in den Rahmen der Semiotik, welches aus ihr ausgeschlossen worden war. Auch wenn wir festgestellt haben, daß die Zeichen nicht direkt die wirklichen Gegenstände denotieren, *so stellt sich der Umstand doch als die Gesamtheit der Wirklichkeit dar, die die Wahl von Codes und Subcodes bedingt, indem sie die Decodierung an ihre Anwesenheit bindet.* So scheint der Kommunikationsprozeß, auch wenn er keine Referenten bezeichnet, sich doch *im Referens* abzuspielen. Der Umstand ist der Komplex der materiellen, ökonomischen, biologischen und physikalischen Konditionierungen, in dessen Rahmen wir kommunizieren.

Wenn jemand auf dem Totenbett sagt /ich gehe fort/, dann ist es der Tod – ein außersemiotisches Faktum –, der mit seiner Anwesenheit dem Verb /fortgehen/ seinen Sinn gibt. Der Empfänger kann höchstens im Besitz einiger Regeln sein, die ihn wissen lassen, daß *unter diesen Umständen* dieses Verb diesen Sinn annimmt.

Aber dies bringt uns auf die *Theorie der settings* zurück, die Katz und Fodor als nicht zu einer semantischen Theorie gehörig beurteilten. Gewiß hatten sie mit folgender Behauptung recht: „since ... the readings that a speaker gives a sentence in setting are a selection from those the sentence has in isolation, a theory of semantic interpretation is logically prior to a theory of the selective effect of setting" (1963, S. 488). Sie haben auch noch recht, wenn sie behaupten, daß eine wirkliche und vollständige Theorie der settings eine totale Bestandsaufnahme aller Kenntnisse voraussetzen würde, die die Sprecher bezüglich der Welt haben (und – so fügen wir hinzu – von allen möglichen Situationen, in denen sie sich jemals befinden mögen). Folglich würde eine Theorie der settings und des Kommunikationsumstandes die Semiotik in eine universale Wissenschaft verwandeln, die jedes mögliche Wissen klassifiziert und voraussieht; auch weil man für jede Aussage eine dermaßen bizarre Situation voraussehen kann, die ihr den unwahrscheinlichsten Sinn gibt, ebenso wie man für die zweideutigste Aussage einen Umstand voraussehen kann, der ihr den offensichtlichsten und eindeutigsten Sinn verleiht. Aber es greift ja doch ein Code ein, um bestimmte Kommunikationsmöglichkeiten zu umgrenzen und zu klassifizieren und andere nicht. Man muß daher voraussetzen, daß eine Kultur eine Reihe von wiederkehrenden Umständen klassifiziert, in denen ein Lexem oder ein Satz eine mögliche Bedeutung erhalten. Und man muß annehmen, daß im Code als Kompetenz des Sprechers auch Regeln folgenden Typs enthalten sind: „Wenn dir das Signifikans s1 im Umstand Y begegnet, lies es nach dem „Pfad" $\alpha\,1$, $\beta\,2$, $\gamma\,3$, $\delta\,4$ und nicht nach dem „Pfad" $\alpha\,2$, $\beta\,1$, $\gamma\,4$, $\delta\,3$" (vgl. das Schema in A. 2. X. 1). Dieses Problem einer Formalisierung der Umstände ist noch zu lösen. Aber es wäre falsch, wenn die Semiotik, nur weil das Problem nicht auf formal elegante Weise gelöst ist, den enormen Einfluß negierte, den der Umstand auf die Kommunikation hat.

Nicht nur *verändert der Umstand den Sinn der Botschaft* (eine rote Fahne am Strand hat einen anderen Sinn als eine rote Fahne in einer politischen Demonstration), sondern er *verändert auch deren Funktion* (ein Verkehrszeichen, das eine Fahrtrichtung untersagt, hat auf einer Autobahn einen emotionalen Zugriff, den das gleiche Zeichen auf einem Parkplatz nicht hat) und deren *Informationsquote* (das Bild eines Totenschädels bedeutet „Gift" auf einer Flasche und „Viva la muerte!" auf der Flagge eines Falangisten; es gibt mir eine große Information, wenn ich es auf einer Flasche finde, die ich aus der Hausbar nehmen wollte, eine ziemlich geringe Information, wenn ich es neben den Hochspannungsleitungen in einer Elektrozentrale finde).

Das sich überkreuzende Spiel der Umstände und ideologischen Voraussetzungen, neben der Vielfalt der Codes und Subcodes, bewirkt, daß die Botschaft, die in A. 1. als Endpunkt der Kommunikationskette erschien, sich nunmehr als eine *leere Form* darstellt, *der verschiedener möglicher Sinn zugeschrieben werden kann.*

XIV. 5. In dieser Hinsicht erscheint nun die Botschaft, als signi-fikante Form, die eine Reduktion der Information vornehmen sollte (und sie als physikalisches Signal auch vornimmt) – da sie eine Aus-wahl von bestimmten Symbolen aus den verschiedenen gleichwahr-scheinlichen Symbolen darstellt (sei es auch nur bezüglich des Codes als Wahrscheinlichkeitssystem) –, so wie sie aus dem Kanal heraus-kommt und vom Empfangsgerät in eine dem Empfänger erkennbare physikalische Form übersetzt wird, *als eine Quelle von möglichen Sinn-Botschaften.* Sie besitzt also dieselben Eigenschaften (nicht den-selben Grad) Unordnung, Ambiguität, Gleichwahrscheinlichkeit, die der Quelle eigen waren. *Und in diesem Sinn kann man von Infor-mation, als einem aus dem Reichtum möglicher Wahlen bestehen-den Wert, sprechen, die auf der Ebene der Signifikans-Botschaft iden-tifiziert werden kann;* eine Information, die nur dann eingeschränkt wird, wenn die Signifikans-Botschaft auf bestimmte Subcodes bezo-gen wird und zu einer Sinn-Botschaft und folglich zu *einer vom Empfänger getroffenen definitiven Auswahl* wird.

Diese Information der Botschaft ist nicht derselbe Informations-typ wie die der Quelle: Jene war quantitativ berechenbare *physika-lische Information,* diese ist semiotische Information, die nicht quan-titativ berechenbar ist, sondern definierbar durch eine Reihe von Signifikaten, die sie erzeugen kann, sobald sie mit den Codes in Kontakt getreten ist. Jene war statistische Gleichwahrscheinlichkeit, diese ist durch eine zwar ziemlich weite, aber nicht unbestimmte Wahrscheinlichkeit eingeschränkt. Jene wurde vom System als einer Korrektur durch Wahrscheinlichkeit (die aber immer noch für an-dere Ausgänge offen war) eingeschränkt; diese wird von der Inter-pretation, von der Wahl einer Sinn-Botschaft, definitiv eingeschränkt.

Aber beide können definiert werden als *Zustand der Unordnung in Bezug auf eine nachfolgende Ordnung;* als *zweideutige Situation in Bezug auf eine spätere Aufhebung der Ambiguität;* als *Möglich-keit alternativer Wahlen,* als *eine zu treffende Wahl, in Bezug auf ein System von schon getroffenen Wahlen, das aus diesen hervor-geht.*

Wenn man einmal festgestellt hat, daß die semiotische Informa-tion nicht denselben Grad hat wie die physikalische, dann ist es wohl nicht unangebracht oder illegitim, beide „Information" zu nennen, da beide ein Zustand der Freiheit in Bezug auf spätere Bestimmungen sind.

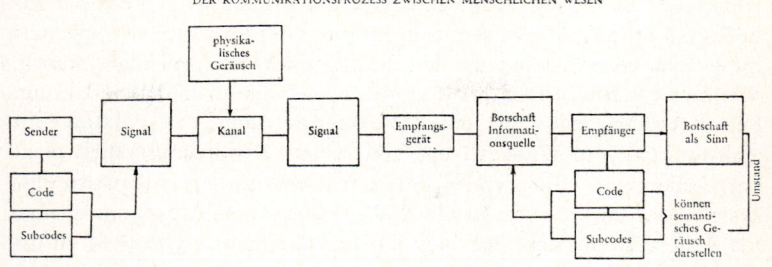

XV. Faktische Urteile und semiotische Urteile

XV. 1. Die gegenüber der Vielfalt der Codes offene Botschaft erscheint als leere Form. Aber diese leere Form ist leer in Bezug auf den Sinn: Vom Gesichtspunkt der Logik der Signifikanten aus dagegen hat sie eine präzise Organisation. Diese ihre Organisation orientiert die Decodierung und die Auswahl des Sinnes mit demselben Recht wie die Ideologie, die Umstände und eventuelle andere außersemiotische Faktoren (vgl. A. 2. XII.).

Nehmen wir an, indem wir zu unserem Modell aus A. 1. zurückkehren, daß der Empfänger statt eines der vom Code vorgesehenen Signale (d. h. Signale wie /AB/ oder /BD/) vom Sender das Signal /AAAABAAC/ empfängt. Wenn der Empfänger eine Maschine ist, antwortet er nicht (er betrachtet die Botschaft als Geräusch) oder er geht bei dem Versuch, die Botschaft zu decodieren, kaputt. Wenn er aber ein menschliches Wesen ist, das weiß, daß der Sender ein anderes menschliches Wesen ist, dann taucht eine Fragestellung über die Ambiguität der Botschaft auf. Diese Fragestellung führt uns zum Problem der ästhetischen Botschaft, das wir in A. 3. behandeln werden. Es handelt sich um eine Botschaft, die den Code in Frage stellt, weil sie eine unvorhergesehene Art, die Signale zu kombinieren, aufweist.

Aber es kann noch einen anderen Typ von Botschaft geben, der, obgleich er die Regeln des Codes befolgt, dessen Möglichkeiten bereichert und ihn schmiegsamer macht. Man denke an die Botschaft /AB – Pause – AD/. Wenn wir die Tabelle in A. 1. III. 1. betrachten, sehen wir, daß diese Botschaft bedeutet: „plötzlicher Übergang von der niedrigsten Wasserhöhe zur höchsten". Im Wasserbecken schwankt das Wasser also heftig von der niedrigsten Quote bis zur höchsten Quote. Wenn der Empfänger eine Maschine ist, reagiert diese entsprechend, indem sie abwechselnd ihr Verhalten ändert. Wenn er ein Mensch ist, stellt er sich eine Frage über dieses Faktum. Die Botschaft teilt ihm eine Information über ein Faktum mit (Schwankung des Wassers), das von seinem Erwartungssystem nicht vorgesehen war; einem vom Code treu wiedergegebenen Erwartungssystem, das eine Botschaft wie /AB – Pause – AD/ zwar als formal möglich, aber als *distributionell irrelevant* annahm. Die neue Information (gegeben nach den Gesetzen, die normalerweise die Gliederung der vom Code vorgesehenen Signifikanten regeln) erlaubt es ihm, den Code mit einem neuen möglichen Signifikat (ein neues *faktisches* Verhalten des Wassers) zu bereichern.

XV. 2. Das erlaubt uns, auf eine alte philosophische Unterscheidung zurückzukommen, die von der Logik und von der Sprachanalyse ausführlich diskutiert worden ist, nämlich auf die Unterscheidung zwischen analytischen und synthetischen Urteilen.

Vom Gesichtspunkt einer Semantik des Referens aus betrachtet, gibt diese Unterscheidung Anlaß zur schärfsten Kritik. Man kann sich dann nämlich fragen (vgl. White, 1950), warum denn für die traditionellen Philosophen /alle Menschen sind vernünftige Wesen/ ein analytisches und /alle Menschen sind zweifüßig/ ein synthetisches Urteil ist. Wenn man nämlich an eine Prädikation von „objektiven" Eigenschaften denkt, die mit Wahr oder Falsch verifizierbar sind, dann sieht man nicht ein, warum man die beiden Typen von Urteilen unterscheiden sollte. Aber auf dieses Problem hat schon Cassirer geantwortet in: *Das Erkenntnisproblem in der Philosophie und Wissenschaft der neueren Zeit,* II, 8, II. Das analytische Urteil ist das, in dem das Prädikat implizite im Begriff des Subjekts enthalten ist, und das synthetische Urteil ist das, in dem das Prädikat dem Subjekt als ein völlig neues Attribut dank einer Synthese zwischen Erfahrungsdaten, dank eines neuen Gepräges des Denkens hinzugefügt wird. Warum ist also für Kant /alle Körper sind ausgedehnt/ analytisch und /alle Körper sind schwer/ synthetisch? Einfach deswegen, weil Kant sich auf das „Gedankengut" bezog, das er als für seine Zeitgenossen bekannt annahm. D. h., daß /Körper/ für ihn kein Referens war, sondern vor allem eine kulturelle Einheit. Und dieser kulturellen Einheit wurde von Descartes bis zu Newton und den Enzyklopädisten das Ausgedehntsein als eine wesentliche Qualität zugeschrieben, die in deren Definition enthalten war, während das Gewicht eine zusätzliche, kontingente Eigenschaft war, die nicht in diese Definition einfloß. *Die Urteile sind analytisch oder synthetisch in Bezug auf die bestehenden Codes und nicht in Bezug auf angenommene natürliche Eigenschaften der Gegenstände.*

Kant sagt ausdrücklich in der ersten Kritik: „Ein großer Teil... von dem Geschäfte unserer Vernunft, besteht in Zergliederungen der Begriffe, die wir schon von Gegenständen haben" (B 9).

Ein analytisches Urteil ist folglich ein *semiotisches Urteil,* in dem Sinne, daß es die Darlegung der Intensionen darstellt, die ein Code einer kulturellen Einheit zuschreibt. Folglich ist */jeder unverheiratete Mann ist ein Junggeselle/* nur darum ein analytisches Urteil, weil es einen konventionellen Code gibt, der einen Stammbaum KF aufweist, der unter seinen Verzweigungen den „distinguisher" ‚a man who has never married' besitzt. */Hans ist Junggeselle/* dagegen ist zweifelsohne ein synthetisches Urteil. Am 5. Mai 1821 stellte */Napoleon ist auf St. Helena gestorben/ ein* synthetisches Urteil dar (das wir von nun an *faktisches* Urteil nennen werden). Von da an aber stellt dieselbe Aussage ein analytisches Urteil dar (das wir von nun an *semiotisches* Urteil nennen werden), weil der Code im Stammbaum KF von /Napoleon/ die Definitionskonnotation „Tod auf St. Helena" fixiert hat. Mit Recht behauptet also White, wenn er die Unterscheidung analytisch-synthetisch kritisiert, daß ein Urteil auf Grund einer Konvention analytisch ist und daß bei Veränderung der Konvention die einstmals analytischen Urteile synthetisch werden können und umgekehrt. Aber diese Kritik, die er als eine Begrenztheit der logischen Unterscheidung analytisch-synthetisch versteht, ist dagegen die Bedingung der semiotischen Unterscheidung zwischen semiotischen und faktischen Urteilen.

Mit einem Beispiel von Carnap: /Australien ist groß/ ist ein semiotisches Urteil – Carnap würde sagen: ein „logisches" –, d. h. daß das Lexem /Australien/ nach den bestehenden geographischen Konventionen „Größe" konnotiert. Es ist dagegen synthetisch, wenn es, ausgesprochen in den Zeiten des Captain Cook, lautet: /*Australien hat sich nun (zum ersten Mal) als ,groß' herausgestellt (in dem Sinne, in dem das Lexem ,groß' gewöhnlich im Deutschen gebraucht wird). Deswegen muß der deutsche Code von nun an für das Lexem ,Australien' die Konnotation ,groß' annehmen/.*

XV. 3. Offensichtlich (wie auch Quine (1953, 2), Austin (1961), Katz und Postal (1964, 2. 2.) behaupten) ist ein Urteil analytisch (oder semiotisch), wenn seine Wahrheitsbedingung von seinem Signifikat abhängt (als *„Sinn"* oder Intension im Sinne der Logiker); und es ist synthetisch (oder faktisch), wenn sein Signifikat von einer Wahrheitsbedingung abhängt, die durch einen Vergleich mit dem empirischen Referens gegeben wird (/*Napoleon ist auf St. Helena gestorben*/ ist logisch wahr, wenn und nur wenn Napoleon *tatsächlich* auf St. Helena gestorben ist). Aber dieser Aspekt führt das Referens nicht wieder in die semiotische Welt ein. Ein faktisches Urteil hat semiotische Relevanz nur, wenn es als wahr angenommen wird, unabhängig von seiner Verifizierung und von der Tatsache, daß es eine Lüge sein mag. Insofern es als wahr angenommen worden ist, bereichert es den Code und speist ihn mit neuen Konnotationen. Die Behauptung /*die Marsmenschen fressen die Kinder*/ hat für die Astro-Anthropologie nur dann Bedeutung, wenn die Marsmenschen existieren und wirklich Kinder fressen. Für die Semiotik aber hat sie Bedeutung, wenn eine Gesellschaft sie als wahr akzeptiert und daher mit dem Lexem /*Marsmensch*/ eine Konnotation „Kannibalismus" assoziiert.

Zusammenfassend: *Ein semiotisches Urteil sagt das, was der Code vorsieht. Ein faktisches Urteil sagt das, was der Code nicht vorsieht, und bereichert eben darum den Code.* Wir müssen uns daher das Leben der Codes als eine kontinuierliche Anreicherung mit Sinn vorstellen, die sich auf einer Basis von syntaktischen Gesetzen aufbaut (die weniger wandelbar sind als die semantischen) und die eben gerade die Artikulation von Botschaften erlaubt, die völlig neuen Sinn bringen. Der Code unseres Modells aus A. 1. erlaubt verschiedene niemals gesendete Botschaften, die zu den kulturellen Einheiten (Situationen des Wassers im Becken) neue Möglichkeiten von Geschehnissen hinzugesellen, wie die in A. 2. XV. 1. von der Botschaft /*AB – Pause – AD*/ ausgedrückte Möglichkeit.

XV. 4. Diese Dialektik zwischen Codes und Botschaften, wo die Codes zwar die Hervorbringung der Botschaften lenken, aber neue Botschaften die Codes umstrukturieren können (man denke an das in A. 2. VI. 9. gegebene Beispiel über die veränderte Konnotation des Paares *Zucker vs Cyclamat*), bildet die Grundlage für eine Diskussion über die Kreativität der Sprache im Sinne Humboldts, auf den sich Chomsky wieder bezieht (1962), und für eine Dialektik zwischen „rule-governed creativity" und „rule-changing creativity". Wir könnten das faktische Urteil, so wie es normalerweise in den gewöhnlichen Botschaften ausgesprochen wird, als ein Beispiel für die von den Regeln des Codes zugelassene Kreativität ansehen: Die syntaktischen Regeln erlauben es, Botschaften zu artikulieren, die die verschiedenen semantischen Einheiten mit Sinn anreichern. Eine diachronische Dimension kommt in die synchronische Dimension des Codes als eines Systems von Subcodes und verändert dessen Struktur, aber indem sie dessen dynamischen Möglichkeiten, dessen kombinatorischen Fähigkeiten folgt – als ob es der Code seinem eigenen Wesen nach verlangte, andauernd in einem höheren Stadium wiederhergestellt zu werden; so wie eine Schachpartie das Versetzen der Figuren verlangt, um ihre Einheit als System auf einem anderen Niveau wiederzufinden.

XV. 5. Es bleibt nun noch die Möglichkeit von Botschaften zu bestimmen, die, teilweise nach den Regeln des Codes hervorgebracht, tatsächlich aber diese Regeln verletzen und sich als zweideutige Botschaften strukturieren. Botschaften, die aber, indem sie innerhalb einer Kultur wirken, dazu beitragen, die Codes radikal zu verändern: nicht, sie auf einer anderen Ebene zu restrukturieren, indem sie die Regeln der Codes befolgen, sondern die Regeln der Codes radikal zu verändern. Es ist dies das Problem, wie die Codes aus ihrem Inneren heraus eine dialektische Position erzeugen können, welche sie negiert: „une structure, une fois construite, on en nie l'un des caractères qui paraissait essentiel ou au moins nécessaire ... Dans le domaine des structures logico-mathématiques c'est presque devenu une méthode que, une structure étant donnée, de chercher par un système de négations à construire les systèmes complémentaires ou différents que l'on pourra ensuite réunir en une structure complexe totale" (Piaget, 1968, S. 104).

Wie sind Botschaften möglich, die die Codes negieren? Die Analyse der ästhetischen Botschaft kann auf diese Frage Antwort geben und uns in die kreativen Dimensionen jedes semiotischen Systems einführen.

3. DIE ÄSTHETISCHE BOTSCHAFT

I. Die zweideutige und autoreflexive Botschaft

I. 1. Statt die poetische Botschaft und deren Wesen zu definieren, deuten die Ästhetiken romantischen Ursprungs deren Wirkungen durch ein bilderreiches Metaphernspiel an. Man sehe z. B. die Theorie Croces von der Kosmizität der Kunst. Nach dieser Lehre atme man in der künstlerischen Darstellung das ganze Leben des Kosmos, das Einzelne sei durchbebt vom Leben des Ganzen, und das Ganze offenbare sich im Leben des Einzelnen: „jede echte künstlerische Darstellung ist sie selbst und das Universum, das Universum in dieser individuellen Form, diese individuelle Form als das Universum. In jedem Wort des Dichters, in jedem Geschöpf seiner Phantasie liegt das ganze Schicksal der Menschheit, alle Hoffnungen, Illusionen, Schmerzen und Freuden, Größe und Elend des Menschen; das ganze Drama des Wirklichen, das ewig auf sich selbst wächst und wird, leidend und genießend."[19]

Man muß jedoch sagen, daß diese Definition der poetischen Wirkung, wie vage und unbefriedigend sie auch sein mag, gewissen Eindrücken gerecht wird, die wir in unserer Erfahrung beim Geniessen von Kunstwerken gehabt haben. Und es handelt sich nun darum, ob es der semiotische Gesichtspunkt erlaubt, diese Wirkung mit der Analyse von Kommunikationsprozessen besser zu erklären.

I. 2. Nach der von Jakobson vorgeschlagenen bekannten Unterteilung der Funktionen der Sprache, die inzwischen ins semiotische Bewußtsein eingedrungen ist, kann die Botschaft folgende Funktionen bekleiden, die einzeln oder auch zu mehreren zusammen auftreten können: a) die *referentielle,* b) die *emotionale,* c) die *imperative,* d) die *phatische* oder *Kontaktfunktion,* e) die *metasprachliche,* f) die *ästhetische.* Die Botschaft hat eine ästhetische Funktion, wenn sie sich als zweideutig strukturiert darstellt und wenn sie als sich auf sich selbst beziehend (autoreflexiv) erscheint, d. h. wenn sie die Auf-

---

19 *Breviario di estetica*[5], S. 136/7.

merksamkeit des Empfängers vor allem auf ihre eigene Form lenken will.

Alle diese Funktionen können in einer einzigen Botschaft gleichzeitig vorhanden sein, und im größten Teil der alltäglichen Sprache gibt es ständige wechselseitige Beziehungen und Überschneidungen, auch wenn eine der Funktionen vorherrscht.

I. 3. *Die Botschaft mit ästhetischer Funktion ist vor allem in Bezug auf das Erwartungssystem, das der Code darstellt, zweideutig strukturiert.*

Eine völlig zweideutige Botschaft erscheint als äußerst informativ, weil sie mich auf zahlreiche interpretative Wahlen einstellt, aber sie kann an das Geräusch angrenzen, d. h. sie kann sich auf bloßes Geräusch reduzieren. Eine produktive Ambiguität ist die, welche meine Aufmerksamkeit erregt und mich zu einer Interpretationsanstrengung anspornt, mich aber dann Decodierungserleichterungen finden läßt, ja mich in dieser scheinbaren Unordnung als Nicht-Offensichtlichkeit eine viel besser abgemessene Ordnung finden läßt, als es die Ordnung ist, die in redundanten Botschaften herrscht.[20]

Es trifft für die ästhetische Botschaft zu, was für die tragische Intrige nach den Regeln der Aristotelischen *Poetik* zutraf: Die Intrige muß etwas geschehen lassen, was uns überrascht, etwas, was über unsere Erwartungen hinausgeht und folglich *parà tèn dóxan* (der gewöhnlichen Meinung entgegengesetzt) ist. Aber damit dieses Ereignis akzeptiert wird und wir uns mit ihm identifizieren können, muß es, während es unglaublich erscheint, gewissen Bedingungen der Glaubwürdigkeit gehorchen; es muß eine gewisse Wahrscheinlichkeit haben, es muß *katà tò eikòs* sein. Es ist verwunderlich, wenn ein Sohn nach langen Jahren im Krieg nach Hause zurückkehrt und, von seiner Schwester angestachelt, wild seine Mutter töten will. Angesichts einer solchen Tatsache, die jeder Erwartung widerspricht, wird das Gemüt des Zuschauers gespannt, berührt von der zweideutigen Informationsladung der Situation. Aber damit die Situation nicht als völlig irr verworfen wird, muß sie glaubwürdig sein: Der

---

20 Es ist dies das Problem der Kolorierung der Geräusche, d. h. des Minimums an Ordnung, das in die Unordnung eingeführt werden muß, damit diese aufnehmbar wird; das Problem wurde behandelt von Moles (1958) und Eco (1962).

Sohn will seine Mutter umbringen, weil sie ihren Liebhaber dazu getrieben hat, ihren Mann zu ermorden.

Die informative Spannung, das Spannen der Erzähllinie bis zum äußersten Punkt der Unwahrscheinlichkeit (jenseits welcher das Gemüt des Zuschauers eine Lösung fordert, die seine allzu gespannte Aufmerksamkeit lockert), verlangt Grundlagen von Normalität, von Offensichtlichkeit. Die Information muß sich, um sich in ihrer ganzen Kraft eines „offenen" Schwebezustandes scharf abzuzeichnen, auf Redundanzstreifen stützen.

I. 4. Da sie diese Funktion erfüllt, *verlangt die zweideutige Botschaft folglich, daß sie als primärer Zweck der Kommunikation intendiert wird.* Eine Botschaft wie /*der Zug kommt um 18 Uhr auf Bahnsteig 3 an*/ verlegt in ihrer referentiellen Funktion meine ganze Aufmerksamkeit auf die kontextuelle Bedeutung der Ausdrücke und von da auf das Referens; wir befinden uns außerhalb der Welt der Zeichen, das Zeichen ist verschwunden, es bleibt eine Reihe von Verhaltensfolgen, die die Antwort auf das Zeichen darstellen.

Aber eine Botschaft, die mich in der Schwebe zwischen Information und Redundanz hält, die mich zu der Frage treibt, was das denn heißen soll, während ich im Nebel der Ambiguität etwas erblicke, was auf dem Grunde meine Decodierung leitet, eine solche Botschaft beginne ich zu beobachten, *um zu sehen, wie sie gemacht ist.*

Man kommt ganz von selbst dazu, zu sehen, wie die Botschaft gemacht ist, wenn die Botschaft bestimmte Charakteristika aufweist, die nichts anderes sind als korrekte Ableitung aus den Hauptcharakteristika der Ambiguität und der Autoreflexivität:

1) Die Signifikanten bekommen nur aus der *kontextuellen Wechselwirkung* passende Signifikate; im Lichte des Kontextes beleben sie sich mit immer neuen aufeinanderfolgenden Klarheiten und Ambiguitäten; sie verweisen auf eine bestimmte Bedeutung, erscheinen aber, sowie das geschieht, noch reicher an anderen möglichen Wahlen.[21] Wenn ich ein Element des Kontextes verändere, verlieren auch die anderen ihr Gewicht.

---

21 Über den Wert des Kontextes, der ansonsten vieldeutige Zeichen eindeutig mache (aber hier ist der Begriff der Eindeutigkeit nur scheinbar unserer Auffassung von Information und Ambiguität entgegengesetzt), sh. Della Volpe (1960).

2) Die *Materie,* aus der die Signifikanten gemacht sind, erscheint nicht willkürlich in Bezug auf die Bedeutungen und die kontextuelle Beziehung der Signifikanten: In der ästhetischen Botschaft bekommt auch die Ausdruckssubstanz eine Form. Die Verwandtschaft zwischen zwei Wörtern, die bezüglich ihrer Bedeutung miteinander verbunden sind, wird verstärkt durch die lautliche Verwandtschaft, die der Reim bewirkt; die Laute scheinen wie bei einem onomatopoetischen Ausdruck den evozierten Sinn noch einmal auszudrücken; der physikalische Komplex der Signifikanten realisiert einen lautlichen und visuellen Rhythmus, der nicht willkürlich ist in Bezug auf die Bedeutungen. Wenn ich eine rhetorische Figur wie die Anapher gebrauche und zur Beschreibung eines militärischen Aufmarsches sage: „Arrivano i cavalieri, arrivano i fanti, arrivano le bandiere" („da kommen die Rittter, da kommen die Soldaten, da kommen die Fahnen"), dann strukturiert sich das parallele Voranschreiten des Gedankens, das vom parallelen Voranschreiten der Signifikanten wiedergegeben wird, homolog zum parallelen Voranschreiten der Männer, die ich im Vorbeimarschieren darstelle. Ich gebrauche dabei den Code auf ungebräuchliche Weise, und der ungewöhnliche Gebrauch zwingt mich dazu, eine Verwandtschaft zwischen Referenten, Signifikanten und Signifikaten wahrzunehmen.[22]

3) Eine Botschaft kann *verschiedene Realitätsebenen* ins Spiel bringen: die physikalisch-technische Ebene der Substanz, aus der die Signifikanten gemacht sind; die Ebene des differentiellen Wesens der Signifikanten; die Ebene der denotierten Signifikate; die Ebene der verschiedenen konnotierten Signifikate; die Ebene der psychologischen, logischen und wissenschaftlichen Erwartungssysteme, auf die mich die Zeichen verweisen: Und auf allen diesen Ebenen stellt sich etwas wie ein System homologer struktraler Beziehungen her, *als*

---

22 Jakobson analysiert meisterhaft den Reim als relationellen Faktor, wo die Äquivalenz des Lautes, auf die Sequenz als sein konstituierendes Prinzip projiziert, unvermeidlich die semantische Äquivalenz impliziert (1960). Und auf diese Weise führt er auch solche Phänomene auf relationelle Faktoren zurück, die viele, auch in einer semantisch-strukturalistischen Perspektive, eher als „expressive Zeichen" betrachten. Vgl. Barghini (1963); Raffa (1965). Über die Themen einer strukturalistischen Ästhetik, sh. auch Dorfles (1965). Zur strukturalen Analyse von Poesie, vgl. Jakobson – Lévi-Strauss (1962); Levin (1962); Chatman (1966); Ruwet (1963).

ob alle Ebenen auf Grund eines einzigen allgemeinen Codes, der sie alle strukturiert, definierbar wären – und sie sind es.

I. 5. Hier sind wir am Kern des ästhetischen Phänomens; dieses kann ebenfalls da definiert werden, wo es sich minimal verwirklicht, da, wo eine Botschaft schon auf die ästhetische Funktion ausgerichtet erscheint, ohne vorzugeben, ein Kunstwerk zu sein (ein komplexes System, in dem sich die ästhetischen Funktionen auf allen Ebenen verwirklichen). Berühmt geworden ist die Analyse, die Jakobson (1960) einem politischen Slogan widmet, dem Spruch „I like Ike", wo er bemerkt: „The political slogan „I like Ike" /ay layk ayk/, succinctly structured, consists of three monosyllables and counts three diphthongs /ay/, each of them symmetrically followed by one consonantal phoneme, /..l..k..k/. The make-up of the three words presents a variation: no consonantal phonemes in the first word, two around the diphthong in the second, and one final consonant in the third. ... Both cola of the trisyllabic formula „I like /Ike" rhyme with each other, and the second of the two rhyming words is fully included in the first one (echo rhyme), /layk/ – /ayk/, a paronomastic image of a feeling which totally envelops its object. Both cola alliterate with each other, and the first of the two alliterating words is included in the second: /ay/ – /ayk/, a paronomastic image of the loving subject enveloped by the beloved object. The secondary, poetic function of this electional catch phrase reinforces its impressiveness and efficacy." (S. 357)

Eine solche Lektüre läßt uns die Richtung verstehen, in die sich die semiotische Analyse der ästhetischen Botschaft bewegen kann.

Natürlich wird, sobald die Botschaft komplexer und ihre Ästhetizität intensiver wird, die Analyse komplizierter und spaltet sich auf den verschiedenen Ebenen. So können wir in einer ästhetischen Botschaft wie dem bekannten Satz von Gertrude Stein: *„a rose is a rose is a rose is a rose"* folgendes bemerken:

1) Einen zweifelsohne ungewöhnlichen Gebrauch des Codes. Die Botschaft erscheint doppeldeutig eben wegen einem *Übermaß an Redundanz* auf der Ebene des Gebrauchs der Signifikanten; und der Gebrauch der Redundanz ist so weit getrieben, daß er Informationsspannung erzeugt.

2) Die Botschaft erscheint *redundant* auch auf der Ebene der denotierten Signifikate; keine Behauptung kann weniger mißverständlich sein. Das Prinzip der Identität (minimale Ebene der Denotation – das Repraesentamen erhält sich selbst zum Interpretans) wird so provokatorisch be-

kräftigt, daß es zweideutig wird und einen Verdacht erweckt: Hat das Signifikans in jeder seiner Erscheinungen immer dasselbe Signifikat?

3) Es entsteht eine *Information* auf der Ebene der (wissenschaftlichen und philosophischen) Definition; d. h. wir sind es gewohnt, daß die Definitionen auf andere Weise artikuliert werden; die Neuigkeit des Verfahrens hindert uns fast daran, das denotierte Signifikat zu erkennen.

4) Es entsteht eine *Information* auf der Ebene der allegorischen und mystischen Subcodes: Systeme von rhetorischen Erwartungen, auf Grund deren die „Rose" gewöhnlich verschiedene symbolische Signifikate konnotiert, die hier evoziert und gleichzeitig umgangen werden.

5) Es entsteht eine *Information* auf der Ebene der stilistischen Subcodes, d. h. der Erwartungssysteme, die sich als Norm in der Folge von stilistischen Gewohnheiten etabliert haben, welche im Laufe anderer Lektüren von Poesie erworben wurden (wir erwarten ganz selbstverständlich einen metaphorischen Gebrauch des Ausdrucks „Rose", gefühlvolle Aussagen über die Schönheit der Rose usw.).

Auch ein einfacher Einblick dieser Art zeigt uns, wie Information und Redundanz sich auf verschiedenen Ebenen einstellen und sich gegenseitig beeinflussen.

I. 6. Wenn wir eine von Max Bense (1965) vorgeschlagene Klassifikation ergänzen und anders gliedern, können wir in einer ästhetischen Botschaft folgende Informationsebenen identifizieren:

a) die Ebene der *physikalischen Träger:* in der verbalen Sprache sind das Töne, Modulationen und Lauthervorbringungen; in den visuellen Sprachen Farben, Materialphänomene; in der musikalischen Sprache Klangfarben, Frequenzen, Zeitdauer: es ist dies die Ebene der Ausdruckssubstanz, die von der ästhetischen Botschaft als *geformt* präsentiert wird;

b) die Ebene der *differentiellen Elemente auf der Achse der Selektion:* Phoneme; Gleichheiten und Ungleichheiten; Rhythmus; metrische Längen; Stellungsverhältnisse; in topologischer Sprache zugängliche Formen usw;

c) die Ebene der *syntagmatischen Beziehungen:* Grammatiken; Proportionsverhältnisse; Perspektiven; Tonleitern und musikalische Intervalle usw;

d) die Ebene der *denotierten Signifikate* (spezifische Codes und Subcodes);

e) die Ebene der *konnotierten Signifikate:* rhetorische Systeme, stilistische Subcodes; ikonographische Repertoires; große syntagmatische Blöcke usw;

f) die Ebene der *ideologischen Erwartungen* als globales Konnotatum der vorhergehenden Informationen (vgl. A. 3., A. 4., A. 5.).

Bense jedoch spricht von einer globalen „ästhetischen Information", die sich auf keiner dieser Ebenen insbesondere verwirklicht, sondern auf der Ebene, die er die „Mitrealität" nennt, welche alle in Beziehung stehenden Ebenen denotieren. Bei Bense erscheint diese „Mitrealität" als die allgemeine kontextuelle Situation der Unwahrscheinlichkeit, die das Werk vorweist, in Bezug auf die zugrundeliegenden Codes und auf die gleichwahrscheinliche Situation, über die sich diese Codes gelagert haben. Aber der Terminus färbt sich wegen der hegelianischen Herkunft seines Autors mit idealistischen Konnotationen. Die „Mitrealität" scheint eine Art „Wesen" zu bezeichnen – das nichts anderes wäre als *die Schönheit* – das sich in der Botschaft realisiert, aber mit begrifflichen Instrumenten nicht bestimmt werden kann. Diese Möglichkeit muß unter einem kohärenten semiotischen Gesichtspunkt ausgeschaltet werden, dadurch daß man das Modell des *ästhetischen Idiolekts* gebraucht.

II. Der Idiolekt des Werks

II. 1. In dem Maße, in dem die Botschaft komplizierter wird, stellt sich die Autoreflexivität ein, wenn sich auf jeder Ebene die Lösungen *nach einem homologen Beziehungssystem* gliedern. Das Spiel der Differenzen und Oppositionen auf der rhythmischen Ebene gleicht dem der Oppositionen auf der Ebene der konnotierten Signifikate, der Entfaltung der angeführten Ideen usw. Was heißt es, von der Einheit von Inhalt und Form in einem gelungenen Werk zu sprechen, wenn nicht, daß *dasselbe strukturale Schema die verschiedenen Organisationsebenen beherrscht*? Es etabliert sich eine Art Netz von homologen Formen, das *den besonderen Code dieses Werks* bildet. Dieser ist die Regel der Operationen, die darangehen, den vorherbestehenden Code zu zerstören, um die Ebenen der Botschaft zweideutig zu machen. Die stilistische Kritik lehrt, daß die ästhetische Botschaft sich im *Verstoß gegen die Norm* verwirklicht (vgl. Spitzer, 1931; Auerbach, 1946; Empson, 1930; Alonso, 1957). Dieser Verstoß gegen die Norm ist nichts anderes als die zweideutige Strukturation bezüglich des Codes: Alle Ebenen der Botschaft verletzen die Norm nach derselben Regel. Diese Regel, dieser Code des Werks, ist von Rechts wegen ein *Idiolekt* (als Idiolekt wird der *private und individuelle Code eines einzigen Sprechers* definiert). Dieser Idiolekt erzeugt Nachahmung, Manier, stilistische Gewohnheit und schließlich neue Normen, wie uns unsere ganze Kunst- und Kulturgeschichte lehrt.

Wenn die Ästhetik behauptet, daß wir die Gesetzmäßigkeit und Ganzheit eines Werkes auch da erblicken können, wo es verstümmelt, zerstört und von der Zeit ausgezehrt ist, dann geschieht dies deshalb, weil man von dem Code, der sich auf der Ebene der noch wahrnehmbaren Schichten abzeichnet, auf den Code schließt, der die fehlenden Teile erzeugt hat, die man nunmehr erraten kann (vgl. Pareyson, 1954, Kap. VI, 3, 11.). Die Kunst der Restaurierung basiert letztenendes auf dieser Möglichkeit, von den existenten Teilen der Botschaft auf die Teile, die rekonstruiert werden sollen, zu schließen. Dies sollte an sich unmöglich sein, da man ja Teile rekonstruiert, die der Künstler geschaffen hatte, indem er über alle Systeme von Normen und Voraussichten, die in seiner Zeit galten, hinausging: Aber der Restaurator ist, wie der Kritiker (und auch der Interpret in Bezug auf eine musikalische Partitur), derjenige, der das Gesetz wiederfindet, das das Werk beherrscht, seinen Idiolekt, das strukturale Schema, das in allen seinen Teilen herrscht.

Der einzige Einwand hiergegen würde die Tatsache betreffen, daß wir hier von einem Code (als invariantem Gesetz innerhalb verschiedener Inhalte) in Bezug auf ein einziges Objekt sprechen. Aber, abgesehen von der Tatsache, daß der Idiolekt die Invariante ist, welche die verschiedenen Ebenen des Werks regelt, muß man sagen, daß es kein logischer Widerspruch ist, von einem Code „Gedicht X" (einem strukturalen Modell „Gedicht X") zu sprechen, der es erlaubt, homolog von allen unter die Klasse „Gedicht X" subsumierbaren Gegenständen zu sprechen: Daß diese Klasse nur ein Glied hat, ist *logisch* irrelevant. Aber diese Anomalie ist dagegen wichtig für die Kritik und für die Ästhetik, die sich ja gerade mit diesen *Klassen mit einem einzigen Glied*, die die Kunstwerke sind, beschäftigen.

Das Werk ist ein System von Systemen (Wellek & Warren, 1949), und das identifizierte Modell funktioniert gerade, um die verschiedenen Ebenen des Werks miteinander in Kontakt zu bringen, um Formensysteme mit Systemen von Bedeutungen zu vereinigen. Im Kunstwerk bildet auch die Ausdruckssubstanz ein System von Differenzen, die auf den Code zurückführbar sind; einen einheitlichen Code, der die Form und die Substanz des Ausdrucks so wie die Form und die Substanz des Inhalts regelt. Und ob wir ihn „obsessive

Idee" nennen (aber nicht im Sinne einer thematischen Kritik, die das strukturale Modell nur auf der Ebene der Themen und der Themenoppositionen untersucht)[23] oder ob wir ihn Spitzerisch „Etymon" nennen: wir haben jedenfalls eine strukturale Methode gefunden. Daß das Verfahren für das Verständnis einer einzelnen und konkreten Tatsache gedacht ist, trübt dann nicht mehr die Reinheit der Methode. Wir werden es mit Konstanten zu tun haben, mit ihrer Wiederkehr auf mehreren Ebenen, mit der Art, wie sie einander entsprechen oder einander durch infinitesimale *Abweichungen* (décalages) verraten. Man wird dann erkennen, daß, je mehr das Werk standardisiert und maniert ist, das Modell umso variationsloser und auf allen Ebenen offen erkennbar wird;[24] und daß, je mehr das Werk den Bestimmungen des Marktes oder der persönlichen Psychologie des Autors unterliegt, das Modell umso mehr als Anleihe bei schon bekannten Kommunikationserfahrungen erscheint;[25] während, je mehr das Werk innoviert, sich das Modell, das erst am Ende der Untersuchung erkennbar wird, in einer Variationenfolge verbirgt, in welcher es mit leichten Veränderungen und infinitesima-

---

23 Zum Unterschied zwischen thematischer Kritik und strukturalistischer Kritik, sh. die Antwort V von Roland Barthes im Interview „Literatur und Bedeutung" (Barthes, 1963 c). Wie sich die beiden Haltungen in der „Nouvelle Critique" überschneiden, sh. aus den von Georges Poulet gesammelten Diskussionen im Band *Les chemins actuels de la critique,* Paris, Plon, 1967. Als Beispiele für verschiedene thematische Kritik wollen wir erinnern an Charles Mauron, *Des métaphores obsédantes au mythe personnel,* Paris, Corti, 1963, und an Jean-Pierre Richard, *L'univers imaginaire de Mallarmé,* Paris, Seuil, 1961; und auch an das Werk von Georges Poulet, *Etudes sur le temps humain,* Paris, Plon, 1950, oder *Les métamorphoses du cercle,* Paris, Plon, 1961, und an Jean Starobinski, *J.-J. Rousseau – La transparence et l'obstacle,* Paris, Plon, 1957; aber es scheint uns, als ließe sich Starobinski nicht völlig der thematischen Kritik zuordnen. Andererseits sind die Unterscheidungen in thematische, stilistische, psychoanalytische oder formale Kritik oft ziemlich trügerisch. Und es scheint nützlicher, die verschiedenen Verfahren zu klassifizieren, als das Werk eines Autors insgesamt.
24 Sh. den exemplarischen Artikel von Jean Starobinski, „La doppietta di Voltaire", in *Strumenti critici,* 1 (1966).
25 Daher die Nützlichkeit solcher Untersuchungen über die Massenliteratur und über die Kategorie von Werken, die zwischen der Massenliteratur und der vorgetäuschten ästhetischen Innovation stehen. Vgl. *L'analyse du récit, Communications,* 8 (1966); Eco (1964; 1967).

len Variationen immer wiederkehrt, deren Regeln, den Subcode, man schließlich auch noch finden kann.

Der semiotische Blickpunkt schlägt nicht nur eine rein synchronische Untersuchung des Werkes vor: Denn die Identifizierung des Idiolekts erzeugt eine Untersuchung über die *Veränderungen* des Idiolekts (und so entsteht eine Geschichte der Formen und der Stile) oder eine Untersuchung über die *Art der Entstehung des Idiolekts* (und so taucht durch die strukturale Vermittlung die genetische Untersuchung des Werkes wieder auf) oder schließlich eine Kasuistik der verschiedenen Arten der *Permanenz* des Idiolekts (im allgemeinen Kontext der Werke eines Autors, im Rahmen einer spezifischen literarischen Sprache, im Rahmen der Schule, die das Werk begründet – und das ist die Untersuchung der „Manieren" –, im Rahmen einer Phänomenologie der „Gattungen").[26]

II. 2. Es könnte jedoch scheinen, als stehe der Begriff Idiolekt im Gegensatz zum Begriff der Ambiguität der Botschaft. Die zweideutige Botschaft disponiert mich zu zahlreichen interpretativen Wahlen. Jedes Signifikans wird mit neuen, mehr oder minder genauen Bedeutungen befrachtet, nicht im Lichte des zugrundeliegenden Codes (der verletzt wird), sondern im Lichte des Idiolekts, welcher den Kontext organisiert, und im Lichte der anderen Signifikanten, die aufeinander einwirken, als wollten sie die Stütze finden, die der verletzte Code ihnen nicht mehr bietet. *So verwandelt das Werk ständig seine Denotationen in Konnotationen und* seine Signifikate in Signifikanten anderer Signifikate.

Die Decodierungserfahrung wird offen, prozeßartig, und unsere erste Reaktion besteht darin, daß wir glauben, daß alles, was wir in die Botschaft einfließen lassen, *tatsächlich in ihr enthalten sei.* So glauben wir, daß die Botschaft die Welt der semantischen Konnotationen, der emotionalen Assoziationen, der physiologischen Reaktionen „ausdrücke", die ihre zweideutige und autoreflexive Struktur angeregt hat.

Aber zeichnet sich nicht eine Aporie ab, wenn die Botschaft in ihrer Dialektik von Reflexivität und Ambiguität uns eine so weite

---

26 Zu anderen Methodologien der strukturalen Analyse der Poesie, vgl. Pavel (1962), Segre (1967, 1969), Zareckij (1963), Doležel (1966), De Campos (1965, 1969), Pignatari (1965, 1968).

und dynamische Auffächerung von Konnotationen eröffnet, daß wir in ihr „ausgedrückt" zu finden glauben, was wir dank ihrer Form in sie hineinlegen? Auf der einen Seite haben wir eine Botschaft, die eine solche Struktur hat, daß sie eine „offene" Lektüre gestattet; andererseits eine dermaßen „offene" Lektüre, daß wir verhindert sind, der Botschaft eine formalisierbare Struktur zu geben.

Nun sind hier zwei Probleme im Spiel, die sauber zu trennen und doch zutiefst miteinander verbunden und komplementär sind:

a) Im Laufe der ästhetischen Kommunikation verwirklicht sich eine Erfahrung, die weder auf quantitative Messung, noch auf strukturale Systematisierung reduziert werden kann.

b) Andererseits wird diese Erfahrung durch etwas ermöglicht, was auf allen seinen Ebenen *eine Struktur haben muß,* denn sonst gäbe es keine Kommunikation, sondern nur rein zufällige Stimulierung von aleatorischen Reaktionen.

Es ist also einerseits *das strukturale Modell des Prozesses des ästhetischen Genusses,* andererseits *die Struktur der Botschaft auf all ihren Ebenen* im Spiel.

II. 3. Untersuchen wir den ersten Punkt (a). Es ist offensichtlich, daß, wenn wir einen Renaissancepalast mit einer Fassade in Rustikaquadern betrachten, der Gegenstand Palast etwas mehr ist als sein Grundriß, als sein Querschnitt, als seine Fassadenzeichnung. Das Material selbst mit seinen Unebenheiten, mit den Berührungssignalen, die es uns gibt, fügt unserer Wahrnehmung etwas hinzu, und dieses Etwas kann nicht durch eine Formel definiert werden. Aber die Struktur des Werkes kann durch ein System von *in Rustikaquadern* realisierten räumlichen Beziehungen definiert werden. Nicht *dieser* einzelne Stein kann der Analyse unterworfen werden, wohl aber die Beziehung zwischen dem allgemeinen System räumlicher Beziehungen und der Anwesenheit des Quadersteins; erst diese Beziehung kann auf ein weiteres Beziehungsverhältnis zurückgeführt werden. Auf dieser Reihe von Beziehungsverhältnissen gründet die besondere Struktur des Werks, so daß theoretisch die einzelnen Steine ersetzbar sind und das Spiel ihrer materiellen Konsistenz einige Veränderungen erfahren kann, ohne daß sich der Gesamtzusammenhang verändern würde.

Beim Betrachten und Berühren des Steins jedoch habe ich nichtverifizierbare Empfindungen, die zu meinem Genuß dazugehören. Als Wirkung der Ambiguität der Botschaft sind diese Geschehnisse vom Kontext *vorgesehen*, und die Botschaft ist autoreflexiv, sofern ich sie als Form betrachten kann, die die verschiedenen individuellen Erfahrungen *ermöglicht*. Aber die Semiotik beschäftigt sich mit dem Werk nur, insofern es Quelle-Botschaft und folglich Code-Idiolekt ist, als Ausgangspunkt für eine Reihe von möglichen freien interpretativen Wahlen: *Das Werk als individuelle Erfahrung ist zwar theoretisch erfaßbar, es ist aber nicht meßbar.*

Folglich ist das, was man „ästhetische Erfahrung" zu nennen versucht ist, eine Reihe von Möglichkeiten, die keine Theorie der Kommunikation in den Griff bekommen kann. Die Semiotik und eine Ästhetik mit semiotischer Grundlage *können uns zwar immer sagen, was aus einem Werk werden kann, niemals aber, was aus ihm geworden ist!* Was aus einem Werk geworden ist, kann uns höchstens die Kritik als Bericht über eine Leseerfahrung sagen.

II. 4. Wir kommen nun zum zweiten Punkt (b). Wenn man sagt, daß die freie Bewegung der Zuordnung von Sinn zur Botschaft, die man ihrer Konnotativitätsquote verdankt, sich auf das Vorhandensein von irgendwie „expressiven" Zeichen stützt, so bedeutet das nur, daß man die Frage (b) in die Frage (a) zurückübersetzt. Daß die ästhetische Botschaft eine offene und prozeßartige Interpretation erlaubt, wissen wir schon. Eine philosophische Ästhetik kann bis zu dieser Behauptung als der äußersten Grenze ihrer theoretischen Strenge kommen. Danach beginnen die falschen normativen Ästhetiken, die ungebührlicherweise vorschreiben, was die Kunst suggerieren, provozieren, inspirieren usw. soll.[27]

Aber sobald die ästhetische Botschaft einer semiotischen Untersuchung unterworfen wird, muß man die sogenannten „expressiven" Mittel in Kommunikationsmittel auf der Grundlage von (eingehaltenen oder verletzten) Codes übersetzen.

Sonst ist man gezwungen, zwischen einer *semantischen Information* und einer *„ästhetischen Information"* zu unterscheiden:[28] Die

---

27 Vgl. Eco, *La definizione generale dell'arte*, Mailand, Mursia, 1968, wo die Positionen von L. Pareyson und D. Formaggio zum Problem der Normativität einer ästhetischen Theorie diskutiert werden.

28 Das ist die Position von Moles (1958). In Eco (1962) hatten wir diese Unterscheidung angenommen, um den Typ des ästhetischen Genusses

erste wäre übersetzbar als ein Beziehungssystem, das von einem physikalischen Träger auf einen anderen übertragbar ist, die zweite wäre in der Natur der beteiligten materiellen Träger selbst verwurzelt und nur annäherungsweise übertragbar. Die semantische Information beträfe die Inhaltsform und die Ausdrucksform, während die ästhetische Information die verschiedenen Phänomene der Ausdruckssubstanz beträfe.

Aber das Problem besteht ja genau darin, zu sehen, *ob auch auf diesen Ebenen Codes bestimmt werden können.* Nun bekräftigt der Begriff des ästhetischen Idiolekts, wenn er auch die Botschaft mit ästhetischer Funktion als eine Form versteht, in der die verschiedenen Bedeutungsebenen mit der Ebene der physikalischen Träger eine Einheit bilden, die Tatsache, daß auf allen Ebenen eine homologe Struktur verwirklicht werden soll. Eine solche Struktur müßte es erlauben, auch die materiellen Elemente des Werks durch Oppositionen und Differenzen zu definieren.

Es geht nicht nur darum (wie in A. 3. I. 6. bestimmt), daß man feststellt, daß das Werk ein Verhältnis zwischen den anderen Beziehungsebenen und dem *Vorhandensein* der materiellen Träger herstellt. Sondern es geht darum, dieses noch *rohe* Vorhandensein soweit wie möglich zu strukturieren. Wenn man auch dieses auf ein System von Beziehungen zurückführt, dann schaltet man den mißverständlichen Begriff der „ästhetischen Information" aus.

III. Die Codifizierbarkeit der Ebenen

III. 1. Solange man die rein physikalische Form der sensorischen Träger betrachtet, scheint das Problem lösbar zu sein. Bense selbst entwickelt in seiner Ästhetik eine Reihe von Formeln (ausgehend vom Birkhoffschen ästhetischen Maß, das als Verhältnis zwischen Ordnung und Komplexität angesehen wird[29]), die imstande sind,

---

angesichts des Informationszuwachses zu definieren, der sich auf den verschiedenen Ebenen des Werks realisiert. Aber von ästhetischer Information zu sprechen, bleibt doch immer eine Metapher. Vgl. auch die von Scalia (1963) gegenüber Eco (1962) vorgebrachte diesbezügliche Kritik, die wir im vorliegenden Buch berücksichtigt haben (wie auch die kritischen Äußerungen von Garroni [1964]).

29 Bense (1965) versucht, die Birckhoffsche Formel ($M = \frac{o}{c}$) sowohl auf *mikroästhetischem* Niveau (Beziehungen zwischen Rhythmen, Metren,

die Distribution und die Ordnungsbeziehungen zwischen physikalischen Phänomenen zu messen. Zu dieser Art der Analyse gehören auch die nach der statistischen Signaltheorie vorgenommenen Messungen der verschiedenen Beziehungen zwischen Elementen einer *texture* in einer visuellen Botschaft, zwischen Linien, Punkten, Zwischenräumen, zwischen all den Signalen – noch nicht Zeichen –, die durch elektronische Programmation analysiert und hergestellt werden können; Signale, die in verbalen Botschaften die Wiederholungen von Buchstaben und phonetischen Phänomenen, Akzente, Rhythmen, Zäsuren usw. umfassen, welche ebenfalls statistisch meßbar sind; Signale, die in den musikalischen Botschaften die von Oszillographen aufgedeckten Spektrallinien, die Frequenzen, die Dauer, die Intervalle, sowie deren stochastische Programmationen sind.[30]

Aber was soll man sagen, wenn es sich um traditionell weniger greifbare Werte handelt, wie die Tonnuancen, die Farbintensitäten, die Dichte oder Aussparung des Materials, die Berührungssignale, die synästhetischen Assoziationen und um diejenigen Phänomene, die auch in der verbalen Sprache, noch diesseits der semantischen Organisation, „emotional" genannt werden, wie die suprasegmentalen Züge, die „Lautgesten", die Modulationen, die fakultativen Varianten, die mimischen Färbungen, die Stimmvorschläge; oder die musikalischen „Rubato" und dann – auf einer höheren Stufe der Komplexität – alle die Phänomene, die *en bloc* als stilistische Verhaltensweisen, individuelle Variationen im Gebrauch des Codes, signifikative Idiosynkrasien definiert werden? (Vgl. Stankiewicz, 1964.)

---

chromatische Verhältnisse, Wörter, syntaktische Partikel usw.) als auch auf *makroästhetischem* Niveau (Erzählungen, Handlungen, Konflikte usw.) wirken zu lassen.

30 Sh. die Analysen visueller und musikalischer Phänomene von Attneave (1959); Coons und Kraehenbuehl (1958); Meyer (1967); Sychra (1965); Stahl (1964); und im allgemeinen die Untersuchungen der Bense-Schule in der Zeitschrift *Grundlagenstudien aus Kybernetik und Geisteswissenschaft*. Außerdem: Abernathy, „Mathematical Linguistics and Poetics"; T. Sebeok, „Notes on the Digital Calculator as a Tool for Analyzing Literary Information"; I. Fónagy, „Informationsgehalt von Wort und Laut in der Dichtung", alle in dem Teil von *Poetics,* Den Haag, Mouton, 1961, der die Anwendung der Mathematik auf die „Poetik" betrifft. Vgl. außerdem: Lotman (1967); Mayenowa (1965); Kreuzer und Gunzenhäuser (1965).

Sollte bei all diesen Erscheinungen nicht die Antwort derer als vernünftig erscheinen, die diese unter die expressiven, physiognomischen, analogischen Zeichen einordnen, die auf kein diskretes Maß zurückführbar und durch keinen Code geregelt sind, der sie in ein System von Differenzen und Oppositionen bringen könnte?

Und doch wird die Berechtigung einer semiotischen Betrachtungsweise gerade an der Möglichkeit gemessen werden müssen, dieses Motivierte, Kontinuierliche und Expressive auf Willkürliches, Diskretes und Konventionelles zurückzuführen.

Wie wir im zweiten Abschnitt dieses Buches sehen werden, wird das Problem der ikonischen Zeichen zum Prüfstand der Semiotik, eben weil es sich herkömmlicherweise nicht für eine strukturale Codifizierung hergibt. Und doch muß die Semiotik gerade untersuchen, ob diese Nicht-Codifizierbarkeit tatsächlich besteht oder ob sie nur einen Haltepunkt darstellt, bis zu welchem eine Kommunikationswissenschaft gekommen war, die weniger Instrumente und Erfahrungen zur Verfügung hatte als die semiotischen Disziplinen heute.

III. 2. Bevor die Untersuchung der Zeichen bis zu diesem Punkt der Totalisierung ihrer Problematik gekommen war, mußte sie verschiedene Auswahlen treffen. Eine dieser Auswahlen, die äußerst kohärent in ihrer Polemik gegen die Ästhetiken des Unaussprechlichen ist, war die von Galvano Della Volpe getroffene. Die *Critica del Gusto* ging aus von dem Prinzip, daß die ästhetische Forschung nicht nur von den Phänomenen der „parole" handelt, sondern von den gesellschaftlichen Phänomenen der „langue" und folglich von den in dialektischer Beziehung mit den Botschaften stehenden Codes. Und um die poetische Sprache auf die Codes zu beziehen, mußte Della Volpe die poetische Botschaft in ein System von Differenzen auflösen, die durch ein „rationales" Muster ausgedrückt werden konnten. Auf ein solches Muster wurde der Mechanismus reduziert, der dann die Konnotationen und den ganzen Bedeutungsreichtum der vielsinnigen Botschaft erzeugen konnte. Folglich war die Aufmerksamkeit vorzugsweise auf die codifizierbaren Werte gerichtet, während die „musikalischen" Werte, die nicht auf einen Code reduzierbar erschienen und sich der Regel der Willkürlichkeit des Sprachzeichens entzogen, mit Mißtrauen betrachtet wurden. Diese Werte wurden in den Rang von „hedonistischen" Tatsachen, von „außersemiotischem Wohlgefallen" verwiesen. Daher die Ablehnung von Lauterscheinungen, die nach Ansicht vieler Kritiker den Hauptreiz bestimmter Verse ausmachen; das Mißtrauen gegen den Rhythmus als etwas von der Bedeutung, der er dient, Losgelöstem; und die Behauptung, daß der ästhetische Wert das sei, was übrigbleibe, wenn ein Werk in andere materielle Träger übersetzt werde, wo die musikalischen Kunstmittel ihr Gepräge veränderten, wo aber eine Art rationales Muster der Rede übrigbleibe, die ihr Spiel von signifikanten Beziehungen auch in einer anderen Sprache oder von Poesie auf Prosa reduziert bewahren könne. So konzentrierte sich letztenendes die Aufmerksamkeit auf die Struktur der Bedeutungen, und Rhythmus und Laut wurden für „äußerlich-instrumental oder zum Signifikans gehörend und daher akzidentell und veränderlich mit dem Übergang des poetischen Textes von einem semantischen System zu einem anderen" gehalten (Della Volpe, 1960, Kap. II. 15.).

Wie gesagt, eine notwendige Auswahl in einer bestimmten Phase der strukturalistischen Überlegungen über die ästhetische Botschaft. Aber eine Phase, die die Semiotik überwinden muß: Es ist ein Widerspruch, den Begriff der phonologischen Opposition (der die Ausdrucksform betrifft) als Modell für jede höhere semantische Struktur anzuerkennen und gleichzeitig die Rolle der signifikanten Kette (welche die Ausdrucksebene ist) herabzumindern. Außerdem ist es zu einfach, die Codifizierung der Signifikanten auf der Ebene der relevanten Züge anzuerkennen und auszuschließen, daß auch die suprasegmentalen Züge kodifizierbar sind.

III. 3. Daher erscheinen die Untersuchungen als sehr wichtig, die über die Ebenen durchgeführt werden, die wir der Einfachheit halber die *unteren Ebenen* der Kommunikation nennen (und die in der ästhetischen Kommunikation bestimmend werden). Im zweiten Abschnitt dieses Buches (B. 1. III. 5.) untersuchen wir z. B. die Forschungen von Ivan Fónagy über die „Information des Verbalstils" und über die Möglichkeit der Codifizierung (Anerkennung der Konventionalität) der *suprasegmentalen Züge* und der *fakultativen Varianten*. Es stellt sich hier die Frage nach der Existenz eines *vorsprachlichen Codes*, der, wenn nicht anders, so doch als nachsprachlicher Code in bestimmten rein tonalen Übersetzungen der verbalen Sprache existiert, wie in den Trommel- und Pfeifsprachen. Und wir erinnern an die sowjetischen Forschungen über die unteren Ebenen der Poesie oder an die formalisierten statistischen Analysen der rhythmischen Phänomene (Toporov, 1965; Kolmogorov, 1962).

Wie Hjelmslev (1928, S. 240) sagte, „ist es gefährlich, prinzipiell eine Unterscheidung zwischen grammatikalischen Elementen einerseits und anderen, die außergrammatikalisch genannt werden, andererseits aufzustellen; zwischen einer intellektuellen Sprache und einer affektiven Sprache. Die sogenannten außergrammatikalischen oder affektiven Elemente können nämlich den grammatikalischen Regeln gehorchen und teilweise vielleicht grammatikalischen Regeln, die man noch nicht hat bestimmen können." Es ist dies das Problem, wie man die „Konfigurationslösungen" oder „expressiven" Lösungen in ein signifikantes System von konventionalisierten Oppositionen organisieren kann; und für einige ist es – umgekehrt – dasselbe Problem, das Trubetzkoy (1939, IV. 4.) in Bezug auf die phonologischen Größen antraf, die er „emphatisch" nennt und die, obgleich sie konventionell sind, expressive Funktionen haben. Ob diese Phänomene nun in Oppositionssysteme oder in einfache graduelle Sequenzen (vgl. B. 1. IV.) codifiziert werden können, so bleibt doch festzulegen, wie man emotionale Subcodes mit der Strenge organisiert, mit der die kognitiven Codes organisiert sind (vgl. Stankiewicz, 1964, S. 259). Man kann annehmen, daß viele der derzeitigen semiotischen Forschungen über die unteren Ebenen der poetischen Kommunikation zu interessanten Ergebnissen gelangen können. Diese werden sich verschmelzen mit den Ergebnissen einer strukturalen Stilistik, die in vielen *für originell gehaltenen* künstlerischen Lösungen das Vorhandensein von konventionalisierten Schemata aufdecken will.

Dies alles dient zweifellos dazu, viele Erscheinungen, die voreilig der individuellen Genialität zugeschrieben wurden, auf Gesellschaftliches zurückzuführen: Aber eine Untersuchung dieser Art wird auch für das umgekehrte Vorgehen unentbehrlich. Denn erst wenn alles Codifizierbare codifiziert ist, kann man die Innovation da bestimmen, wo sie sich durch den Umsturz aller vorher existierenden Codes verwirklicht hat.

III. 4. So muß eine semiotische Untersuchung der ästhetischen Botschaft einerseits bestrebt sein, die *Systeme von Konventionen* zu identifizieren, die die Behandlung der verschiedenen Ebenen regeln; und andererseits muß sie den *Informationszuwachs,* die originellen

Behandlungen der Ausgangskonventionen, analysieren, die auf jeder Ebene der Botschaft auftreten und die den ästhetischen Wert der Botschaft durch die Verwirklichung jenes globalen Isomorphismus, des ästhetischen Idiolekts, begründen. Eine solche Untersuchung, die die Determinationssysteme in Gegenüberstellung zu den Inventionserscheinungen erklärt, mit ihren zwei Seiten der Untersuchung des Codes und der Untersuchung der Botschaft ist das, was die semiotisch-strukturalistischen Schulen „Poetik" nennen.[31]

IV. Die „offene" Logik der Signifikanten

IV. 1. Die Untersuchung der Ebenen der poetischen Botschaft ist die Untersuchung jener *Logik der Signifikanten*, durch die das Werk seine doppelte Funktion der Stimulierung von Interpretationen und der Kontrolle des Freiheitsraums der Interpretationen erfüllt.[32] Wie wir auch in D. 6. sehen werden, darf diese Logik der Signifikanten nicht als etwas absolut Objektives verstanden werden, das der Bewegung der Sinngebung vorausgeht und sie vorbestimmt. Nicht von ungefähr haben wir von Codes gesprochen und folglich noch einmal von Konventionen, die die verschiedenen Ebenen regeln. Wenn man eine relevante Einheit als relevant und als Einheit anerkennt, dann bedeutet das, daß man sie schon in Bezug auf einen Code gesehen hat – und folglich schon als sinnerfüllt. Vom Gesichtspunkt der ästhetischen Beziehung aus als „gegeben" betrachtet, bestimmt diese Logik der Signifikanten aber den offenen Prozeß der

---

31 „Poetics deals primarily with the question, *What makes a verbal message a work of art?* ... Poetics deals with problems of verbal structure, just as the analysis of painting is concerned with pictorial structure ... In short, many poetic features belong not only to the science of language but to the whole theory of signs, that is, to general semiotics." (Jakobson, 1960, S. 350/1).
Als integrierender Teil der Linguistik betrachtet, entstanden aus den literarischen Untersuchungen der russischen Formalisten und der Prager Strukturalisten, kann die Poetik aber ein Untersuchungsmodell für jedes Zeichensystem darstellen. In diesem Fall wird sie, wie wir es hier vorschlagen, semiotische Untersuchung der Kommunikation mit ästhetischer Funktion.
32 Es ist dies das Problem der Dialektik zwischen „Form und Offenheit", die wir in *Opera Aperta* (Eco, 1962) untersucht haben.

Interpretation: Die Botschaft als dem Empfänger angebotene *Quelle* schlägt als zu füllende signifikante Form auch diejenigen Ebenen vor, die schon Gruppen von (denotierten und konnotierten) Signifikaten gliedern. Dadurch daß die ästhetische Botschaft sich in Bezug auf den Code zweideutig strukturiert und ständig ihre Denotationen in Konnotationen verwandelt, bringt sie uns dazu, auf ihr immer neue Codes auszuprobieren. Daher lassen wir in ihre *leere* Form immer neue Bedeutungen einfließen, die von einer Logik der Signifikanten *kontrolliert* werden, welche eine Dialektik zwischen der Freiheit der Interpretation und der Treue zum strukturierten Kontext der Botschaft aufrechterhält. Und nur so versteht man, warum in jedem Fall die Betrachtung des Kunstwerks in uns jenen Eindruck von emotionalem Reichtum und immer neuerer und tieferer Erkenntnis erweckt, der Croce von Kosmizität sprechen ließ.

Aber die zweideutige und autoreflexive Botschaft ist nicht nur eine Maschine, die Emotionen erzeugt. Sie kann auch als ein *Instrument der Erkenntnis* betrachtet werden. Diese Erkenntnis verwirklicht sich sowohl gegenüber dem Code, von dem die Botschaft ausgeht, als auch gegenüber den Referenten, auf die die Signifikanten der Botschaft durch den Filter der Signifikate verweisen.

IV. 2. Sobald das Werk das Spiel der aufeinanderfolgenden Interpretationen auslöst, *veranlaßt es uns vor allem dazu, den Code und seine Möglichkeiten neu zu bedenken.*

Jedes Werk erschüttert den Code, aber gleichzeitig potenziert es ihn auch; es zeigt unvermutete Möglichkeiten, eine unbekannte Geschmeidigkeit in ihm; indem es ihn verletzt, vervollständigt es ihn und gestaltet ihn um (in dem Sinne, daß sich nach der *Divina Commedia* die italienische Sprache mit neuen Möglichkeiten bereichert), es verändert die Haltung der Sprecher dem Code gegenüber. Aber das Werk bewirkt auch, daß man im kritisch neu bedachten Code Möglichkeiten der Anspielung erblickt, Dinge, die gesagt werden müssen, Sagbares, schon Gesagtes, das aufgefrischt wird und wieder verdeckt wird, die bisher entweder unbeachtet oder vergessen worden waren. Dies ist ein anderer Grund für den angenommenen Eindruck der Kosmizität. In einer engen dialektischen Wechselwirkung verweist die Botschaft auf den Code, die „parole" auf die „langue", und wird von ihm gespeist. Der Empfänger bemerkt die neue sprachliche Möglichkeit und *denkt* durch sie die ganze Sprache, all ihre Möglichkeiten, das ganze Erbe dessen, was zu sagen oder was schon gesagt ist, das die poetische Botschaft als eine auf dem Hintergrund erblickte Möglichkeit hinter sich herschleppt.

IV. 3. Das bisher Gesagte führt uns zu einem Charakteristikum der ästhetischen Kommunikation, das von den russischen Formalisten theoretisch behandelt worden ist: zum *Verfremdungseffekt*.

Der Verfremdungseffekt realisiert sich durch die Entautomatisierung der Sprache. Die Sprache hat uns daran gewöhnt, gewisse Fakten nach bestimmten Kombinationsgesetzen und durch feste Formeln darzustellen. Plötzlich aber gebraucht ein Autor, um etwas zu beschreiben, was wir vielleicht schon immer gesehen und gekannt haben, die Wörter (oder andere Arten von Zeichen) auf eine andere Art, und unsere erste Reaktion zeigt sich in einem Gefühl der *Fremdheit*, in einer Unfähigkeit fast, das Objekt wiederzuerkennen (und diese Wirkung verdankt man der in Bezug auf den Code zweideutigen Organisation der Botschaft). Von diesem Gefühl der „Merkwürdigkeit" geht man zu einer erneuten Betrachtung der Botschaft über, die uns das Dargestellte auf verschiedene Weise betrachten läßt, aber gleichzeitig natürlich auch die Darstellungsmittel und den Code, auf den diese sich bezogen. Die Kunst „erhöht die Schwierigkeit und die Dauer der Wahrnehmung", sie beschreibt das Objekt, „als ob sie es zum ersten Mal sähe" (als ob es nicht schon Formeln gäbe, es zu beschreiben), und „der Zweck des Bildes ist es nicht, unserem Verständnis die Bedeutung, die es trägt, näherzubringen, sondern eine besondere Wahrnehmung des Gegenstandes zu schaffen." Dies erklärt den poetischen Gebrauch von Archaismen, die Schwierigkeit und Dunkelheit der künstlerischen Schöpfungen, die sich zum ersten Mal einem noch nicht geschulten Publikum vorstellen, und eben die rhythmischen Verletzungen, die die Kunst selbst in dem Augenblick vornimmt, in dem sie ihre goldenen Regeln aufzustellen scheint. In „der Kunst besteht ,Ordnung'; und doch gibt es nicht eine einzige Säule in einem griechischen Tempel, die die Ordnung genau befolgte, und der ästhetische Rhythmus besteht in einer Verletzung des prosaischen Rhythmus ... es handelt sich nicht um einen komplizierten Rhythmus, sondern um eine Verletzung des Rhythmus, und zwar um eine solche Verletzung, daß man sie nicht vorhersehen kann; wenn diese Verletzung zum Kanon wird, verliert sie die Kraft, die sie als Hindernis-Verfahren hatte." So Šklovskij

(1917), der um einige Jahrzehnte die – analogen – Schlußfolgerungen einer auf der Informationstheorie basierenden Ästhetik vorwegnahm.[33]

IV. 4. Das Verständnis der ästhetischen Botschaft basiert auch auf einer Dialektik zwischen Akzentuierung und Ablehnung der Codes und Lexika des Senders auf der einen Seite und Einführung und Zurückweisung von persönlichen Codes und Lexika auf der anderen Seite. Es ist eine Dialektik zwischen interpretatorischer Treue und interpretatorischer Freiheit: Einerseits versucht der Empfänger, die Aufforderungen der Ambiguität der Botschaft aufzunehmen und die unsichere Form mit den eigenen Codes zu füllen; andererseits wird er von den Kontextbeziehungen dazu gebracht, die Botschaft so zu sehen, wie sie gebaut ist, in einem Akt der Treue gegenüber dem Autor und der Zeit, in der die Botschaft hervorgebracht worden ist.[34]

---

33 Aber hier eröffnet sich das Problem einer strukturalen Erklärung der künstlerischen „Kreativität". Einerseits muß die formalistische Analyse von Šklovskij in eine strengere strukturalistische Perspektive integriert werden, indem man gerade auch auf die statistischen Methoden der Informationstheorie zurückgreift, die er noch nicht kennen konnte. Andererseits muß sich die Problematik der Normabweichung – während sie zeigt, wie der schöpferische Akt die Norm verletzt hat – auch das Problem stellen, wie die Verletzung in jedem Fall *akzeptiert werden kann* und wie sie meistenfalls vom System der bestehenden Normen wieder absorbiert wird. Es wird daher die Hypothese aufgestellt, daß der Mechanismus „Invention-Akzeptierung-Absorbierung" von einer traditionellen strukturalen Methode nicht vollständig erklärt werden könne, sondern mit Mitteln der Chomskyschen generativen Grammatik erklärt werden müsse. Sh. z. B. Calboli (1967), insbesondere S. 312–320, wo letztenendes das Problem der Legitimität des ästhetischen Idiolekts wieder gestellt wird: „D. h., wenn ein Dichter seine Funktion entfaltet und, sofern er die poetische Funktion der Sprache erfüllt, sich vom Sprachstandard loslöst, warum schafft er selbst dann aber wieder einen solchen Standard?" Nach welchen Regeln verwirklichen sich diese Abweichungen von der erworbenen Norm, die doch eine Möglichkeit des Systems waren? Ein generatives Kriterium, das es erlaubte, die unendliche Reihe der aus einer endlichen Menge von Regeln erzeugbaren neuen Aussagen vorauszusehen, würde zu einer Überprüfung des Problems der künstlerischen Invention und der „offenen" Möglichkeiten des Codes führen.

34 Zu einer Dialetik zwischen *Treue und Initiative,* vgl. Pareyson (1954). Aber dieses Hin- und Hergehen zwischen unserer Interpretationssitua-

In dieser *Dialektik zwischen Form und Offenheit* (auf der Ebene der Botschaft) und zwischen *Treue und Eigeninitiative* (auf der Ebene des Empfängers) steht die Interpretationstätigkeit jedwelchen Kunstbetrachters und, strenger und schöpferischer, freier und treuer zur gleichen Zeit, die Lektüretätigkeit des Kritikers; in einer archäologischen Wiedergewinnung der Umstände und der Codes des Senders, in einem Ausprobieren, bis zu welchem Punkt die signifikante Form das Einführen eines neuen Sinnes durch bereichernde Codes erträgt; in einer Ablehnung von willkürlichen Codes, die sich im Laufe der Interpretation etwa einschleichen und sich nicht mit den anderen verschmelzen könnten.[35]

Erklärung zu der graphischen Darstellung auf S. 167

Dieses Modell beschreibt einen Decodierungsprozeß, der von einem Höchstmaß an Zufälligkeit bis zu einem Höchstmaß an Treue reichen kann. Es besteht Zufälligkeit, wenn das Signifikans auf willkürliche Codes bezogen wird (z. B. /Wasser/ als chemische Zusammensetzung; /Wasser/ als Überschwemmung). Andererseits ist Treue nur möglich in ständiger Dialektik zwischen Codes des Empfängers und Sendecodes in einer Art ständiger Annäherung-Entfernung. Die Botschaft als interpretierte bietet sich dann der Gemeinschaft der Kunstbetrachter an als eine neue signifikante Form, die ihrerseits wieder zu interpretieren ist, und bildet Codes kritischer Interpretation.

---

tion und der Welt des Werkes ist das, was Spitzer den „philologischen Zirkel" nannte. Er weist viele Analogien mit einer anderen zirkulären Bewegung auf: mit Erwin Panofskys Theorie der für jede historischkritische Forschung konstitutiven Bewegung.

35 Eine kommunikationstheoretische Übersetzung dieser zirkulären Bewegung bietet das Schema „Modell des Decodierungsprozesses einer poetischen Botschaft" am Ende dieses Kapitels.

MODELL DES DECODIERUNGSPROZESSES EINER POETISCHEN BOTSCHAFT

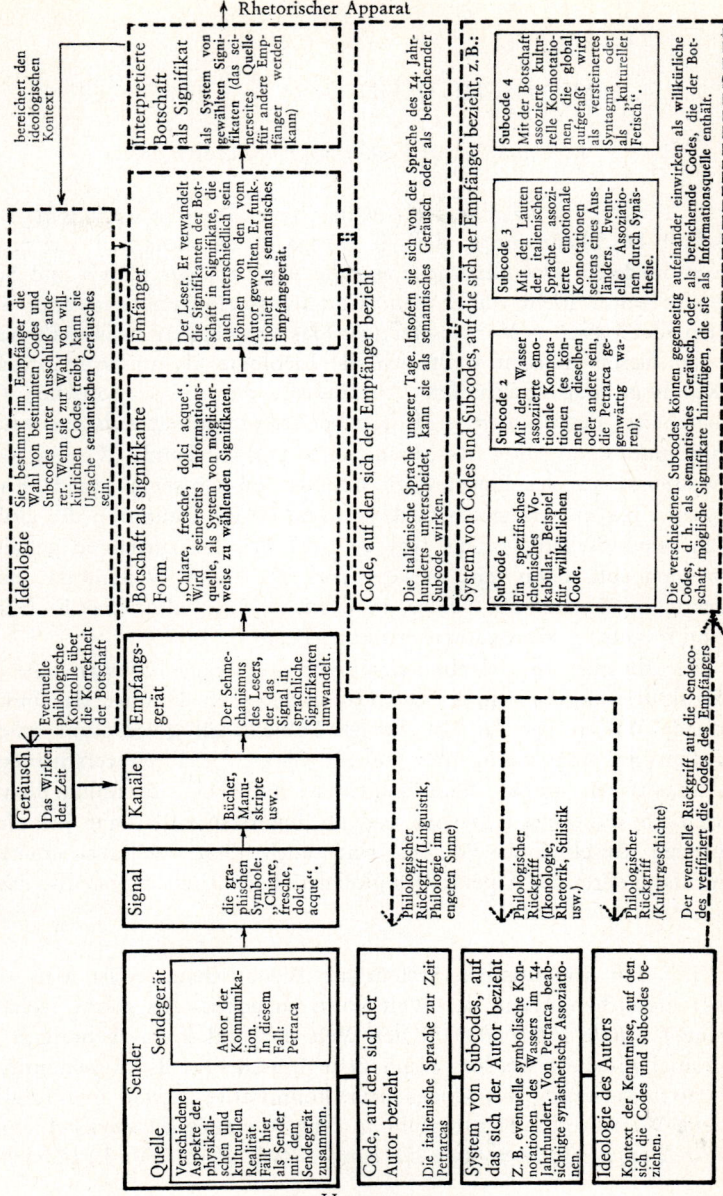

Rhetorischer Apparat

4. SEMIOTISCHE DEFINITION DER IDEOLOGIEN

I. Semantisches System und Weltanschauung

I. 1. Das Schema, das die Ausführungen über die ästhetische Botschaft beschließt, zeigt, daß, je „offener" die Botschaft gegenüber verschiedenen Decodierungen ist, die Auswahl der Codes und Subcodes umso mehr außer vom Kommunikationsumstand auch von den ideologischen Voraussetzungen des Empfängers beeinflußt wird.

In dieser Hinsicht stellt sich die Ideologie als außersemiotisches Residuum dar (gleich den Umständen), das die semiotischen Geschehnisse determiniert. Auf dieselbe Art präsentiert sich uns immer als außersemiotisches Residuum jenes vorhergehende Wissen, jener Wissensschatz des Empfängers, den wir oft als semantischen Katalysator haben wirken sehen. Aber wenn unsere Definition des globalen semantischen Systems (vgl. A. 2. VI. 12.) für zutreffend gehalten werden soll, dann gibt es kein vorhergehendes Wissen, das nicht schon in semantische Felder, in Systeme von kulturellen Einheiten und folglich in Wertsysteme strukturiert wäre.

Es gibt aber zweifelsohne eine Form vorgängigen Wissens, die der Strukturierung in semantische Felder entgehen könnte: das individuelle Wissen, die für ein einziges Subjekt gültige idiosynkratische Erfahrung. Aber wenn man von „Ideologie" in ihren verschiedenen Auffassungen spricht, dann meint man eine Weltanschauung, die von vielen Sprechern geteilt wird und im äußersten Fall sogar von einer ganzen Gesellschaft. Folglich sind auch diese Weltanschauungen nichts anderes als Aspekte des globalen semantischen Systems, *schon segmentierte Realität*.

I. 2. Ein semantisches System als Weltanschauung ist also eine der möglichen Arten, der Welt Form zu geben. Als solche stellt es eine *partielle Interpretation* der Welt dar und kann theoretisch jedesmal revidiert werden, wenn neue Botschaften durch semantische Umstrukturierung des Codes neue konnotative Ketten und folglich neue Wertzuordnungen einführen. Eine Botschaft, die etwa behauptet /die Marsmenschen fressen die Kinder/ (vgl. A. 2. XV. 3.) befrachtet nicht nur das Lexem /Marsmensch/ mit einer Konnotation „Kannibalismus", sondern sie befrachtet auch die ganze daraus folgende Konnotationenkette mit der globalen axiologischen Eigenschaft „negativ". Es ist klar, daß eine Reihe von Botschaften, die erklären würde, daß die Marsmenschen zwar Kinder fressen, aber die Kinder einer von ihnen verschiedenen Species – so wie wir die „Kinder" von Tieren essen –, die globale axiologische Konnotation verändern könnte. Aber eine solche Revidierung des Codes impliziert eine Reihe von Botschaften mit metasemiotischer Funktion (von metasemiotischen Urteilen), die die konnotativen Subcodes einer Untersuchung unterwerfen. Das ist die kritische Funktion der Wissenschaft. Gewöhnlich jedoch greift der Empfänger auf den eigenen Wissensschatz zurück, auf seine eigene partielle Weltanschauung, um die Subcodes auszuwählen, die auf der Botschaft konvergieren sollen.

I. 3. Diese partielle Weltanschauung, diese perspektivische Segmentierung der Realität, zu definieren, heißt, Ideologie im Marxschen Sinne des Wortes, d. h. als „falsches Bewußtsein", zu definieren. Vom Marxschen Gesichtspunkt aus natürlich entsteht dieses falsche Bewußtsein als eine mit dem Anspruch auf wissenschaftliche Objektivität auftretende theoretische Verschleierung von konkreten gesellschaftlichen Verhältnissen und von bestimmten materiellen Lebensbedingungen. Die Ideologie ist also eine Botschaft, die, ausgehend von einer faktischen Beschreibung, deren theoretische Rechtfertigung versucht und allmählich von der Gesellschaft als Element des Codes angenommen wird. Die Semiotik interessiert nicht, wie die Botschaft entsteht und aus welchen politischen und ökonomischen Gründen; sie will dagegen wissen, in welchem Sinn dieses neue Code-Element „ideologisch" genannt werden kann. Zu diesem Zweck versuchen wir, ein elementares Modell eines ideologischen Subcodes zu konstruieren unter Zuhilfenahme eines Modells, das dem in A. 1. analog ist.

II. Ein Kommunikationsmodell

II. 1. Wir stellen uns einen in zwei Teile, Alpha und Beta, gegliederten Behälter vor mit einer Wand, in die eine kleine Öffnung angebracht worden ist. Auf beiden Seiten bewegen sich Gasmoleküle mit verschiedener Geschwindigkeit. Die Öffnung wird bewacht von dem, was in der kinetischen Gastheorie Maxwellscher Dämon genannt wird. Der Dämon ist ein intelligentes Wesen (seiner Existenz widerspricht das zweite Prinzip der Thermodynamik), welches bewirkt, daß von Beta nach Alpha nur die langsameren Moleküle übertreten können, während von Alpha nach Beta nur die schnelleren überwechseln. Der Dämon ermöglicht so eine Erhöhung der Temperatur in Beta. Wir stellen uns außerdem vor, daß unser Dämon, intelligenter als der Maxwellsche, jedem Molekül, das von Alpha nach Beta geht, eine Standardgeschwindigkeit zuschreibt. Wenn wir sowohl die Anzahl der Moleküle als auch ihre Geschwindigkeit kennen, können wir sowohl den Druck als auch die Wärme mit einer einzigen Maßeinheit verifizieren.

Wir stellen uns überdies vor, daß alle n Moleküle, die nach Beta übertreten, der Dämon ein Signal aussendet: Jede Signaleinheit teilt nur die Quantität von Molekülen mit, die für unsere Zwecke als *relevant* beurteilt wird (z. B. für eine Berechnung der Wärme und des Drucks, die in einer bestimmten Situation tolerierbar sind). Unser Projekt bestimmt den *Relevanzwinkel*.

Wenn der Dämon als Sender einen ganz einfachen Code vom Typ „ja-nein" hat, dann genügt ein elektrisches Signal (das wir Z nennen), um die Maßeinheit anzuzeigen. Die intermittierende Wiederholung desselben Signals zeigt die Summe der Maßeinheiten an. Nehmen wir also an, daß /Z/ „Minimum" (an Wärme oder Druck) bezeichnet und /ZZZZ/ „Maximum".

Wenn der Empfänger eine Maschine ist, dann registriert er diese Werte und reagiert nach erhaltenen Instruktionen. Das Signal ist in diesem Fall ein informationelles bit im kybernetischen Sinne dieses Ausdrucks. Es ist kein „Zeichen", und die Maschine „versteht" auch keine „Bedeutung". Die Maschine basiert auf einem Verhalten Stimulus-Reaktion und entwickelt kein Zeichenverhalten. Aber wenn dagegen der Empfänger ein menschliches Wesen ist, dann verwandelt dessen Reaktion das Signal in ein Zeichen. Ein Signifikans *denotiert* ein Signifikat. Aber gleichzeitig wird der menschliche Empfänger der denotativen Bedeutung eine oder mehrere *konnotative Bedeutungen* hinzufügen. Die Botschaft /ZZZZ/ wird „Optimum an Wärme" konnotieren können (mit der zusätzlichen Konnotation „Wohlbefinden") und unter anderen Umständen wird sie dagegen „zu großer Druck" konnotieren (mit der zusätzlichen Konnotation „Gefahr"). Die Botschaft /ZZZZ/ kann sowohl „Wohlbefinden" als auch

„Gefahr" konnotieren, je nach dem, ob zuerst die Konnotation „Optimum an Wärme" oder „zu großer Druck" angenommen worden ist.

II. 2. Warum wählt der Empfänger eher eine Konnotation statt der anderen? Die erworbene Erfahrung hat ihn gelehrt, was er von der von /ZZZZ/ denotierten Situation zu erwarten hat, und hat sich als Wissensschatz festgesetzt. Dieses kulturelle Erbe stellt ein außersemiotisches Residuum dar, solange es okkasionell und idiosynkratisch bleibt und keinem anderen mitgeteilt wird. Aber wenn die Erfahrung gesellschaftlich geworden ist, wird die kulturelle Größe Element eines semantischen Systems (mit einem konnotativen Subcode, der z. B. eine Reihe von vorher festgelegten Referenzen bestimmt, ausgehend vom Signifikans /ZZZZ/, durch seine Denotation, bis zur Konnotation „Optimum an Wärme").

Wir haben hier eine Reihe von semantischen Systemen der zweiten Ebene. Diese stellen Werte vom Typ *Wünschbarkeit vs Nichtwünschbarkeit* oder *Wohlbefinden vs Gefahr* einander gegenüber. Jede Einheit dieser semantischen Systeme wird zur konnotativen Bedeutung des Signifikanten, der von der denotativen Bedeutung des semantischen Systems der ersten Ebene dargestellt wird (z. B. das System, in dem „Maximum vs / Minimum" einander gegenüberstehen), und jede Einheit des semantischen Systems der ersten Ebene entspricht bestimmten Einheiten des syntaktischen Systems (Z, ZZ, ZZZ usw.).

Nun ist die erworbene Erfahrung als „Kultur" nicht mehr ein der semiotischen Welt fremdes Residuum. Sie ist in eine semiotische Struktur organisiert. Die Systeme der Signifikate sind den Systemen der Signifikanten homolog und werden semiologisch erkennbar und präjudizierbar. Nach Hjelmslev hätten wir hier eine denotative Semiotik, die die Ausdrucksebene einer konnotativen Semiotik ist. Es ist klar, daß die semantischen Systeme aus genau bestimmten materiellen Lebensbedingungen entstehen, aber die Semiologie kann sie nur erkennen, wenn die Erfahrung dieser Bedingungen zum Code geworden ist. Nunmehr kann das System der Sprache die Elemente der Ideologie als Kultur beschreiben.

II. 3. Wir erinnern uns, daß die Botschaft /ZZZZ/ gleichzeitig das Maximum der Wärme und des Drucks bezeichnet und daß sie daher zwei verschiedene Konnotationen („Wohlbefinden" und „Gefahr") auf der Grundlage von zwei gleichermaßen berechtigten Subcodes veranlassen kann. Die Auswahl des einen statt des anderen wird von verschiedenen pragmatischen Faktoren bestimmt: Es könnte als gut betrachtet werden, daß man für ein Maximum an Wärme auch die Gefahr riskiert oder daß man eher eine ungenügende Wärme akzeptiert, als daß man Gefahr läuft, daß der Behälter explodiert. Diese Gesamtheit von Wertungen bildet einen Typ umfassenderen „ideologischen" Wissens – und folglich ein neues außersemiotisches Residuum. Aber, wenn es gesellschaftlich wird, wird auch dieses Residuum wiederum semiotisch organisiert. So kann es einen konnotativen Subcode geben, der bestimmt: /Maximum an Energie/ = „Maximum an Produktivität" und einen anderen Subcode: /Maximum an Produktivität/ = „maximaler Nutzen für die Gesellschaft", schließlich: /maximaler Nutzen für die Gesellschaft/ = „Rechtfertigung für jede Gefahr". Aber es kann auch einen anderen Code geben, der bestimmt: /Respektierung der individuellen Sicherheit/ = „höchster Nutzen für die Gesellschaft" und /Respektierung der individuellen Sicherheit/ = „Ausschaltung jeder möglichen Gefahr". Diese Wertsysteme, die semantische Systeme sind, schließen einander gegenseitig nicht aus: Sie können ihren Begegnungspunkt in einem umfassenderen Code finden, der die Transformationsregel liefert, um die begrenzteren Systeme in ein umfassenderes System zu übertragen. Die sprachliche Botschaft (wenn sie metasemiotische Funktion besitzt) könnte sich mit diesen Kontrollen und Transformationen beschäftigen.

Aber jetzt nehmen wir an, daß jemand, der die Botschaft /ZZZZ/ mit der Konnotation „Wohlbefinden" gleichsetzt, diese immer in dieser Bedeutung gebraucht. /ZZZZ/ wird fast ein Symbol, das Emblem des „Wohlbefindens". Die feste Verbindung zwischen dem Signifikans /ZZZZ/ und der Idee des Wohlbefindens wirkt metaphorisch. Es liegt ein rhetorischer Kunstgriff vor.[36]

Wenn /ZZZZ/ zur rhetorischen Figur wird, die automatisch

---

36 Wir schließen aus, daß jemand die Botschaft /ZZZZ/ sendet, wenn im Behälter Beta die gewöhnlich von /ZZZZ/ denotierte Situation gar nicht vorliegt. Dieser Fall ist einfach eine Fälschung; die Fälschung könnte aufgedeckt werden durch den Rückgriff auf das Referens, d. h. durch eine Verifizierung dessen, was in Beta geschieht. Aber für diese Ve-

„Wohlbefinden" konnotiert, dann bekommen alle von einem solchen Signifikans denotierten Ereignisse eine optimistische Konnotation. Wenn wir die Botschaft /ZZZZ/ konstant mit dem konnotativen Subcode assoziieren, der /ZZZZ/ = „Wohlbefinden" festlegt, dann verwerfen wir bewußt oder unbewußt die Möglichkeit, auf die Botschaft (eventuell) auch die Konnotation „Gefahr" anzuwenden. Man kann im Lichte eines umfassenderen semantischen Systems ebensogut die zweite Konnotation erwarten (und der Benutzer weiß oder wußte das): Aber der (aufgezwungene oder eingeredete) Gebrauch der ersten, optimistischen Konnotation gibt der Botschaft eine fixierte ideologische Funktion. Die Botschaft ist selbst zum ideologischen Instrument geworden, das alle anderen Beziehungen verschleiert. Das ist die Ideologie als falsches Bewußtsein. Vom semiotischen Gesichtspunkt aus haben wir hier eine sklerotisch verhärtete Botschaft, die zur signifikanten Einheit eines rhetorischen Subcodes geworden ist; dieses Signifikans konnotiert ein bestimmtes Signifikat als semantische Einheit eines ideologischen Codes. In diesem Fall verbirgt (statt sie mitzuteilen) die Botschaft die materiellen Bedingungen, die sie ausdrücken sollte. Und sie hat dieses Stadium erreicht, weil sie eine mystifizierende Funktion angenommen hat und uns daran hindert, die verschiedenen semantischen Systeme in der Totalität ihrer gegenseitigen Beziehungen zu sehen. Mit anderen Worten: die Botschaft stellt keinen metasemiotischen Ansatz dar, der unterschiedliche semantische Systeme miteinander verbindet und ineinander übersetzt. Dies wäre die „kritische" Funktion der Sprache, die zeigen kann, wie ein Signifikans verschiedene Signifikate in Übereinstimmung mit verschiedenen Subcodes haben kann. Dagegen wird die Botschaft zu einer Formel mit fixierter Konnotation und blockiert den kritischen Vorgang der Metasemiose.

Auf dieser Ebene kann aber das Unternehmen der Semiotik seine wirkliche demystifizierende Rolle übernehmen: Ein metasemiotisches Urteil müßte zeigen, wie das Verhältnis zwischen einem bestimmten Sprachgebrauch und einem besonderen semantischen System sich

---

rifizierung ist die Semiotik nicht zuständig. Diese kann höchstens feststellen, ob /ZZZZ/ als Botschaft Charakteristika der „Grammatikalität" aufweist oder nicht. In diesem einfachen Fall von „Lüge" können wir noch nicht von einem ideologischen Gebrauch der Sprache, im Verständnis von Ideologie als falschem Bewußtsein und Verschleierung, sprechen.

historisch herauskristallisiert hat, indem es jede Möglichkeit meta-semiotischer Überlegungen blockierte. Die Identifizierung anderer semantischer Systeme wäre dagegen der metasemiotische Mechanismus, durch den die fiktive Verbindung zwischen einem fossilen rhetorischen Gebrauch und einem (und nur einem) der semantischen Systeme demystifiziert werden könnte, die künstlich aus dem allgemeinen Rahmen aller semantischen Systeme herausgetrennt worden sind.

Es gäbe jedoch einen Fall, in dem keine metasemiotische Botschaft möglich ist, und zwar den, in dem – nach dem restriktiven Verständnis der Sapir-Whorfschen Hypothese – die syntaktische Struktur selbst das ideologische Raster ist, das uns dazu zwingt, die Welt auf eine bestimmte Art zu „sehen".

II. 4. Kehren wir zu unserem Modell zurück. Wir haben die Behälter Alpha und Beta als Informationsquelle betrachtet, die dem mythischen „Referens" entspricht (das eine außersemiotische Größe ist): Die Botschaft müßte das mitteilen, was (*Sachen* und *Ereignisse*) in Beta vor sich geht. Beta wurde in diesem Sinn implizite als ein natürliches System betrachtet, in dem der Maxwellsche Dämon die Entropie durch die Schaffung eines *branch system* – wie es Reichenbach nennt – reduzierte. Die Semiotik war nicht dafür zuständig, zu verifizieren, was in Beta vor sich geht, sondern sie sollte nur kontrollieren, ob die Beta betreffenden Botschaften grammatikalisch korrekt waren. Aber wenn die Semiotik das Problem der Untersuchung der syntaktischen Struktur des Codes als zeichenhafter Informationsquelle stellt, dann kann das System Alpha-Beta nicht als das Modell eines natürlichen Systems betrachtet werden, sondern als das Modell eines Code-Systems. Alpha-Beta ist ein Code-System, durch welches bestimmte Informationen übermittelt werden können, andere dagegen nicht. Der Dämon erlaubt nur Molekülen mit einer bestimmten Geschwindigkeit den Übergang (als System wählt er nur bestimmte *unterscheidende Züge* aus) und registriert jedes Mal nur eine Menge n von Molekülen; die kleineren Mengen werden nicht als *relevant* betrachtet, sie sind fakultative Varianten oder „Allophone".

Was das System Alpha-Beta sagen kann, wird vom Dämon bestimmt: und jeder Code folgt in der Tat demselben Selektivitätsprinzip und hält sich an dieselbe Auswahl von Relevanz.

Was repräsentiert der Dämon im System Alpha-Beta (verstanden als Code-System)? Er repräsentiert genau das, was wir „Ideologie" genannt haben. Die Ideologie ist in diesem Fall nicht mehr ein außersemiotisches Residuum, sondern die *Struktur des Codes* selbst. Natürlich sieht das Problem anders aus, je nach dem, ob man es auf der lexikalischen, grammatikalischen oder phonologischen Ebene betrachtet.

Nun treten im System Alpha-Beta zwei Phänomene auf: Wir haben nicht nur bestimmte Bedeutungseinheiten (Minimum Z, Maximum ZZZZ usw.), die von der erworbenen Erfahrung als relevant aufgestellt worden sind. Wir haben auch eine syntaktische Struktur des Codes, die von den relevanten Elementen des semantischen Systems bedingt ist: Die Signaleinheit /Z/ denotiert nur *n Moleküle* (nicht mehr und nicht weniger); es gibt kein System, das es uns erlauben würde, eine Bedeutung wie n-1 mittels eines neuen Signifikanten zu bezeichnen. Außerdem haben wir nur einige Kombinationsregeln und keine anderen: Jedes Z kann einem anderen Z beigefügt werden, und die einzig mögliche Lektüre der Reihe von Z ist arithmetischen ($Z + Z + Z = ZZZ$) und nicht algebraischen ($+Z - Z = O$) Typs.

Warum ist der Code so strukturiert? Es gibt darauf nur zwei mögliche Antworten:

a) Die erworbene Erfahrung hat, indem sie nur einige semantische Einheiten unter Ausschluß anderer als relevant akzeptierte, einen Code mit bestimmten syntaktischen Strukturen vorgeschrieben; und folglich hat die Kultur die Struktur des Codes auf allen seinen Ebenen bestimmt.

b) Die syntaktische Struktur des Codes geht der Identifizierung der relevanten Elemente der Bedeutung voraus; das semantische System erzeugt also nicht die syntaktische Struktur des Codes, sondern das Gegenteil ist der Fall, und wir sind gezwungen, die Struktur der Welt mit den Einheiten zu sehen, die das System der Erzeugungsregeln des Codes vorschreibt. In diesem Fall determiniert nicht die Kultur die Sprache, sondern die Sprache determiniert die Kultur.

III. Die ideologische Eliminierung der Ideologie

III. 1. Man müßte dann von *Universalien der Sprache* sprechen. Dann wäre das System Alpha-Beta zwar immer noch ein *branch system*, aber nicht als kulturelle Erscheinung, sondern als Naturereignis. Dieses Naturereignis ist bekannt unter dem Namen *Geist* oder *Menschlicher Geist*.

Wenn man diese Lösung akzeptierte, würde es schwierig, von der Semiotik als von einer Kritik der Ideologien zu sprechen. Die Ideologie wäre die natürliche Form, welche die semantischen Systeme durch die Wirkung der syntaktischen Gesetze annehmen. Jeder Versuch einer Kritik würde seinerseits eine „ideologische" Segmentierung der Inhaltssubstanz darstellen. All das beantworten wir in ausführlicher in D. Für den Augenblick mag die folgende Bemerkung genügen.

III. 2. Nehmen wir eine metasemiotische Botschaft A an, die sagt: „Wenn wir die Tiefenstruktur der Sprache untersuchen, entdecken wir, daß alle Ideologien – die relativ sind – nach den Gesetzen eines *Universellen Logos* formuliert werden". Solange wir nicht unwiderleglich bewiesen haben, daß A wissenschaftlich wahr ist, bleibt A eine typische und gut erkennbare ideologische Formel. Sie ist es während der ganzen Geschichte des menschlichen Denkens gewesen. Sie hat durch die Jahrhunderte hindurch die verschiedensten philosophischen Formen angenommen, aber niemand kann leugnen, daß sie immer eine metaphysische Behauptung gewesen ist.

Wenn wir diese metaphysische Behauptung akzeptieren, dann ist die „Ideologie" nicht mehr die kulturelle Größe, die die Semiotik mit ihren eigenen Mitteln identifizieren und erklären muß, sondern sie ist dann eine philosophische Rede, die die metasemiotischen Betrachtungen infiziert, die die Semiotik über ihre eigenen Möglichkeiten anstellt.

Erst in dem Augenblick, in dem die Hypothese von den Universalien der Sprache bewiesen wäre, wäre die Botschaft A in keinem Sinne des Wortes mehr „ideologisch" (oder metaphysisch) und eine im höchsten Maße meta-ideologische Botschaft. Aber wir sind gezwungen, die Gefahr einer semiotischen Betrachtungsweise zu unterstreichen, die versucht, den Einfluß der Ideologien auf die Codes dadurch einzuschränken, daß sie sich auf eine Hypothese stützt, die bis zum heutigen Tag eine Ideologie gewesen ist. Bis zu welchem Punkt wird nicht das ideologische Wesen der Hypothese den wissenschaftlichen Beweis eben der Hypothese bedingen?

III. 3. Gewiß gibt es einen Ausweg aus diesem Problem. Wir könnten sagen – und es ist auch schon gesagt worden –, daß jedes syntaktische System die Struktur der semantischen Systeme widerspiegelt, aber *nicht vollständig;* daß das syntaktische System die Struktur der semantischen Systeme *selektiv und nicht automatisch* widerspiegelt; daß das Verhältnis Sprache – Kultur niemals nur in einer Richtung verläuft und *problematisch* bleibt; daß die Sprache als primäres modellierendes System nicht vollständig von den sekundären modellierenden Systemen determiniert ist und diese *abmessen* und *bis zu einem gewissen Grad* kontrollieren kann; usw. All dies bedeutet schließlich, daß auf der Grundlage von bestimmten Codes zweideutige, höchst informative Botschaften hervorgebracht werden können, die die Codes ständig zu einer Strukturierung zwingen. Auf der Ebene der *parole* können wir die *langue* erschüttern und uns so aus der Gefangenschaft befreien, in der uns die *langue* hält. Und tatsächlich verhalten wir uns so bei jeder semiotischen Tätigkeit und in jeder Kommunikationssituation. Aber es muß klar sein, daß diese Möglichkeit theoretisch nicht zu definieren ist. Sie ist ein empirischer Tatbestand. Sie ist die Antwort auf das Paradoxon Zenons: zu laufen beginnen. Wie De Mauro (1965) in seiner *Introduzione alla semantica* sagte, ist es nicht möglich zu beweisen, daß wir kommunizieren und wie wir kommunizieren, ohne in die verschiedensten Aporien zu geraten: und trotzdem kommunizieren wir.

Vom Gesichtspunkt einer semiotischen Theorie aus ist diese Lösung keinesfalls tröstlich. Die Wissenschaft von den Zeichen heute bietet uns keine Tröstungen – zumindest nicht die der Religion, der Philosophie und der Ideologien.

Auch weil wir in unserer Analyse des Systems Alpha-Beta eine Möglichkeit vernachlässigt haben: daß nämlich trotz unseres Systems der semantischen Systeme, das die Semiotik harmonisch definiert und abgestimmt hat, der Behälter zu einem bestimmten Zeitpunkt *explodieren* kann. Dieses Ereignis wäre zwar nicht semiotisch, aber es würde die Semiotik dazu zwingen, ihre Methoden neu zu bedenken und die verschiedenen semantischen Systeme neu zu organisieren.

III. 4. Dieses Ereignis wäre ein Umstand von besonderem Einfluß auf den Kommunikationsprozeß. Es wäre der (individuelle oder universelle) *Tod* als *Letzter Umstand,* der das semiotische Universum blockiert.

Die Tatsache, daß die Semiotik den Tod aus einem kybernetischen Modell hat ableiten können, beweist nicht, daß die Semiotik den Tod austreiben könnte. Aber sie zeigt zumindest, wie die Semiotik in ihrem Rahmen – unter den anderen Residuen – auch dieses *Letzte Residuum* betrachten kann und *muß*.

5. DIE PERSUASIVE BOTSCHAFT: DIE RHETORIK

Die ästhetische Funktion gründet, wie wir gesehen haben, in einer Dialektik zwischen Information und Redundanzstreifen, die sie stützen, aber die Redundanz hat den Zweck, die Information besser hervortreten zu lassen. Die ästhetische Botschaft steht der referentiellen Botschaft gegenüber, die nur gemäßigt redundant ist und darauf zielt, so weit wie möglich alle Ambiguität einzuschränken und jede informative Spannung zu beseitigen, um den persönlichen Beitrag des Empfängers nicht zu ermutigen. Aber im größten Teil unserer Kommunikationsbeziehungen tendieren die verschiedenen Funktionen, beherrscht von der emotionalen Funktion, dahin, eine persuasive Botschaft hervorzubringen.

I. Antike Rhetorik und moderne Rhetorik

I. 1. Die persuasive Rede ist Jahrhunderte lang von den verschiedenen *Rhetoriken* codifiziert worden.

Im klassischen Altertum erkannte man die Existenz einer Rede *apodiktischen* Typs an, wo die Schlußfolgerungen durch Syllogismen aus unbestreitbaren Prämissen gezogen wurden, die auf den *ersten Prinzipien* beruhten: Diese Rede durfte keinen Anlaß zu Diskussionen geben und mußte sich eben durch die Autorität ihrer Argumente Achtung verschaffen. Dann kam die *dialektische* Rede, die von wahrscheinlichen Prämissen aus argumentierte, die zumindest zwei mögliche Schlußfolgerungen erlaubten; und die Argumentation bemühte sich, zu bestimmen, welche der beiden Schlußfolgerungen die annehmbarere sei. Schließlich folgte die *rhetorische* Rede, welche wie die dialektische Rede von wahrscheinlichen Prämissen ausging und daraus nichtapodiktische Schlüsse auf Grund des rhetorischen Syllogismus (des *Enthymems*) zog; aber die Rhetorik zielte nicht nur darauf, eine rationale Zustimmung zu erhalten, sondern eine emotionale Zustimmung, und stellte sich folglich als eine Technik dar, den Hörer mitzureißen.

In der modernen Zeit hat man das den apodiktischen Reden zu-

gewiesene Gebiet immer mehr eingeschränkt, die auf der unbestreitbaren Autorität der logischen Deduktion beruhten; und heute neigen
wir dazu, Apodiktizität nur noch bestimmten logischen Systemen zuzuerkennen, die von als unbestreitbar gesetzten Axiomen deduzieren. Alle anderen Redetypen, die früher zur Logik, zur Philosophie,
zur Theologie usw. gehörten, werden inzwischen auch als persuasive Reden betrachtet, die nicht-unbestreitbare Argumente abwägen
und den Gesprächspartner zu einer bestimmten Art der Zustimmung
bringen wollen, welche nicht so sehr auf Grund der Autorität einer
Absoluten Vernunft erreicht wird, als eher durch die Mithilfe von
emotionalen Elementen, von historischen Wertungen, von praktischen Motivationen (vgl. Perelman, 1958).

Daß man auch die Philosophie und andere Argumentationsfor-
men, die sich früher als unbestreitbar darstellten, auf Rhetorik zurückgeführt hat, stellt eine Errungenschaft, wenn nicht der Vernunft,
so doch zumindest der *Vernünftigkeit* dar, die gegenüber jedem fa-
natischen und intoleranten Glauben vorsichtig geworden ist.

In diesem Sinn wird die Rhetorik, einst *Kunst der Persuasion* –
fast als subtile Täuschung verstanden –, immer mehr anerkannt als
Technik eines vernünftigen menschlichen Redens, das vom Zweifel
kontrolliert wird und allen historischen, psychologischen und biologischen Bedingtheiten jeder menschlichen Handlung unterworfen ist.

Aber es gibt verschiedene Grade der persuasiven Rede. Und unter
diesen Graden zeichnet sich so etwas wie eine Reihe von kontinuierlichen Nuancen ab, die vom ehrlichen und vorsichtigen Überzeugen
bis zur Überredung als Täuschung reichen. Sagen wir, von philosophischer Rede bis zu den Techniken der *Propaganda* und der *Überredung der Massen.*[37]

I. 2. Aristoteles unterschied drei Arten der Rede: 1) die *delibera-
tive* Rede, die das betraf, was nützlich oder schädlich für den Ab-
lauf des gesellschaftlichen Lebens war; 2) die *judiziale* Rede, die
vom Gerechten und Ungerechten handelte; 3) die *epideiktische* Rede,
die Lob oder Tadel über etwas aussprach.

---

37 Mit besonderem Nachdruck auf dem emotionalen Aspekt der Persuasion (auf dem, was wir in A. 5. III. 1. aristotelisch als „außertechnische Beweise" definieren), sh. das Kapitel „Persuasion" in Stevenson
(1944). Über die Massenkommunikationen, vgl. Eco (1964).

Um den Zuhörer zu überzeugen, mußte es dem Redner gelingen, ihm zu zeigen, wie sich seine Schlußfolgerungen aus einigen *Prämissen,* die er nicht in Frage stellen konnte, und mittels eines Typs von *Argument* ableitete, dessen Offensichtlichkeit nicht in Zweifel gezogen werden sollte. Prämissen und Argumente stellen sich folglich als Denkweisen dar, von deren Vernünftigkeit der Zuhörer schon überzeugt sein sollte. Die Rhetorik unternahm daher eine Bestandsaufnahme dieser Denkweisen, dieser gemeinsamen und erworbenen Meinungen und dieser schon von der gesellschaftlichen Gemeinschaft assimilierten Argumente, die vorgefaßten Erwartungssystemen entsprachen.[38]

Auf der Grundlage der Prämissen gliedern sich Argumente, die die antike Rhetorik zu *loci* vereinigte, d. h. unter allgemeine Rubriken, Magazine möglicher Argumentationen, generative Formeln von *Enthymemen* oder rhetorische Syllogismen. Perelman (1958) (wo die *loci* nicht von den Prämissen unterschieden werden – darin einer hinreichend gerechtfertigten post-aristotelischen Tradition folgend) zitiert bestimmte *loci,* die, einander gegenübergestellt, als widersprüchlich erscheinen, die aber, isoliert genommen, als völlig überzeugend erscheinen können. Man sehe z. B. die *loci der Quantität* (wo das, was statistisch normal ist, als normativ erscheinen muß) und die *loci der Qualität* (wo nur das normativ ist, was außergewöhnlich ist). In unserem alltäglichen Leben, von der politischen Propaganda bis zur religiösen Ermahnung, von der Reklame bis zur alltäglichen Ermahnung, neigen wir dazu, entgegengesetzte *loci* zu gebrauchen oder uns von ihnen überzeugen zu lassen, wie: „Es gibt niemanden auf der Welt, der das nicht täte: also mußt auch du es tun" und umgekehrt: „Alle machen es so: wenn du dies tust – was anders ist – dann wirst du der einzige sein, der sich unterscheiden kann" (Auf der Fähigkeit eines jeden, in verschiedenen Momenten solche so entgegengesetzten Argumente ohne jede Schwierigkeit zu akzeptieren, gründete ein Reklameentwurf, der ironisch verkündete: „Sehr wenige Personen in der Welt werden dieses Buch lesen: kommt und gehört *alle* zu dieser *kleinen Zahl* von Auserwählten!").

---

38 In diesem Sinn müßte heute die Untersuchung der Rhetorik zu einem grundlegenden Kapitel jeder kulturellen Anthropologie werden. Vgl. „Rhétorique et enseignement" in Genette (1969). Über verschiedene Typen der von der Reklame-Rhetorik benutzten Prämissen, vgl. B.5.

Aber um den Zuhörer dazu zu bringen, den Prämissen und Argumenten seine Aufmerksamkeit zu schenken, muß man seine Aufmerksamkeit reizen; und dazu dienen die *Tropen* und *rhetorischen Figuren*, die Verschönerungen, durch welche die Rede plötzlich ungewohnt und neu erscheint und eine unvermutete Informationsquote aufweist (vgl. Lausberg, 1960).

I. 3. Eine semiotische Erklärung der verschiedenen rhetorischen Figuren kann durch eine Fortführung der Theorie der Interpretanten, wie sie im Modell Q dargestellt wird, versucht werden (vgl. A. 2. XI.)

Metapher und Metonymie sind schon von Jakobson (1956) als zwei Formen der Ersetzung erklärt worden, die eine auf der paradigmatischen Achse, die andere auf der syntagmatischen Achse. Dieser wertvolle Hinweis kann vervollständigt werden, wenn man noch einmal an die Metapher der Schachtel mit den Kugeln (vgl. A. 2. XI. 2., 3.) denkt. Es ist nicht gerade tröstlich, wenn man die Struktur der Metapher unter Zuhilfenahme einer Metapher erklärt, aber man wird sich daran erinnern, daß die Metapher von den Kugeln nur erklären sollte, wie das Modell Q in den Fällen funktionieren könnte, in denen die Elementarität seiner Formalisierung es unmöglich machte, die ganze Komplexität seines Funktionierens durch ein zweidimensionales Schema zu beschrieben. Diese Lösung (die Erklärung *der* Metapher durch eine Metapher) legt uns die Idee nahe, daß die rhetorischen Figuren nützliche Kurzschlüsse darstellen, um auf noch analogische Weise Probleme anzudeuten, die man nicht ausreichend analysieren kann. Kehren wir also zu unseren Kugeln zurück. Nehmen wir an, daß sich ein Code bildet, der ein System von paradigmatischen Beziehungen folgenden Typs aufstellt:

A   vs   B   vs   C   vs   D
↓   ↓   ↓   ↓
X   vs   Y   vs   Z   vs   K

Die horizontalen Linien stellen semantische Achsen und die vertikalen Korrelationen fixierte konnotative Koppelungen dar. Wie man sieht, erinnert dieses Modell an die Form, die der Code im Fall der Analyse über Zucker und Cyclamate annahm.

Wenn ich die kulturelle Einheit „A" bezeichnen will, kann ich, um den Zuhörer zu überraschen und ihn zu zwingen, der Botschaft seine Aufmerksamkeit zu schenken, statt dessen /B/ nennen oder gar /K/. Diese Ersetzung ist ein Beispiel für Metapher. Eine Einheit steht anstelle einer anderen kraft einer ihnen gemeinsamen Ähnlichkeit. Aber die Ähnlichkeit hängt von der Tatsache ab, daß im Code schon fixierte Ersetzungsbeziehungen bestanden, die auf irgendeine Weise die ersetzten Größen mit den ersetzenden verbanden. Wenn die Verbindung unmittelbar ist, haben wir eine leichte Metapher (dies ist der Fall, wenn „A" durch /B/ ersetzt wird, eine Ersetzung durch Antonymie, oder wenn „A" durch /X/ ersetzt wird, eine Ersetzung durch offensichtliches Konnotatum). Wenn die Verbindung mittelbar ist (Ersetzung von „A" durch /K/) haben wir eine „gewagte" Metapher, den „Witz", die „agudeza".

Wir nehmen nun an, daß es eine Sprachpraxis gibt, in der gewohnterweise „A" durch /B/ ersetzt wird. In diesem Fall wird „B" durch Konvention eine der möglichen Konnotationen von /A/. Die Metapher wird gebräuchlich, sie fügt sich dem Code ein und kann auf lange Sicht in einer *Katachrese* erstarren („der Flaschenhals", „das Tischbein").

Tatsächlich jedoch ist die Ersetzung dadurch geschehen, daß im Code Verbindungen, und folglich Kontiguitäten, bestanden. Wenn das Modell Q sich auf eine unendliche Semiose stützt, dann bekommt jedes Zeichen früher oder später Verbindungen mit einem anderen, und jede Ersetzung muß von einer Verbindung abhängen, die der Code vorsieht. Natürlich können sich Verbindungen einstellen, an die bisher noch niemand gedacht hatte. Man hat in diesem Fall eine zweideutige Botschaft. Die ästhetische Funktion der Sprache neigt zur Schaffung von noch nicht bestehenden Verbindungen und folglich zur Bereicherung der Möglichkeiten des Codes. Auch in diesem Fall kann die metaphorische Ersetzung auf einer metonymischen Praxis beruhen. Man kann sich vorstellen, daß in der Praxis der Rede Nachbarschaften aufgetreten sind (diesmal auf der *syntagmatischen* Achse), durch die sich zwei Signifikanten (und folglich zwei signifizierte kulturelle Einheiten) verbunden fanden. Z. B. eine Botschaft, die zum ersten Mal behauptet: „Der englische Premierminister wohnt in der Downing Street". Diese Kontiguität kann zur metonymischen Ersetzung /*das Kommuniqué der Downing Street*/ anstelle von „das Kommuniqué des Premierministers" führen. Von diesem Moment an ist diese Ersetzung in die Logik der Interpretanten aufgenommen, und „Downing Street" wird eine der Konnotationen von /*Englischer Premierminister*/ (oder umgekehrt). Die eventuellen Ersetzungen dieser Art könnten metaphorischen Wert haben, a) wenn man nicht bei der Betrachtung der Ersetzung mehr an die Praxis der Botschaft als an den Code dächte, b) wenn es nicht eine andere Definition der Metonymie als Ersetzung des Gefäßes für den Inhalt gäbe. Aber dieser Widerspruch muß uns dazu auffordern, die Definitionen der traditionellen Rhetorik durch ein elementareres semiotisches Modell auf eine einfachere generative Matrix zu bringen. Es wird interessant sein festzustellen, ob andere traditionelle rhetorische Figuren auf dieselbe Weise erklärt werden können und ob deren strukturale Erklärung in einer Struktur der semantischen Felder, in der Form des Stammbaumes KF oder im globalen Feld des Modells Q zu suchen ist. Das Aufzeigen dieser neuen Schwelle der Semiotik möge für den Augenblick dazu dienen, die Dringlichkeit einer semiotischen Neuinterpretation der rhetorischen Repertoires zu zeigen.

II. *Rhetorik: eine Schwankung zwischen Redundanz und Information*

II. 1. An dieser Stelle muß auf einen merkwürdigen Widerspruch der Rhetorik hingewiesen werden:

– Einerseits neigt die Rhetorik dazu, die Aufmerksamkeit auf eine Rede zu fixieren, die auf ungewohnte (informative) Art von etwas überzeugen will, was der Zuhörer *noch nicht wußte.*

– Andererseits erreicht sie dies Ziel dadurch, daß sie von etwas ausgeht, was der Hörer *schon weiß und will,* und daß sie zu beweisen versucht, wie die Schlußfolgerung sich ganz natürlich daraus ableitet.

Aber um diese merkwürdige Schwankung zwischen Redundanz und Information zu klären, muß man zwei Bedeutungen des Wortes „Rhetorik" unterscheiden:

A) Die Rhetorik als *generative Technik,* d. h. als Besitz von Argumentationsmechanismen, durch die man persuasive Argumentationen erzeugen kann, die auf einer gemäßigten Dialektik zwischen Information und Redundanz beruhen.

B) Die Rhetorik als *Schatz von Argumentationstechniken,* die schon vom Gemeinwesen erprobt und assimiliert sind. In dieser letzteren Bedeutung ist die Rhetorik eine Sammlung von *codifizierten Lösungen,* durch deren Gebrauch die Persuasion mit einer abschliessenden Redundanz die Codes wieder bestätigt, von denen sie ausgeht.

II. 2. Wir sind gewohnt, die Rhetorik mit der Bedeutung B gleichzusetzen. Wir bezeichnen nämlich als rhetorisch eine Argumentation, die schon fertige Phrasen und erworbene Meinungen, schon abgedroschene und verbrauchte Appelle ans Gefühl verwendet, die auf unbedarftere Hörer noch immer wirken. Und zwar weil eine jahrhundertealte Tradition von rhetorischen Handbüchern, immer wenn sie einen Erzeugungsmechanismus definierte (Bedeutung A), diesen anhand einer versteinerten fossilen Lösung (Bedeutung B) exemplifizierte.

Wenn die Rhetorik, z. B. mit der Theorie der Figuren, Formen des Unerwarteten codifiziert, dann codifiziert sie jedoch nicht direkt *bestimmte* unerwartete Formen, sondern bestimmte *allgemeine unerwartete Beziehungen.* Die Rhetorik sagt nicht: „Metonymie ist, wenn man den König durch die Krone benennt", sondern: „Es ist Metonymie, einen Gegenstand durch einen anderen zu benennen, der Kontiguitätsbeziehungen mit dem ersten aufweist". Jeder kann die codifizierte unerwartete Beziehung auf unerwartete Art *füllen.*

Andererseits codifiziert die Rhetorik nicht unerwartete Beziehungen, die *allen* Erwartungssystemen des Codes oder der Psychologie der Hörer zuwiderlaufen: Sie codifiziert nur diejenigen unerwarteten Beziehungen, die, wie ungewohnt sie auch seien, *sich dem Erwartungssystem des Hörers einfügen können.* Im Unterschied zur poetischen Rede, die sich auf minimale Redundanzstreifen stützt (und die Erwartung des Empfängers möglichst wenig berücksichtigt) und daher dem Kunstbetrachter eine Interpretationsanstrengung aufzwingt, eine Neudimensionierung der Codes, die in der zeitgenössischen Kunst äußerste Punkte der Erträglichkeit erreichen kann, codifiziert die Rhetorik einen *verständigen* Informationstyp. Eine *geregelte* Unerwartetheit, so daß das Unerwartete und Informative nicht alles, was man weiß, provoziert und erschüttert, sondern überredet, d. h. das, was man schon weiß, teilweise umstrukturiert.

II. 3. Natürlich ist hier noch Platz für eine *bereichernde* Rhetorik, die überredet, indem sie das schon Bekannte so weit wie möglich umstrukturiert; eine solche Rhetorik geht wohl von erworbenen Prämissen aus, aber um sie in Frage zu stellen und um sie der genauen Prüfung durch die Vernunft zu unterziehen, wobei sie sich gegebenenfalls auf andere Prämissen stützt (z. B. wenn einer den *locus* der Quantität kritisiert, indem er auf den *locus* der Qualität Bezug nimmt: „Das dürft ihr nicht tun, weil es alle tun, sonst seid ihr Konformisten, sondern ihr müßt das tun, was euch von den anderen unterscheidet, weil der Mensch sich nur in den Taten einer erneuernden Verantwortlichkeit verwirklicht.").

Aber es gibt umgekehrt auch eine *vertröstende* Rhetorik, die sich dagegen der Rhetorik im Sinne B als Schatzes von schon bekannten und erworbenen Dingen bedient und die vorgibt zu informieren und zu innovieren, einfach um die Erwartungen der Empfänger zu reizen, obwohl sie deren Erwartungssystem nur bestärkt und sie davon überzeugt, dem zuzustimmen, womit sie sowieso schon bewußt oder unbewußt einverstanden waren.

Die zweite Rhetorik hat eine *scheinbare* Bewegung: Sie scheint uns zu neuen Entscheidungen zu führen (ein Produkt zu erwerben, einer politischen Meinung zuzustimmen), tut dies aber, indem sie von Prämissen, Argumenten und stilistischen Figuren ausgeht, die zum Bereich des schon Akzeptierten gehörten, und treibt uns schließlich dazu, das zu tun – wenn auch auf eine scheinbar verschiedene Art –, was wir schon immer getan haben.

Die erste Rhetorik hat eine *effektive* Bewegung: Sie geht von Prämissen und erworbenen Argumenten aus, kritisiert sie, bedenkt sie neu und kommt zur Erfindung von stilistischen Figuren, die, wenn sie auch einigen allgemeinen Tendenzen unseres Erwartungssystems folgen, dieses aber tatsächlich bereichern.

III. *Die Rhetorik als Schatz erworbener Formeln*

III. 1. Die Rhetorik in der Bedeutung B (Schatz von erworbenen Formeln) ist ein *ungeheurer Vorrat an codifizierten Lösungen,* d. h. an „Formeln". Und zu ihr gehören auch Codes, die traditionellerweise nicht im Rahmen der rhetorischen Konventionen katalogisiert wurden, wie:

1) schon erprobte *stilistische Lösungen,* die gerade deswegen *en bloc* in den Augen der Empfänger „Künstlerisches" konnotieren (auf dem Gebrauch dieser Syntagmata mit erworbenem stilistischen Wert basiert der *Kitsch,* der, statt neue Formen vorzuschlagen, seinem Publikum schmeichelt, indem er ihm schon erprobte und prestigereiche Formen immer wieder vorsetzt).

2) *Syntagmata mit fixiertem ikonographischem Wert,* wie sie in den figurativen Botschaften erscheinen, wo „Weihnachten" durch eine Verteilung der Personen konnotiert wird, die Regeln und Konventionen gehorcht; „Königtum" wird durch die Zuhilfenahme von Stellungen und Ausstattungselementen angedeutet, die einen „Gemeinplatz" darstellen usw.

3) *Vorher fixierte Konnotationen mit fixem Gefühlswert:* die Fahne auf dem Schlachtfeld, der Appell an die Familie oder an die Mutterliebe, Ausdrücke wie „Ehre", „Vaterland", „Mut" (den Beweis, daß der Ausdruck einen vorher fixierten Gefühlswert hat, liefert eine einfache Kommutation des Signifikans, ohne daß die Bedeutung sich viel änderte, z. B. wenn man statt „Nation" „Land" sagt).

4) *Außertechnische Beweise* (wie sie Aristoteles nennt), d. h. Rückgriffe auf Lösungen mit sicherer emotionaler Wirkung jenseits des Kommunikationswertes der Zeichen.

III. 2. Die Kunstgriffe, die geeignet sind, Gefühle zu erregen, sollten nicht außerhalb der Zeichensysteme katalogisiert werden, da zu den Funktionen der Zeichen auch die Funktion gehört, Gefühle zu erregen; jenseits der Zeichensysteme sollte es höchstens die *Stimuli* geben. Eine Zwiebel macht mich weinen als Stimulus, aber das Bild einer herzzerreißenden Szene macht mich erst weinen, nachdem ich es als Zeichen wahrgenommen habe.

Es gibt jedoch, besonders in den visuellen Künsten, Systeme von Stimuli, die als solche funktionieren und emotionale Reaktionen erzeugen, die man aber offensichtlich nicht als Zeichen codifizieren kann. Diese Stimuli können hervorrufen: 1) unbewußte Reaktionen (das sind jene „Symbole", die die Psychoanalyse entweder als Zeichen einer persönlichen Sprache des Kranken oder als archetypische Symbole klassifiziert); 2) sensomotorische Reaktionen (heftige Stimuli, wie z. B. ein Licht, das mich die Augenlider niederschlagen läßt, oder ein plötzlicher Schrei, der mich auffahren läßt).

Diese Typen von Stimuli müssen a) vom Gesichtspunkt des Empfängers, b) vom Gesichtspunkt des Senders aus betrachtet werden.

a) Vom Gesichtspunkt des Empfängers aus sind sie zweifellos außerzeichenhafte Konditionierungen, die jedoch an der Bestimmung der Wahl der konnotativen Subcodes beteiligt sind, mit denen die

Zeichenaspekte der Botschaft decodiert werden: d. h., sie bereiten gefühlsmäßig auf eine bestimmte Art der Interpretation vor und gehören folglich zum Kommunikationskreislauf.

b) Vom Gesichtspunkt des Senders aus müssen wir annehmen, daß dieser diese Stimuli artikuliert, weil er ihre Wirkung kennt. Folglich artikuliert er sie wie Zeichen, denen er eine codifizierte Antwort zuschreibt, und ordnet sie so an, daß sie im Empfänger besondere interpretative Wahlen anregen. Wenn auch diese Stimuli am Zielpunkt nicht wie Zeichen erscheinen, so werden sie doch an der Quelle wie Zeichen gehandhabt, und ihre Organisation muß folglich nach einer Logik des Zeichens untersucht werden. Wahrscheinlich könnte man sehen, wie auch diese durch Oppositionen und Differenzen definiert werden können (heller Ton vs dunkler Ton; feuerrot vs smaragdgrün; Aufregung vs Ruhe; etc.).

Auf jeden Fall müssen sie als Systeme *präsignifikanter Stimuli* betrachtet werden, die gerade deswegen benutzt werden, weil sie schon als solche codifiziert sind.

All das abgesehen von der Hypothese, daß die sensomotorischen Signale und gar die Dynamik des Unbewußten mittels der Kommunikationstheorie beschreibbar seien.

In diesem Fall wäre die Logik dieser Stimuli dieselbe wie die der expliziten und konventionellen Zeichen, und wir müßten sowohl die einen als auch die anderen unabhängig von der Intention und der Bewußtheit des Senders und des Empfängers analysieren.

Auf diese Weise können gewisse auf der Psychoanalyse basierende Strömungen des Strukturalismus (wie die von Jacques Lacan) in den Verhaltensweisen des Unbewußten dieselbe Art von Regeln erforschen, wie sie in den konventionellen Codes herrschen (die dann zutiefst *motiviert* wären). Sie versuchen ja – wie gesagt –, jedes menschliche Verhalten auf dieselbe zugrundeliegende Struktur zurückzuführen.

Von diesen Interpretionen sehen wir ab und sagen also, *daß uns die Stimuli interessieren, sofern sie auf Grund von historischen und gesellschaftlichen Konventionen codifiziert sind,* und wir betrachten sie – unter diesem semiotischen Blickwinkel – nur unter diesem Lichte. D. h., wir glauben, daß es für keinen der beiden Pole der Kommunikation „okkulte" Persuasion gibt; einer der beiden – Sender oder Empfänger – weiß, daß das Signal einen Sinn hat. Und wir glauben – sofern kultureller Verkehr und Verbreitung der Kultur stattfindet –, daß die sogenannten okkulten Stimuli immer mehr dazu tendieren, den Empfängern als Zeichenphänomene zu erscheinen.[39]

IV. Rhetorik und Ideologie

IV. 1. Hier kann nun ein Problem wiederaufgenommen und weiterentwickelt werden, das schon von Barthes (1964 a) behandelt worden ist: das Problem des Verhältnisses zwischen rhetorischen Formeln und ideologischen Positionen. Das Problem kann deswegen weiterentwickelt werden, weil wir nun (vgl. A. 4.) eine semiotische Formalisierung der Ideologie besitzen, die es uns erlaubt, die Ideologie als kulturelle Einheit zu verstehen, die mit einer rhetorischen Formel als signifikanter Einheit gekoppelt werden kann. Daß die rhetorischen Formeln auf ideologische Positionen verweisen, war schon lange allgemeine Meinung. Schwerlich wird ein kommunistischer Politiker, wenn er auf die Notwendigkeit des Kampfes der Dritten Welt gegen die westlichen Mächte hinweisen will, sagen: /die Verteidigung der freien Welt/, auch wenn er glaubt, daß die Autonomie der Kolonialvölker die einzige Form der Freiheit sei, für die es wert sei zu kämpfen. Die Formel /Verteidigung der freien Welt/ ist inzwischen eng verbunden mit politischen Positionen, die sich mit den USA, ihren Verbündeten und deren ideologischer Sicht identifizieren. Nach den Bemerkungen in A. 4. sind wir jedoch imstande, diese politischen Positionen, als ideologische Segmentierung des globalen semantischen Feldes, einer genau bestimmten „Modellierung der Welt" gleichzusetzen, die nach strukturalen Modellen sich verwirklicht und erklärt werden kann. Folglich ist es einfacher, einen konnotativen Code zu konstruieren, der die identifizierte ideologische Einheit dem angeführten rhetorischen Ausdruck entsprechen läßt. Natürlich könnte dieselbe Operation mit einer Formel wie /brüderliche Hilfe für die sozialistischen Verbündeten/ durchgeführt werden.

Indem die Semiotik diese Codes bestimmt, wo sie existieren, zeigt sie uns als Praxis der Analyse der Botschaften, zu der man durch die hypothetische Annahme von Codes (auch wenn diese schwach und provisorisch waren) gekommen ist, *wie sich unterhalb (oder oberhalb) der Welt der Signifikanten und deren gewöhnlichster Be-*

---

39 Zu einer Anwendung auf ikonischer Ebene, vgl. B. 5. II.

deutungen die Welt der Ideologien bewegt, welche sich in den vorge-
formten Redensarten der Sprache widerspiegeln.

Eine bestimmte Art, die Sprache zu gebrauchen, fällt mit einer bestimmten Art, sich die Gesellschaft vorzustellen, zusammen. Die Ideologie manifestiert sich in semiotischer Hinsicht (wie schon gesagt) als abschließende Konnotation der Kette der Konnotationen oder als Konnotation aller Konnotationen eines Ausdrucks.

IV. 2. Aber wenn Rhetorik und Ideologie so eng verbunden sind, können die beiden Bewegungen denn unabhängig voneinander stattfinden?

Gewiß ist es möglich, eine Revision der ideologischen Erwartungen vorzuschlagen, dadurch daß man einen redundanten Gebrauch, eine rein referentielle Funktion der Botschaften zuhilfenimmt. Z. B. könnte jemand, der die Immoralität der Familienbande behaupten will (wobei er zweifellos ideologische Erwartungssysteme umwirft), diese seine Entscheidung durch Botschaften mitteilen, die nach allen Regeln rhetorischer Vorhersehbarkeit gebaut sind (vom Typ: *Iich behaupte, daß die Familie kein natürlicher Kern ist und daß sie eine verderbliche Funktion erfüllt/*).

Aber jeder echte Umsturz der ideologischen Erwartungen ist nur insofern effektiv, *als er sich in Botschaften verwirklicht, die auch die Systeme rhetorischer Erwartungen umwerfen. Und jeder radikale Umsturz der rhetorischen Erwartungen ist auch eine Redimensionierung der ideologischen Erwartungen.* Und auf diesem Prinzip basiert die avantgardistische Kunst, auch in ihren als „formalistisch" definierten Momenten, wenn sie durch einen höchst informativen Gebrauch des Codes nicht nur diesen erschüttert, sondern auch dazu zwingt, in der Krise des Codes die Krise der Ideologien neu zu bedenken, mit denen sich der Code identifizierte.[40]

---

40 Vgl. Edoardo Sanguineti, *Ideologia e linguaggio,* Mailand, Feltrinelli, 1965; Angelo Guglielmi, *Avanguardia e sperimentalismo,* Mailand, Feltrinelli, 1964; Fausto Curi, *Ordine e disordine,* Mailand, Feltrinelli, 1964; *Il gruppo 63,* Mailand, Feltrinelli, 1964; N. Balestrini (ed.), *Il romanzo sperimentale,* Mailand, Feltrinelli, 1965; Renato Barilli, *La barriera del naturalismo,* Mailand, Mursia, 1964; Barbato, A. u. a, *Avanguardia e neo-avanguardia,* Mailand, Mursia, 1966; Umberto Eco, „Del modo di formare come impegno sulla realtà", in *Menabò, 5* (jetzt in Eco, 1962).

IV. 3. Aber die semiotische Forschung zeigt uns nicht nur die Innovationsmodalitäten, die die informativen Botschaften gegenüber den Codes und den Ideologien anwenden. *Sie zeigt uns gleichzeitig die kontinuierliche Bewegung, durch welche die Information Codes und Ideologien redimensioniert und sich wieder in einen neuen Code und eine neue Ideologie übersetzt.* Das Kunstwerk, das die Sprache auf andere Art zu denken und die Welt mit neuen Augen zu sehen lehrt, wird eben in dem Augenblick, in dem es sich als Innovation setzt, zum *Modell.* Es errichtet neue Gewohnheiten in der Ordnung der Codes und der Ideologien: Nach der Erscheinung dieses Werkes ist es normaler, die Sprache so zu denken, wie das Werk sie gebraucht hatte, und die Welt so zu sehen, wie das Werk sie gezeigt hatte. Es strukturieren sich neue Codes und neue ideologische Erwartungen. Die Bewegung beginnt von neuem. Der einfühlsame Leser, der das Kunstwerk der Vergangenheit in all seiner Frische aufnehmen will, darf es nicht nur im Lichte seiner eigenen Codes lesen (die vordem von der Erscheinung des Werkes und von dessen Assimilation seitens der Gesellschaft gespeist und redimensioniert worden sind): Er muß die rhetorische und ideologische Welt und die Kommunikationsumstände wiederfinden, von denen das Werk ausgegangen war. Die *Philologie* erfüllt diese Informationsaufgabe, durch die wir das Werk nicht in einer akademischen Lektüre austrocknen, sondern die Bedingungen seiner Neuheit, unter denen es entstanden war, wiederfinden, *in uns die jungfräuliche Situation rekonstruieren, in der sich derjenige befand, der sich dem Werk als erster näherte.* (Auch wenn die Assimilierung der Kommunikationsweisen des Werkes, die sich während der Jahrhunderte aufgeschichtet hat, uns zweifellos besser vorbereitet und uns besser über günstige Erwartungssysteme unterrichtet hat, um das Werk zu lesen, ohne unter dem Eindruck einer allzu starken Information nachzugeben, wie es denjenigen seiner Zeitgenossen gegangen sein mochte, die das Werk abgelehnt hatten.)

IV. 4. Dann *enthält* das Werk oft, wie irgendeine andere Botschaft, *seine eigenen Codes:* Wer heute die homerischen Epen liest, zieht aus den von den Versen denotierten Bedeutungen eine solche Masse von Kenntnissen über die Art dieser Völker, zu denken, sich zu kleiden und Krieg zu führen, daß er imstande ist, ihre Systeme ideologischer und rhetorischer Erwartungen zu rekonstruieren. So finden sich im Kunstwerk die Schlüssel, um es in den Lebenskreis eingebettet zu sehen, in dem es entstanden war; die Schlüssel, mit denen man die Botschaft auf ihre ursprünglichen Codes beziehen kann (die in einem Prozeß von Kontextinterpretation rekonstruiert worden sind).

IV. 5. Die Lektüre des Werkes spielt sich so in einem *ständigen Hin und Her* ab, vom Werk zur Entdeckung der ursprünglichen Codes, die es vorschlägt, und von dieser Entdeckung zum Versuch einer werkgetreuen Lektüre, und von hier kommt man wieder auf unsere heutigen Codes und Lexika zurück, um diese auf die Botschaft anzuwenden; und von hier geht man fort zu einer kontinuierlichen Gegenüberstellung und Zusammenstellung der verschiedenen Schlüssel der Lektüre; und man genießt das Werk auch wegen dieser seiner Ambiguität, die nicht nur aus dem informativen Gebrauch der Signifikanten in Bezug auf den Ausgangscode entsteht, sondern auch aus dem informativen Gebrauch der Signifikanten, insofern sie auf unsere Zielcodes bezogen sind.

Und jede Interpretation des Werkes veranlaßt, indem es die leere und offene Form der ursprünglichen Botschaft (die physische Form, die sich unverändert während der Jahrhunderte erhalten hat) mit neuen Bedeutungen erfüllt, neue Bedeutungs-Botschaften, die unsere Codes und unsere ideologischen Systeme bereichern, indem sie diese umstrukturieren und die Leser von morgen auf eine neue Interpretationssituation vorbereitet. In einer kontinuierlichen, sich immer erneuernden Bewegung, die die Semiotik definiert und in ihren verschiedenen Phasen analysiert, deren konkrete Form sie *aber nicht voraussehen kann.*

IV. 6. Die Semiotik weiß, daß die Botschaft wächst, aber sie weiß nicht, wie sie wird wachsen können. Sie kann bestenfalls, indem sie die Signifikans-Botschaft, die sich nicht verändert, mit den Signifikat-Botschaften, die sie erzeugt, vergleicht, einen gewissen *Freiheitsraum* extrapolieren, über den hinaus die Lektüre nicht vorstoßen kann. Und sie kann im Werk als Signifikans-Botschaft ein *Bestimmungsfeld* erkennen, das seine organische Notwendigkeit, die Kraft seines strukturalen Diagramms, seine Fähigkeit, zusammen mit einer leeren Form Hinweise zu deren Füllung zu liefern, darstellt (vgl. Eco, 1962). Aber nichts schließt aus, daß in einer zukünftigen Kultur, in der die

Codes der homerischen Epoche unwiderbringlich verloren gegangen sind und neue, bis jetzt unbekannte Codes die Welt der Kommunikation bereichert haben, eine Lektüre der homerischen Epen möglich ist, die die Semiotik sich nicht vorstellen kann.

„ABWEICHENDE" DECODIERUNG IN DEN MASSENKOMMUNIKATIONEN

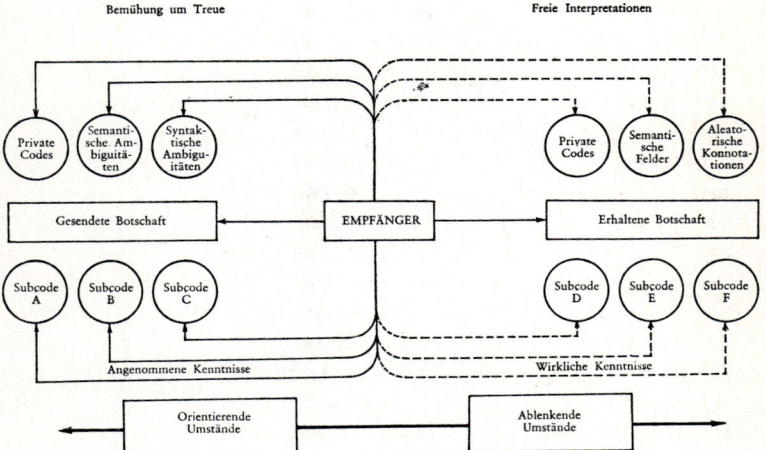

In diesem Modell löst der Empfänger die Ambiguitäten der Botschaft nicht durch eine Interpretationsbemühung (wie im vorhergehenden Schema). Wir können ihn uns vorstellen als den typischen Benutzer der Massenkommunikationen, der eine Botschaft in einer psycho-soziologischen Situation empfängt, die der Sender nicht vorhergesehen hatte. Der Sender hat sich auf Codes und Subcodes und *angenommene* Kenntnisse im Empfänger gestützt, die der Empfänger aber nicht besitzt. Dieser bezieht sich also auf private Codes, auf semantische Felder anderer Art oder unterliegt dem Eindruck aleatorischer Konnotationen und ist oft ablenkenden Umständen unterworfen. Er geht nicht auf der Grundlage der vom Sender angenommenen Kenntnisse vor, sondern auf der Grundlage von eigenen Kenntnissen, die wir „wirkliche" nennen. Wir haben hier also eine Botschaft mit wenigstens zwei möglichen Decodierungen. Greimas (1966) nennt diese parallelen und autonomen Ebenen des Sinnes „Isotopien" der Botschaft. Man muß aber daran denken, daß in den normalen Massenkommunikationsprozessen Vermischungen zwischen den verschiedenen Isotopien stattfinden. Der Empfänger ist nicht völlig im Dunkeln über die Codes des Senders. Es liegt hier also ein Prozeß vor, der teilweise dem vorhergehenden Schema, teilweise dem hier aufgezeigten entspricht. In dem Fall dann, in dem es dem Empfänger weder gelingt, die Codes des Senders zu identifizieren, noch sie durch eigene, idiolektalische Codes zu ersetzen, wird die Botschaft als bloßes Geräusch empfangen.

1. DIE VISUELLEN CODES

I. Berechtigung der Untersuchung

I. 1. Niemand stellt in Zweifel, daß auf der Ebene der visuellen Codes Kommunikationsphänomene auftreten; aber es besteht Zweifel darüber, ob diese Phänomene linguistischen Charakters sind.

Diese Tatsache veranlaßt jedoch gewöhnlich viele, den visuellen Tatbeständen jeden Zeichenwert abzusprechen, als ob es Zeichen nur auf der Ebene der verbalen Kommunikation gäbe (mit der – und mit der allein – sich die Linguistik beschäftigen soll). Andere dagegen sprechen den visuellen Tatbeständen zwar Zeichencharakter ab, interpretieren sie aber weiterhin mit linguistischen Begriffen.

Aber wenn die Semiotik eine autonome Disziplin ist, dann ist sie es gerade, sofern es ihr gelingt, die Kommunikationstatbestände durch die Entwicklung autonomer Kategorien zu erklären, wie z. B. der Kategorien des *Codes* und der *Botschaft*, welche zwar die von den Linguisten als *langue* und *parole* bezeichneten Phänomene umfassen, sich aber nicht auf diese beschränken. Wir haben gesehen, daß sich die Semiotik selbstverständlich der Resultate der Linguistik bedient, die sich von all ihren Zweigen mit größter Strenge entwikkelt hat. Aber das Erste, was man in einer semiotischen Untersuchung präsent haben muß, ist die Bemerkung, *daß nicht alle Kommunikationserscheinungen mit den Kategorien der Linguistik erklärt werden können.*

Folglich hat der Versuch, die visuellen Kommunikationen semiotisch zu interpretieren, folgende Bedeutung: Er gestattet es der Semiotik, die Möglichkeiten ihrer Unabhängigkeit von der Linguistik zu erproben.[1]

I. 2. Wenn wir die von Peirce vorgeschlagenen triadischen Unterscheidungen des Zeichens heranziehen, bemerken wir, daß jeder der

---

1 Das 1968 in diesem Buch vorgeschlagene Projekt ist aufgenommen worden in *Communications* 15 (1970): *L'Analyse des Images.* Vgl. insbes. Metz (1970) und Verón (1970).

Zeichendefinitionen ein visuelles Kommunikationsphänomen entsprechen kann:

ZEICHEN ALS SOLCHES	*Qualizeichen:*	ein Farbfleck in einem abstrakten Bild, die Farbe eines Anzugs usw.
	Sinzeichen:	das Porträt der Monna Lisa, die Direktaufnahme eines Ereignisses im Fernsehen, ein Verkehrszeichen...
	Legizeichen:	eine ikonographische Konvention, das Modell des Kreuzes, der Typ „Tempel mit kreisförmigem Grundriß"...
IN BEZIEHUNG ZUM OBJEKT	*Icon:*	das Porträt der Monna Lisa, ein Diagramm, eine Strukturformel...
	Index:	ein Anzeigepfeil, ein nasser Fleck auf dem Boden...
	Symbol:	das Signal für verbotene Fahrtrichtung, das Kreuz, eine ikonographische Konvention...
IN BEZIEHUNG ZUM INTERPRETANS	*Rhema:*	irgendein visuelles Zeichen, wenn es Terminus einer möglichen Aussage ist
	Dicent:	zwei visuelle Zeichen, die so miteinander verbunden sind, daß daraus ein Verhältnis hervorgeht
	Argument:	ein visueller syntagmatischer Komplex, der Zeichen verschiedenen Typs zueinander in Beziehung setzt. Z. B. die Gesamtheit der Verkehrskommunikationen: „(da) Rutschgefahr, (folglich) Geschwindigkeitsbegrenzung auf 60 km".

Aus dieser raschen Klassifizierung ist leicht ersichtlich, wie dann verschiedene Kombinationen möglich sind (die Peirce vorausgesehen hat) wie z. B. ein ikonisches Sinzeichen, ein ikonisches Legizeichen usw.

Für unsere Untersuchung stellen sich diejenigen Klassifikationen als besonders interessant heraus, die das auf sein Objekt bezogene Zeichen betreffen, und diesbezüglich denkt niemand daran, es abzulehnen, daß die visuellen *Symbole* an einer codifizierten „Sprache" teilhaben. Umstrittener erscheint das Problem bezüglich der *Indices* und der *Icone*.

I. 3. Peirce bemerkte, daß ein Index etwas sei, was die Aufmerksamkeit auf den angezeigten Gegenstand mittels eines blinden Impulses richte (2.306). Und zweifelsohne schließe ich von Anfang an, wenn ich einen nassen Fleck sehe, daß Wasser gefallen ist; ebenso wie ich, wenn ich einen Verkehrspfeil sehe, dazu gebracht werde, mich in die angezeigte Richtung zu bewegen (vorausgesetzt natürlich, daß ich an dieser Information interessiert bin; auf jeden Fall aber nehme ich die Richtungsanzeige auf). Jeder visuelle Index teilt mir aber – durch einen mehr oder weniger blinden Impuls – auf Grund eines Systems von Konventionen oder eines Systems von erlernten Erfahrungen etwas mit. Ich schließe nur dann von den Spuren auf der Erde auf die Anwesenheit eines Tieres, wenn ich gelernt habe, eine konventionelle Beziehung zwischen diesem Zeichen und diesem Tier herzustellen. Wenn die Spuren Spuren von etwas sind, was ich noch niemals vorher gesehen habe (und von dem mir niemals gesagt wurde, welche Art von Spuren es hinterläßt), dann erkenne ich den Index nicht als Index, sondern interpretiere ihn als einen natürlichen Zufall.

Man kann also mit einer gewissen Sicherheit behaupten, daß alle als Indices interpretierbaren visuellen Phänomene als konventionelle Zeichen betrachtet werden können. Ein plötzlich aufleuchtendes Licht, das mich die Augenlider niederschlagen läßt, veranlaßt ein bestimmtes Verhalten durch einen blinden Impuls, aber es tritt kein Semioseprozeß ein; es handelt sich einfach um einen physikalischen Stimulus (auch die Tiere würden die Augen schließen). Wenn ich aber dagegen vom rötlichen Schein, der sich am Himmel ausbreitet, auf den bevorstehenden Sonnenaufgang schließe, dann antworte ich schon auf die Anwesenheit eines durch Erlernung erkennbaren Zeichens. Der Fall der ikonischen Zeichen liegt anders und wirft mehr Fragen auf.

II. 1. Peirce definierte die Icone als die Zeichen, die ihren Gegenstand hauptsächlich durch ihre „Ähnlichkeit" (2.276) und dank der mit dem Gegenstand gemeinsamen Eigenschaften (2.247) darstellen können. In welchem Sinn er die „Ähnlichkeit" zwischen einem Porträt und der porträtierten Person verstand, kann man sich vorstellen; bezüglich der Diagramme z. B. sagt er, daß diese ikonische Zeichen seien, weil sie die Form der wirklichen Gegenstände wiedergäben, auf die sie sich beziehen (2.281).

Die Definition des ikonischen Zeichens hat einen gewissen Erfolg gehabt und ist von Morris wiederaufgenommen worden (dem sie ihre Verbreitung verdankt, auch weil sie einen der bequemsten und offensichtlich zufriedenstellendsten Versuche darstellt, ein *Bild* semantisch zu definieren). Für Morris ist dasjenige Zeichen ikonisch, das *einige Eigenschaften des dargestellten Gegenstandes besitzt,* oder besser, das „die Eigenschaften seiner Denotata hat" (Morris, 1946).

II. 2. Hier stellt sich der gesunde Menschenverstand, der mit dieser Definition einverstanden zu sein scheint, als trügerisch heraus, weil wir merken, daß diese Definition eine reine Tautologie ist, gerade wenn man sie im Lichte des gesunden Menschenverstandes betrachtet. Was bedeutet es denn, wenn man sagt, daß das Porträt, das Annigoni von der Königin Elisabeth gemalt hat, dieselben Eigenschaften wie die Königin Elisabeth hat? Der gesunde Menschenverstand antwortet: Weil es dieselbe Form der Augen, der Nase, des Mundes, dieselbe Gesichtsfarbe, dieselbe Haarfarbe, dieselbe Statur hat... Aber was heißt denn „dieselbe Form der Nase"? Die Nase ist dreidimensional, während das Bild der Nase nur zweidimensional ist. Die Nase hat, aus der Nähe betrachtet, Poren und kleine Unebenheiten, ihre Oberfläche ist nicht glatt, sondern im Unterschied zur Nase des Porträts uneben. Die Nase hat schließlich an ihrem Ende zwei Löcher, die Nasenlöcher, während das Bild an dieser Stelle nur zwei schwarze Flecken hat, die keine Löcher in der Leinwand bilden.

Der Rückzug des gesunden Menschenverstandes kommt einem Rückzug der Morrisschen Semiotik gleich: „Das Porträt einer Person ist bis zu einem bestimmten Punkt ikonisch, es ist nicht völlig ikonisch, weil die Leinwand weder die Struktur der Haut hat, noch die

Fähigkeit, zu sprechen und sich zu bewegen, welche die abgebildete Person hat. Ein Film ist ikonischer, aber auch er ist es nicht völlig." Natürlich kann eine Verifizierung dieser Art, wenn man sie bis zum Extrem treibt, Morris (und den gesunden Menschenverstand) nur zu einer Zerstörung des Begriffes bringen: „Ein völlig ikonisches Zeichen denotiert immer, weil es selbst ein Denotatum ist", d. h., das wirkliche und vollständige ikonische Zeichen der Königin Elisabeth ist nicht das Porträt von Annigoni, sondern die Königin selbst (oder ein eventuelles science-fiction-Double). Morris selbst korrigiert auf den folgenden Seiten die Starrheit dieser Auffassung und schreibt: „Ein ikonisches Zeichen, daran sei erinnert, ist das Zeichen, das in einigen Aspekten dem, was es denotiert, ähnlich ist. Folglich ist die Ikonizität eine Frage des Grades." Und da er im weiteren Verlauf seiner Überlegungen in Bezug auf nicht visuelle ikonische Zeichen sogar von Onomatopoetika spricht, wird klar, daß die Frage des Grades äußerst elastisch erscheint, weil die Beziehung der Ikonizität zwischen „kikeriki" und dem Krähen des Hahnes sehr schwach ist, wie die Tatsache beweist, daß für die Franzosen das entsprechende onomatopoetische Zeichen „kokeriko" ist.

Das ganze Problem liegt darin, welchen Sinn man dem Ausdruck „in einigen Aspekten" geben soll. Ein ikonisches Zeichen ist der bezeichneten Sache *in einigen Aspekten* ähnlich. Das ist eine Definition, die zwar den gesunden Menschenverstand zufriedenstellen kann, nicht aber die Semiotik.

II. 3. Untersuchen wir eine Reklameanzeige. Eine ausgestreckte Hand reicht mir ein Glas, aus dem das gerade eingeschüttete Bier überschäumt, während sich außen auf dem Glas ein feiner Kondensationsbeschlag ausbreitet, der unmittelbar (wie ein *Index*) das Gefühl der Kühle erzeugt.

Man wird sicher zustimmen, daß dieses visuelle Syntagma ein ikonisches Zeichen ist. Schauen wir aber trotzdem, *welche* Eigenschaften des bezeichneten Gegenstandes es hat. Auf der Druckseite finden wir weder Bier, noch Glas, noch feuchten und eiskalten Beschlag. In Wirklichkeit aber *nehme* ich, wenn ich das Glas Bier sehe, Bier, Glas und Kühle *wahr* (eine alte psychologische Frage, die in der Geschichte der Philosophie immer wieder vorkommt), aber ich „fühle" sie nicht: Ich fühle dagegen einige visuelle Stimuli, Farben, räumliche Verhältnisse, Lichteinfälle usw. (auch wenn diese schon in einem bestimmter. Wahrnehmungsfeld koordiniert sind) und koordiniere sie (in einer komplexen Transaktionsoperation), bis sich eine *wahrgenommene Struktur* bildet, die auf Grund von erworbenen Erfahrungen eine Reihe von Synästhesien auslöst und mir erlaubt, „eisgekühltes Bier in einem Glas" zu denken. Nichts anderes geschieht bei der Zeichnung: Ich bemerke einige visuelle Stimuli und koordiniere sie zu einer wahrgenommenen Struktur. Mit den von der Zeichnung gelieferten Erfahrungsdaten tue ich dasselbe wie mit den von der Sinneswahrnehmung gelieferten Erfahrungsdaten: Ich selektioniere sie und strukturiere sie auf Grund von Erfahrungssystemen und auf Grund von Annahmen, die von der vorhergehenden Erfahrung abhängen, und folglich auf Grund von erlernten Techniken, also *auf Grund von Codes.* Aber hier betrifft das Verhältnis Code-Botschaft nicht das Wesen des ikonischen Zeichens, sondern *den Mechanismus der Wahrnehmung selbst, die letztenendes als Kommunikationstatbestand betrachtet werden kann,* als ein Prozeß, der nur entsteht, wenn er bestimmten Stimuli auf Grund von Erlernung Bedeutung verliehen hat und anderen nicht (vgl. Piaget, 1961; Kilpatrick, 1961; *La perception,* 1955).

Eine erste mögliche Schlußfolgerung könnte also sein: 1) *die ikonischen Zeichen „besitzen die Eigenschaften des dargestellten Gegenstandes" nicht;* 2) *sie reproduzieren einige Bedingungen der gewöhnlichen Wahrnehmung auf Grund von normalen Wahrnehmungscodes;* 3) *sie selektionieren diejenigen Stimuli, die es mir erlauben können, eine Wahrnehmungsstruktur aufzubauen, welche – auf Grund der Codes der erworbenen Erfahrung – dieselbe „Bedeutung" wie die vom ikonischen Zeichen denotierte wirkliche Erfahrung besitzt.*

Diese Definition scheint nicht sehr abzuweichen von dem Begriff des ikonischen Zeichens als etwas, was eine natürliche Ähnlichkeit mit dem wirklichen Gegenstand hat. Wenn „eine natürliche Ähnlichkeit mit dem Gegenstand haben" bedeutet, daß das Zeichen kein *willkürliches,* sondern ein *motiviertes* Zeichen ist, das seinen Sinn aus der dargestellten Sache selbst und nicht aus der Darstellungskonvention bezieht, dann müßte es dasselbe sein, ob man von natürlicher Ähnlichkeit spricht oder von einem Zeichen, das einige Bedingungen der gewöhnlichen Wahrnehmung reproduziert. Das (gezeichnete oder photographierte) Bild wäre immer noch etwas „im Wirklichen Verwurzeltes", ein Beispiel „natürlicher Expressivität",

Immanenz des Sinnes in der Sache[2], Anwesenheit der Wirklichkeit in ihrer spontanen Bedeutsamkeit.[3]

Aber wenn wir den Begriff des ikonischen Zeichens in Zweifel gezogen haben, dann gerade deshalb, weil die Semiotik die Aufgabe hat, sich nicht mit dem Schein und der gewöhnlichen Erfahrung zufriedenzugeben. Im Lichte der gewöhnlichen Erfahrung ist es nicht nötig, sich zu fragen, auf Grund welcher Mechanismen wir kommunizieren: Wir kommunizieren, und das genügt! Aber im Lichte der gewöhnlichen Erfahrung ist es auch nicht nötig, sich zu fragen, auf Grund welcher Mechanismen wir wahrnehmen: Wir nehmen wahr, und das genügt! Aber die Psychologie (in Bezug auf die Wahrnehmung) und die Semiotik (in Bezug auf die Kommunikation) stellen sich gerade dann ein, wenn man einen scheinbar „spontanen" Prozeß auf Intelligibilität zurückführen will.

Es ist eine Tatsache der gewöhnlichen Erfahrung, daß wir außer durch verbale (willkürliche, konventionelle, auf Grund von diskreten Einheiten gegliederte) Zeichen auch durch abbildende Zeichen (die natürlich und motiviert und zutiefst mit den Sachen verbunden erscheinen und sich in einer Art sinnlichen Kontinuums zu entwickeln

---

2 „L'image n'est pas l'indication d'autre chose qu'elle-même, mais la pseudo-présence de ce qu'elle-même contient ... Il y a expression lorsque un 'sens' est en quelque sorte immanent à la chose, se dégage d'elle directement, se confond avec sa *forme* même ... L'expression naturelle (le paysage, le visage) et l'expression esthétique (la mélancolie du hautbois wagnérien) obéissent pour l'essentiel au même mécanisme sémiologique: le 'sens' se dégage naturellement de l'ensemble du signifiant, sans recours à un code" (Metz, 1964; diese Position wird in Metz, 1968, S. 39-94 revidiert). Diese Behauptungen über die Expressivität des Bildes würden sich nicht so sehr von all denen unterscheiden, an die uns eine intuitivistische und romantische Ästhetik gewöhnt hat, wenn sie nicht im Kontext einer semiologischen Betrachtung erschienen und sich folglich als Ergebnis der semiologischen Untersuchung angesichts einer Sache darstellten, die diese nicht in den Griff bekommen kann. Die folgenden Seiten wollen gerade Überlegungen eröffnen, die über dieses Haltmachen hinausgehen. Und diese Bemerkung gilt auch für die folgende Fußnote.

3 Die Wirklichkeit ist nur *Kino in Natur:* „die erste und hauptsächliche der menschlichen Sprachen kann die Handlung selbst sein"; und folglich sind „die minimalen Einheiten der kinematographischen Sprache die verschiedenen realen Gegenstände, aus denen eine Einheit besteht" (Pasolini, 1966). Auf diese Stellungnahmen werden wir eingehender in B. 4. I. antworten.

scheinen) kommunizieren können: Das Problem der Semiotik ist es, in Erfahrung zu bringen, wie es zugeht, daß uns ein graphisches oder photographisches Zeichen, welches kein materielles Element mit den Sachen gemein hat, als *den Sachen gleich* erscheinen kann. Nun, wenn es keine gemeinsamen materiellen Elemente hat, dann kommuniziert das abbildende Zeichen vielleicht mittels andersartiger Träger *gleiche Beziehungsformen.* Aber das Problem ist gerade, was und wie diese Beziehungen sind und wie sie kommuniziert werden. Sonst verwandelt sich jede Anerkennung von Motiviertheit und Spontaneität des ikonischen Zeichens in eine Art irrationaler Zustimmung zu einem magischen und geheimnisvollen Phänomen.

II. 4. Aber warum ist die Darstellung des eiskalten Beschlages auf dem Glas ikonisch? Weil ich angesichts des realen Phänomens auf einer bestimmten Oberfläche die Anwesenheit einer einheitlichen Schicht eines transparenten Stoffes wahrnehme, der silbrige Reflexe wirft, wenn er vom Licht getroffen wird. Auf der Zeichnung habe ich auf einer schon vorher existierenden Oberfläche den Beschlag eines transparenten Stoffes, der durch den Kontrast zweier verschiedener Farbtöne (die den Eindruck einfallenden Lichtes erzeugen) silbrige Reflexe wirft. Eine bestimmte Beziehung zwischen den Stimuli hat sich erhalten, die im realen Phänomen und in der Zeichnung gleich ist, auch wenn der *materielle Träger* verschieden ist, durch den die Stimulation verwirklicht worden ist. Mit Hjelmslev könnten wir sagen, daß sich nicht die *Ausdrucksform,* sondern die *Ausdruckssubstanz* verändert hat. Aber bei näherem Hinsehen bemerken wir, daß auch diese angenommene formale Beziehung ziemlich vage ist. Warum scheint der gezeichnete Beschlag, der nicht von einfallendem Licht getroffen wird, sondern als von einem *dargestellten* Licht getroffen *dargestellt ist,* silbrige Reflexe zu werfen?

Wenn ich auf ein Blatt Papier mit einer Feder die Silhouette eines Pferdes zeichne, indem ich diese Silhouette durch eine durchgezogene elementare Linie verwirkliche, wird jeder bereit sein, in meiner Zeichnung ein Pferd zu erkennen; und doch ist die einzige Eigenschaft, die das Pferd auf der Zeichnung hat (die durchgezogene schwarze Linie), die einzige Eigenschaft, die das wirkliche Pferd *nicht hat.* Meine Zeichnung besteht aus einem Zeichen, das den „Raum innerhalb = Pferd" umgrenzt und vom „Raum außerhalb = Nicht-Pferd" trennt, während das Pferd diese Eigenschaft nicht besitzt.

Gewiß kann, wenn ich den Umriß eines Pferdes gegen den Hintergrund des Himmels sehe, der Kontrast zwischen Pferd-Masse und Himmel-Masse wie eine durchgezogene Linie erscheinen, an deren Grenze das Licht von dem dunklen Körper absorbiert wird. Aber dieser Vorgang ist komplexer und kontinuierlicher und beschränkt sich nicht auf die Existenz einer dunklen Grenzlinie, diesseits und jenseits welcher volles Licht bestünde. Folglich habe ich auf meiner Zeichnung *keine Wahrnehmungsbedingungen wiedergegeben;* denn ich nehme das Pferd auf Grund von einer großen Menge von Stimuli wahr, von denen keiner mit einer durchgezogenen Linie vergleichbar ist.

Wir könnten also sagen: *Die ikonischen Zeichen geben einige Bedingungen der Wahrnehmung des Gegenstandes wieder, aber erst nachdem diese auf Grund von Erkennungscodes selektioniert und auf Grund von graphischen Konventionen erläutert worden sind.* Daher denotiert ein bestimmtes Zeichen willkürlich eine bestimmte Wahrnehmungsbedingung oder es denotiert global ein willkürlich auf eine vereinfachte graphische Gestalt reduziertes Wahrgenommenes (Perzept).

II. 5. Wir selektionieren die grundlegenden Aspekte des Perzepts auf Grund von *Erkennungscodes*: Wenn wir im Zoo von weitem ein Zebra sehen, dann sind die Elemente, die wir sofort erkennen (und die wir im Gedächtnis behalten), die Streifen und nicht das Profil, das ungefähr dem des Esels oder dem des Maultiers ähnelt. So bemühen wir uns, wenn wir ein Zebra zeichnen, die Streifen deutlich erkennbar zu machen, auch wenn uns die Form des Tieres nur annähernd gelingt und ohne die Streifen mit der eines Pferdes verwechselt werden könnte. Aber nehmen wir an, es gäbe eine afrikanische Gemeinschaft, in der die einzigen bekannten Vierfüßer das Zebra und die Hyäne sind, während Pferd, Esel und Maultier unbekannt sind: In diesem Fall wird es, um ein Zebra zu erkennen, nicht mehr nötig sein, die Streifen wahrzunehmen (man wird es auch als Schatten nachts, ohne sein Fell zu identifizieren, erkennen können, und beim Zeichnen eines Zebras wird es wichtiger sein, auf die Form der Schnauze und auf die Länge der Beine zu achten, damit der dargestellte Vierfüßer von der Hyäne unterschieden werden kann (die ihrerseits ebenfalls Streifen hat; und folglich stellen die Streifen keinen Unterscheidungsfaktor dar).

Auch die Erkennungscodes (wie die Wahrnehmungscodes) ziehen also *relevante* Aspekte in Betracht (was bei jedem Code geschieht). Von der Selektion dieser Aspekte hängt die Erkennbarkeit des ikonischen Zeichens ab.

Aber die relevanten Züge müssen kommuniziert werden. Es gibt also einen ikonischen Code, der die Äquivalenz zwischen einem bestimmten graphischen Zeichen und einem relevanten Zug des Erkennungscodes festlegt.

Beobachten wir ein vierjähriges Kind: Es legt sich mit dem Bauch nach unten auf eine Tischplatte und bildet auf dem Becken einen Drehpunkt und beginnt, sich mit ausgestreckten Armen und Beinen wie der Zeiger eines Kompasses zu drehen. Es sagt: „Ich bin ein Hubschrauber". Von der ganzen komplexen Form des Hubschraubers hat es auf Grund von Erkennungscodes folgendes behalten: 1) den grundlegenden Aspekt, durch den sich der Hubschrauber von anderen Fahrzeugen unterscheidet: die Drehflügel; 2) von den drei Drehflügeln hat es nur das Bild zweier gegenüberliegender Flügel behalten als die elementare Struktur, durch deren Transformation man die verschiedenen Flügel bekommt; 3) von den zwei Drehflügeln hat es die grundlegende geometrische Relation behalten: eine in der Mitte verbolzte gerade Linie, die sich um 360 Grad dreht. Nach dem Erfassen dieser grundlegenden Relation hat es diese *in* und *mit* seinem Körper reproduziert.

Jetzt bitte ich das Kind, einen Hubschrauber zu zeichnen, und denke, daß es die Grundstruktur, die es ja erfaßt hat, in der Zeichnung wiedergeben wird. Dagegen aber zeichnet es einen ungeschickten Zentralkörper, in den es ringsherum parallelepipedale Formen wie Stacheln *hineinsteckt* in unbestimmter Anzahl (und es fügt immer neue hinzu) und in loser Reihenfolge, als ob der Gegenstand ein Stachelschwein wäre. Und es sagt: „Und hier sind viele, viele Flügel."

Während es, wo es den eigenen Körper gebrauchte, die Erfahrung auf eine äußerst einfache Struktur reduzierte, bringt es den Gegenstand mit dem Kohlestift auf eine sehr komplexe Struktur.

Einerseits nun ahmte das Kind mit dem Körper gewiß auch die Bewegung nach, die es in der Zeichnung nicht nachahmen konnte und die folglich durch das Sich-Verdichten der scheinbaren Flügel wiedergegeben werden mußte; aber die Bewegung hätte es auch wiedergeben können, wie es ein Erwachsener getan hätte, z. B. indem es viele gerade Linien zeichnet, die sich sternförmig angeordnet in der Mitte schneiden. Tatsächlich kann es den Typ von Struktur, die es mit dem Körper so gut darstellen konnte (da es sie schon identifiziert, „modellisiert" hat), noch nicht (graphisch) codieren. Das Kind nimmt den Hubschrauber wahr und entwickelt Erkennungsmodelle, aber *es kann noch nicht die Äquivalenz zwischen einem konventionalisierten graphischen Zeichen und dem relevanten Zug des Erkennungscodes herstellen.*

Erst wenn ihm diese Operation gelingt (wie es in diesem Alter schon für den menschlichen Körper, für Häuser und für Autos geschieht), zeichnet es auf eine erkennbare Weise. Seine menschlichen Gestalten gehören schon zu einer „Sprache", sein Hubschrauber dagegen ist ein zweideutiges Bild, das noch mit einer Erklärung in Worten verbunden werden muß, welche die Äquivalenzen bereitstellt und als Code fungiert.[4]

II. 6. Die Definition des ikonischen Zeichens als eines Zeichens, das *einige Eigenschaften des dargestellten Gegenstandes* besitzt, wird jetzt noch problematischer. Sind die Eigenschaften, die es mit dem Gegenstand gemeinsam hat, die Eigenschaften des Gegenstandes, die man *sieht,* oder die, die man *kennt?* Ein Kind zeichnet ein Auto im Profil so, daß alle vier Räder sichtbar sind: Es identifiziert und reproduziert die Eigenschaften, die es *kennt*; dann lernt es, seine Zeichen zu codieren, und stellt das Auto mit zwei Rädern dar (die anderen beiden, erklärt es, sieht man nicht): Jetzt reproduziert es nur die Eigenschaften, die es *sieht*. Der Künstler der Renaissance reproduziert die Eigenschaften, die er sieht, der kubistische Künstler die, die er kennt (aber das normale Publikum ist gewohnt, nur die Eigenschaften zu erkennen, die es *sieht,* und es erkennt im Bild die Eigenschaften, die es *kennt,* nicht). Das ikonische Zeichen kann also von den Eigenschaften des Gegenstandes die optischen (sichtbaren), die ontologischen (angenommenen) und die konventionalisierten besitzen.

---

4 Wir sprechen hier von einem referentiellen Gebrauch des ikonischen Zeichens. Vom ästhetischen Standpunkt aus kann der Hubschrauber dann wegen der Frische und Unmittelbarkeit geschätzt werden, mit der das Kind, da es keinen Code besaß, seine eigenen Zeichen hat erfinden müssen.

Unter konventionalisierten Bildern verstehen wir die, die von einer inzwischen schon absorbierten ikonologischen Konvention abhängen, auch wenn sie ursprünglich – vermittels graphischer Konventionen – eine wirkliche Wahrnehmungserfahrung wiedergaben (die heute schon die Ausnahme ist). Ein typisches Beispiel liefert die ikonographische Darstellung der Sonne als eines Kreises, von dem strahlenförmig soundsoviele kurze gerade Linien ausgehen. Die ursprüngliche Erfahrung der Sonne ist dadurch gegeben, daß man sie mit halb geschlossenen Augen betrachtete. In diesem Fall erscheint sie uns als ein leuchtender Punkt, von dem diskontinuierlich Strahlen ausgehen. Wenn man eine bestimmte graphische Konvention akzeptiert, können diese Strahlen durch mehrere *schwarze* Linien und der leuchtende Punkt durch einen *weißen* Kreis dargestellt werden. Später scheint sich auch die ikonographische Konvention (welche die ursprüngliche Erfahrung chiffrierte) der raffinierten und wissenschaftlichen Erfahrung anzupassen, die wir von der Sonne haben, die als eine glühende Kugel, die Lichtstrahlen aussendet, verstanden wird. Aber der wissenschaftliche Begriff des Lichtstrahls ist eine Abstraktion, die eben gerade von der klassischen Ikonographie und von der euklidischen Geometrie beeinflußt worden ist, die diese ikonographische Konvention begleitet hatte. Ob das Licht als Quantenphänomen oder als Wellenphänomen betrachtet wird, es hat nichts zu tun mit dem konventionellen Zug, der den Strahl denotiert. Und doch scheint uns die schematische Darstellung der Sonne die wissenschaftliche Idee der Sonne ziemlich gut *nachzuahmen*. Auch wenn sie, wie gesagt, als Reproduktion der Wahrnehmungsbedingungen einer archaischen und naiven natürlichen Erfahrung entstanden ist, ist sie doch alles in allem künstlich: die Sonne mit halb geschlossenen Augen betrachtet. Tatsache ist, daß die Beziehungen bestehen, aber nicht zwischen dem ikonischen Bild und dem Gegenstand Sonne, sondern zwischen dem ikonischen Bild und dem abstrakten Bild der Sonne als wissenschaftlicher Einheit. Folglich *reproduziert die schematische ikonische Darstellung einige Eigenschaften einer anderen schematischen Darstellung* (der wissenschaftlichen Definition der Sonne als glühender Kugel, von der Strahlen ausgehen).

Der ikonische Code stellt so die semantische Beziehung zwischen einem graphischen Zeichenträger und einer schon codierten Wahrnehmungsbedeutung her. Die Beziehung besteht zwischen einer relevanten Einheit des graphischen Systems und einer relevanten

Einheit eines semischen Systems, das von einer vorhergehenden Codifizierung von Wahrnehmungserfahrung abhängt.

II. 7. *Die Konvention regelt alle unsere Abbildungsoperationen.* Gegenüber dem Zeichner, der das Pferd mittels einer fadenförmigen kontinuierlichen Linie darstellt, die nicht in der Natur besteht, kann der Aquarellmaler sich einbilden, daß er sich mehr an die natürlichen Gegebenheiten halte: Wenn er nämlich ein Haus vor dem Hintergrund des Himmels malt, dann umschreibt er das Haus nicht in einem Umriß, sondern reduziert den Unterschied zwischen Gestalt und Hintergrund auf einen Farbunterschied, d. h. auf einen Unterschied der Lichtintensität (die ja gerade das Prinzip ist, an das sich die Impressionisten hielten, indem sie in den Farbtonunterschieden Variationen der Lichtintensität sahen). Aber von allen „wirklichen" Eigenschaften des Gegenstandes „Haus" und des Gegenstandes „Himmel" wählt unser Maler im Grunde die am wenigsten feste und die zweideutigste Eigenschaft aus, nämlich die Fähigkeit dieser Gegenstände, Licht zu absorbieren und zu reflektieren. Und daß ein Farbtonunterschied einen Unterschied der Lichtabsorption seitens einer opaken Oberfläche wiedergeben soll, hängt wiederum von einer Konvention ab. Diese Bemerkung gilt sowohl für die graphischen Icone als auch für die photographischen.

Diese Konventionalität der nachahmenden Codes ist sehr gut von Ernest Gombrich herausgearbeitet worden in *Art and Illusion* (1956), wo er z. B. das Phänomen erklärt, das Constable zustieß, als er eine neue Technik entwickelte, die Anwesenheit des Lichtes in der Landschaft wiederzugeben. Constables Bild *Wivenhoe Park* ist inspiriert von einer Poetik der wissenschaftlichen Wiedergabe der Realität, und uns erscheint es rein „photographisch" mit seiner minutiösen Darstellung der Bäume, der Tiere, des Wassers und der Helligkeit eines Stückes Wiese, auf das die Sonne fällt. Und doch wurde – wie wir wissen – seine Technik der Farbkontraste, als seine Werke zum ersten Mal erschienen, durchaus nicht als eine Form der Nachahmung der „wirklichen" Lichtverhältnisse empfunden, sondern als launenhafte Willkür. Constable hatte also eine neue Art erfunden, *unsere Wahrnehmung des Lichtes zu codieren* und auf die Leinwand zu übertragen.

Um die Konventionalität der Notierungssysteme zu zeigen, bezieht sich Gombrich auch auf zwei Photographien derselben Ecke von

Wivenhoe Park. Diese zeigen vor allem, wie wenig Constables Park mit dem Park der Photographie gemein hat; wobei er aber nicht etwa nebenbei beweisen wollte, daß die Photographie den Parameter darstellt, mit dem die Ikonizität des Gemäldes zu beurteilen wäre. „Was ‚umschreiben' diese Illustrationen? Es gibt bestimmt keinen Quadratzentimeter der Photographie, der mit dem Bild übereinstimmen würde, das man sozusagen an Ort und Stelle haben könnte, wenn man einen Spiegel benutzte. Und das versteht sich von selbst. Die Schwarz-Weiß-Photographie weist nur Tonabstufungen innerhalb einer sehr begrenzten Skala von verschiedenem Grau auf. Keiner dieser Töne entspricht natürlich dem, was wir ‚Realität' nennen. Die Skala hängt nämlich zu einem großen Teil von der Wahl des Photographen im Augenblick der Entwicklung und des Drucks des Negativs ab und ist zu einem großen Teil eine Frage der Technik. Die beiden wiedergegebenen Photographien stammen von demselben Negativ. Die eine, gedruckt auf einer sehr beschränkten Grauskala vermittelt die Wirkung eines verhängten Lichtes, die andere, mit stärkeren Kontrasten, ergibt eine andere Wirkung. Daher ist auch nicht einmal der Druck eine ‚bloße' Transkription des Negativs ... Wenn das schon für die bescheidene Tätigkeit des Photographen zutrifft, wieviel mehr dann erst für den Künstler. Auch der Künstler kann nämlich nicht das transkribieren, was er sieht: er kann es nur in die Ausdrucksweise übersetzen, die dem Mittel eignet, das ihm zur Verfügung steht." (Gombrich, 1956, Kap. I.)

Natürlich können wir eine bestimmte technische Lösung als die Darstellung einer natürlichen Erfahrung verstehen, weil sich in uns ein Erwartungssystem gebildet hat, codifiziert, das uns erlaubt, in die Zeichenwelt des Künstlers einzudringen: „Unsere Lektüre der Kryptogramme des Künstlers wird beeinflußt von unseren Erwartungen. Wir gehen an die künstlerische Schöpfung mit schon eingestellten Empfangsgeräten heran. Wir erwarten, daß wir uns einem bestimmten Notierungssystem, einer bestimmten Zeichensituation gegenüber befinden, und wir wollen uns auf diese einstimmen. Hierfür liefert die Bildhauerei noch bessere Beispiele als die Malerei. Wenn wir vor einer Büste stehen, wissen wir, was uns erwartet, und in der Regel betrachten wir sie nicht als einen abgeschnittenen Kopf ... Aus dem gleichen Grund vielleicht überrascht uns das Fehlen von Farbe nicht, wie es uns auch nicht in einer Schwarz-Weiß-Photographie überrascht." (Gombrich, Kap. V.)

II. 8. Aber wir hatten die ikonischen Codes nicht nur definiert als die Möglichkeit, jede Bedingung der Wahrnehmung mit einem konventionellen graphischen Zeichen wiederzugeben; wir hatten auch gesagt, *daß ein Zeichen global ein Wahrgenommenes denotieren kann*, das auf eine vereinfachte graphische Konvention reduziert worden ist. Gerade weil wir aus den Bedingungen der Wahrnehmung die relevanten Züge *auswählen*, findet diese *Reduktions*erscheinung fast bei allen ikonischen Zeichen statt; aber man bemerkt dies viel eindringlicher, wenn wir Stereotype, Embleme und heraldische Abstraktionen vor uns haben. Die Silhouette des laufenden Kindes mit Büchern unter dem Arm, die bis vor einigen Jahren in Italien die Anwesenheit einer Schule anzeigte, denotierte, wenn sie auf einem Straßenschild erschien, auf ikonischem Wege „Schüler". Aber wir sahen darin immer noch die Darstellung eines Schülers, auch als die Kinder schon lange keine Matrosenmützen und kurze Hosen mehr trugen, wie sie auf dem Schild dargestellt waren. Wir erblickten im täglichen Leben Hunderte von Schülern auf der Straße, aber in ikonischer Hinsicht dachten wir immer noch an einen Jungen mit Matrosenanzug und kurzen Hosen. Zweifellos standen wir in diesem Fall vor einer *ikonographischen Konvention*, die stillschweigend akzeptiert war. Aber in anderen Fällen begründet die ikonische Darstellung richtige *Wahrnehmungskrämpfe*, die uns dazu veranlassen, die Dinge so zu sehen, wie die stereotypen ikonischen Zeichen sie uns seit langem dargestellt haben.

Im Buch von Gombrich gibt es denkwürdige Beispiele für diese Haltung. Von Villard de Honnecourt, dem Architekten und Zeichner des 13. Jahrhunderts, der behauptet, den Löwen der Wirklichkeit nachzubilden, und ihn nach den offensichtlichsten heraldischen Konventionen der Epoche gestaltet (seine Wahrnehmung des Löwen ist von den gebräuchlichen ikonischen Codes bedingt; oder seine Codes ikonischer Transkription erlauben es ihm nicht, seine Wahrnehmungen anders zu umschreiben), bis zu Dürer, der ein Nashorn mit dachziegelartigen Schuppen und Platten darstellt, und dieses Bild des Nashorns bleibt für mindestens zwei Jahrhunderte konstant und taucht wieder auf in den Büchern der Entdecker und Zoologen (die wirkliche Nashörner gesehen haben und wissen, daß diese keine dachziegelartigen Platten haben, denen es aber nicht gelingt, die Faltigkeit der Haut anders darzustellen als in Form von dachziegelartigen Platten, weil sie wissen, daß nur diese konventionalisierten graphischen Zeichen für den Empfänger des ikonischen Zeichens „Nashorn" denotieren können) (Gombrich, Kap. II).

Aber es stimmt auch, daß Dürer und seine Nachahmer auf eine bestimmte Art bestimmte Wahrnehmungsbedingungen zu reproduzieren versuchen, die die photographische Darstellung fallen läßt; in Gombrichs Buch erscheint Dürers Zeichnung lachhaft neben der Photographie des wirklichen Nashorns; aber wenn wir die Haut des Nashorns aus der Nähe untersuchten, würden wir eine solche Menge von Runzeln entdecken, daß in gewisser Hinsicht (z. B. bei einem Vergleich zwischen menschlicher Haut und der Haut des Nashorns) die graphische Verstärkung Dürers viel realistischer erscheinen würde. Diese macht die Runzeln übertrieben und stilisiert evident, was der photographischen Abbildung nicht gelingt, welche konventionellerweise nur die großen Farbmassen wiedergibt und die opaken Oberflächen vereinheitlicht und sie höchstens durch Tonunterschiede differenziert.

II. 9. Bei dieser ständigen Präsenz von Codifizierungsfaktoren müssen auch die Phänomene der „Expressivität" einer Zeichnung in neuem Licht betrachtet werden. Ein interessantes Experiment über die Wiedergabe von Gesichtsausdrücken in den *Comics* (Canziani, 1965) hat unerwartete Ergebnisse erbracht. Man hatte sich nämlich daran gewöhnt zu glauben, daß die Zeichnungen der Comics (man denke an die Gestalten von Walt Disney) viele realistische Elemente opfern würden, um das Maximum an Expressivität zu erreichen; und daß diese Expressivität unmittelbar wäre, so daß Kinder noch besser als Erwachsene die verschiedenen Ausdrücke der Freude, des Schreckens, des Hungers, des Zorns, der Heiterkeit usw. durch eine Art von natürlicher Anteilnahme erfassen würden. Das Experiment hat dagegen gezeigt, daß die Fähigkeit des Verständnisses dieser Ausdrücke mit dem Alter und dem Reifegrad wächst, während sie bei kleinen Kindern beschränkt ist. Dies ist ein Zeichen dafür, daß auch in diesem Fall die Fähigkeit, den Ausdruck des Schreckens oder der Gier zu erkennen, verbunden war mit einem Erwartungssystem, mit einem kulturellen Code, der sich zweifelsohne mit *Codes der Expressivität* verbindet, die in anderen Phasen der bildenden Künste entwickelt worden sind. Mit anderen Worten: wenn wir die Untersuchung weiterführen würden, würden wir wahrscheinlich feststellen, daß ein bestimmtes Lexikon des Grotesken und des Komischen sich auf Erfahrungen und Konventionen stützt, die auf die expressionistische Kunst, auf Goya, auf Daumier, auf die Karikaturisten des neunzehnten Jahrhunderts, auf Breughel und vielleicht sogar auf die komischen Zeichnungen der griechischen Vasenmalerei zurückgehen. Und daß das ikonische Zeichen nicht immer so klar darstellend ist, wie man glaubt, wird bestätigt durch die Tatsache, daß *ihm meistens Wortinschriften beigegeben werden;* auch weil es immer, selbst wenn es erkennbar ist, von einer gewissen Ambiguität erfüllt erscheint und weil es eher das Universelle als das Besondere bezeichnet (das Nashorn und nicht dieses Nashorn da); und daher verlangt es in den Kommunikationen, die auf eine referentielle Genauigkeit abzielen, eine *Verankerung* in einem verbalen Text. (Barthes, 1964 b)

Als Schlußfolgerung gilt auch für das ikonische Zeichen, was wir über den Begriff der Struktur gesagt haben. Die herausgearbeitete Struktur gibt keine mutmaßliche Struktur der Realität wieder, sondern sie gliedert gemäß bestimmter Operationen eine Reihe von Differenzen-Relationen. Die Operationen, durch die die Elemente des Modells zueinander in Beziehung gesetzt worden sind, sind daher dieselben, die wir durchführen, wenn wir in der Wahrnehmung die relevanten Elemente des Erkenntnisgegenstandes zueinander in Beziehung setzen.

Das ikonische Zeichen konstruiert also ein Modell von Beziehungen (unter graphischen Phänomenen), das dem Modell der Wahrnehmungsbeziehungen homolog ist, das wir beim Erkennen und Erinnern des Gegenstandes konstruieren. Wenn das ikonische Zeichen mit irgendetwas Eigenschaften gemeinsam hat, dann nicht mit dem Gegenstand, sondern mit dem Wahrnehmungsmodell des Gegenstandes. Es ist konstruierbar und erkennbar auf Grund derselben geistigen Operationen, die wir vollziehen, um das Perzept zu konstruieren, unabhängig von der Materie, in der sich diese Beziehungen verwirklichen.

Im täglichen Leben nehmen wir aber wahr, ohne uns des Mechanismus der Wahrnehmung bewußt zu sein und folglich ohne uns das Problem der Existenz oder der Konventionalität dessen, was wir wahrnehmen, zu stellen. Ebenso können wir gegenüber den ikonischen Zeichen annehmen, *daß man dasjenige Zeichen als ikonisches Zeichen bezeichnen kann, das uns einige Eigenschaften des dargestellten Gegenstandes wiederzugeben scheint.* In diesem Sinn ist die Morrissche Definition, die der des gesunden Menschenverstandes so verwandt war, anwendbar, *wenn nur klar ist, daß man sie als praktisches Hilfsmittel* und nicht auf der Ebene der wissenschaftlichen Definition *gebraucht.*

III. Die Möglichkeit der Codifizierung der ikonischen Zeichen

III. 1. Wir haben gesehen, daß zur Realisierung von ikonischen Äquivalenten der Wahrnehmung einige Aspekte als relevant ausgewählt werden und andere nicht. Kinder unter vier Jahren halten den Rumpf des Menschen nicht für relevant und zeichnen den Menschen nur mit dem Kopf und den Gliedmaßen.

Aber wenn auch auf der Ebene der großen Einheiten des Erkennens die Identifizierung von relevanten „Zügen" möglich ist, so ist doch das Problem viel verwickelter auf den „mikroskopischen" Ebenen. In der verbalen Sprache sind auf allen Ebenen diskrete Einheiten vorhanden: Von den lexikalischen Einheiten bis zu den Phonemen und von diesen zu den unterscheidenden Zügen erscheint alles als analysierbar.

Auf der Ebene der ikonischen Codes finden wir uns dagegen einem viel verwickelteren Panorama gegenüber. Die Welt der visuellen Kommunikation erinnert uns daran, daß wir auf Grund von *starken* (wie der Sprache) und von geradezu *äußerst starken* (wie dem Morse-Alphabet) und auf Grund von *schwachen Codes* kommunizieren, welche kaum definiert sind, sich ständig verändern und in denen die fakultativen Varianten gegenüber den relevanten Zügen überwiegen.

III. 2. Im Italienischen gibt es verschiedene Arten, das Wort „cavallo" auszusprechen: Man kann das „C" am Anfang aspirieren wie in der Toskana, man kann das doppelte „l" einfach aussprechen wie in Venetien oder verschiedene Intonationen und Akzente gebrauchen. Es bleiben aber einige nicht-redundante Phänomene, welche die Grenze bestimmen, innerhalb deren eine bestimmte Lauthervorbringung die Bedeutung „Pferd" bedeutet und jenseits welcher die Lauthervorbringung nichts mehr oder etwas anderes bedeutet. *Auf der Ebene der ikonischen Darstellung dagegen verfüge ich über unendliche Arten, das Pferd darzustellen,* es zu suggerieren, es in einem Spiel von Helldunkel zu evozieren, es mit einem minutiösen

Realismus abzuzeichnen (gleichzeitig ein stillstehendes, ein laufendes Pferd, ein drei Viertel Pferd, ein auf dem Bauch liegendes Pferd, ein Pferd mit zum Fressen oder Saufen gesenktem Kopf usw. zu bezeichnen). Natürlich kann ich auch verbal „Pferd" in hundert verschiedenen Sprachen und Dialekten sagen; aber das ändert nichts an der Tatsache, daß die Sprachen und Dialekte, wie viele sie auch immer sein mögen, codifizierbar und aufzählbar sind, während die tausend Arten, ein Pferd zu zeichnen, nicht vorhersehbar sind; und daß die Sprachen und Dialekte nur dem verständlich sind, der sie entschieden lernt, während die hundert Codes, ein Pferd zu zeichnen, mit größerer Wahrscheinlichkeit auch von denen benutzt werden können, die diese Codes niemals kennengelernt haben (auch wenn jenseits eines bestimmten Ausmaßes der Codifizierung das Erkennen für den nicht mehr möglich ist, der den Code nicht besitzt).

III. 3. Andererseits haben wir geklärt, daß es die ikonischen Codifizierungen gibt. Wir stehen folglich der Tatsache gegenüber, *daß große Codifikationsblöcke existieren, deren Gliederungselemente aber nur schwer unterschieden werden können.* Man kann eine Reihe von *Kommutationsproben* vornehmen, um zu sehen, welche Züge geändert werden müssen, wenn z. B. der Umriß eines Pferdes gegeben ist, damit die Erkennbarkeit eingeschränkt wird. Aber dieses Vorgehen läßt uns mit Mühe gerade einen winzigen Sektor des ikonischen Codifizierungsprozesses codifizieren, und zwar bloß den, der die schematische Wiedergabe eines Gegenstandes mittels des linearen Umrisses betrifft.

In ein ikonisches Syntagma spielen aber so komplexe Kontextverhältnisse hinein, daß es schwierig erscheint, innerhalb dieser die relevanten Einheiten von den fakultativen Varianten zu sondern. Auch weil die Sprache diskrete Züge aufweist, die Abschnitte im Kontinuum der möglichen Laute bilden, während man in den ikonischen Erscheinungen oft ein chromatisches Kontinuum ohne Auflösung der Kontinuität vorfindet. Dies trifft für die Welt der visuellen Kommunikation zu und nicht z. B. für die Welt der musikalischen Kommunikation, wo das Lautkontinuum in diskrete relevante Einheiten eingeteilt ist (die Noten der Tonleiter). In der zeitgenössischen Musik trifft man diese Erscheinung nicht mehr an (man kehrt zurück zur Benutzung von Lautkontinua, in denen sich Töne und Geräusche in einer ununterschiedenen Verschmelzung vermischen), aber gerade das

Fehlen dieser Erscheinung hat denn richtigerweise den Vertretern einer Gleichsetzung Kommunikation = Sprache erlaubt, das (lösbare, aber existente) Problem der Kommunikativität der zeitgenössischen Musik zu stellen. (Ruwet, 1959.)

Die Schwierigkeit einer semiotischen Definition des ikonischen Zeichens wird deutlich, wenn wir das folgende Beispiel den im ersten Teil gegebenen Definitionen über die Beziehungen zwischen Denotation-Konnotation einerseits und Extensionalität-Intensionalität andererseits gegenüberstellen.

Eine Silhouette, die ein Pferd darstellt (auch wenn sie ein Pferd in einer bestimmten Stellung und einen bestimmten Pferdetyp darstellt) kann auf einer bestimmten Ebene der Konventionalität „Pferd" denotieren. Aber eine Silhouette, die einen Offizier von kleiner Statur, mit Dreispitz, eine Hand auf dem Rücken und eine Hand auf der Brust in die Weste geschoben, darstellt, denotiert „Napoleon". Die erste Silhouette kann ein ikonisches Zeichen sein, die zweite ist sicher ein ikonographisches Symbol. Wie man sieht, stellt sich hier erneut das semantische Problem der „Eigennamen", aber auf eine völlig verschiedene Art.

Warum stellt die zweite Zeichnung „Napoleon" dar? Weil sie nicht nur die Wahrnehmungsbedingungen eines auf graphische Konventionen reduzierten geistigen Schemas (des Begriffes Pferd) enthält, sondern auch konventionelle graphische Zeichen, die auch die Verständnisbedingungen einiger *Konnotata* darstellen. Diese Tatsache ist noch offensichtlicher, wenn wir es mit einer Zeichnung zu tun haben, die „den weinenden Napoleon" (also: „nach Waterloo") zeigt.

Eine solche Tatsache zwingt uns dazu, die konventionellen Möglichkeiten des ikonischen Zeichens mit größerer Aufmerksamkeit zu betrachten. Man muß also bis zu den minimalen Einheiten hinabsteigen, um zu sehen, ob es möglich ist, sich wenigstens theoretisch einen Code zu denken, der auf der Opposition diskreter Einheiten gründet, durch deren sukzessive Kombinationen höchst komplexe Gestaltungen wie die vorgeschlagenen erfaßt werden können.

III. 4. Im ikonischen Kontinuum werden nicht ein für allemal diskrete und katalogisierbare relevante Einheiten ausgeschnitten, sondern die relevanten Aspekte variieren: Manchmal sind es die konventionell erkennbaren großen Konfigurationen, manchmal auch kleine Liniensegmente, Punkte, weiße Stellen, wie bei der Zeichnung eines menschlichen Profils, wo ein Punkt das Auge darstellt, ein Halbkreis das Augenlid. Und wir wissen, daß in einem anderen Zusammenhang dagegen derselbe Punkt und derselbe Halbkreis z. B. eine Banane und eine Weintraube darstellen. Die Zeichen der Zeichnung sind also keine Gliederungselemente, die den Sprachphänomenen entsprechen, weil sie keinen Oppositions- und Stellenwert haben, weil sie nicht durch die Tatsache, daß sie erscheinen oder nicht erscheinen, bedeuten; sie können Kontextbedeutungen annehmen (Punkt = Auge, wenn der Punkt innerhalb einer mandelförmigen Form erscheint) und haben keine Bedeutung für sich selbst, sie bilden aber kein System von starren Differenzen, wodurch ein Punkt zu einer geraden Linie oder zu einem Kreis in Bedeutungsopposition stünde. Ihr Stellenwert variiert je nach der Konvention, die der Typ der Zeichnung aufstellt und die sich unter der Hand eines Zeichners, oder wenn derselbe Zeichner einen anderen Stil annimmt, verändern kann. *Man steht also einem ganzen Reigen von Idiolekten gegenüber* – einige dieser Idiolekte werden unter vielen sofort erkannt, andere dagegen sind äußerst privat –, in denen die fakultativen Varianten gegenüber den relevanten Zügen stark überwiegen, oder besser: in denen die fakultativen Varianten zu relevanten Zügen werden oder umgekehrt, je nach dem Code, den der Zeichner angenommen hat (welcher mit äußerster Freiheit einen schon bestehenden Code umstürzt und aus den Überresten des anderen oder der anderen einen neuen Code bildet). *In diesem Sinne sind die ikonischen Codes, wenn es sie gibt, schwache Codes.*

Das hilft uns auch zu verstehen, warum uns jemand, der spricht, deswegen nicht schon als besonders begabt erscheint, daß aber, wer zeichnen kann, uns dagegen schon als „von den anderen verschieden" erscheint, weil wir in ihm die Fähigkeit anerkennen, Elemente eines Codes zu gliedern, der nicht der ganzen Gruppe gemeinsam ist. Und wir gestehen ihm eine Autonomie bezüglich der Normensysteme zu, die wir keinem Sprecher, außer dem Dichter, zugestehen. Wer zeichnet, erscheint als ein Techniker des Idiolekts, weil er, auch wenn er einen Code benutzt, den wir alle kennen, mehr Originalität, mehr fakultative Varianten, mehr Elemente individuellen „Stils" in den Code einführt als ein Sprecher in seine Sprache. (Metz, 1964, S. 84.)

III. 5. Aber wenn auch das ikonische Zeichen die Charakteristika des „Stils" übertrieben individualisiert, so ist doch die Problematik des ikonischen Zeichens deswegen nicht verschieden von der Problematik der fakultativen Varianten und der Elemente der individuellen Intonation in der verbalen Sprache.

In einem der „Information des Verbalstils" gewidmeten Aufsatz behandelt Ivan Fónagy (1964) diejenigen Variationen im Gebrauch des Codes, die auf der phonetischen Ebene auftreten. Während der phonologische Code eine Reihe von katalogisierten und von voneinander verschiedenen unterscheidenden Zügen aufweist, *koloriert* der Sprecher, auch wenn er die von seiner Sprache vorgesehenen verschiedenen Phoneme auf erkennbare Weise benutzt, die Phoneme mit individuellen Intonationen, seien diese nun die sogenannten *suprasegmentalen Züge* oder die *fakultativen Varianten*. Die fakultativen Varianten sind einfache Gebärden freier Initiative in der Ausführung bestimmter Laute (z. B. bestimmte individuelle oder regionale Aussprachen), während die suprasegmentalen Züge richtige signifikante Mittel sind: z. B. die Intonation, die wir einem Satz geben, um abwechselnd Furcht, Drohung, Angst oder Zuspruch usw. auszudrücken. Ein Befehl vom Typ „Versuch's doch!" kann so betont werden, daß er bedeutet: „Wehe dir, wenn du es versuchst!" oder: „Auf! Los! Geh ran! Nur Mut!" oder noch: „Ich flehe dich an, mache diesen Versuch, wenn du mich gern hast!" Und es ist klar, daß diese Intonationen nicht katalogisierbar sind in diskrete Züge, sondern zu einem Kontinuum gehören, das von einem Minimum bis zu einem Maximum an Spannung, an Härte oder an Zärtlichkeit reichen kann. Fónagy definiert diese Sprechweisen als eine zweite Botschaft, die sich mit der normalen Botschaft verbindet und die sogar mit anderen Mitteln decodiert wird, als ob es in der Informationsübertragung zwei Typen von Sendegeräten gäbe, denen zwei Typen von Empfangsgeräten entsprächen: der eine könnte die auf den Sprachcode beziehbaren Elemente in Botschaft verwandeln, der andere die Elemente eines *vorsprachlichen Codes*.

Fónagy stellt die Hypothese auf, daß zwischen diesen nicht-diskreten Zügen und dem, was sie mitteilen wollen, eine Art von natürlicher Verbindung bestehe; daß diese nicht willkürlich seien und ein paradigmatisches Kontinuum ohne diskrete Züge bildeten; und daß schließlich in der Verwirklichung dieser „sogenannten freien" Varianten der Sprecher Eigenschaften des Stils und der Autonomie der Ausführung herausstellen könne, die er beim Gebrauch des Sprachcodes nicht verwirklichen könne. Wir merken, daß wir uns hier in derselben Lage befinden, wie wir sie schon in Bezug auf die ikonischen Botschaften skizziert haben.

Aber Fónagy selbst merkt, daß diese freien Varianten Codifizierungsprozessen unterworfen sind; daß die Sprache ständig dahin wirkt, auch die vorsprachlichen Botschaften zu konventionalisieren. Diese Bemerkungen werden sehr viel klarer, wenn man daran denkt, wie eine und dieselbe Intonation in zwei verschiedenen Sprachen zwei verschiedene Dinge bedeutet (und diese Verschiedenheit erreicht ihre äußersten Grenzen in der Gegenüberstellung von westlichen Sprachen und Sprachen wie dem Chinesischen, wo die Intonation ja sogar ein grundlegender unterscheidender Zug ist). Fónagy führt zum Schluß eine Passage von Roman Jakobson an, wo Jakobson einer Kommunikationstheorie (in der die Linguistik von der Informationstheorie bereichert werden soll) die Möglichkeit zuweist, auch die „angeblich *freien*" Variationen auf Grund von strengen Codes zu behandeln (Jakobson, 1961). Folglich strukturieren sich die freien Varianten (wenn auch nicht so deutlich wie die Phoneme), die doch so natürlich *expressiv* scheinen, in Oppositions- und Differenzsysteme innerhalb einer Sprache, einer Kultur, einer Gruppe, die die Sprache auf eine bestimmte Art gebraucht, und oft im Umkreis des privaten Sprachgebrauchs eines einzigen Sprechers, wo die Abweichungen von der Norm sich in einem vorhersehbaren System von Ereignissen organisieren (vgl. Spitzer, 1931; Stankiewicz, 1961; *Style in Language,* 1960). Von einem Maximum totaler Konventionalisierung bis zu einem Minimum in der Ausübung des Idiolekts *bedeuten die Intonationsvarianten durch Konvention* (vgl. Trager, 1964).

Was für die Sprache zutrifft, kann auch für die ikonischen Zeichen zutreffen. Und dieses Phänomen erscheint dermaßen klar und unzweideutig, daß es sogar Klassifikationen in der Kunstgeschichte und in der Psychologie veranlaßt. Und zwar wenn eine bestimmte Verhaltensweise von Linien für „anmutig", eine andere für „nervös", eine andere für „gewandt", wieder eine andere für „schwer" gehalten wird ... Es gibt geometrische Konfigurationen, deren sich die Psychologen für bestimmte Tests bedienen, die entschiedenermaßen Spannungen und Dynamismen mitteilen: Eine schräge Linie, auf deren oberem Ende eine Kugel ruht, teilt das Gefühl eines Mangels an Gleichgewicht und der Unstabilität mit; eine Linie, die eine Kugel im unteren Teil der Abschrägung trägt, teilt Stabilität und das Ende eines Vorgangs mit. Es ist nun offensichtlich, daß diese Diagramme physiopsychische Situationen mitteilen, weil sie wirkliche Spannungen darstellen, dadurch daß sie von der Erfahrung der Schwerkraft oder analogen Erscheinungen ausgehen; aber es ist ebenso richtig, daß sie diese in der Form eines abstrakten Modelles der Grundbeziehungen darstellen. Und wenn bei ihrem ersten Erscheinen solche Darstellungen sich ausdrücklich auf das Begriffsmodell der mitgeteilten Beziehung bezogen, so haben sie später konventionellen Wert angenommen, und in der „anmutigen" Linie bemerken wir nicht den Sinn der Behendigkeit, der Leichtigkeit, der Bewegung ohne Anstrengung, sondern einfach die „Anmut" überhaupt (vgl. z. B. Bayer, 1934).

Mit anderen Worten: wenn wir in einer besonders informativen ikonischen Darstellung den Eindruck „Anmut" empfangen können, weil wir plötzlich im unwahrscheinlichen und zweideutigen Gebrauch eines Zeichens die Rekonstruktion und das Wiederaufzeigen von Wahrnehmungserfahrungen entdecken (von Emotionen, die wir uns einmal als Spannungen zwischen Linien vorgestellt hatten, zu in Spannung stehenden Linien, die uns unsere Emotionen ins Gedächtnis zurückrufen), dann lesen wir in Wirklichkeit beim größten Teil dieser Eindrücke von „Anmut" (die wir auf einem Reklameplakat, auf irgendeinem Icon feststellen können) die Konnotation „Anmut" in einem Zeichen, das diese ästhetische Kategorie direkt für uns konnotiert (nicht die ursprüngliche Emotion, die eine informative Darstellung, eine Abweichung von den ikonischen Normen und daher einen neuen Assimilations- und Konventionalisierungsprozeß veranlaßt hat). D. h. wir befinden uns schon auf der rhetorischen Ebene.

Zum Abschluß können wir sagen, daß in den ikonischen Zeichen das vorwiegt, was wir in der verbalen Sprache fakultative Varianten und suprasegmentale Züge nennen würden; und manchmal überwiegen sie in exzessivem Ausmaß. Aber das bedeutet nicht, daß sich die ikonischen Zeichen der Codifizierung entziehen (Metz, 1964, S. 88). Um diesen Punkt zu klären, muß die Opposition von analogisch und digital geklärt werden.

IV. Analogisch und digital

IV. 1. Alles bisher Gesagte will beweisen, daß die ikonischen Zeichen konventionell sind, d. h. daß sie nicht die Eigenschaften der dargestellten Sache besitzen, sondern einige Erfahrungsbedingungen nach einem *Code* umschreiben. All das sagt uns aber noch nicht, ob die ikonischen Codes wie die Codes der verbalen Sprache analysiert werden können.

Der Code der verbalen Sprache besteht aus Systemen, die diskrete Einheiten strukturieren: Eines der wichtigsten Ergebnisse der zeitgenössischen Lignuistik ist es, analogische Modelle ausgeschaltet zu haben, auch auf der Ebene derjenigen Phänomene – wie der Intonationen –, die sich dieser Klassifikation zu entziehen scheinen und die gerade „ikonische" Eigenschaften zu besitzen scheinen (sh. III. 5.).

Das Problem des analogischen Modells, so wie es auch in der Technologie der Computer erscheint, liefert einige Erklärungen für unser Problem.

Wir wissen, daß ein Computer digital (d. h. er verfährt mittels binärer Wahlen und zerlegt die Botschaft in diskrete Elemente) oder analogisch sein kann (er drückt z. B. den Zahlenwert durch die Stromintensität aus, indem er eine strenge Äquivalenz zwischen zwei Größen herstellt). Die Kommunikationsingenieure ziehen es aber vor, nicht von analogischem Code zu sprechen, so wie sie von digitalem Code sprechen, sondern sie gebrauchen den Ausdruck „analogisches Modell". Wenn man nämlich bestimmt, daß eine diskrete Einheit (oder eine Summe diskreter Einheiten) „x" einer anderen diskreten Einheit eines anderen Systems entsprechen soll, dann setzt man gerade das Eingreifen einer codifizierenden Konvention voraus. Aber wenn man bestimmt, daß eine bestimmte Stromintensität einer, nehmen wir an, bestimmten physikalischen Größe analogisch entspricht, dann legt man diese Entsprechung auf Grund einer vorhergehenden Ähnlichkeit fest. Diese Ähnlichkeit hängt nicht von der Konvention ab, sondern geht ihr voraus und begründet sie. In diesem Fall wird der Code nicht durch die Konvention, die ihn aufstellt, erklärt, sondern muß seine Rechtfertigung in etwas Vorhergehendem finden, das nicht der Code ist und das – dessen werden wir uns an dieser Stelle unserer Untersuchung bewußt – gerade der ikonischen Ähnlichkeit verwandt ist; die Stromintensität hat einige der Eigenschaften der numerischen Größe, die sie darstellt.

Was ist der Mangel eines analogischen Modells? Es kann sehr gut funktionieren (ebenso wie die Wahrnehmung und die ikonische Darstellung funktioniert), aber wir sind nicht imstande, es zu erklären, weil letztenendes nicht wir es erzeugt haben.

Es gibt nun einen Grund, warum die semiotische Forschung sich zu beweisen bemüht, daß die Grundlage der Kommunikation konventionell ist.

In gewisser Hinsicht hat die semiotische Bewegung, die von der Botschaft zum Code und umgekehrt verläuft, eine doppelte Daseinsberechtigung: Einerseits versucht sie zu zeigen, daß jede Botschaft auf einer Konvention beruht, weil sie deren Mechanismus nur erklären kann, wenn sie die Konvention erkennt; andererseits versucht sie, den Mechanismus des der Botschaft zugrundeliegenden Codes zu „produzieren" (oder vorzuschlagen), weil sie ihn nur erkennt, indem sie ihn produziert.

Man könnte entgegnen, daß dasselbe für die „natürlichen" Gegenstände, wie z. B. für ein Elektron oder einen genetischen Prozeß, nicht zutreffe: und zwar weil die natürlichen Gegenstände erklärt werden können, ohne daß man voraussetzt, sie wären die Wirkung einer Konvention. Aber die zeitgenössische Wissenschaft hat uns durch die Entwicklung von Erklärungsmodellen gezeigt, daß man, um einen sogenannten natürlichen Gegenstand zu erkennen, auf diesen einen künstlichen und konventionalisierten Gegenstand, das Erklärungsmodell, legen muß: die Strukturformel für einen chemischen Gegenstand, das Atommodell für das subatomare Objekt, das kybernetische Modell für den genetischen Prozeß. Auch die natürlichen Gegenstände werden nur dann erkannt und verändert, wenn man sie als konventionelle und künstliche Gegenstände kennt: Das Licht ist weder die Wellenhypothese noch die Teilchenhypothese, die Stellung des Elektrons, wie sie sich mir bei der Beobachtung darstellt, ist – wie Heisenberg erklärt – eine Verfälschung des Ereignisses (oder das Ereignis als operative Verfälschung).

Wir haben gesehen, daß die traditionellen Erklärungen des ikonischen Zeichens seinem Wesen (warum es als Zeichen funktioniert) nicht gerecht werden, eben weil sie annehmen, daß es natürlich sei und auf einem nicht analysierbaren, d. h. völlig analogischen Code beruhe.

Es ist also nötig (wenn man annehmen will, daß das ikonische Zeichen konventionell ist) zu zeigen, daß dieses nicht auf einem analogischen, sondern auf einem digitalen Code beruht (denn wenn man es auf einem analogischen Code begründete, wäre dies eine *petitio principii*: analogisches Modell bedeutet nämlich ikonisches Modell) (sh. Peirce, 1931, 2. 247–308).

Folglich muß man feststellen, daß alle vorhergegangenen Überlegungen über die Konventionalität der ikonischen Zeichen keinen Sinn haben, solange nicht bewiesen ist, daß die ikonischen Zeichen Botschaften sind, die auf digitalen Codes basieren.

Bevor wir an diese Aufgabe herangehen, müssen wir aber folgendes festhalten:

1. Es genügt, wenn man zeigt, daß alle ikonischen Codes theoretisch auf eine digitale Struktur zurückgeführt werden können, auch wenn wir sie in der Praxis nicht immer als solche analysieren können.

2. Dieser Beweis betrifft wiederum (wie in den Naturwissenschaften) die Art und Weise, wie man die Kommunikationsprobleme in ihrer Gesamtheit zu erklären versucht, und beinhaltet weder eine abschließende ontologische Behauptung, noch eine definitive Annahme über die universelle Struktur der Kommunikation.

Machen wir diese Punkte deutlicher:

1. Es kann sein, daß bestimmte Botschaften dermaßen komplex sind, daß die erschöpfende Identifizierung der diskreten Einheiten, aus denen sie sich auf allen Ebenen zusammensetzen, praktisch unmöglich und unökonomisch wird. Dann genügt die Feststellung, daß es theoretisch möglich ist, sie als digital begründet zu postulieren, während es in der Praxis bequemer erscheint, sie auf Grund von analogischen Modellen zu untersuchen. Man müßte also innerhalb der Semiotik eine Art *Komplementaritätsprinzip* aufstellen, ähnlich wie in der Physik, durch welches jedes Zeichen einmal als Icon und ein andermal als Gliederung von diskreten Einheiten untersucht werden kann. Aber im Unterschied zur Physik könnte die Semiotik annehmen, daß unterhalb dieser Erklärungsambivalenz einer der Erklärungsschlüssel den anderen theoretisch umfaßt. Wie Roland Barthes bemerkte: „Die Begegnung zwischen dem Analogischen und dem Nicht-Analogischen scheint folglich außer Frage zu stehen, selbst innerhalb eines einzigen Systems. Die Semiologie wird sich jedoch nicht zufriedengeben können mit einer Beschreibung, die den Kompromiß anerkennen würde, ohne ihn zu systematisieren zu versuchen, denn sie darf kein kontinuierliches Differential zulassen, da der Sinn, wie wir sehen werden, Gliederung ist . . . Es ist also wahrscheinlich, daß sich auf der Ebene der allgemeinsten, d. h. anthropologischen, Semiologie eine Art *Zirkularität* zwischen Analogischem und Unmotiviertem einstellt: es besteht die doppelte (komplementäre) Tendenz, das Unmotivierte zu naturalisieren und das Motivierte zu intellek-

tualisieren, d. h. zu kulturalisieren. Schließlich versichern gewisse Autoren, daß der Digitalismus selbst, der Rivale des Analogischen, in seiner reinen Form, dem Binarismus, selbst eine ‚Reproduktion' gewisser physiologischer Prozesse ist, wenn es wahr ist, daß das Sehen und das Hören letztenendes mittels alternativer Wahlen funktionieren." (Barthes, 1964 a, II. 4. 3.)

2. Diese letzte Behauptung führt uns zu unserem zweiten Punkt zurück. Was würde es beim gegenwärtigen Stand der wissenschaftlichen Forschung bedeuten, wenn man behauptete, daß die digitale Struktur (die man den Codes – außer für ihre Konstruktion – zuschreibt, um sie zu erklären) die objektive und universelle Struktur der Kommunikation ist?

Wir nehmen doch an, daß wir die Sprache durch Gegenüberstellung von konventionell assoziierten diskreten Einheiten verstehen. Aber wie erkennen wir eine diskrete Einheit? Wie unterscheiden wir trotz der fakultativen Varianten ein Phonem vom anderen? Wie erkennen wir zwei in der Phonologie gleiche relevante Züge? Die letzte Antwort sollte sein: auf Grund ikonischer Ähnlichkeit. In diesem Fall hätte unsere Digitalisierung des Codes nichts anderes bewirkt, als die anfängliche Frage um eine Stufe tiefer zu rücken. Natürlich würde hier der Psychologe eingreifen: Er könnte uns erklären, daß die zwei Phänomene auf Grund von alternativen Selektionen (wie auch Barthes sagt) wahrgenommen worden sind; daß die Wahrnehmung nicht anderes ist als die wahrscheinlichkeitstheoretische Zentrierung von letzten, vom Sinnlich-Wahrnehmbaren gelieferten Elementen, die auf Grund von binären Prozessen ausgewählt und koordiniert werden (vgl. Piaget, 1961). Und es könnte der Neurophysiologe auftreten und uns erklären, daß die Gehirnvorgänge digitale Struktur haben. Aber an diesem Punkt könnte die Neurophysiologie auch den Zweifel äußern, daß diese digitalen Prozesse sich mittels chemischer Aktivierung ereignen, und die chemische Aktivierung einer Zelle kann mit der chemischen Aktivierung einer anderen Zelle auf Grund von analogischen Modellen konfrontiert werden ... Wahrscheinlich würde man auf dieser fundamentalen Ebene der Erkenntnisprozesse wieder das Prinzip der Komplementarität zwischen Analogisch und Digital vorschlagen (vgl. Sebeok, 1962).

Eine einzige Überlegung bestärkt uns in unserer anfänglichen Annahme (d. h. in der Bestimmung, daß jeder Zeichenprozeß als ein

digitaler betrachtet werden kann): daß *tatsächlich* jeder Zeichenprozeß in einem bestimmten Augenblick in digitale Begriffe *übersetzt*
werden kann.

IV. 2. In Ermangelung von Erklärungen dieser Art kann man sich
sicher mit analogischen Modellen begnügen: Wenn diese sich auch
nicht durch binäre Oppositionen strukturieren, so organisieren sie
sich doch in *Stufen* (d. h. nicht durch „*ja* oder *nein*", sondern durch
„*mehr* oder *weniger*"). Diese Modelle könnten „Codes" genannt
werden, insofern als sie nicht das Diskrete in das Kontinuierliche
auflösen (und folglich die Codifizierung nicht annullieren), sondern
das als kontinuierlich Erscheinende in *Stufen* einteilen. Die graduelle
Einteilung setzt statt einer Opposition zwischen „ja" und „nein"
einen Übergang vom „Mehr" zum „Weniger" voraus. Z. B. kann
man in einem ikonologischen Code bei zwei Konventionalisierungen
X und Y des Verhaltens „Lächeln" die Form Y als die betontere
Form des Lächelns als X voraussehen. Und in einer Richtung voran-
schreitend, bekäme man auf der folgenden Stufe eine Form Z, die
einer eventuellen Form X1 ziemlich nahe wäre, welche schon den
niedersten Grad der Konventionalisierung des Verhaltens „Lachen"
darstellen würde. Es bleibt nun nur noch zu fragen, ob eine solche
Codifizierung auf keinen Fall und grundsätzlich nicht auf die binäre
zurückführbar ist (und folglich deren konstante Alternative, den anderen Pol einer ständigen Schwankung zwischen dem Quantitativen
und dem Qualitativen darstellt) oder ob diese Stufen, sobald Grade
in das Kontinuum eingeführt worden sind, nicht schon – was ihre
Bedeutungsfähigkeit betrifft – durch gegenseitige Ausschließung funktionieren, und also eine Form von Opposition aufstellen.[5]

IV. 3. Ein hervorragendes Untersuchungsmodell liefert uns die
Musikwissenschaft. Die Musik als Grammatik einer Tonalität und
Entwicklung eines Notierungssystems zerlegt das *Kontinuum* der
Töne in relevante Züge (Töne und Halbtöne, Schläge des Metro-
noms, Viertelnoten, ganze Noten, Achtelnoten usw.). Durch die
Gliederung dieser Züge kann man *jeden* musikalischen Diskurs er-
zeugen.

---

5 Die gängige Tendenz erkennt noch einen unauflösbaren Gegensatz zwischen Willkürlich und Motiviert an. Vgl. Stankiewicz (1964); Bolinger
(1961); Sebeok (1962); Valesio (1967); Jakobson (1964).

Man kann jedoch einwenden, daß, auch wenn die Notierung auf Grund eines digitalen *Codes* vorschreibt, wie man musikalisch *sprechen* soll, die einzelne Botschaft (die Ausführung) sich mit zahlreichen, nicht codifizierten fakultativen Varianten anreichert, so daß ein Glissando, ein Triller, ein Rubato, die Dauer eines Verlängerungszeichens (sowohl von der gewöhnlichen Sprechweise als auch von der Sprechweise der Kritik) als *expressive Fakten* betrachtet werden.

Aber während sie diese expressiven Fakten anerkennt, unternimmt die Wissenschaft von der musikalischen Notierung doch alles, um auch die Varianten zu codifizieren. Sie codifiziert das Tremolo, das Glissato, fügt Bemerkungen hinzu wie „con sentimento" usw. Man wird sagen, daß diese Codifizierungen nicht digital seien, sondern eben gerade analogisch, und daß sie stufenweise *(mehr* oder *weniger)* vorgingen. Aber wenn sie auch nicht digital sind, so sind sie doch *digitalisierbar*, nur daß die Beweisführung nicht auf der Ebene der Notierung für Interpreten, sondern auf der Ebene der technischen Codes für die Tonaufzeichnung und -reproduktion stattfindet.

Jede minimale expressive Variation entspricht in den Rillen, die die Nadel des Grammophons abtastet, einem Zeichen.

Man wird sagen, daß auch diese Zeichen nicht in diskrete Züge gegliedert werden können, sondern als ein Kontinuum von Kurven, von mehr oder weniger akzentuierten Oszillationen auftreten. Wohl. Aber wir betrachten jetzt den physikalischen Vorgang, durch den man von diesem Kontinuum von abgestuften Kurven – durch eine Folge von entsprechenden elektrischen Signalen zu einer Sequenz von akustischen Schwingungen – zum Empfang und zur Wiedergabe des Tons durch einen Verstärker übergeht. *Hier sind wir wieder bei den digitalisierbaren Größen.*

Von der Rille bis zur Nadel, bis zum Eintreten in die elektronischen Blöcke des Verstärkers wird der Ton durch ein *kontinuierliches Modell* wiedergegeben; aber von den elektronischen Blöcken ab bis zur physikalischen Wiedergabe des Tones durch den Verstärker *wird der Vorgang diskret.*

Die Kommunikationstechnologie neigt immer mehr dazu – auch in den Computern –, die analogischen Modelle in digitale Codes zu übertragen. Und diese Übertragung ist immer möglich. Den Beweis für diese diskrete Natur des Signals liefert die Existenz des *Geräuschs.* Das Geräusch kann eben deswegen im Kanal auftreten, weil die

Aussendung von Elektronen, aus der das Signal besteht, ein diskretes Phänomen ist. *Wenn die Informationsübertragung für den ganzen Vorgang kontinuierlich wäre, dann gäbe es kein Geräusch.*

IV. 4. Einen anderen Beweis, ähnlich dem der Reproduktion des Tones, liefert uns eine Reihe neuerer Experimente über die Reproduktion und Produktion von Bildern. Diese Experimente betreffen sowohl die photomechanische Reproduktion (Photos und Bilder für Reproduktionen im Druck), wo man verschiedene Arten von Rastern und Gittern benutzt, als auch die Herstellung von ikonischen Bildern durch Computer, die Aufzeichnern (plotter) Verfahrensinformationen übermitteln.

In den Untersuchungen über die Bildung von Rastern wird gerade die Anzahl der Elemente und ihrer Kombinationen diskutiert (d. h. das Problem des Paradigmas und des Syntagmas), die an der Bildung eines bestimmten Codes beteiligt sind. In einem Raster kann man entscheiden, ob ein einzelnes minimales Element oder umfassendere Kombinationen, die aus der Zusammenstellung von mehreren minimalen Elementen entstehen, die Wahrnehmungseinheit darstellen. Es geschieht also, was auch in der Untersuchung der verbalen Sprache geschah, als man entschied, ob man als minimale Einheiten die Phoneme oder die unterscheidenden Züge untersuchen sollte.

William S. Huff (1967) hat einige Bilder produziert und analysiert, wobei er gezeigt hat, daß diese bestehen können: a) aus Einheiten, die aus vier Punkten in zwei verschiedenen Größen gebildet sind und fünf Kombinationsmöglichkeiten erlauben; b) aus einer unendlichen Reihe von Punkt-Größen, die kontinuierliche Abstufungen erlauben; c) aus elementaren Einheiten, die aus einer Gruppe von drei Punkten mit zwei Größenvariationen gebildet sind, so daß ihre kombinatorischen Möglichkeiten vier Typen von Elementen erlauben (drei kleine, keinen großen; zwei kleine, einen großen; einen kleinen, zwei große; keinen kleinen, drei große); d) aus Reihen von Punkten von zwei Größen; e) usw.

In all diesen Fällen taucht eine Frage auf: Haben wir noch eine Reihe von analogischen Größen vor uns? Oder haben wir eine Reihe von diskreten Einheiten wie den Phonemen vor uns, die sich voneinander durch eine Reihe von unterscheidenden Zügen unterscheiden? In diesem Fall sind die unterscheidenden Züge der minimalen graphischen Einheiten, die Huff beschrieben hat: Farbe, Dichte, Form, Stellung und Format der Elemente und die Gestaltung des Gitters.

Jedenfalls stellt sich Huff selbst das Problem einer binären Reduktion des graphischen Codes: „Vielleicht wird (der designer) sogar die minimale Situation entdecken, wenn er mit Elementen von nur zwei Größen arbeitet, ergo mit einem binären System. Wenn er das tut, trifft er auf ein äußerst schwieriges Problem: denn, um eine kontinuierliche Oberfläche aufrechtzuerhalten, muß er auf eine andere Art, als es der photomechanische Vorgang tut, zwischen zwei Texturgradienten unterscheiden. Vielleicht stellen diese operativen Ökonomien, die von Erforschern von handgemachten Rastern praktiziert werden, eine Finesse dar, die von geringfügiger Bedeutung für die graphische Computertechnik ist, die hypothetisch imstande ist, die Licht- und Schattencharakteristika jeder vorstellbaren Oberfläche zu formulieren, wodurch sie dem photomechanischen Vorgang entspricht. Es scheint jedoch, daß die Abstufung von gleichgroßen Elementen durch Helligkeitstöne statt der Abstufung von einfarbigen Elementen durch verschiedene Größen, obgleich sie fruchtbar und kühn ist, eine Bemühung in falscher Richtung ist – irgendwie der fundamentalen Einfachheit digitaler oder binärer Computer entgegengesetzt" (S. 115).

Es ist klar, daß die Diskussion von Huff die praktischen Möglichkeiten graphischer Realisierung betrifft und nicht die theoretischen Möglichkeiten einer absoluten binären Reduktion des Codes. In dieser letzteren Hinsicht erscheinen die von Moles (1967) gelieferten Beispiele entscheidender. Er zeigt z. B. Gitter, die aus einem einzigen rechtwinkligen Dreieck gebildet sind, das in den oberen und in den unteren Winkel eines quadratischen Faches gestellt ist, so daß es in einer Opposition „leere Stelle vs volle Stelle" funktionieren kann.

Auf jeden Fall ist die Diskussion über die binären Möglichkeiten der Raster in der photomechanischen Reproduktion (die praktischen Kriterien gehorcht) überholt von der Diskussion über die Realisierungsmöglichkeit irgendeines ikonischen Bildes durch die digitale Instruierung eines Computers, der diese digitalen Instruktionen dann einem analogischen „Aufzeichner" (plotter) übermittelt (mehr oder minder so, wie es bei der Beziehung zwischen elektronischen Blöcken und Verstärker im angeführten phonographischen System geschieht, IV. 3.).

Diesbezüglich gibt es inzwischen eine Reihe von sehr überzeugenden Dokumenten, und zahlreiche Ausstellungen sind schon den von Computern hergestellten ikonischen Bildern gewidmet worden. Unter den überzeugendsten theoretischen Texten erinnern wir an die von Soulis und Ellis (1967) und an den von Cralle und Michael (1967).

Der Designer kann z. B. einen ikonischen Dialog mit dem Computer führen: „Weitreichende Mittel in dieser Klasse sind gewöhnlich Film- oder Dokumente-Scanner. Diese werden mit einer Zeilenzeichnung oder mit Mikrofilm präsentiert, wodurch sie mittels Kathodenstrahlen abtasten und in digitale Form zerbrechen, die ein Computer verdauen kann ... Der Designer kann dem Computer direkt graphische Muster geben. Der Computer kann dies direkt in seiner eigenen digitalen Form annehmen. Mit einem passenden Manipulationsprogramm kann der Computer dann seinerseits eine alternative Form produzieren und diese dem Designer zeigen." Offensichtlich befehligt der Computer digital einen „plotter", der mit analogischen Mitteln das Bild zurückerstattet (Soulis & Ellis, S. 150–151). Cralle und Michael erklären uns (S. 157): „Wenn wir etwas ‚plotten' wollen, müssen wir auch sagen, wo wir es ‚plotten'. Das normalerweise gewählte Zielschema bekommt man dadurch, daß man sich ein zweidimensionales Cartesianisches Koordinatensystem vorstellt, das auf den Bildschirm des CRT gelegt wird. Sowohl in der horizontalen (X) als auch in der vertikalen (Y) Richtung können wir ganze Zahlen für jeden Punkt bestimmen, auf den der Elektronenstrahl digital hingelenkt werden kann."

Experimente ikonischer Reproduktion – oder Invention durch Computer, wie die in den Laboratorien der Bell Telephones von Knowlton und Harmon, von der japanischen Computer Technique Group, von Charles Csuri an der Ohio State University, von der Boeing Computer Graphics (sh. *Cybernetic Serependipity*, 1968) durchgeführten, zeigen, daß die digitale Programmierung der ikonischen Zeichen inzwischen einen hohen Grad an Raffinement erreicht hat und daß ein größeres Raffinement und größere Komplexität nur eine Frage der Zeit und der ökonomischen Mittel ist.

Alles was wir gesagt haben, bedeutet nicht, daß das ikonische Bild (im ontologischen Sinn) „natürlich" digital ist. Wir haben uns schon geweigert, auf dogmatische Art und Weise Hypothesen dieser Art anzunehmen. Es bedeutet aber, daß jedes ikonische Bild digital analysiert und produziert werden kann. Und das genügt, um die vorangegangene Behauptung zu bekräftigen: a) die Unterscheidung zwischen ikonisch und digital als ein bequemer praktischer Kunstgriff, der in nicht-experimentellen Situationen ruhig auch zur Klassifizierung der verschiedenen Zeichentypen gebraucht werden kann; b) die theoretische und praktische Möglichkeit, das Analogische auf das Digitale zurückzuführen (vgl. Metz, 1970, und Verón, 1970).

IV. 5. Das in den vorangegangenen Absätzen Gesagte kann jedoch immer noch eine gefährliche Schlußfolgerung hervorbringen. D. h. man könnte meinen, daß der Beweis, daß die ikonischen Codes digital sind, dasselbe wäre wie der Beweis, daß die ikonischen Codes konventionell sind. Es gibt aber, wie man leicht verstehen wird, dagegen Prozesse, wie den Wahrnehmungsprozeß und die neurophysiologischen Prozesse im allgemeinen, die digital sind (oder sein können), ohne deswegen konventionell zu sein.

Zusammenfassend haben wir es mit vier Typen von Behauptungen zu tun:

x) die ikonischen Zeichen sind „natürlich";
y) die ikonischen Zeichen sind „konventionell";
z) die ikonischen Zeichen sind analogisch;
k) die ikonischen Zeichen haben digitale Struktur.

Es ist nun durchaus nicht bewiesen, daß „wenn k, dann y". Wir haben vielleicht bewiesen: „wenn z, dann x". Aber es ist immer noch möglich, daß diese Behauptung „wenn z, dann y" nicht ausschließt. So wie man „wenn k, dann x" nicht ausschließen kann. Wir können also mit größter Vorsicht sagen, daß „die Annahme der Hypothese k zur verständlicheren Formulierung der Hypothese y beiträgt", auch wenn die beiden Hypothesen unabhängig voneinander formuliert werden können. Und an diesem noch sehr ungewissen und primitiven Punkt hört beim gegenwärtigen Stand der Semiotik unsere Kenntnis des Problems der möglichen Konventionalität der ikonischen Zeichen auf.

2. DER MYTHOS DER DOPPELTEN GLIEDERUNG

1. Die gefährliche Neigung, für „unerklärbar" zu deklarieren, was sich nicht sofort mit den zur Verfügung stehenden Instrumenten erklären läßt, hat zu merkwürdigen Positionen geführt: Zu diesen gehört die Entscheidung, Kommunikationssystemen, die nicht die für die verbale Sprache als konstitutiv anerkannte doppelte Gliederung aufweisen, nicht die Würde einer Sprache zuzuerkennen (sh. A. 1. III. 1.). Gegenüber Codes, die offensichtlich schwächer sind als der Sprachcode, hat man entschieden, daß diese keine Codes seien; und gegenüber der Existenz von Bedeutungsblöcken – wie sie die ikonischen Bilder darstellen – hat man zwei entgegengesetzte Entscheidungen gefällt: entweder man negiert deren Zeichencharakter, weil sie als nicht-analysierbar erscheinen, oder man sucht darin auf Biegen und Brechen irgendeine Art von Gliederung, die der Gliederung der Sprache entsprechen soll. Eines der verfänglichsten Beispiele (eben weil es mit solch luzider Überredungskunst entwickelt worden ist) stellen die Bemerkungen von Claude Lévi-Strauss über abstrakte und figurative Malerei dar.

Wir wissen, daß es in der Sprache mit Bedeutung ausgestattete Elemente der ersten Gliederung gibt (die *Moneme*), die sich miteinander verbinden, um die Syntagmata zu bilden; und daß diese Elemente der ersten Gliederung weiter in Elemente der zweiten Gliederung analysiert werden können, aus denen die Moneme zusammengesetzt sind (die *Phoneme*) (Martinet, 1960, 1. 8.).

Zweifellos entsteht in der Sprache die Signifikation durch das Zusammenspiel dieser beiden Typen von Elementen; aber es ist nicht gesagt, daß jeder Signifikationsprozeß auf dieselbe Art stattfinden muß.

Lévi-Strauss dagegen glaubt, daß keine Sprache vorliegt, wenn nicht diese Bedingungen erfüllt sind.

2. Schon im Verlauf seiner *Entretiens* (Lévi-Strauss, 1961) mit einem Radio-Interviewer hatte er eine Theorie des visuellen Kunstwerks entwickelt, die jene Einstellung ankündigte, die er dann in der *Ouverture* von *Das Rohe und das Gekochte* entfaltete: An der

ersten Stelle bezog er sich auf einen Begriff von Kunst als ikonischem Zeichen, den er in *La pensée sauvage* entwickelt hatte, wo er von der Kunst als von einem „reduzierten Modell" der Wirklichkeit sprach. Die Kunst sei ohne Zweifel – bemerkte Lévi-Strauss – ein Zeichentatbestand, der aber zwischen dem sprachlichen Zeichen und dem Gegenstand selbst stehe. Die Kunst sei Inbesitznahme der Natur seitens der Kultur; die Kunst erhöhe einen bloßen Gegenstand zum Signifikans, erhöhe einen Gegenstand zum Zeichen und zeige in ihm eine Struktur, die zuerst nur latent vorhanden gewesen sei. Aber die Kunst kommuniziere durch eine gewisse Beziehung zwischen ihrem Zeichen und dem Gegenstand, der dies Zeichen inspiriert habe; wenn diese Beziehung der Ikonizität nicht bestünde, befänden wir uns nicht mehr vor einem Kunstwerk, sondern vor einem Faktum sprachlicher Natur, das willkürlich und konventionell wäre; und wenn andererseits die Kunst totale Nachahmung des Gegenstandes wäre, hätte sie keinen Zeichencharakter mehr.

Wenn in der Kunst eine Beziehung zwischen Zeichen und Objekten fühlbar bleibe, dann geschehe dies ohne Zweifel deswegen, weil ihre Ikonizität es ihr gestatte, semantischen Wert anzunehmen; und wenn sie außerdem Zeichenwert habe, dann deswegen, weil sie auf die eine oder andere Art dieselben Gliederungstypen wie die verbale Sprache aufweise. Diese Prinzipien, die in den *Entretiens* verstreut angeführt werden, werden in der Ouverture zu *Das Rohe und das Gekochte* mit größerer Entschiedenheit und Strenge spezifiziert.

3. Der Gedankengang ist hier sehr einfach: Auch die Malerei gliedere wie die verbale Sprache Einheiten der ersten Ebene, die Bedeutung hätten und die den Monemen zur Seite gestellt werden könnten (und hier spielt Lévi-Strauss klar auf die erkennbaren Bilder, d. h. auf die ikonischen Zeichen an); und auf der zweiten Ebene hätten wir Äquivalente der Phoneme, Formen und Farben, welche unterscheidende Einheiten ohne autonome Bedeutung seien. Die „nichtfigurativen" Schulen „verzichten auf die erste Artikulationsebene und geben vor, um des Überlebens willen sich mit der zweiten zu begnügen" (dt. 1971, S. 38). Sie gingen in die gleiche Falle, in die die atonale Musik stürze: sie verlören jede Kommunikationskraft und glitten ab in die „Häresie des Jahrhunderts": den Anspruch, „ein Zeichensystem auf nur einer Artikulationsebene schaffen" zu wollen (dt. 1971, S. 42).

Lévi-Strauss' Text, der sich auf sehr scharfsinnige Weise über die Probleme der tonalen Musik ausläßt (in der er z. B. Elemente der ersten Gliederung, die mit Bedeutung ausgestatteten Intervalle, und die isolierten Töne als Elemente der zweiten Gliederung anerkennt), stützt sich letztenends auf eine Reihe von leider dogmatischen Annahmen:

1. Es liegt keine Sprache vor, wenn keine doppelte Gliederung vorliegt.

2. Die doppelte Gliederung ist nicht beweglich, die Ebenen sind nicht ersetzbar und austauschbar: Sie beruht auf einigen kulturellen Konventionen, die sich aber auf tieferliegende Naturnotwendigkeiten stützen.

Diesen dogmatischen Annahmen muß man folgende entgegengesetzte Behauptungen entgegenstellen (den Beweis führen wir im nächsten Kapitel):

1. Es gibt Kommunikationscodes mit verschiedenen Gliederungstypen oder auch ohne Gliederung, und die doppelte Artikulation ist kein Dogma.

2. Es gibt Codes, wo die Gliederungsebenen austauschbar sind (vgl. Schaeffer, 1966, Kap. XVI). Und wenn die Beziehungssysteme, die einen Code regeln, auf Naturnotwendigkeiten beruhen, dann tun sie dies auf einer tieferliegenden Ebene, in dem Sinne daß die verschiedenen Codes auf einen Ur-Code verweisen können, der alle Codes rechtfertigt. Aber wenn man diesen den Naturnotwendigkeiten entsprechenden Code mit dem Code (z. B.) der tonalen Musik gleichsetzt, wo alle wissen, daß dieser in einem bestimmten historischen Moment entstanden ist und daß das westliche Ohr sich an diesen gewöhnt hat, und wenn man die Systeme atonaler Beziehungen als nicht von kommunikativen Codes inspiriert ablehnt (und dasselbe gilt für die Formen der „nicht-figurativen" Malerei), dann setzt man eine Sprache mit der möglichen Metasprache gleich, welche diese und andere Sprachen definieren kann.

4. Wenn man die Gesetze der tonalen Musik mit den Gesetzen der Musik überhaupt verwechselt, so ist dies ein wenig, wie wenn man bei den dreiundfünfzig Karten des französischen Kartenspiels (52 + Joker) glaubt, daß die einzig möglichen Kombinationen dieser Karten die des Bridge seien. Bridge ist ein Subcode, der es gestattet, unendlich viele verschiedene Partien zu spielen. Aber er kann ersetzt

werden (indem man sich immer noch der 53 Karten bedient) durch Poker, einen neuen Subcode, der die Gliederungselemente, die einzelnen Karten, umstrukturiert und sie einen anderen Kombinationswert annehmen läßt und signifikante Werte für die Partie (Zweier, Dreier, Farbe usw.) bilden läßt. Es ist klar, daß ein Spielcode (Poker, Bridge) nur einige der möglichen Kombinationen der Karten isoliert, aber es wäre wohl falsch anzunehmen, daß man nur diese wählen könnte.[6] Und es ist wahr, daß die 53 Karten schon eine Auswahl darstellen, die im Kontinuum der möglichen Stellenwerte vorgenommen worden ist, wie es auch bei den Noten der temperierten Tonleiter geschieht. Aber es ist klar, daß man mit diesem Code verschiedene Subcodes bilden kann (so wie es stimmt, daß es Kartenspiele gibt, die eine andere Zahl von Karten wählen – die vierzig neapolitanischen Karten, die zweiunddreißig Karten des Skat). Der wirkliche *Code*, der in den Kartenspielen herrscht, ist eine kombinatorische Matrix, die von der Theorie des Spiels untersucht werden kann und untersucht wird; und es wäre nützlich, wenn eine musikalische Wissenschaft sich mit den kombinatorischen Matrices beschäftigen würde, welche die Existenz von verschiedenen Anziehungssystemen erlauben; *aber Lévi-Strauss setzt die Karten mit dem Bridge gleich, er verwechselt ein Ereignis mit der tiefen Struktur, die vielfältige Ereignisse ermöglicht.*

5. Das Beispiel der Karten stellt uns außerdem vor ein Problem, das für unsere Untersuchung äußerst wichtig ist. Hat der Code der Karten zwei Gliederungen?

Wenn das Lexikon des Poker durch die Zuordnung von bestimmten Bedeutungen zu einer besonderen Gliederung mehrerer Karten ermöglicht wurde (drei Asse verschiedener Farbe sind gleich dem „Dreier"; vier Asse sind gleich dem „Poker"), dann müßten wir die Kartenkombinationen als wirkliche signifikante „Wörter" betrachten, während die sich kombinierenden Karten Elemente der zweiten Gliederung wären.

Die 53 Karten unterscheiden sich jedoch nicht nur durch die Stel-

---

6 Man muß außerdem bedenken, daß je nach den Spielen Elemente als ohne oppositionellen Wert ausgeschaltet werden (im Poker z. B. die Werte zwischen 2 und 6). Beim Tarock dagegen wird das Kartenspiel um andere Werte bereichert.

lung, die sie im System einnehmen, sondern durch eine zweifache Stellung. Sie stehen in Opposition als verschiedene Werte innerhalb einer hierarchischen Skala derselben *Farbe* (As, Zwei, Drei ... Bube, Dame, König) und sie stehen in Opposition als hierarchische Werte, die zu vier Skalen von verschiedener *Farbe* gehören.

Folglich kombinieren sich zwei „Zehner" miteinander zu einem „Zweier"; ein Zehner, eine Bube und eine Dame, ein König und ein As verbinden sich zu einer „Straße", aber nur alle Karten ein und derselben Farbe verbinden sich zur „Farbe" oder zum „royal flash".

Einige Werte sind also relevante Züge für bestimmte signifikante Kombinationen, und andere sind relevant für andere Kombinationen.

Aber ist die Karte die letzte, analysierbare Einheit einer möglichen Gliederung? Wenn die „Herz Sieben" einen Stellenwert in Bezug auf die „Sechs" (irgendeiner Farbe) und in Bezug auf die „Kreuz Sieben" hat, was ist dann das einzelne Herz, wenn nicht das Element einer weiteren und analytischeren Gliederung?

Die erste mögliche Antwort darauf ist die, daß der Spieler, (der die „Sprache" der Karten „spricht") die Farbeinheit in Wirklichkeit nicht zu untergliedern braucht, sondern diese schon in Werte gegliedert vorfindet (As, Zwei ... Neun, Zehn). Aber wenn diese Überlegung auch für den Pokerspieler logisch erscheint, so ist sie doch für den, der Skopa spielt, schon zweifelhafter, denn bei der Skopa werden die Punkte addiert und die Maßeinheit ist folglich die Einheit der Farbe (auch wenn die Additionen vorgeformte Summanden haben). Zu einer ersten Antwort, vgl. B. 3. I. 2. E.

6. Dies sind verschiedene Überlegungen, die uns erkennen lassen, wie komplex das Problem der Gliederung einer Sprache ist. Und es wird eine doppelte methodische Unterscheidung nötig: 1) Der Name „Sprache" wird den Codes der verbalen Sprache vorbehalten, bei denen das Vorhandensein der doppelten Gliederung außer Zweifel steht. 2) Die anderen Zeichensysteme werden als „Codes" betrachtet, und man muß nachprüfen, ob es nicht Codes mit mehreren Gliederungen gibt.

3. GLIEDERUNGEN DER VISUELLEN CODES

I. Figuren, Zeichen und ikonische Aussagen

I. 1. *Es ist falsch, zu glauben,* 1) daß jeder Kommunikationsakt auf einer den Codes der verbalen Sprache ähnlichen „Sprache" basiere; 2) daß jede Sprache zwei fixe Gliederungen haben müßte. *Und es ist fruchtbarer, wenn man annimmt,* 1) daß jeder Kommunikationsakt auf einem Code basiert; 2) daß *nicht* jeder Code unbedingt zwei fixe Gliederungen hat (daß er nicht *zwei* hat; daß diese nicht *fix* sind).

Luis Prieto (1966) erinnert in einer Untersuchung dieser Art daran, daß die „zweite Gliederung" die Ebene derjenigen Elemente ist, die keine Faktoren der von den Elementen der ersten Gliederung denotierten Bedeutung darstellen, sondern nur unterscheidenden (Stellen- und Oppositions-) Wert haben; und er nennt diese Elemente *Figuren* (da man sie, wenn man das Modell der verbalen Sprache verläßt, nicht mehr Phoneme nennen kann); die Elemente der ersten Gliederung (Moneme) sind dagegen *Zeichen* (die eine Bedeutung denotieren oder konnotieren).

Prieto nennt dagegen *Sem* ein besonderes Zeichen, dessen Signifikat nicht einem Zeichen entspricht, sondern einer Aussage der Sprache. Das Verkehrsschild, das die Fahrtrichtung untersagt, z. B., das uns zwar als ein visuelles Zeichen mit einer unzweideutigen Bedeutung erscheint, kann nicht in Beziehung gesetzt werden zu einem äquivalenten verbalen Zeichen, sondern zu einer äquivalenten Aussage („Fahrtrichtung untersagt" oder „Verboten, auf dieser Straße in dieser Richtung zu fahren").

Auch die gröbste Silhouette eines Pferdes entspricht nicht nur dem verbalen Zeichen „Pferd", sondern einer Reihe von möglichen Aussagen vom Typ: „stehendes Pferd im Profil", „das Pferd hat vier Beine", „das ist ein Pferd" usw.

Wir haben also *Figuren, Zeichen* und *Seme* (oder *ikonische Aussagen*) vor uns, und wir werden im folgenden merken, daß alle angeblichen visuellen Zeichen in Wirklichkeit „Seme" sind.[7]

---

7 Wir sprechen von nun an lieber von „ikonischer Aussage" als von „Sem", da der Terminus „Sem" in der Semantik sowohl für „semanti-

Nach Prieto *ist es möglich, „Seme" zu finden, die zwar in Figuren, nicht aber in Zeichen zerlegt werden können;* d. h. sie können in Elemente mit unterscheidendem Wert zerlegt werden, die jedoch für sich keine Bedeutung haben.

I. 2. Versuchen wir nun zunächst, nach den Vorschlägen Prietos die verschiedenen Typen von Codes mit verschiedenen Gliederungstypen aufzuzählen. Den größten Teil unserer Beispiele beziehen wir von visuellen Codes:

A. CODES OHNE GLIEDERUNG: sie weisen nicht weiter zerlegbare „Seme" auf.
Beispiele:
1) Codes mit einem einzigen „Sem" (z. B. der weiße Stock des Blinden: das Vorhandensein dieses Stockes heißt: „ich bin blind", während die Abwesenheit des Stockes nicht unbedingt das Gegenteil bedeutet, wie es dagegen für die „Codes mit Nullsignifikans" zutreffen kann).
2) Codes mit Nullsignifikans (das Admiralszeichen auf einem Schiff: die Anwesenheit dieses Zeichens bedeutet: „Anwesenheit des Admirals an Bord", und die Abwesenheit dieses Zeichens: „Abwesenheit des Admirals von Bord"; die Richtungsanzeiger des Autos, wo das Ausgeschaltetsein des Blinkers bedeutet: „ich fahre geradeaus"...).
3) die Verkehrsampel (jedes „Sem" zeigt eine durchzuführende Handlung an; die „Seme" können nicht miteinander kombiniert werden, um ein komplexeres Signal zu bilden, und sie sind nicht zerlegbar).
4) Autobuslinien, die mit Nummern aus einer Ziffer oder mit Buchstaben des Alphabets gekennzeichnet sind.

B. CODES, DIE NUR DIE ZWEITE GLIEDERUNG HABEN: die „Seme" sind nicht in Zeichen zerlegbar, wohl aber in Figuren, die aber keine Teilstücke der Bedeutung darstellen.
Beispiele:
1) Autobuslinien mit zwei Nummern: Linie „63" z. B. bedeutet: „Bus fährt von Ort X nach Ort Y"; das „Sem" ist in die Figuren „6" und „3" zerlegbar, die aber nichts bedeuten.
2) Armsignalisierung bei der Schiffahrt: sie weist verschiedene Figuren auf, die von den verschiedenen Neigungen des rechten oder des linken Arms dargestellt werden: zwei Figuren verbinden sich zur Bildung eines

―――――――

sche Einheit" als auch für „Bestandteil einer semantischen Einheit" oder „semantischer Zug" gebraucht wird. Prietos „Sem" entspricht einer komplexen Kette von semantischen Einheiten, die aus vielen semantischen Zügen und Bestandteilen besteht. Wo wir uns auf den Text von Prieto beziehen, schreiben wir „Sem" in Anführungszeichen.

Buchstabens des Alphabets; dieser Buchstabe aber ist kein Zeichen, da er keine Bedeutung hat und Bedeutung erst bekommt, wenn er als Gliederungselement der verbalen Sprache betrachtet wird und nach den Gesetzen der Sprache gegliedert wird; da der Buchstabe aber einen Code-Bedeutungswert bekommen kann, wird er zum „Sem", das eine komplexe Aussage denotiert, wie z. B.: „wir brauchen einen Arzt".

C. CODES, DIE NUR DIE ERSTE GLIEDERUNG HABEN: die „Seme" können in Zeichen, aber nicht weiter in Figuren zerlegt werden.

Beispiele:

1) *die Nummerierung von Hotelzimmern:* das „Sem" „20" bedeutet gewöhnlich: „erstes Zimmer im zweiten Stock"; es ist zerlegbar in das Zeichen „2", welches „zweiter Stock" bedeutet, und in das Zeichen „0", welches „erstes Zimmer" bedeutet; das „Sem" „21" bedeutet dann: „zweites Zimmer im zweiten Stock" usf.

2) *Verkehrszeichen mit einem in Zeichen zerlegbaren „Sem", die es mit anderen Verkehrszeichen gemeinsam hat:* ein weißer Kreis mit rotem Rand, der auf weißem Feld das Schema eines Fahrrades aufweist, bedeutet: „Verboten für Radfahrer" und ist zerlegbar in das Zeichen „roter Rand", das „verboten" bedeutet, und in das Zeichen „Fahrrad", das „Radfahrer" bedeutet.

3) *Dezimalnummerierung:* wie bei der Nummerierung der Hotelzimmer ist auch das „Sem" aus mehreren Ziffern zerlegbar in Zeichen mit einer Ziffer, welche je nach der Stellung die Einer, die Zehner, die Hunderter usw. anzeigen.

D. CODES MIT ZWEI GLIEDERUNGEN: in Zeichen und Figuren analysierbare „Seme".

Beispiele:

1) *die Sprachen:* die Phoneme gliedern sich zu Monemen, und diese zu Syntagmen.

2) *Telephonnummern mit sechs Ziffern:* zumindest diejenigen, die in Gruppen zu je zwei Ziffern zerlegbar sind, von denen jede je nach der Stellung einen Stadtteil, eine Straße, einen Häuserblock anzeigt, während jedes Zeichen aus zwei Ziffern in zwei Figuren ohne Bedeutung zerlegt werden kann.

Prieto zählt andere Kombinationstypen auf, die für die Zwecke einer Logik der Signifikanten oder einer Semio-Logik mit Nutzen unterschieden werden. Für uns genügt es augenblicklich, ein wichtiges Charakteristikum festzuhalten, das wir in der neuen Kategorie E zusammenfassen wollen:

E. CODES MIT BEWEGLICHEN GLIEDERUNGEN: es kann in einem Code Zeichen und Figuren geben, die nicht immer dieselbe

Funktion haben; die Zeichen können zu Figuren werden und umgekehrt, die Figuren zu „Semen", andere Erscheinungen bekommen Figurenwert usw.

Beispiele:

1) *die tonale Musik:* die Noten der Tonleiter sind Figuren, die sich zu Zeichen zusammensetzen, welche (syntaktische und nicht semantische) Bedeutung haben, wie die Intervalle und die Akkorde; diese bilden dann weiter musikalische Syntagmen. Eine bestimmte melodische Folge ist erkennbar ungeachtet des Instruments (und folglich der Klangfarbe), auf dem sie gespielt wird. Aber wenn ich für jede Note der Melodie die Klangfarbe auffällig verändere, dann höre ich die Melodie nicht mehr, sondern eine Folge von Klangfarben; die Note hört also auf, relevanter Zug zu sein und wird fakultative Variante, während die Klangfarbe relevant wird. Unter anderen Umständen kann die Klangfarbe, statt Figur zu sein, zum Zeichen werden, das voll ist von kulturellen Konnotationen (vom Typ: Schalmei = Hirtenstimmung) (vgl. Schaeffer, 1966).

2) *die Spielkarten:* bei den Spielkarten haben wir Elemente der zweiten Gliederung (die „Farben" wie Kreuz und Herz), die sich zu bedeutungstragenden Zeichen in Bezug auf den Code verbinden (Herz Sieben, Pik As . . .); diese verbinden sich zu Aussagen vom Typ „full house, Vierer, royal flash". Innerhalb dieser Grenzen wäre das Kartenspiel ein Code mit zwei Gliederungen. Es muß aber angemerkt werden, daß es im System Zeichen ohne zweite Gliederung gibt, ikonologische Zeichen wie „König" und „Dame"; ikonologische Zeichen, die nicht zusammen mit anderen Zeichen zu Aussagen kombiniert werden können, wie den Joker oder wie in bestimmten Spielen den Pik Buben; daß die Figuren sich ihrerseits sowohl durch die Form als auch durch die Farbe unterscheiden und daß es von Spiel zu Spiel möglich ist, entweder das eine oder das andere als relevanten Zug auszuwählen. In einem Spiel also, in dem Herz einen höheren Wert hat als Pik, sind die Figuren nicht mehr ohne Bedeutung und können als *„Seme"* oder als *Zeichen* verstanden werden. Und so fort: ins System der Karten können die verschiedensten Spielübereinkünfte eingeführt werden (bis zu denen der Wahrsagerei), wodurch die Hierarchie der Gliederungen sich verändern kann.

3) *die militärischen Rangabzeichen:* hier ist die zweite Gliederung beweglich. Z. B. unterscheidet sich in der italienischen Armee der Feldwebel vom Oberfeldwebel dadurch, daß sich das Rangabzeichen in zwei Figuren gliedert, die von zwei Dreiecken ohne Basis dargestellt werden; aber der Feldwebel unterscheidet sich vom Gefreiten nicht durch die Zahl oder die Form der Dreiecke, sondern durch die Farbe. Einmal ist die Form, ein andermal die Farbe der relevante Zug. Bei den Offizieren gliedert sich das Zeichen „Sternchen", das „untergeordneter Offizier" denotiert, zu einer Aussage „drei Sternchen", die „Hauptmann" denotiert. Aber wenn diese drei Sternchen in einem goldenen Rahmen längs des Randes der Schulterklappe eingefaßt sind, dann verändern die Sternchen ihren Sinn: denn jetzt denotiert die Goldborte „höherer Offizier",

während die Sternchen bedeuten: „Grad in der höheren Offizierskarrie-
re", und drei von der Goldborte eingefaßte Sternchen bedeuten: „Oberst"
(dasselbe gilt für die Schulterstücke der Generäle, wo die Goldborte ver-
schwindet und der weiße Hintergrund erscheint). Die relevanten Züge
sind auf Zeichenniveau, aber sie sind je nach dem Kontext beweglich.
Natürlich könnte man das System auch unter einem anderen Gesichtspunkt betrachten, ja unter mehreren Gesichtspunkten. Einige Möglichkeiten:

a) es gibt mehrere Codes der militärischen Ränge, den für Graduierte,
den für Unteroffiziere, den für untergeordnete Offiziere, den für höhere
Offiziere, den für Generäle usw.; und jeder dieser Codes verleiht den
Zeichen, die er gebraucht, eine andere Bedeutung; in diesem Fall hätten
wir Codes mit der ersten Gliederung und sonst nichts.

b) Goldborte und weißer Hintergrund sind „Seme" mit Nullsignifikans; das Fehlen der Goldborte bedeutet „untergeordneter Offizier",
während die Sternchen „Rang in der Karriere" bezeichnen und sich zu
komplexeren „Semen" verbinden wie „Offizier der dritten Stufe = Hauptmann".

c) die Sternchen sind relevante Züge (Figuren) ohne Bedeutung im
Code „Offiziersränge". Durch ihre Verbindung untereinander liefern sie
Zeichen vom Typ „Offizier dritten Grades auf der Ebene, die der Hintergrund anzeigt" (oder besser: einfach „dritter"), während die Einfassungs-
borte, der weiße Hintergrund und das Fehlen beider „Seme" mit Nullsignifikans sind, welche die drei Ebenen „höhere Offiziere, Generäle,
untergeordnete Offiziere" festlegen; und nur von dem „Sem", in dem es
erscheint, erhält das durch die Sternchenkombination erzeugte Zeichen
seine vollständige Bedeutung. Aber in diesem Fall hätten wir die Kombi-
nierung eines Codes ohne Gliederung (der „Seme" mit Nullsignifikans betrifft) mit einem Code mit zwei Gliederungen (Sterne); oder das Einfügen
eines „Sems" mit Nullsignifikans in einen Code mit zwei Gliederungen.

Wir haben alle diese Alternativen einfach deswegen vorgeschlagen, um
darauf hinzuweisen, wie schwer es ist, abstrakt die Gliederungsebenen
einiger Codes zu bestimmen. Wichtig ist, daß man nicht um jeden Preis
eine feststehende Zahl von Gliederungen in einem feststehenden Verhältnis identifizieren will. Je nach dem Gesichtspunkt, von dem aus man es betrachtet, kann ein Element der ersten Gliederung zum Element der zweiten
Gliederung werden und umgekehrt.

II. Analytische und synthetische Codes

II. 1. Nachdem wir festgestellt haben, daß die Codes verschiedene
Gliederungstypen haben und daß man sich nicht vom Mythos der
Sprache als Modell beherrschen lassen darf, müssen wir daran erin-
nern, *daß sich ein Code oft gliedert, indem er als relevante Züge*

das auswählt, was in einem analytischeren Code Syntagmen sind; oder daß im Gegenteil *ein Code als Syntagma, als Endpunkt seiner eigenen Kombinationsmöglichkeiten, betrachtet, was für einen synthetischeren Code relevante Züge sind.*

Eine solche Möglichkeit beobachteten wir bei den „Armsignalen" der Seeleute. Die Sprache betrachtet die Phoneme als ihre letzten und unanalysierbaren Elemente; aber die Schiffssignalisierung betrifft Figuren, die, verglichen mit den Phonemen, analytischer sind (Stellungen des rechten Arms und Stellungen des linken Arms) und die sich zu syntagmatischen Zusammenstellungen kombinieren (*letzte* Kombinationen in Bezug auf diesen Code), welche praktisch (auch wenn sie Buchstaben des Alphabets umschreiben und keine Phoneme) den *ursprünglichen* Figuren des Codes Sprache entsprechen.

Im Gegensatz hierzu betrifft ein Code der Erzählfunktionen große syntagmatische Ketten vom Typ „Held verläßt das Haus und begegnet einem Gegner". Diese Ketten sind für den Erzählcode relevante Züge, während sie für den Sprachcode Syntagmen sind.

Dies bedeutet, daß ein Code als relevante Züge nicht nur Figuren erwählen muß, sondern auch Aussagen erwählen kann; und auch, daß er die Möglichkeit der Zerlegung dieser Zeichen und Figuren ignorieren kann, weil diese Zeichen und Figuren nicht zu dem infragekommenden Code gehören, sondern zu einem anderen, analytischeren Code. D. h., ein Code entscheidet, auf welcher Komplexitätsebene er seine eigenen relevanten Züge identifizieren will, indem er die eventuelle innere (analytische) Codifizierung dieser Züge einem anderen Code anvertraut. Beim Syntagma „Held verläßt das Haus und begegnet einem Gegner" isoliert so der Erzählcode dieses Syntagma als komplexe Bedeutungseinheit und interessiert sich nicht für: 1) die Sprache, in der das Syntagma mitgeteilt wird, 2) die stilistisch-rhetorischen Mittel, mit denen es wiedergegeben werden kann.

II. 2. In den *Promessi sposi* z. B. stellt die Begegnung Don Abbondonios mit den „Bravi" zweifellos eine *codifizierte Erzählfunktion* dar[8]; aber für die Struktur von Manzonis Intrige war es irrelevant,

---

8 Natürlich ist bisher die Codifizierung der Erzählfunktionen leichter auf der Ebene der einfachen Erzählungen erkannt worden, wie der Fabeln oder der durch die Massenmedien verbreiteten und stark stereotypisier-

ob sie mit dem uns bekannten Scharfsinn und dem Überfluß an Einzelheiten erzählt wurde oder ob sie mit wenigen Sätzen abgetan wurde. Mit anderen Worten: Manzonis Erzählung wird, was den Erzählcode betrifft, nicht zerstört, auch wenn sie, wie geschehen, in Comic Strips erzählt wird. *I promessi sposi* ist gerade wegen seiner Komplexität ein großes Kunstwerk, weil es ein System von Systemen ist, in dem das System der Intrige mit dem Code, auf den es sich bezieht und von dem es manchmal abweicht, nur ein Element einer umfassenderen Struktur ist, die das System der Charaktere, das System der stilistischen Mittel, das System der religiösen Ideen usw. umfaßt. Um stilistisch analysiert zu werden, verlangt die Episode von Don Abbondonio und den Bravi aber einen anderen Bezugsrahmen, u. z. einen Bezugsrahmen sprachlicher und psychologischer Art (zwei andere Erwartungs- und Konventionssysteme spielen hier mit herein); und die Episode kann innerhalb des Rahmens der gebrauchten Codes unabhängig von ihrer Erzählfunktion beurteilt werden. Selbstverständlich muß bei einer Gesamtbetrachtung des Werkes seine Einheit aus der Homogeneität der Mittel und der strukturalen Kurve ersichtlich werden, mit denen die Probleme auf der Ebene der Intrige, der Charaktere, der Sprache usw. gelöst worden sind. Aber die Tatsache, daß das große Kunstwerk viele Codes ins Spiel bringt, ändert nichts an der Tatsache, daß der Code der Erzählung von den anderen, analytischeren absieht.

III. Die ikonische Aussage

III. 1. Diese Bemerkungen werden es uns erleichtern, einige Phänomene von Codifizierung *auf sukzessiven Schichten* in den visuellen Kommunikationen zu verstehen.

Ein ikonographischer Code z. B. codifiziert einige Bedingungen der

---

ten Erzählungen; aber es ist gewiß, wie Propp bemerkte, daß die Forschung sich erst dann fruchtbar nennen kann, wenn sie auf alle narrativen Werke, auch auf die komplexesten, angewandt werden kann. Die Arbeit der Semiologie der großen narrativen Syntagmatik macht Fortschritte in dieser Richtung. Sh. z. B. die Anwendung von Roland Barthes in Bezug auf Sade in *Tel Quel* 28 („L'arbre du crime"), die Nummer 8 von *Communications* und insbesondere die Untersuchungen von Bremond (1964), Metz (1968), Todorov (1966), Greimas (1966, 1970).

Erkennbarkeit und setzt fest, daß eine halbnackte Frau mit einem Männerkopf auf einem Teller Salome konnotiert, während eine bekleidetere Frau mit einem abgeschlagenen Kopf in der linken Hand und einem Schwert in der rechten Hand Judith konnotiert (Panofsky, 1932). Diese *Konnotationen* entstehen, ohne daß der ikonographische Code die Bedingungen der *Denotation* festlegen würde. Welche Eigenschaften muß das visuelle Syntagma „Frau" haben, damit es wirklich eine Frau darstellt? Der ikonographische Code erkennt als relevant die *Signifikate* „Frau", „abgeschlagener Kopf", „Teller" oder „Schwert" an, aber nicht die Gliederungselemente des Signifikans. Diese werden von einem analytischeren Code, dem ikonischen Code, codifiziert. Für den ikonographischen Code, der sich auf der Grundlage des ikonischen Codes aufbaut, werden die Signifikate des Basis-Codes zu Signifikanten.[9]

III. 2. Was die Definierbarkeit der ikonischen Codes betrifft, *so sind die ikonischen Zeichen Aussagen, komplexe Bedeutungseinheiten, die oft weiter in genaue Zeichen, schwer aber in Figuren zerlegt werden können.*

Angesichts eines durch einen Umriß in durchgezogener Linie gezeichneten Pferdeprofils kann ich die Zeichen erkennen, die „Schwanz" oder „Kopf", „Augen" oder „Mähne" denotieren, aber ich darf nicht fragen, welches die Elemente der zweiten Gliederung sind, ebensowenig wie ich mich das angesichts der Aussage „weißer Stock des Blinden" fragen darf. Ich frage mich nicht, welchen Kommutationsproben ich den Stock unterziehen muß, um die Grenze zu bestimmen, jenseits welcher er nicht mehr Stock und nicht mehr weiß ist (auch wenn es wissenschaftlich interessant ist, das zu tun); und ebensowenig darf ich (als Vorfrage) nach den Kommutationsproben fragen, denen ich den Umriß „Pferdekopf" unterziehen könnte, um die Variationen festzustellen, jenseits welcher das Pferd nicht mehr erkennbar ist.

Wenn ich mir beim Blindenstock die Frage wegen ihrer Einfach-

---

9 Natürlich sind auch die ikonologischen Codes schwache Codes; die Konventionen können auch das äußerst kurze Leben haben, das ihnen Metz zugesteht (1964, S. 78), wo er von den charakteristischen Typen des Western spricht; aber das ändert nichts an der Tatsache, daß Codifikation vorliegt.

heit nicht stelle, dann stelle ich sie mir bei der Zeichnung des Pferdes wegen ihrer Komplexität nicht.

III. 3. Es genügt, wenn man sagt, daß der ikonische Code auf der Ebene der *Figuren* Größen als relevante Züge wählt, die einen analytischeren Code, den Wahrnehmungscode, betreffen. *Und daß seine ZEICHEN nur dann denotieren, wenn sie im Kontext einer IKONISCHEN AUSSAGE stehen.* Manchmal kann es geschehen, daß diese Aussage für sich genommen erkennbar ist (d. h. daß sie also die Charakteristika einer ikonographischen Aussage oder eines konventionellen Emblems hat, das nicht mehr als *Icon*, sondern als visuelles *Symbol* zu betrachten ist); aber gewöhnlich liefert der Kontext der Aussage die Termini eines Systems, in das die fraglichen Zeichen eingefügt werden können: Ich erkenne das Zeichen „Kopf" im Kontext der Aussage „stehendes Pferd im Profil" nur, wenn es in Opposition steht zu Zeichen wie „Hufe", „Schwanz" oder „Mähne"; sonst würden diese Zeichen als sehr vieldeutige Gestaltungen erscheinen, *die nichts ähneln* und die folglich auch *nicht einige der Eigenschaften von etwas besitzen.* Dies geschieht, wenn man einen Zug, einen Ausschnitt aus der Oberfläche eines figurativen Bildes isoliert und wenn man es aus dem Kontext herausgerissen präsentiert: Die Pinselstriche scheinen jetzt ein abstraktes Bild darzustellen und verlieren jeden darstellenden Wert. Dies alles heißt noch einmal (vgl. B. 1. III. 4.), daß *die ikonische Aussage ein Idiolekt ist* und für sich eine Art Code bildet, der seinen analytischen Elementen Bedeutungen verleiht.

Diese Behauptung bedeutet aber nicht, daß es auf der ikonischen Ebene keine Konvention gäbe. Sie bedeutet, daß es da *äußerst viele* Konventionen gibt, viel mehr als in der verbalen Sprache. D. h. man kann nicht von dem „ikonischen Code" im allgemeinen sprechen, sondern von *vielen* ikonischen Codes. Andererseits spricht man auch bei der Sprache nicht von einem Sprachcode, sondern von vielen Sprachcodes, d. h. wie Saussure sagen würde, von vielen *langue*s. Es ist aber ein großer Unterschied, ob man sagt, daß es in der ikonischen Welt viele Botschaften und keine *langue* gebe, oder ob man sagt, daß es maximal so viele *langue*s gibt wie Botschaften. Diese zweite Behauptung erlaubt es uns, die ikonischen Codes semiotisch zu untersuchen. Denn auch wenn wir als Hypothese annehmen, daß es in der verbalen Welt nicht nur die bekannten Sprachen gibt, sondern eine weitere Milliarde von möglichen und tatsächlich existierenden *Sprachen*, so entzieht uns dies doch nicht der Aufgabe, semiotisch zu untersuchen, wie diese *Sprachen* aufgebaut sind. Dasselbe gilt auch für die ikonische Welt. Die Annahme, daß es ebensoviele *Sprachen* wie Botschaften gibt, ist dann eine Grenzannahme. Sie kann schon folgendermaßen eingeschränkt werden: 1) Es gibt so viele ikonische *Sprachen*, wie es persönliche Stile eines Autors gibt; 2) es gibt so viele ikonische *Sprachen*, wie es typische Stile oder Manieren einer Schule oder einer Epoche gibt; 3) wenn auch die verschiedenen ikonischen Kunstwerke die bestehenden Codes zweideutig behandeln (wie es auch bei den Wortkunstwerken geschieht – welches ist die Sprache von Joyce?), so folgen die zu nicht ästhetischem Gebrauch verwendeten ikonischen Stile dagegen vorhersehbareren Regelsystemen; es gibt also erkennbare ikonische Codes in den Massenkommunikationen, in den Comic Strips; es gibt bestens erkennbare Codes in der Photographie und im Film; 4) schließlich existieren die ikonischen Codes, und sie wären alle identifizierbar, wenn sie sich nicht mit solcher Schnelligkeit von Botschaft zu Botschaft umstrukturierten: folglich ist die Unmöglichkeit, sie zu erkennen und zu beschreiben, nicht theoretischer, sondern praktischer Natur.

III. 4. Man kann also die Möglichkeit einer sukzessiven Katalogisierung der ikonischen Aussage in analytischere Ausdrücke nicht von der Hand weisen. Aber: 1) da der Katalog ihrer relevanten *Figuren* Aufgabe einer Psychologie der Wahrnehmung als Kommunikation ist, 2) da die Erkennbarkeit der ikonischen Zeichen sich auf der Ebene der Kontext-Code-Aussage einstellt (wie beim Kunstwerk als Idiolekt), daher muß die Katalogisierung der figurativen Bilder als codifizierter auf der Ebene der *Aussageeinheiten* geschehen. Diese Ebene ist *ausreichend für eine Semiotik der visuellen Kommunikation*, auch was die Untersuchung des figurativen Bildes in der Malerei oder des filmischen Bildes betrifft.

Es wird dann die Aufgabe der Psychologie sein, zu erklären: 1) ob die Wahrnehmung des wirklichen Gegenstandes reicher ist als die, welche die ikonische Aussage anbietet, die eine konventionalisierte Zusammenfassung dieser Wahrnehmung darstellt; 2) ob das ikonische Zeichen trotzdem einige Grundbedingungen der Wahrnehmung wiedergibt, und oft trifft die Wahrnehmung, in einer probabilistischen Selektion der Elemente des Wahrnehmungsfeldes, auf Bedingungen, die nicht komplexer sind als die einiger ikonischer Zeichen; 3) ob die Vorgänge der graphischen Konventionalisierung unsere Erwartungssysteme dermaßen beeinflußt haben, daß der ikonische Code auch zum Wahrnehmungscode geworden ist, und ob man also im Wahrnehmungsfeld nur solche Wahrnehmungsbedingungen feststellt, die den vom ikonischen Code begründeten verwandt sind.

III. 5. Zusammenfassend stellen wir also folgende Klassifizierung auf:

1) *Wahrnehmungscodes:* Sie werden von der Wahrnehmungspsychologie untersucht. Sie bestimmen die Bedingungen für eine ausreichende Wahrnehmung.

2) *Erkennungscodes:* Sie strukturieren Blöcke von Wahrnehmungsbedingungen in „ikonischen Sätzen" – die Bedeutungsblöcke sind (z. B. schwarze Streifen auf weißem Fell)–, auf Grund deren wir wahrzunehmende Gegenstände erkennen oder wahrgenommene Gegenstände erinnern. Auf Grund dieser Codes werden oft die Gegenstände klassifiziert. Sie werden von der Psychologie der Intelligenz, des Gedächtnisses oder des Lernens oder auch von der kulturellen Anthropologie untersucht (sh. die Arten der Taxonomie in primitiven Kulturen).

3) *Übertragungscodes:* Sie strukturieren die Bedingungen, die die Sinneswahrnehmung ermöglichen, die man für eine bestimmte Wahrnehmung von Bildern braucht. Z. B. das Raster einer Druckphotographie oder den Zeilenstandard, der das Fernsehbild ermöglicht. Sie sind analysierbar auf der Grundlage der physikalischen Informationstheorie, aber sie bestimmen, wie man eine Sinneswahrnehmung übertragen kann, nicht aber eine schon vorgefertigte Wahrnehmung. Indem sie das „Korn" eines bestimmten Bildes festlegen, beeinflussen sie auch die ästhetische Beschaffenheit der Botschaft und bereichern die *tonalen Codes,* die *Geschmackscodes,* die *stilistischen Codes* und die *Codes des Unbewußten.*

4) *Tonale Codes:* So nennen wir das System von fakultativen Varianten, die schon konventionalisiert sind; die „suprasegmentalen" Züge, welche besondere Intonationen des Zeichens konnotieren (wie „Stärke", „Spannung" usw.); und eigentliche Systeme von schon stilisierten Konnotationen (wie z. B. das „Anmutige" oder das „Expressionistische"). Diese Konventionssysteme begleiten als hinzugefügte und komplementäre Botschaft die Elemente des eigentlichen ikonischen Codes.

5) *Ikonische Codes:* Meistens basieren sie auf wahrnehmbaren Elementen, die auf Grund von Übertragungscodes realisiert werden. Sie gliedern sich in *Figuren, Zeichen* und *Aussagen.*

a) *Figuren:* Sie sind Wahrnehmungsbedingungen (z. B. Beziehungen von Figur und Hintergrund, Lichtkontraste, geometrische Verhältnisse), die nach den vom Code aufgestellten Modalitäten in graphische Zeichen transkribiert worden sind. Eine erste Hypothese besagt, daß diese Figuren zahlenmäßig nicht endlich und nicht immer diskret sind. Daher erscheint die zweite Gliederung des ikonischen Codes als ein Kontinuum an Möglichkeiten, aus dem soundsoviele individuelle Botschaften hervorgehen, die wohl auf Grund des Kontextes entziffert werden können, die aber nicht auf einen genau bestimmten Code zurückgeführt werden können. Tatsächlich ist der Code noch nicht erkennbar, aber daraus ist nicht abzuleiten, daß es ihn nicht gibt. Denn wenn die Beziehungen zwischen Figuren über einen bestimmten Punkt hinaus verändert werden, dann werden die Wahrnehmungsbedingungen nicht mehr denotiert. Eine zweite Hypothese könnte die folgende sein: Die westliche Kultur hat schon eine Reihe von *relevanten Zügen* jeder möglichen Abbildung entwickelt: die *Elemente* der Geometrie. Durch eine Kombination von Punkten, Linien, Kurven, Kreisen, Winkeln usw. werden alle möglichen Figuren erzeugt – sei es auch nur durch eine ungeheure Anzahl von fakultativen Varianten. Die euklidischen *stoichéia* sind also die *Figuren* des ikonischen Codes. Die Verifizierung beider Hypothesen ist nicht Aufgabe der Semiotik, sondern der Psychologie – in der spezifischeren Form einer „experimentellen Ästhetik".

b) *Zeichen:* Sie denotieren mit konventionalisierten graphischen Mitteln *Erkenntniseinheiten* (Nase, Ohr, Himmel, Wolke) oder „abstrakte Modelle", Symbole, Begriffsdiagramme des Gegenstandes (die Sonne als Kreis mit fadenförmigen Strahlen). Oft sind sie schwer zu analysieren innerhalb eines „Sems", da sie sich als nicht-diskret in einem graphischen Kontinuum darstellen. Sie sind nur auf der Grundlage des „Sems" als Kontext erkennbar.

c) *Ikonische Aussagen* (von Prieto „Seme" genannt): Diese sind uns gewöhnlich unter dem Namen „Bilder" oder sogar „ikonische Bilder" bekannt (ein Mann, ein Pferd usw.) Sie stellen in Wirklichkeit eine komplexe ikonische Aussage dar (vom Typ: „dies ist ein stehendes Pferd im Profil" oder auch: „hier ist ein Pferd"). Sie sind am leichtesten katalogisierbar, und ein ikonischer Code beschränkt sich oft auf diese Ebene. Sie bilden den Kontext, der es gegebenenfalls erlaubt, ikonische Zeichen zu erkennen; sie sind also deren Kommunikationsumstand und stellen gleichzeitig deren System dar, das sie in signifikante Oppositionen zueinander setzt; sie müssen also – in Bezug auf die Zeichen, deren Identifizierung sie ermöglichen – als *Idiolekte* betrachtet werden.

Die ikonischen Codes verändern sich innerhalb eines und desselben Kulturmodells sehr leicht; oft sogar innerhalb ein und derselben Abbildung, wo die Gestalt im Vordergrund durch offensichtliche Zeichen wiedergegeben wird, wobei die Wahrnehmungsbedingungen in Figuren gegliedert werden, während die Bilder auf dem Hintergrund auf Grund von groben Erkennungsaussagen zusammengefaßt sind, von denen man andere im Dunklen belassen hat (daher erscheinen die Hintergrundsfiguren eines alten Bildes, wenn man sie vergrößert und isoliert, wie Beispiele moderner Malerei, da auch die moderne figurative Malerei immer mehr darauf verzichtet, Wahrnehmungsbedingungen zu reproduzieren, um nur noch einige Erkennungs-Seme wiederzugeben).

6) *Ikonographische Codes:* Sie wählen die Signifikate der ikonischen Codes zum Signifikans, um komplexere und kulturell bestimmte Aussagen zu konnotieren (nicht mehr „Mann" oder „Pferd", sondern „Mann-Monarch", „dieses Pferd ist Bucephalos" oder „dies ist die Eselin von Balaam"). Sie sind durch die ikonischen Variationen hindurch erkennbar, da sie auf auffälligen Erkennungsaussagen basieren. Sie schaffen äußerst komplexe syntagmatische Konfigurationen, die aber dennoch unmittelbar erkennbar und katalogisierbar sind, vom Typ: „Christi Geburt", „Jüngstes Gericht", „die vier Reiter der Apokalypse".

7) *Codes des Geschmacks und der Sensibilität:* Sie bestimmen (mit extremer Veränderbarkeit) die Konnotationen, die von den Einheiten der vorhergehenden Codes angeregt werden. Ein griechischer Tempel kann „harmonische Schönheit", „Ideal des Griechentums", „Altertum" konnotieren. Eine Fahne im Wind kann „Patriotismus" oder „Krieg" konnotieren; lauter Konnotationen, die auch von der Sprechsituation abhängen. So konnotiert ein bestimmter Typ von Schauspielerin in einer bestimmten Epoche „Anmut und Schönheit", während er in einer anderen Epoche lächerlich erscheint. Die Tatsache, daß dieser Kommunikationsprozeß unmittelbar Reaktionen der Sensibilität (wie erotische Stimuli) hervorruft, beweist nicht, daß die Reaktion natürlich und nicht kulturell wäre: die Konvention macht einen körperlichen Typ begehrenswert oder nicht. Auch das sind Codifikationen des Geschmacks, durch die ein Icon eines Mannes mit einer schwarzen Binde auf dem Auge, das im Lichte eines ikonologischen Codes „Pirat" konnotiert, darüberhinaus noch „faszinierender Mann", „Abenteurer", „mutiger Mann" konnotieren kann.

8) *Rhetorische Codes:* Sie entstehen aus der Konventionalisierung von noch nicht dagewesenen ikonischen Lösungen, die dann von der Gemeinschaft assimiliert werden und Kommunikationsmodelle oder -normen werden. Sie unterscheiden sich, wie bei den rhetorischen Codes im allgemeinen, in *rhetorische Figuren, Prämissen* und *Argumente*.[10]

9) *Stilistische Codes:* Bestimmte originelle oder von der Rhetorik codifizierte Lösungen oder solche, die nur einmal verwirklicht wurden, konnotieren (wo sie angeführt werden) einen Typ stilistischen Gelingens, das Kennzeichen eines Autors (Typ: „ein Mann, der sich auf einer spitz zulaufenden Straße entfernt = Chaplin") oder die typische Realisierung einer Gefühlslage („Frau, die sich schmachtend an den Vorhängen eines Alkovens festhält = Erotik der Belle Epoque") oder auch die typische Realisierung eines ästhetischen, technisch-stilistischen usw. Ideals.

10) *Codes des Unbewußten:* Diese strukturieren bestimmte ikonische oder ikonologische, rhetorische oder stilistische Konfigurationen, die konventionellerweise für fähig gehalten werden, bestimmte Identifikationen oder Projektionen auszulösen, bestimmte Reaktionen zu stimulieren,

---

10 Dieser Punkt wird im Kapitel über die Reklame-Botschaft ausführlich behandelt, genauer in B. 5. III. 2.

psychologische Situationen auszudrücken. Sie werden insbesondere in Persuasionsbeziehungen verwendet.

III. 6. Wir haben der Einfachheit halber in der vorangegangenen Aufzählung immer von „Codes" gesprochen. Es muß aber (in Bezug auf unsere Ausführungen in A. 2. IV. 8.) darauf hingewiesen werden, daß die „Codes" wahrscheinlich oft *konnotative Lexika* oder sogar einfache Repertoires sein werden. Wie wir gesagt haben, strukturiert sich ein Repertoire nicht zu einem Oppositionssystem, sondern stellt nur eine Liste von Zeichen auf, die sich nach den Gesetzen eines darunterliegenden Codes gliedern. Meistens wird wohl die Existenz des Repertoires genügen, um die Kommunikation zu ermöglichen, aber manchmal wird man ein System von Oppositionen identifizieren müssen, wo nur ein Repertoire erschien, oder ein Repertoire in ein System von Oppositionen verwandeln müssen. Wie schon bemerkt, ist das System von Oppositionen jedenfalls wesentlich für die Systematisierung eines konnotativen Lexikons, auch wenn dieses sich auf einen darunterliegenden Code stützt. So stützt sich das ikonologische Lexikon zwar auf den ikonischen Code, aber es setzt sich nur dann fest, wenn z. B. Oppositionen vom Typ „Judith vs Salome" aufgestellt werden und wenn die Unvereinbarkeit des Sems „Schlange unter dem Fuß" mit dem Sem „Augen auf einem Tellerchen" festgelegt wird (welche die Bedeutung „Maria" von der Bedeutung „Heilige Lucia" unterscheidet).

4. EINIGE PROBEN: DER FILM UND DAS PROBLEM
DER ZEITGENÖSSISCHEN MALEREI

I. Der kinematographische Code

I. 1. Die filmische Kommunikation erlaubt es uns am besten, gewisse Hypothesen und Annahmen des vorangegangenen Kapitels zu verifizieren. Sie soll insbesondere zur Klärung folgender Punkte beitragen:

1) Ein außersprachlicher Kommunikationscode muß nicht unbedingt nach dem Modell der Sprache aufgebaut sein (und hier irren viele „Linguisten" des Kinos).

2) Ein Code systematisiert relevante Züge, die auf einer bestimmten makro- oder mikroskopischen Ebene ausgewählt werden; analytischere Teile, feinere Gliederungen seiner relevanten Züge können diesen Code nicht betreffen und von einem zugrundeliegenden Code erklärt werden.

I. 2. Der filmische Code ist nicht der kinematographische Code. Der letztere codifiziert die Reproduzierbarkeit der Wirklichkeit durch kinematographische Apparate, während der erstere eine Kommunikation auf der Ebene bestimmter Erzählregeln codifiziert. Ohne Zweifel stützt sich der erste auf den zweiten, so wie der rhetorisch-stilistische Code sich auf den Sprachcode stützt. Aber man muß die beiden Momente unterscheiden, die kinematographische Denotation von der filmischen Konnotation. Die kinematographische Denotation hat das Kino mit dem Fernsehen gemeinsam, und Pasolini (1966) hat vorgeschlagen, diese Kommunikationsformen en bloc statt kinematographisch „audiovisuell" zu nennen. Die audiovisuelle Kommunikation bringt jedoch verbale Botschaften, lautliche Botschaften und ikonische Botschaften ins Spiel. Nun stützen sich aber die verbalen und lautlichen Botschaften, auch wenn sie wesentlich an der Bestimmung des denotativen und konnotativen Wertes der ikonischen Fakten beteiligt sind (und von diesen beeinflußt werden), auf eigene und unabhängige Codes, die anderswo einzuordnen sind. Wenn eine Filmgestalt Englisch spricht, so wird das, was sie sagt – zumindest auf der unmittelbar denotativen Ebene –, vom Code englische Sprache geregelt. Die ikonische Botschaft dagegen, die sich in der charakteristischen Form des *temporierten Icons* (oder des Icons in Bewegung) präsentiert, nimmt besondere Charakteristika an, die gesondert betrachtet werden müssen.

Wir müssen uns also für den Moment darauf beschränken, nur den visuellen Aspekt auf der ikonischen Ebene in seinen einfachsten Formen zu analysieren. Mit anderen Worten: wir werden einige Instrumente für die Analyse einer angenommenen „Sprache" des Kinematographen vorschlagen, *als ob* der Kinematograph uns bisher nichts anderes geliefert hätte als *L'arrivée du train à la gare* und *L'arroseur arrosé* (wie wenn ein erster Einblick in die Möglichkeiten, das Sprachsystem zu formalisieren, nur das Hildebrandslied als ausreichenden Bezugspunkt betrachtete).

Bei diesen Bemerkungen erweist es sich als nützlich, von zwei Beiträgen zur Semiologie des Kinos auszugehen, und zwar von dem von Metz (1964, 1966 a) und von dem von Pasolini (1966).

I. 3. Bei der Prüfung der Möglichkeit einer semiologischen Untersuchung des Films erkennt Metz die Existenz eines nicht weiter analysierbaren *Primum* an, das nicht auf diskrete Einheiten zurückzuführen ist, die es durch Gliederung erzeugen würden. Dieses Primum ist das *Bild*, eine Art von *Analogon* der Wirklichkeit, das nicht auf die Konventionen einer „Sprache" zurückgeführt werden könne. Die Semiologie des Kinos wäre Semiologie einer *parole*, die keine *langue* hinter sich hat, und Semiologie bestimmter *Typen von parole*, und zwar der großen syntagmatischen Einheiten, deren Kombinatorik den filmischen Diskurs entstehen läßt. Was Pasolini betrifft, so glaubt er dagegen, daß man eine langue des Kinos aufstellen kann, und vertritt völlig richtig die Auffassung, daß diese langue, um die Würde einer Sprache zu haben, nicht unbedingt die doppelte Gliederung aufweisen muß, welche die Linguisten der verbalen Sprache zuschreiben. Aber bei der Suche von Gliederungseinheiten dieser Sprache des Kinos, bleibt Pasolini an der Grenze einer zweifelhaften Auffassung von „Wirklichkeit" stehen: Die ersten Elemente eines kinematographischen Diskurses (einer *audiovisuellen langue*) seien die Gegenstände selbst, die die Filmkamera uns in ihrer vollständigen Autonomie als Wirklichkeit, die der Konvention vorausgeht, übermittle. Pasolini spricht sogar von einer „Semiologie der

Realität" und vom Kino als einer Widerspiegelung der *natürlichen Sprache des menschlichen Handelns.*

I. 4. Was nun den Begriff des Bildes als eines *Analogons* der Wirklichkeit betrifft, so haben die im ersten Kapitel dieses Abschnitts (B. 1.) enthaltenen Überlegungen insgesamt diese Meinung schon widerlegt: Dies ist eine methodologisch nützliche Meinung, wenn man von dem unanalysierten Block des Bildes ausgehen will, um dann eine Untersuchung der großen syntagmatischen Ketten vorzunehmen (wie es Metz tut); diese Meinung kann aber schädlich werden, wenn sie die *Rückwärts*bewegung einer Suche nach den Wurzeln der Konventionalität des Bildes verhindert. Was für die ikonischen Zeichen und Aussagen gesagt wurde, müßte also auch für das kinematographische Bild gelten.

Metz selbst hat übrigens eine Verbindung der beiden Gesichtspunkte vorgeschlagen.[11] Es gebe Codes, die wir *anthropologisch-kulturelle* Codes nennen, die man mit der Erziehung aufnimmt, die man von der Geburt ab erhält (wie die Wahrnehmungscodes, die Erkennungscodes und die ikonischen Codes mit ihren Regeln für eine graphische Transkription der Erfahrungsdaten), und es gebe technisch komplexere und spezialisiertere Codes wie die, welche die Kombination der Bilder regeln (ikonographische Codes, Grammatiken der Einstellung, Montageregeln, Codes der Erzählfunktionen), die man nur in bestimmten Fällen erwirbt. Diese letzteren behandele eine Semiologie des filmischen Diskurses (welche einer möglichen Semiologie der kinematographischen „langue" entgegengesetzt und komplementär ist).

Diese Teilung kann fruchtbar sein; nur muß man beachten, daß die beiden Blöcke von Codes sich oft gegenseitig beeinflussen und bedingen, so daß die Untersuchung der einen Codes nicht von der Untersuchung der anderen absehen kann.

---

11 Es handelt sich um mündliche Anregungen, die uns Metz bei dem Rundgespräch über „Sprache und Ideologie im Film" (Pesaro, Juni 1967) nach einem Vortrag gegeben hat, der auf den in diesem Kapitel behandelten Themen basierte. In dieser Diskussion schien uns Metz eher, als es in seinem Artikel in *Communications* 4 den Anschein hatte, bereit, das kinematographische Bild im hier vorgeschlagenen Sinn weiter zu analysieren. In diesem Sinn müssen auch die Korrekturen und Anmerkungen gelesen werden, die er seinen Artikeln in Metz (1968) und Metz (1970 a) beigefügt hat.

In Antonionis *Blow Up* z. B. gelingt es einem Photographen, der in einem Park viele Aufnahmen gemacht hat, bei der Rückkehr in sein Studio durch sukzessive Vergrößerungen eine hinter einem Baum ausgestreckt liegende menschliche Gestalt zu identifizieren: einen Mann, der von einer mit einem Revolver bewaffneten Hand getötet worden ist, die auf einem anderen Teil der Vergrößerung zwischen dem Blattwerk einer Hecke erscheint.

Aber dieses Erzählelement (das im Film – und in der Kritik, der er unterzogen wird – das Gewicht eines Verweises auf die Wirklichkeit und auf die erbarmungslose Allsichtigkeit des Photoobjektivs erhält) funktioniert nur, wenn der ikonische Code mit einem Code der Erzählfunktionen in Verbindung tritt. Wenn man nämlich jemandem die Vergrößerung zeigen würde, der den Filmkontext nicht gesehen hat, so wären auf den undeutlichen Flecken, die „ausgestreckter Mann" und „Hand mit Revolver" denotieren sollten, nur schwer diese spezifischen Referenten erkennbar. Die Bedeutungen „Leiche" und „mit einem Revolver bewaffnete Hand" werden der signifikanten Form nur kraft des Erzählkontextes zugeschrieben, der durch eine Akkumulation von Spannung den Betrachter des Films (und den Protagonisten) darauf vorbereitet, *diese Sachen zu sehen*. Der Kontext funktioniert als Idiolekt, der Signalen, die sonst als reines Geräusch erscheinen könnten, bestimmte Codewerte zuordnet.

I. 5. Diese Bemerkungen sollten auch die Idee Pasolinis von einem Kino als Semiologie der Wirklichkeit und seine Überzeugung, daß die Grundelemente der kinematographischen Sprache die auf der Leinwand wiedergegebenen wirklichen Gegenstände seien, widerlegen (dies ist eine einzigartige semiotische Naivetät, die den elementarsten Finalitäten der Semiotik, d. h. eventuell die Naturtatsachen auf kulturelle Erscheinungen zurückzuführen – und nicht die kulturellen Fakten auf Naturerscheinungen –, widerspricht). Aber in den Ausführungen Pasolinis sind einige überlegenswerte Punkte, deren Widerlegung zu einigen nützlichen Beobachtungen Anlaß geben kann.

Wenn man sagt, daß die Handlung eine Sprache ist, so ist das in semiotischer Hinsicht interessant, aber Pasolini gebraucht den Begriff „Handlung" in zwei verschiedenen Bedeutungen. Wo er sagt, daß die Kommunikationsüberreste des prähistorischen Menschen durch ausgeführte Handlungen niedergelegte Modifizierungen der

Wirklichkeit sind, versteht er Handlung als einen physischen *Prozeß*, aus dem Zeichen-Gegenstände hervorgegangen sind. Diese Zeichen sind dieselben, von denen Lévi-Strauss (1960) spricht, wenn er die Werkzeuge einer Gemeinschaft als Elemente eines Kommunikationssystems interpretiert, welches die Kultur in ihrer Gesamtheit ist. Dieser Kommunikationstyp hat aber nichts mit der *Handlung als signifikanter Gebärde* zu tun, welche dagegen Pasolini interessiert, wenn er von einer Sprache des Kinos spricht. Betrachten wir also diese zweite Bedeutung von Handlung. Ich bewege die Augen, hebe den Arm, bewege meinen Körper, lache, tanze, schlage, und alle diese *Gebärden* sind Kommunikationsakte, mit denen ich den anderen etwas sage oder aus denen die anderen auf etwas über mich schließen.

Aber diese Gebärden sind nicht „Natur" (und folglich nicht „Wirklichkeit" im Sinne von Natur, Irrationalität, Vor-Kultur): *Sie sind im Gegenteil Konvention und Kultur.* Und von dieser Sprache der Handlung gibt es auch schon eine Semiotik, die sich *Kinesik* nennt.[12] Wenn die Kinesik auch noch eine im Entstehen begriffene Disziplin ist, mit Anknüpfungspunkten in der *Proxemik* (welche die Bedeutung der Entfernungen zwischen den Sprechern untersucht), so will doch die Kinesik eben gerade die menschlichen Gebärden als Bedeutungseinheiten codifizieren, die systematisiert werden können. Gebärden und Körperbewegungen sind, wie Pittenger und Lee Smith sagen, nicht instinktive menschliche Natur, sondern erlernbare Verhaltenssysteme, die deutlich von Kultur zu Kultur verschieden sind (was die Leser des glänzenden Aufsatzes von Mauss über die Körpertechniken wohl wissen). Ray Birdswhistell hat schon ein System konventioneller Notierung der gestischen Bewegungen entwickelt und unterscheidet Codes je nach den Zonen, in denen er seine Untersuchungen durchgeführt hat. Er hat sogar vorgeschlagen, das kleinste isolierbare und mit unterscheidendem Wert ausgestattete Bewegungsteilchen „Kinem" (als Klasse aller möglichen *Kine*) zu nennen, und er hat durch Kommutationsproben die Existenz größerer semanti-

---

12 Außer dem Artikel von Marcel Mauss: „Die Körpertechniken" (in Mauss, 1950) führen wir als Untersuchungen der Kinesik an: Birdwhistell (1952; 1960; 1963); La Barre (1964); Hayes, F. (1957); Pittenger und H. L. Smith (1957); A. G. Smith (1966); Greimas (1968); Koechlin (1968); Hutt (1968); Cresswell (1968); Hayes, A. (1964).

scher Einheiten festgestellt, in denen die Kombination zweier oder mehrerer *Kine* eine Bedeutungseinheit veranlassen, die er *Kinemorph* nennt (dessen allgemeine Klasse das „Kinemorphem" darstellt). Das „Kin" ist natürlich eine Figur, während das Kinemorphem ein *Zeichen* oder ein *Sem* sein kann.

Von hier aus kann man sich leicht die Möglichkeit einer weitergehenden *kinesischen Syntax* vorstellen, welche die Existenz großer codifizierbarer syntagmatischer Einheiten erklären sollte. Uns kommt es aber hier nur auf eine einzige Bemerkung an: auch da, wo wir vitale Spontaneität vermuteten, existiert Kultur, Konvention, System, Code. Auch hier siegt die Semiotik auf die ihr typische Art und Weise, die darin besteht, Natur in Gesellschaft und Kultur zu übersetzen. Und wenn die Proxemik fähig ist, die konventionellen und signifikativen Verhältnisse zu untersuchen, die die einfache Entfernung zwischen zwei Gesprächspartnern regeln, die mechanischen Modalitäten eines Kusses oder die Entfernungsquote, die aus einem Gruß ein verzweifeltes Lebewohl statt eines Aufwiedersehens macht, dann ist die ganze Welt der Handlung, die das Kino transkribiert, *schon Zeichenwelt.*

Eine Semiotik des Kinos transkribiert nicht die natürliche Spontaneität; sie stützt sich auf eine Kinesik, untersucht deren Möglichkeiten einer ikonischen Transkription und stellt fest, inwieweit eine dem Kino eigene stilisierte Gebärdensprache auf die bestehenden kinesischen Codes Einfluß nimmt und diese verändert. Der Stummfilm hatte ganz offensichtlich die normalen Kinemorphe übertreiben müssen, die Filme Antonionis scheinen dagegen deren Intensität abzuschwächen; in beiden Fällen aber prägt die artifizielle Kinesik, die aus stilistischen Erfordernissen entstanden ist, die Gewohnheiten der Gruppe, welche die kinematographische Botschaft empfängt, und verändert deren kinesische Codes. Dies ist ein interessantes Thema für eine Semiotik des Kinos, ebenso wie die Untersuchung der Transformationen, der Kommutationen, der Schwellen der Erkennbarkeit der Kinemorphe. Auf jeden Fall aber sind wir schon im bestimmenden Kreis der Codes. Der Film erscheint uns nicht mehr wie die wunderbare Wiedergabe der Wirklichkeit, sondern als eine Sprache, die eine andere vorherbestehende Sprache spricht, von denen sich beide mit ihren Konventionssystemen gegenseitig beeinflussen.

Es ist nun aber ebenfalls klar, daß auf der Ebene jener gestischen Einheiten, die nicht weiter analysierbare Elemente der kinematographischen Kommunikation zu sein schienen, die Möglichkeit einer semiotischen Untersuchung zutiefst berechtigt erscheint.

I. 6. Pasolini behauptet, daß die Sprache des Kinos eine doppelte Gliederung habe, wenn diese auch nicht der doppelten Gliederung der Sprache entspreche. Und dabei tauchen einige Gedanken auf, die analysiert werden müssen:

a) Die kleinsten Einheiten der kinematographischen Sprache seien die verschiedenen wirklichen Gegenstände, die in einer Einstellung auftreten.

b) Diese kleinsten Einheiten, welche die Formen der Wirklichkeit sind, müßten *Kineme* genannt werden in Analogie zu den *Phonemen*.

c) Die Kineme bildeten eine größere Einheit, die Einstellung, welche dem *Monem* der verbalen Sprache entspräche.

Diese Behauptungen müssen folgendermaßen korrigiert werden:

a 1) Die verschiedenen wirklichen Gegenstände, aus denen eine Einstellung besteht, sind die, die wir schon ikonische Seme genannt haben; und wir haben gesehen, daß sie keine realen Fakten mit unmittelbar motivierter Bedeutung sind, sondern Konventionalisierungseffekte. Wenn wir einen Gegenstand erkennen, dann schreiben wir einer signifikanten Konfiguration ein Signifikat auf Grund von ikonischen Codes zu. Wenn Pasolini einem angeblich wirklichen Gegenstand die Funktion eines Signifikans gibt, dann unterscheidet er nicht deutlich zwischen Zeichen, Signifikans, Signifikat und Referens. Und wenn es etwas gibt, was die Semiotik nicht akzeptieren kann, dann ist das die Ersetzung des Signifikats durch das Referens.

b 2) Jedenfalls sind diese minimalen Einheiten nicht als Äquivalente der Phoneme definierbar. Die Phoneme *sind keine Teile des zerlegten Signifikats*. Pasolinis Kineme (Bilder der verschiedenen erkennbaren Gegenstände) sind dagegen noch Einheiten des Signifikats.

c 3) Jene größere Einheit, die Einstellung, entspricht nicht dem Monem. Sie entspricht eventuell der Aussage und ist folglich ein *Sem*.

Nachdem wir diese Punkte geklärt haben, wäre die Illusion vom kinematographischen Bild als einer Widerspiegelung der Wirklichkeit zerstört, wenn sie in der praktischen Erfahrung nicht eine unzweifelhafte Grundlage hätte; und wenn uns nicht eine vertieftere semiotische Untersuchung die tiefen kommunikativen Gründe für diese Tatsache erklären würde: Das Kino stellt nämlich *einen Code mit drei Gliederungen* dar.

I. 7. Ist es möglich, daß es Codes mit mehr als zwei Gliederungen gibt? Betrachten wir, welches ökonomische Prinzip den Gebrauch der zwei Gliederungen einer Sprache bestimmt: daß man über eine äußerst hohe Anzahl von miteinander kombinierbaren *Zeichen* verfügen kann, zu deren Bildung man eine begrenzte Anzahl von Einheiten, die *Figuren*, gebraucht, deren Funktion es ist, sich zu verschiedenen signifikanten Einheiten zu verbinden, und die aber für sich allein keine Bedeutung, sondern nur unterscheidenden Wert haben.

Welchen Sinn hätte es nun, eine dritte Gliederung zu finden? Das wäre nützlich, falls man aus der Zeichenkombination eine Art von *Hypersignifikat* ableiten könnte (Wir gebrauchen den Terminus in Analogie zu „Hyperraum", der etwas definiert, was nicht durch die euklidische Geometrie beschrieben werden kann). Dieses Hypersignifikat erhält man keinesfalls dadurch, daß man Zeichen mit Zeichen kombiniert, sondern, sobald man das Hypersignifikat identifiziert hat, erscheinen die Zeichen, aus denen es besteht, nicht mehr als dessen Teile, sondern erfüllen ihm gegenüber dieselbe Funktion, die die Figuren gegenüber den Zeichen erfüllen. In einem Code mit drei Gliederungen hätte man also: *Figuren*, die sich zu *Zeichen* verbinden, die aber keine Teile der Bedeutung der Zeichen sind; *Zeichen*, die sich eventuell zu *Syntagmen* verbinden; Elemente „X", die aus der Kombination von Zeichen entstehen, die aber keine Teile der Bedeutung dieser Elemente sind. Eine *Figur* des verbalen Zeichens /*Hund*/ allein genommen denotiert keinen Teil des Hundes; ebenso sollte auch ein Zeichen, welches an der Bildung des hypersignifikanten Elementes /X/ beteiligt ist, nicht einen Teil dessen denotieren, was /X/ denotiert.

Nun scheint der kinematographische Code der einzige zu sein, *in dem eine dritte Gliederung erscheint.*

Denken wir an eine Einstellung, auf die Pasolini in einem seiner Beispiele hinweist: Ein Lehrer, der in einem Klassenzimmer zu seinen Schülern spricht. Betrachten wir die Einstellung auf der Ebene eines ihrer Photogramme, synchronisch isoliert aus dem diachronischen Fluß der sich bewegenden Bilder. Dies ist ein Syntagma, in dem wir als Bestandteile identifizieren:

ikonische Aussagen, die sich synchronisch miteinander verbinden, wie z. B. „ein großer blonder Mann ist hier, hell gekleidet usw. usw.". Diese *Seme* können gegebenenfalls in kleinere ikonische

Zeichen zerlegt werden, wie „menschliche Nase", „Auge", „viereckige Oberfläche" usw., die auf Grund des Sems als Kontext erkennbar sind, der ihnen die Kontextbedeutung vermittelt und sie sowohl mit Denotation als auch mit Konnotation belädt. Diese *Zeichen* könnten auf Grund eines Wahrnehmungscodes in visuelle *Figuren* analysiert werden: /Winkel/, /Helldunkelbeziehungen/, /Rundungen/, /Beziehungen Figur — Hintergrund/.

Wir erinnern daran, daß es unnötig sein kann, das Photogramm in diesem Sinne zu analysieren und es als mehr oder weniger konventionalisiertes Sem anzuerkennen (einige Aspekte erlauben es mir, das ikonographische Sem „Lehrer mit Schülern" zu erkennen und es etwa von dem Sem „Vater mit vielen Kindern" zu unterscheiden); aber das heißt nicht, daß es — wie gesagt — keine mehr oder weniger analysierbare oder mehr oder weniger digitalisierbare Gliederung gäbe.

Wenn wir diese doppelte Gliederung nach den gängigen linguistischen Konventionen wiedergeben müßten, könnten wir die beiden Achsen des Paradigmas und des Syntagmas zuhilfenehmen:

angenommene *ikonische Figuren* (abgeleitet aus den Wahrnehmungscodes) bilden ein Paradigma, aus dem Einheiten ausgewählt werden, die zusammengesetzt werden müssen zu ↓

ikonischen Zeichen, die zu ikonischen Aussagen kombiniert werden können, welche zu *Photogrammen* kombiniert werden können.

Aber wenn wir vom Photogramm zur Einstellung übergehen, dann führen die Personen Gebärden aus: die *Icone* erzeugen durch eine diachronische Bewegung *Kinemorpheme*. Nur geschieht beim Kino noch etwas mehr. Die Kinesik hat sich nämlich das Problem gestellt, ob die *Kinemorpheme*, signifikante gestische Einheiten (und folglich, wenn man will, den Monemen vergleichbar und jedenfalls als *kinesische Zeichen* definierbar), in *kinesische Figuren* zerlegt werden können, d. h. in Kineme, diskrete Teile der Kinemorpheme, die keine Teile der Bedeutung der Kinemorpheme sind (so daß viele kleine Bewegungseinheiten ohne Sinn verschiedene gestische Einheiten mit Sinn bilden können). Nun trifft die Kinesik auf Schwierigkeiten bei der Identifizierung von diskreten Momenten im gestischen Kontinuum: *die Filmkamera aber nicht.* Die Filmkamera *zerlegt die Kinemorpheme gerade in viele diskrete Einheiten, die für sich allein genommen noch nichts bedeuten können* und die anderen diskreten Einheiten gegenüber unterscheidenden Wert haben. Wenn ich zwei typische Kopfbewegungen wie das Zeichen „nein" und das Zeichen „ja" in soundsoviele Photogramme zerlege, dann finde ich soundsoviele verschiedene Positionen, die ich nicht als Positionen der Kinemorpheme „nein" und „ja" identifizieren kann. Die Position /*nach rechts geneigter Kopf*/ kann sowohl die *Figur* eines *Zeichens* „ja", kombiniert mit dem *Zeichen* „Hinweisen auf den rechten Nachbarn", sein (das Syntagma wäre: „ich sage ja zum rechten Nachbarn") als auch die Figur eines Zeichens „nein", kombiniert mit dem Zeichen „gesenkter Kopf" (das verschiedene Konnotationen haben kann und sich zum Syntagma „Verneinung mit gesenktem Kopf" zusammensetzt).

Die Filmkamera liefert mir also kinesische Figuren ohne Bedeutung, die im synchronischen Umkreis des Photogramms isoliert werden können, zu kinesischen Zeichen kombiniert werden können, welche ihrerseits größere und bis ins Unendliche addierbare Zeichen erzeugen.

Wenn man diese Sachlage nun graphisch darstellen wollte, dann nicht mehr mit Hilfe der bidimensionalen Achsen, sondern mit Hilfe einer dreidimensionalen Darstellung. Da die ikonischen Zeichen sich nämlich zu Aussagen kombinieren und Photogramme (nach einer kontinuierlichen synchronischen Linie) entstehen lassen, erzeugen sie

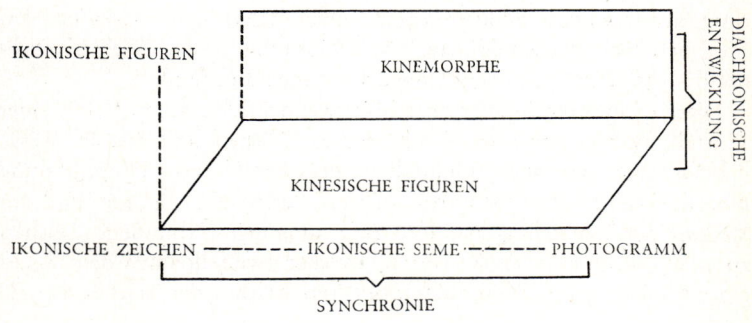

gleichzeitig eine Art von in die Tiefe gehender Ebene mit diachronischer Stärke, die in einem Teil der Gesamtbewegung innerhalb der Einstellung besteht; Bewegungen, die durch diachronische Kombination eine andere Ebene erzeugen, die zu der ersten Ebene senkrecht steht und die in der Einheit der signifikativen Gebärde besteht.

I. 8. Welchen Sinn hat es, dem Kino diese dreifache Gliederung zuzuschreiben?

Gliederungen werden in einen Code eingeführt, um ein Maximum möglicher Ereignisse mit einem Minimum an kombinierbaren Elementen kommunizieren zu können. Sie sind ökonomische Lösungen. Sobald die kombinierbaren Elemente feststehen, wird der Code zweifellos ärmer in Bezug auf die Wirklichkeit, der er Form gibt. Sobald die kombinatorischen Möglichkeiten feststehen, gewinnt man wieder *ein bißchen* von diesem Reichtum an zu kommunizierenden Ereignissen zurück (die schmiegsamste Sprache ist immer ärmer als die Sachen, die sie sagen will, sonst gäbe es keine Polysemieerscheinungen). Dies bewirkt, daß, sobald wir die Wirklichkeit – sei es mittels einer verbalen Sprache, sei es mittels des armen, gliederungslosen Codes des weißen Stockes des Blinden – benennen, unsere Erfahrung verarmt, aber das ist der Preis, den man bezahlen muß, um Erfahrung mitteilen zu können.

Die poetische Sprache, die die Zeichen zweideutig macht, versucht gerade, den Empfänger der Botschaft dazu zu zwingen, den verlorenen Reichtum zurückzugewinnen, indem sie unvermutet mehrere Bedeutungen gleichzeitig in einen einzigen Kontext einführt.

Da wir an Codes ohne Gliederungen oder höchstens mit zwei Gliederungen gewöhnt sind, erregt die plötzliche Erfahrung eines Codes mit drei Gliederungen (der es also erlaubt, viel mehr Erfahrung als irgendein anderer Code einzufangen) den merkwürdigen Eindruck, den die zweidimensionale Hauptfigur von Flatland empfand, als sie sich der dritten Dimension gegenüber fand ...

Diesen Eindruck hätte man schon, wenn im Zusammenhang einer Einstellung nur *ein einziges* kinesisches Zeichen aufträte. In Wirklichkeit aber verbinden sich im diachronischen Fluß der Photogramme innerhalb eines Photogramms mehrere kinesische Figuren und im Verlauf der Einstellung mehrere zu Syntagmen verbundene Zeichen zu einem kontextuellen Reichtum, welcher zweifellos aus dem Kinematographen einen Kommunikationstyp macht, der reicher ist als die Rede. Wie schon bei den ikonischen Aussagen folgen beim Kinematographen die verschiedenen Bedeutungen nicht längs der syntagmatischen Achse aufeinander, sondern erscheinen gleichzeitig und wirken gegenseitig aufeinander ein, indem sie verschiedene Konnotationen auslösen.

Man muß noch hinzufügen, daß der Eindruck von Wirklichkeit, den die dreifache visuelle Gliederung vermittelt, mit den komplementären Gliederungen der Töne und des Wortes noch komplizierter wird (aber diese Überlegungen betreffen nicht mehr den *Code des Kinematographen,* sondern eine Semiotik der *filmischen Botschaft*).

Wir wollen uns aber damit begnügen, bei der dreifachen Gliederung Halt zu machen: Und der Schock ist so heftig, daß wir angesichts einer reicheren Konventionalisierung und somit angesichts einer Formalisierung, die geschmeidiger ist als alle anderen, glauben, daß wir uns einer Sprache gegenüber befinden, die die Wirklichkeit wiedergibt. Und so entstehen die Metaphysiken des Kinos.

I. 9. Andererseits verlangt die Ehrlichkeit, daß wir uns fragen, ob nicht auch die Idee der dreifachen Gliederung zu einer semiotischen Metaphysik des Kinos gehört. Bestimmt besitzt das Kino, wenn man es als ein isoliertes Faktum annimmt, das aus keinem vorhergehenden Kommunikationssystem entsteht und wächst, diese drei Gliederungen. Aber in einer globalen semiotischen Betrachtung müssen wir an das erinnern, was wir schon in B. 3. II. gesagt haben, d. h. daß Hierarchien von Codes entstehen, von denen jeder syntagmatische Einheiten des synthetischeren Codes analysiert und der gleichzeitig die Syntagmen eines analytischeren Codes als seine eigenen relevanten Züge anerkennt. In diesem Sinne organisiert die diachronische Bewegung des Kinos als ihre Zeicheneinheiten die Syntagmen eines vorhergehenden Codes, *nämlich des photographischen Codes,* und dieser stützt sich seinerseits auf syntagmatische Einheiten des Wahrnehmungscodes ... Das Photogramm wäre also als ein photographisches Syntagma zu betrachten, das für die diachronische Gliederung des Kinematographen (welcher kinesische Figuren und Zeichen kombiniert) als Element der zweiten Gliederung gilt, das keine kinesische Bedeutung hat. Dies aber würde uns dazu zwingen, aus der Betrachtung des Kinos alle Bewertungen ikonischen, ikonologischen und stilistischen Charakters auszuschließen, kurz: alle Betrachtungen über das Kino als „figurative Kunst". Andererseits ist das nur eine Frage der Festlegung von Verfahrensgesichtspunkten: Bestimmt kann man eine kinematographische *Sprache* als von den nicht weiter analysierbaren Einheiten, den Photogrammen, aus bewertbar auffassen, wenn feststeht, daß der „Film" als *Rede* sehr viel komplexer ist als der Kinematograph und nicht nur Wort- und Toncodes ins Spiel bringt, sondern auch die ikonischen, ikonographischen, Wahrnehmungs-, tonalen und Übertragungscodes (d. h. alle, die wir in B. 3. III. 5. untersucht haben) *wieder aufnimmt.*

Doch nicht nur diese, der Film nimmt dann auch noch die verschiedenen Erzählcodes, die sogenannten „Grammatiken" der Montage und einen ganzen rhetorischen Apparat auf, der heute von der Semiotik des Films untersucht wird (Bettetini, 1968).

Nach all diesem kann die Hypothese einer dritten Gliederung aufrechterhalten werden, um den besonderen *Realitätseffekt* der kinematographischen Kommunikation zu erklären.

II. Vom Informellen zu den neuen Figurationen

II. 1. Wenn der kinematographische Code drei Gliederungen hat, dann stellt sich das entgegengesetzte Problem für die verschiedenen Arten informeller Kunst, wo kein Code unter der Botschaft zu bestehen scheint.

Wenn die ikonischen Zeichen auf sehr subtilen Codifizierungsprozessen basieren, entziehen sich dann die *anikonischen* visuellen Konfigurationen jeder Codifizierung? Bis zu welchem Punkt gilt der Einwand von Lévi-Strauss gegenüber der abstrakten Malerei, d. h. (wie wir in B. 2. 2. gesehen haben), daß sie keine Zeichen präsentiere, sondern einfache Naturgegenstände? Und was soll man sagen angesichts der Phänomene der informellen und materialen Malerei (unter Berücksichtigung der Tatsache, daß dieselben Überlegungen auf die Ebene der nachwebernschen Musik übertragen werden können)?

Man muß sich zunächst fragen, ob und bis zu welchem Punkt eine abstrakt geometrische Malerei nicht auf strengen Codes basiert, den *mathematisch-geometrischen Codes,* die in der zusammenfassenden Tabelle der Informationsebenen als mögliche syntaktische Beziehungen auf der Ebene der Signifikanten betrachtet werden („gestaltpsychologische" Codes).

Dann wird man sich fragen müssen, ob ein informelles Bild nicht als intentionale Opposition zu den figurativen Codes und zu den mathematisch-geometrischen Codes, die es negiert, funktioniert und folglich gerade als Versuch betrachtet werden muß, die Information zu einem Höchstmaß, bis zu den Grenzen des Geräuschs, zu bringen, da die Redundanzstreifen in den *zwar abwesenden, aber durch Gegenüberstellung evozierten* ikonischen und geometrischen Konfigurationen bestehen.

II. 2. Es scheint uns jedoch, als könnten wir in den informellen Bildern (und dies gilt auch für die atonale Musik und für andere künstlerische Phänomene) so etwas wie die Anwesenheit einer Regel, eines Bezugssystems erkennen, wie verschieden dies auch immer von denjenigen sein mag, an die wir gewöhnt sind. Und den Schlüssel dazu liefern uns die Maler selbst, wenn sie sagen, daß sie eben die Faserungen der Materie, die Texturen des Holzes oder der Sackleinwand oder des Eisens befragen, um darin Beziehungssysteme, Formen, Vorschläge für eine Verfahrensrichtung zu finden. So müssen wir in einem informellen Werk oberhalb oder unterhalb der physikalisch-technischen Ebene, der semantischen Ebene und der Ebene der konnotierten ideologischen Welten eine Art *mikrophysikalischer Ebene* bestimmen, *deren Code der Künstler in den Strukturen des Stoffes entdeckt, den er bearbeitet.* Es geht nicht darum, Beziehungen zwischen rohen Elementen der *Ausdruckssubstanz* herzustellen, sondern darum, diese Elemente (das Farbklümpchen, die Verteilung der Sandkörner, die Fäden der Sackleinwand, das Gekritzel auf einer Gipswand) wie unter dem Mikroskop zu erforschen und in ihnen ein Beziehungssystem, eine Form, ein System zu bestimmen. Dieses System wird zum Leitfaden erwählt, nach dessen Modell die technisch-physikalische Ebene und auch die semantische Ebene strukturiert werden. Nicht in dem Sinne, daß das Werk Bilder – und folglich Bedeutungen – vorlegen würde, sondern so, daß es allerdings *Formen* gestaltet (seien diese auch formlos), die erkennbar sind (sonst könnten wir einen Fleck von Wols nicht von einer Oberfläche von Fautrier, einen „macadam" von Dubuffet nicht von einer gestischen Spur von Pollock unterscheiden). Diese Formen bilden sich auf einer Zeichenebene, auch wenn die Zeichen nicht so klar codifiziert und erkennbar sind. Auf jeden Fall gibt es im informellen Werk den Idiolekt, der alle Ebenen bindet, d. h. den *mikrophysikalischen Code, der im Innersten der Materie entdeckt worden ist,* einen Code, der die Konfigurationen auf der Ebene der größten Makroskopizität bestimmt, so daß sich alle möglichen Ebenen des Werks (bei Dubuffet gibt es immer auch semantische Ebenen, auf denen offen ikonische Zeichen erscheinen) zur mikrophysikalischen Ebene verflachen. Man hat hier also keine Korrelation verschiedener Beziehungssysteme, die durch eine allgemeinere und tiefere Beziehung, den Idiolekt, verbunden wären, sondern das Beziehungssystem einer Ebene (der mikrophysikalischen) wird Gesetz für alle anderen Ebenen. Diese Verflachung des Semantischen, des Syntaktischen, des Pragmatischen, des Ideologischen auf das Mikrophysikalische bewirkt, daß die informelle Botschaft von manchen als nicht kommunikativ betrachtet wird, während sie doch einfach in einem anderen Ausmaß kommuniziert. Und ohne Zweifel haben die informellen Botschaften, jenseits der semiotischen Theoretisierung, etwas kommuniziert, wenn sie unsere Art und Weise, die Materie, die Naturzufälligkeiten, die Verwerfungen der Materialien zu betrachten, verändert haben, uns diesen gegenüber anders disponiert haben und uns geholfen haben, diese Ereignisse besser zu verstehen, die man vorher dem Zufall zuschrieb und in denen nunmehr fast instinktmäßig eine Kunstintention gesucht wird, d. h. eine kommunikative Struktur, ein Idiolekt, ein Code (vgl. Eco, 1962).

II. 3. Hier tauchen aber einige große Probleme auf. Wenn das Charakteristikum fast aller Werke der zeitgenössischen Kunst die Begründung eines individuellen Codes des Werks ist (welcher dem Werk nicht vorausgeht und nicht die äußere Bezugnahme des Werks darstellt, sondern im Werk enthalten ist), so ist doch dieser Code meistenteils nicht ohne Hilfe von außen, d. h. ohne eine ausdrückliche Poetik, identifizierbar. In einem abstrakten oder konkreten Bild gerät das Aufstellen eines originellen und vorher unbekannten Codes in den Hintergrund gegenüber dem immer noch evidenten Auftauchen des zugrundeliegenden gestaltpsychologischen Codes (mit anderen Worten: es handelt sich immer noch um Winkel, Kurven, Ebenen, Oppositionen von geometrischen Zeichen, die schon mit kulturellen Konnotationen beladen sind). In einem informellen Bild, in einer seriellen Komposition, in bestimmten Typen der allerneuesten Dichtung stellt das Werk dagegen – das haben wir gesehen – einen autonomen Code auf (und das Werk ist sogar eine Diskussion über diesen Code, die Poetik seiner selbst). Das Werk ist die Begründung der nie dagewesenen Regeln, auf die es sich stützt; aber umgekehrt kann es nur für den kommunizieren, der diese Regeln schon kennt. Daher rühren die vielen Vorerklärungen, die der Künstler über sein Werk geben muß (Vorstellungen im Katalog, Erklärungen der benutzten musikalischen Serie und der mathematischen Prinzipien, auf die sie sich stützt, Fußnoten in der Dichtung). Das Werk strebt eine solche Autonomie von den bestehenden Konventionen an, daß es ein eigenes Kommunikationssystem begründet: Aber vollständig kommuniziert es nur, wenn es sich auf komplementäre Systeme sprachlicher Kommunikation stützt (die ausdrückliche Poetik), welche als Metasprachen in Bezug auf die vom Werk aufgestellte Code-Sprache gebraucht werden.

In der neuesten Entwicklung der Malerei gibt es nun aber einige Anzeichen für die Überwindung dieses Zustandes. Wir wollen hier nicht sagen, daß die Tendenzen, auf die wir hinweisen wollen, die einzige Art wären, das Problem zu lösen: Wir sagen nur, daß sie *eine* Art oder zumindest der Versuch einer möglichen Art sind. Die verschiedenen post-informellen Richtungen, von der neuen Figuration bis zur Assemblage, die Pop Art und ihr verwandte Ausdrucksarten, arbeiten *wieder* auf dem Hintergrund von genau bestimmten konventionellen Codes. Die Provokation, die Wiedererstellung der künstlerischen Struktur, verwirklicht sich auf der Grundlage von Kommunikationsstrukturen, die der Künstler schon vorgeformt vorfand: dem Objekt, dem Comic Strip, dem Plakat, der Venus von Botticelli, der Coca-Cola-Marke, der Damenmode, der Zahnpastatube. Es handelt sich um Elemente einer Sprache, die für die gewöhnlichen Benutzer dieser Zeichen „spricht". Die Brille von Arman, die Flaschen von Rauschenberg, die Fahne von Johns sind Signifikanten, die im Umkreis spezifischer Codes genau bestimmte Signifikate erhalten.

Auch hier macht der Künstler, der sie benutzt, aus ihnen Zeichen einer anderen Sprache und stellt letztenendes im Werk einen neuen Code auf, den der Interpret aufdecken muß; die Erfindung eines noch nicht dagewesenen Codes bei jedem Werk (bestenfalls bei jeder Werkserie desselben Autors) bleibt eine der Konstanten der zeitgenössischen Kunst. Aber die Aufstellung dieses neuen Codes verwirklicht sich in dialektischer Beziehung zu einem vorherbestehenden und erkennbaren System von Codes.

Lichtensteins Comic ist ein genau bestimmtes Zeichen in Bezug auf die Sprachkonventionen des Comic Strips (vgl. Eco, 1964, Kap. 2) und in Beziehung zu den emotionalen, ethischen und ideologischen Codes des Publikums der Comic Strips; *dann* (und erst dann) nimmt der Maler ihn aus dem ursprünglichen Kontext heraus und stellt ihn in einen neuen Kontext; er verleiht ihm ein anderes Netz von Bedeutungen und bezieht ihn auf andere Intentionen. Der Maler nimmt also das vor, was Lévi-Strauss in Bezug auf das „ready made" eine „semantische Spaltung" nannte. Aber das Vorgehen des Künstlers bekommt nur dann Sinn, wenn es mit den Ausgangscodes verglichen wird, die verletzt und ins Gedächtnis zurückgerufen, angezweifelt und wieder bestätigt werden.

Wir haben solchermaßen eine Situation in kommunikationstheoretische Begriffe übersetzt, die für die sechziger Jahre typisch war und die – wie man mit der konventionellen Phrase zu sagen pflegt – aus der „Krise des Informellen" entstand. Es ist schwer zu sagen, ob es sich hier um eine historische Krise handelt, die aus den Bedingungen der Instabilität entstanden ist, die für jedes Werk typisch sind, das einen autonomen und absolut nie dagewesenen Code aufstellt. Man kann allerdings sagen, daß es sich um eine Krise – eine Fragesituation – vieler künstlerischer Bereiche handelte. Daher hat man eine größere Nähe zu den Grundbedingungen der Kommunikation gesucht, die von vorhergehenden Erfahrungen mit Recht zu den äußersten Grenzen der Verdünnung und der Herausforderung getrieben worden waren. Man wird erst später sehen können, ob es sich um eine Rückkehr zu den als unüberschreitbar erwiesenen Schwellen einer Kommunikationsdialektik handelt oder nur um einen zeitweisen Rückzug, um Kräfte zu sammeln und eine kritische Überprüfung vorzunehmen. Die späteren Beispiele von „minimal art", „junk art", „lumia" und „Multimedia" werden unter diesem Gesichtspunkt untersucht werden müssen.

5. EINIGE PROBEN: DIE REKLAME-BOTSCHAFT

I. Vorbemerkung

Die Anwendungen auf das Problem des Kinos und des Informellen betrafen eine Semiotik des ikonischen Zeichens und implizierten eine experimentelle Regression auf die Bestandteile dieses ikonischen Zeichens (Wahrnehmungscodes, ikonische Figuren, Möglichkeiten von auf mikrophysikalischer Ebene identifizierten Konfigurationen usw.). Wenn man dagegen zur Untersuchung der Reklamekommunikation übergeht, muß man den Brennpunkt verlegen: Einerseits haben wir als Untersuchungsobjekt große semantische Konfigurationen, die uns auf der Ebene der *Ikonogramme* interessieren. Andererseits können Definitionen einer möglichen *visuellen Rhetorik* entwickelt werden. Mit anderen Worten: wir müssen uns mit den ikonographischen Codes, mit den Codes des Geschmacks und der Sensibilität, mit den rhetorischen Codes (und folglich mit den rhetorisch visuellen Figuren, Prämissen und Argumenten), mit den stilistischen Codes und mit eventuellen Codes des Unbewußten beschäftigen. Somit haben die Verifizierungen im Bereich des Kinos, des Informellen und der Reklame die Funktion, daß wir die ganze Skala der möglichen visuellen Codes durchlaufen, auch wenn natürlich innerhalb dieser Skala noch viele andere Reihen von Botschaften bearbeitet werden müssen, vom Comic Strip zur religiösen Malerei, von der Skulptur zum humoristischen Cartoon usw., deren erschöpfende semiotische Behandlung noch aussteht. So wie andererseits auch noch eine erschöpfende semiotische Behandlung der Botschaft der Reklame durchgeführt werden muß, zu der wir hier nur vorschlagsweise einige Analysen beitragen können.

Diese unsere vorläufige „Verifizierung" insbesondere läßt uns das Thema der *Beziehungen zwischen Rhetorik und Ideologie* wieder aufnehmen (vgl. Barthes, 1964 b).

Die Technik der Reklame scheint bei ihren besten Vertretern auf der informationstheoretischen Annahme zu basieren, daß eine Anzeige umso mehr die Aufmerksamkeit des Betrachters erregt, je mehr sie die erworbenen Kommunikationsnormen verletzt (und folglich ein System von rhetorischen Erwartungen umwirft).

Natürlich gibt es auch eine Art von hervorragender Reklamekommunikation, die auf der Präsentation von Geschmacksarchetypen basiert, genau die völlig vorhersehbaren Erwartungen erfüllt und z. B. ein für Frauen bestimmtes Produkt durch das Bild einer Frau anbietet, welche alle Reize besitzt, die eine Frau der allgemeinen Empfindung nach haben muß.

Aber es ist eine ebenso abgemachte Tatsache, daß ein verantwortlicher Reklamefachmann (der mit ästhetischen Ambitionen ausgestattet ist) versuchen wird, seinen Appell durch Lösungen zu realisieren, die durch ihre Originalität auffallen, damit die Antwort des Betrachters nicht nur in einer Reaktion unbewußter Art auf die von der Anzeige erregte erotische, Geschmacks- oder Berührungsstimulation besteht, sondern auch in einer Anerkennung der Genialität. In diesem Fall basiert die Zustimmung des Betrachters nicht nur auf der Antwort des Typs: „dieses Produkt gefällt mir", sondern auch: „dieses Produkt spricht zu mir in einer besonderen Sprache" und folglich: „dieses Produkt ist ein intelligentes und prestigereiches Produkt".

In welchem Ausmaß überträgt sich nun die Verletzung der Erwartungssysteme im Rhetorischen in der Reklame in ein „bereicherndes" Wachstum auf der Ebene der ideologischen Persuasionen? Und in welchem Ausmaß ist die Reklame dagegen als scheinbare Novität und tatsächliche Wiederholung *des schon Gesagten* nicht bereichernd sondern „vertröstend"?

Eine Antwort auf diese Frage erfordert eine Analyse verschiedener Reklame-Botschaften: Und diese Analyse erstellt – setzt aber gleichzeitig auch als Arbeitshypothese voraus – einen Katalog der rhetorischen Konventionen, die in der publizitären Rede herrschen.

II. Die rhetorischen Codes

II. 1. Bei dem Vorschlag, einen solchen Katalog zu skizieren, nehmen wir hier die *Rhetorik* des Aristoteles zum Modell. Es handelt sich um ein hinweisendes und experimentelles Vorgehen. Wenn eine Forschung dieser Art einmal sicherer in ihren Grundzügen festgelegt wäre, dann müßte das Modell des rhetorischen Traktats die

Beiträge aller rhetorischen Abhandlungen von den Griechen, den lateinischen und hellenistischen Rhetorikern, vom Mittelalter und den französischen Abhandlungen des Grand Siècle und des 18. Jahrhunderts bis zu Perelman umfassen und vermitteln.

Wir wollen uns hier nicht anmaßen, den Katalog, von dem wir sprachen, aufzustellen. Wir können bestenfalls ein paar methodologische Bewegungen aufzeigen, die auszuführen wären, um zu einem solchen Katalog zu gelangen:

a) eine Aufarbeitung der rhetorischen Abhandlungen, um ein möglichst komplettes System von rhetorischen *Figuren, Beispielen* und *Argumenten* aufzustellen, auf das dann eine umfassende Liste von verbalen und visuellen Situationen bezogen werden kann;

b) in Bezug auf die verbalen Figuren: die Akzeptierung der Repertoires der klassischen Rhetorik (z. B. Lausberg, 1960; Fontanier, 1830; Lanham, 1968);

c) Einordnen der visuellen Lösungen der Reklame unter Rubriken, die nach den Figuren, Beispielen und Argumenten der klassischen Rhetorik benannt sind;

d) wenn man auf visuelle Lösungen träfe, die nicht auf die codifizierten verbalen Lösungen der klassischen Rhetorik zurückgeführt werden können, wäre zu sehen, ob wir in diesem Fall der Entstehung von visuellen Kunstmitteln eines neuen Typs beiwohnen oder ob auch diese katalogisiert und homologisiert werden können.

Eine solche Arbeit ist schon auf bloß vorfühlende Weise von Roland Barthes in seiner „Rhétorique de l'image" (Barthes, 1964 b) und von Guy Bonsiepe von der Ulmer Schule (Bonsiepe, 1965) durchgeführt worden. Von anderer Seite ist versucht worden, eine Rhetorik der visuellen Montage von photographischen Elementen zu entwickeln (Swiners, 1965), die ikonische „Argumentationen" erlauben. Aber auf jeden Fall sind wir noch weit entfernt von einem vollständigen Katalog aller rhetorisch-visuellen Kunstmittel.

Hier wollen wir nur die noch formlosen Ergebnisse einer vorläufigen Lektüre von ein paar Reklameanzeigen vorstellen.[13]

II. 2. In der publizitären Rede entfalten und überkreuzen sich die sechs Funktionen der Rede (sh. A. 3. I. 2.) (die niemals völlig isoliert

---

13 Als diese Analyse durchgeführt wurde, waren die Untersuchungen von Durand (1970), Péninou (1970), Farassino (1969) und anderer noch nicht erschienen.

vorkommen, wie übrigens auch in der alltäglichen Rede nicht). Auf dem Hintergrund eines fast konstanten Vorwiegens der emotionalen Funktion kann betont werden: der *referentielle* Aspekt („Glas aus Zwiesel"); der *phatische* Aspekt („der Ton des Glockenspiels erinnert Sie an . . ."); der *metasprachliche* Aspekt („*Persil* bleibt Persil"); der *ästhetische* Aspekt („Keine Feier ohne Eier") oder der *imperative* Aspekt („Fahrt Dunlop!").

Wenn man sich die dominierende Funktion vor Augen hält, so hilft das oft, den wirklichen Informationswert einer verbalen oder visuellen Aussage zu bestimmen. Eine schwach referentielle Aussage kann hoch informativ sein vom phatischen Gesichtspunkt aus; ein Bild, das kein begrifflich neues Element enthält, kann nach einer ästhetischen Gültigkeit von hohem Prestige streben; eine referentiell äußerst schwache, falsche oder auch paradoxe Argumentation kann eine Interpretation als „geistvolle" Lüge und folglich als ästhetisch gültige Tatsache bezwecken.

II. 3. Zusammen mit der emotionalen Komponente ist die ästhetische bestimmt die wichtigste. Der Gebrauch der rhetorischen Figur (die wir der Einfachheit halber von nun an „Tropus" nennen, ohne den Unterschied zwischen „Tropen", „Redefiguren" und „Gedankenfiguren" zu vertiefen) hat vor allem ästhetische Zwecke. In der Reklame herrscht das barocke Gebot: „è del poeta il fin la maraviglia" („Des Dichters Absicht ist Verwunderung"). Oft will sich das Produkt dadurch empfehlen, daß es Geschicklichkeit und Scharfsinn zeigt. Der ästhetische Wert des rhetorischen Bildes macht die Mitteilung persuasiv, wenn auch nur dadurch, daß er sie erinnerbar macht. Natürlich tritt der Tropus auch oft mit rein persuasiver oder gefühlsstimulierender Absicht auf, um Aufmerksamkeit zu erregen und um eine sonst abgedroschene Argumentation neuer – „informativer" – zu machen. Aber auch in diesen Fällen, wenn die zunächst ausgelöste Bewegung die gefühlsmäßige Reaktion ist, verlangt man fast immer vom Betrachter eine anschließende ästhetische Bewertung des Vorgehens.

Perelman trennt in seinem *Traktat* die Tropen nicht von den Argumenten, weil er sie ausschließlich als Instrumente der Beweisführung (mit rein persuasiven Zwecken) versteht. Uns erscheint es dagegen angebracht, sie, wie es die klassischen Rhetoriker taten, zu unterscheiden, eben wegen der ästhetischen Funktion, die die Tropen bekleiden wollen. Oft sind die Tropen ja völlig von der Argumentation losgelöst und haben nur die Funktion, die Aufmerksamkeit auf eine Kommunikation zu lenken, die dann mit anderen Mitteln weiterargumentiert.

III. *Register und Ebenen der Reklamecodes*

III. 1. Die Reklamecodes funktionieren auf einem doppelten *Register*: a) einem *verbalen* und b) einem *visuellen*. Es ist ausführlich gezeigt worden (Barthes, 1964 b), daß das verbale Register hauptsächlich die Funktion hat, die Botschaft zu *verankern*, weil die visuelle Botschaft oft als zweideutig und als begrifflich verschieden zu fassen erscheint. Diese Verankerung geschieht jedoch nicht immer bloß auf parasitäre Weise. In Barthes' bekannter Analyse der Pasta Panzani würde sich das in rhetorische Lösungen (Tropen, loci und Argumente) verwebte Bild zu verschiedenen Decodierungen hergeben, wenn nicht der Text mit rein referentiellen Funktionen spezifizierte, daß es sich um „italienische Spaghetti" handelt. Oft aber – in den am weitesten entwickelten Anzeigen – realisiert der Text seine Verankerungsfunktion, indem auch er verschiedene rhetorische Mittel aufwendet. Einer der Zwecke einer rhetorischen Untersuchung der Reklame ist es, festzustellen, wie sich die rhetorischen Lösungen auf den zwei Registern verbinden. Es kann nämlich eine Homologie oder eine totale Diskordanz auftreten: bei einem Bild mit ästhetischer Funktion und einem Text mit emotionaler Funktion; oder bei einem Bild, das einfache Tropen aufweist, während der Text loci einführt; oder bei einem Bild, das einen argumentierenden locus vorstellt, und dem Text, der diesem widerspricht; usw.; praktisch durch eine von vornherein schwer codifizierbare Kombinatorik hindurch.

III. 2. Zweifellos erscheint die Forschung über die Codes der verbalen Persuasion weniger anregend, da sie zu einer Tradition von schon durchgeführter rhetorischer Forschung gehört. Es gibt im übrigen ausgezeichnete Untersuchungen über die verbale Rhetorik der Reklame.[14] Unsere Untersuchung muß also zunächst darauf aus

---

14 Vgl. vor allem den klassischen Galliot, 1955. Zur weiteren, insbesondere italienischen, Bibliographie, sh. Folena, 1964, und den noch un-

sein, die Möglichkeit visueller Codes zu erläutern. Erst danach kann sie sich die Untersuchungen der verbalen Kommunikation zunutze machen und die Kombinationen zwischen den beiden Registern untersuchen.

In Bezug auf die visuelle Kommunikation können wir mehrere *Ebenen* visueller Codifizierung bestimmen:

a) *Ikonische Ebene:* Eine Codifizierung der ikonischen Zeichen gehört nicht zur rhetorischen Untersuchung der Reklame, so wie im verbalen Register die Untersuchung der denotativen Werte der verschiedenen verbalen Ausdrücke nicht dazugehört. Man kann als gegeben annehmen, daß eine bestimmte Konfiguration eine Katze oder einen Stuhl darstellt, ohne daß wir uns fragen, warum und auf welche Weise. Man kann höchstens einen bestimmten Typ von Icon mit starkem Gefühlswert in Betracht ziehen, u. z. das Icon, das wir „gastronomisches Icon" nennen und das dann vorliegt, wenn eine Eigenschaft eines Gegenstandes (eiskalter Beschlag auf einem Bierglas, Sämigkeit einer Soße, Frische einer weiblichen Haut) in ihrer starken Repräsentativität direkt unsere Begierde stimuliert, statt sich darauf zu beschränken, „Soße", „Kälte" oder „Weichheit" zu denotieren.

b) *Ikonographische Ebene:* Wir haben zwei Codifizierungstypen. Eine Codifizierung „historischen" Typs, wodurch die Reklamekommunikation Konfigurationen benutzt, die in einer klassischen Ikonologie auf konventionalisierte Bedeutungen verweisen (von der Aureole, die Heiligkeit anzeigt, bis zu einer bestimmten Konfiguration, die die Idee der Mutterschaft suggeriert, bis zur schwarzen Binde auf dem Auge, die Pirat oder Abenteurer konnotiert, usw.). Die andere Codifizierung ist publizitären Typs, wo z. B. das Mannequin-Sein von einer bestimmten Art, mit überkreuzten Beinen dazustehen, konnotiert wird. Die Gewohnheit der Reklame hat konventionalisierte *Ikonogramme* in Umlauf gesetzt.

Ein Ikonogramm (wie im übrigen schon eine ikonische Konfiguration) ist niemals ein Zeichen, sondern ein *Sem* (vgl. B. 3. I.)

c) *Tropologische Ebene:* Sie umfaßt die visuellen Äquivalente der verbalen Tropen. Der Tropus kann ungewöhnlich sein und ästhetischen Wert annehmen oder aber die genaue visuelle Übersetzung der verbrauchten und in den allgemeinen Gebrauch übergegangenen Metapher

---

veröffentlichten Vortrag, in dem der Werbeslogan „Metti una tigre nel motore" („Pack den Tiger in den Tank") analysiert wurde (Mailand, Circolo della Stampa, November 1967). Eine Analyse zahlreicher verbaler Figuren sh. Sabatini (1967). Vgl. auch Grassi (1967) und Castagnotto (1967). Außerdem, zu einer Voruntersuchung über die Termini „Reklame", „publicity" etc. vgl. De Benedetti (1966). Über die Beziehungen zwischen Reklamesprache und Sprachexperimente der Avantgarde, vgl. Pignotti (1965).

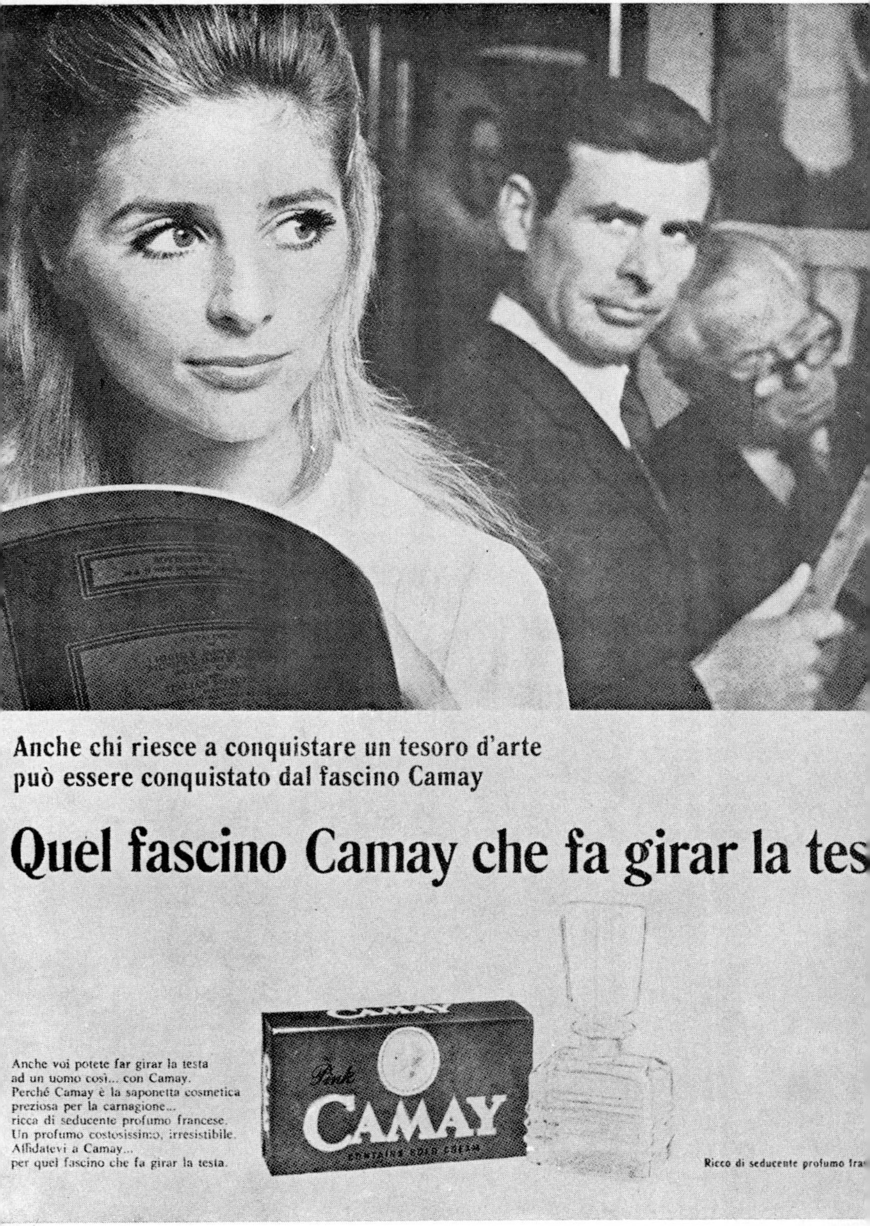

**Anche chi riesce a conquistare un tesoro d'arte
può essere conquistato dal fascino Camay**

Quel fascino Camay che fa girar la tes

Anche voi potete far girar la testa
ad un uomo così... con Camay.
Perché Camay è la saponetta cosmetica
preziosa per la carnagione...
ricca di seducente profumo francese.
Un profumo costosissimo, irresistibile.
Affidatevi a Camay...
per quel fascino che fa girar la testa.

Ricco di seducente profumo fra

Don't let the low price scare you off.

$652.*
at's the price of a new Volkswagen.
t some people won't buy one. They
hey deserve something costlier. That's
rice we pay for the price we charge.
d some people are afraid to buy one:
don't see how we can turn out a
a car without having it turn out cheap.
s is how:
ce the factory doesn't change the

bug's shape every year, we don't have to
change the factory every year.
What we don't spend on looks, we spend
on improvements to make more people
buy the car.
Mass production cuts costs. And VWs
have been produced in a greater mass
(over 10 million to date) than any car
model in history.
Our air-cooled rear engine cuts costs,

too, by eliminating the need for a radiator,
water pump, and drive shaft.
There are no fancy gadgets, run by
push buttons.
(The only push buttons are on the doors.
And those gadgets are run by you.)

When you buy a VW, you
get what you pay for. What you
don't get is frills. And you don't
pay for what you don't get.

URGENT

Special Purpose Telegram Blank No. 74/AG-US Army Form No. AF/7659/82/74

TO: *Civilian Telegraph Section*
Communication Division
Pentagon, Washington

FROM: *Deceased Personnel Division*
Civilian Liaison Bureau
Pentagon, Washington

DESPATCH FOLLOWING IMMEDIATELY by civil telegraph system:

Message begins:

Express delivery _____

We regret to inform you that your son/husband/father _____

was killed in action in____ **VIETNAM** _____

on_____ at_____ hours. stop. we will contact you

further informations as soon as possible. stop. **United States Army.**

Message ends.

Form completed by _____   *From DY/746 Report No.* _____
*Date & time completed*_____   *Checked by*_____
Telegraphed by _____   *Date & time telegraphed*_____

Following despatch of telegram the completed blank is to be passed to Section RG/4965/CV Record Office for

- - - - - - - - - - - (cut here) ✂ - - - - - - - - - - - - - - - - - - |

US Army Form No.AF/7659/82/74AG
(low)

*This telegram blank is to be completed in
BLOCK CAPITALS and despatched as soon as
possible following receipt of a report
No.DY/746 (List of personnel killed in action).*

Instructions for completion:

* Full name of next of kin
* House No., road, City, State & zip code.
* Delete non-applicable
* Rank, Christian name (s), Surname, Army No.
* Field of action
* Date & time in full (24 hour clock)

After completion and checking cut telegram blank along
central horizontal line, despatch high portion, cut along
vertical line, file right-hand portion.

Army No. of deceased_____
Blank completed by_____
From DY/746 No. _____
Checked by_____
Date & time despatched_____

Allo scopo di continuare a provocare
con ogni mezzo possibile l'opinione
pubblica per una cosciente
immediata dell'aggressione militare
americana al Vietnam del Nord
la redazione di "Quindici" (CED 312
Edizione di cultura contemporanea
pubblicano questo modulo che
riproduce il testo del modulo
telegrafico in uso presso il Ministero
della difesa degli U.S. per
comunicare ai parenti dei militari
in servizio attivo la morte dei loro
congiunto.

"Sai che minestra c'è stasera?"

Lu (senza interesse) - Ma, non so; sarà
   la minestra che fai di solito.
Lei (cattiva) - No, sbagliato.
Lui (interessato) - Con molte verdure?
Lei (cercando d'aiutare) - Potrebbe essere
   Minestrone, sì, ma non è!
Lui - C'è anche della pasta?
Lei - Potrebbe essere
   Minestra di
   verdure con pasta,
   sì, ma non è!
Lui (vinto) - Cos'è che
   hai preparato stasera?
Lei (sillabando) - Crema... di... asparagi.
Lui (goloso) - Asparagi, asparagi!
Crema di asparagi!
E' così che voglio mangiare:
cambiare ogni sera menù.

Minestre _Knorr_
il piacere di cambiare menù

Knorr
Crema con asparagi

sein, so daß er unbeobachtet bleibt. Andererseits hat die Reklamesprache typische Tropen der visuellen Kommunikation eingeführt, die nur schwer auf präexistente verbale Tropen zurückgeführt werden können.

Guy Bonsiepe führt zahlreiche Beispiele von visueller Realisierung klassischer Tropen an: ein Autoreifen, der sicher zwischen zwei Reihen von Nägeln fährt, stellt deutlich eine *Hyperbel* dar; eine Zigarettenreklame, die nur eine Rauchwolke zeigt, die durch die Inschrift verankert ist: „Dies ist alles, was wir zu verkaufen haben", fungiert als *Litotes* (Bonsiepe spricht von einer „Hypo-Behauptung", und man könnte auch von „understatement" sprechen); eine Esso-Reklame, die verkündet: „Tankt überall" und das Bild eines Kolibris zeigt, der in einem Blumenkelch Nektar saugt oder Wasser trinkt, stellt einen Fall von Metapher dar. Anderswo finden wir Fälle von *Visualisierung oder Literarisierung der Metapher:* da z. B. wo die Aufforderung zu einer größeren Flexibilität (verbale Metapher) des modernen marketing durch ein Exemplar der „Time", das sich wie eine biegsame Klinge wellt, ausgedrückt wird.

Mit der Visualisierung der Metapher sind wir bei einer Art von Tropen angelangt, die nach dem Aufkommen der visuellen Reklamekommunikation entstanden sind. Unter diesen Tropen können wir z. B. die *magische Teilnahme durch Nebeneinanderstellen* feststellen (ein moderner Mann, der ein angepriesenes Hemd anhat, nimmt, wenn er neben dem Bild eines Edelmannes aus dem 18. Jahrhundert dargestellt wird, teil – und mit ihm das Produkt – an der Aura von Vornehmheit, Männlichkeit und Würde des klassischen Modells).[15] In einem solchen Fall findet man auch einen anderen Typ von Figur, den wir *Kitsch-Ikonogramm* nennen könnten und der als Autoritätsargument benutzt wird: die Evokation eines öffentlich als solches anerkannten Kunstwerks – als prestigereich etikettiert – gibt dem Produkt Prestige (Kitsch-Ikonogramme sind das Markenzeichen von Olio Dante, die verschiedenen Produkte, die den Namen der Monna Lisa tragen, usw.).

Eine andere typische visuelle Figur ist die *doppelte Metonymie* mit Identifizierungsfunktionen: das Nebeneinanderstellen von einer Dose Büchsenfleisch und dem lebenden Tier, wodurch man die Dose durch das Tier und das Tier durch die Dose benennt (doppelte metonymische Bewegung), stellt mittels einfacher Nebeneinanderstellung eine unzweifelhafte Identität zwischen den beiden Fakten („das Fleisch in der Dose ist wirkliches Rindfleisch") oder ein Implikationsverhältnis her.

Schließlich soll noch bemerkt werden, daß fast jedes visuelle Reklamebild eine rhetorische Figur darstellt, die in der Reklame eine dominie-

---

15 Ugo Castagnotto (1967 b) zitiert G. Bachelard, wo er von der Tätigkeit der „metaphorischen Transvalorisation" spricht, „auf der die alchimistischen Phantasien beruhen. Attribute und Eigenschaften des Gegenstandes werden auf das entsprechende Sprachzeichen übertragen oder von Wort zu Wort übertragen, um daraus eine Parallele abzuleiten ...". Es scheint uns, als seien auf der visuellen Ebene solche Verfahren an der Tagesordnung.

rende Funktion hat, nämlich die *Antonomasie*. Jede einzelne Größe, die auf dem Bild erscheint, ist meistens durch eine mitgemeinte Antonomasie der Vertreter der eigenen Gattung oder der eigenen Art. Ein Mädchen, das Bier trinkt, tritt auf als „alle Mädchen". Man kann sagen, daß das Anführen des einzelnen Falles den Wert eines Exemplums, eines Autoritätsargumentes annimmt. Jedem Einzelnen geht ideell jenes logische Zeichen voraus, das *universeller Quantifikator* heißt und das das Symbol x, dem es vorangestellt wird, als „alle x" verstehen läßt. Dieser Mechanismus stützt sich auf psychologische Identifikationsprozesse (und folglich auf außersemiotische Mechanismen). Aber der Identifikationsprozeß wird von rhetorischen Kunstgriffen ermöglicht, die das vorgelegte Einzelne konventionell als universell und exemplarisch erkennbar machen (und wir sind wieder bei einem semiotischen Mechanismus).

d) *Topische Ebene:* Sie umfaßt sowohl den Bereich der sogenannten *Prämissen* als auch den der argumentierenden *loci* oder *Topoi,* die allgemeine Rubriken waren, unter denen Gruppen von möglichen Argumentationen vereinigt wurden. Die Unterscheidung zwischen Prämissen und loci ist schon bei Aristoteles sehr ungenau und wird von der späteren Rhetorik teilweise aufgegeben. Für unsere Zwecke genügt es, die Möglichkeit von Blöcken erworbener Meinungen anzuerkennen, die sowohl die Prämisse für ein Enthymem als auch das allgemeine Schema bilden können, unter dem verwandte Enthymeme eingeordnet werden können. Daher sprechen wir global von topischer Ebene.

Eine Codifizierung der visuellen Topoi könnte die Klassifikation der möglichen visuellen Übersetzungen der verbalen Topoi umfassen. Das, was am auffälligsten aus der ersten Übersicht über die visuelle Sprache auftaucht, ist die Existenz von Ikonogrammen, die von Anfang an ein *topisches Feld* konnotieren, d. h. die konventionellerweise eine Prämisse oder Blöcke von Prämissen elliptisch evozieren, als ob es sich um eine konventionalisierte Sigle handelte.

Z. B. konnotiert ein Ikonogramm vom Typ „Icon, das eine junge Frau denotiert, die sich lächelnd über einer Wiege einem Säugling zuneigt, der ihr die Arme entgegenstreckt" zweifellos „junge Mutter", gleichzeitig aber evoziert es eine Reihe von Persuasionen vom Typ: „Mütter lieben ihre Kinder – es gibt nur eine Mutter – die Liebe der Mutter ist die stärkste von allen – Mütter beten ihre Kinder an – alle Kinder lieben ihre Mutter – usw.". Doch nicht nur: außer diesen Konnotationen, die wirkliche Prämissen darstellen, werden mögliche Argumentationsgruppen konnotiert (und folglich *loci* im engeren Sin, vom Typ: „wenn alle Mütter so sind, warum sollten Sie dann nicht auch so sein?"). Man versteht leicht, wie aus einem solchen topischen Feld Enthymeme folgender Art entstehen können: „alle Mütter tun nur das, was ihren Kindern gut tut – alle Mütter füttern ihre Kinder mit dem Produkt X – wer seine eigenen Kinder mit dem Produkt X füttert, tut, was den Kindern gut tut.

Wie man sieht, muß, damit das Enthymem möglich wird, die Decodierung durchgeführt werden, die wir vorschlugen, als wir von der tropologischen Ebene, betreffs der mitgemeinten Antonomasie, sprachen: diese

Mutter wird zu „alle Mütter". Man kann auch sagen, daß in vielen Fällen die Antonomasie „die Mutter par excellence" das topische Feld beinhaltet: „wenn die vorbildliche Mutter sich so verhält, warum dann nicht auch du?", daher das Argument: „diese Mutter ist die Mutter par excellence – sie füttert ihr Kind mit dem Produkt X – warum solltest nicht auch du dein Kind auf dieselbe Weise füttern?". Hier haben wir, wie man sieht, die Hypothese eines universellen Quantifikators „alle" ausgeschaltet und beschränken uns darauf, das Spiel zwischen einer Antonomasie und einem evozierten locus hervorzuheben.

Wahrscheinlich wird der größte Teil der visuellen Kommunikation der Reklame mehr einem Ikonogramm, in dem die – mitgemeinte – Prämisse durch die Konnotation des topischen Feldes evoziert wird, als dem eigentlichen Aussprechen von Prämissen und loci anvertraut.

e) *Enthymematische Ebene:* Sie würde die Gliederung eigentlicher visueller Argumentationen beinhalten. Es sei vorläufig gestattet, die Hypothese zu vertreten, daß wegen der typischen Polyvalenz des Bildes und wegen der Notwendigkeit, es in einer verbalen Rede zu verankern, die eigentliche rhetorische Argumentation nur vom verbalen Text oder von der gegenseitigen Beeinflussung von verbalem und visuellem Register durchgeführt wird. In diesem Fall würden die beteiligten Ikonogramme, so wie sie topische Felder evozieren, gewöhnlich *enthymematische Felder* evozieren, d. h. sie würden schon konventionalisierte Argumentationen, die von einem ausreichend codifizierten Bild ins Gedächtnis zurückgerufen werden, stillschweigend mitmeinen.

IV. *Lektüre von fünf publizitären Botschaften*

IV. 1. Untersuchen wir z. B. die Anzeige von Camay, die hier abgebildet ist:

A. *Visuelles Register:* Rede mit anscheinend *referentieller* Funktion.

Denotationen: Ein junger Mann und eine junge Frau prüfen Bilder, die an einem Ort ausgestellt sind, welcher von dem Katalog in der Hand des Mädchens als jener Tempel von einem Antiquariat, Sotheby in London, ausgewiesen ist; der Mann betrachtet die Frau, und die Frau lenkt ihre Augen in die Richtung dieses Blickes.

Wir können auch das Vorwiegen der *ästhetischen* Funktion feststellen, die deutlich wird, wenn man die Anzeige farbig betrachtet, und die auch aus dem Geschmack der Komposition hervorgeht, welche von Filmschnitten inspiriert ist, die man für geschmackvoll hält. Und außerdem zeichnet sich eine metasprachliche Funktion ab (das Bild zitiert andere Bilder: die bei Sotheby ausgestellten Bilder).

Wir finden Denotation auf einer ikonischen Ebene (Frau, Mann, Bilder usw.), aber die Reihe der stärksten Konnotationen findet sich auf der Ebene der *ikonographischen Seme*.

Konnotationen: Das Icon Frau konnotiert (einer wachsenden konnotativen Komplexität folgend, wo eine Konnotation sich auf die andere stützt): die Frau ist schön (nach den gängigen Codes), sie ist vermutlich aus dem Norden (Prestige-Konnotation: das Nordische wird unterstrichen durch das Britische des Katalogs); sie ist reich (sonst würde sie nicht bei Sotheby verkehren); sie ist gebildet (idem) und hat Geschmack (idem); wenn sie keine Engländerin ist, dann ist sie eine Touristin von großer Klasse. Der Mann ist viril, sicher (die ikonischen Codes bestätigen ihn als solchen, eine ganze kinematographische und publizitäre Tradition sichert diese Interpretation ab), da er nicht englisch aussieht, ist er ein internationaler Reisender, reich, gebildet und hat Geschmack. Wahrscheinlich ist er reicher, gebildeter und sicherer als die Frau, weil die Frau den Besuch mit dem Katalog in der Hand macht, während er das Bild direkt prüft; er ist ein Experte oder ein Käufer (auf jeden Fall konnotiert das Sem Prestige). Der besondere Typ der Einstellung (der sich erworbene kinematographische Codes zunutze macht) denotiert nicht nur, daß der Mann die Frau beobachtet, die gerade den Blick zu ihm hinwendet, sondern wir interpretieren das Bild auch als ein isoliertes Photogramm einer Sequenz, in deren Verlauf die Frau zeigen wird, daß sie sich betrachtet fühlt und versuchen wird, zu sehen, wer sie betrachtet, ohne zu zeigen, daß sie ihn betrachtet. Alles das konnotiert, daß zwischen beiden eine zarte erotische Spannung besteht. Die Aufmerksamkeit, mit der der andere, ältere Mann das Bild betrachtet, verstärkt das Prinzip, daß der junge Mann gerade durch die Gegenwart der Frau abgelenkt wird, und unterstreicht den Kontakt zwischen den beiden. Sowohl auf der einen als auch auf der anderen Seite wird „Faszination" konnotiert, aber da es der Mann ist, der zuerst schaut, geht die Faszination auf jeden Fall vor allem von der Frau aus. Da die verankernde verbale Botschaft festlegt, daß das Motiv der Faszination im Duft der Camay-Seife zu suchen ist, redundiert das Icon auf der unteren Hälfte der Seite die verbale Botschaft durch eine *doppelte Metonymie* mit Identifikationsfunktion: „Stück Seife + Parfumflasche" bedeutet „Stück Seife + Parfumflasche".

Es wird stillschweigend angenommen, daß die beiden Personen

antonomastischen Wert haben (sie sind „irgendwelche eleganten und feinen jungen Menschen"). Sie werden zu nachahmenswerten Vorbildern (Objekte möglicher Identifizierung und Projektion), da sie mit Konnotationen beladen worden sind, die die allgemeine Meinung als prestigereich und exemplarisch ansieht: Schönheit, Geschmack, Internationalität usw. In gewisser Hinsicht geht den beiden Bildern nicht der universelle Quantifikator „alle" voraus, sondern sie meinen eine beschränktere Form: „alle wie ihr", wenn die Projektion oder die Identifizierung stattgefunden hat. Noch einmal bestimmt die mitgemeinte Antonomasie: „dieses Einzelne seid ihr alle oder es ist das, was ihr sein solltet und könntet".

Auf der topischen und enthymematischen Ebene schließlich entspringen aus denselben zugrundeliegenden Konnotationen reihenweise Felder von loci, von denen wir zitieren können: „Personen mit großer Klasse sind nachahmenswert – wenn die, die zur höheren Gesellschaft gehören, es so machen, warum solltet ihr es nicht ebenso machen – es ist gut, die Gründe für den Erfolg der Personen, die wir nachahmen sollen, kennenzulernen – die Erfolgsmenschen zeigen uns, wie man sich verhalten muß"; oder es wird sogar das Enthymem evoziert: „alle Erfolgsmenschen sind nachahmenswert – dies sind Erfolgsmenschen – dies sind nachahmenswerte Personen".

Natürlich klären und bestimmen sich die topischen und enthymematischen Felder, sobald man das visuelle Register mit dem verbalen Register in Wechselbeziehung gebracht hat. In der Tat bestätigt uns eine Überprüfung der Argumente des verbalen Registers, daß das Bild topische und enthymematische Felder evozieren müßte, die den exemplifizierten ähnlich sind.

B. *Verbales Register:* Die Funktion ist in den ersten beiden Zeilen referentiell, emotional in der großen Unterschrift darunter. Dann folgt eine lange referentielle und emotionale Botschaft, in der die Konnotationen auf ziemlich elementare Weise suggeriert werden: „kostbar, verführerisch, sehr teuer, unwiderstehlich, den Kopf verdrehen":

> Auch der, dem es gelingt, einen Kunstschatz zu erobern, kann von der Camay-Faszination erobert werden
>
> VON DER CAMAY-FASZINATION, DIE DEN KOPF VERDREHT
>
> Auch Sie können einem solchen Mann den Kopf verdrehen... mit Camay. Denn Camay ist die kostbare kosmetische Seife für den Teint...

reich an verführerischem französischem Parfum. Ein sehr teures, unwider-
stehliches Parfum. Geben Sie Camay Ihr Vertrauen . . . wegen dieser
Faszination, die den Kopf verdreht.

Reich an verführerischem französischem Parfum.

C. *Beziehungen zwischen den beiden Registern:* Es könnte scheinen, als verankere das verbale Register einfach das visuelle, aber
das visuelle Register besitzt in Wirklichkeit *high-brow*-Konnotatio-
nen (Kultur, Internationalität, Liebe zur Kunst, Geschmack usw.),
die das verbale Register nicht einsetzt (der Text spricht nicht von
Geschmack oder Liebe zur Kunst, sondern nur davon, „einen Kunst-
schatz zu erobern", d. h. er übersetzt die gebildeten Konnotationen
in *ökonomische*). In gewisser Hinsicht richtet sich die visuelle Botschaft an eine begrenztere Anzahl von Interpreten, während die verbale Botschaft sich an ein breiteres Publikum richtet, das für gröbere
Anregungen empfänglich ist. Man muß sagen, daß der gebildete
Empfänger, der von der visuellen Botschaft angezogen werden
könnte, sich dann von der Grobheit der verbalen Botschaft abgesto-
ßen fühlt (denn die verwendeten Adjektive und die durch lange
Gewohnheit konnotierten Mythen konnotieren insgesamt *middle
class*). In diesem Fall lag im Sender ein merkwürdiger Widerspruch
vor: Er hat sich für den visuellen Teil seiner Botschaft von raffinierteren Vorbildern inspirieren lassen, während er sich beim verbalen
Teil Persuasionssystemen anvertraute, die schon vom Radio oder in
graphisch weniger anspruchsvollen Anzeigen ausprobiert worden
sind. Man könnte die Meinung vertreten, daß diese Anzeige die Bestimmung ihres Publikums verfehlt, aber eine solche Behauptung geht
über unser Untersuchungsmodell hinaus und kann erst nach einer
Feldforschung über die Rezeption der Botschaft aufgestellt werden.

Das untersuchte Beispiel bewegt sich auf dem Niveau einer ziemlich elementaren Persuasion. Die ästhetischen Funktionen der Botschaft sind minimal, die rhetorischen Figuren völlig gewöhnlich, die
Referentialität ist bis zu einem Höchstmaß getrieben, und jede Konnotation stützt sich auf eine kaum zweideutige Denotation (damit
die unerwartete rhetorische Figur entsteht, müssen die Signifikanten
das denotierte Signifikat *auf zweideutige Weise* bestimmen: Der Gebrauch der Metapher „die blasse Jungfrau der Nacht" statt „der
Mond" impliziert schon ein gewisses Zögern bei der Bestimmung
der Referenten). Zweifellos würde sich die Analyse verändern, wenn

man weiterausgearbeitete Anzeigen untersuchte. Aber im Falle der untersuchten Anzeige ist es uns zumindest gelungen, die Existenz einer Persuasion festzustellen, *die, da sie das rhetorische Feld nur minimal verletzt, keinesfalls vorgibt, das ideologische Feld umzustoßen.* Die konnotierte globale Ideologie haben wir schon angedeutet bei der Untersuchung der suggerierten topischen Felder: Der Erfolg im Leben ist der erotische, mondäne und ökonomische Erfolg (wo auch die Kunst einen kommerziellen Wert und einen Erfolgsindex darstellt), und wer auf diesen Gebieten Erfolg hat, ist beneidenswert und ein nachahmenswertes Vorbild.

Wir haben hier ein typisches Beispiel für eine *Botschaft, die auf der rhetorischen und auf der ideologischen Seite redundant ist.*

Wir könnten aber andere Kombinationen bestimmen und Typen persuasiver Argumentation finden, welche die Informations- und Redundanzwerte anders gliedern, sowohl was die Rhetorik als auch was die Ideologie betrifft.

Nachdem wir also eine persuasive Botschaft untersucht haben mit:

a) rhetorischer Redundanz und ideologischer Redundanz, gehen wir zur Bestimmung von drei anderen Botschaftstypen über mit:

b) rhetorischer Information und ideologischer Redundanz,

c) rhetorischer Redundanz und ideologischer Information,

d) rhetorischer Information und ideologischer Information.

IV. 2. Das Beispiel für Punkt b) liefert ein Plakat, das in den letzten Jahren die Städte Italiens erobert hat. Quer über die Mitte des Plakats verläuft ein breiter schwarzer Streifen (auf dem als Einschub etwas geschrieben steht). Der Streifen stellt sich durch seine Ausmaße und durch das Verhältnis zu der Frauengestalt, die oben und unten dahinter hervorkommt, der Einbildungskraft als eine Balustrade oder spanische Wand dar. Was immer es auch sei, Balustrade oder spanische Wand, der Streifen bedeckt ein hübsches Mädchen von der Mitte der Brust unmittelbar über den Brustwarzen bis zum Anfang der Beine unmittelbar unterhalb der Scham. Das Mädchen erscheint als vermutlich nackt und nur von dem vorsorglichen Streifen bedeckt.

Auf die erste Überraschung (der Blick des Passanten richtet sich plötzlich auf das Bild und reagiert auf die Überraschung mit einer Frage) folgt eine zweite, wenn er bemerkt, daß das Plakat die Reklame für einen Badeanzug darstellt.

Es sind also vier Kommunikationsmomente vorhanden:

1) das Icon denotiert „nackte Frau";

2) die verbale Botschaft denotiert „Badeanzug";

3) die Wechselwirkung zwischen den beiden Registern konnotiert die Tatsache, daß die Frau für den Badeanzug Reklame macht (eine nackte Frau empfiehlt etwas, was bedeckt);

4) man kehrt zum visuellen Signifikanten zurück und entdeckt, daß er zweideutig ist: nichts schließt nämlich aus, daß die Frau einen Badeanzug anhat, der von dem schwarzen Streifen bedeckt ist.

Ebenso gut, wie der schwarze Streifen die Nacktheit bedeckt, kann er auch einen Stoff bedecken. Der graphische Witz besteht darin, daß die sichtbare Bedeckung denselben Körperabschnitt einnimmt, für den der anzunehmende Badeanzug bestimmt ist.

Nachdem die erste Überraschung überwunden und die erste Novität neutralisiert ist – die rein referentiell ist –, kann der kritischere Betrachter zu einer ästhetischen Bewertung übergehen: Der Graphiker hat den Einfall gehabt, für einen Badeanzug Reklame zu machen, ohne ihn zu zeigen, ja sogar, indem er listig die Abwesenheit des Badeanzugs andeutete. Das Spiel ist dermaßen gelungen, daß alle stehenbleiben, um die eigentliche Reklame-Botschaft zu lesen, die im Anpreisen des betreffenden Badeanzugs und d. h. der auftraggebenden Marke besteht.

Man merkt dann sofort, daß die Botschaft in Wirklichkeit automatisch eine weitere Information liefert, die nicht unmittelbar in Worte zu fassen ist und auf fast unbewußter Ebene aufgenommen werden soll, die aber deswegen nicht weniger identifizierbar ist: Das Plakat sagt implizite: „Wenn sie den Badeanzug X anziehen, werden Sie dieselbe Verführungskraft haben, die wir gewöhnlich der nackten Frau zuschreiben, die – wie Hugo sagte – die bewaffnete Frau ist", und es evoziert somit enthymematische und topische Felder verschiedenen Typs.

Während die Gruppe der ersten *drei* Informationen (das ist eine nackte Frau; sie stellt diesen Badeanzug vor; vielleicht hat sie den Badeanzug an) uns mit etwas wirklich Unerwartetem anspringt, das wir noch nicht wußten, sagt uns die *vierte* Information (unser Badeanzug macht verführerisch) etwas, was wir schon bestens wußten: nicht, daß der Badeanzug wirklich verführerisch ist, sondern daß, wer für einen Badeanzug Reklame macht, natürlich nur dessen große Eleganz und Anmut hervorheben kann. Man füge noch hinzu, daß die vierte Botschaft die Wünsche anreizt, die die Betrachter in Wirklichkeit schon hatten, und die Empfindungen, die sie jedenfalls aus dem Kleidungsstück ziehen würden, wenn sie den Badeanzug einmal anziehen würden.

Es wäre sehr ungenau, wenn man sagte, daß das Plakat bei den Signifikanten innoviere, während es erworbene Signifikate kommuniziere: denn auch die beiden Tatsachen, daß die Frau nackt ist und vielleicht einen Badeanzug anhat, müssen als zusammen kommunizierte Signifikate katalogisiert werden (die zueinander in Opposition gesetzt sind: daher die Ambiguität der Botschaft und ihre ästhetische Kraft). Es ist also genauer, wenn man sagt, daß das Plakat informativ erscheint, was die Gliederung der rhetorischen Mittel betrifft (in einem Nexus von signifikanten Lösungen und von in Widerspruch zueinander stehenden Signifikaten), daß es aber eine globale Ideologie konnotiert, die immer noch die einer Konsumgesellschaft ist.

IV. 3. Als Beispiel für Punkt c) möchten wir eine in verschiedenen amerikanischen Zeitschriften erschienene Anzeige anführen, die für den Volkswagen 1200 Reklame macht.

Das visuelle Register nimmt die oberen drei Viertel der Seite ein, das verbale Register das letzte, untere Viertel. Das visuelle Register besteht aus einer einzigen Einstellung, in der ziemlich weit oben – und daher sehr klein in Bezug auf die Einstellung – perspektivisch ein Volkswagen auf einem weißlichen einheitlichen Hintergrund erscheint, auf dem man eine horizontale Ebene von der vertikalen Ebene unterscheiden kann (Himmel oder Wand). Die Botschaft ist sehr einfach und gewollt referentiell; höchstens könnte die Kleinheit des Gegenstandes als eine visuelle Litotes interpretiert werden, wie wenn jemand sagte: „mein Autochen". Aber die Litotes „minus dicit quam significat" und verkleinert folglich den Gegenstand scheinbar, um ihn hervorzuheben, während in unserem Fall das Bild einfach ohne weitere Absichten sagt: „Das Auto, das ich Ihnen vorstelle, ist unbedingt bescheiden". Wenn eine rhetorische Figur vorliegt, dann eine *Epitrope* oder *concessio* (oder *Synchorese* oder *Paramologie):* Damit konzediert man, was der Gegner einwenden würde, sei es als *captatio benevolentiae* oder um von vornherein die Bemerkung zu neutralisieren.

Und wirklich bestätigen verschiedene Aspekte des verbalen Textes diese Lösung (die im übrigen überall in der Reklame auftritt, die

Volkswagen in Amerika macht; man versucht, den Haupteinwand des amerikanischen Käufers in ein positives Argument umzudrehen).
Die verbale Botschaft sagt:

LASSEN SIE SICH NICHT VOM NIEDRIGEN PREIS ERSCHRECKEN.

1652 $. Das ist der Preis für einen neuen Volkswagen. Aber manche Leute wollen keinen kaufen: Sie glauben, daß sie etwas Teureres verdienen. Das ist der Preis, den wir für den Preis zahlen, den wir verlangen. Und manche Leute haben Angst, einen zu kaufen: Sie verstehen nicht, wie wir ein billiges Auto verkaufen können, ohne daß es sich als billig herausstellt. Folgendermaßen: Da die Fabrik die Form des Käfers nicht jedes Jahr verändert, brauchen wir die Fabrik nicht jedes Jahr zu verändern. Was wir nicht für das Aussehen ausgeben, geben wir für Verbesserungen aus, damit mehr Leute das Auto kaufen können. Massenproduktion verringert die Kosten. Und VWs sind in größerer Masse hergestellt worden (über 10 Millionen bis jetzt) als irgendein anderes Automodell in der Geschichte. Unser luftgekühlter Heckmotor verringert ebenfalls die Kosten, weil er keinen Kühler, keine Wasserpumpe und keine Triebwelle braucht. Es gibt keine Phantasiearmaturen mit Knöpfen zum Drücken. (Die einzigen Knöpfe zum Drücken sind an der Tür. Und diese Armaturen werden von Ihnen selbst bedient.) Wenn Sie einen VW kaufen, dann bekommen Sie das, wofür sie bezahlen. Kinkerlitzchen bekommen Sie keine. Und Sie bezahlen nicht für das, was Sie nicht bekommen.

In diesem Text – einem seltenen Beispiel hervorragender persuasiver Argumentation – werden die Qualitäten des Autos nicht unvermittelt vorgestellt, sondern man läßt sie durch eine raffinierte Litotes hindurch erscheinen, die von einer Reihe von abgelehnten Epitropen erzeugt wird. Die Ablehnung der Einwände scheint eine Ablehnung von erworbenen Prämissen zu sein. Die Anzeige sagt im wesentlichen: „Ihr habt geglaubt, daß die Kinkerlitzchen, die automatischen Knöpfe und die originellen und immer neuen Formen vorzuziehen wären – und die ganze Autoreklame hat euch diese Eigenschaften immer als unbestreitbare Werte erscheinen lassen; nun, diese Werte sind nicht unbestreitbar, sie können abgelehnt werden, um einen größeren Wert, die Wirtschaftlichkeit, und den Spaß, die verschiedenen Mechanismen ohne unnütze Automatik zu handhaben, zu verwirklichen." Natürlich löst die Argumentation andere enthymematische Felder aus, vom Typ: „Es ist nicht wahr, daß die Armaturen und die originellen Formen Prestige konnotieren, so daß man sich schämen müßte, wenn man keine hat; wir schämen uns nicht, daß wir keine haben; wir sind stolz darauf, daß wir auf sie verzichtet haben" (und so werden implizite verschiedene gängige Prämissen abgelehnt). Die Argumentation stützt sich zusammenfassend auf zwei stillschweigend angenommene Prämissen („der niedrige Preis ist ein Wert" und „der positive Mann bezahlt für das, was er hat") und auf die Evokation eines *locus der Quantität*: „Das, was die meisten machen – Massenproduktion – ist nachahmenswert."

Nun ist eines der Verfahren, das eine *bereichernde* Rhetorik von einer bloß vertröstenden Rhetorik unterscheidet, die anfängliche Entscheidung, die gängigen Prämissen einer Kritik zu unterziehen (vgl. Perelman, 1958). Natürlich (und die rhetorische Argumentation kommt niemals aus diesem Zirkel heraus) impliziert die Ablehnung dieser Prämissen den Gebrauch anderer Prämissen, die nicht in Zweifel gestellt werden, aber auf jeden Fall wird der Empfänger der persuasiven Botschaft von der rein passiven, unbewußten und erzwungenen Zustimmung (sinnliche Stimulation, Provokation von irrationaler Identifizierung) befreit und zu einer kritischen Betrachtung aufgefordert. Diese kann eine Kette von Überlegungen verursachen, die über die Absichten des Überredenden hinausgehen. Wir wollen hier nicht behaupten, Volkswagen habe aus ausdrücklicher Entscheidung höhere ethische Ziele verfolgt: Die Firma war gezwungen, Verfahren anzuwenden, die denen der anderen, amerikanischen Firmen entgegengesetzt waren, eben um ein Produkt durchzusetzen, das Eigenschaften aufweist, die den in Amerika verkündeten und erwünschten entgegengesetzt sind.

Aber es steht außer Zweifel, daß die Botschaft den Empfänger zur ideologischen Seite hin bewegt, wenn die Botschaft auch auf der rhetorischen Seite keine überraschenden Kunstmittel einsetzt (das Bild ist nicht zweideutig, die Redundanz des Textes ist auf Wiederholungen der Epitrope gegründet): Die Botschaft verändert die Anschauungsweise des Empfängers, das Automobil als einen Fetisch und als Statussymbol zu betrachten. Sie verändert die Interpretationscodes des automobilistischen Signifikans. Sie ruft eine Neuordnung verschiedener ideologischer Haltungen hervor, die bestimmt auch neue rhetorische Formen annehmen müssen (und von da an bedeutet die Armatur nicht mehr „Ansehen" oder „Bequemlichkeit" oder „Prestige", sondern „Verschwendung" und „unnütze Kinkerlitzchen").

Dies ist also eine Botschaft, die durch Redundanz auf der rhetorischen Seite über die ideologische Seite informiert. Gewiß haben Ausdrücke wie „Redundanz" und „Information" hier relativen Wert: Zweifelsohne fallen so bescheidene rhetorische Formeln im Kontext einer Zeitschrift, in der Reklameanzeigen von erstaunlichem Scharfsinn erscheinen, dem Leser dermaßen auf, daß sie als äußerst informativ erscheinen. Es ist jedoch klar, daß die Lektüre dieser Anzeige mehr unseren Ideenschatz bereichert als unsere graphische und literarische Erfahrung. Umgekehrt braucht „Ideologie" auch nicht immer und überall etwas Totalitäres zu bedeuten; niemand glaubt, daß die Reklame für ein Auto, die den Konsum steigern soll, die Betrachtungsweise eines ganzen Lebenssystems verändern könnte; es genügt, wenn man beobachtet, wie sie es an einem Randpunkt angreift.

IV. 4. Es bleibt uns noch zu sehen, ob es persuasive Botschaften gibt, die gleichzeitig rhetorisch und ideologisch informativ sind. Das Beispiel, das wir anführen möchten, gehört zur ideologischen Propaganda und nicht zur Reklame, aber es kann ebenfalls als persuasive Botschaft definiert werden. Es handelt sich um ein Plakat, das in Italien von den Edizioni ED. 912 verbreitet worden ist.

Eine große solarisierte Photographie, gedruckt mit rosa Farbe (mittels eines typographischen Signals mit geringer Bestimmtheit, das die Form des Signifikans zweideutig und ungenau macht), zeigt einen amerikanischen Soldaten, der in einem Graben oder hinter einem Busch kauert. Das Icon des Hintergrundes wird aber von einer Reihe von verbalen Botschaften bedeckt, die bei genauerem Hinsehen sich als riesige Reproduktion (die die ganze Seite einnimmt) eines nicht ausgefüllten bürokratischen Formulars herausstellen. Es ist das Formular, das das Pentagon an die Postämter schickt, um den Familien der in Vietnam Gefallenen den Tod eines Verwandten mitzuteilen. Das Formular weist schon den Aufdruck „Vietnam" an der für die Bestimmung des Sterbeortes vorgesehenen Stelle auf.

Das Plakat ist aus verschiedenen Gründen „überraschend":

– Es sieht nicht wie ein gewöhnliches Plakat aus.

– Die Vergrößerung eines nicht ausgefüllten bürokratischen Formulars ist ungewöhnlich.

– Dieses Formular bürokratisiert ein delikates Phänomen wie den Tod eines Menschen und die Mitteilung seines Ablebens an einen Verwandten.

– Die gedruckten Ausdrücke sind äußerst technisch, und die verschiedenen Punkte vermitteln das Bild einer grenzenlosen ministerialen Pedanterie.

– Diese Pedanterie ist gräßlich, wenn sie sich auf den Tod eines Menschen und auf den Schmerz seiner Verwandten bezieht.

– Die abstrakte Öffentlichkeit des Formulars steht in Kontrast zu der konkreten Anschaulichkeit des unterlegten Bildes.

– Die Anwesenheit des Formulars suggeriert die Idee, daß der Tod in Vietnam etwas Massenhaftes ist, als etwas Massenhaftes behandelt wird und gleichzeitig ein als solches rubriziertes bürokratisches Ereignis ist.

– Punkte wie: „We regret to inform you that your son /husband/ father..." vermitteln das Gefühl der völligen Austauschbarkeit der menschlichen Wesen angesichts der bürokratischen Behandlung des Todes.

– Ausdrücke wie: „We regret" kontrastieren ironisch mit der Tatsache, daß sie gedruckt vorliegen für jede nur mögliche Beileidsbekundung (so daß die vom Bürokraten gebrauchten Ausdrücke einen anderen Wert bekommen, wenn sie im Lichte der Vergrößerung und der Ostentation des Plakats decodiert werden – als *Ironie, Sarkasmus* usw.).

– Die globalen Konnotationen der Botschaft implizieren ein Gefühl des Abscheus gegenüber der Tragödie des Krieges und ihrer bürokratischen Bewältigung, während sie beim Leser die Bewußtwerdung der Tatsache implizieren, daß Krieg ist und daß er Objekt normaler Verwaltung ist.

– Die Komposition löst eine globale Konnotation von Zynismus aus, die eine Reihe von leicht zu erschließenden enthymematischen Feldern impliziert (auch wenn man nicht sieht, wie ein Kriegsminister sich anders verhalten könnte, als daß er nach bürokratischen Modalitäten eine Kartei der toten Soldaten einrichtet). In dieser Hinsicht verwandelt sich die einfache Reproduktion des Formulars in eine komplexe persuasive Argumentation gegen den Krieg – und gegen diesen Krieg insbesondere.

– Insgesamt also hat die Botschaft denselben Wert wie die Rede Mark Antons über der Leiche Cäsars, wenn er den Römern darstellt, was diese schon wußten, nämlich das Vorhandensein von Wunden auf dem Körper des Diktators, das aber durch den Kontext mit neuen emotionalen Konnotationen befrachtet wird.

Man könnte diese Analyse noch fortführen, aber es erscheint jetzt schon klar, daß wir in diesem Fall eine Botschaft vor uns haben, die durch originelle rhetorische Mittel und dadurch, daß sie eine hohe Information auf rhetorischer Ebene auslöst, auch eine Erschütterung des ideologischen Feldes bewirkt. Es ist wahrscheinlich kein Zufall, wenn wir im Bereich der Reklame kein Beispiel für Punkt d) haben finden können, sondern in dem der politischen Propaganda, wo die ideologische Information ja die Hauptabsicht des Persuasionsaktes darstellt (man will überzeugen, um den ideologischen Rahmen zu verändern). In der kommerziellen Reklame ist die primäre Absicht die Überredung zur Einordnung in einen pragmatischen Rahmen (den Konsum), der einen schon vorgebildeten ideologischen Hintergrund verlangt, den der Empfänger kennt und der eher bestätigt als erschüttert werden soll. Im Fall der Volkswagen-Reklame stand, wie wir gesehen haben, die ideologische Veränderung am Rande, während die Aufforderung zur Wirtschaftlichkeit des Konsums und zu einer Ethik des Geldes, des Sparens und des „guten Geschäfts" unverändert blieb, auch wenn diese Aufforderung unter einem anderen Blickwinkel ausgesprochen wurde.

Diese Überlegungen schließen jedoch die Möglichkeit nicht aus, daß eine anhand von vielen anderen Beispielen durchgeführte Untersuchung Reklameanzeigen ausfindig machen kann, die der Gruppe d) zugeschrieben werden können.

Außerdem bleibt der ganze Bereich der propagandistischen Anzeigen über Probleme der kollektiven Wohlfahrt offen (Hilfe für Kinder, Propaganda gegen das Rauchen, Kampagnen für Verkehrssicherheit), welche auch primär auf die Veränderung von ideologischen Rahmen gerichtet sind. Und es bleiben Analysen durchzuführen über ideologisch informative Persuasionen, die sich jedoch auf Prämissen, Argumente und topische und enthymematische Felder stützen, die eindeutig sophistisch sind, d. h. die auf falschen Prämissen und Argumenten basieren (Typ: „post hoc ergo propter hoc").

Außerdem muß daran erinnert werden (falls es nötig wäre), daß der Begriff der ideologischen Information ein neutraler Begriff ist, der keine Bewertung der Ideologien voraussetzt. Ideologisch informativ (im Gegensatz zu den Systemen erworbener Erwartungen der Mehrheit stehend) wäre nämlich eine Anzeige, die (heute, in dem gesellschaftlichen Kontext, in dem wir leben) die Ausrottung der Juden, die Verfolgung der Neger, die Sterilisierung von politischen

Gegnern eines bestimmten Regimes, die Schulerziehung der Kinder zu homosexuellen und autoerotischen Praktiken usw. propagieren würde. Eine Rhetorik der Reklame kann bestimmen, auf welche Art und Weise und mit welchen Mitteln eine Botschaft hoch informativ wird. Die Haltung, die man den verschiedenen Botschaften gegenüber einnehmen kann, kann zwar von einer größeren semiotischen Bewußtheit inspiriert werden, sie hängt aber von Wertsystemen ab, die die semiotische Forschung nicht aufstellt. Und dies muß gesagt werden, nicht um die Neutralität einer Disziplin zu preisen, sondern um daran zu erinnern, daß diese Disziplin auf ihren Bereich beschränkte Instrumente anbietet und nicht andere Verhaltensweisen ersetzt oder von anderen Verantwortlichkeiten entbindet.

IV. 5. Es soll jedoch noch eine letzte Analyse durchgeführt werden, und wir werden diese mit einer offenbar „normalen" Anzeige ohne besonderes ästhetisches Interesse vornehmen. Es handelt sich um eine Reklame der Knorr-Suppen, wo die Kommunikation sich auf referentiellen und emotionalen Funktionen von niedrigem Niveau und großer Verständlichkeit zu artikulieren scheint.

Die hier wiedergegebene Anzeige besteht, wie man sieht, aus drei Bildergruppen und aus einem Text in Dialogform, der in einen Slogan ausläuft. Wir wollen von der Hypothese ausgehen, daß, da der Text ziemlich lang ist, jemand, der die Zeitschrift, in der die Anzeige erscheint, schnell durchblättert, den Blick nur auf die Bildergruppen wirft. Da das Bild der Suppe aus der Tüte auch den Namen der Marke und den Hinweis auf das Produkt aufweist, erhält der Bildbetrachter schon eine Information, die ausreicht, um zu verstehen, was ihm vorgeschlagen wird. Da das Bild außerdem oben rechts die Suppentüte in klein wiedergibt, die in aller Anschaulichkeit in der unteren Gruppe hervortritt, können wir die Analyse auf die beiden Hauptgruppen beschränken. Wir werden also den Text des Dialogs unberücksichtigt lassen.

Jeder, der einen raschen Blick auf die Anzeige geworfen hat, wird seine Lektüre ungefähr folgendermaßen beschreiben können: „Hier wird Reklame gemacht für eine Spargelcreme aus der Tüte, die aber aus wirklichen Spargeln hergestellt ist und aus der man eine appetitliche Suppe zubereiten kann: eine gute Suppe, wie sie eine zärtliche junge Ehefrau ihrem Mann vorsetzen kann."

Wie man sieht, lassen wir die Tatsache, daß der Dialog dagegen noch andere Informationen hinzufügt, außer Betracht: daß es nämlich die Knorr-Suppen in ihrer Vielfalt ermöglichen, jeden Tag das Menü zu verändern, was das Interesse des Ehemanns anregt. Untersuchen wir die erste Bildergruppe.

Denotation: Auf ikonischer Ebene haben wir eine Frau, die sich an einen Mann richtet, der auf einer Leiter steht. Auf ikonographischer Ebene erfahren wir, daß es sich um zwei junge Eheleute handelt. Die Frau richtet sich nicht an einen Anstreicher. Dieser würde durch andere Hosen konnotiert werden. Und sie richtet sich mit einem solchen zärtlichen Lächeln auch nicht an einen Fremden. Auch die Hypothese, daß es sich um ein Liebespaar handeln könnte, muß ausgeschlossen werden: Genaue ikonographische Codes bestimmen, daß ein Liebespaar mit anderen Kleidern und in anderen Haltungen konnotiert wird. Es treten hier topische Felder auf, die zwar – mehr als daß sie von dem genauen Ikonogramm provoziert werden – zunächst vom Ikonogramm angeregt werden, die aber auf dieses zurückstrahlen und es erneut bestätigen. Beispiel: „junge Eheleute lieben sich zärtlich – junge Ehemänner machen handwerkliche Hausarbeiten, während die Ehefrau sich um die Küche kümmert – die Ehefrau kümmert sich um den Geschmack des Ehemannes, wenn das Paar allein, seit kurzem verheiratet und durch eine zarte Zuneigung verbunden ist.“ Man achte darauf, daß das Kleid der Frau Jugendlichkeit, Frische und eine Mischung von Modernität und Schamhaftigkeit konnotiert. Wir haben hier das normale Mädchen vor uns, nicht den Vamp; das anmutige Mädchen, nicht die dicke Hausfrau; das praktische Mädchen, nicht die traditionelle Köchin; usw. Außerdem konnotiert die Arbeit, die der Ehemann gerade ausführt, jungen Haushalt mit Freude an Renovierungen; moderne, aber ökonomische Wohnung (andernfalls wären dort Scharen von Innenarchitekten). Andere enthymematische Felder entstehen, die mit dem darunterliegenden Bild zusammenhängen: eine gute Suppe für Leute, die sich gern haben; eine moderne, aber wirtschaftliche Suppe für moderne, aber zur *middle class* gehörende Leute – wie ihr (die Anzeige erscheint in der Frauenzeitschrift „Grazia“).

Sehen wir uns nun die darunterliegenden Icone an: stark betonte referentielle Funktion, die sich mit emotionalen Funktionen verbindet: das sogenannte „gastronomische“ Icon macht die Köstlichkeit der Speise offenbar, suggeriert die Idee der Appetitlichkeit und stimuliert das Verlangen. Es taucht auch eine metasprachliche Funktion auf, wo das Bild auf der Tüte das wirkliche Bild zitiert.

Auf ikonographischer Ebene konnotiert das von einem Band zusammengehaltene Bund Gemüse: geschätztes Produkt, Luxusherstellung und folglich Gemüse erster Qualität. Auch die Terrakottaschüssel, die den normalen Teller ersetzt, konnotiert Geschmack, Stil, Modernität und suggeriert die Idee eines Gerichts im Stile eines charakteristischen Restaurants. Es ist merkwürdig, daß auf der Tüte ein normaler Teller erscheint: Die Tüte richtet sich an ein undifferenziertes Publikum, das auch soziale Klassen umfassen kann, für die die Terrakottaschüssel dagegen Armut, Altertümlichkeit, Küche der ländlichen und armen Vorfahren konnotiert. Die Anzeige richtet sich im Unterschied zur Tüte dagegen an klassifizierbare Leserinnen (die Leserinnen von „Grazia"), deren konnotative Codes bekannt sind.

Aber die ikonische Gruppe sagt nicht nur, daß die Knorr-Suppe gut ist und daß sie Personen mit modernem Geschmack schmeckt. Sie sagt auch vor allem, daß die Suppe ausschließlich aus echtem und wertvollem Gemüse hergestellt ist. Wenn auch jeder von uns diese Botschaft leicht versteht, so wollen wir doch sehen, welche rhetorischen Vorgänge sie impliziert.

Die wirkliche Schüssel neben dem wirklichen Spargel stellt einen Fall von *doppelter Metonymie* dar, die eine Implikationsbeziehung nahelegt (ein Verfahren vom Typ „post hoc ergo propter hoc" – ein sophistisches Verfahren, das nur durch eine tief verwurzelte semiotische Konvention von jedem Empfänger als glaubwürdig akzeptiert wird). Wenn wir Suppe mit s und Spargel mit a bezeichnen (und die Entsprechungen auf der Tüte als a' und s'), ergibt sich, da die ikonischen Ähnlichkeiten $(a = a')$ und $(s = s')$ setzen, da die doppelten Metonymien $(a \rightarrow s)$ und $(s \rightarrow a)$ setzen und da $(a' \rightarrow s')$ und $(s' \rightarrow a')$:

$[(a \rightarrow s) \wedge (s = s')] \rightarrow (a \rightarrow s')$. Ebenso:
$[(s' \rightarrow a') \wedge (a = a')] \rightarrow (s' \rightarrow a)$. Und folglich $(a \longleftrightarrow s')$.
Da nun $[(s' \rightarrow a') \wedge (a \rightarrow s)] \rightarrow (s' \rightarrow s)$,
folgt $[(s' \rightarrow s) \wedge (s = s')] \rightarrow (s \longleftrightarrow s')$.

Und noch viele andere Schlußfolgerungen.

Jedoch, auch ohne diese Analyse durchzuführen, hat jede Leserin der Anzeige – dessen sind wir sicher – dieselben Signifikate aufgenommen, die wir so mühsam bestimmt haben.

Wir müssen also annehmen, daß die Signifikate schon von vornherein bekannt waren. Wenn eine Anzeige eine große Menge von logischen Argumentationen impliziert und trotzdem aber mit einem Schlag verstanden wird, so bedeutet das, daß die Argumente und Prämissen, die sie kommuniziert, schon dermaßen codifiziert waren, in derselben Form, die sie hier angenommen haben, daß sie durch einen einfachen Hinweis verstanden werden können. Die Anzeige fungiert also als Sigle von Argumenten, die schon bekannt sind, wie in dem berühmten Witz, wo sich Irre Witze erzählen, indem sie die Witze nur noch mit einer Zahl benennen, weil sie sie inzwischen alle auswendig kennen und es zum Lachen reicht, wenn sie die Witze memorieren.

Diese Erfahrung sagt uns, daß die Reklamekommunikation in sehr vielen Fällen *eine schon vorher gesprochene* Sprache spricht und gerade deshalb verstanden wird. Da die Anzeige auf vertraute Weise das sagt, was die Betrachter schon erwarteten (und sie erwarteten es auch in Bezug auf andere Produkte) ist letztenendes die grundlegende Funktion der Anzeige die phatische; so wie es für andere verbale Ausdrücke der Kontaktaufnahme zutrifft, wo der Ausspruch „schöner Tag heute" keinesfalls dazu dient, eine meteorologische Beobachtung zu vermitteln (deren Falschheit oder Wahrheit völlig irrelevant ist), sondern dazu, einen Kontakt zwischen zwei Sprechern herzustellen und dem Empfänger die Anwesenheit des Senders zu bestätigen. Im Falle unserer Anzeige sagt die Herstellerfirma einfach: „Auch ich bin da." Alle anderen Arten von Kommunikation zielen nur auf diese Nachricht.

V. *Schlußbemerkungen*

Außer in einigen merkwürdigen und vielversprechenden Fällen käme also eine rhetorische Untersuchung der Reklame wahrscheinlich zu folgenden Schlußfolgerungen:

1) Topoi und Tropen sind streng codifiziert, und jede Botschaft macht nichts anderes, als das zu wiederholen, was der Benutzer schon erwartete und kannte.

2) Die Prämissen werden in der Mehrzahl der Fälle ohne Diskussion akzeptiert, auch wenn sie falsch sind, und folglich (im Unter-

schied zu dem, was in der *bereichernden* rhetorischen Kommunikation geschieht) werden sie weder umdefiniert, noch in Frage gestellt.

3) Die von jeder Kommunikation evozierte Ideologie ist die Ideologie des Konsums: „Wir fordern Sie dazu auf, das Produkt X zu konsumieren, weil es normal ist, daß Sie etwas konsumieren, und wir schlagen Ihnen unsere Erzeugnisse vor statt anderer, auf die typische Weise einer Persuasion, deren Mechanismen Ihnen inzwischen ja alle bekannt sind."

4) Die enthymematischen Felder sind manchmal so komplex, daß es kaum vorstellbar ist, daß sie jedesmal vom Empfänger aufgenommen werden, und folglich muß man annehmen, daß nunmehr auf Grund von sehr strengen Codifikationsprozessen auch die Argumentationsprozesse als Siglen ihrer selbst, als konventionelles Zeichen empfangen werden. In diesem Fall ginge man von der Argumentation zur *Emblematik* über. Die Anzeige würde nicht die Gründe darlegen, warum man sich auf eine bestimmte Art verhalten soll, sondern sie würde eine Fahne, ein Stemma exponieren, auf das man durch Konvention auf eine bestimmte Art reagiert.

Diese Schlußfolgerungen würden eben die Wirksamkeit der publizitären Rede in Frage stellen. Ohne Zweifel funktionieren bestimmte Reklamepublikationen mehr als andere, aber man dürfte sich wohl fragen, welche Rolle die Persuasivität der Argumentation spielt und welche Rolle andere außer-kommunikative Faktoren spielen, die der Analyse dessen entgehen, der sich mit der Wirksamkeit der Botschaft beschäftigt. Mit anderen Worten: begehrt man eine Sache, weil man kommunikativ dazu überredet wird, oder akzeptiert man kommunikative Persuasionen in Bezug auf diejenigen Sachen, die man schon begehrte? Die Tatsache, daß man mit Argumenten überredet wird, die man schon kannte, orientiert uns zur zweiten Alternative hin.

Die Hypothese, die uns bei diesem Untersuchungsvorschlag begleitet hat, ist, daß die Reklamekommunikation, die so sehr an die Notwendigkeit des Rückgriffs auf das schon Erworbene gebunden ist, sich wahrscheinlich größtenteils schon codifizierter Lösungen bedient. *In diesem Fall würde eine Rhetorik der Reklame dazu dienen, illusionslos das Ausmaß zu definieren, in dem der Reklamefachmann, der sich einbildet, neue Ausdrucksformeln zu erfinden, in Wirklichkeit von seiner eigenen Sprache gesprochen wird.*

Die „moralische" Funktion der semiotischen Forschung bestünde dann also darin, die „revolutionären" Illusionen des idealistischen

Reklamefachmanns zu widerlegen, der für seine Arbeit als „Verführer auf Befehl" ständig ein ästhetisches Alibi in der Überzeugung findet, daß er an der Veränderung der Systeme der Wahrnehmung, des Geschmacks, der Erwartungen seines Publikums arbeite, für das er eine ständige Lehrzeit der Intelligenz und der Einbildungskraft bereitstelle. Es könnte also interessant für ihn sein, sich der Tatsache bewußt zu werden, daß die Reklame keinen informativen Wert hat. Auch wenn diese ihre Grenzen nicht von den Möglichkeiten einer persuasiven Rede abhängen (deren Mechanismen bedeutend bereicherndere Abenteuer erlauben), sondern von den ökonomischen Bedingungen, die die Existenz der Reklamebotschaft regeln.

C. FUNKTION UND ZEICHEN
(SEMIOTIK DER ARCHITEKTUR)

1. ARCHITEKTUR UND KOMMUNIKATION

I. Semiotik und Architektur

I. 1. Wenn Semiotik nicht nur die Wissenschaft von den Zeichensystemen ist, die als solche erkannt werden, sondern die Wissenschaft, welche *alle* Kulturphänomene so untersucht, *als ob* sie Zeichensysteme wären – wobei sie von der Hypothese ausgeht, daß in Wirklichkeit alle Kulturphänomene Zeichensysteme *sind*, d. h. daß Kultur im wesentlichen Kommunikation ist –, so ist die Architektur einer der Bereiche, in dem die Semiotik in besonderem Maße auf die Herausforderung durch die Realität trifft, welche sie in den Griff bekommen will.

Es soll klargestellt werden, daß von nun an der Ausdruck „Architektur" als Bezeichnung sowohl für Phänomene der Architektur im eigentlichen Sinn wie für die des Design und des Städtebaus verwandt wird. Lassen wir die Frage einstweilen noch offen, ob die Definitionen, die wir geben werden, in der Folge auf *jeden Entwurf passen, der die Realität in ihrer Dreidimensionalität verändert, damit sie eine Funktion übernehmen kann, die mit dem gesellschaftlichen Leben verbunden ist* (eine Definition, welche das Entwerfen von *Kleidung* insofern miteinbezieht, als diese Element sozialer Anerkennung und Mittel des Gemeinschaftslebens ist; sie umfaßt auch die *kulinarische* Planung, nicht unter dem Gesichtspunkt, daß sie Dinge bereitstellt, die für die individuelle Selbsterhaltung notwendig sind, sondern als Konstruktion von Kontexten mit gesellschaftlicher Funktion und symbolischer Bedeutung, wie das Menü, das Gastmahl etc.; diese Definition schließt hingegen die Herstellung dreidimensionaler Gegenstände aus, deren *primärer* Sinn nicht der Gebrauch, sondern die *Kontemplation* ist, wie z. B. Kunstwerke oder Schauspielinszenierungen, während sie jedoch die Phänomene der *Bühnentechnik* noch miteinschließt als Instrumente für andere Phasen eines Schauspiels; etc.).

I. 2. Warum stellt die Architektur eine Herausforderung für die Semiotik dar? Weil die Objekte der Architektur scheinbar *nichts mitteilen* (oder zumindestens nicht für Kommunikation gedacht sind), sondern *funktionieren.* Niemand wird bezweifeln, daß ein Dach im Grunde zum Bedecken dient und ein Glas zur Aufnahme von Flüssigkeit, die man bequem trinken können soll. Diese Feststellung ist so unmittelbar und kategorisch, daß es befremdlich erschiene, etwas um jeden Preis als Kommunikationsakt ansehen zu wollen, was sich doch ebensogut und ohne Problem als *Funktionsmöglichkeit* begreifen läßt. Ein erstes Problem, das sich also der Semiotik stellt, sofern sie den Schlüssel für alle Kulturphänomene liefern will, ist vor allem, inwieweit sich die Funktionen *auch* unter dem Aspekt der Kommunikation interpretieren lassen; zweitens, inwiefern die Betrachtung der Funktionen unter dem Aspekt der Kommunikation diese besser zu verstehen und gerade als Funktionen zu definieren erlaubt und andere Arten der Funktionalität zu entdecken hilft, die ebenso wichtig sind, für die aber die nur funktionalistische Betrachtung blind macht.[1]

II. Architektur als Kommunikation

II. 1. Eine phänomenologische Betrachtung unserer Beziehung zum architektonischen Objekt sagt uns vor allem, daß wir gewöhnlich die Architektur *als Kommunikationsfaktum* beanspruchen, auch ohne von ihrer Funktionalität abzusehen.

Versetzen wir uns in die Situation des Menschen der Steinzeit, die in unserem hypothetischen Modell den Anfang der Architekturgeschichte bildet.

Noch „ganz Staunen und Wildheit" (nach dem Ausdruck von Vico) flüchtet sich unser Mensch unter dem Druck von Kälte und Regen nach dem Beispiel irgendeines Tieres oder aus einem Impuls, in dem sich Instinkt und Überlegung konfus vermengen, in eine Schlucht, in eine Bergfurche oder in eine Höhle.

Geschützt vor Wind und Wetter betrachtet unser Mensch mit Hilfe

---

1 Betreffs einer Reihe von präsemiotischen Betrachtungen vgl. S. K. Langer, *Feeling and Form,* New York 1953 (die Kapitel über den virtuellen Raum); Cesare Brandi, *Eliante o dell'Architettura,* Torino, Einaudi, 1956; *Segno e Immagine,* Milano, Saggiatore, 1960. Näher an einer semiotischen Thematik: Norberg-Schulz (1963); Dorfles (1959; 1962); Brandi (1968); Bettini (1958); Choay (1965).

des Tageslichts oder im Feuerschein (vorausgesetzt, daß er das Feuer schon entdeckt hat) die Höhle, die ihn schützt. Er nimmt die Weite der Wölbung wahr und begreift sie als Grenze zu einem *abgeschnittenen* Außenraum (mit Wasser und Wind, die er beinhaltet) und als das *Prinzip eines inneren Raumes,* der in ihm vielleicht undeutliche Uterus-Sehnsüchte erregt, ihm Schutzgefühle einflößt und noch ungenau und nicht eindeutig erscheint, wie er so in Licht und Schatten umrißhaft deutlich wird. Nachdem sich der Sturm gelegt hat, kann er die Höhle verlassen und sie von außen betrachten: er wird ihre Eingangshöhlung als „Loch" sehen, „durch das man hineingehen kann", und der Eingang wird in ihm das Bild des Inneren wieder wachrufen: Eingangsloch, Deckengewölbe, Wände, die einen Raum umschließen (oder fortlaufende Felswand). Er bildet sich eine „Idee von der Höhle", die – wenn auch zu nichts sonst – so doch als Gedächtnisstütze dienen kann, um künftig an sie als Zufluchtsort bei Regen denken zu können; aber auch, um in einer anderen Höhle dieselbe *Schutzmöglichkeit* wiederzuerkennen, die er in der ersten gefunden hatte. Diese Erfahrung einer zweiten Höhle und die Vorstellung von *jener ersten* Höhle wird nun automatisch durch die Idee der Höhle überhaupt ersetzt. Ein *Modell,* eine *Struktur,* etwas real nicht Existierendes, aufgrund dessen er aber einen bestimmten Kontext von Phänomenen als „Höhle" erkennt.

Das Modell (oder die Idee) funktioniert so weit, daß er von weitem die Höhle eines anderen erkennen kann, oder auch eine Höhle, die er nicht benutzen will, unabhängig davon, ob er Schutz sucht oder nicht. Der Mensch hat also gelernt, daß die Höhle verschiedene Erscheinungsformen haben kann, es wird aber immer um die singuläre Realisierung eines abstrakten Modells gehen, das als solches erkannt wurde, das *schon codifiziert ist,* vielleicht nicht auf gesellschaftlicher Ebene, aber doch auf der Ebene des Einzelnen, der sich dieses Modell setzt und es sich selbst durch sich selbst mitteilt. Es wird aber auch nicht schwierig sein, das Höhlenmodell mittels graphischer Zeichen seinesgleichen mitzuteilen. Der *architektonische Code* erzeugt einen *ikonischen Code,* und das „Prinzip Höhle" wird Gegenstand kommunikativer Beziehungen.

An diesem Punkt wird die Zeichnung oder die entfernte Vorstellung von einer Höhle schon zur Mitteilung einer möglichen Funktion und bleibt es, auch wenn die Funktion nicht erfüllt wird oder kein Bedürfnis besteht, sie zu erfüllen.

II. 2. Damit ist schon geschehen, wovon Roland Barthes (1964 a, II. 1. 4) spricht, wenn er sagt, daß „von dem Moment an, wo es Gesellschaft gibt, sich jeder Gebrauch in das Zeichen dieses Gebrauchs verwandelt".

Der Gebrauch eines Löffels, um mit ihm die Speise zum Mund zu führen, ist noch die Erfüllung einer Funktion mit einem Werkzeug, das diese Funktion erlaubt und in Gang setzt: aber schon zu sagen, daß das Werkzeug die Funktion „in Gang setzt", bedeutet, daß es auch eine kommunikative Funktion erfüllt, *es teilt die zu erfüllende Funktion mit;* während die Tatsache, daß jemand einen Löffel benutzt, in den Augen der Gesellschaft, die ihn beobachtet, schon die Mitteilung seiner Anpassung an bestimmte Sitten enthält (und nicht an andere, wie das Essen mit der Hand oder das Schlürfen direkt aus dem Gefäß).

Der Löffel *setzt eine bestimmte Art des Essens in Gang und bedeutet diese Art des Essens,* während die Höhle die Handlung der Schutzsuche fördert und das Vorhandensein einer möglichen Funktion mitteilt; beide Gegenstände *teilen mit, auch wenn sie nicht benutzt werden.*

III. Reiz und Kommunikation

III. 1. Wir müssen uns allerdings fragen, ob das, was wir mit Kommunikation meinen, nicht einfach *Reizung* ist.

Ein Reiz ist ein Komplex von sensorischen Ereignissen, die eine bestimmte Reaktion hervorrufen. Die Reaktion kann direkt sein (ein Licht blendet mich, ich schließe die Augen; der sensorische Reiz hat noch nicht zur Wahrnehmung geführt, er berührt also noch nicht meine Intelligenz, hat aber eine motorische Reaktion erzeugt) oder indirekt sein: ich sehe ein Auto, das sich mit großer Geschwindigkeit nähert, und trete beiseite. In Wirklichkeit bin ich aber in dem Moment, wo ich wahrgenommen habe (ich habe das Auto wahrgenommen sowie das Verhältnis zwischen seiner Geschwindigkeit, dem Abstand zu mir und der Stelle, an der ich wäre, wenn es käme, und ich weiterginge), schon von einem einfachen Zusammenhang zwischen Reiz und Reaktion zu einem intellektuellen Verfahren übergegangen, in das Zeichenprozesse eingegriffen haben: das Auto wurde nämlich nur deshalb als Gefahr erkannt, weil es als Zeichen verstanden wurde, das die Situation „Auto, das sich mit großer

Geschwindigkeit nähert", mitteilt. Ein Zeichen, das ich nur verstehen konnte auf der Grundlage vergangener Erfahrungen und eines Erfahrungscodes, der mir sagt, daß Gefahr besteht, wenn ein Auto mit einer bestimmten Geschwindigkeit ankommt. Wenn ich andererseits das Herannahen des Autos aus dem Lärm auf der Straße gefolgert hätte, hätte der Lärm als *Indiz* funktioniert; schon Peirce klassifizierte Indizien als Zeichen, welche die Aufmerksamkeit vermittels eines blinden Impulses auf das Objekt lenken, aber immer auf der Basis von Codes und kommunikativen Konventionen. Auf der anderen Seite gibt es Reize, die als Zeichen zu klassifizieren schwerfallen dürfte: ein Ziegel, der mir auf den Kopf fällt, löst, sofern er mich nicht bewußtlos macht, eine Kette von Verhaltensreaktionen aus (Hände auf dem Kopf, Schreien, Flüche, schnelle Sprünge, um weiteren stumpfen Gegenständen zu entgehen), auch wenn ich nicht weiß, was mich getroffen hat: hier handelt es sich also um einen Reiz, der kein Zeichen ist.

Verschafft mir vielleicht die Architektur Reize dieser Art?

III. 2. Ohne Zweifel wirkt eine Treppe als zwingender Reiz auf mich: wenn ich dort gehen will, wo eine Treppe ist; muß ich die Füße nacheinander und fortschreitend heben, und das muß ich auch dann machen, wenn ich vielleicht lieber weitergegangen wäre wie vorher: auf einer durchgehenden Fläche. *Die Treppe reizt mich hinaufzusteigen,* auch wenn ich im Dunkeln über die ersten Stufen stolpere und sie nicht sehe. Andererseits muß ich zwei Phänomene hierbei berücksichtigen; erstens: um eine Treppe hinaufzusteigen, muß ich gelernt haben, was eine Treppe ist. Man *lernt* hinaufzusteigen, lernt also auch, auf den Reiz zu reagieren: der Reiz allein könnte nicht funktionieren; zweitens: wenn ich einmal gelernt habe, daß die Treppe mich zum Hinaufsteigen reizt (und mir gestattet, von einer horizontalen Ebene auf eine andere zu gelangen), *erkenne* ich in der Treppe den angebotenen Reiz und die Möglichkeit, eine Funktion zu erfüllen.

Von dem Moment an, wo ich sie als solche erkenne und sie unter der allgemeinen Vorstellung „Treppe" subsumiere, teilt mir die einzelne Treppe die Funktion mit, die sie erlaubt; das geht so weit, daß ich an der Treppenart (Marmortreppe, Wendeltreppe, steiles Treppchen, Sprossenleiter, Feuertreppe erkenne, ob es mir leicht fallen wird, sie hinaufzusteigen, oder ob es mich Mühe kosten wird.

III. 3. Das heißt: *das, was mir den Gebrauch der Architektur erlaubt* (durchgehen, hineingehen, stehenbleiben, hinaufgehen, sich ausstrecken, ans Fenster treten, sich anlehnen, in die Hand nehmen etc.) *sind nicht nur die möglichen Funktionen,* sondern vor allem *die damit verbundenen Bedeutungen, die mich für den funktionalen Gebrauch disponieren.* Auch wenn es sich um Formen von *trompe-l'œil* handelt, bin ich für den Gebrauch disponiert, auch wenn die Funktion gar nicht möglich ist.

Bei einigen architektonischen Funktionen, die ich nicht als Reize wahrnehme (insofern sie als Kunstgriffe funktionieren, andere Reize zu eliminieren, z. B. ein Gewölbe als Schutz bei schlechtem Wetter), bemerke ich möglicherweise nicht ihre Funktionalität (sie wird quasi im Hintergrund, gewohnheitsmäßig benutzt), während ich die kommunikative Wirksamkeit erfasse: Schutzgefühl, Raumgefühl etc.

2. DAS ARCHITEKTONISCHE ZEICHEN

I. Bestimmung des architektonischen Zeichens

I. 1. Wenn einmal feststeht, daß die Architektur als ein System von Zeichen betrachtet werden kann, müssen vor allem diese Zeichen charakterisiert werden.

Was in den vorigen Kapiteln gesagt wurde, drängt uns zur Anwendung der semiotischen Schemata, denen wir bis jetzt begegnet sind. Es wird aber nicht unzweckmäßig sein zu prüfen, inwieweit das Phänomen Architektur die Anwendung anderer semiotischer Schemata zuläßt. Wenn man auf die Architektur beispielsweise die Kategorien der Richards'schen Semantik anwenden wollte, stieße man auf schwer überwindbare Hindernisse. Angenommen, eine Tür wird als Symbol gesehen, dem an der Spitze des bekannten Dreiecks die *Referenz* „Möglichkeit des Zugangs" entspräche, kämen wir in Verlegenheit, das *Referens* zu definieren, das heißt, die vorgegebene physische Realität, auf die das Symbol sich beziehen sollte; außer man behauptet, die Tür beziehe sich auf sich selbst, denotiere die Realität Tür oder auch, sie beziehe sich auf die Funktion, die sie möglich macht; in diesem Fall würde sich aber ein Zusammenklappen des Dreiecks ergeben, mit einer Koinzidenz zwischen Referenz und Referens. In diesem Begriffssystem wäre es auch schwierig zu definieren, worauf das Zeichen /*Triumphbogen*/ verweise: ohne Zweifel denotiert es die Möglichkeit des Hindurchgehens, aber zur selben Zeit konnotiert es eindeutig „Triumph" und „Feierlichkeit": wir hätten hier eine Ballung von Referenzen, nivelliert mit dem Referens, welches wiederum noch mit dem Zeichen oder mit der Referenz zusammenfallen würde.

I. 2. Ein anderer Versuch, der zu recht interessanten Ergebnissen geführt hat, ist der von Giovanni Klaus Koenig (1964). Er versuchte, die „Sprache der Architektur" auf der Basis der Morris'schen Semiotik zu definieren. Koenig kam auf die Definition des „Zeichens" zurück, für welche gilt: „wenn eine Sache ‚A' ein vorbereitender Reiz ist, der (beim Fehlen von Reizgegenständen, die von sich aus die Reaktionsfolge anstoßen) – unter bestimmten Umständen – in einem Organismus die Bereitschaft auslöst, mit Reaktionsketten dieser Art von Verhaltensweisen zu reagieren, dann ist ‚A‘ ein ‚Zeichen‘".

An einer anderen Stelle wiederholt Morris, daß „wenn ein A das Verhalten in ähnlicher, nicht aber unbedingt identischer Weise zu einem Ziel führt, wie ein B das Verhalten zu jenem Ziel führen würde, wenn es das B gäbe, dann ist A ein Zeichen".

Koenig geht von diesen Morris'schen Definitionen aus und beobachtet, daß, „wenn ich zehntausend Personen in einem von mir projektierten Viertel wohnen lasse, nehme ich zweifellos auf das Verhalten von zehntausend Personen Einfluß", stärker und anhaltender, als wenn ich einen verbalen Befehl wie „setzt euch!" ausspreche; daraus schließt Koenig, daß „die Architektur sich aus Zeichenträgern zusammensetzt, die Verhaltensweisen in Gang setzen". Aber gerade der Morris'sche Schlüssel macht diese Schlußfolgerung problematisch. Denn während der Befehl „setzt euch!" gerade ein vorbereitender Reiz ist, der – ohne reale Reizgegenstände – dieselbe Folge von Reaktionen einleiten kann, d. h., während dieser Befehl irgendeine Sache A ist, die das Verhalten zu einem ähnlichen Ziel führt wie eine andere Sache B, sofern es sie gäbe, *ist der architektonische Gegenstand dagegen durchaus kein vorbereitender Reiz, der einen Reizgegenstand in dessen Abwesenheit vertritt, sondern er ist einzig und allein der Reizgegenstand.* Unser Treppenbeispiel macht das klar, und gerade die Treppe als Zeichen fügt sich nicht in den Rahmen der Prinzipien der Morris'schen Semiotik. Erinnern wir uns, die Treppe verfügt ihrerseits über ein semantisches Dreieck, verwandt mit dem Richards'schen, demzufolge das Symbol – oder der Zeichenträger – indirekt auf ein *Denotatum* und direkt auf ein *Signifikatum* (an anderer Stelle von Morris verwirrenderweise als *Designatum* bezeichnet) verweist. Das Denotatum ist also ein Gegenstand, „der insofern real existiert, als man darauf Bezug nimmt", wohingegen das Signifikatum das ist, „worauf sich das Zeichen bezieht" (jedoch in dem Sinne, daß es der Sachverhalt ist, der alles, was ihm entspricht, zum Denotatum macht). So erklärt Max Bense, der die Morris'schen Termini übernimmt, daß in einem elektronischen Oszillator die Spektrallinie die Frequenz bezeichnet (oder bedeutet), aber nicht unbedingt (es könnte aber sein) die Präsenz des Atoms. Mit anderen Worten: ein Zeichen kann ein Signifikatum haben, braucht aber kein Denotatum zu haben, („das insofern real existiert, als man darauf Bezug nimmt"). Koenig gibt das Beispiel von jemandem, der einen Autofahrer anhält und ihn warnt, daß nach zwei Kilometern die Straße von einem Erdsturz versperrt ist: die an den Autofahrer gerichteten Worte sind die Zeichen eines Denotatum, welches der Erdsturz ist, dessen Signifikatum der Sachtverhalt ist, daß er dort ein Hindernis bildet. Natürlich kann, wer spricht, auch lügen, und in diesem Falle hätten seine Zeichen ein Signifikatum, aber kein Denotatum. Wie ist es nun mit den architektonischen Zeichen? Diese würden, wenn das Zeichen ein reales Denotatum haben soll, nur sich selbst bezeichnen, so als würden sie nicht einen Reiz ersetzen, sondern selbst einer sein. Koenig, welcher an der Anwendbarkeit des Begriffs Signifikatum zweifelt, stellt lieber fest, daß die architektonischen Zeichen etwas *denotieren* (er benutzt den Begriff ‚Denotation' im Morris'schen Sinne und also nicht so, wie wir ihn bisher in dieser Abhandlung angewandt haben und auch weiterhin anwenden werden). Mit der Voraussetzung, daß der Denotationsbezug die physische Existenz eines Denotatum impliziert (so wie beim Richards'schen Zeichen, welches durch den Bezug auf ein reales Referens gekennzeichnet ist), macht er aber die Anwendung eines semiotischen Ansatzes auf die architektonischen Fakten nutzlos, weil er zwangsläufig implizieren muß, daß sie nur ihre eigene physische *Präsenz* denotieren.[2]

I. 3. Die Schwierigkeit dieser Position entsteht dadurch (das haben die einführenden Kapitel gezeigt), daß man die Prämissen einer Verhaltenssemiotik akzeptieren muß, in welcher das Signifikat eines Zeichens aufgrund von Reaktionsketten oder vorfindbaren Gegenständen verifizierbar sein muß. Der semiotische Ansatz, den wir

---

2 Vgl. S. 63, wo Koenig das architektonische Zeichen als ikonisches definiert; nachdem er die Definition vervollständigt hat und das architektonische Zeichen mit einem präskriptiven Zeichen gleichgesetzt hat, kehrt er aber auf S. 64 zur Ikonizität zurück und definiert sie als *Ausdruck der Funktion* mittels des Raums. So kommt eine semiotisch gefährliche Kategorie ins Spiel: „Ausdruck" als Charakterisierung einer Ikonizität, die auch Identität-Präsenz ist. In diesem Falle würde man besser die saubere Unterscheidung übernehmen, die Cesare Brandi (1966) zwischen *Semiose* und *Dabeisein (semiosi e astanza)* trifft, durch welche es ästhetische Realitäten gibt, die nicht auf Signifikation reduziert werden können, sondern in ihrer *Präsenz (presenza)* betrachtet werden müssen.

dagegen auf den vorhergehenden Seiten akzeptiert haben, schreibt uns nicht vor, ein Zeichen aufgrund von Verhaltensweisen zu bestimmen, die es stimuliert, noch aufgrund von realen Objekten, die es verifizieren: sondern nur *auf der Basis eines codifizierten Signifikats, welches ein gegebener kultureller Kontext einem Signifikans verleiht.*

Es steht außer Zweifel, daß durch die Codifizierungsprozesse soziale Verhaltensweisen darstellen, jedoch nie in Einzelfällen empirisch verifiziert wurden; denn die Codes sind wie *strukturale Modelle* gebaut, postuliert als theoretische Hypothesen, wenn auch auf der Basis von Konstanten, die aus der Beobachtung *kommunikativer Gebräuche* abgeleitet werden.

Daß mich eine Treppe zum Hinaufsteigen auffordert, hat nichts mit Kommunikationstheorie zu tun; aber daß sie mir ihre mögliche Funktion mitteilt, indem sie bestimmte formale Merkmale zeigt, die ihre *Signifikans*-Natur bestimmen (so wie in der italienischen Sprache das Signifikans /cane/ als Artikulation bestimmter – und keiner anderen – relevanten Züge erscheinen muß), das ist eine kulturelle Gegebenheit, die ich *unabhängig von meinem äußeren Verhalten und sogar von einer mutmaßlichen geistigen Reaktion* feststellen kann. Mit anderen Worten, in der kulturellen Situation, in welcher wir leben (einem Kulturmodell, das für gewisse Arten von stabileren Codes auch Jahrtausende der Geschichte umfassen kann), gibt es eine architektonische Struktur, die definiert werden kann als /*aufeinanderliegende Rechtecke, deren Basen nicht zusammenfallen, sondern durch deren fortschreitende Verschiebung in konstanter Richtung sich Oberflächen bilden, die praktikabel sind auf Ebenen, welche sich nacheinander und fortschreitend immer mehr erhöhen im Verhältnis zur Ausgangsebene/.* Diese Struktur *denotiert das Signifikat* „Treppe als Möglichkeit des Hinaufsteigens" aufgrund eines Codes, den ich aufstellen und als wirksam erkennen kann, auch wenn in Wirklichkeit niemand diese Treppe zur Zeit hinaufsteigt, und auch wenn theoretisch niemand hinaufsteigen würde (auch dann, wenn niemand in alle Ewigkeit mehr Treppen steigen würde, so wie sich niemand mehr einer Pyramide bedient, um astronomische Beobachtungen durchzuführen).

Unser semiotischer Ansatz erkennt so im architektonischen Zeichen *die Anwesenheit eines Signifikans, dessen Signifikat die Funktion ist, welche es ermöglicht.*

I. 4. Wenn Koenig bemerkt, daß die Denotata des architektonischen Zeichens *existentiell* sind („Quanten" menschlicher Existenz) und sagt: „Beim Bau einer Schule sind die Denotationen dieses Zeichenkomplexes... die Jungen, welche in diese Schule kommen, um zu lernen; und das Signifikatum ist die Tatsache, daß die Jungen zur Schule gehen. Die Denotata eines Wohnhauses sind die Mitglieder der Familie, welche dort wohnt; während das Signifikatum einer Wohnung die Tatsache ist, daß sich Menschen normalerweise in Familien gruppieren, um unter demselben Dach zu leben", so stehen wir vor der Unmöglichkeit, diesen linguistischen Schlüssel auf Werke der Vergangenheit, welche ihre Funktionen verloren haben, anzuwenden (Tempel oder Arenen, deren Denotata nicht mehr die Menschen sind, welche dort hingingen, weil diese Menschen nicht mehr leben, eine Denotation aber muß real existieren; es ist insofern richtig, daß Tempel oder Arenen eben entfunktionalisiert erscheinen); aber wir können diesen Schlüssel auch nicht mehr auf Werke der Vergangenheit anwenden, deren ursprüngliche Funktion wir nur nicht mehr verstehen (megalitische Tempel, deren Signifikatum unklar ist, weil es nicht die „Tatsache sein kann, daß jemand etwas schuf, von dem wir nicht wissen, was es ist").

Es ist klar, daß ein verhaltenstheoretischer Ansatz zur Charakterisierung eines Zeichens ein entsprechendes wahrnehmbares Verhalten braucht; aber sehen wir, was wir verlieren, wenn wir diese Perspektive akzeptieren: man kann nichts als Zeichen definieren, dem kein wahrnehmbares Verhalten mehr entspricht und von dem wir nicht mehr wissen, auf welches Verhalten es sich bezog. In diesem Fall können wir keine Zeichenqualität mehr bei Elementen der etruskischen Sprache oder der Statuen der Osterinsel anerkennen – oder bei graphischen Inschriften irgendeiner mysteriösen Kultur, und das obwohl: 1. diese Zeichenelemente zumindestens in der Form physischer wahrnehmbarer Ereignisse existieren; 2. die Geschichte nichts anderes tut, als diese physisch wahrnehmbaren Fakten mit Sinngebungen und Interpretationen ständig aufzufüllen, – und sie betrachtet sie weiter als Zeichen, so zwielichtig und mysteriös sie auch erscheinen.

I. 5. Die semiotische Perspektive hingegen, die wir akzeptiert haben, (mit ihrer Unterscheidung zwischen Signifikanten und Signifikaten; die ersten wahrnehmbar und beschreibbar, abgesehen – im

Prinzip wenigstens – von den Signifikaten, die wir ihnen zuschreiben; die zweiten veränderbar gemäß den Codes, mit deren Hilfe wir die Signifikanten lesen), erlaubt uns, in den architektonischen Zeichen *beschreibbare und katalogisierbare Signifikanten* zu erkennen, die präzise Funktionen denotieren können, wenn man sie nur mit Hilfe bestimmter Codes interpretiert; und diese Signifikanten *können sich mit sukzessiven Signifikaten auffüllen, die,* wie wir sehen werden, ihnen nicht nur auf dem Wege der Denotation, sondern auch auf dem Weg der Konnotation, auf der Basis von anderen Codes zugesprochen werden können.

I. 6. Signifikante Formen; Codes, die aus Ableitungen aus den Gewohnheiten erarbeitet werden, vorgestellt als strukturale Modelle gegebener Kommunikationsbeziehungen; denotative und konnotative Signifikate, welche sich auf die Signifikanten auf der Grundlage der Codes anwenden lassen: das ist das semiotische Universum, in dem eine kommunikative Lektüre der Architektur rigoros vorgehen kann, von der die Bezüge auf reale Objekte ausgeschlossen sein sollen (Denotata oder Referenten und wahrnehmbare physische Verhaltensweisen) und in welchem *die einzigen konkreten Objekte, mit denen man es zu tun hat, die architektonischen Objekte als signifikante Formen sind.* In diesem Umkreis kann sich die Klärung der kommunikativen Möglichkeiten der Architektur bewegen.

II. Die architektonische Denotation

II. 1. Das Gebrauchsobjekt ist unter dem Gesichtspunkt der Kommunikation das *Signifikans desjenigen exakt und konventionell denotierten Signifikats, das seine Funktion ist.* In einem umfassenderen Sinn wurde gesagt, daß das primäre Signifikat eines Gebäudes die Verrichtungen sind, die es bewohnbar machen (das architektonische Objekt *denotiert eine Form des Wohnens*). Aber es ist klar, daß die Denotation auch dann zutrifft, wenn ich von dieser Bewohnbarkeit keinen Gebrauch mache (und allgemein von der Nutzbarkeit des Objekts). Wenn ich in der Fassade eines Hauses ein Fenster sehe, denke ich meistens nicht an seine Funktion; ich denke an ein Fenster-Signifikat, das auf seiner Funktion basiert, in dem aber die Funktion so weit absorbiert wird, daß ich sie vergessen und das

Fenster im Zusammenhang mit anderen Fenstern als Elemente eines architektonischen Rhythmus sehen kann; so wie jemand, der ein Gedicht liest, ohne die Signifikate der einzelnen Worte außer acht zu lassen, diese im Dunkeln lassen und ein bestimmtes formales Spiel, nämlich das Zusammenrücken der Signifikanten in einem Kontext, in den Vordergrund stellen kann. Das geht so weit, daß mir ein Architekt angedeutete Fenster bauen kann, deren Funktion nicht existiert und die doch (da sie eine Funktion denotieren, die nicht funktioniert, aber mitgeteilt wird) als Fenster im architektonischen Kontext funktionieren und kommunikativ als Fenster erfahren werden (in dem Maße, wie die Botschaft ihre ästhetische Funktion evident macht).[3]

Aber die Form dieser Fenster, ihre Anzahl, ihre Anordnung auf der Fassade (Bullaugen, Schießscharten, curtain walls etc.) denotieren nicht nur eine Funktion; sie erinnern auch an bestimmte Vorstellungen von Wohnen und Nutzen; *sie konnotieren eine globale Ideologie*, welche die Arbeit des Architekten bestimmte. Bogen jeden Typs, Spitzbogen oder Kielbogen, haben tragende Funktion und denotieren diese Funktion, aber sie konnotieren verschiedene Arten der Auffassung von der Funktion. Sie beginnen, symbolische Funktion anzunehmen.

II. 2. Aber kehren wir zurück zur Denotation der primären Gebrauchsfunktion. Es wurde gesagt, daß der Gebrauchsgegenstand die Funktion *konventionell*, Codes entsprechend, denotiert.

---

3 In diesem Fall macht die Botschaft der Architektur die *ästhetische* Funktion evident. Aber die anderen Funktionen sind auch präsent: Die Architektur entfaltet eine *imperative* Kommunikation (sie läßt eine bestimmte Art des Wohnens zu) und eine *emotionale* (man denke an die Ruhe des griechischen Tempels, an die Bewegtheit der Barockkirche), eine *phatische* (wie im Stadtnetz, wo sie Verknüpfung und Präsenz garantiert; die phatische Funktion wird auch in Botschaften wie Obelisk, Bogen, Tympanon etc. deutlich), eine *metalinguistische* (man denke an ein Museum oder an die Funktion eines Platzes: die Fassaden der Gebäude, die ihn umgeben, hervorzuheben); im Hinblick auf das oben Gesagte schiene die referentielle Funktion ausgeschlossen, da das architektonische Objekt das Referens seiner selbst ist, wenn sich auf diesen Seiten das Problem der Referentialität nicht gerade auf das Problem seines Signifikats verschieben würde.

Wenn wir auch noch an die Definition dieser Codes denken (siehe C. 4.), so versuchen wir doch vor allem zu definieren, in welchem Sinne ein Objekt die eigene Funktion konventionell denotieren kann.

Gemäß einer tausendjährigen architektonischen Codifikation denotieren mir Treppe oder schiefe Ebene die Möglichkeit des Hinaufsteigens; ob Sprossenleiter oder Palasttreppe, die Wendeltreppe des Eiffelturms oder die spiralförmige Schiefe Ebene des Guggenheim-Museums von F. L. Wright, ich befinde mich immer vor Formen, die auf codifizierten Lösungen einer zu erfüllenden Funktion basieren. Aber ich kann auch mittels eines Fahrstuhls hinaufkommen: und die funktionalen Merkmale des Fahrstuhls dürften nicht in der Stimulation motorischer Akte der unteren Gliedmaßen bestehen (Zwang, die Füße auf bestimmte Art zu bewegen), sondern in einer bestimmten Möglichkeit des Zugangs, des Aufenthalts und des Umgangs mit der mechanischen Steuerung, die „lesbar" wird dank eines klaren Signalsystems und eines leicht zu interpretierenden Design. Es ist jedoch klar, daß ein Uneingeweihter, an Treppen oder schiefe Ebenen gewöhnt, völlig ratlos vor einem Fahrstuhl stünde; die besten Absichten des Entwerfers können ihn für den Uneingeweihten nicht benutzbar machen. Der Entwerfer kann Druckknöpfe, Pfeile für Auf- und Abwärts, Bezeichnungen der verschiedenen Etagen noch so deutlich konzipiert haben, der Uneingeweihte *weiß nicht, daß bestimmte Formen bestimmte Funktionen bedeuten.* Er besitzt nicht den Code des Fahrstuhls. Vielleicht besitzt er auch nicht den Code für die Drehtür und geht durch die Drehtür, als ob es sich um eine gewöhnliche Tür handelte. Wir sehen also, daß auch alle Mystik von der „Form, die der Funktion folgt", eben Mystik bleibt, wenn sie nicht auf einer Beachtung der Codifizierungsprozesse beruht.

In kommunikationstheoretischer Terminologie bedeutet der Grundsatz: *die Form folgt der Funktion,* daß *die Form des Objekts nicht nur die Funktion möglich machen muß, sondern sie so eindeutig denotieren muß, daß sie nicht nur möglich, sondern auch wünschenswert wird* und zu den Bewegungen führt, die am besten geeignet sind, die Funktion zu erfüllen.

II. 3. Alle Genialität eines Architekten oder Designers macht eine neue Form noch nicht funktional (und gibt einer neuen Funktion noch keine Form), *wenn sie sich nicht auf vorhandene Codifizierungsprozesse stützt.*

Ein lustiges, aber schlagendes Beispiel wird von Koenig in Zusammenhang mit Häusern erwähnt, welche von der Cassa del Mezzogiorno für die Landbevölkerung gebaut wurden. Die Einheimischen verfügten auf einmal über moderne Häuser mit Bad und Toilette, waren aber gewöhnt, ihre körperlichen Bedürfnisse auf den Feldern zu verrichten, und unvorbereitet auf die mysteriöse Neuerung in Form von Klosettbecken benutzten sie die Klosetts als Spülbecken für Oliven; sie spannten ein Netz aus, auf das die Oliven gelegt wurden, zogen die Wasserspülung und wuschen so das Gemüse. Nun gibt es niemanden, der nicht einsähe, wie perfekt die Form eines normalen Beckens zu seiner Funktion paßt, welche sie suggeriert und nahelegt, so sehr, daß man versucht ist, einen recht tiefen ästhetischen und operativen Zusammenhang zwischen der Form und der Funktion zu erkennen. Aber *die Form bezeichnet die Funktion nur auf der Basis eines Systems von erworbenen Erwartungen und Gewohnheiten*, also auf der Basis eines Codes. Wenn der Gegenstand von einem anderen Code belegt wird (der zwar nicht vorgesehen, aber auch nicht unsinnig ist), so denotiert das Becken eine andere Funktion.

Es wäre möglich, daß ein Architekt ein Haus außerhalb jedes existierenden architektonischen Codes baut; und es wäre möglich, daß sich dieses Haus für mich in angenehmer und „funktioneller Weise" zum Wohnen eignet: aber es steht fest, daß ich nicht lerne, es zu bewohnen, wenn ich nicht die Richtungen der Bewohnbarkeit erkenne, die es mir suggeriert, zu denen es mich als Reizkomplex hinführt; wenn ich also das Haus nicht als *Zeichenkontext, bezogen auf einen bekannten Code*, erkannt habe. Niemand muß mich in den Gebrauch einer Gabel einweisen, aber wenn mir ein neuer Quirl vorgeführt wird, der wirksamer, aber außerhalb der erworbenen Gewohnheiten quirlt, bin ich auf „Gebrauchsanweisungen" angewiesen, sonst zeigt mir die unbekannte Form nicht die unbekannte Funktion.

Das bedeutet nicht, daß man sich auf alte oder schon bekannte Formen stützen muß, um neue Funktionen zu schaffen. Hier kehrt ein fundamentales semiotisches Prinzip wieder, das wir schon in Zusammenhang mit den ästhetischen Funktionen künstlerischer Mitteilung behandelt haben und das (wie gesagt) in der *Poetik* des Aristoteles ausgezeichnet erklärt ist: *ich kann nicht hohe Informationsmomente einsetzen, wenn ich sie nicht auf Redundanzstreifen stütze;* jedes Auslösen von Unwahrscheinlichem stützt sich auf Artikulationen des Wahrscheinlichen.

II. 4. So wie jedes Kunstwerk neu und informativ ist, weil es die Artikulation von Elementen darstellt, die einem eigenen Idiolekt und nicht vorausgegangenen Codes entsprechen, vielmehr den neuen Code mitteilt, der in ihm selbst liegt, ihn jedoch auf der Basis von vorausgegangenen, evozierten und negierten Codes darstellt, – so kann ein Gegenstand, der eine neue Funktion fördern soll, in sich selbst, in seiner Form Hinweise zur Decodierung der noch ungenannten Funktion enthalten, doch nur unter der Bedingung, daß er sich an Elemente vorausgegangener Codes anlehnt, d. h. nur, wenn er in progressiver Weise schon bekannte Funktionen und Formen, die auf schon bekannte Funktionen konventionell zu beziehen sind, umformt. Andernfalls bleibt der architektonische Gegenstand nicht mehr funktionaler Gegenstand, sondern wird zum Kunstwerk: zweideutige Form, die mit Hilfe verschiedener Codes interpretiert werden kann. Das ist auch die Bedingung für „kinetische" Objekte, die vom äußeren Aspekt her vorgeben, Gebrauchsgegenstände zu sein, es aber in Wirklichkeit nicht sind, aufgrund der Zweideutigkeit, die sie zu jedem Gebrauch und andererseits zu gar keinem bestimmt. (Man muß hier festhalten, daß die Situation eines für jeden – und deshalb für keinen – Gebrauch geeigneten Gegenstandes anders ist als die eines für *viele,* bestimmte Nutzungen geeigneten Gegenstandes; aber wir werden später auf dieses grundsätzliche Thema zurückkommen.)

III. *Architektonische Konnotation*

III. 1. Wir hatten gesagt, daß der architektonische Gegenstand die Funktion denotieren oder eine bestimmte Ideologie der Funktion konnotieren kann. Aber zweifellos kann er auch andere Dinge konnotieren. Die Höhle, von der wir in unserem hypothetischen Modell sprachen, denotierte schließlich eine Schutzfunktion, aber zweifellos hat sie im Laufe der Zeit auch „Familie, Gemeinschaftskern, Sicherheit" usw. konnotiert. Es ist schwer zu sagen, ob diese ihre konnotative Natur, ihre symbolische „Funktion", weniger „funktionell" ist als die erste. Mit anderen Worten: wenn die Höhle (um einen wirksamen, von Koenig angewandten Begriff zu gebrauchen) eine *Utilitas* denotiert, muß man sich fragen, ob auf dem Gebiet des

Gemeinschaftslebens die mit ihrem Symbolwert verbundene Konnotation von Intimität und Familiarität weniger *nützlich* ist. Die Konnotation „Sicherheit" und „Schutz" gründet sich auf die Denotation der primären *Utilitas,* erscheint aber deswegen nicht weniger wichtig.

Ein Stuhl sagt mir vor allem, daß ich mich draufsetzen kann. Aber wenn der Stuhl ein Thron ist, dient er mir nicht nur zum Sitzen; er ist dazu da, sich mit einer gewissen Würde auf ihn zu setzen und bekräftigt den Akt des „Mit Würde Sitzens" mittels einer Reihe von Nebenzeichen, die Majestät konnotieren (Adler auf den Armlehnen, hohe Rückenlehne mit einer Krone obenauf etc.). Diese Konnotationen „majestätischer Würde" sind in dem Maße funktionell, daß – wenn überhaupt vorhanden – man die Funktion des „Bequem Sitzens" vernachlässigen kann. Vielmehr verlangt der Thron oft, um majestätische Würde zu konnotieren, daß man starr und unbequem sitzt (mit einem Szepter in der rechten und einer Kugel in der linken Hand, steif, mit einer Krone auf dem Haupt), also „schlecht" unter dem Gesichtspunkt der primären *Utilitas.* „Sich setzen" ist nur eine der Funktionen des Throns, nur eines seiner Signifikate, das unmittelbarste, aber nicht das wesentlichste.

III. 2. So dehnt sich unter dieser Perspektive die Bezeichnung „Funktion" auf alle kommunikativen Bestimmungen des Gegenstandes aus, vorausgesetzt, daß im Gemeinschaftsleben die „symbolischen" Konnotationen des Gebrauchsgegenstandes nicht weniger „nützlich" sind als seine „funktionellen" Denotationen. Es muß klar sein, daß sich die symbolischen Konnotationen als funktionelle verstehen, nicht nur im metaphorischen Sinne, sondern insofern sie einen sozialen Gebrauchswert des Gegenstandes mitteilen, der nicht unmittelbar identisch ist mit der „Funktion" im strengen Sinne. Es ist klar, daß die Funktion des Thrones eine „symbolische" ist, und es ist auch klar, daß im Verhältnis zur Alltagskleidung (die bedecken soll), die Abendrobe (welche bei Frauen „enthüllt" und bei Männern „schlecht" verhüllt, weil sie den Rücken mit Schwalbenschwänzen verlängert, während sie den Bauch offen läßt) deshalb „funktionell" ist, weil sie dank eines Komplexes von Konventionen, welchen sie konnotiert, gewisse soziale Bezüge erlaubt und bestätigt, und die Zustimmung dessen zeigt, der damit den eigenen Rang mitteilt sowie den Entschluß, sich gewissen Regeln zu beugen, etc.

3. ARCHITEKTONISCHE KOMMUNIKATION UND GESCHICHTE

I. Erste Funktionen und zweite Funktionen

Es wird von nun an folglich immer unbequemer, von „Funktionen" in bezug auf Denotationen von Utilitas einerseits und von „symbolischen" Konnotationen für alle übrigen Kommunikationsarten andererseits zu sprechen, als ob letztere nicht gleichfalls Funktionserfüllungen darstellten: wir werden also von *„erster Funktion"* (welche denotiert wird) und vom Komplex der *„zweiten Funktionen"* (die konnotiert werden) sprechen. Es ist klar (und es läßt sich aus dem schon Gesagten ableiten), daß die Ausdrücke „erste" und „zweite" kein Werturteil bedeuten (so als wäre die eine Funktion wichtiger als die andere), sondern daß sie einen mechanisch-semiotischen Wert haben, in dem Sinne, daß die zweiten Funktionen sich an die Denotationen der ersten anlehnen.

I. 1. Ein historisches Beispiel macht den Zusammenhang von ersten und zweiten Funktionen auf der Grundlage von Interpretationsprotokollen, welche uns die Geschichte hinterlassen hat, besser verständlich. Die Architekturhistoriker haben lange über den Code der Gotik diskutiert, insbesondere über den strukturalen Wert des Kreuzrippengewölbes und des Spitzbogens selbst. Die hauptsächlichen Hypothesen lassen sich auf drei reduzieren: 1. Die Kreuzrippen haben eine Stützfunktion, und die ganze hohe und elegante Konstruktion einer Kathedrale baut sich darauf auf und auf dem wunderbaren Gleichgewicht, welches diese Funktion erlaubt; 2. Die Kreuzrippen haben keinen statischen Wert, selbst wenn sie diesen Eindruck vermitteln; der statische Wert kommt vielmehr den Wänden zu; 3. Das Rippenkreuz hatte einen Stützwert während des Bauprozesses, indem es als eine Art provisorisches Gerüst funktionierte; in der Folge wurde das Spiel von Schub und Gegenschub aber von den Wänden und anderen Elementen der Konstruktion übernommen, und theoretisch hätte das Rippenkreuz weggenommen werden können.

Welches auch die gültige Interpretation sein mag, niemand hat je daran gezweifelt, daß das Kreuzrippengewölbe eine Stützfunktion *denotiert,* reduziert auf das bloße Spiel von Schub und Gegenschub zwischen empfindlichen, zarten Elementen. Die Auseinandersetzung befaßt sich vielmehr mit dem Referens dieser Denotation: existiert die denotierte Funktion? Wenn sie auch nicht existiert, bleibt doch der kommunikative Wert des Kreuzrippengewölbes außer Zweifel – um so absichtlicher, entschiedener, gültiger, je mehr es nur deshalb artikuliert wurde, um eine Funktion *mitzuteilen,* nicht *um sie möglich zu machen,* so wie man nicht bestreiten kann, daß das Wort */Einhorn/* ein Zeichen ist, auch wenn es das Einhorn nicht gibt und vielleicht seine Nicht-Existenz demjenigen bekannt war, der dieses Wort gebrauchte.

I. 2. Wenn die Historiker und Interpreten aller Epochen den funktionellen Wert des Kreuzrippengewölbes auch heftig diskutierten, waren sie sich doch bewußt, daß der Code der Gotik auch einen symbolischen Wert hatte (d. h. daß die Zeichen der Botschaft */Kathedrale/* auch Komplexe von zweiten Funktionen konnotierten). Mit anderen Worten: man wußte, daß das Kreuzrippengewölbe oder die von Glasflächen durchbrochenen Wände etwas mitteilen wollten. Was dieses Etwas sei, wurde jeweils auf Grund regelrechter Konnotationslexika definiert, welche sich auf die kulturellen Konventionen und den Wissensschatz einer gegebenen Gruppe oder einer gegebenen Epoche gründeten, determiniert durch ein bestimmtes ideologisches Feld und in Übereinstimmung mit ihm.

Es gibt z. B. die typische romantische und protoromantische Interpretation, derzufolge die Struktur der gotischen Kathedrale das Gewölbe der keltischen Wälder und so die vorromanische, barbarische und primitive Welt der Druidenreligiosität darstellen sollte.

Im Mittelalter hingegen bemühten sich Legionen von Kommentatoren und Allegoristen, die einzelnen Bedeutungen jedes einzelnen architektonischen Elementes nach Codes von eindrucksvoller Genauigkeit und Schärfe zu erklären; es mag genügen, den Leser auf den Katalog zu verweisen, den Joris Karl Huysmans Jahrhunderte später in seinem Buch *La Cathédrale* ausgebreitet hat.

I. 3. Aber wir haben schließlich ein Dokument, eine Codebildung, die zu den zuverlässigsten gehört, und zwar die Rechtfertigung, die im 12. Jahrhundert der Bischof Suger der Kathedrale im *Liber de administratione sua gestis*[4] gibt, wo er nämlich in Prosa und Versen zu verstehen gibt, daß das Licht, welches in Strömen durch die Fenster in die dunklen Schiffe flutet (die Mauerstruktur, die dem Licht in so großem Maße Zugang gestattet), das Ausströmen der göttlichen Schöpferkraft darstellen soll, unter dem Einfluß von neuplatonischen Texten und auf der Grundlage einer codifizierten Gleichsetzung von Licht und Teilhaberschaft am göttlichen Wesen.[5]

Wir können mit großer Sicherheit annehmen, daß für den Menschen des 12. Jahrhunderts gotische Glasflächen und Fenster (und überhaupt das von Lichtströmen durchbrochene Kirchenschiff) „Teilhabe" konnotierten (im technischen Sinne, den dieses Wort im mittelalterlichen Neoplatonismus bekommt); aber die Interpretationsgeschichte des Gotischen zeigt, daß im Laufe der Jahrhunderte dasselbe Signifikans im Licht verschiedener Lexika verschiedene Dinge konnotieren konnte.

I. 4. Man konnte im vergangenen Jahrhundert Zeuge eines typischen Phänomens der Kunstgeschichte sein, nämlich daß in einer gegebenen Zeit ein Code (ein Kunststil, eine Manier) eine Ideologie konnotiert (mit der er im Moment seiner Entstehung oder im Moment seiner charakteristischsten Erscheinung zusammenfiel). So kam es zu der Identifizierung „gotischer Stil = Religiosität", einer Identifizierung, die sich zweifellos auf andere vergangene Konnotationssysteme stützte, wie „vertikaler Schwung = Aufsteigen der Seele zu Gott" und „Kontrast zwischen Licht, das durch die Glasflächen dringt, und Kirchenschiff im Halbdunkel = Mystizismus". Es sind so tief wurzelnde Konnotationen, daß es noch heute Mühe macht, sich ins Gedächtnis zu rufen, daß auch der regelmäßig und harmonisch proportionierte griechische Tempel nach einem anderen Subcode das Aufsteigen der Seele zu den Göttern konnotieren konnte; und daß auch der Altar Abrahams auf dem Gipfel eines Berges mystische Gefühle evozieren konnte. Das verhindert nicht, daß im

4 Vgl. Richard Albert Lecoy de la Marche, *Oeuvres Complètes de Suger,* Paris 1796; Erwin Panofsky, *Abbot Suger on the Abbey Church of St. Denis,* Princeton 1946.

5 Vgl. Umberto Eco, *Il problema estetico in Tommaso d'Aquino,* 2a ed., Milano, Bompiani, 1970, und „Sviluppo dell'estetica medievale", in *Momenti e problemi di storia dell'estetica,* Milano, Marzorati, 1959.

Laufe der Jahrhunderte ein bestimmter konnotativer Subcode andere überlagert, und daß der Kontrast Licht-Halbdunkel stärker mit mystischen Seelenzuständen identifiziert wird.

II. Die architektonischen Signifikate und die Geschichte

II. 1. Es wäre falsch anzunehmen, daß das Signifikans in der Architektur durch seine Natur dazu gebracht würde, eine stabile erste Funktion zu denotieren, während sich die zweiten Funktionen im Laufe der Geschichte verändern. Schon das Beispiel des Kreuzrippengewölbes hat uns gezeigt, wie auch die erste Funktion merkwürdige Abweichungen zwischen denotierter und tatsächlicher Funktion aufweisen kann, und es läßt sich denken, daß im Laufe der Zeit bestimmte erste Funktionen jede Wirkung verlieren und sogar in den Augen der Empfänger, die keine adäquaten Codes mehr besitzen, nicht mehr denotiert werden.

Deswegen sind im Laufe der Geschichte erste und zweite Funktionen oft Verlusten, Wiedereroberungen, Substitutionen verschiedener Art unterworfen; Verlusten, Wiedereroberungen, Substitutionen, die dem Leben der Formen im allgemeinen gemeinsam sind und bei der Lektüre von Kunstwerken im engeren Sinn die Norm bilden, im Bereich der architektonischen Formen aber evidenter (und paradoxer) werden, wo man es gemeinhin mit funktionellen Objekten zu tun zu haben glaubt, die eindeutige Bezeichnungen tragen und daher *eindeutig* mitteilen. Um das zu widerlegen, genügt es, auf einen humoristischen *Topos* zu verweisen (der so verbreitet ist, daß er kaum glaubhaft erscheinen kann; wenn er auch nicht wahr ist, so doch wahrscheinlich): der Topos vom Wilden, der einen Wecker um den Hals trägt, einen als Anhänger interpetierten Wecker (wir würden heute sagen: kinetischer Schmuck), anstatt als Zeitmesser (Zeitmaß und der Begriff der „Uhrzeit" selbst – vgl. Bergson – sind Ergebnis einer Codifizierung und nur auf ihrer Basis verständlich).

Eine der typischen zeitlichen und räumlichen Schwankungen von Gebrauchsgegenständen besteht gerade in einer Reihe ständiger Phasenverschiebungen zwischen erster und zweiter Funktion. Es mag hier der Versuch einer exemplifizierenden Kasuistik ohne Anspruch auf Vollständigkeit genügen.

II. 2. Im Laufe der Geschichte – oder beim Wechsel von einer Menschengruppe zur anderen – kann ein Gebrauchsgegenstand folgenden Lesarten unterliegen:

1. A) *Der Sinn der ersten Funktion geht verloren.*
   B) *Die zweiten Funktionen bleiben in vernünftigen Maßen bestehen.*

(Dies ist der Fall beim Parthenon, der nicht mehr als Kultstätte verstanden wird, sondern dessen symbolische Konnotationen man zum großen Teil auf Grund ausreichender philologischer Kenntnis der griechischen Sensibilität erfaßt.)

2. A) *Die erste Funktion bleibt bestehen.*
   B) *Die zweiten Funktionen gehen verloren.*

(Der Richterstuhl oder die antike Lampe, die ohne Rücksicht auf ihren Ausgangskodex übernommen und in einen anderen stilistischen Kontext gesetzt werden – die rustikale Lampe als Objekt für eine raffinierte Einrichtung – sie bewahren die ursprüngliche Funktionalität, werden also noch zum Sitzen bzw. Beleuchten benutzt.)

3. A) *Die erste Funktion geht verloren.*
   B) *Fast sämtliche zweiten Funktionen gehen verloren.*
   C) *Die zweiten Funktionen werden ersetzt durch bereichernde Subcodes.*

(Typisches Beispiel: die Pyramiden. Sie werden nicht mehr als Monarchengräber empfunden; aber auch der symbolische, astrologisch-geometrische Code ist zum großen Teil verlorengegangen, der bei den alten Ägyptern die konnotative Wirksamkeit hauptsächlich ausmachte. Für uns dagegen konnotieren die Pyramiden eine Fülle anderer Dinge, angefangen von den seherischen „vierzig Jahrhunderten" Napoleons bis zu einer großen Zahl mehr oder weniger autorisierter literarischer Konnotationen.)

4. A) *Die erste Funktion wird zur zweiten Funktion.*

(Dies ist der Fall beim ready-made: ein Gebrauchsgegenstand wird zum Betrachtungsgegenstand gemacht, um auf ironische Weise auch seinen Gebrauch in einer bestimmten Zeit zu konnotieren. Dies ist auch der Fall beim vergrößerten Comicbild von Lichtenstein: das Bild der weinenden Frau denotiert nicht mehr eine Frau, die weint, sondern eher „Comic-strip-Ausschnitt", dennoch konnotiert es unter anderen Signifikaten das Bild „weinende Frau, wie sie die Comic-Kultur sieht".)

5. A) *Die erste Funktion geht verloren.*

B) *An ihre Stelle tritt eine andere erste Funktion.*

C) *Die zweiten Funktionen vermengen sich mit Bereicherungs-codes.*

(Zum Beispiel die Südtiroler Wiege, die in einen Zeitungsständer verwandelt wird – angepaßt an eine neue Form der Nutzung – während die mit den Verzierungen des Gegenstandes verbundenen Konnotationen, die für die ursprünglichen Benutzer galten, sich umformen und etwas anderes konnotieren, wie etwa Analogien zu Spielarten zeitgenössischer Kunst oder Eingeborenenkunst, Naivität des Volkes, Volkstümlichkeit usw.)

6. A) *Die ersten Funktionen sind von Anfang an vage.*

B) *Die zweiten Funktionen sind ungenau und veränderbar.*

(Dies ist der Fall beim Platz der drei Gewalten in Brasilia. Die konkaven und konvexen Formen der Amphitheater der beiden Kammern, die vertikale Form des zentralen Gebäudes denotieren nicht unmittelbar die Funktion der Bauten – die Amphitheater sehen aus wie Skulpturen – und konnotieren nicht mit Sicherheit etwas leicht Erkennbares. Die Bürger haben von Anfang an die Symbole boshaft interpretiert und haben die konkave Form der Abgeordnetenkammer als großen Teller betrachtet, in welchem die vom Volk Gewählten die öffentlichen Finanzen verspeisen.)

III. Verbrauch und Wiedergewinnung von Formen

III. 1. Das Spiel der Schwankungen zwischen Formen und der Geschichte ist ein Spiel von Schwankungen zwischen Strukturen und Ereignissen, zwischen physisch stabilen Konfigurationen (und objektiv beschreibbaren, sofern es um signifikante Formen geht) und dem wechselvollen Spiel der Ereignisse, die ihnen neue Signifikate verschaffen.

Auf dieser Mechanik beruht offenbar das als *Verbrauch* von Formen, als *Verfall* ästhetischer Werte bezeichnete Phänomen.[6] In einer Epoche, in der die Ereignisse sich immer mehr überstürzen – wo der technische Fortschritt, die soziale Beweglichkeit, das Sich-Verbreiten von Nachrichten dazu beitragen, die Codes häufiger und

---

6 Vgl. diesbezüglich die schon angeführten Werke von Gillo Dorfles, und *Le oscillazioni del gusto,* Milano, Lerici, 1958.

tiefer zu verändern – macht sich dieses Phänomen offensichtlich auch in immer stärkerem Maße bemerkbar. Das ist der Grund, weshalb dieses Phänomen erst in unserem Jahrhundert theoretisch erfaßt wurde, obwohl es permanenten Charakter hat, der sich aus der Natur der Kommunikationsprozesse selbst ableitet.

Aber die Mechanik, die wir beleuchtet haben, zeigt, daß die Verbrauchsbedingungen auch die Bedingungen des Wiedererlangens oder der Ersetzung der Sinngebungen sind.

III. 2. Ein paradoxer Aspekt unseres Zeitgeschmacks besteht darin, daß unsere Zeit eine Zeit rapiden Verbrauchs von Formen zu sein scheint (wegen des raschen Wechsels der Codes und der ideologischen Hintergründe), in Wirklichkeit aber *eine der Geschichtsperioden ist, in welcher die Formen mit größter Schnelligkeit wieder aufgegriffen werden und ihren scheinbaren Verfall überdauern.* Wir leben in einer Zeit philologischer Bewußtheit und Wendigkeit, die mit dem ihr eigenen Sinn für Geschichte und für die Relativität der Kulturen quasi instinktmäßig „Philologie zu betreiben" lernt. Die Jugendstil-Welle beispielsweise bedeutet: die Benutzer von Botschaften lernen nach Jahrzehnten, die Lesecodes für außer Gebrauch gekommene Formen wiederzufinden; untergegangene ideologische Hintergründe wiederzuentdecken und sie in dem Moment aufleben zu lassen, in dem sie die Gegenstände, die sich auf ihrem Hintergrund gebildet haben, zu begreifen versuchen. Der moderne Benutzer vergangener Formen lernt so, sie zu verändern, Botschaften, die ihn nicht mehr betreffen, mit freien oder abwegigen Schlüsseln zu lesen, aber er lernt auch, die exakten Schlüssel wiederzufinden. Sein kulturelles Bewußtsein wirkt als Triebfeder für die Wiedererlangung der philologischen Codes, während ihm seine Behendigkeit im Wiedererlangen oft als *semantisches Geräusch* dazwischenkommt.

Wenn Wachstum und Verfall kommunikativer Systeme (rhetorischer Apparate) in der Vergangenheit normalerweise in einer Sinuskurve verliefen (weswegen beispielsweise Dante für den rationalistischen Leser des Settecento keinen ästhetischen Wert mehr hatte), so verläuft unsere Zeit in einer kontinuierlichen Spirale, die sich in dem Sinne entwickelt, daß jede Wiederentdeckung gleichzeitig ein Anwachsen bedeutet, und meine Wiederaufnahme des Jugendstils nicht allein auf einer Neuentdeckung von Codes und Ideologien des Bürgertums vom Anfang des Jahrhunderts beruht, sondern auch auf den Codes und spezifischen ideologischen Perspektiven unserer Tage (Bereicherungscodes); sie erlauben uns, den antiquarischen Gegenstand in andere Kontexte zu setzen, an ihm das zu genießen, was er einst bedeutete, ihn aber auch für die Konnotationen zu benutzen, die wir ihm auf der Grundlage unserer heutigen Lexika beimessen. Das ist eine atemberaubende und abenteuerliche Bewegung der Neuentdeckung von ursprünglichen Kontexten und der Erzeugung neuer Kontexte, bei der Begegnung mit einer Form. Wie eine große Pop-Operation, die Lévi-Strauss schon in der Technik des surrealistischen ready-made festgestellt und als *semantische Spaltung* definiert hat, als ein Heraustreten des Zeichens aus seinem Kontext und ein Wiedereinfügen des Zeichens in einen neuen Kontext, der es mit anderen Signifikaten belegt. Aber diese Operation wird begleitet von der Bewahrung und Wiederentdeckung alter Kontexte. So wie Lichtenstein das Comic-Bild mit neuen Signifikaten versieht, aber gleichzeitig die Signifikate, Denotationen und Konnotationen wiedergewinnt, die für den naiven Leser des Comic-Albums funktionieren.

III. 3. All das garantiert nicht, daß diese Dynamik von Philologie und gleichzeitig Neuschöpfung an sich positiv ist. Auch in der Vergangenheit hat es das Phänomen philologischer Wiederentdeckung früherer Rhetoriken und Ideologien gegeben, die in einer Mischung aus *Philologie und semantischer Spaltung* wieder auflebten. Was anderes war der Humanismus, was sonst waren jene antizipierten Humanismen in Form von ungeordneten und vitalen Wiederentdeckungen der klassischen Antike durch das Karolingische Mittelalter oder die Scholastik des 13. Jahrhunderts?

Damals brachte die Wiederentdeckung von Codes und Ideologien, die sich über lange Zeiträume erstreckte, eine globale Neustrukturierung der zeitgenössischen Rhetoriken und Ideologien mit sich. Heute dagegen entwickelt sich die drängende Dynamik von Wiederentdeckung und Wiederbelebung auf der Oberfläche, und berührt nicht das kulturelle Grundsystem. Im Gegenteil: das Wettrennen um Wiederentdeckung wird zu einer schon konventionalisierten rhetorischen Technik, die in der Tat wie eine feste Ideologie des freien Marktes vergangener und gegenwärtiger Werte anmutet.

Unsere Zeit ist nicht nur die Zeit des Vergessens, sie ist auch die Zeit des Wiedererlanges; *aber das Wiedererlangen* als Zug-Druck-Bewegung von Annehmen und Abstoßen, *revolutioniert nicht die Basis unserer Kultur.* Das Spiel der philologischen Wiederentdeckung von Rhetoriken und Ideologien stellt sich als immense rhetorische Maschine dar, die global eine stabile Ideologie konnotiert (und sich auf ihr aufbaut): die Ideologie der „Modernität" als *Toleranz* gegenüber allem Vergangenen.

Eine ausreichend elastische Ideologie gestattet die Lektüre aller Formen, ohne daß irgendeine davon die Ideologie bedroht; sie läßt alle früheren Ideologien als Schlüssel einer Lektüre zu, die uns nicht mehr informiert, weil alle Signifikate einbezogen, vorgesehen und erlaubt sind.

III. 4. Wir haben gesehen: die Geschichte mit ihrer alles verschlingenden Vitalität entleert die Formen und füllt sie wieder, nimmt ihnen die Signifikate und bereichert sie damit; und angesichts ihrer unvermeidlichen Prozesse bliebe nur übrig, sich der instinktiven Weisheit von Gruppen und Kulturen anzuvertrauen, welche fähig sind, immer wieder signifikante Formen und Systeme wiederzubeleben. Aber dennoch bleibt eine gewisse Verwirrung und Trauer angesichts immenser Formen, die für uns die ursprüngliche signifikante Kraft verloren haben und uns (bezogen auf die schmächtigen Signifikate, die wir hier einführen) wie enorme Botschaften vorkommen, zu komplex im Verhältnis zu der Information, die sie uns übermitteln. Das Leben der Formen bevölkert sich deswegen mit solchen Giganten ohne Sinn, oder doch mit zu wenig Sinn für einen so großen Körper – Giganten, die wir nur rechtfertigen können, indem wir sie wieder mit maßlosem Sinn füllen, indem wir uns recht und schlecht Bereicherungscodes fabrizieren, die nichts rechtfertigt (und damit sind wir schon bei den Formeln der Rhetorik, im engen und negativen Sinn des Wortes, wie den „vierzig Jahrhunderten" im Zusammenhang mit den Pyramiden).

In anderen Fällen (und dieses Phänomen ist für unsere Tage typisch) verbrauchen sich die zweiten Funktionen eher als die ersten, gewisse Subcodes verschwinden schneller, gemessen an gewissen ideologischen Positionen, als die Codes der Basis. Das ist der Fall bei einem Wagen, der noch fährt, dessen Form aber nicht mehr Prestige, Bequemlichkeit oder Geschwindigkeit einer Zeit konnotiert. Dann greift die Styling Operation ein, die nichts anderes ist als der Neuentwurf des symbolischen Mantels für unveränderte Funktionen, eine Bereicherung um neue Konnotationen (entsprechend oberflächlichen Veränderungen der ideologischen Perspektive) für eine fundamentale funktionale Denotation, die sich nicht verändert hat – so wie sich der Hintergrund einer Kultur, die auf Mechanismen und ihrer Effizienz aufgebaut wurde, nicht verändert hat.

Die wirbelnde Spirale, in der unsere Zeit Formen mit Signifikaten füllt und entleert, entdeckt Codes neu und vergißt sie wieder, und ist im Grunde nichts anderes als eine ständige Styling-Operation. Fast alle konnotativen Subcodes kehren zurück (und zwar auf philologisch exakte Weise), die ursprünglich zur Botschaft etwa eines Klostertischchens gehörten, aber sie vermischen sich mit Bereicherungscodes, semantische Spaltungen treten ein: das Klostertischchen wird Teil einer ausgeklügelten Einrichtung, man vergißt die zentrale Konnotation des Tischchens, welche „einfaches Mahl" symbolisieren sollte; man vergißt die erste Funktion, welche darin bestand, *unbequemes und karges Essen zu stimulieren*. Man hat den Gegenstand wiederentdeckt, aber man hat die Ideologie des Mahls nicht wiedererweckt.

Wir kommen so auf das zurück, was in C. 3. III. 1 gesagt wurde: die „philologische" Tendenz unserer Zeit unterstützt das Wiedererlangen der Formen, aber bagatellisiert sie. Man kann dieses Phänomen vielleicht darauf zurückführen, was Nietzsche als *Geschichtskrankheit* der modernen Welt bezeichnet hat. Ein Exzess an Bewußtsein, der nicht in Erneuerung umschlägt und also nur narkotisch wirkt.

Darum kann die Lösung, die Art und Weise, in der eine Annäherung der Rhetoriken wirklich eine Erneuerung der ideologischen Hintergründe bedeuten könnte (sei es, daß sie sich daraus ergibt, sei es, daß sie von ihr gefördert werden) nicht in den Zyklen des Wiedererlangens und Wiederauslöschens gefunden werden, die unsere Welt mit *schon hervorgebrachten* Formen vollzieht – und die eigentlich dem Bereich der Mode, dem kommerziellen Angebot, der spielerischen Ablenkung angehören (die nicht unbedingt „schlecht", sondern oft auch positiv ist – wie es positiv ist, Bonbons zu lutschen oder ein unterhaltsames Buch zu lesen, um einzuschlafen). Das steht auf einem anderen Blatt. Man ist sich heute bewußt, wie schnell Botschaften ihren Sinn verlieren und einen neuen annehmen (ob einen zutreffenden oder abwegigen, zählt nicht, der *Gebrauch* rechtfertigt die einzelnen Aspekte dieser Zyklen; wenn die Kosaken ihre Pferde in den Weihwasserbecken von Sankt Peter tränken, verwirklicht sich zweifellos die Dissoziation von Punkt 5 unserer Tabelle – Austausch der ersten Funktion, Bereicherung und Ersetzung der zweiten Funktionen – für den Kosakengeneral jedenfalls bedeutet dieser Vorgang einen optimalen Prozeß semantischer Aufwertung, während der Sakristan von Sankt Peter darunter zu leiden hätte, und man wird sehen, wem die Geschichte Recht geben wird). In dem Moment, wo die Hersteller von Gebrauchsgegenständen *wissen*, daß ihre Artikulation der Signifikanten nicht den Fluß der Signifikate determinieren kann, weil die Geschichte sie im Stich lassen kann; in dem Augenblick wo die Formgeber die Zyklen der Abweichung zwischen Signifikanten und Signifikaten und die Mechanismen des Austauschs von Signifikaten kennen, wird es ihr Problem, *veränderbare erste Funktionen und „offene" zweite Funktionen zu schaffen*.

Das bedeutet, daß der Gegenstand nicht mehr dem Verfall und dem Verbrauch zum *Opfer* fallen wird und keine *passive Rolle* bei der Wiederbelebung spielen wird: vielmehr wird er Stimulus und Mitteilung möglicher Operationen sein, die ihn fortwährend den wandelbaren Situationen der Geschichte anzupassen geeignet sind: Operationen verantwortungsvoller Entscheidung, Einschätzen der Formen in ihren konstitutiven Elementen nach den möglichen Konfigurationen, welche diese annehmen können, und der Konfigurationen nach den ideologischen Hintergründen, die sie rechtfertigen.

Bewegliche und offene Gegenstände, die mit dem Wandel des rhetorischen Apparates die Neustrukturierung des ideologischen Apparates verlangen und mit dem Wandel der Gebrauchsformen eine Veränderung der Denkweise und der Art, Formen in weitestem Kontext menschlichen Schaffens zu sehen.

In diesem Sinne impliziert die spielerische Aktivität des Wiederentdeckens von Signifikaten für die Dinge, statt sich in einer leicht zugänglichen Philologie im Umgang mit der Vergangenheit zu üben, *eine Erfindung (nicht eine Wiederentdeckung) neuer Codes*. Der Sprung rückwärts wird zu einem Sprung vorwärts. Die Geschichte, als zyklischer Irrtum, macht der *Zukunftsplanung* Platz.[7]

---

7 Vgl. Giulio Carlo Argan, *Progetto e destino,* Milano, Saggiatore, 1965 (besonders den gleichnamigen Aufsatz, wo die Thematik des offenen Werkes in Anwendung auf architektonische Planung wiederaufgenommen wird). Eine besondere Art, diese „Offenheit" des architektonischen und urbanistischen Gegenstandes zu verstehen, wird von Roland Barthes, „Semiologia e urbanistica", in *Op. Cit.* 10 (1967), vorgeschlagen.

Das Problem ist folgendes: wenn ich eine tote Stadt „wiederent-
decke", entdecke ich vielleicht außer Gebrauch gekommene rhetorische Codes und vergessene ideologische Hintergründe, aber das Spiel
des Wiedererlangens autorisiert mich wie gesagt zu allem, ohne daß
ich deswegen die ideologischen Schemata verändern müßte, nach
denen ich tatsächlich vorgehe.

Wenn ich aber über eine neue urbanistische Makrostruktur verfüge, die meiner gewöhnlichen Konzeption von der Stadt widerstrebt,
und einen Weg finden muß, um sie als Wohnstätte anzulegen, steht
zweierlei in Frage: meine Grundcodes, die ich neustrukturieren muß,
um zu begreifen, was ich *tun will;* und meine ideologische Perspektive, da ich selbstverständlich beschließen muß, mich global anders
zu verhalten.

Der Entwurf neuer Formen und neuer Rhetoriken, welche mög-

Barthes glaubt, daß im Falle der Stadt das Problem des Signifikats
hinter der „Distribution der Signifikanten" an zweiter Stelle steht.
Deshalb „müssen wir bei dem Versuch, die Stadt semantisch anzugehen,
das Spiel der Zeichen verstehen und verstehen, daß jede Stadt eine
Struktur ist, dürfen aber nie versuchen, diese Struktur zu füllen". Und
zwar deshalb, weil „die Semiologie niemals ein letztes Signifikat
festlegt" und „wir bei jedem kulturellen oder auch psychologischen
Komplex vor endlosen Metaphernketten stehen, deren Signifikat sich
dauernd verschiebt und selbst zum Signifikans wird". Es ist zwar richtig, daß bei der Stadt Phänomene der Anreicherung und der Verschiebung des Signifikats vorkommen, der semantische Wert der Stadt ergibt
sich aber nicht erst, wenn man sie als bedeutungserzeugende Struktur
ansieht, sondern genauso, wenn man sie erlebt und mit konkreten
Signifikationen füllt. Wenn die Betrachtung des freien Spiels der Zeichen gegen die Signifikationsbewegung gesetzt wird – auf das letztere
bezieht sich städtebauliches Entwerfen –, könnte die Tätigkeit des
Architekten jeden kreativen Impuls verlieren. Wenn die Stadt nur den
Gesetzen der Signifikanten gehorchte, von denen der Mensch *gesprochen wird,* ohne sie determinieren zu können, dann hätte es keinen
Sinn mehr, eine neue Stadt zu entwerfen; denn in jeder beliebigen
Stadt der Vergangenheit sind die Elemente mit unendlichen Kombinationsmöglichkeiten ja schon vorhanden, die im Rahmen dieser Form
die Möglichkeit für jede Art von Leben bieten. Das Problem der Architektur liegt ja aber gerade darin, die Grenze zu definieren, jenseits
welcher eine Form der Vergangenheit nicht mehr *jede* Art von Leben
erlaubt und die Reihe der architektonischen Signifikanten nicht mehr
eine Matrix der Freiheit darstellt, sondern ein Abbild der Herrschafts-
verhältnisse, einer Ideologie, die durch die rhetorischen Formen, die sie
hervorgebracht hat, die Formen der Sklaverei auferlegt.

licherweise Veränderung und Neustrukturierung der ideologischen Perspektiven mit sich bringen, ist etwas anderes als das philologische Bewußtsein, mit dem ich zu meinem Vergnügen Formen der Vergangenheit wiederentdecken konnte, um sie in meine gewohnten Kontexte einzusetzen (semantische Spaltung). Dort entdeckte ich verbrauchte Formen wieder: hier gebe ich Formen, die dazu geschaffen sind, sich zu verändern, neue Signifikate; sie können sich aber nur verändern, wenn ich es beschließe und wenn ich die Richtung der Veränderung festlege.

Auf diese Weise besteht auf dem Hintergrund einer dynamischen Geschichte des Absterbens und der Wiedergeburt von Formen die positive Möglichkeit, neue Rhetoriken zu erfinden, die zu anderen ideologischen Perspektiven und zu einer ständigen Erfindung von Zeichen und von Kontexten, in welchen die Zeichen Bedeutung erlangen, verpflichten.

4. DIE ARCHITEKTONISCHEN CODES

I. Was ist ein Code in der Architektur?

I. 1. *Alles, was bis jetzt gesagt wurde, impliziert, daß man weiß, was ein „Code" in der Architektur ist.* Solange wir von der verbalen Kommunikation sprechen, haben wir klare Vorstellungen: es gibt einen Sprach-Code und es gibt bestimmte konnotative Subcodes. Als wir zu den visuellen Codes übergingen, mußten wir verschiedene Ebenen der Codifizierung unterscheiden: vom ikonischen Code zum ikonolog'schen Code; dazu war es nötig, einige Präzisierungen hinsichtlich des Code-Begriffs und der verschiedenen Artikulationstypen, die ein Code vorsieht, vorzunehmen. Wir haben auch ein Grundprinzip erarbeitet, demzufolge die Gliederungselemente in einem gegebenen Code Syntagmen eines analytischeren Codes sein können, d. h. die Syntagmen des gegebenen Codes sind nichts anderes als Elemente erster oder zweiter Artikulation eines synthetischeren Codes.

Man muß sich diese Prinzipien vor Augen halten, wenn man vom architektonischen Code spricht, weil die Versuchung naheliegt, dem architektonischen Code Artikulationen zuzurechnen, die jedoch anderen, analytischeren Codes angehören.

I. 2. Besonders die Betrachtung derjenigen architektonischen Codes, die bisher von Leuten, die sich mit Architektur unter dem Aspekt der Kommunikation beschäftigt haben, festgestellt wurden, läßt erkennen, daß oft nicht danach gefragt wurde, ob man unter dem Namen „Code" *syntaktische Systeme* oder *semantische Systeme* verstand.

Es wird ratsam sein nachzusehen, ob die Architektur auch eine rein syntaktische Codifizierung erlaubt (auch um Gegenstände rechtfertigen und beschreiben zu können, von denen man nicht sagen kann, welche Funktion sie denotieren, so wie beim Menhir, beim Dolmen, bei Stonehenge etc.).

I. 3. Schließlich werden im Fall der Architektur die *Lektüre- (und Konstruktions-) codes des Objektes* von den *Lektüre- und Ausarbeitungscodes des Objektentwurfs* unterschieden; in diesem Abschnitt werden wir uns damit beschäftigen, wie ein architektonisches Objekt gelesen wird, und nicht damit, wie ein Entwurf zu lesen ist. Wenn die Interpretationsregeln für das Objekt gegeben sind, lassen sich die Darstellungsregeln für den Entwurf daraus ableiten, im Sinne von Notierungsregeln einer nicht geschriebenen Sprache nach konventionalisierten Verfahren für den Bereich schriftlicher Fixierung (so wie die Transkription der verbalen Sprache nach Regeln der schriftlichen Notation verbaler Elemente – wie Phoneme und Moneme – vor sich geht). Das ändert nichts daran, daß eine Semiotik des Entwurfs Probleme von gewissem Interesse aufwerfen dürfte, weil in einem Entwurf verschiedene Notationssysteme existieren (ein Grundriß wird nicht wie ein Schnitt codifiziert) und weil in diesen verschiedenen Notationssystemen ikonische Zeichen, Diagramme, Indexe, Symbole, Qualizeichen, Sinzeichen etc. gleichzeitig vorkommen, so daß die gesamte Peircesche Zeichenskala erfüllt wird.

I. 4. Wer von architektonischen Codes spricht, beschränkt sich meistens auf *typologische* Codes (die eindeutig semantisch sind), weil er sich erinnert, daß es in der Architektur Konfigurationen gibt, die eindeutig „Kirche", „Bahnhof" oder „Gabel" usw. anzeigen. Wir werden in der Folge noch von typologischen Codes sprechen, aber sie sind natürlich nur eines – und zwar das auffälligste – der gebräuchlichen Codifizierungs-Systeme.

I. 5. Um allmählich von einem Code wegzukommen, der sich so leicht historisieren läßt (es liegt auf der Hand, daß die Vorstellung „Kirche" in einer gegebenen Art nur in einem gegebenen Moment der Geschichte artikuliert wird), könnte man versucht sein, die fundamentalen Artikulationen der Architektur, das System der Figuren, welche *die zweite Artikulation* bilden, in den Elementen der euklidischen Geometrie zu suchen.

Wenn die Architektur die Kunst ist, Räume zu artikulieren, dann könnte die Codifizierung der Raumartikulation die sein, welche Euklid in seiner Geometrie angibt. Elemente der ersten Artikulation wären dann Raumeinheiten, – oder *Choreme*,[8] deren zweite Artikulationselemente die euklidischen *Stoicheia* sind (die „Elemente"

---

8 Von *chora* (Raum, Ort). Zur theoretischen Erfassung der *stoichéia* als primärer Elemente der räumlichen Künste einschließlich der Architektur,

der klassischen Geometrie). Elemente zweiter Artikulation, noch ohne irgendein Signifikat, aber mit differentialem Wert wären z. B. Winkel, Gerade, verschiedene Kurven, Punkt; und Elemente erster Artikulation wären Quadrat, Dreieck, Rechteck und Ellipse – bis zu den unregelmäßigen und weniger eindeutigen, jedoch immer noch durch irgendwelche Gleichungen erfaßbaren Figuren; das Spiel zweier Rechtecke, dagegen, das eine im anderen eingeschrieben, könnte schon eine charakteristische syntagmatische Konfiguration bilden (in der man z. B. die Beziehung Wand-Fenster wiedererkennen kann); komplexere syntagmatische Formationen könnten der (dreidimensionale) Kubus – oder auch die verschiedenen Artikulationen eines Grundrisses mit griechischem Kreuz sein. Natürlich könnte die Beziehung zwischen ebener Geometrie und räumlicher Geometrie das Problem einer dritten Artikulation der Elemente aufwerfen. Aus der Anerkennung von nichteuklidischen Geometrien würden noch weitere Probleme der Codifizierung entstehen.

Es steht jedoch fest, daß dieser geometrische Code *nicht nur in die Architektur gehört:* er muß natürlich auch hinzugezogen werden, um die Phänomene der Malerei zu beschreiben, nicht nur die der geometrischen Malerei (Mondrian), sondern auch die der figurativen Malerei, in welcher im Grenzfall jede Gestaltung auf eine Artikulation (auch wenn sie ziemlich kompliziert ist) ursprünglicher geometrischer Elemente reduziert werden kann. Aber derselbe Code dient auch der schriftlichen Notation und der verbalen Deskription (für die Formgebung) geometrischer Phänomene – im professionellen Sinn des Wortes (Geländemessen) – und anderen Arten der Aufzeichnung (topographische, geodätische usw.). Und schließlich – im Grenzfall –, würde er mit einem *Gestaltcode* identisch, welcher der Wahrnehmung der Elementarformen zugrunde läge. Wir haben hier also den typischen Fall eines Codes, der sich bildet, wenn wir die fundamentalen Elemente (erster und zweiter Artikulation) einer anderen „Sprache" analysieren wollen, die imstande ist, als Metasprache für synthetischere Codes zu dienen.

I. 6. Es wird also zweckmäßig sein, von einem Code dieser Art abzusehen, so wie man in der verbalen Sprache von der Möglichkeit

---

sh. die Beobachtungen von Mondrian, behandelt von R. De Fusco *L'idea di architettura,* Milano, Comunità, 1964, S. 143–145.

absieht, die einzelnen Phoneme in den Ausdrücken von typischen *Positionen* eines analytischeren Codes zu notieren, etwa dem der Flaggensignale in der Marine. Ohne andererseits diese Möglichkeit der Analyse zu überspringen, wenn es darum geht, das architektonische Phänomen mit einem Phänomen anderer Codifizierung zu vergleichen – bei dem Versuch, eine Metasprache zu finden, die fähig ist, beide zu beschreiben. Dieser Fall tritt ein, wenn versucht wird, eine bestimmte Landschaft zu codifizieren, um bestimmte architektonische Lösungen daran messen zu können. Daß man, um die Struktur einer Landschaft zu definieren, auf Elemente des Codes der räumlichen Geometrie zurückgreift (Pyramide, Konus etc.), zeigt, daß es nützlich ist, in einem Fall, wo über Architekturprodukte diskutiert werden muß, die in ihren Kontext gebracht werden sollen, auch diese mit Hilfe desselben geometrischen Codes zu beschreiben, den man als Metasprache genommen hat.[9] *Aber die Tatsache, daß Architektur auf der Basis eines geometrischen Codes beschreibbar ist, heißt nicht, daß die Architektur als solche auf dem geometrischen Code beruht.*

So wie die Erkenntnis, daß ein chinesisches Ideogramm oder ein in Phonemen der italienischen Sprache artikuliertes Wort zum Zwecke der Rundfunkübertragung in *Dezibel* und Frequenzen oder eingravierten Kurven auf der Oberfläche einer Platte analysiert werden können, nicht bedeutet, daß Chinesisch und Italienisch auf ein und demselben Code basieren; sondern nur, daß, wenn beide zum Zweck der Übertragung und Registrierung der Phoneme und phonologischen Phänomene, aus denen sie bestehen, umcodiert werden müssen, beide auf der Basis eines einzigen Transkriptionssystems analysiert werden können. Im Grenzfall kann jedes physische Phänomen auf den chemisch-molekularen Code zurückgeführt werden (und dieser auf einen atomaren), aber das ändert nichts daran, daß die Mona Lisa mit einem anderen Instrumentarium zu analysieren ist als ein Mineral.

Sehen wir also, welches die eigentlichen architektonischen Codes

---

9 Christian Norberg-Schulz, „Il paesaggio e l'opera dell'uomo", in *Edilizia moderna*, Nr. 87–88 (Nummer zum Thema „Die Form des Territoriums"). Aber das ganze Werk von Norberg-Schulz ist für die vorhergehenden und die folgenden Überlegungen wichtig. Vgl. besonders in Norberg-Schulz (1963) die Kapitel über *Wahrnehmung, Symbolisierung* und *Technik*.

sind, die sich aus den verschiedenen „semantischen" oder „semioti-schen" Lektüren der Architektur ergeben.

II. Klassifizierung der architektonischen Codes

II. 1. Aus den diesbezüglichen Diskussionen können wir eine Ta-belle folgender Art ableiten (vgl. Koenig, 1964; Dorfles, 1962, Kap. V):

1. *Syntaktische Codes* – typisch in diesem Sinn ist eine Artikulation, die die der Wissenschaft von den Konstruktionen nachbildet. Die architekto-nische Form teilt sich in Balken, Decken, Gewölbe, Auflager, Bögen, Pfeiler, Platten, Betontragwerke (mehrgeschossige tragende Rahmen mit getragenen Zwischendecken, Wände als Ausfachungen). Hier gibt es keinen Bezug zur Funktion, noch zum denotierten Raum, es gibt nur eine strukturale Logik: das sind die strukturalen Bedingungen für die Denotation von Räumen. So sind auf der Ebene einer zweiten Artikula-tion in anderen Codes die strukturalen Bedingungen für die Bedeutung, auch wenn wir uns noch diesseits des Signifikats befinden. So erzeugen in der Musik die Frequenzverhältnisse Töne, die dann Intervalle mit musikalischen Signifikaten denotieren können.
2. *Semantische Codes*
A) Artikulation architektonischer *Elemente:*
1. Elemente, die *erste Funktionen* denotieren: Dach, Terrasse, Mansarde, Kuppel, Treppe, Fenster . . .
2. Elemente, die „symbolische" *zweite Funktionen* konnotieren: Metope, Giebel, Säule, Tympanon.
3. Elemente, die „Raumprogramme" denotieren und *„Ideologien des Wohnens"* konnotieren: Gemeinschaftssaal, Tages- und Nachtzone, Eßzim-mer, Aufenthaltsraum . . .
B) Artikulation in typologische Gattungen:
1. *soziale Typen:* Krankenhaus, Villa, Schule, Schloß, Wohnblock, Bahn-hof . . .
2. *räumliche Typen:* Kirche mit rundem Grundriß, mit griechischem Kreuz, „Offener" Grundriß, Labyrinth . . .[10]

---

10 Zum Begriff „Typ" vgl., außer Dorfles und Koenig, „Sul concetto di tipologia architettonica", in G. C. Argan, *Progetto e destino,* cit., wo eine genaue Parallele zwischen architektonischer Typologie und Ikono-graphie hergestellt wird und eine Definition von Typ als „Entwurf von Form" gegeben wird, die sich unserer Definition der rhetorischen Figur als „allgemeine Beziehung des Unerwarteten" (sh. A. 5.) nähert. Sh. auch Sergio Bettini, in *Zodiac,* Nr. 5, und Vittorio Gregotti (1966).

Der Katalog könnte natürlich noch erweitert werden; wir könnten Typen erarbeiten wie: Gartenstadt, Stadt mit römischem Grundriß usw., oder man könnte ganz neue Codifizierungen auf der Ebene von Verfahren finden, die aus den avantgardistischen Poetiken abgeleitet werden, welche schon ihre eigene *Tradition und Manier* hervorgebracht haben.

II. 2. Aber der Gesichtspunkt, auf den man in all diesen Codifizierungen stößt, ist der, daß sie *schon ausgearbeiteten* Lösungen eine Form geben. Das heißt, es sind Codifizierungen von *Botschaftstypen.* Der Sprachcode ist anders: er formt ein System von möglichen Beziehungen, aus welchen sich unendlich viele Botschaften erzeugen lassen. Es wäre möglich, eine Sprache als ein fast absolutes *Freiheitsfeld* aufzufassen, innerhalb dessen der Sprechende die geeignetsten Botschaften improvisiert, um unerwarteten Situationen Rechnung zu tragen. Im Gegensatz dazu ist die Situation in der Architektur anders, soweit es sich um die hier erwähnten Codes handelt.

Wenn mir die Codes der Architektur sagen, wie eine Kirche gebaut werden muß, *um „Kirche" zu sein* (typologischer Code), kann ich sicher versuchen, im Spiel mit der (theoretisch schon entwickelten) Dialektik zwischen Information und Redundanz, eine Kirche zu bauen, die – obwohl sie Kirche ist – anders ist als die, welche schon gebaut worden sind, und mich daher zwingt, in ungewohnter Art zu beten und mein Verhältnis zu Gott zu sehen; aber das ändert nichts daran, daß ich nicht über die architektursoziologische Determination hinausgegangen bin, die mir vorschreibt, Kirchen zu bauen und zu benutzen. Wenn mir die architektonischen Codes nicht erlauben, diese Grenze zu überschreiten, ist die Architektur auch keine Möglichkeit, Geschichte und Gesellschaft zu verändern, sondern ein System von Regeln, um der Gesellschaft das zu geben, was diese der Architektur *vorschreibt*.

Die Architektur ist also ein *Dienst,* in dem Sinne, wie Stadtreinigung, Wasserversorgung, Eisenbahn- und Tramverkehr Dienste sind; das heißt: Dienste, die mit immer raffinierteren technischen Leistungen eine vorgegebene Nachfrage befriedigen müssen.

In diesem Fall wäre die Architektur auch nicht Kunst, wenn das Spezifikum der Kunst (sh. was wir über die ästhetische Botschaft gesagt haben) darin bestehen soll, den Empfängern das zu liefern, worauf sie noch nicht gefaßt war.

II. 3. Die Codes, von denen die Rede war, wären also nichts anderes als ikonologische, stilistische oder rhetorische Lexika. Sie bieten keine generativen Möglichkeiten, sondern *fertige Schemata,* nicht offene Formen, über die man reden könnte, sondern verhärtete Formen, *allgemeine Beziehungen unerwarteter Art.* Die Architektur ist also eine Rhetorik in dem Sinn, wie sie schon unter A. 5. II. definiert wurde.

Unter die Rubrik dieser rhetorischen Codifizierung würden auch wieder die oben untersuchten Codifizierungen syntaktischer Art fallen. Es stimmt nicht, daß einige leere und rein differentiale Formen des architektonischen Bedeutens (Pfeiler oder Balken) *jede* mögliche architektonische Kommunikation erlauben: sie erlauben die Art von architektonischer Kommunikation, an die uns die westliche Kultur gewöhnt hat, nach dem Modell gewisser statischer und dynamischer Kriterien und gewisser Regeln der Euklidischen Geometrie, die, auch wenn sie stabiler und gegen Verschleiß widerstandsfähiger zu sein scheinen als andere Regelsysteme, uns zwingen, uns innerhalb *einer gewissen Grammatik des Bauens* zu bewegen. Zumindest findet man sie codifiziert unter der Bezeichnung *Baukonstruktionslehre.*

5. ARCHITEKTUR ALS MASSENKOMMUNIKATION?

I. Die architektonische Persuasion

I. 1. Was unterscheidet also die Architektur als System von rhetorischen Regeln, die dem Benutzer das geben sollen, was er schon erwartet, von anderen Arten der Massenkommunikation? Daß die Architektur eine Form der Massenkommunikation sei, ist eine recht verbreitete Vorstellung.[11] Ein Geschäft, das sich an Gruppen von Menschen wendet, um einige ihrer Bedürfnisse zu befriedigen und sie dazu zu überreden, auf bestimmte Weise zu leben, kann auch in ganz alltäglichen Begriffen als *Massenkommunikation* bezeichnet werden, ohne Bezug auf eine bestimmte soziologische Problematik.

I. 2. Aber auch unter dem Bezug auf diese Problematik scheint die Architektur dieselben Merkmale zu haben wie die Massenbotschaften. Versuchen wir einige von ihnen zu lokalisieren.

1) Die Sprache der Architektur ist *persuasiv:* sie geht von vorhandenen Prämissen aus, bündelt sie in bekannte und akzeptierte Argumente und führt zu einer bestimmten Art von Konsens (ich werde so wohnen, weil du es mir vorschlägst, in Raumformen, die sich mit anderen schon bekannten vertragen, und weil du mir zeigst, daß ich noch bequemer und komfortabler wohnen kann, wenn ich sie so zueinander in Beziehung setze, wie du es tust).

2) Die Sprache der Architektur ist *psychagogisch:* mit sanfter Gewalt (auch wenn ich mir der Gewalt nicht bewußt bin), werde ich dazu gebracht, die Anweisungen des Architekten zu befolgen, der nicht nur Funktionen bedeutet, sondern sie in Gang setzt und steuert (in dem gleichen Sinne, wie man von okkulter Persuasion, von psychologischer Steuerung, von erotischer Stimulation spricht).

3) Die Sprache der Architektur wird *ohne Aufmerksamkeit aufgenommen,* so wie die Sprache des Films und des Fernsehens, wie Comics und Kriminalromane (Kunst im eigentlichen Sinn, die Hingabe, Aufmerksam-

---

11 Vgl. G. C. Argan, R. Assunto, B. Munari, F. Menna, „Design e mass media", in *Op. Cit.,* Nr. 2; „Architettura e cultura di massa", in *Op. Cit.,* Nr. 3; Filiberto Menna, „Design, comunicazione estetica e mass media", in *Edilizia moderna,* Nr. 85; Renato De Fusco (1967).

keit und Ehrfurcht vor dem zu interpretierenden Werk und Rücksicht auf die mutmaßlichen Absichten des Senders verlangt, wird anders aufgenommen).[12]

4) Die Botschaft der Architektur kann sich mit *falschen Signifikaten* füllen, ohne daß der Empfänger merkt, daß er damit Verrat übt. Wer die Venus von Milo benutzt, um sich erotisch zu erregen, weiß, daß er die ursprüngliche (ästhetische) kommunikative Funktion des Objekts verrät; aber wer den Dogenpalast in Venedig benutzt, um sich vor Regen zu schützen oder wer Truppen in einer verlassenen Kirche unterbringt, hat nicht das Gefühl, einen besonderen Verrat zu begehen.

5) In diesem Sinne bewegt sich die architektonische Information zwischen einem *Maximum an Zwang* (du mußt so wohnen) und einem *Maximum an Verantwortungslosigkeit* (du kannst diese Form gebrauchen, wie du willst).

6) Die Architektur ist schnellem *Verschleiß* und raschem Wechsel der Signifikate unterworfen, ohne jedoch einen philologischen Eingriff zu postulieren; anders ist es bei Bildern oder bei Dichtung, bei Schlagern und in der Mode ist es aber dasselbe.

7) Die Architektur bewegt sich in einer *Warengesellschaft;* sie unterliegt mehr als andere künstlerische Aktivitäten den Bestimmungen des Marktes, ebenso wie die Produkte der Massenkultur. Die Tatsache, daß ein Maler der Willkür der Galerien ausgesetzt ist, daß ein Dichter seine Rechnung mit dem Verleger machen muß, kann praktisch sein Werk beeinflussen, aber es hat nichts zu tun mit der Definition seiner Arbeit. In der Tat kann ein Zeichner für sich und seine Freunde zeichnen, der Dichter kann sein Werk in einem einzigen Exemplar für seine Geliebte schreiben; der Architekt jedoch (zumindest, wenn er nicht nur auf dem Papier ein utopisches Modell zeichnet) kann keiner sein, wenn er sich nicht in einen technologisch-ökonomischen Kreislauf begibt und versucht, sich dessen Gesetze anzueignen, auch wenn er sie in Frage stellen will.

II. Die architektonische Information

II. 1. Und doch: Wer die Architektur mit offenen Augen prüft, hat das Gefühl, daß *sie mehr ist* als nur eine Erscheinung der Mas-

---

12 „Zerstreuung und Sammlung stehen in einem Gegensatz, der folgende Formulierung erlaubt: Der vor dem Kunstwerk sich Sammelnde versenkt sich darein; ... Dagegen versenkt die zerstreute Masse ihrerseits das Kunstwerk in sich. Am sinnfälligsten die Bauten. Die Architektur bot von jeher den Prototyp eines Kunstwerkes, dessen Rezeption in der Zerstreuung und durch das Kollektivum erfolgt" (Walter Benjamin, *Das Kunstwerk im Zeitalter seiner technischen Reproduzierbarkeit,* Frankfurt/M, Suhrkamp, 1963, S. 46.).

senkommunikation (so wie bestimmte Vorgänge, die im Bereich der Massenkommunikation entstehen, aber mit ihrem kritischen ideologischen Gehalt über sie hinausgehen).

Die Architektur scheint sich als zwar überredende und unzweifelhaft beschwichtigende Botschaft zu präsentieren, die aber gleichzeitig *heuristische* und erfinderische Aspekte hat. Sie geht zwar von den Prämissen der Gesellschaft aus, in der sie lebt, aber doch auch, um sie der Kritik zu unterziehen; und jedes echte architektonische Werk bringt *etwas Neues,* nicht nur dann, wenn es eine gute Wohnmaschine ist oder eine Ideologie des Wohnens konnotiert, sondern auch, wenn es durch sein bloßes Dasein die Wohnweisen und Wohnideologien kritisiert, die ihm vorausgegangen sind.

Die Technik als persuasives Mittel in der Architektur *bedeutet* sich *selbst,* gemäß den Gesetzen der ästhetischen Botschaft, insofern sie Funktionen denotiert, und insofern die Formen der Botschaft mit den Materialien, die ihr als Träger dienen, identisch sind. *Indem sie sich selbst bedeutet, informiert sie gleichzeitig nicht nur über die Funktionen, welche sie in Gang setzt und denotiert, sondern auch über den MODUS, nach dem sie diese in Gang zu setzen und zu denotieren entschlossen ist.*

Aufgrund der semiotischen Kette, die aus dem Stimulus eine Denotation und aus der Denotation eine Konnotation macht (und aus dem System der Denotationen und Konnotationen eine sich selbst bezeichnende Botschaft, welche die architektonischen Intentionen des Senders konnotiert), sind *in der Architektur die Stimuli gleichzeitig Ideologien.* Die Architektur *konnotiert eine Ideologie des Wohnens,* und deshalb bietet sie sich im selben Moment, wo sie überzeugt, einem interpretierenden Lesen an, das zu einem Informationszuwachs zu führen vermag.

Je mehr sie auf einer neuen Art zu Wohnen insistiert, informiert sie über etwas Neues, und je mehr sie dies tut, umsomehr Überzeugungskraft bekommt sie, indem sie verschiedene konnotierte zweite Funktionen artikuliert.

II. 2. Hier kommen wir auf das Styling zu sprechen: wir haben gesehen, daß das Styling (in den meisten Fällen) die Überlagerung unveränderter erster Funktionen durch neue zweite Funktionen sein kann; daß es scheinbar informiert, in Wirklichkeit aber mit Hilfe neuer Strategien der Persuasion nur das bestätigt, was der Benutzer wollte und tat und sich schon zu tun bewußt war. Als reiner Akt der Persuasion wäre es nichts anderes als die schlaue Strategie erworbener Meinungen.

Aber in einigen Fällen kann die semantische Aufwertung des Objekts, welche das Styling vornimmt, als Versuch gewertet werden, mit Hilfe der Strategie neuer zweiter Funktionen eine andere ideologische Anschauung des Objekts zu konnotieren. Die Funktion bleibt zwar, wie wir wissen, unverändert, aber es ändert sich die Art, wie das Objekt im System der anderen Objekte gesehen wird; in Beziehung zum gegenseitigen Stellenwert aller untereinander und aller im Verhältnis zu den Handlungen im täglichen Leben.

Ein Auto, das neu entworfen wird, um *für alle* da zu sein, während es vorher mit demselben Motorentyp, ohne Unterschied in allen ersten Funktionen nur als Symbol einer Klasse da war, wird wirklich etwas anderes. Das Styling hat in diesem Fall die erste Funktion neu codifiziert, hat dem Objekt eine andere Funktion gegeben.

Wenn es allerdings nur als reine Wiederholung derselben denotativen Botschaft von früher in anderer konnotativer Form auftritt, handelt es sich um eine reine Prozedur persuasiver Redundanz. *Es übermittelt mehr Information in Bezug auf unser System rhetorischer Erwartungen, aber es ändert nichts an unserem System ideologischer Erwartungen.*

II. 3. Die Anthropologie untersucht den Code einer bestimmten Sprache in einer primitiven Gesellschaft (und reduziert ihn auf einen allgemeineren Code, der alle linguistischen Strukturen in verschiedenen Sprachen regelt); dann untersucht sie die Verwandtschaftsbeziehungen in der betreffenden Gesellschaft (und reduziert sie auf einen allgemeineren Code der Verwandtschaft in allen Gesellschaften); schließlich wendet sie sich der „urbanistischen" Struktur des Dorfes der untersuchten Gemeinschaft zu (und stellt einen Code der urbanistischen Anlage in verschiedenen Gesellschaften fest) . . . Aber dann versucht sie, im Bereich derselben untersuchten Gesellschaft, die Formen der Sprache, die Formen der Verwandtschaftsverhältnisse, die Formen der Wohnanordnung untereinander in Beziehung zu setzen, und führt all diese Fakten kultureller Kommunikation auf ein einheitliches Diagramm zurück, auf eine zugrundeliegende Struktur, die sie bindet, determiniert und homolog vereinigt.

Dem Architekten, der für eine solche Gemeinschaft bauen müßte, ständen drei Lösungen zur Verfügung:

1) *Absolut integriertes Verhalten gegenüber dem bestehenden sozialen System.* Er akzeptiert die Normen des Zusammenlebens, die diese Gesellschaft regeln, er gehorcht den Forderungen des Sozialkörpers, so wie er ist. Er baut Häuser, die ein traditionelles Lebenssystem gestatten, ohne dieses System umwälzen zu wollen. In diesem Fall ist es möglich, daß sich der Architekt auf einen typologischen Code der herrschenden Architektur stützt, auf ein Lexikon konventionalisierter Elemente, aber ohne es zu wissen, gehorcht er in Wirklichkeit den Gesetzen des allgemeineren Codes, der *außerhalb* der Architektur liegt.

2) In einem Drang „avantgardistischer" Destruktivität entschließt sich der Architekt, die Leute zu zwingen, total anders zu leben. Er entwirft Grundrisse, die keine Beziehungen wie die traditionellen zulassen, er zwingt die Menschen, in einer Weise zu leben, die die Verwandtschaftsbeziehungen – so wie sie waren – umwälzt. Aber es besteht kein Zweifel, daß die Gemeinschaft die neuen Funktionen, die von neuen Formen denotiert werden, nicht erkennen würde, weil sich diese Funktionen nicht gemäß dem Grundcode artikulieren, der einmal die urbanistischen, verwandtschaftlichen, linguistischen, künstlerischen Bezugssysteme der Gemeinschaft beherrschte.

3) Der Architekt behält den Grundcode bei und untersucht ihn auf neue Anwendungsmöglichkeiten hin, die ungebräuchlich sind, aber von *seinem Artikulationssystem zugelassen werden.* Er untersucht, wie die Einführung neuer technologischer Elemente einschließlich seiner Bauten die primitive Gemeinschaft veranlassen könnte, ihre ursprünglich erfüllten Funktionen neu zu betrachten. Er erarbeitet an Hand der verschiedenen Daten ein anderes System von Beziehungen, die er fördern will. Wenn der neue potentielle Code aufgestellt ist, für die Benutzer verständlich aufgrund seiner Verwandtschaft mit dem vorigen (und dennoch insofern anders, als er neue Botschaften formulierbar machen soll, die den neuen sozialen, technologischen und geschichtlichen Bedürfnissen entsprechen), erst dann erarbeitet er einen Code architektonischer Signifikanten, der ihm erlaubt, das neue Funktionssystem zu denotieren. In diesem Sinn ist die Architektur ein *Dienst;* aber nicht in dem Sinne, daß sie das gibt, was man von ihr erwartet, sondern in dem Sinn, daß sie das geben will, was man *nicht* von ihr erwartet, und deshalb

das System unserer möglichen Erwartungen, ihrer Realisierbarkeit, Verständlichkeit, Akzeptierbarkeit und ihrer Möglichkeit, mit anderen Systemen innerhalb der Gesellschaft in Beziehung zu treten, untersucht.[13]

II. 4. Wenn sooft die Rede von *interdisziplinärer Arbeit* als Basis für architektonische Operation ist, so gerade deswegen, *weil der Architekt seine eigenen Signifikanten auf der Basis von Signifikatsystemen erarbeiten muß, die nicht er zu formulieren hat, auch wenn er sie unter Umständen zum ersten Mal denotiert, indem er sie explizit ausdrückt.* Aber in diesem Sinne *besteht die Arbeit des Architekten darin, alle früheren architektonischen Codes abzulehnen,* sie für ungültig zu halten, soweit sie schon realisierte Lösungen der Botschaft klassifizieren und nicht Formeln zur Erzeugung neuer Botschaften.

---

13 In einer Rezension der ersten Fassung dieses Textes bemerkte Bruno Zevi (1967), daß von den drei hier entwickelten Hypothesen nur die zweite, die ihm als absurd und unmöglich dargestellt schien, das Moment des kreativen Anstoßes und der Utopie, die Geschichte macht, repräsentiere. Die dritte könne zur „Literatur über Architektur in ihrer vorsichtigsten Form" gerechnet werden. Uns scheint, man sollte sich darüber verständigen, welche Bedeutung der Dialektik zwischen Treue zum Code und Anfechtung des Codes beizumessen ist (das ist dieselbe Dialektik wie zwischen *Form* und *Offenheit,* die wir schon in *Opera aperta* behandelt haben). Es muß festgehalten werden, was wir unter Bezugnahme auf Aristoteles' *Poetik* in A. 3. gesagt haben, daß in der ästhetischen Botschaft etwas *aufbrechen* muß, was nicht den Erwartungen des Publikums entspricht, und doch muß dieses Aufbrechen sich auf Redundanzstreifen stützen, um überhaupt wirksam werden zu können – *auf Verweise auf die schon vorhandenen Codes.* Im Fall der Hypothese 2 geht es um Operationen zerstörerischer Art, bei denen die freie formale Erfindung ohne Beachtung des konkreten kommunikativen Austauschs, wie er sich in einer Gesellschaft vollzieht, die Architektur in reine Erfindung von Formen zum Anschauen, also in Skulptur oder Malerei verwandelt. Im Fall der Hypothese 3 ist dagegen eine Transformation der Daten gemeint, in dem Sinn, daß die Ausgangsdaten in dem Moment, wo sie von dem neuen Entwurf *anerkannt* und *einverleibt* werden, auch *transformiert* werden. Die diffizile Dialektik zwischen dem, was anerkannt und *verworfen,* und dem, was anerkannt und „übernommen" wird, stellt genau das Problem des „Codes der Utopie" dar, den Zevi richtig als Gegenstand von Überlegungen erkennt, die weiter verfolgt werden müßten.

6. DIE ÄUSSEREN CODES

I. Die Architektur muß von den eigenen Codes absehen

I. 1. Hier taucht eine Reihe von Problemen auf:

a) Wir meinten, daß die Architektur sich auf Codes stützen müsse, um die Funktionen mitteilen zu können, die sie fördern will;

b) wir haben gesehen, daß die eigentlichen architektonischen Codes ziemlich begrenzten Spielraum bieten und daß sie nicht so sehr einer Sprache, sondern rhetorischen Systemen ähneln, die schon verwirklichte Lösungen der Botschaft klassifizieren;

c) indem sie sich auf diese Codes stützt, wird die Botschaft der Architektur Überredung und Beschwichtigung, sie liefert keine Innovation, sondern das, was schon erwartet wird;

d) dennoch scheint Architektur eine Tendenz auch in Richtung auf Information und Umwälzung der Systeme rhetorischer und ideologischer Erwartungen zu haben;

e) um das zu erreichen, muß vermieden werden, daß die Architektur von den gegebenen Codes ganz absieht, weil es ohne Code, auf den man sich stützen kann, keine wirksame Kommunikation gibt, und weil es keine Information gibt, die sich nicht auf Redundanzstreifen stützt.

I. 2. Offener und brauchbarer erscheint die Codifizierung „konstitutiver Zeichen" der Architektur, wie sie Italo Gamberini (1953, 1959, 1961) vorschlägt: Matrizen eines inneren Raumes, die für die eigentliche Architektur aufgestellt werden können.

Es sind nach der Klassifikation Gamberinis:

1. *Zeichen, die den Grundriß festlegen* (die das Volumen der Architektur nach unten horizontal begrenzen; 2. *verbindende Zeichen* zwischen den grundrißbestimmenden Zeichen verschiedener Höhenlage; es können kontinuierliche Verbindungselemente sein – Rampen –, oder gestufte – Treppen); 3. *Zeichen seitlicher Begrenzung,* selbsttragend – feste und bewegliche – oder Träger von etwas anderem; 4. *Kommunikationszeichen* zwischen den Elementen der seitlichen Begrenzung; 5. *Dachzeichen* – selbsttragend oder getragen;

6. *autonome Stützzeichen* – vertikal, horizontal oder irgendwie geneigt; 7. *Zeichen der qualifizierenden Kennzeichnung;* etc.

Zweifellos entgeht eine solche Codifizierung in ihrer Anwendbarkeit für die verschiedensten konkreten Realisierungen der typologisch-rhetorischen Erstarrung der vorigen Codes. Diese Zeichen könnte man als Elemente der zweiten Artikulation bezeichnen, die durch ihre Stellen- und Differentialwerte definiert sind, selbst keine Signifikate haben, aber zur Definition von Signifikaten beitragen. Einige von ihnen denotieren aber doch Funktionen und können deshalb als Elemente der ersten Artikulation betrachtet werden.

Noch offener wären die nach rein mathematischen Regeln kombinierbaren Elemente, mit denen sich das Metadesign (Van Onck, 1965) beschäftigt, das sich nicht mit dem befaßt, was entworfen werden soll, sondern mit den generativen Matrizen, die jedem Entwurf zugrundeliegen, und mit den Möglichkeiten, wie ein Entwurf größtmögliche Offenheit gegenüber der Variabilität der ersten und zweiten Funktionen erreichen kann. Aber auch hier haben wir es mit einem Code zu tun, der nicht nur zur Architektur gehört, auch wenn es äußerst nützlich sein kann, wenn die Architektur auf ihn zurückgreift.

Wenn wir uns der Frage der konstitutiven Zeichen der Architektur wieder zuwenden und die Freiheit ihrer Artikulationsmöglichkeiten über den Rahmen rhetorischer Vorschriften und vorgezeichneter Lösungen hinaus zur Kenntnis nehmen, bleibt doch ein Problem offen: *welche Kombinationsregeln zwischen den konstitutiven Zeichen soll der Architekt befolgen?* Wenn er die Regeln ablehnt, die ihm die traditionellen rhetorischen Subcodes anbieten, nach welchen neuen Regeln soll er dann greifen? Paradoxerweise hätte der Architekt anscheinend ein Paradigma in der Hand, von dem er noch nicht weiß, wie es auf der Achse des Syntagmas angeordnet werden soll. Er hat einen Wortschatz, aber er hat keine Grammatik. Und alles scheint darauf hinzuweisen, daß ihm die Architektur niemals von selbst die Regeln geben wird, die er sucht.

Es bleibt also nur eine Antwort: *die Architektur geht vielleicht von existierenden architektonischen Systemen aus, aber in Wirklichkeit stützt sie sich auf andere Codes, die nicht die der Architektur sind,* nach denen aber die Benutzer der Architektur die Signifikate der Botschaft der Architektur feststellen.

I. 3. Verständlicher gesagt: Ein Stadtplaner kann natürlich eine Stadtstraße planen, indem er sich auf den Subcode stützt, welcher den Typ „Stadtstraße" vorsieht und klassifiziert. Er kann sie auch mehr oder weniger anders als andere, frühere bauen, gemäß der Dialektik Redundanz-Information; aber es ist ebenso sicher, daß er mit dieser Methode den Bereich des Städtebaus nicht verläßt, der die Stadtstraße zu ebener Erde vorsieht. Wenn stattdessen Le Corbusier Hochstraßen vorschlägt, die mehr Ähnlichkeit mit dem Typ „Brücke" als mit dem Typ „Straße" haben – springt er damit radikal aus der überkommenen Typologie; und doch ist der Benutzer im Kontext seiner idealen Stadt in der Lage, die Funktion, die das Zeichen Hochstraße denotiert, zu erkennen. Das geschieht, weil Le Corbusier der architektonischen Arbeit eine Prüfung der neuen Bedürfnisse, der *existentiellen Bedürfnisse,* der impliziten Tendenzen der Entwicklung des sozialen Lebens der Industriestadt vorausgehen ließ, und sozusagen ein semantisches System der künftigen Bedürfnisse vorgezeichnet hat (die der gegenwärtigen Situation entspringen), um auf seiner Grundlage neue Funktionen und neue architektonische Formen festzulegen.

Mit anderen Worten: Le Corbusier hat eine Operation folgenden Typs durchgeführt:

a) er hat eine Reihe von Bedürfnissen identifiziert und sie – vermutlich – systematisiert;

b) er hat ein System von Funktionen identifiziert, die diese Bedürfnisse befriedigen sollen; die Funktionen sind somit zu Signifikanten jener Signifikate geworden, die die Bedürfnisse waren;

c) er hat ein System von Formen identifiziert, die den Funktionen entsprechen sollen; die Formen sind somit zum Signifikans jener Signifikate geworden, die die Funktionen waren.

Vom Gesichtspunkt des gesunden Menschenverstandes aus betrachtet, bedeutet dies, daß Le Corbusier, um eine neue Architektur zu machen, zunächst als Soziologe, als Anthropologe, als Hygieniker, als Politiker usw. denken mußte, bevor er als Architekt dachte. Aber vom semiotischen Gesichtspunkt aus gibt diese Tatsache zu einigen Betrachtungen Anlaß.

I. 4. Wir merken vor allem, daß nur die Formen der Ebene c) diejenigen sind, die man gewöhnlich als „Architektur" versteht. Die

Elemente der Architektur bilden also ein System; um aber einen Code entstehen zu lassen, müssen sie mit Systemen, die nicht in der Architektur liegen, gekoppelt werden. Traditionell verstanden ist die Architektur eine syntaktische Technik, die nur ihre eigenen Signifikanten betrifft. Ein eventueller „Code der Architektur" kann nicht von der Architektur erstellt werden. Hierüber werden wir ausführlicher in C. 6. II. sprechen.

Der Linguist könnte einwenden, daß bei der Sprache nichts anderes geschieht. Und nicht, weil die Referenten der Sprache die Sachen sind, die außerhalb der Sprache liegen. Dies wäre eine naive Antwort. Wir haben zur Genüge festgestellt, daß das Problem des Referens nichts mit den Signifikationsprozessen zu tun hat. Der Einwand des Linguisten beträfe eher die Tatsache, daß auch in der Sprache eine signifikante Kette (eine Ausdrucksebene) auf Grund des Codes mit einer Kette semantischer Systeme (der Inhaltsebene) gekoppelt wird, die außerhalb der Sprache liegen: es sind Systeme von kulturellen Einheiten, die translinguistisch existieren können und von verschiedenen Sprachen auf verschiedene Arten bezeichnet werden können.

Der Einwand wäre exakt (außer in den Fällen, in denen die Struktur des signifikanten Systems die Struktur des semantischen Systems determiniert, und umgekehrt). Er wäre aber in absolut theoretischem Sinn exakt. In der sprachlichen Praxis und auch in der analytischen und beschreibenden Praxis der Semiotik aber verhält sich die verbale Sprache auf völlig andere Art und Weise. Es stimmt zwar, daß man behaupten kann, daß die Vereinigung des Signifikans /*Hund*/ mit der kulturellen Einheit „Hund" völlig willkürlich ist, so daß die beiden Klassen unabhängig voneinander werden. Aber wenn ich auch /*Hund*/ unabhängig von seinem Signifikat betrachte, so kann ich doch nicht von der Tatsache absehen, daß es *dieses* Signifikat hat. Um dieses Signifikat als kulturelle Einheit aufzuzeigen, muß ich ein anderes verbales Signifikans benutzen (so ist die unendliche Semiose) und ich trete niemals aus dem Kreis der Sprache heraus. Ich kann die kulturellen Einheiten nicht anders benennen als durch sprachliche Einheiten und ich kann unabhängige sprachliche Einheiten nur als Träger kultureller Einheiten identifizieren. Somit stellt sich mir die Sprache (in der Praxis) dar als ein Code, in dem die Inhaltsebene als von der Ausdrucksebene untrennbar erscheint. Und dies ist es, was Saussure das Zeichen als ein Blatt definieren ließ, bei dem man wohl zwei Seiten unterscheiden könnte, welches aber niemals in zwei unabhängige Hälften geteilt werden könnte.

Was geschieht dagegen mit der Architektur, wenn man die in C. 6. I. 3. dargelegten Hypothesen akzeptiert? Bezeichnen wir mit X die Klasse der architektonischen Formen, mit Y die Klasse der Funktionen und mit K die Klasse der Bedürfnisse (oder Verhaltensweisen) – die im folgenden Kapitel als das *anthropologische System* definiert wird. Wie wir im folgenden Kapitel sehen werden, könnte X ein Tisch von einem gewissen Ausmaß sein, das eine bestimmte Funktion y_1 ermöglicht und bedeutet (z. B. „mit äußerster Distanz voneinander essen"), die ihrerseits die Realisierung des anthropologischen Wertes k_1 (z. B. „formale Beziehung") erlaubt, dessen Signifikans sie wird.

X ist ein System räumlicher Konfigurationen, das verschiedene Beschreibungen erhalten kann: eine zweidimensionale durch einen Entwurf oder eine Photographie; eine verbale, mündlich oder schriftlich; eine mathematische durch eine Reihe von Gleichungen; usw.

Y ist ein System von möglichen Funktionen, das sowohl eine verbale Beschreibung als auch ikonische (z. B. kinematographische), kinesische oder durch irgendein System von Funktionennotierung ausgedrückte Darstellungen erhalten kann.

K ist ein System von anthropologischen Werten, das verbal beschrieben werden kann.

Es ist nun klar, daß in dem Augenblick, in dem die Form X in einem bestimmten Kulturmodell gebraucht wird, ihre Verbindungen mit der Funktion Y und dem anthropologischen Wert K (für den Benutzer) ebenso eng scheinen können, wie (dem Sprecher) die Verbindung des Signifikats mit dem Signifikans erscheint. *Aber vom Gesichtspunkt der Semiotik aus ist es möglich, jede der drei Klassen ohne Rückgriff auf die signifikanten Einheiten der anderen beiden Klassen zu beschreiben.*

Diese Möglichkeit, die nach den Analysen des folgenden Kapitels deutlicher werden sollte, ist niemals von jenen Philosophen oder Semiotikern in Betracht gezogen worden, die den Begriff der Bedeutung immer „ungreifbar" gefunden haben wegen der Unmöglichkeit, eine Bedeutung unabhängig von einer signifikanten Form zu „benennen". Dies ist geschehen, weil die semantischen Untersuchungen bis heute innerhalb des Kreises der verbalen Interpretanten durchgeführt worden sind. Wenn also die semiotische Forschung einen Wert hat, dann besteht dieser auch in der – von ihr gebotenen – Möglichkeit, Zeichensysteme da zu identifizieren, wo diese unentwirrbare Verbindung nicht besteht – oder jedenfalls entwirrt werden kann.

II. Das anthropologische System

II. 1. Dennoch besteht auch beim Verweis auf das anthropologische System die Gefahr, das semiotische Modell zu zerstören, das unseren ganzen Diskurs beherrscht hat.

Was heißt das: die Architektur muß ihre eigenen Codes erarbeiten für etwas, das *außerhalb von ihr liegt?* Bedeutet es vielleicht, daß die Zeichen, die sie in einem System organisieren muß, ihre Systematisierungsregeln von etwas erhalten, auf das sie sich beziehen, also vom *Referens?*

Wir haben behauptet, daß sich der semiotische Diskurs *nur auf der linken Seite* des Ogden-Richardsschen Dreiecks bewegen darf, weil die Semiotik Codes als Kulturphänomene untersucht, und – indifferent gegenüber den verifizierbaren Realitäten, auf welche sich die Zeichen beziehen – lediglich untersuchen soll, wie sich innerhalb eines Sozialkörpers Äquivalenzregeln zwischen einem Signifikans und einen Signifikat gebildet haben (letzteres kann nur mit Hilfe eines *Interpretans* definiert werden, das es mittels anderer Signifikanten bedeutet) und wie Kombinationsregeln zwischen den Elementen des paradigmatischen Repertoires entstanden sind. Das heißt nicht, daß das Referens „nicht existiert", sondern daß es Gegenstand anderer Wissenschaften ist (Physik, Biologie etc.), während sich die Untersuchung von Zeichensystemen in der Welt der kulturellen Konventionen bewegen kann und muß, die den kommunikativen Austausch regeln.

Wenn wir von der Architektur oder von einem beliebigen anderen Zeichensystem behaupten, daß die Codes von etwas abhängen, das nicht zum semiotischen Universum gehört, führen wir wieder das Referens mit seinen autonomen Gesetzen als einziges Element der Verifizierung von Kommunikationsregeln ein. In diesem Fall wäre die Architektur das Phänomen, welches jeden semiotischen Ansatz in Frage stellen würde, und wäre damit der Fels, an dem sich alle Überlegungen in diesem Buch brechen müßten.[14]

Trotzdem wurde nicht zufällig vom anthropologischen „System" gesprochen; d. h. von Fakten, welche die Welt der sozialen Verhältnisse und der Umweltbedingungen betreffen, aber nur soweit *sie schon ihrerseits codifiziert sind,* also auf ein Kultursystem zurückgeführt sind.

II. 2. Ein klares Beispiel für ein anthropologisches System bietet ein Blick auf die Forschungen der *Proxemik* (Hall, 1959, 1966).

Für die Proxemik „spricht" der Raum. Der Abstand, in dem ich mich zu einem anderen setze, der zu mir in irgendeinem Verhältnis steht, ist beladen mit Signifikaten, die von Zivilisation zu Zivilisation verschieden sind. Beim Erarbeiten der Möglichkeiten räumlicher Beziehung zwischen Individuen, die in Beziehung zueinander stehen, muß ich die semantischen Werte berücksichtigen, die diese Raumverhältnisse in bestimmten ethnologischen und soziologischen Situationen annehmen.

Menschen verschiedener Zivilisationen wohnen in verschiedenen *sensorischen Welten,* und die Entfernungen zwischen den Sprechenden, die Gerüche, die Taktilität, die Empfindungen der Körperwärme des anderen nehmen kulturelle Bedeutungen an.

Daß die Räumlichkeit einen signifikanten Wert besitzt, geht schon aus dem Studium des Tierverhaltens hervor; bei jeder Tierart gibt es eine *Fluchtdistanz* (innerhalb deren sich die Tiere aus dem Weg gehen: für die Antilope sind es 500 Yards, für einige Eidechsen sechs Fuß); eine *kritische Distanz* (die einen engen Raum zwischen Fluchtabstand und Angriffsdistanz bildet) und eine *Angriffsdistanz*

---

14 In einer Rezension der ersten Fassung dieser Schrift bemerkte Maria Corti (*Strumenti critici,* 4, 1967), daß die Einführung des anthropologischen Codes an dieser Stelle der Abhandlung eine bewußt eingebaute „Falle" darstellt, die von neuem das Problem der Autonomie der Semiotik als Wissenschaft aufwirft. Wenn wir auch zu einem guten Teil hinterhältige Absichten bei unserem Vorgehen bekennen, möchten wir doch bemerken, daß 1) auf diesen Seiten versucht wird, das Problem zu lösen, das auf jeden Fall gestellt werden mußte; 2) die Beobachtungen von Maria Corti zusammen mit einer Reihe von Zweifeln, die Vittorio Gregotti mündlich vorgetragen hat, uns zu einer besseren Klärung dieses Punktes, auch für uns selbst, veranlaßt haben.

(innerhalb deren die zwei Tiere in direkten Kampf miteinander geraten). Wenn wir nun Tierarten betrachten, die gegenseitigen Kontakt zwischen Mitgliedern der eigenen Spezies akzeptieren, und solche, die ihn vermeiden, stellen sich *persönliche Distanzen* her (das Tier hält einen bestimmten Abstand zu seinesgleichen, mit denen es den Kontakt vermeidet) und *soziale Distanzen* (das Tier jenseits einer bestimmten Distanz verliert den Kontakt mit der Gruppe; die Variationen dieses Abstandes sind von Art zu Art sehr verschieden und können sehr kurz und sehr weit sein). Zusammengefaßt: jedes Tier scheint von *Intimitäts- und Sozialitätssphären* umgeben zu sein, die sich ziemlich genau messen lassen und die möglichen Beziehungen codifizieren.

Genauso beim Menschen, der über *Gesichts-, Geruchs- und Tastbereiche* verfügt, deren er sich gewöhnlich nicht bewußt ist. Ohne Zweifel überzeugt die einfache Überlegung, daß bestimmte vertrauliche Distanzen, welche in lateinischen Ländern auch zwischen Personen, die nicht eng liiert sind, akzeptiert werden, in den USA als regelrechte Vergewaltigung der *privacy* angesehen werden; aber das Problem ist, ob solche Abstände sich codifizieren lassen.

Die Proxemik von Hall unterscheidet deswegen zwischen:

1. *Infrakulturellen* Manifestationen, die in der biologischen Vergangenheit des Individiums wurzeln;

2. *Vorkulturellen* Manifestationen physiologischer Art;

3. *Mikrokulturellen* Manifestationen, die der eigentliche Gegenstand der proxemischen Studien sind und unterscheidbar sind in a) feste Konfigurationen; b) semifixe Konfigurationen; c) informelle Konfigurationen.

II. 3. *Fixe Konfigurationen:* solche, die wir gewohnheitsmäßig als codifiziert zur Kenntnis nehmen, z. B. urbanistische Grundrisse mit der Festlegung der Gebäudeblöcke und deren Dimensionen (man denke an den Plan von New York). Auch in diesem Fall gibt es bemerkenswerte kulturelle Variationen; Hall zitiert das Beispiel der japanischen Städte, wo nicht die Straßen, sondern die Kreuzungen festgelegt werden und die Häuser nicht nach ihrer räumlichen Folge numeriert werden, sondern nach ihrer zeitlichen Folge (Baudatum); aber man könnte noch andere anthropologische Studien über Dorfstrukturen zitieren. In den Werken von Lévi-Strauss finden sich zahlreiche Beispiele (Vgl. auch Caruso, 1967; Gregotti, 1967).

Semifixe Konfigurationen: sie betreffen die Auffassung von inneren und äußeren Räumen, geteilt in *zentripetale und zentrifugale.*
Der Wartesaal eines Bahnhofs ist zentrifugal, die Aufstellung der Stühle und Tische in einer italienischen oder französischen Bar zentripetal; zum selben Konfigurationstyp gehört die *main street,* an der die Häuser aufgereiht sind, oder der *Platz,* um den herum sich die Häuser gruppieren und damit einen andersartigen sozialen Raum schaffen. (Hall zitiert den Fall von Baureformen, die durchgeführt wurden, um komfortablere Wohnungen anzubieten, in diesem Fall von der nordamerikanischen Zivilisation assimilierten ethnischen Gruppen – Neger, Puertoricaner –, aber das Unternehmen mißlang, weil man für sie einen geradlinigen Raum hergestellt hatte, während ihr soziales Leben auf zentripetale Räume und die dadurch hervorgerufene „Wärme" angelegt war).
Informelle Konfigurationen: sie werden so genannt, weil sie gewöhnlich unbewußt codifiziert werden, aber deswegen sind sie nicht weniger bestimmbar. Die Arbeit von Hall hat ihren Wert gerade darin, wie es ihm gelang, mit meßbaren Werten diese Abstände zu belegen.

Wir können öffentliche, soziale, persönliche, intime Distanzen unterscheiden. Zum Beispiel: die Anwesenheit oder das Fehlen der Empfindung von Wärme, die der Körper einer anderen Person ausstrahlt, zieht die Grenze zwischen einem intimen und nichtintimen Raum.

Intime Abstände:
a) *Nahe Phase* ist diejenige des erotischen Kontaktes, der eine totale Vermischung vorsieht. Die Wahrnehmung der physischen Eigenschaften des anderen ist verzerrt, es überwiegen Tast- und Geruchsempfindungen.
b) *Weitere Phase* (sechs bis acht Daumenbreiten): auch hier ist die Sicht verzerrt, ein erwachsener Amerikaner erachtet sie gewöhnlich weder für zivilisiert noch für wünschenswert; sie wird eher akzeptiert von jungen Leuten; darunter fällt die Gruppe der Jungen am Strand und diejenige – gezwungenermaßen – der Fahrgäste eines Busses in den rush-hours. In gewissen Zivilisationen (in der arabischen Welt) wird sie dagegen als vertrauliche Distanz gesucht. Ein anschauliches Beispiel liefert der Abstand, der bei einem Fest in einer mediterranen Osteria als annehmbar gilt, aber auf einer amerikanischen Cocktail-Party übertrieben vertraulich erscheinen würde.

Distanzen zwischen Personen:
a) *Nahe Phase* (eineinhalb bis zweieinhalb Fuß): diejenige, die im täg-

lichen Umgang zwischen Eheleuten annehmbar erscheint, nicht aber zwischen zwei Geschäftsleuten, die miteinander reden.

b) *Weitere Phase* (zweieinhalb bis vier Fuß): diejenige, wo sich zwei Personen mit den Fingerspitzen berühren können, wenn sie die Arme ausstrecken. Sie setzt die Grenze des physischen Verfügungsbereiches im eigentlichen Sinne des Wortes. Darüberhinaus entzieht man sich der physischen Kontrolle des anderen. Bei manchen stellt sie noch eine Sphäre dar, innerhalb welcher, wenn nicht der persönliche Geruch, so doch der kosmetische, der des Parfums, des Lotions, wahrnehmbar ist. In manchen Gesellschaften ist der Geruch in dieser Sphäre schon ausgeschaltet (Amerika). In diesem Abstand kann noch der Mundgeruch wahrgenommen werden; in einigen Zivilisationen bildet dieser Geruch eine Botschaft, in anderen wird man erzogen, ihn zu unterdrücken.

Soziale Abstände:

a) *Nahe Phase* (vier bis sieben Fuß) ist der Abstand der unpersönlichen Beziehung (Geschäfte, Bürokratie).

b) *Weitere Phase* (sieben bis zwölf Fuß) ist die Entfernung, in der der Bürokrat den Besucher hält, dank der Größe des Schreibtisches, der in manchen Fällen mehr oder weniger bewußt auf dieses Maß abgestimmt ist. Hall zitiert Experimente, denen zufolge die Abweichung von solchem Abstand das Verhältnis eines Angestellten zum Bedienungsschalter leichter oder schwieriger gestaltete, oder einer Empfangsdame, die zum Besucher keine vertrauliche Beziehung haben sollte.

Öffentliche Distanzen:

a) *Nahe Phase* (zwölf bis fünfundzwanzig Fuß) bei offiziellen Anlässen (der Redner auf einem Fest).

b) *Weitere Phase* (über fünfundzwanzig Fuß): fixiert schon die Unmöglichkeit, an einen Mann der Öffentlichkeit heranzukommen. Hall studierte ihre Modalitäten mit Hilfe von Zeugenberichten über die Distanzen, die Kennedy während seiner Wahlkampagne ausprobierte. Wir können auch an den unermeßlichen Abstand denken, den der Diktator aufbaut (Hitler im Stadion von Nürnberg) oder an die Distanzen des antiken Despoten auf seinem sehr hohen Thron.

Für jede dieser Distanzen fixiert Hall mit Hilfe einer minutiösen Tabelle die logisch möglichen Variationen in bezug auf das Stimmvolumen, die Bedeutung der kommentierenden Gesten, die Wahrnehmung von Temperatur- oder Geruchsempfindungen, den Gesichtssinn und die entsprechenden Variationen im Anblick der verschiedenen Körperteile etc.

II. 4. Es ist leicht verständlich, daß, wenn sich diese „Intimsphären" privat und öffentlich exakt etablieren, das Studium der architektonischen Räume davon bestimmt wird. Einige intensive Beobachtungen von Hall führen zu der Feststellung, daß „wie bei der Schwerkraft sich zwei Körper gegenseitig umgekehrt proportional nicht nur zum Quadrat, sondern wahrscheinlich sogar zum Kubus der Abstände beeinflussen". Andererseits sind die Unterschiede von Kultur zu Kultur makroskopischer als man gewöhnlich annimmt. Viele bei den Amerikanern gültige Raumdefinitionen funktionieren bei den Deutschen nicht. Die Auffassung vom persönlichen Raum beim Deutschen (die sich in seiner nationalen Angst um „Lebensraum" widerspiegelt) setzt die Grenze, innerhalb derer er seine eigene *privacy* durch die Anwesenheit des anderen bedroht sieht, anders: die Bedeutung einer offenen oder geschlossenen Tür ändert sich enorm, je nachdem ob in New York oder Berlin; sich in Amerika in der Tür zu zeigen, gilt noch als „draußen stehen", während es in Deutschland „schon eingetreten" bedeutet. Seinen Stuhl zu verrücken, um dem Gastgeber näher zu kommen, wird, wenn man im Hause eines anderen ist, in Amerika und Italien als normal angesehen, während es in Deutschland schon als unhöflich gilt. (Die Stühle von Mies van der Rohe sind schwerer als die von nichtdeutschen Architekten und Designern entworfen, so daß sie sich schwerer von der Stelle bewegen lassen; andererseits wird in einer Zivilisation wie der unsrigen der Diwan nicht als beweglich betrachtet, während in einem japanischen Haus die Disponibilität der Möbel ganz anders ist.) Die Kulturen des Westens empfinden den Raum als Leere zwischen den Objekten, während die Japaner (denken wir an die Gartenkunst) ihn als Form zwischen Formen erleben, die eigene Möglichkeiten architektonischer Gestaltung hat; andererseits existiert der Begriff *privacy* im japanischen Vokabular nicht, und die Auffassung eines Arabers von „allein sein" besteht nicht in der physischen Trennung von den anderen, sondern in der Unterbrechung des verbalen Kontakts; usw. Die urbanistischen Untersuchungen über die Anzahl der notwendigen Quadratmeter pro Individuum haben nur innerhalb eines gegebenen Kulturmodells einen Sinn; wenn diese Codedaten für die Planung von Räumen auf andere Zivilisationen übertragen würden, bekämen wir katastrophale Ergebnisse. Hall unterscheidet auch zwischen *„monochronischen" Kulturen* (die Individuen können nur eine Sache auf einmal erledigen und ertragen nicht das gleichzeitige Nebeneinander mehrerer Projekte – man denke an die Deutschen) und *„polychronischen" Kulturen* (wie die lateinische – wo die Beweglichkeit der Individuen vom nordischen Menschen als Unordnung und Unfähigkeit, eine Aufgabe zu beenden, interpretiert wird); aber es ist bedeutsam festzustellen, daß der monochronischen Kultur eine niedrige Stufe der reziproken physischen Verflechtung entspricht, der polychronischen hingegen das Gegenteil. Gedränge nimmt für Individuen aus beiden Kulturen verschiedene Bedeutungen an und erzeugt verschiedenartige Reaktionsweisen. Hier ergeben sich eine Reihe von Fragen, die die proxemische Forschung der Städteplanung und der architektonischen Arbeit allgemein stellt, z. B.: welches ist die maximale, minimale oder ideale Dichterelation für eine ländliche, eine urbane oder eine Übergangsgruppe in einer gegebenen Kultur? Welche verschiedenen „Biotope" gibt es in einer rassisch gemischten Kultur? Welches kann die therapeutische Funktion des Raumes sein, um soziale Spannungen und mangelnde Integration zwischen Gruppen zu beheben?

Die Proxemik fügt den drei Dimensionen des Raumes eine vierte „kulturelle" hinzu, die, trotz der Tatsache, noch nicht ausreichend vermessen worden zu sein, doch meßbar ist.

II. 5. Welche Konsequenzen ergeben sich aus diesen Untersuchungen für unsere Überlegungen? Der Abstand von N Metern, der zwei in Verhältnis zueinander stehende Individuen voneinander trennt, ist ein quantitativ meßbares physisches Faktum. Aber die Tatsache, daß dieser Abstand verschiedene Bedeutungen in verschiedenen sozialen Situationen annimmt, bewirkt wohl, daß die Messung zwar nicht mehr dazu beiträgt, die Modalitäten eines physischen Phänomens zu fixieren (den Abstand), wohl aber *die Modalitäten einer Zuordnung von Bedeutung zu diesem Phänomen*. Der berechnete Abstand wird zu einer *relevanten Einheit* eines proxemischen Codes, und die Architektur, die ihn als Parameter für die eigene Codebildung betrachtet, berücksichtigt ihn als ein Kulturfaktum, als ein System von Bezeichnungen. *Wenn wir so vorgehen, haben wir noch nicht die linke Seite des Dreiecks von Ogden-Richards verlassen.* Das physische Referens erscheint für die Architektur, die es betrachtet, schon vermittelt durch ein System von Konventionen, die es in einen kommunikativen Code übersetzt haben. Das architektonische Zeichen artikuliert sich also nicht, um ein physisches Referens, sondern um ein kulturelles Signifikat zu bedeuten. Oder besser, das architektonische Zeichen wird zum Signifikans X, das ein räumliches Signifikat *denotiert* – eine Funktion (die Möglichkeit, eine bestimmte Distanz herzustellen), die ihrerseits zum Signifikans wird, das ein *proxemisches Signifikat konnotiert* (den sozialen Wert K eines solchen Abstandes).

Der letzte Zweifel könnte darin bestehen, daß sich in diesem Sinne die Architektur als eine parasitäre Sprache definiert, die nur sprechen kann, indem sie sich auf andere Sprachen stützt. Eine solche Behauptung würde nicht den Wert des Codes antasten, der für die architektonischen Regeln von dem Augenblick an existiert, wo – wie wir gesehen haben (vgl. B. 3.) – zahlreiche ausgearbeitete Codes existieren, die mit ihren Worten die Signifikanten einer anderen Sprache ausdrücken (so wie der Code der Navigationsfähnchen die Signifikanten des Morsealphabets, des Alphabets der verbalen Sprache oder eines anderen konventionellen Codes bedeuten kann). Aber in Wirklichkeit kommt die verbale Sprache in dieser *Stellvertreterfunktion* selbst oft in den Kommunikationsprozessen vor.

Wenn man einen Roman oder ein episches Gedicht schreibt, wissen wir, daß die Sprache als Code auftritt, der einige Erzählfunktionen bezeichnet, welche die relevanten Einheiten eines außerhalb der Sprache liegenden Erzählsystems sind. (Ich kann z. B. dieselbe Fabel in verschiedenen Sprachen erzählen). Das kann so weit gehen, daß die Konstituierung eines gegebenen Erzählsystems den Modus bestimmt, in dem ich den analytischeren Hilfscode artikuliere, der den Code der Erzählung befördern soll. Die Tatsache, daß die Anwesenheit von narrativen Systemen sehr wenig Einfluß auf die Rekonstituierung von Codes wie dem linguistischen zu nehmen scheint (allerdings zeigt sich in gewissen Werken des experimentellen Romans dieser Einfluß ziemlich stark), kommt daher, daß einerseits der linguistische Code so geschmeidig ist, daß er zur analytischen Dekomposition der verschiedensten Codes dienen kann, und daß andererseits die narrativen Systeme im Verlauf der Jahrhunderte aller Wahrscheinlichkeit nach derart stabil und einheitlich auftreten, daß sich noch keine Notwendigkeit für eine Artikulation von unbekannten narrativen Funktionen ergeben hat, deren Transformationsregeln der linguistische Code nicht schon vor Urzeiten vorgesehen hätte. Aber nehmen wir einen möglichen Code an, der in vieler Hinsicht schwächer ist und in größerem Maße einer kontinuierlichen Umstrukturierung unterworfen ist, so wie der architektonische Code, und stellen wir ihm eine noch nicht katalogisierte Reihe anthropologischer Systeme gegenüber, die sich kontinuierlich historisch entwickeln und in beständigem, von Gesellschaft zu Gesellschaft verschiedenem Gegensatz zueinander stehen: das wäre das Panorama eines Codes, der dauernd gezwungen ist, die eigenen Regeln zu revidieren, um sich in Übereinstimmung mit der Bedeutungsfunktion der Signifikanten anderer Codes zu bringen. Ein Code dieser Art muß im Grenzfall das Problem stellen, nicht mehr die eigenen Regeln den Anforderungen der anthropologischen Systeme, die er sprechen soll, kontinuierlich anzupassen, sondern generative Schemata zu schaffen, die ihm erlauben, das Auftauchen von Codes vorauszusehen, die er sprechen muß, auf die er im Moment aber nicht gefaßt ist. (C. 6. III und C. 3. III. 4.)

II. 6. Erinnern wir im übrigen daran, was wir schon in A. 1. IV. 1. gesagt haben. Ein Code (als ein System) ist eine Struktur und *eine Struktur ist ein System von Beziehungen, das durch sukzessive Vereinfachungen in Bezug auf eine operative Intention unter einem gewissen Blickwinkel ermittelt wird.* Deshalb bleibt ein Code im allgemeinen für die Situation, mit der der Architekt zu tun hat, vom Standpunkt der Operationen aus, für die er sich entschieden hat, gültig, *nicht aber für andere.*

Er kann z. B. das Stadtnetz neu strukturieren wollen oder die Form eines Territoriums unter dem Gesichtspunkt der unmittelbaren Wahrnehmbarkeit gewisser Konfigurationen (vgl. Lynch, 1966) – und das Vorgehen des Architekten folgt den Regeln, die von einem Code der Erkennbarkeit und der Orientierung festgesetzt sind (dieser Code basiert auf Wahrnehmungsforschungen, statistischen Untersuchungen, Erfordernissen des Handels oder des Verkehrs, Spannungs- und Entspannungskurven, die Mediziner erstellt haben): aber die Arbeit ist nur unter diesem Gesichtspunkt gültig und kommunikabel. In dem Moment, wo sie auf ein anderes System von sozialen Funktionen angewandt werden soll, müßte man auch den Code der Erkennbarkeit auf andere Codes, die ins Spiel gebracht werden, zurückführen, indem man sie alle wieder auf einen für alle gemeinsamen fundamentalen *Ur-Code* brächte, um darauf die neuen architektonischen Lösungen zu erarbeiten.[15]

---

15 Zu Untersuchungen über Codifizierungsverfahren auf der Ebene der „letzten" Strukturen, sh. z. B. Christopher Alexander (1964). Zu einer Parallele zwischen Alexander und den strukturalistischen Verfahren, vgl. Maria Bottero, „Lo strutturalismo funzionale di C. Alexander", in *Comunità*, 148–149, 1967.

II. 7. Um zu bauen, ist der Architekt also ständig gezwungen, etwas anderes zu sein als er selbst. Er ist gezwungen, Soziologe, Politiker, Psychologe, Anthropologe, Semiotiker zu werden ... Daß er es wird, indem er im *Team* arbeitet, d. h. indem er neben sich Semiotiker, Anthropologen, Soziologen oder Politiker arbeiten läßt, ändert nicht viel an der Situation (auch wenn er sie dadurch korrigieren kann). Er ist gezwungen, Formen für Systeme von Forderungen zu finden, *über die er keine Verfügung hat,* und eine Sprache zu artikulieren, nämlich die Architektur, die immer etwas anderes als sich selbst aussagen muß, (das kommt bei der verbalen Sprache nicht vor, die auf der ästhetischen Ebene mit ihren eigenen Formen sprechen kann; auch nicht bei der Malerei, die als abstrakte Malerei ihre eigenen Gesetze darstellen kann; noch weniger bei der Musik, die immer nur syntaktische Beziehungen innerhalb des eigenen Systems organisiert), – der Architekt ist aus der Natur seiner eigenen Arbeit dazu *gezwungen, die Totalität zu denken,* und zwar gerade sofern er zum spezialisierten Techniker für einen Teilbereich wird und sich mit spezifischen Arbeiten und nicht mit metaphysischen Deklarationen zu befassen hat.

III. Zusammenfassung

III. 1. Alles was gesagt wurde, könnte den Gedanken aufkommen lassen, in der Architektur ginge es darum, „Worte" zu erfinden, um „Funktionen" zu bedeuten, die nicht sie festlegt.

Oder auch den entgegengesetzten Gedanken: daß die Architektur, nachdem sie außerhalb ihrer selbst das System der zu fördernden und zu denotierenden Funktionen festgestellt hat, mit ihrem System von Signifikans-Reizen die Menschen zwingen würde, ganz anders zu leben, und dem Gang der Ereignisse Gesetze vorschreiben würde.

Das sind zwei entgegengesetzte Mißverständnisse, die zu zwei Verfälschungen des Begriffs „Architekt" führen. Im ersten Fall hätte der Architekt nichts anderes zu tun als den soziologischen und „politischen" Entscheidungen dessen zu gehorchen, der an seiner Stelle entscheidet, und nur die passenden „Worte" zu liefern, um damit „Dinge" zu sagen, die nicht seine eigenen sind und über die er nicht entscheiden kann.

Im zweiten Fall hält sich der Architekt (und wir wissen, wie sehr diese Illusion die Geschichte der modernen Architektur beherrscht hat) für einen Demiurgen, den Schöpfer der Geschichte.

Die Antwort auf diese zwei Mißverständnisse war schon in einer Schlußfolgerung enthalten, zu der wir in C. 3. III. 4. gekommen waren: *der Architekt muß variable erste Funktionen und offene zweite Funktionen entwerfen.*

III. 2. Das Problem wird deutlicher an einem berühmten Beispiel: Brasilia.

Entstanden unter äußerst günstigen Bedingungen für die architektonische Planung, nämlich aus einer politischen Entscheidung aus dem Nichts, ohne Bindung an Bestimmungen irgendwelcher Art, konnte Brasilia als eine Stadt konzipiert werden, die ein neues Lebenssystem errichten und gleichzeitig eine komplexe konnotative Botschaft schaffen sollte. Sie sollte fähig sein, Idealvorstellungen von demokratischem Leben, von Pioniergeist gegenüber dem unerforschten Landesinneren, von triumphaler Selbstidentifizierung eines jungen Landes auf der Suche nach einer eigenen Physiognomie mitzuteilen.

Brasilia sollte eine Stadt von Gleichen werden, eine Stadt der Zukunft.

Es wurde in Form eines Flugzeugs (oder Vogels) entworfen, das seine Flügel über die Hochebene ausbreitet, auf der die Stadt liegt; ihrem Körperzentrum wurden erste Funktionen zugewiesen, die im Verhältnis zu den zweiten reduziert waren: das Körperzentrum beherbergt die öffentlichen Gebäude und sollte vor allem symbolische Werte konnotieren, die inspiriert wurden vom Identitätswillen des jungen Brasilien. Dagegen sollten die zwei seitlichen Flügel für Wohnbauten da sein und den ersten Funktionen Vorrang vor den zweiten geben. Große Blöcke von Wohneinheiten, „Superblöcke" nach dem Muster von Le Corbusier sollten dem Minister wie dem Amtsdiener erlauben (Brasilia ist eine Stadt der Bürokratie), nebeneinander zu wohnen und dieselben Dienstleistungen zu benutzen, die jeder Block von vier Einheiten den Einwohnern anbietet, vom Supermarkt bis zur Kirche, von der Schule zum Freizeitklub, vom Krankenhaus bis zur Polizeistation.

Um diese Blöcke herum führen die Straßen von Brasilia – wie Le Corbusier es wollte – ohne Kreuzungen dank breiter Kleeblattverbindungen.

Die Architekten hatten also ganz richtig die Systeme zu erfüllender Funktionen in einer Modellstadt der Zukunft untersucht (sie hatten biologische, soziologische, politische, ästhetische Daten und Bedingungen der Erkennbarkeit und der Orientierungsmöglichkeit, Verkehrsgesetze etc. einander zugeordnet und sie in architektonische Codes übersetzt, indem sie Systeme von Signifikanten schufen, die in günstigem Verhältnis zu den traditionellen Formen standen (hinreichend redundant waren), um damit unbekannte und – maßvoll – informative Möglichkeiten zu artikulieren. „Archetypische" Symbole (Vogel, Obelisk) fügten sich in ein Netz neuer Bilder (Pfeiler, Kleeblatt); die Kathedrale, außerhalb der gewohnten typologischen Schemata konstruiert, bezog sich doch auf eine archaische ikonographische Codifizierung (die Blume, das Sichöffnen der Blütenblätter, das Zusammenschließen der Finger einer Hand beim Gebet, sogar – und das war Absicht – das Rutenbündel als Symbol für die Vereinigung verschiedener Staaten).

III. 3. Die Architekten begingen jedoch beide Fehler, die wir am Anfang dieses Abschnitts aufgezählt haben: sie hatten blindlings die Funktionen akzeptiert, die unter soziologisch-politischen Gesichtspunkten ermittelt worden waren, und hatten diese in völliger Anpassung denotiert und konnotiert; sie hatten geglaubt, daß schon aufgrund der Tatsache, daß Brasilia in der Art gebaut wurde, die Stadt die Geschichte für ihre eigenen Zwecke zurechtgebogen hätte.

Statt dessen haben sich gegenüber der *Struktur* Brasilia die *Ereignisse* ganz autonom entwickelt; und in ihrer Bewegung haben sie andere historisch-soziologische Kontexte geschaffen, einige der vorgesehenen Funktionen dahinwelken lassen, andere wiederum vordringlich gemacht.

A) Die Bauleute von Brasilia, die dort hätten wohnen sollen, waren offensichtlich zahlreicher als die verfügbaren Plätze. So wucherte an den Randzonen der Stadt der Nucleo Bandeirante, eine der elendsten Favelas, ein immenser *Slum* aus Baracken, miserablen Bars, folkloristischen Lokalen und Bordellen.

B) Die Superblöcke im Süden sind früher und besser gebaut worden als die im Norden; diese wurden in größerer Eile hochgezogen und, obwohl sie noch neu sind, zeigen sie schon Alterserscheinungen. Folglich wohnen die hohen Funktionäre lieber im Südflügel als im Nordflügel.

C) Die Zuwachsrate hat die Voraussagen übertroffen, und Brasilia konnte nicht einmal die Personen aufnehmen, die dort arbeiten. Es entstanden so Satellitenstädte, in denen sich in wenigen Jahren die Bevölkerung verzehnfacht hat.

D) Die Industriemagnaten und die Privatunternehmer, die nicht in den Superblöcken und auch nicht in den Satellitenstädten unterzubringen waren, wohnen jetzt in *Avenues,* welche parallel zu den beiden Flügeln der Superblöcke verlaufen; sie bestehen aus kleinen Villen, die die privacy des Bewohners gegenüber der Gesellschaft und der Gemeinschaft des Superblocks demonstrieren.

E) Um neue Einwohner unterzubringen, wurden an den Stadträndern riesige Flächen mit kleinen Häusern bebaut, die die Bewohner der *Slums* aus Angst vor der Reglementierung oft nicht bewohnen wollen.

F) Die Beseitigung von Straßenkreuzungen hat die Straßenzüge übermäßig verlängert, so daß sie nur für den da sind, der Auto fährt. Die Entfernung zwischen den einzelnen Superblöcken und zwischen Superblöcken und Zentralkörper erschwert die Verbindungen und verschärft die Unterschiede in der Besiedlung.

Wie uns die Untersuchungen der Proxemik zeigen, ist die räumliche Anordnung ein kommunikatives Faktum geworden, und – mehr als in jeder anderen Stadt – wird in Brasilia der *Status* eines Individuums durch den Ort mitgeteilt, wo es wohnt und von dem es sich nur schwer lösen kann.

III. 4. Zusammenfassend läßt sich sagen, daß aus der sozialistischen Stadt, die Brasilia sein sollte, das Abbild sozialer Unterschiede geworden ist. Primäre Funktionen sind zu sekundären geworden, und die letzteren haben ihr Signifikat geändert; die Gemeinschaftsideologie, die aus dem Stadtnetz und dem Aussehen der Gebäude hervorgehen sollte, hat anderen Anschauungen vom Leben in der Gesellschaft Platz gemacht. Und das, *obwohl der Architekt in Bezug auf den Ausgangsentwurf nichts falsch gemacht hat.* Nur, daß sich der Ausgangsentwurf auf ein System von sozialen Beziehungen stützte, das ein für allemal als definitiv betrachtet wurde, während in Wirklichkeit der Wandel der Ereignisse die *Umstände,* in denen die architektonischen Zeichen interpretiert werden sollten, verändert hatte, und damit auch das *globale Signifikat der Stadt als Kommunikationsfaktum.* Zwischen dem Augenblick, in welchem die signifikanten Formen konzipiert wurden, und dem, wo sie empfangen wurden, war genug Zeit vergangen, um den historisch-sozialen Kontext zu verändern. *Und keine vom Architekten geschaffene Form hätte verhindern können, daß sich die Ereignisse anders entwickeln; als wäre der Architekt in eine Situation passiver Dienstleistung versetzt* worden, indem er Formen erfand, die den vom Soziologen und Politiker geltend gemachten Forderungen entsprachen.

Aber im Unterschied zum Soziologen und Politiker – die arbeiten, um die Welt zu verändern, jedoch innerhalb eines kontrollierbaren Zeitraums – darf der Architekt nicht unbedingt von sich aus die Welt ändern, und muß doch für einen nicht kontrollierbaren Zeitraum den Wandel der Ereignisse im Rahmen seiner eigenen Arbeit voraussehen können.

Wenn man die Forderung theoretisch und paradox formuliert, wäre Brasilia eine Zukunftsstadt geworden, wenn sie auf Rädern erbaut worden wäre oder mit vorfabrizierten und demontierbaren Elementen oder nach so dehnbaren Formen und Gesichtspunkten, daß sie verschiedene Signifikate je nach der Situation hätte annehmen können; stattdessen wurde Brasilia als Monument gebaut, dauerhafter noch als Bronze. Es erfährt allmählich das Schicksal der großen Monumente der Vergangenheit, welche die Geschichte mit anderen Inhalten füllt und welche von den Ereignissen verändert werden, während doch sie die Ereignisse verändern wollten.

III. 5. *In dem Augenblick, wo der Architekt außerhalb der Architektur den architektonischen Code sucht, muß er auch seine signifikanten Formen so zu gestalten wissen, daß sie anderen Lesecodes genügen.* Denn die historische Situation, auf welche er sich stützt, um den Code festzustellen, ist vergänglicher als die signifikanten Formen, mit denen er diesen Code füllt. Der Architekt muß sich also an Soziologen, Physiologen, Politikern, Anthropologen orientieren, aber beim Anlegen von Formen, die ihren Forderungen entsprechen, die Fehlbarkeit ihrer Hypothesen und die Fehlerquote ihrer Untersuchungen voraussehen. Er muß jedenfalls wissen, daß es seine Aufgabe ist, Bewegungen der Geschichte zu antizipieren und aufzugreifen, nicht sie in Gang zu setzen.

Der architektonische Kommunikationsakt trägt sicherlich dazu bei, die Verhältnisse zu ändern, *aber er stellt nicht die einzige Form der Praxis dar.*

D. DIE ABWESENDE STRUKTUR
(DIE EPISTEMOLOGISCHEN GRUNDLAGEN DER
SEMIOTISCHEN FORSCHUNG)

1. STRUKTUREN, STRUKTUR UND STRUKTURALISMUS

In den vorangegangenen Teilen dieses Buches haben wir, um das System und den Code zu definieren, eine Reihe von Begriffen verwendet, wie den der Opposition und der Position im System, die den Begriff der „Struktur" implizierten. Die Idee der Struktur hat sich als nützlich erwiesen sowohl bei der Definition der Codes als auch bei der Definition der Form der Botschaften selbst. Zu Beginn unserer Untersuchung hatten wir behauptet, daß der Begriff der Struktur als methodologische Hypothese benutzt werden würde, die es ermöglicht, auf einheitliche Art über verschiedene Phänomene zu sprechen: eine Erfordernis, die besonders bei einem semiotischen Ansatz empfunden wird, wo es sich darum handelt, die disparatesten Aspekte der Kultur auf ein einziges Kommunikationsmodell zu reduzieren.

Hier sollten wir nun eigentlich sagen, daß, wenn uns die Idee der Struktur zur Vereinheitlichung eines äußerst mannigfaltigen Feldes von Erscheinungen gedient hat, diese sich als gutes Instrument erwiesen hat. Aber dieser Haltung sind zwei Einwände entgegenzuhalten: a) Der „Strukturalismus" als explizite Methode oder als impliziter Gebrauch des Begriffes „Struktur" interessiert heute viel zu viele Disziplinen und stellt sich fatalerweise unter dem Aspekt einer „Denkrichtung" oder sogar einer „Weltanschauung" dar; man kann nicht ignorieren, daß der Strukturalismus heute *auch* eine Philosophie ist, wenn er nicht gar zu einer Mystik oder einer Religion geworden ist. Daher muß das Problem einer epistemologischen Begründung der Methode in Angriff genommen werden. b) Auch wenn der Gelehrte, der den Begriff „Struktur" gebraucht, es ablehnt, ihn „philosophisch" zu begründen, so bewegt er sich damit doch schon *innerhalb* einer Philosophie: Wenn man die Struktur als Arbeitsinstrument annimmt und ihr jede Würde einer philosophischen Kategorie abspricht, so bedeutet das, daß man schon eine epistemologische Wahl getroffen hat. Nur daß diese Wahl unbewußt ist. Es ist also nötig, daß diese Wahl explizite gemacht wird. Sonst betreibt man, da man sich weigert, gute Philosophie zu machen, schlechte Philosophie. Die gute Philosophie ist die, die weiß, daß sie Philosophie ist; die schlechte Philosophie ist die, die sich als wissenschaftliche Objektivität präsentiert oder als implizite Voraussetzung der wissenschaftlichen Überlegung funktioniert.

Man muß also zu den Anfängen der „strukturalistischen" Überlegungen zurückkehren und eine notwendige metasemiotische Operation durchführen, indem man die Tragweite der Termini klärt, die die Semiotik benutzt.

2. ONTOLOGISCHE REALITÄT ODER
OPERATIONSMODELL?

I. *Das strukturale Modell als Operationsverfahren*

I. 1. Von den ersten Versuchen der linguistischen Wissenschaften an bis zu den Untersuchungen von Lévi-Strauss über die Verwandtschaftsysteme tritt das strukturale Modell auf, um verschiedene Erfahrungen auf eine homogene Betrachtungsweise zurückzuführen. In dieser Hinsicht stellt sich das Modell als *Operationsverfahren* dar, als einzig mögliche Art, die lebendige Erfahrung verschiedener Gegenstände auf eine homogene Betrachtungsweise zu reduzieren. Es ist also ein metasprachliches Elaborat, das es einem erlaubt, von anderen Klassen von Phänomenen als Zeichensystemen zu sprechen.

In diesem Fall impliziert der Begriff des strukturalen Modells keine Behauptung ontologischer Art. Die Annahme des Forschers, der Modelle für seine Untersuchung benutzt, dürfte also die von Bridgman gemachte sein: Das Modell ist ein nützliches und unvermeidbares Denkinstrument, insofern es uns erlaubt, mit den Begriffen vertrauter Dinge an nicht vertraute Dinge zu denken (Bridgman, 1927, Kap. II).

Nun scheint nach der „methodologischen" Richtung des Strukturalismus dieser Punkt außerhalb jeder Diskussion zu stehen:

„Unter *strukturaler Linguistik* muß man eine Gesamtheit von Untersuchungen verstehen, die auf einer *Hypothese* beruhen, derzufolge es *wissenschaftlich legitim* ist, die Sprache so zu beschreiben, als ob sie eine Struktur wäre im oben für diesen Terminus eingeführten Sinn . . . Bestehen wir noch einmal . . . auf dem hypothetischen Charakter der strukturalen Linguistik . . . Jede wissenschaftliche Beschreibung setzt voraus, daß das Objekt der Beschreibung als Struktur aufgefaßt wird (und folglich *analysiert* wird nach einer strukturalen Methode, die es erlaubt, zwischen den Teilen, aus denen der Gegenstand besteht, Beziehungen zu erkennen) oder als zu einer Struktur gehörig (und folglich *synthetisiert* mit anderen Gegenständen, zu denen der Gegenstand Beziehungen unterhält, die es ermöglichen, ein ausgedehnteres Objekt festzustellen und zu erkennen, dessen Teile diese Gegenstände und der betrachtete Gegenstand sind) . . . Man wird vielleicht einwenden, daß, wenn es so ist, die Annahme einer strukturalen Methode nicht vom Untersuchungsobjekt auferlegt wird, sondern willkürlich vom Forscher gewählt wird. Damit ist man wieder bei dem alten im Mittelalter diskutierten Problem, ob die Begriffe (Begriffe oder Klassen), die aus der Analyse hervorgegangen sind, aus der Natur selbst des Gegenstandes stammen *(Realismus)* oder ob sie aus der Methode stammen *(Nominalismus)*. Dieses Problem ist offensichtlich epistemologischer Natur und geht über die Grenzen des vorliegenden Berichts, wenn nicht über die Zuständigkeit des Linguisten als solchen hinaus." (Hjelmslev, 1957, S. 100 f.)

Mit anderen Worten: für den korrekten Gebrauch der strukturalen Modelle ist es nicht nötig anzunehmen, daß die Wahl der Modelle vom Gegenstand bestimmt wird; es genügt, wenn man weiß, daß diese Wahl von der Methode getroffen wird.[1] Die *wissenschaftlich legitime* Methode läuft auf die *empirisch adäquate* Methode hinaus. Wenn es dem Forscher zustatten kommt zu glauben, daß er strukturale Konstanten entdeckt, die allen Sprachen gemeinsam sind (und, so können wir hinzufügen, allen Erscheinungen) umso besser für ihn, wenn diese Annahme ihm bei der Forschung hilft. Im Grunde sind, wie Bridgman behauptet, die Wahrscheinlichkeiten zum Vorteil derer, die, wenn sie die Beziehungen zwischen den Erscheinungen suchen, schon von vornherein überzeugt sind, daß diese Beziehungen bestehen (1927, Kap. IV).

I. 2. Andererseits ist die Versuchung sehr stark, homologe Strukturen in verschiedenen Tatbeständen zu identifizieren (und umso mehr, wenn man vom Feld aller Sprachen zu dem aller Kommunikationssysteme übergeht und von diesem zu dem aller möglichen als Kommunikationssysteme betrachteten Systeme) und sie als fest und „objektiv" zu betrachten. Die Überlegungen gleiten unkontrollierbar vom „als ob" zum „wenn" und vom „wenn" zum „also". In einer gewissen Hinsicht scheint es fast unmöglich, vom Forscher zu verlangen, sich auf die Suche nach sich wiederholenden Strukturen zu machen, wenn man ihn zwingt, *niemals* – auch nicht für einen Moment – an die von ihm gewählte operationelle Fiktion

---

1 „Die Ausgangshypothese – das wird man bemerkt haben – sagt nichts aus über das ‚Wesen' des untersuchten ‚Gegenstandes'. Sie hütet sich sehr wohl davor, sich in einer Metaphysik oder in einer Philosophie des *Dings an sich* zu verlieren" (Hjelmslev, 1959, S. 22).

zu glauben. Im besten Fall kommt dieser, auch wenn er mit dem ganzen möglichen Empirismus anfängt, am Ende zu der Überzeugung, daß er irgendeine sich wiederholende Struktur des menschlichen Geistes herausgearbeitet hat.

I. 3. Eine solche Gefahr, allerdings ausreichend durch kritische Kontrolle beherrscht, kann man bei Chomsky feststellen. Chomskys Ausgangspunkt ist durch ausdrückliche Annahme cartesianisch rationalistisch (Chomsky, 1965, 1966, 1968); er erstrebt ein Humboldtsches Ideal der Sprache als „underlying competence as a system of generative processes", der generativen Grammatik als „system of rules that can iterate to generate an indefinitely large number of structures" (1965 a, 1). Die Konstanten, die er sucht, sind allgemeinste *formale* Konstanten, die nicht eingreifen in die Bestimmung der Typen von strukturalen Modellen, die dann den verschiedenen Sprachen zugeschrieben werden können.[2] Er insistiert jedoch darauf, daß auch die Wahl eines bestimmten generativ-grammatischen Modells (und vielleicht die regulative Idee der Forschung selbst: daß es nämlich eine generative Grammatik geben *müsse)* hypothetisch, operationell und verifizierbar durch die Funktionalität des gewählten Modells bleibt.[3] Auch wo er für eine rationalistische Philosophie optiert (im klassischen Sinn dieses Terminus, gegründet auf die Annahme von „Universalien" der Sprache, auf die Anerkennung von angeborenen Prädispositionen des Geistes jedes Sprechers), erinnert er daher daran: „Eine generelle Sprach-Theorie

---

2 „Im Moment können wir kaum an eine Hypothese über angeborene Schemata herankommen, die aussagekräftig, detailliert und spezifisch genug wäre, um den Fakten der Spracherlernung gerecht zu werden. Folglich ist es Hauptaufgabe der Sprach-Theorie, einen Katalog linguistischer Universalien aufzustellen, der einerseits durch die tatsächliche Vielfalt der Sprachen nicht falsifiziert wird, der andererseits aber auch reichhaltig und explizit genug ist, um Geschwindigkeit und Gleichförmigkeit der Spracherlernung zu erklären" (Chomsky, 1965 a, S. 27/28; dt. 1969, S. 44). „Die Existenz profunder formaler Universalien, wie sie durch die genannten Beispiele angedeutet werden sollten, impliziert, daß alle Sprachen nach demselben Muster angelegt sind, aber sie impliziert nicht, daß es irgendeine Punkt-für-Punkt-Entsprechung zwischen einzelnen Sprachen gibt" (S. 30; dt. S. 46/47).
3 Das Insistieren auf dem hypothetischen Charakter der generativen Methode, auch wenn es sich um eine „rationalistische Hypothese" handelt

der Art, wie sie oben grob umschrieben wurde ... muß deshalb als entscheidend rationalistisch gefärbte *Hypothese* über die Natur psychischer Strukturen und Prozesse angesehen werden" (1965 a, S. 53; dt. 1969, S. 75).

In gewisser Hinsicht scheint der Rationalist Chomsky, der zu dem der modernen wissenschaftlichen Forschung eigentümlichen Empirismus erzogen worden ist, seinen philosophischen Hintergrund als Stimulus für die Einbildungskraft, als psychologischen Halt zu wählen; und seine Forschung (wie es auch für Hjelmslev zutraf) kann auch von dem genutzt werden, der seine philosophischen Grundannahmen nicht teilt. So wie man auch die – *schon philosophische* – Hypothese Jakobsons nicht zu teilen braucht, daß die ganze Welt der Kommunikation von einem dichotomischen Prinzip beherrscht sei (das im Binarismus der unterscheidenden Züge des Linguisten und im Binarismus der Informationstheorie wieder auftaucht), und trotzdem anerkennen kann, daß das binaristische „Raster" sich als äußerst wirksam erweist, um von allen Kommunikationssystemen zu sprechen und um sie auf homologe Strukturen zurückzuführen.

In gewisser Hinsicht müßte man sich sogar fragen, ob es überhaupt eine wissenschaftliche Haltung geben kann, die sich dieser epistemologischen Risiken nicht kritisch bewußt ist und die nicht zu vorsichtigen hypothetischen Annahmen führt, indem sie von der nur philosophischen Antwort abrät, welche umso schwerwiegender und lähmender ist, je mehr sie von vornherein gegeben ist. Und doch wird uns die Lektüre einiger Texte von Lévi-Strauss davon überzeugen, daß das, was wir bis jetzt zu klären versuchten, alles andere als eine abgemachte Sache ist.

(1965 a, S. 53; dt. 1969, S. 75), begegnet mehrmals im Werk Chomskys. Sh. auch die Einführung zu *Syntactic Structures* und S. 51: die Betonung des methodologischen Charakters der generativen Hypothese. In *Aspects,* S. 163 (dt. S. 206) insistiert Chomsky darauf, daß die syntaktische und semantische Struktur einer natürlichen Sprache noch vieles enthalte, was „mysteriös" sei, und daß daher der Versuch, diese zu definieren, auf jeden Fall als *provisorisch* betrachtet werden müsse. Noch ausdrücklicher ist der Text von *Language and Mind* (1968), 3, *Future,* S. 69–70 (dt. 1970, S. 130 ff.).

II. Die Methodologie von Lévi-Strauss: vom Operationsmodell zur objektiven Struktur

II. 1. In Lévi-Strauss' Rede am Collège de France (1960), einem exemplarischen Text, können wir eine Art Deduktion des ontologischen Strukturalismus aus den Prinzipien des methodologischen Strukturalismus verfolgen. In einer primitiven Gesellschaft erscheinen die verschiedenen Techniken (die isoliert genommen als ein rohes Datum erscheinen können), die im allgemeinen Inventar der Gesellschaft liegen, als das Äquivalent einer Reihe von signifikativen Wahlen. In diesem Sinne wird eine Steinaxt zum Zeichen. Sie nimmt in dem Zusammenhang, in dem sie steht, die Stelle eines anderen Werkzeugs ein, das eine andere Gesellschaft zu demselben Zweck verwenden würde (wie man sieht, beruht auch hier die Bedeutung auf *Position* und *Differenz*). Die Anthropologie weiß – gesetzt die symbolische Natur ihres Gegenstandes-, daß sie Zeichensysteme beschreiben muß. Sie findet ihre eigenen Erfahrungen schon *vorbereitet* (schon *gegeben*), aber gerade deswegen unbeherrschbar; sie muß sie also durch Modelle ersetzen, „c'est-à-dire des systèmes de symboles qui sauvegardent les propriétés caractéristiques de l'expérience, mais qu'à différence de l'expérience, nous avons le pouvoir de manipuler". Der Geist des Forschers, der sich von der Erfahrung hat modellieren lassen, wird das Spielfeld von geistigen Operationen, welche die Erfahrung in Modelle verwandeln und andere geistige Operationen ermöglichen.

Die Struktur gehört also nicht zur empirischen Beobachtung: „elle se situe au-delà". Und sie ist – wie wir schon zitiert haben – ein von innerer Kohäsion regiertes System. Wir entdecken diese Kohäsion nicht, wenn wir ein isoliertes System beobachten. Sie wird durch die Untersuchung der Transformationen offenbar, durch die man gleichartige Eigenschaften in anscheinend verschiedenen Systemen findet.

Um aber diese Transformationen zu erlauben (die Transposition von Modellen von System zu System), ist eine Garantie für die Operation vonnöten. Diese Garantie liefert die Entwicklung eines *Systems der Systeme*. Mit anderen Worten: wenn es ein System von Regeln gibt, die das Sich-Gliedern einer Sprache (Sprachcode) erlauben, und ein System von Regeln, die das Sich-Gliedern des Verwandtenaustauschs als Kommunikationsweise (Code der Verwandtschaft) erlauben, dann muß es ein System von Regeln geben, welches die Äquivalenz zwischen dem Sprachzeichen und dem Verwandtenzeichen vorschreibt, indem es die formale Äquivalenz, denselben Stellenwert der Zeichen Ausdruck für Ausdruck, herstellt. Dies System wird dasjenige sein, das wir *Metacode* nennen werden – ein Terminus, den Lévi-Strauss nicht verwendet –, im Sinne eines Codes, durch den andere, darunterliegende Codes definiert und benannt werden können.[4]

II. 2. Das Problem, das sich Lévi-Strauss unmittelbar stellt, ist folgendes: Sind diese Regeln (die der Codes und die der Metacodes) „universell"? Und wenn sie es sind, wie muß diese „Universalität" verstanden werden? Handelt es sich um Regeln, die, wenn sie einmal vorgeschlagen sind, als zur Erklärung verschiedener Phänomene *nützlich* erscheinen, oder sind sie Realitäten, die in jedem untersuchten Phänomen *verborgen* sind? Im hier vorliegenden Text ist die Antwort von Lévi-Strauss gekennzeichnet durch größte Verfahrensstrenge: Diese Strukturen sind universell in dem Sinn, daß die Aufgabe des Anthropologen genau darin besteht, immer komplexere Transformationen zu entwickeln, damit man mit denselben Modellen die verschiedenartigsten Phänomene erklären kann (wenn man z. B. die primitive Gesellschaft und die moderne Gesellschaft auf ein einziges Modell zurückführt). Diese Operation ist eine Laboratoriumsoperation, eine Konstruktion des untersuchenden Geistes: In

---

4 In Bezug auf *Das Rohe und das Gekochte* sagt Lévi-Strauss: „Wie die Mythen selber auf Codes zweiter Ordnung beruhen (wobei die Codes erster Ordnung jene sind, worin die Sprache besteht), würde dieses Buch also den Entwurf eines Codes dritter Ordnung darstellen, der dazu bestimmt ist, die wechselseitige Übersetzbarkeit mehrerer Codes zu sichern" (1964, S. 20; dt. 1971, S. 26). Mit anderen Worten: „mit dem Voranschreiten der strukturalen Analyse neigt das untersuchte Denken immer mehr dazu, seine innere Einheit, seine Kohäsion und seinen erschöpfenden Charakter in Bezug auf die untersuchten Phänomene zu manifestieren. Die aufgetauchten Strukturen treten allmählich aus ihrer anfänglichen Partikularität heraus und neigen dazu, sich zu verallgemeinern; hinter der Vielfalt der empirischen Daten scheinen immer einfachere Beziehungen durch, die durch ihre Wiederkehr einen viel breiteren Bogen von Phänomenen bedecken und deren Intelligibilität garantieren: es zeichnet sich also als idealer Endpunkt die Existenz einer *Metastruktur* ab" (Bonomi, 1967, S. 96–97).

Ermangelung einer *faktischen Wahrheit* haben wir eine *Vernunft-wahrheit*.[5]

Die Schlußfolgerung ist tadellos und stellt das Minimum an Strenge dar, das man von einem Wissenschaftler verlangen kann. Aber plötzlich taucht hinter dem Wissenschaftler der Philosoph auf: Wenn man *operationell* gezeigt hat, wie die Anwendung invarianter Codes auf verschiedene Phänomene funktioniert, beweist das etwa nicht durch unmittelbare Deduktion die Existenz universeller Mechanismen des Denkens und folglich die Universalität der menschlichen Natur?

Es stimmt zwar, daß dieser Verdacht von einer Geste methodologischer Bewußtheit korrigiert wird: „Drehen wir vielleicht dieser menschlichen Natur nicht den Rücken zu, wenn wir, um unsere Invarianten zu bestimmen, die Daten der Erfahrung durch Modelle ersetzen, auf denen wir uns abstrakten Operationen hingeben wie der Algebraiker mit seinen Gleichungen?". Aber mit Bezug auf Mauss und Durkheim erinnert Lévi-Strauss daran, daß nur der Rückzug aufs Abstrakte die Entwicklung einer allen Erfahrungen gemeinsamen Logik und die Entdeckung einer „dunklen Psychologie", die unter der sozialen Realität liegt, von etwas „allen Menschen Gemeinsamem" erlaubt.[6]

Hier liegt der rasche Übergang von einer Verfahrenskonzeption zu einer *Substanz*konzeption vor: Die *als* universell entwickelten Modelle funktionieren universell, *folglich* spiegeln sie eine *universelle Substanz* wider, die für die Modelle Gewähr leistet. Man könnte darauf antworten, daß die Modelle universell funktionieren, weil sie konstruiert wurden, um universell zu funktionieren. Das ist das Maximum an „Wahrheit", zu dem der Methodologe gelangen kann. Ohne Zweifel erlauben bestimmte zugrundeliegende Konstanten das Funktionieren, und die Vermutung dieser Konstanten muß eine

---

5 „Im Grunde würden wir nichts anderes tun, als eine Sprache ausarbeiten, deren einzige Verdienste wie bei jeder Sprache in der Kohärenz bestünden und darin, mit einer kleinen Anzahl von Regeln über Phänomene Rechenschaft abzulegen, die bisher als sehr verschieden betrachtet wurden. In Ermangelung einer unzugänglichen faktischen Wahrheit hätten wir eine Vernunftwahrheit erreicht" (Lévi-Strauss, 1960).

6 *ibidem*. Und, Mauss zitierend: „Die Menschen kommunizieren mittels Symbolen... aber sie können diese Symbole nur haben und durch diese kommunizieren, weil sie dieselben Instinkte haben".

fruchtbare Triebfeder der Neugierde für den Forscher bleiben. Aber was gestattet uns denn zu behaupten, daß *das, was das Funktionieren des Modells ermöglicht, dieselbe Form habe wie das Modell?*

II. 3. Es ist klar, worauf diese unsere letzte Frage zielt. Die Tatsache, daß „etwas" *diesem* Modell zu funktionieren erlaubt, indem es darüber Rechenschaft ablegt, schließt nicht aus, daß dasselbe „Etwas" auch das Funktionieren von anderen (und sehr verschiedenen) Modellen erlaubt. Wenn dagegen dieses „Etwas" dieselbe Form wie das Modell hat, dann schöpft das vorgeschlagene Modell die beschriebene Wirklichkeit vollständig aus, und es ist nicht mehr nötig, sich ihr auf andere Weise zu nähern zu versuchen.

Es wäre ungerecht, wenn man sagte, daß Lévi-Strauss mit Leichtigkeit von einer Behauptung in die andere abrutscht, aber es ist richtig, wenn man sagt, daß er *schließlich* doch in sie abrutscht.

Eine Familie ist die individuelle Ausführung, eine Botschaft, jenes Codes, den das Verwandtschaftssystem in einem bestimmten Stamm darstellt; aber dieser Code wird seinerseits zur Botschaft jenes allgemeineren Codes, den das Verwandtschaftssystem aller Stämme darstellt. Dieser Code wird wiederum nichts anderes sein als eine besondere Ausführung jenes zugrundeliegenden Codes, auf Grund dessen der Code der Verwandtschaft, die Sprachcodes, die Codes der Küche, des Mythos usw. als homolog (als von demselben strukturalen Gesetz ausgehend) betrachtet werden können.

Hier stellt sich nun die Frage, wie denn dieser Code aufgefaßt werden soll, der aufgestellt wird, um über alle anderen Codes Rechenschaft abzulegen? Lassen wir für einen Augenblick die Hypothese beiseite, daß man einen noch tieferen Code bestimmen könnte (wie wir später sehen werden, drängt sich die regressive Bewegung auf). Akzeptieren wir die Hypothese, daß der Forscher sich mit der Erklärung zufrieden gibt, die er gefunden hat und die es ihm erlaubt, alle bis zu diesem Punkt betrachteten Phänomene in Form zu setzen. Ist dieser Metacode, zu dem er gelangt ist, der Endpunkt, an dem die Konstruktion eines Operationsmodells Halt macht, oder ist er die Entdeckung eines grundlegenden Kombinationsprinzips, das alle Codes regiert, eines elementaren Mechanismus, der im Funktionieren des menschlichen Geistes verwurzelt ist, wo folglich eben die Naturgesetze als konstitutiv für die kulturellen Gesetze erscheinen?[7]

Die Antwort, die Lévi-Strauss mehrfach liefert, ist folgende: Jede Botschaft ist auf Grund eines Codes interpretierbar, und jeder Code ist in einen anderen transformierbar, weil alle sich auf einen *Ur-Code* beziehen, auf eine *Struktur der Strukturen,* die mit den *Universellen Mechanismen des Geistes,* mit dem *Geist* oder – wenn man will – mit dem *Unbewußten* identisch ist. Das Verbindungsgewebe jeder strukturalen Untersuchung ist das jedes primitiven oder zivilisierten Kommunikationsverhaltens: *es ist die Anwesenheit eines objektiven Denkens.*

Selbst das Problem der Regression von Code zu Metacode, das wir als operationelles Problem diskutiert haben, stellt sich bei Lévi-Strauss an einer bestimmten Stelle als schon von vornherein durch ein philosophisches Vertrauen in die Gesetze des objektiven Denkens gelöst dar:

> „Ob man die Untersuchung auf eine einzige Gesellschaft beschränkt oder auf mehrere ausdehnt, man muß die Analyse der verschiedenen Aspekte des sozialen Lebens weit genug treiben, um ein Niveau zu erreichen, auf dem der Übergang vom einen zum anderen möglich wird; man muß eine Art universelles Gesetz ausarbeiten, das die den spezifischen Strukturen gemeinsamen Eigenschaften auszudrücken vermag, die von jedem Aspekt abhängen...
>
> Wenn diese erste Ableitung [der Vergleich der Verwandtschaftssysteme mit den Sprachsystemen] einmal durchgeführt ist, können sich der Sprachwissenschaftler und der Anthropologe fragen, ob verschiedene Modalitäten der Kommunikation..., wie sie in der gleichen Gesellschaft

---

7 Andrea Bonomi macht sich in seinem angeführten Artikel eine phänomenologische Problematik zueigen und versucht, im Denken von Lévi-Strauss die Momente – die zweifellos vorhanden sind – hervorzuheben, in denen dieser im strukturalen Unbewußten – von dem wir noch sprechen werden – statt eines Reservoirs von Inhalten „ein aktives *Gliederungsprinzip*" sieht, obwohl er weiß, daß diesem Moment jedoch das entspricht, in dem der Begriff des Unbewußten hypostasiert wird. In Wirklichkeit opponieren und vermischen sich diese beiden Momente bei Lévi-Strauss ständig; und während das zweite ganz deutlich in den Texten auftaucht, die wir in D. 3. diskutieren werden, erscheinen andere Stellen, an denen die Gesamtheit, auf die Lévi-Strauss die strukturale Analyse anwendet (z. B. die Mythen), als „niemals abgeschlossene Gesamtheit" hervorgehoben wird (1964; dt. 1971, S. 19). In D. 4. werden wir sehen, wie Derrida diesen Widerspruch herausarbeitet.

zu beobachten sind, mit ähnlichen unbewußten Strukturen in Verbindung gebracht werden können oder nicht. Wenn das der Fall ist, können wir sicher sein, auf eine wirklich grundlegende Schicht gestoßen zu sein." (1958, S. 71; dt. 1969, S. 75/76).

III. *Die Philosophie von Lévi-Strauss: die konstanten Gesetze des Geistes*

III. 1. Hier ist nun auf der Bildfläche der strukturalen Reflexion eine Gestalt aufgetaucht, die keine Methodologie jemals hätte akzeptieren können, weil sie zur Welt der spekulativen Philosophie gehört: der *Menschliche Geist.*

„Wir haben nicht genügend berücksichtigt, daß Sprache und Kultur parallele Modalitäten einer weit grundlegenderen Tätigkeit sind: ich denke hier an den Gast, der unter uns weilte, obwohl niemand daran gedacht hatte, ihn zu unseren Debatten einzuladen: *den menschlichen Geist.*" (1958, S. 81; dt. 1969, S. 84)

Gewiß, die strukturalen Modelle sind als bequeme Vernunftwahrheiten erschienen, die dazu dienten, auf homogene Art von verschiedenen Erscheinungen zu sprechen. Aber was begründet denn die Funktionalität dieser Vernunftwahrheiten? Offensichtlich doch eine Art von Isomorphismus zwischen den Gesetzen des untersuchenden Denkens und den Gesetzen der untersuchten Verhaltensweisen: „Dieses Prinzip lenkt uns in eine dem Pragmatismus, dem Formalismus und dem Neopositivismus entgegengesetzte Richtung, da die Behauptung, daß die ökonomischste Erklärung auch diejenige ist, die – unter allen betrachteten – der Wahrheit am nächsten kommt, letzten Endes auf der postulierten Identität der Welt- und der Denkgesetze beruht." (1958, S. 102; dt. 1969, S. 104)

Was bedeutet es also, wenn man die Mythen untersucht? Es bedeutet, daß man ein System der Transformation von Mythos zu Mythos entdeckt, welches beweisen soll, wie in jedem der Mythen einige grundlegende Wege des Denkens wieder beschritten werden, ob die Erfinder des Mythos das wußten oder nicht. Was für eine Sache die Mythen auch immer zu erzählen vorgaben, sie wiederholten und wiederholen dieselbe Geschichte. Und diese Geschichte ist die Darlegung der Gesetze des Geistes, auf denen die Mythen basieren. Nicht der Mensch denkt die Mythen, sondern *die Mythen denken sich in den Menschen.* Oder noch besser: im Spiel der möglichen gegenseitigen Transformationen *denken die Mythen einander,* wie in *Das Rohe und das Gekochte* betont wird:

> „Die fächerartige Struktur des Mythos … erlaubt es, in ihnen eine Matrix von Bedeutungen zu sehen, die in Reihen und Spalten geordnet ist, bei der jedoch, auf welche Weise man immer sie liest, jede Ebene stets auf eine andere verweist. Desgleichen verweist jede Matrix von Bedeutungen auf eine andere Matrix, jeder Mythos auf andere Mythen. Und wenn man fragt, auf welches letzte Signifikat diese Bedeutungen verweisen, die sich wechselseitig selbst bezeichnen, so ist die einzige Antwort, die dieses Buch andeutet, die, daß die Mythen einen Geist bezeichnen, der sie mit Hilfe der Welt, von der er selbst ein Teil ist, erarbeitet. So können die Mythen selbst gleichzeitig durch den Geist, der sie hervorruft, und durch die Mythen, ein schon in der Architektur des Geistes eingeschriebenes Bild der Welt, erzeugt werden." (1964, S. 346; dt. 1971, S. 436/7)

III. 2. Diese Schlußfolgerung von *Das Rohe und das Gekochte* führt Lévi-Strauss zu einer Annahme, auf die ihn nunmehr seine klarsichtigsten Kommentatoren festzulegen versuchen (sh. Derrida, 1966): Die Welt der Mythen und der Sprache sei das Spielfeld eines *Spieles,* das sich hinter dem Rücken des Menschen abspiele und in dem der Mensch nicht impliziert sei, außer als gehorsame Stimme, die sich dazu hergebe, eine Kombinatorik auszudrücken, die über ihn hinausgehe und ihn als verantwortliches Subjekt vernichte. Aber Lévi-Strauss behält – wie wir sehen werden –, obwohl er bis auf die Schwelle dieser Schlußfolgerung gelangt, auch weiterhin noch *zwei andere* Optionen im Spiel, die, obgleich sie komplementär scheinen, sich dieser Schlußfolgerung entgegenstellen. Einerseits handhabt er nämlich, während er eine Kombinationsmatrix aufdeckt, die alle möglichen Strukturen erlaubt, weiterhin die Erklärungsstrukturen als instrumentale Modelle. Andererseits denkt er weiterhin mit dem Begriff der Subjektivität, obwohl er diese Subjektivität (unterhalb des offenbaren Spiels des intersubjektiven und historischen Austauschs) auf die Bestimmung eines *strukturierten* Unbewußten reduziert, das sich in den Menschen denkt. Eine Art von transzendentaler Matrix, deren Eigenschaften Paul Ricoeur (1963 a; 1963 b)[8] bestimmt hatte, als er Lévi-Strauss vorgeworfen hatte, einen Kan-

---

8 Die Antwort von Lévi-Strauss auf Ricoeur steht in *Das Rohe und das Gekochte,* in der „Ouverture" (S. 20; dt. S. 25).

tianismus ohne transzendentales Subjekt zu konstruieren. Lévi-Strauss hatte sich in seiner Erwiderung auf ein Unbewußtes, einen archetypischen Schatz, berufen, das von dem Jungschen Unbewußten verschieden sei, weil es nicht inhaltlich, sondern formal sei. In diesem Abenteuer des Denkens, wo das Denken fast Angst vor einigen letzten Annahmen zu haben schien, bewegte sich so das Denken von Levi-Strauss weiter auf der Schwelle einer unausgesprochenen Erklärung herum.

III. 3. Betrachten wir noch einmal die Einwände von Ricoeur: Wir befinden uns den Gesetzen eines objektiven Denkens gegenüber, einverstanden; aber wenn dieses nicht einem transzendentalen Subjekt entspringt und wenn es trotzdem die Charakteristika eines kategorialen und kombinatorischen Unbewußten hat, was ist es denn dann? Der Natur homolog? Natur selbst? Ein persönliches Unbewußtes? Das kollektive Unbewußte? Lévi-Strauss hatte die Antwort schon in dem Vorwort vorweggenommen, das er der Ausgabe der Artikel von Mauss vorangestellt hatte (Lévi-Strauss, 1950):

> „Es ist nämlich die Linguistik gewesen und insbesondere die strukturale Linguistik, die uns seitdem mit der Idee vertraut gemacht hat, daß die grundlegenden Phänomene des Geistes, diejenigen, die dieses Leben bedingen und seine allgemeinsten Formen bestimmen, auf der Ebene des unbewußten Denkens angesiedelt sind". Wir befinden uns hier Tätigkeiten gegenüber, die als *unsere* Tätigkeiten und als Tätigkeiten des *anderen* erscheinen, „Bedingungen allen geistigen Lebens aller Menschen und in allen Zeiten".

Hier sagt Lévi-Strauss nicht nur – worauf sich Saussure beschränkte –, daß die Sprache eine soziale Funktion ist, die das Subjekt passiv registriert und praktiziert, ohne sich über sie Rechenschaft abzulegen. Bei dieser Definition der Sprache verstand Saussure die Sprache als eine Form von Vertrag, der sich durch einen Durchschnitt der einzelnen Akte der Sprachausübung etabliert und der wohl *virtuell* in jedem Subjekt existiert, aber gerade weil er im Subjekt von der *Praxis der parole* niedergelegt wurde. Das ist keine metaphysische Behauptung, sondern die methodologische Annahme einer gesellschaftlichen Natur der Sprache, mit deren Ursprung die strukturale Linguistik sich nicht beschäftigt (was theoretisch erfaßt ist von der absurden Idee, eine Ursprache zu erforschen) und deren unbewußte Tätigkeit durch das Herauskristallisieren einer ständigen Praxis erklärt wird, einer Schulung, die *Inkulturation* ist. Lévi-Strauss dagegen spricht von *metahistorischen* und *metagesellschaftlichen* Bedingungen. Das, worauf er hinweist, sind *archetypische Wurzeln* jeder strukturierenden Tätigkeit. Lévi-Strauss versucht, diese universellen Bedingungen vom Jungschen kollektiven Unbewußten zu unterscheiden.[9] Er ist jedoch dermaßen überzeugt, daß an der Wurzel der Strukturation der gesellschaftlichen Beziehungen und der Sprachgewohnheiten eine universelle unbewußte Tätigkeit liegt, die gleich ist für alle Menschen (welche Tätigkeit es dem Strukturalisten erlaubt, isomorphe Beschreibungssysteme aufzustellen), daß er diese als eine Art von grundlegender und bestimmender *Notwendigkeit* betrachten muß. Angesichts dieser Notwendigkeit erscheinen die Theoretisierungen, die jedes Volk über seine eigenen Gewohnheiten anstellt, als eine Art von Ideologie (im negativen Sinn des Wortes), eine Manifestation des schlechten Gewissens, eine Überbau-Tätigkeit, durch die es sich „verdeckt" und durch die die wirklichen zugrundeliegenden Gründe verheimlicht werden, die den Anstoß zu einer bestimmten Art zu handeln geben.

---

9 „Das ethnologische Problem ist also letztenendes ein Kommunikationsproblem; und diese Feststellung muß genügen, um den von Mauss verfolgten Weg, der das *Unbewußte* und das *Kollektive* gleichsetzt, radikal von dem Weg Jungs zu trennen, den man auf ähnliche Weise zu definieren versucht sein könnte. Es ist nämlich nicht dasselbe, ob man das Unbewußte als eine Kategorie des kollektiven Denkens definiert oder ob man es in Sektoren aufteilt, je nach dem individuellen oder kollektiven Charakter des Inhalts, den man ihm zuschreibt. In beiden Fällen wird zwar das Unbewußte als ein symbolisches System aufgefaßt, aber für Jung reduziert sich das Unbewußte nicht auf das System; es ist ganz voll von Symbolen und auch von symbolisierten Dingen, die eine Art Substrat bilden. Entweder ist dieses Substrat angeboren, aber ohne die theologische Hypothese ist es unbegreiflich, daß der Inhalt der Erfahrung der Erfahrung selbst vorausgeht; oder es ist erworben, in welchem Falle das Problem der Erblichkeit eines erworbenen Unbewußten weniger zu fürchten wäre als das der erworbenen biologischen Eigenschaften. In Wirklichkeit handelt es sich nicht darum, ein äußeres Datum in Symbole zu übersetzen, sondern darum, Dinge auf ihr Wesen als symbolisches System zu reduzieren, die dem System nur entgehen, um inkommunikabel zu werden. Gleich der Sprache *ist* der gesellschaftliche Faktor eine autonome Realität (dieselbe, im übrigen): die Symbole sind wirklicher als die Dinge, die sie darstellen, das Signifikans geht dem Signifikat voraus und bestimmt es" (Lévi-Strauss, 1950).

III. 4. Dies geht ganz klar aus Lévi-Strauss' Analyse von Mauss' *Essai über das Schenken* hervor. Was treibt denn die Maori dazu, Geschenke nach einem strengen System von Entsprechungen auszutauschen? Das *hau,* antwortet Mauss, weil er es von den Eingeborenen erfahren hat. Aber Lévi-Strauss korrigiert diese angebliche Naivetät des Ethnologen:

> „Das *hau* stellt nicht den letzten Grund des Tausches dar. Es ist die bewußte Form, unter der die Menschen einer bestimmten Gesellschaft, in der das Problem eine besondere Bedeutung hatte, eine unbewußte Notwendigkeit aufgefaßt haben, deren Grund anderswo liegt ... Nachdem man die Auffassung der Eingeborenen bestimmt hatte, hätte man sie einer objektiven Kritik unterwerfen müssen, die es erlaubt hätte, die zugrundeliegende Wirklichkeit zu erreichen. Es ist nun aber viel wahrscheinlicher, daß diese letztere in unbewußten geistigen Strukturen liegt, die eher mittels der Institutionen oder, noch besser, in der Sprache erreichbar sind als in bewußten Verarbeitungen."

Man muß schon sagen, daß die Interpretation, die Lévi-Strauss von Mauss' Untersuchung über das Schenken gibt, sehr verführerisch ist. Wenn die Kultur ein ständiger Kommunikationsprozeß ist, dann muß man auch dieses kulturelle Phänomen (das Schenken) als ein System semiotischer Beziehungen betrachten. Die Gesamtheit der vom gegebenen und empfangenen Geschenk auferlegten Zwänge bildet ein System ständigen Austauschs, das eine Form von Kommunikation im Inneren der gesellschaftlichen Gruppe herstellt: jedes einzelne Geschenk ist nur die Ausführung (die Botschaft) jenes Tauschcodes, der es uns erlaubt, das gesellschaftliche Funktionieren des Schenkens zu verstehen.

Kann der Anthropologe, sobald er ein strukturales Raster diesen Typs gefunden hat (das zweifellos das Phänomen auf die gleiche Art erklärt, auf die es andere erklärt hat), behaupten, die unbewußten geistigen Strukturen herausgearbeitet zu haben? Dies ist die subtile Stelle, an der die wissenschaftliche Schlußfolgerung zur philosophischen Schlußfolgerung wird. Was diesen Übergang kritisierbar macht, ist die Tatsache, *daß er nicht nötig war.* Vom Gesichtspunkt einer Untersuchung der Kultur als Kommunikation aus sind ein paar Parameter gewählt worden, die diese Schlußfolgerung nötig machen. Aber es ist eine metaphysische Behauptung, wenn man sagt, es handele sich um die einzig mögliche Schlußfolgerung vom einzig möglichen Gesichtspunkt aus. Der Wissenschaftler muß immer die

Voraussetzung akzeptieren, daß das Problem auch von einem anderen Relevanzwinkel aus hätte angegangen werden können (auch wenn er sich nicht für andere Blickwinkel interessiert).

Wenn wir auf einem offenbar „neurotischen" Punkt insistieren (warum kümmern wir uns denn eigentlich um die unannehmbaren philosophischen Schlußfolgerungen, die ein Anthropologe aus ethnologisch annehmbaren Schlußfolgerungen zieht?), dann deswegen, weil sich gerade in diesem Übergang von der Methode zur Ontologie eine „ideologische" Entartung der Disziplin versteckt.

III. 5. Vom Beginn des Jahrhunderts bis heute haben sich die anthropologischen Wissenschaften darum bemüht, allmählich den Ethnozentrismus des Forschers zu überwinden, um Denk- und Verhaltenssysteme herauszufinden, die vom westlichen Modell verschieden sind und doch ebenso funktional im Umkreis unterschiedlicher historischer und sozialer Bedingungen. Die Erklärung eines unbegreiflichen Systems von Geschenkaustausch durch die Entdeckung der Doktrin, mit der die Eingeborenen dieses System rechtfertigen, erweitert unsere Kenntnis der geistigen Vorgänge des Menschen und läßt uns die Existenz von untereinander komplementären Logiken verstehen. Die Tätigkeit des strukturalen Vergleichs würde so als eine äußerst nützliche Methode erscheinen, um aus Verständniserfordernissen diese komplementären Logiken auf homogene Modelle zurückzuführen, die jedoch deren tatsächliche Verschiedenheit respektieren sollten (und doch auch deren mögliche Isomorphismen aufzeigen sollten). Aber mit dem Vorgehen von Lévi-Strauss entsteht die Gefahr einer geheimen Rückkehr zum Ethnozentrismus. Wenn man die Gültigkeit der Doktrin des *hau* ablehnt, um sie auf die *objektive* Logik des universellen Denkens zurückzuführen, bedeutet das denn nicht wieder, daß man das *unterschiedliche* Denken auf das *einzige* Denken bringt, auf das historische Modell, von dem der Forscher ausgeht?

Lévi-Strauss ist zu scharfsinnig, als daß er das nicht bemerkte; ja er nimmt die Hypothese sogar auf und bestärkt sie, eben in *Das Rohe und das Gekochte:*

„Denn wenn es das letzte Ziel der Anthropologie ist, zu einer besseren Kenntnis des objektivierten Denkens und seiner Mechanismen beizutragen, läuft es letztlich auf dasselbe hinaus, wenn in diesem Buch das Denken der südamerikanischen Eingeborenen unter der Wirkung des meinigen Gestalt gewinnt oder das meine unter der Wirkung des ihrigen. Wichtig ist, daß der menschliche Geist, unbeschadet der Identität seiner gelegentlichen Boten, in diesen eine Struktur kundtut, die in dem Maße immer verständlicher wird, wie der doppelt reflektierte Gang zweier aufeinander einwirkender Denkweisen fortschreitet, von denen der eine hier, der andere dort der Docht oder der Funken der Annäherung sein kann, aus denen ihre gemeinsame Erleuchtung aufflammen wird. Und wenn diese dann einen Schatz enthüllt, wird man keinen Schiedsrichter brauchen, der die Verteilung vornimmt, da man zu erkennen begonnen hat, daß das Erbe unveräußerlich und ungeteilt bleiben muß." (1964, S. 21; dt. 1971, S. 28)

So entgeht Lévi-Strauss der Gefahr des Ethnozentrismus: was der Interpret auch immer für ein Interpretationsraster über die Interpretation der Eingeborenen legt, dieses Raster ist sowohl seines als auch das der Eingeborenen, da es die Resultante aus einer Klärung ist, die der Forscher aus dem Inneren des untersuchten Systems heraus durchgeführt hat in der Gewähr, daß die Mechanismen seines Denkens (letztenendes) dieselben sind wie die des eingeborenen Denkens.

Aber wenn dieses Projekt auch interessant ist, so sind doch die Ergebnisse diskutabel. Auf diese Art kann eine philosophische Annahme unmittelbar die Forschungsmethode beeinflussen: „Die Methode wird auf so strenge Weise gehandhabt, daß, falls man einen Irrtum in der Lösung der solcherart erhaltenen Gleichungen entdeckt, dieser mit größerer Wahrscheinlichkeit einer Lücke in den Kenntnissen der eingeborenen Institutionen zur Last gelegt werden könnte als einem Irrtum des Kalküls" (1950).

Was bedeutet das alles? Gewiß muß der Forscher, bevor er die Methode für verfehlt hält, die widersprüchlichen Daten kontrollieren, um zu prüfen, ob sie nicht zufällig falsch sind. Aber auf lange Sicht hat er auch die Pflicht, an der Methode zu zweifeln. *Wenn diese als Methode betrachtet wird.* Aber wenn man sie als objektive Logik betrachtet, die die universellen strukturalen Gesetze widerspiegelt? Dann hat Lévi-Strauss recht, wie auch der mittelalterliche Philologe recht hatte, der angesichts eines Widerspruchs zwischen verschiedenen Passagen der heiligen Schriften oder zwischen diesen Stellen und der Schrift einer *auctoritas* entweder feststellte, daß er den Text nicht verstanden habe oder daß hier ein Abschreibefehler vorliege. Das einzige, was auf den Grundlagen einer universellen strukturalen Logik nicht mehr annehmbar ist, ist die „reale" Möglichkeit eines Widerspruchs.

Als unbewegliche und ewige Entdeckung an den Wurzeln selber der *Kultur*, ist die *Struktur,* die anfänglich Instrument war, zu einem *Hypostasierten Prinzip* geworden. Die Folgen dieser Tatsache für die ethnologische Analyse hat man gesehen: Wenn ein neues Phänomen nicht in das strukturale Raster paßt, dann ist dieses Phänomen auszustoßen, es ist falsch. Dasselbe geschieht, wenn der onotologische Strukturalismus dazu übergeht, die Kommunikationserscheinungen der modernen Kultur zu untersuchen. Im folgenden Kapitel werden wir sehen, wie eine dogmatische Auffassung von Struktur die Annäherung an Phänomene erschwert, die die historische Entwicklung und die ständige Entstrukturierung der für unveränderlich gehaltenen Strukturen in Bewegung setzen.

3. STRUKTURALES DENKEN UND SERIELLES DENKEN

I. *Struktur und „Serie"*

I. 1. In der „Ouverture" zu seinem Buch *Das Rohe und das Gekochte* untersucht Lévi-Strauss die Unterschiede zwischen zwei kulturellen Verhaltensweisen, die er „strukturales Denken" und „serielles Denken" nennt. Wenn er von strukturalem Denken spricht, bezieht er sich auf die implizite philosophische Position, die sich unter der strukturalistischen Untersuchungsmethode in den Humanwissenschaften herzieht. Wenn er von seriellem Denken spricht, bezieht er sich auf die implizite Philosophie, die sich unter der Poetik der post-webernschen Musik und insbesondere unter der Poetik von Pierre Boulez herzieht (vgl. Boulez, 1966).

Diese Gegenüberstellung ist aus zwei Gründen betrachtenswert:

a) Vor allem ist, wo Lévi-Strauss von seriellem Denken spricht, der Gegenstand seiner Polemik nicht nur die Musik, sondern im allgemeinen die gesamte Verhaltensweise der Avantgarde und des modernen Experimentalismus. In Wirklichkeit knüpft seine Kritik am Serialismus an seine Kritik der abstrakten und informellen Malerei an, die er schon in den *Entretiens* (Charbonnier, 1961) angedeutet hatte, und offenbart endgültig das Mißtrauen Lévi-Strauss' gegenüber Kunstformen, die mit der Absicht auftreten, traditionelle Erwartungssysteme und Formationssysteme zu erschüttern (welche sich auf Elemente stützen, die die gegenwärtige westliche Kultur seit dem Ende des Mittelalters als archetypisch und „natürlich" betrachtet).

b) Zweitens gibt Lévi-Strauss zu verstehen, indem er von „strukturalem Denken" und „seriellem Denken" spricht, daß die zwei Verhaltensweisen nicht nur als einfache methodologische Entscheidungen betrachtet werden dürfen, sondern als richtige Weltanschauungen. Die vertiefte Untersuchung dieses Textes nützt also, um zu verstehen, in welche Richtung eine strukturalistische Methodologie tendiert, sobald sie sich als Philosophie präsentiert.

I. 2. Welches sind die Elemente des seriellen Denkens? Überlassen wir das Wort Boulez, indem wir aus dem Artikel zitieren, auf den sich auch Lévi-Strauss bezieht:

„Die Serie ist zu einer polyvalenten Denkweise geworden... Sie ist also eine totale Reaktion gegen das klassische Denken, welches will, daß die Form praktisch eine vorherbestehende Sache sei und gleichzeitig eine allgemeine Morphologie. Hier (im seriellen Denken) gibt es keine vorgefaßte Tonleiter, keine vorgefaßte Form mehr, das heißt allgemeine Strukturen, in die sich ein besonderes Denken einfügt. Das Denken des Komponisten, das eine bestimmte Methodologie benutzt, schafft jedesmal, wenn es sich ausdrücken will, die Objekte, deren es bedarf, sowie die zu ihrer Organisation notwendige Form. Das klassische tonale Denken gründet sich auf einem von der Gravitation und der Anziehungskraft definierten Universum, das serielle Denken auf einem sich ständig ausdehnenden Universum." (Boulez, 1966, S. 297; dt. zitiert nach Lévi-Strauss, 1971, S. 41/42)

Und auf dieser Hypothese einer Produktion von orientierten Möglichkeiten, einer Stimulierung von Auswahlerfahrungen, einer Infragestellung jeder bestehenden Grammatik gründet sich jede Theorie des *offenen Werkes*, in der Musik ebenso wie in jeder anderen Kunstgattung (die Theorie des offenen Werkes ist nichts anderes als die Poetik des seriellen Denkens) (sh. Eco, 1962).

Serielles Denken als Produktion einer offenen und polyvalenten Struktur: in der Musik wie in der Malerei, im Roman wie in der Lyrik und im Theater. Aber der Begriff des offenen Werkes bringt ein Problem mit sich: Können die Instrumente, die uns der Strukturalismus an die Hand gibt, gleichzeitig mit den Begriffen der Polyvalenz und der Serialität bestehen? D. h., ist es möglich, die Serie struktural zu denken? Gibt es eine Homogeneität zwischen strukturalem Denken und seriellem Denken?

I. 3. Nicht zufällig spricht Lévi-Strauss in seinem Text von „pensée structurale" und nicht von „pensée structurelle" (hier, wo das Französische ihm den Gebrauch beider Wörter erlaubt). Jean Pouillon weist in einem Artikel auf diese semantische Nuance hin und hilft uns zu verstehen, in welchem Sinn das Problem eines offenen Werks noch nichts mit der strukturalistischen Problematik zu tun haben kann, während es auf einem späteren Niveau auf sie verweist.

Jean Pouillon bezieht in dem angeführten Aufsatz (Pouillon, 1966) das Adjektiv „structurel" auf die reale Gestaltung, die die Analyse in einem Gegenstand entdeckt, und das Adjektiv „structural" auf jenes Gesetz der Veränderbarkeit der „strukturellen" Realitäten, auf jene allgemeine Syntax, die es erlaubt, Beziehungshomologien von verschiedenen Gegenständen auszusagen. „Eine Beziehung ist ,strukturell', wenn man sie in ihrer bestimmenden Rolle innerhalb einer bestimmten Organisation betrachtet; und dieselbe Beziehung ist ,struktural', wenn man von ihr annimmt, sie könne sich auf mehrere verschiedene und ebenso bestimmende Weisen in mehreren Organisationen realisieren". Der Unterschied ist nun also klar: Während das serielle Denken dahin arbeitet, offene „strukturelle" Realitäten (und folglich „Formen", einzelne Werke) zu erzeugen, beschäftigt sich das strukturalistische Denken mit „strukturalen" Realitäten. Es handelt sich um zwei ziemlich verschiedene Bereiche von Bemühungen, auch wenn man letztenendes die Ergebnisse des einen in die Begriffe des anderen übersetzen *muß*. Aber die oberflächliche Assonanz hat bewirkt, daß man kurzerhand die „strukturelle" Tätigkeit der Avantgarde für direkt verbunden hielt mit der „strukturalen" Forschung des Strukturalismus. Und zwar so sehr, daß viele sich den Strukturalismus als methodologisch-kritische Übertragung der Verfahrensweisen der Avantgarde vorgestellt haben. Oft handelt es sich nur um einen naiven Sophismus: Der Strukturalismus ist *eine avantgardistische* Methodologie, folglich ist er *die* Methodologie *der* Avantgarde.

Der Zweck dieser Ausführungen ist es nicht, den Bereich der strukturalistischen Interessen von dem der avantgardistischen künstlerischen Bemühungen zu trennen, sondern die Verantwortlichkeiten zu unterscheiden, indem wir die Tatsache erhellen, daß hier zwei verschiedene Erfahrungsebenen im Spiel sind. Erst wenn diese Unterscheidung klar ist, wird es möglich sein, von den Möglichkeiten einer beiden Ebenen gemeinsamen Sprache zu sprechen.

Andererseits ist das Mißverständnis doch auch deswegen aufgetreten, weil verschiedene Elemente dazu beitrugen, es glaubwürdig erscheinen zu lassen; und Lévi-Strauss erinnert mit Recht an der angeführten Stelle daran, daß das serielle Denken eine Strömung der modernen Kultur sei, die umso mehr vom Strukturalismus unterschieden werden müsse, als sie mit diesem gemeinsame Züge aufweise.

I. 4. Sehen wir also: a) was unterscheidet das serielle Denken vom strukturalen Denken; b) in welcher Hinsicht steht das strukturale Denken zum seriellen Denken in Opposition; c) ob das strukturale Denken, das dem seriellen Denken entgegengesetzt scheint, das ganze strukturale Denken ist oder nur eine besondere Form des strukturalen Denkens; d) ob das strukturale Denken in seiner Gesamtheit vom seriellen Denken die Gestaltung seiner eigenen Grenzen und das Aufzeigen anderer Möglichkeiten empfangen muß; e) ob das strukturale Denken in seiner extremsten und strengsten Auffassung nicht dazu dient, dem seriellen Denken seine Grenzen und das Aufzeigen seiner Möglichkeiten zu erstellen.

Welches sind die wichtigsten Begriffe, die die strukturalen Methoden eingeführt haben im Gefolge der Lehre der sprachwissenschaftlichen Forschung und, allgemeiner, einer Kommunikationstheorie?

1) *Das Verhältnis Code-Botschaft.* Jede Kommunikation realisiert sich, sofern die Botschaft auf der Grundlage eines prästabilierten Codes decodiert wird, der dem Sender und dem Empfänger gemeinsam ist.

2) *Das Vorhandensein einer Achse der Selektion und einer Achse der Kombination* (oder des *Paradigmas* und des *Syntagmas*). Auf diesen beiden Achsen beruht letztenendes die Idee einer doppelten Gliederung der Sprache.

3) *Die Hypothese, daß jeder Code auf der Existenz elementarerer Codes beruhe:* und daß jede Kommunikation, von Code zu Code, in ihrer elementaren Mechanik durch sukzessive Transformationen auf einen einzigen und *ersten* Code zurückgeführt werden könne (vom logischen und formalen Gesichtspunkt aus: auf einen *Ur-Code*), welcher allein die wahre STRUKTUR jeder Kommunikation darstelle.

Welches sind dagegen die Grundbegriffe eines seriellen Denkens?

1) *Jede Botschaft stellt den Code in Frage.* Jeder Sprechakt stellt eine Diskussion über die Sprache, die ihn erzeugt, dar. Letztenendes: jede Botschaft setzt ihren eigenen Code, jedes Werk erscheint als die sprachliche Begründung seiner selbst, als die Diskussion über seine eigene Poetik, als die Befreiung von den Banden, die vor dem Bestehen des Werkes es zu bestimmen vorgaben, als der Schlüssel zu seiner Lektüre (vgl. Eco, 1962).

2) *Der Begriff der Polyvalenz erschüttert die cartesianischen zweidimensionalen Achsen des Vertikalen und des Horizontalen, der Selektion und der Kombination.* Die Serie als „Konstellation" ist ein Feld von Möglichkeiten, das vielfache Wahlen erzeugt. Es ist möglich, eine Gliederung großer syntagmatischer Ketten zu konzipieren, die sich in Bezug auf die als Ausganspunkt genommenen Gliederungen als Zwischenstücke

für weitere Gliederungen darstellen. So z. B. die musikalische „Gruppe" bei Stockhausen; das materiale Ensemble bei der action painting; das aus einem anderen Zusammenhang herausgenommene sprachliche Element, das als neues Gliederungselement in eine neue Rede eingefügt wird, in der nun das, was zählt, die Bedeutungen sind, die aus der Assemblage entspringen, und nicht die ursprünglichen Bedeutungen, die das Syntagma-Element in seinem natürlichen Kontext bildeten; usw.

3) Schließlich, wenn es zwar auch möglich ist, daß jede Kommunikation auf einem Urcode beruht, welcher jede Art kulturellen Austauschs ermöglicht, ist doch das, worauf es dem seriellen Denken ankommt, *die Identifizierung und Infragestellung historischer Codes, um aus ihnen neue Kommunikationsmodalitäten zu erzeugen.* Der Hauptzweck des seriellen Denkens ist es, die Codes sich historisch weiterentwickeln zu lassen und neue zu entdecken, und nicht, immer weiter bis zum *ursprünglichen Erzeugungscode* (zur STRUKTUR) zurückzugehen. Folglich zielt das serielle Denken darauf, Geschichte zu erzeugen, und nicht darauf, unterhalb der Geschichte die zeitlosen Abszissen jeder möglichen Kommunikation wiederzufinden. Mit anderen Worten: während das strukturale Denken auf *Entdeckung* aus ist, ist das serielle Denken auf *Produktion* aus.

Nachdem wir nun diese Unterschiede bestimmt haben, werden die Einwände, die Lévi-Strauss gegen das serielle Denken, und von seinem Gesichtspunkt aus mit einiger Berechtigung, vorbringt, klarer erscheinen.

II. Die Kritik von Lévi-Strauss an der modernen Kunst

II. 1. Lévi-Strauss' Ausführungen beginnen mit einem Vergleich zwischen Malerei und verbaler Sprache (1964, S. 38–44):

„Wenn die Malerei eine Sprache genannt zu werden verdient, dann insofern, als sie wie jede Sprache in einem besonderen Code besteht, dessen Termini durch Kombinationen von weniger zahlreichen und selber einem allgemeinen Code zugehörigen Einheiten hervorgebracht werden." Aber: „In der artikulierten Sprache ist folglich der erste Code nicht-signifikant und für den zweiten Code Mittel und Bedingung von Bedeutung, so daß die Bedeutung selbst auf einer einzigen Ebene liegt. Die Dualität stellt sich in der Dichtung wieder her, die den virtuellen signifikanten Wert des ersten Codes aufgreift, um ihn dem zweiten zu integrieren. In der Tat arbeitet die Dichtung sowohl mit der intellektuellen Bedeutung der Wörter und den syntaktischen Konstruktionen wie gleichzeitig mit den ästhetischen Eigenschaften, den potentiellen Termini eines anderen Systems, das diese Bedeutung verstärkt, verändert oder

widerlegt. Das gleiche gilt für die Malerei, wo die Gegensätze von Formen und Farben als unterschiedene Merkmale aufgenommen werden, die zwei Systemen angehören: dem der intellektuellen Bedeutungen, Erbe der gemeinsamen Erfahrung und Resultat der Zerlegung und Organisation der sinnlichen Erfahrung in Gegenstände; und dem der plastischen Werte, das nur unter der Bedingung signifikant wird, daß es das andere formt, indem es sich ihm einverleibt...
Man versteht nun, weshalb die abstrakte Malerei und ganz allgemein alle sich ‚nicht-figurativ‘ nennenden Schulen die Fähigkeit des Bezeichnens verlieren: sie verzichten auf die erste Artikulationsebene und geben vor, um des Überlebens willen sich mit der zweiten zu begnügen." (dt. 1971, S. 37/38)

Bei der weiteren Entfaltung dieses Einwands (der schon in den *Entretiens* anwesend ist – ebenso wie in einem anderen strukturalistischen Text über die serielle Musik, dem Aufsatz von Nicolas Ruwet (1959) gegen Henri Pousseur) hält sich Lévi-Strauss bei einigen äußerst subtilen Unterscheidungen auf. Auch die chinesische kalligraphische Malerei scheint auf Formen zu beruhen, die nur als reine sinnliche Elemente der zweiten Gliederung gelten (plastische Fakten ohne Bedeutung, so wie die Phoneme auditive Fakten ohne Bedeutung sind); aber in der chinesischen kalligraphischen Malerei beruhen die Einheiten, die scheinbar nur der zweiten Gliederung angehören, auf einer vorherbestehenden Gliederung, u. z. auf der Gliederung eines Systems von Zeichen, die genaue Bedeutungen aufweisen, die in der plastischen Gliederung nicht vollständig annulliert werden.
Das Beispiel der kalligraphischen Malerei dient jedoch dazu, die Rede von der informellen Malerei wieder auf die Musik zu bringen: Die Musik verweist nämlich in ihrem rein lautlichen Dasein auf ein System der ersten Gliederung, das die Kultur geschaffen hat, d. h. auf das System der musikalischen Töne.

II. 2. Dieser Vergleich zwingt Lévi-Strauss natürlich dazu, sich über einen grundlegenden Punkt auszusprechen, der den Schlüssel für die ganze darauf folgende Argumentation darstellt:

„Dies ist ein sehr wesentlicher Punkt, weil das zeitgenössische Denken ausdrücklich oder stillschweigend die Hypothese einer natürlichen Grundlage verwirft, die das System der zwischen den Tönen der Tonleiter stipulierten Beziehungen objektiv rechtfertigt. Diese sollen sich ausschließlich – nach der bezeichnenden Formulierung Schönbergs – durch die ‚Gesamtheit der Beziehungen definieren, die die Töne untereinander haben'. Und doch müßten die Lehren der strukturalen Linguistik die falsche Antinomie [zwischen dem Objektivismus Rameaus und dem Konventionalismus der Modernen] überwinden helfen. Infolge des Schnittes, den jeder Typus von Tonleiter in dem sonoren Kontinuum bewirkt, tauchen zwischen den Tönen hierarchische Beziehungen auf. Diese Beziehungen sind nicht von der Natur diktiert, da die physikalischen Eigenschaften einer musikalischen Leiter hinsichtlich Zahl und Komplexität diejenigen um ein Beträchtliches übersteigt, die ein jedes System vorwegnimmt, um seine besonderen Züge zu konstituieren. Dennoch ist es richtig, daß sich, wie jedes beliebige phonologische System, auch jedes modale oder tonale (sogar polytonale oder atonale) System auf physiologische und physikalische Eigenschaften stützt, daß es unter den wahrscheinlich in unbegrenzter Zahl zur Verfügung stehenden einige auswählt und daß es die Gegensätze und Verbindungen, zu denen es sich eignet, ausnutzt, um einen Code zu erarbeiten, der dazu dient, die Bedeutungen zu unterscheiden. Wie die Malerei setzt also auch die Musik eine natürliche Organisation der sinnlichen Erfahrung voraus, was nicht heißen soll, daß sie ihr unterliegt." (dt. 1971, S. 38/39)

II. 3. An diesem Punkt definiert Lévi-Strauss den Unterschied zwischen konkreter Musik und serieller Musik; und er zeigt, daß er nicht dem Mißverständnis anheimfällt, das die beiden vermengt. Der Fall der konkreten Musik ist einfach paradox: Wenn sie für die Geräusche, die sie benutzt, einen darstellenden Wert bewahren würde, dann wären die Einheiten, mit denen sie arbeitet, Einheiten der ersten Gliederung; aber da sie es darauf abgesehen hat, die Geräusche zu denaturieren, um Pseudo-Töne daraus zu machen, entfällt die Ebene der ersten Gliederung, auf der sich eine zweite Gliederung hätte entwickeln können.

Die serielle Musik dagegen arbeitet mit den Tönen einer Grammatik und einer raffinierten Syntax, wodurch sie in der traditionellen Spur der klassischen Musik steht. Aber trotzdem entgeht sie nicht einigen Widersprüchen, die sie mit der informellen Malerei und der konkreten Musik gemeinsam hat.

„Indem das serielle Denken die Erosion der individuellen Besonderheiten der Töne bis zu ihrem Ende führt, die mit der wohltemperierten Tonleiter beginnt, scheint es zwischen ihnen nur noch eine äußerst schwache Organisation zu dulden" (dt. 1971, S. 41). Mit den Worten von Boulez: das serielle Denken schafft jedesmal die Gegenstände, die es braucht, und die notwendige Form, um sie zu organisieren. Es verzichtet, anders gesagt, auf die Beziehungen, die die

Töne in der tonalen Leiter bilden, und die, wie Lévi-Strauss vorschlägt, den Wörtern, den Monemen, der Ebene der ersten Gliederung entsprechen, die für jede Sprache typisch ist, die kommunizieren will. Und in dieser Hinsicht scheint für Lévi-Strauss die Musik in die Häresie des Jahrhunderts abzugleiten (mit Recht des Jahrhunderts, da, wie wir gesehen haben, die Diskussion über das serielle Denken die ganze zeitgenössische Kunst auslöst); „nämlich ein Zeichensystem auf nur einer Artikulationsebene schaffen" zu wollen (dt. 1971, S. 42).

„Die Anhänger der seriellen Lehre werden zweifellos erwidern, daß sie auf die erste Ebene verzichten, um sie durch die zweite zu ersetzen, diesen Verlust aber dank der Schaffung einer dritten Ebene ausgleichen, der sie die einst durch die zweite wahrgenommene Rolle anvertrauen. So gäbe es also immer noch zwei Ebenen. Nach der Ära der Monodonie und der Polyphonie würde die serielle Musik die Heraufkunft einer 'Polyphonie der Polyphonien' anzeigen; sie integriere eine zunächst horizontale, sodann vertikale Lektüre in Form einer 'schrägen' Lektüre. Trotz seiner logischen Kohärenz läßt dieses Argument das Wesentliche beiseite: zwar stimmt es für jede Sprache, daß die erste Artikulation nur innerhalb sehr enger Grenzen beweglich ist; vor allem ist sie nicht austauschbar. In der Tat lassen sich die jeweiligen Funktionen der beiden Artikulationen nicht abstrakt in Beziehung zueinander definieren. Die durch die zweite Artikulation zu einer signifikanten Funktion neuer Art aufgerückten Elemente müssen mit den erforderlichen Eigenschaften versehen zu ihr gelangen, d. h. bereits durch und für die Bedeutung geprägt. Dies ist nur möglich, weil diese Elemente nicht nur der Natur entnommen, sondern auch von der ersten Artikulationsstufe an zu einem System organisiert sind: eine mangelhafte Hypothese, wofern man nicht anerkennt, daß dies System gewisse Eigenschaften eines natürlichen Systems in Rechnung stellt, das für der Natur nach gleiche Wesen die *a priori*-Bedingungen der Kommunikation schafft. Anders gesagt, die erste Ebene besteht in realen, doch unbewußten Beziehungen, die diesen beiden Eigenschaften die Fähigkeit verdanken, funktionieren zu können, ohne erkannt oder richtig interpretiert zu werden." (dt. 1971, S. 42/43)

II. 4. Diese lange Passage, die es wert war, noch einmal ganz gelesen zu werden, spielt – so scheint es uns – mit einigen Sophismen. Das erste Argument ist: Die serielle Musik sei keine Sprache, weil es jeder Sprache eigentümlich sei, zwei nicht ersetzbare Gliederungen aufzuweisen (d. h. man könne nicht, wie es die serielle Musik tut, frei die Parameter der Komposition wählen; es gebe die Wörter, die schon mit Bedeutung ausgestattet sind, und es gebe die Phoneme;

andere Lösungen seien nicht möglich). Es ist klar, daß das Argument folgendermaßen umgekehrt werden könnte: Die verbale Sprache ist nur eine der vielen Arten von Sprache: denn es gibt auch welche – wie die musikalische Sprache – mit anderen Gliederungssystemen, die freier sind und anders arrangiert werden können. Eine indirekte, aber sehr scharfsinnige Antwort auf diesen Einwand gibt Pierre Schaeffer in seinem *Traité des objets musicaux,* wo er bemerkt, daß in der *Klangfarbenmelodie* das, was in einem vorhergehenden System fakultative Variante war, die Klangfarbe, die Funktion des Phonems, d. h. des unterscheidenden Zuges, der signifikanten Opposition, annehmen kann (1966, S. 300–303).

Das zweite Argument ist: Die enge und unveränderbare Beziehung zwischen den beiden Gliederungsebenen basiere auf einigen Kommunikationskonstanten, auf apriorischen Formen der Kommunikation – auf dem, was Lévi-Strauss an anderer Stelle *Esprit* nennt und was letztlich immer und weiterhin die STRUKTUR als Ur-Code ist. Und hier ist die einzig mögliche Antwort: Wenn die regulative Idee eines *Codes der Codes* gilt, dann ist es nicht einzusehen, weshalb dieser so schnell mit einer seiner historischen Botschaften gleichgesetzt werden sollte, d. h. mit dem System der Anziehungen, die vom Tonalitätsprinzip gestützt werden, und weshalb die historische Existenz dieses Systems dazu zwingen sollte, in seinen Parametern die grundlegenden Parameter jeder möglichen musikalischen Kommunikation anzuerkennen. Es entsteht daher der Verdacht, daß der Strukturalist, der der Verwalter einer Metasprache sein sollte, welche fähig wäre, von allen historischen Sprachen in ihrer Relativität zu sprechen, der Überlebende eines historisch datierten Sprachgebrauchs ist, welcher unfähig ist, sich von den eigenen Kommunikationserfahrungen zu entfernen und welcher den schweren Irrtum begeht, die traditionelle Sprache für die Metasprache zu halten. Damit hätte man eine Verwechselung von Objektsprache (und „historischem" Objekt) und Metasprache, welches die letzte Verwechselung ist, deren sich ein Kommunikationstheoretiker schuldig machen darf.

Es fällt schwer, die Position von Lévi-Strauss anders zu interpretieren: Die Musik und die Mythologie sind die Kulturformen, die in dem, der sie hört, gemeinsame geistige Strukturen in Bewegung setzen. Diese gemeinsamen Strukturen, die das serielle Denken erschüttert hat, sind also die Strukturen des tonalen Systems. Nachdem er diese Gleichsetzung vorgenommen hat, bleibt Lévi-Strauss nur noch die letzte Folgerung: Da das strukturale Denken gemeinsame Strukturen anerkennt, ist es sich einer Reihe von Bestimmungen des Geistes bewußt und ist folglich materialistisches Denken. Und da das serielle Denken sich vom tonalen System befreien will (das die gemeinsamen geistigen Strukturen darstellt), behauptet es eine absolute Freiheit des Geistes und ist folglich idealistisches Denken.

III. Die Möglichkeit generativer Strukturen

III. 1. Um die Stellen, die wir kommentiert haben, in allen ihren Nuancen gründlich zu verstehen, darf man die entgegengesetzten Wege nicht vergessen, die den linguistischen und ethnologischen Strukturalismus einerseits und die zeitgenössische Musik andererseits dazu gebracht haben, sich das Problem der Universalität der Kommunikationsregeln zu stellen.

Jahrhundertelang hatten die naiven Überzeugungen von einer Natürlichkeit des tonalen Systems, das auf den Wahrnehmungsgesetzen selbst und auf der physiologischen Struktur des Gehörs gegründet sei, vorgeherrscht. Zu einem bestimmten Zeitpunkt entdeckt dann die Musik (aber das Problem betrifft noch einmal die ganze moderne Kunst auf verschiedenen Gebieten) dank eines verfeinerten historischen und ethnographischen Bewußtseins, daß die Gesetze der Tonalität kulturelle Konventionen darstellten (und daß andere Kulturen in Zeit und Raum andere Gesetze aufgestellt hatten).

Der Linguist und der Ethnologe dagegen, die schon seit langem wußten, daß die Sprachen und die Systeme sozialer Beziehungen von Volk zu Volk (in Zeit und Raum) verschieden sind, haben entdeckt, daß unter diesen Verschiedenheiten konstante Strukturen, sehr einfache und universelle Gliederungen, die dann differenziertere und komplexere Strukturen erzeugen können, existieren – oder hypothetisch angenommen werden können.

Es ist also nur natürlich, daß sich das strukturale Denken auf eine Anerkennung der „Universalien" hinbewegt, während das serielle Denken sich auf die Zerstörung jedwelchen Pseudo-Universales hinbewegt, das nicht als *konstant*, sondern als *historisch* anerkannt wird.

Aber man muß sich fragen, ob ein solcher Gegensatz der Methode einen unterschiedlichen philosophischen Gesichtspunkt beinhaltet oder ob er nicht eher Zeichen für zwei verschiedene Verfahrensabsichten ist, zwischen denen eine Vermittlung möglich ist.

III. 2. Nehmen wir an, daß der Begriff einer universellen Struktur der Kommunikation, eines Ur-Codes, einfach eine Forschungshypothese darstellt. In diesem Fall ist es klar, daß das serielle Denken als *Produktion* von Formen – und nicht *Untersuchung* der Eigenschaften dieser Formen – von einer strukturalen Forschung nicht betroffen ist; – das serielle Denken impliziert die strukturale Forschung, ist aber nicht berufen, sie zu entwickeln. Es kann sein, daß unter jeder Kommunikationsmodalität konstante Strukturen bestehen, aber die serielle Technik (*Technik* eher als Denken; Technik, die eine Weltanschauung implizieren kann, aber nicht als Philosophie entsteht) zielt darauf, neue strukturierte Realitäten zu schaffen, und nicht darauf, die ewigen strukturalen Gründe zu entdecken.

III. 3. Aber akzeptieren wir ruhig auch die Postulate des ontologischen Strukturalismus: Die von den linguistischen und ethnologischen Forschungen herausgearbeiteten Strukturen *existieren wirklich,* sie sind konstante und unveränderbare Verhaltensweisen des menschlichen Geistes, vielleicht Arten des Funktionierens eines Gehirnapparats, dessen Strukturen denen der physischen Realität isomorph sind ... In diesem Fall aber muß die strukturale Forschung versuchen, die tiefen Strukturen, die tiefsten Strukturen, die STRUKTUR *cujus nihil majus cogitari possit* herauszuarbeiten. Warum denn glauben, daß diese tiefsten Strukturen die der tonalen Musik sind? Wäre es denn für den Wissenschaftler nicht angebrachter, wenn er sich fragte, ob es nicht *allgemeinere* und tiefere Strukturen gibt, die zusammen mit anderen Typen musikalischer Logik auch die tonale Musik umfassen und erklären? *Generative Strukturen* unterhalb aller Grammatik (wie der tonalen) und aller Negation von Grammatik (wie der atonalen), diesseits aller selektiven Ordnung, die im Kontinuum der Geräusche Töne als kulturalisierte relevante Züge isoliert?

Eine solche Forschung entspräche genau dem, was man sich von einer strukturalen Methodologie erwartet, und könnte den historischen Übergang von den griechischen, orientalischen und mittelalterlichen Tonleitern zur temperierten Tonleiter und von dieser zu den

Tonreihen und Konstellationen der post-webernschen Musik erklären. Und es ist leicht zu folgern, daß eine solche Forschung nicht mehr ein primäres System ausarbeiten dürfte, wie es das tonale sein sollte, sondern eine Art von *generativem Mechanismus* jeder möglichen Lautopposition im Sinne einer Chomskyschen generativen Grammatik.

III. 4. Es scheint dagegen, als sei für Lévi-Strauss der Zweck des strukturalen Denkens, einer seriellen Technik – die sich bemüht, *Geschichte zu machen* und Variationen der Kommunikation zu erzeugen – prästablierte Strukturen entgegenzusetzen. So werden die *schon* bestehenden Strukturen als Parameter angenommen, um jene neuen Kommunikationstypen zu beurteilen, die ja gerade entstehen, um diese Strukturen zu negieren.

Dies wäre, wie wenn man die Legalität einer revolutionären Handlung, die sich einer bestimmten Ordnung entgegenstellt, unter Berufung auf die abgelehnte Ordnung beurteilen wollte; formal ist dieses Vorgehen perfekt (und es wird ja auch tatsächlich gebraucht), aber historisch ist es lächerlich. Von der wissenschaftlichen Forschung verlangt man normalerweise, daß sie einen umfassenderen Parameter bestimmt, der es erlaubt, die abgelehnte Ordnung und den ablehnenden revolutionären Akt zueinander in Beziehung zu setzen. Jede Forschung wird aber blockiert, wenn man das negierte Moment mit dem „unwandelbaren Wesen der Dinge" gleichsetzt. Wenn der Strukturalismus sich auf solche Positionen verschanzt, enthüllt er eine gefährlich konservative Seite seiner Natur. Eine strukturalistische Methodologie, die die unzeitlichen Abszissen unter dem geschichtlichen Werden aufdecken will, muß die Bewegungen der Geschichte abwarten, um an diesen zu verifizieren, ob die Strukturen, die sie gesetzt hat, auch das erklären können, was gerade Neues geschieht. Umso mehr, wenn die universellen Strukturen nicht induktiv durch die Prüfung aller besonderen Fälle ausgearbeitet worden sind, sondern als theoretisches Modell gesetzt sind, als imaginäre Konstruktion, die alle zukünftigen Fälle erklären *soll*. Es wäre sehr naiv, wenn man den neuen Kommunikationsmodalitäten das Lebensrecht verweigerte, nur weil sie Richtungen verfolgen, die von der Theorie nicht vorgesehen sind – von einer Theorie, die entwickelt wurde, bevor diese neuen Modalitäten Gestalt annahmen. Gewiß ist es möglich, daß diese neuen Modalitäten nicht kommunikativ sind; aber man darf auch nicht die Hypothese ausschließen, daß die Theorie nicht umfassend genug ist.

Wenn man nicht alle methodischen Vorsichtsmaßregeln trifft, die wir hier andeuteten, dann verfällt man leicht in die Liquidierung des Gegners mittels bloßer Wortspiele (vom Typ: „die nicht für uns sind, sind nicht ‚demokratisch‘"). So hat Lévi-Strauss offensichtlich leichtes Spiel, wenn er behauptet: Da ich die Anwesenheit zwingender Strukturen anerkenne, bin ich Materialist; da der Serialismus die Möglichkeit einer Erneuerung dieser Strukturen durch inventorische Akte behauptet, ist er idealistisch.

Wenn man auf dem einfachen Niveau der „Etiketten" spielen will, ist die Antwort sehr leicht: Da Lévi-Strauss zwingende natürliche Strukturen unterhalb jeder geschichtlichen Entwicklung anerkennt, ist er ein Mechanist; da der Serialismus die Möglichkeit anerkennt, daß die geschichtliche Entwicklung mit dem Kontext auch die Strukturen der Intelligenz und des Geschmacks verändert, ist er dialektisch-materialistisch.

III. 5. In Wirklichkeit sind beide Argumente zu billig und nichts weiter als zwei elegante rhetorische Syllogismen, die von wahrscheinlichen Prämissen ausgehen und auf einfachen Gegebenheiten der gewöhnlichen Meinung basieren. Der Irrtum entsteht dadurch, daß man unbedingt eine Erkenntnismethode und eine Technik künstlerischer Produktion vergleichen will, als ob sie zwei Philosophien und zwei Weltanschauungen wären.

Natürlich können Strukturalismus und Serialismus zu zwei entgegengesetzten Weltanschauungen erstarren. In diesem Fall werden sie zu zwei Fällen von philosophischem Trug; der eine ist ein Fall von *Fetischismus des Codes,* der andere von *Fetischismus der Botschaft.*

Ohne Zweifel schließt der Serialismus eine unausgesprochene Philosophie ein. Wir könnten sie folgendermaßen zusammenfassen: a) Die Codes sind historisch; b) sie können von „umstürzlerischen" Botschaften verändert werden; c) es gibt eine Beziehung der Widerspiegelung und der dialektischen Wechselwirkung zwischen den Kommunikationscodes (Überbau) und den ökonomischen und gesellschaftlichen Verhältnissen, weswegen die künstlerische Zerstörung der Kommunikationscodes eine Form der Ablehnung der gesellschaftlichen Wirklichkeit ist. Diese Annahmen sind annehmbar (und als solche haben wir sie in unserer Untersuchung der Poetiken der modernen Kunst akzeptiert: *Opera aperta* (Eco, 1962)). Aber es wäre unmöglich zu erklären, a) wie die seriellen Techniken Botschaften entwickeln, die die Codes zerstören, b) wie die Codes sich unter dem Anstoß der „umstürzlerischen" Botschaften neu strukturieren, wenn wir den Kommunikationsprozeß nicht auf seine Ausgangsbedingungen zurückbrächten. Man kann die „seriellen" Botschaften nicht untersuchen, wenn man keine Semiotik der Codes ausarbeitet, wie wir es in der Theorie der zweideutigen ästhetischen Botschaft versucht haben. In dieser Hinsicht wird die serielle Musik als die andere dialektische Seite der strukturalen Methode erscheinen. Als der Pol des Werdens, der dem Pol des Bestehens gegenübersteht. Als der Beitrag einer Semiotik der Botschaft zu einer Semiotik des Codes. Als der Versuch, die diachronische Entwicklung in eine synchronische Betrachtung der Kommunikationskonventionen einzufügen. Die Serie ist also nicht mehr die Negation der Struktur, sondern die Struktur, die an sich selbst zweifelt und sich als historisch erkennt. Auf diese Weise wird nicht negiert, daß es einen Endpunkt der strukturalen Forschung geben kann: aber statt ihn von vornherein festzulegen, wird er als *regulative Hypothese* einer fortschreitenden Forschung akzeptiert.

Andererseits kann auch die strukturale Methode zur Weltanschauung erstarren. Vor allem gerät der Strukturalismus – wie wir in B. 2. 4. bemerkt haben – in die Gefahr, sich wie jemand zu verhalten, der angesichts des Kartenspiels glaubt, daß die einzige erlaubte Kombinatorik die des Bridge wäre, und der in Verzweiflung gerät, wenn er sich plötzlich dem Phänomen Poker gegenüber befindet. Poker ist ein Code in Bezug auf die unendlich vielen Pokerpartien, die man spielen kann, aber er ist (wie Bridge) eine Botschaft in Bezug auf die noch nicht ausgeschöpfte Kombinatorik, die das Kartenspiel mit seinen Werten und Farben darstellt.

Zweitens bestimmt eine strukturale Philosophie zwar die Momente, in denen der „Geist" einer Norm folgt, aber sie neigt dazu, die Momente zu verwischen, in denen er die Norm verletzt und andere Normen vorschlägt. Es stimmt nicht, wenn man sagt, daß eine strukturale Methode die diachronischen Phänomene nicht erklären könne. Aber es trifft zu, wenn man sagt, daß, wenn die strukturale Methode zur Philosophie wird, sie unfähig wird, die geschichtliche Veränderung zu erklären.

Desmond Morris erinnert in seinem Buch *Der nackte Affe* (in dem der Mensch als immer noch und wesentlich Affe untersucht wird) (dt. 1968) an folgende Tatsache: Wenn zwei Primaten sich auf einen Kampf einlassen, dann trifft der Schwächere zu einem bestimmten Zeitpunkt, wenn er seine Absicht bekunden will, sich zu ergeben (und wenn er die Aggressivität des anderen mildern will), Anstalten zu Unterwerfungsritualien, deren sicherstes es ist, sich in Sexualstellung anzubieten.

Derselbe Zoologe bemerkt, wie sich diese Unterwerfungsritualien auch bei uns verkleidet erhalten haben, z. B. in Form von Reinigungsritualien. Wenn wir z. B. einen Polizisten mild stimmen wollen, der uns einen Strafzettel verpaßt hat, dann verhalten wir uns instinktiv wie ein nicht gefährlicher Gegner, indem wir uns am Kinn kratzen, uns nervös die Hände reiben oder stottern. Auf diese Weise unterstreichen wir die Tatsache, daß sich unsere potentielle Aggressivität in Schwächebekundung und Unterwerfungsanerbieten verwandelt hat. Und es ist ohne Zweifel aufschlußreich, auf dem Grund einer so gewöhnlichen Verhaltensweise in Umrissen das Verhaltensschema unserer Vorfahren wiederzufinden, das in unserer Gebärde das alte Angebot verrät, sich zu ergeben. Die Konstante läßt verräterisch die Unveränderbarkeit unserer ursprünglichen Instinkte wieder zum Vorschein kommen.

Es ist jedoch ebenso interessant, daß das primitive Modell sich so sehr entwickelt hat, daß es nicht mehr erkennbar ist.

Mit anderen Worten (und um zu zeigen, wie wichtig es ist, daß man in Überlegungen über die strukturalen Modelle den Varianten mindestens das gleiche Gewicht gibt wie den Konstanten): jeder von uns hat das Recht, Neugier zu empfinden, wenn er erfährt, daß die kaum wahrnehmbare Bewegung der Hände, mit der er gegenüber dem Polizisten seinen Protest begleitet, das Anbieten des eigenen Körpers an den siegreichen Feind widerspiegelt und ersetzt; aber wie groß auch immer seine strukturale Leidenschaft ist, er wird sich doch ebenso von der Tatsache angezogen fühlen, daß sein Verhältnis zu dem Polizisten nunmehr so makroskopisch von dem Verhalten des Gorillas, der sich als Sexualbeute anbietet, verschieden ist.

IV. *Struktur als Konstante und Geschichte als Prozeß*

IV. 1. Wenn die STRUKTUR mit den Mechanismen des Geistes zusammenfällt, dann ist kein historisches Wissen mehr möglich. Die

Idee eines strukturalen Unbewußten, das sich nicht nur in allen menschlichen Wesen, sondern auch in jeder geschichtlichen Epoche wiederfinden soll (und das gleichzeitig die Charakteristika der Historizität und der universellen Geltung behalten soll), ist dazu bestimmt, widersprüchliche Lösungen hervorzubringen.

IV. 2. Das deutlichste Schauspiel dieser Widersprüche bietet uns jener extreme Versuch, die Prinzipien des ontologischen Strukturalismus mit denen des marxistischen Historismus zu verschmelzen, den Lucien Sebag in *Marxismus und Strukturalismus* (1964, dt. 1967) unternommen hat.

Der Verfasser erkennt das Vorhandensein eines universellen kombinatorischen Ursprungs an, der sich unter jeder historischen Kultur ausbreitet. Die von Dumézil identifizierte theologische Dreiteilung, die sich im religiösen Denken aller Völker bewahrt, bringt ihn dazu, „eine gewisse Ordnung, die ... unabhängig ist von der Reihenfolge ihrer Verwirklichungen" anzuerkennen und zu entdecken: „auf diesem Niveau allein kann der Code gefunden werden" (dt. S. 167).

Es wäre also eine doppelte Lektüre des gesellschaftlichen historischen Materials möglich: einerseits die diachronische Untersuchung der Ursachen und Wirkungen, andererseits der synchronische Schnitt signifikanter Totalitäten, die der Forscher nicht als endgültig ausgibt, sondern nur als zur Erklärung der Beziehungen zwischen verschiedenen Sektoren der Kultur zu einem bestimmten Zeitpunkt nützlich, „jedes dieser Systeme [kann] betrachtet werden als die Verwirklichungen einer bestimmten Anzahl von dem menschlichen Geist eigenen Operationen auf verschiedenen Niveaus" (dt. S. 175) (für „Geist" lies hier: „objektive und unbewußte Gesetze"). Dann wäre es möglich, ohne auf den marxistischen historizistischen Gesichtspunkt zu verzichten, auch die Mythen unabhängig von der Gesellschaft, die sie hervorbringt, zu untersuchen als „eine Sprache, die bestimmten Regeln gehorcht, welche den Subjekten nicht bewußt gegeben sind und dennoch von ihnen verwendet werden" (dt. S. 177). Wie verbindet sich das Auftreten dieser unzeitlichen Strukturen mit der Annahme einer historischen Kausalität? „Die marxistische Analyse setzt immer die ständige Möglichkeit voraus, die vom Menschen geschaffenen Sprachen auf einen ursprünglichen Ort zu beziehen, von dem aus die ganze eigentliche Schöpfung der menschlichen Gesellschaft vor sich ging" (dt. S. 178–179).

IV. 3. Was bedeutet „ursprünglicher Ort"? Es ist klar, daß dies keine wissenschaftliche Kategorie und auch keine semiotische Kategorie ist. Es ist eine philosophische Kategorie. Das bedeutet natürlich noch nichts: Wenn man eine Philosophie bestimmen würde, die den strukturalen Ansatz der Semiotik epistemologisch begründete, warum sollte man sie nicht akzeptieren?

Aber die Hypothese, die den folgenden Seiten zugrundeliegt, ist die folgende: a) Sobald man versucht, den Begriff der Struktur objektiv und unzeitlich zu machen, kommt man zwangsweise zu einer Ontologie des *Ursprungsortes;* b) eine Ontologie des *Ursprungsortes* zwingt dazu, wenn man korrekt alle Folgerungen zieht, den Begriff der Struktur zu zerstören; c) diese Zerstörung des Begriffes der Struktur geschieht nicht dadurch, daß eine Sicht der Geschichte als dialektischer Bewegung (im Hegelschen oder marxistischen Sinne des Wortes) an seine Stelle tritt, sondern macht einer „Ontologie der Abwesenheit" Platz, die dem marxistischen Historismus entgegengesetzt ist; d) im westlichen Denken repräsentiert die Philosophie Heideggers diese Ontologie. Der Kern unserer Hypothese: der ontologische Strukturalismus zerstört sich als Strukturalismus und wird Heideggerismus. Es geht hier noch nicht darum, ob der Heideggerismus eine akzeptable Philosophie ist oder nicht. Es geht nur darum, daß er nichts mehr mit dem Strukturalismus zu tun hat, wie er aus den linguistischen Forschungen und aus den ersten ethnologischen Anwendungen entstanden ist.

Eine Vorwegnahme unserer Schlußfolgerungen könnte folgendes sein: Die strukturale Ontologie bringt dazu, als „Ursprungsort" ein *Sein* anzuerkennen, das sich, verborgen und heimlich, in Form von strukturierten Ereignissen manifestiert, wobei es – *Es* – sich aber jeder Strukturation entzieht.

4. STRUKTUR UND ABWESENHEIT

I. *Die ontologische Selbstzerstörung der Struktur*

I. 1. Nehmen wir an, wir haben die Struktur einer Sprache bestimmt (nennen wir sie s_a). Dann die Struktur der Verwandtschaftsbeziehungen in der Gemeinschaft, die die untersuchte Sprache spricht. Nennen wir diese Verwandtschaftsstruktur s_b. Schließlich nehmen wir an, daß wir die Struktur festgestellt haben, die die räumliche Organisation des Dorfes regelt (nennen wir sie s_c). Offensichtlich sind dies Oberflächenstrukturen, die eine homologe Form haben annehmen können, insofern sie die Ausführungen einer zugrundeliegenden, tieferen Struktur waren, die wir S_x nennen werden.

Nun ist das Problem das folgende: Wenn ich ein neues Phänomen entdecke, das ebenfalls mit den Begriffen von s_a, s_b, s_c definiert werden kann, dann brauche ich nur eine vierte Oberflächenstruktur s_d zu formulieren, deren Tiefenstruktur S_x die Transformationsregeln in s_a, s_b, s_c liefert. Wenn ich dagegen ein neues Phänomen feststelle, das durch ein neues Modell s_δ erklärt werden kann, welches eventuellen Modellen s^α, s_β, s_γ homolog ist, so können diese nicht mehr auf S_x zurückgeführt werden, sondern auf ein neues Modell S_y. S_x und S_y werden ihrerseits die oberflächlichen Manifestationen einer sehr tiefen Struktur sein, nach dem hier wiedergegebenen Schema:

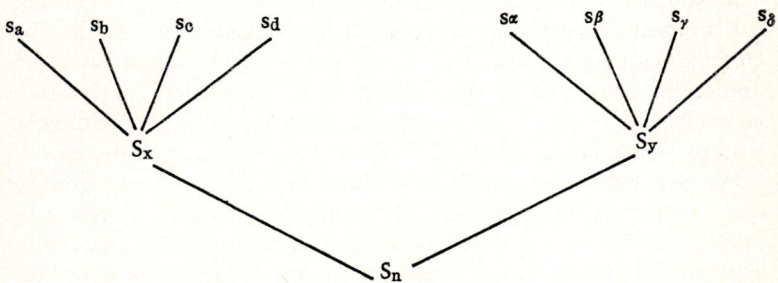

Es ist offensichtlich, daß dies nur der Kern einer umfassenderen Verzweigung ist, dank welcher man *jedesmal, wenn es das Verfah-*

ren erforderlich macht, zu tieferen Strukturen hinabsteigen kann. Aber es muß klar sein, daß diese Methode zwei Grundprinzipien voraussieht: a) Die Struktur S_n, die ich als die letzte und tiefste der Reihe feststelle, ist dies nur an dem Punkt, an dem mein Wissen angelangt ist; eine neue Untersuchung kann dazu führen, daß ich sie als tiefe Struktur, als letzten Code, zerstöre und in ihr eine der vielen mittleren Oberflächenstrukturen erkenne. b) Die Regression vom Code zum Metacode darf nur in Gegenwart neuer Phänomene vorgenommen werden, die dazu zwingen, die Erklärungsmodelle umzuformulieren; in Abwesenheit solcher Phänomene besteht kein Grund (außer als logische Übung), neue mögliche Codes zu formulieren. Die Formulierung neuer Metacodes auf „-emischem" Niveau ohne „-etisches" Material, das den Vorschlag dieser neuen Metacodes rechtfertigen würde, ist Übung einer abstrakten kombinatorischen Logik, die dazu dient, mögliche Instrumente für die Erklärung der Wirklichkeit herzustellen, nicht aber notwendigerweise dazu, die Wirklichkeit zu erklären.

I. 2. Aber gerade mit diesem letzten Punkt ist der ontologische Strukturalismus nicht einverstanden. Für diesen liefert jede abstrakte Übung kombinatorischer Logik „wahre" Modelle der Wirklichkeit. Wieso? Weil als philosophische Wahrheit hypostasiert worden ist, was nur die vorsichtige Verfahrenshypothese war, von der man ausgegangen war: nämlich daß die Verfahren des Denkens die Beziehungen der Wirklichkeit wiedergäben und daß die Gesetze des Geistes den Gesetzen der Natur isomorph seien.

Sobald der ontologische Strukturalist diese Behauptung aufgestellt hat, braucht er (wenn er einen Metacode S_x gefunden hat, der die Oberflächenstruktren s_a, s_b, s_c, s_d erklärt nicht mehr auf die Entdeckung einer Reihe von Phänomenen zu warten, um zu beweisen: $(s_\alpha, s_\beta, s_\gamma, s_\delta,) \supset S_y$, wodurch $(S_x . S_y) \supset S_n$. Der ontologische Strukturalist kann S_n direkt aus S_x deduzieren, immer und überall.

Für den ontologischen Strukturalisten muß in der Natur von S_x (als objektiv existent gegeben, als nicht vom Forscher gesetzt) ein Kern S_n existieren – und vielleicht ein noch tieferer Kern, der Keim aller möglichen Codes, der *Code der Codes,* der *Ur-Code* oder besser noch: das *Ur-System*, das, da es in jeder semiotischen Manifestation anwesend ist, deren geheimes Prinzip wieder bestätigt. Mit anderen Worten: der ontologische Strukturalist untersucht die *Kul-*

tur, aber um sie in *Natura Naturata* zu übersetzen, in deren Innerstem er die (ein für allemal einzige) *Natura Naturans* anwesend und wirkend erkennt.

I. 3. Eine Operation dieser Art führt Lévi-Strauss im Finale von *Das Rohe und das Gekochte* durch, wo es darum geht, unter jedem möglichen Mythos die Grundstruktur des Mythos festzustellen, die (a priori) die Struktur jeder möglichen geistigen Tätigkeit selbst und folglich die Struktur des *Esprit* sein muß. Die letzte Funktion der Mythen ist: „signifier la signification", die oppositive und binäre Struktur jeder möglichen Kommunikation selbst, das Grundgesetz jedes geistigen Lebens. „L'unique réponse que suggère ce livre est que les mythes signifient l'esprit, qui les élabore au moyen du monde dont il fait lui-même partie. Ainsi peuvent être simultanément engendrés, les mythes eux-mêmes par l'esprit qui les cause, et par les mythes, une image du monde déjà inscrite dans l'architecture de l'esprit" (1964, S. 346; dt. 1971, S. 436/7). Daher: „Das mythische Denken akzeptiert die Natur nur unter der Bedingung, sie wiederholen zu können" (1964, S. 347; dt. 1971, S. 438). Wie gesagt, der Mythos ist als *Kultur* eine Erscheinung der *Natura Naturata,* in die sich von jeher das grundlegende Bild der *Natura Naturans* einschreibt.

Eine *Opposition,* die auf einer *Differenz* fußt: das ist die Grundstruktur jeder möglichen Kommunikation. Das binäre Prinzip ist von einem Verfahrensinstrument, das die Logik der kybernetischen Modelle vorgeschlagen hatte, zum *Philosophischen Prinzip* geworden.

I. 4. Aber nehmen wir an, es sei statthaft, in jedwelcher Oberflächenstruktur, die wir entwickelt haben, die tiefste Struktur, das Ur-System zu erkennen. Wenn dieses wirklich die *Struktur des Wirklichen* ist, dann ist es logisch, daß es in jeder seiner oberflächlichen Manifestationen präsent ist.

Diese Annahme impliziert zwei logische Konsequenzen, die wir darlegen wollen: a) Wenn das Ur-System existiert, dann kann es kein System oder Struktur sein; b) auch wenn es ein strukturiertes System wäre, so wäre es doch nicht sichtbar und bestimmbar. Folglich ist die Behauptung des Ur-Systems philosophisch gültig, auch wenn die strukturale Methode als Methode der Erkenntnis des Wirklichen abgelehnt wird. Wenn sich die strukturale Methode auf die Existenz eines Ur-Systems stützt, dann ist das in Form von

Strukturen bekannte Wirkliche ein falsches Wirkliches, und die einzige *Wahrheit* hat nichts mit den strukturalen Modellen zu tun. Die strukturalen Modelle sind dann eine Maske der *Wahrheit*.

Wir machen darauf aufmerksam, daß wir von unserem Gesichtspunkt aus keinerlei Schwierigkeiten hätten, eine solche Perspektive zu akzeptieren: Wenn wir behaupten, daß die strukturalen Modelle bloße operationelle Verfälschungen sind, dann eben deshalb, weil wir glauben, daß die Wirklichkeit reicher und widerspruchsvoller ist, als es die strukturalen Modelle sagen. Aber man kann diese Behauptung so oder so aufstellen. D. h., es gibt Philosophie und Philosophie. D. h. wiederum, jede Philosophie verbirgt eine Ideologie. Man kann diese Behauptung aufstellen in der Meinung, daß, da die Wirklichkeit nicht erkennbar ist, die einzige Art, sie zu erkennen, ihre Veränderung ist; so werden die strukturalen Modelle zu einem Instrument der *Praxis*. Und man kann diese Behauptung aufstellen, indem man stillschweigend annimmt, daß, da die Wirklichkeit nicht erkannt werden kann, es die Augfabe der Erkenntnis ist, ihre Verfälschungen so zu manövrieren, daß man aus der größtmöglichen Nähe den geheimnisvollen *Ursprung* dieser sich uns entziehenden widersprüchlichen Wirklichkeit kontemplieren kann. In dieser Hinsicht sind die strukturalen Modelle Instrumente mystischer Initiation, Wege zur Kontemplation des Absoluten. Die erste Entscheidung impliziert, daß die Erkenntnis etwas wert ist, insofern sie produktiv ist. Die zweite impliziert, daß die Erkenntnis etwas wert ist, insofern sie kontemplativ ist: wie eine negative Theologie läßt sie uns die Gegenwart eines Deus absconditus spüren.

I. 5. Warum sind wir, wenn wir die Idee der binären Opposition als metaphysisches Prinzip annehmen, gezwungen, den Begriff der Struktur aufzugeben? Die Anleitung zu einer Antwort finden wir bei einem der Theoretiker der universellen Kombinatorik, d. h. bei Leibniz.

In einem kleinen Werk mit dem Titel *De organo sive arte magna cogitandi (ubi agitur de vera characteristica, cabbala vera, algebra, arte combinatoria, lingua naturae, scriptura universali)* erinnert Leibniz daran, daß „das höchste Hilfsmittel für den Geist in der Möglichkeit besteht, einige wenige Gedanken zu entdecken, aus denen der Reihe nach andere unendlich viele Gedanken entspringen, ebenso wie man aus wenigen Zahlen ... alle Zahlen der Reihe nach ableiten kann". „Wie unendlich viele auch die Begriffe sein mögen, die man bildet, es ist dennoch möglich, daß die Begriffe, die für sich selbst begriffen werden, wenige sind". Beim Zurückgehen auf diese Grundbegriffe stellt Leibniz nur zwei fest: „Gott selbst und außerdem das Nichts, oder die Wegnahme: das wird von einer wunderbaren Ähnlichkeit bewiesen". Und welches ist diese „wunderbare Ähnlichkeit"? Die Struktur des binären Kalküls! Wo mit „wunderbarer Ähnlichkeit auf diese Weise alle Zahlen mittels der Einheit und des Nichts ausgedrückt werden". Dies ist die philosophische Wurzel des binären Kalküls: eine Dialektik zwischen Gott und dem Nichts, zwischen Anwesenheit und Abwesenheit.

Soweit Leibniz, der außer Mathematiker auch metaphysischer Denker war, ohne Zögern und ohne Heuchelei. Leibniz hinterläßt für den, der über die Gesetze der universellen Kombinatorik nachdenken will, ein nicht geringfügiges metaphysisches und ontologisches Problem. Kann die Dialektik zwischen Anwesenheit und Abwesenheit als bloßer Gliederungsmechanismus verstanden werden oder ist sie ein metaphysisches Prinzip?

Sehen wir vor allem, auf welche Weise man diese Dialektik verstehen kann, so wie sie sich bei den Meistern des linguistischen Strukturalismus, diesseits aller metaphysischen Hypostase, darstellt.

I. 6. In einem strukturierten System hat jedes Element insofern einen Wert, als es nicht das andere oder die anderen ist, die es ausschließt und gleichzeitig evoziert. Das phonematische Element gilt nicht wegen des Vorhandenseins einer physischen Substanz des Ausdrucks, sondern wegen des an sich leeren Stellenwerts, den es im System einnimmt. Damit aber der Sinn entstehen kann, muß einer der Ausdrücke der Opposition erscheinen und *da sein*. Wenn er nicht da ist, wird auch die Abwesenheit des anderen nicht bemerkt. *Die oppositionelle Abwesenheit gilt nur angesichts einer Anwesenheit, die sie offenbar macht.* Die Evidenz der Anwesenheit wird eben von der Ausdruckssubstanz gegeben. Das, was gilt, ist das, was „-emisch" ist, aber das „-emische" muß sich durch etwas „-etisches" darstellen. Oder besser: der leere Raum zwischen zwei Größen, die nicht da sind, gilt nur, wenn alle drei Werte (*Ja, Nein* und der Raum zwischen beiden) in Spannung zueinander stehen. Die Abwesenheit, von der der Strukturalist spricht, betrifft zwei Tatsachen: 1) Es zählt nicht, was an der Stelle des *Ja* und des *Nein* steht, sondern daß die Größen, die deren Stellenwert einnehmen, eben in Spannung zueinander stehen. 2) Sobald das *Ja* (oder das *Nein*) ausgesprochen ist, bedeutet die ausgesprochene Größe dadurch, daß sie sich von der Abwesenheit der anderen abhebt. Aber was letztenendes in dieser Mechanik der signifikativen Oppositionen zählt, ist, daß die systematische Möglichkeit gegeben ist, daß etwas da ist, indem es sich von etwas unterscheidet, was nicht da ist. Die strukturalistische Abwesenheit zählt, insofern *etwas* nicht da ist und an dieser Stelle *etwas anderes* erscheint.

Danach hat der Linguist (oder der Semiologe im allgemeinen) nicht die Pflicht, sich zu fragen, *was* diese „Anwesenheit" und diese „Abwesenheit" *sind*: Sie sind Arten des Funktionierens des Denkens oder zumindest Hypothesen über eine mögliche Funktionsart des Denkens. Und auf der „-etischen" Ebene sind es *materielle* Tatsachen. Aber der Philosoph – siehe Leibniz – ist geneigt, sich zu fragen, ob Anwesenheit und Abwesenheit nicht die Anwesenheit Gottes als Fülle des Seins und die Abwesenheit Gottes als Nichts widerspiegeln.

I. 7. Sobald man dies behauptet hat, muß man sich aber fragen, ob es eine weitere Einheit gibt, die die beiden Glieder dieser Dialektik vereinigt.

Der Theologe hätte keine Schwierigkeit zu antworten: Im göttlichen Denken gibt es keine Dialektik von Anwesenheit und Abwesenheit. Gott, Fülle des eigenen Seins, ist ganz Anwesenheit. Gerade deshalb gibt es in seinem Verständnis keine Entwicklung, und er kennt das Problem der Kommunikation nicht: Alles Wirkliche ist seinen Augen in einem Blitz präsent (und auch die Geister der Engel genießen in einem gewissen Ausmaß dasselbe Vorrecht dadurch, daß sie das ganze Universum in der seligen Anschauung Gottes sehen). Warum kommuniziert der Mensch? Eben weil er nicht auf einen Schlag das *Ganze* sieht. Daher gibt es Dinge, die er *nicht weiß,* die ihm *gesagt* werden müssen. Seine Erkenntnisschwäche bewirkt, daß die Kommunikation in einem Sich-Abwechseln von Bekanntem und Unbekanntem stattfindet. Und wie kann etwas zu Wissendes kommuniziert werden? Indem der Mensch es auf dem Hintergrund dessen, was er nicht weiß, auftauchen läßt. Aber dann (und die Konsequenz ist dermaßen „notwendig", daß das westliche Denken, von den flämischen und späteren deutschen Mystikern bis zu Heidegger, nicht anders konnte, als ihr zu folgen) geschieht die Kommunikation nicht, weil ich alles weiß, sondern weil *ich nicht weiß.* Und nicht, weil *ich alles bin* (wie Gott), sondern weil *ich nicht Gott bin.* Was mich als Menschen bestimmt, ist mein Nicht-Gott-Sein, mein Vom-Sein-Getrennt-Sein, das Nicht-die-Fülle-des-Lebens-Sein. Der Mensch muß kommunizieren und denken und eine prozessuale Annäherung an die Wirklichkeit ausarbeiten, weil er unvollkommen ist und weil ihm etwas fehlt. Er hat einen *Mangel.* Einen Mangel, eine Wunde, eine „béance", eine Leere. Platon hatte diese Lage mit großer Klarheit erkannt, als er den Begriff de χωρισμός entwickelte. Was ist der χωρισμός? Das Wörterbuch übersetzt es mit „Unterschied" oder „Trennung". Es ist ein Unterschied des Raumes, des Ortes (χώρα). In dem Sinne, daß zwischen dem Seienden und dem Sein ein Unterschied des Ortes besteht. Wir erinnern an die Thematik des „Ursprungsortes": Der Ursprungsort ist der, wo das Sein ist. Aber wir sind nicht da. Wir sind immer *woanders.* Dieses „Woanders" ist die Abwesenheit von Sein, die uns dazu treibt, uns zu befragen und uns zu *informieren.* Wir kommunizieren nicht durch den instrumentalen Gebrauch der Differenz (als eines oppositiven Mechanismus). Wir kommunizieren („wir sprechen"), weil wir ontologisch *auf der Differenz gründen.*

Diese Platonische Thematik ist mit großer Klarheit von Heidegger wiederaufgenommen worden und in *Was heißt Denken?* zu den äußersten Konsequenzen gebracht worden. Wenn ich in der Dialektik von *Anwesenheit* und *Abwesenheit* auf der Seite der Abwesenheit stehe, kann ich nicht viel tun, um die Anwesenheit zu beschreiben und zu „zeigen". Die ganze philosophische Überlegung muß von der *Abwesenheit* ausgehen. Höchstens muß, wie es bei Heidegger geschieht, das Denken Denken dieser Differenz sein, die mich konstituiert, wo ich aber die *Abwesenheit,* die ich bin, erkenne und nicht die *Anwesenheit,* von der ich von meinem Wesen her entfernt, *an einem anderen Ort*, bin.

In dieser Spannung erfüllt die Sprache eine grundlegende Funktion. Durch sie „enthüllt" sich das Sein. Vielleicht weil die Sprache als Metasprache mir die Dialektik zwischen Anwesenheit und Abwesenheit definieren kann? Offenbar nein, da ja die Sprache (sh. Leibniz) auf dieser Dialektik gründet. Heideggers Antwort ist: Die Sprache ist die Sprache des Seins. Das Sein spricht *sich* durch mich vermittels der Sprache. Ich spreche nicht die Sprache, sondern *werde* von der *Sprache* gesprochen.

I. 8. Bei Heidegger liegt deutlich die Idee eines Seins vor, das nicht anders erreichbar ist als durch die Dimension der Sprache: einer Sprache, die nicht in der Macht des Menschen liegt, weil nicht der Mensch sich in dieser denkt, sondern weil diese sich im Menschen denkt.[10] Und gerade im Faltenwurf der Sprache muß das besondere Verhältnis des Menschen zum Sein gesucht werden.

Und dies ist ein Verhältnis der Differenz und der Trennung. Der Gegenstand des Denkens ist die *Differenz* als solche[11], die Differenz als Differenz. Die Differenz als solche zu denken stellt den philosophischen Akt par excellence dar, die Anerkennung der Abhängigkeit des Menschen von etwas, was ihn gerade durch seine Abwesenheit entstehen läßt und was sich niemals erreichen läßt außer durch eine negative Theologie. Für Heidegger ist „das, wodurch ein Denken gilt ... nicht das, was es sagt, sondern das, was es ungesagt läßt. Das Denken läßt das Ungesagte trotzdem ans Licht kommen, indem es dieses auf eine Weise hervorruft, die nicht die des Aussagens ist" (Vattimo, 1963, S. 152).

Wo Heidegger uns daran erinnert, daß das Anhören eines Textes als einer Offenbarung des Seins nicht bedeutet, daß man das versteht, was dieser sagt, sondern vor allem das, was er nicht sagt und dennoch hervorruft, da schlägt er einen Gedanken vor, den wir in vielen Texten des ontologischen Strukturalismus wiederfinden, wo man in der Sprache dem Spott der Metapher und der Metonymie nachjagt. Die Frage „Wer spricht?" bedeutet: *Wer* ist es, der uns ruft; *wer* ist es, der uns zum Denken aufruft? Das Subjekt dieses Appells kann nicht in einer Definition erschöpft werden. Angesichts eines Fragments des Parmenides,[12] das scheinbar einfach ist (nach Heidegger

---

10 Vgl. außer „Hölderlin und das Wesen der Dichtung", in: *Erläuterungen zu Hölderlins Dichtung*, 2. Aufl., Frankfurt 1951; *Brief über den Humanismus*, Frankfurt 1949; *Unterwegs zur Sprache*, Pfullingen 1959, und *Einführung in die Metaphysik*, Tübingen 1953. Betreffs einer allgemeinen Interpretation der Heideggerschen Positionen, auf die wir uns hier beziehen, sh. Gianni Vattimo, *Essere, storia e linguaggio in Heidegger*, Torino, Edizioni di „Filosofia", 1963, insbesondere Kap. IV: „Essere e linguaggio".

11 Vgl. *Identität und Differenz*, Pfullingen 1957. Sh. Vattimo, *cit.*, S. 151, und Kapitel V im allgemeinen.

12 Vgl. *Was heißt Denken?*, Tübingen 1954. Die Interpretation des Stückes von Parmenides, auf die wir in den folgenden Zeilen Bezug nehmen, findet sich in Teil II, Kapitel V–XI.

gewöhnlich interpretiert als: „Nötig ist zu sagen und zu denken, daß das Seiende ist“),[13] spielt Heidegger mit all seinen etymologischen Finessen und Akrobatien, um den Ausspruch auf eine tiefere Erklärung zurückzuführen, welche fast den gewöhnlichen Sinn umkehrt. Das „Sagen“ wird ein „Vorliegenlassen“ im Sinne eines Enthüllens, eines Erscheinen-Lassens, und das Denken ein „In-die-Acht-nehmen“, ´ein Bewachen in Treue. Die Sprache läßt etwas erscheinen, was das Denken bewacht und leben läßt, ohne es zu verletzen und in Definitionen erstarren zu lassen, die es bestimmen und töten könnten. Und das, was man erscheinen läßt und was in die Acht genommen wird, ist DAS, was jedes Sagen und jedes Denken anzieht und bestehen läßt. Aber dieses DAS stellt sich als Differenz dar, als das, was niemals wird gesagt werden können, weil es am Ursprung alles dessen steht, was darüber gesagt wird, weil die Differenz wesentlich ist für unser Verhältnis zu ihm, die *Duplizität* des Seienden und des Seins.[14]

Wir werden von der Sprache gesprochen, weil sich durch die Sprache das Sein enthüllt. Heidegger (in *Einführung in die Metaphysik*) nimmt eine Platonische Definition wieder auf (das ῎ονομα ist das δήλωμα τῇ φωνῇ περὶ τὴν οὐσίαν, Sophistes, 261) und übersetzt: „Offenbarung in Bezug und im Umkreis des Seins des Seienden auf dem Wege der Verlautbarung“ (S. 44). Dies ist der „Name“. In der Tätigkeit der Sprache gibt es ein *Erscheinen* des Seins, und die Wahrheit als ᾽αλήθεια ist, etymologisch gesprochen, eine „Unverborgenheit“. Im selben Werk (IV. 2.) wird ja das Sein selbst definiert als das Erscheinen, das „der wechselweise Bezug

---

13 Das Fragment lautet (in Klammern der Teil, den Heidegger ausläßt): Χρή τὸ λέγειν τε νοεῖν τ᾽ἐὸν ἔμμεναι (ἔστι γὰρ εἶναι).
Angelo Pasquinelli (*I Presocratici,* Torino, Einaudi, 1958) übersetzt: „Per la parola e il pensiero bisogna che l'essere sia“. Andere Übersetzungen: „das Sagen und das Denken muß ein Seiendes sein (Diels, *Parm.*); „was man sagen und denken kann, muß sein“ (Burnet); „es ist nötig, zu sagen und zu denken, daß nur das Sein ist“ *(Vors.).*

14 Nach Lacan (1966, S. 655): „le drame du sujet dans le verbe, c'est qu'il y fait l'épreuve de son manque-à-être“. Bei Lacan (S. 585) finden wir auch das etymologische Spiel wieder, das Heidegger mit dem eben kommentierten Parmenides-Zitat betreibt, hier jetzt adaptiert an einen berühmten Ausspruch Freuds: „Wo Es war, soll Ich werden“. Dieser Ausspruch wird nicht nach der gängigen Art interpretiert, sondern gerade im entgegengesetzten Sinn, der dem ähnlich ist, den Heidegger der Parmenides-Stelle zuschreibt. Es handelt sich nicht darum, die ra-

von Aufgehen und Untergehen" ist (S. 87/88), als jene Art von binärem Atem, den die ursprüngliche Differenz ermöglicht.

Welche Konsequenzen können nun aus dieser Schlußfolgerung gezogen werden? Daß die Sprache mit ihren „Namen" und ihren Kombinationsgesetzen nicht kommt, um mit der Hülle des Signifikans etwas wieder zu bedecken, was schon *vor* der Sprache gewußt und bekannt ist. Es ist die Sprache, die immer *zuerst* kommt. Sie ist das, was alles Übrige begründet. Und folglich kann sie keiner „positiven" Untersuchung unterworfen werden, die ihre Gesetze erklärt. Mit anderen Worten: was manche die „signifikante Kette" nennen, kann nicht strukturiert sein, weil es der Ursprung jeder möglichen Struktur ist. Der Mensch „wohnt in der Sprache". Jedes Verstehen des Seins geschieht durch die Sprache, und folglich kann keine Form von Wissenschaft erklären, wie die Sprache funktioniert, da wir ja nur durch die Sprache erblicken können, wie die Welt funktioniert. Für Heidegger ist nämlich die einzig mögliche Lösung in Bezug auf jene Stimme des Seins, die die Sprache ist, ein „Zuhören-Können", ein Warten, Fragen, Nicht-Eilig-Haben, Treue-Beweisen gegenüber der Stimme, die durch uns spricht. Bekanntlicherweise ist die bevorzugte Form dieser Befragung das poetische Wort. Das dichterische Wort erklärt die Wörter, aber nichts kann das dichterische Wort und das Wort im allgemeinen erklären. Von der Sprache, wie vom Sein, gibt es keinen Code, keine Struktur. Nur geschichtlich, in den verschiedenen *Epochen*, kann das Sein sich auch durch strukturierte Welten ausdrücken. Aber jedesmal, wenn man diese Welten auf

tionale Klarheit des Ich an die Stelle der ursprünglichen und dunklen Wirklichkeit des Es zu setzen: sondern es handelt sich um *An-Kunft*, dorthin zu gehen, dort ans Licht zu treten, an jenem Ursprungsort, wo das Es als „Ort des Seins", als *Kern unseres Wesens,* steht. Man kann nur dann Ruhe finden (in der psychoanalytischen Behandlung ebenso wie in der philosophischen Behandlung, die mich dazu treibt, mich zu fragen, was das Sein ist und wer ich bin), wenn man die Idee akzeptiert, daß man nicht da ist, wo man gewöhnlich ist, sondern daß man da ist, wo man gewöhnlicherweise nicht ist. Man muß den Ursprungsort wiederfinden, ihn wiedererkennen, *liegenlassen,* ihn erscheinen lassen und ihn in die Acht nehmen (Lacan, S. 417, 518, 563). Nicht von ungefähr schreibt Lacan dem Ausspruch Freuds einen vorsokratischen Ton zu. Das verweist auf die Interpretation, die Heidegger von einem vorsokratischen Ausspruch gegeben hat. „Quand je parle d'Heidegger ou plutôt quand je le traduis, je m'efforce à laisser à la parole qu'il préfère sa signifiance souveraine" (Lacan, S. 528).

ihren tiefen Ursprung zurückbringen will, entdeckt man einen Nicht-Ursprung, der weder strukturiert noch strukturierbar ist.

I. 9. Mit diesem philosophischen Vorgehen hat Heidegger bekanntlich versucht, die ganze westliche Tradition umzuwerfen, die das Sein als „ousía" und folglich als „Anwesenheit" gedacht hat (vgl. *Einführung, IV. 4.*). Aber wenn man die logischen Konsequenzen aus seinem Denken zieht, dann wird auch der Begriff des „Seins" selbst umgeworfen. Wer den Nicht-Ursprung der Sprache untersucht, untersucht eine ursprüngliche Differenz, die keine positive Nebenbedeutung mehr hat und die, auch wenn sie jede Kommunikation hervorruft, nichts mehr zu sagen hat außer ihrem eigenen ständigen „Spiel". Jacques Derrida (1966 und 1967 a) ist derjenige Denker, der, ausgehend von einer Kritik des Strukturalismus und gestützt auf die doppelte Lehre Heideggers und Nietzsches, aus dieser philosophischen Entwicklung die logischsten Konsequenzen gezogen hat. So wird nicht nur der Strukturalismus als Philosophie zerstört (der Strukturalismus „reste pris aujourd'hui, par toute une couche de sa stratification, et parfois la plus féconde, dans la métaphysique — le logocentrisme — que l'on prétend au même moment avoir, comme on dit si vite, ‚dépassée' " (Derrida, 1967 a, S. 148), sondern auch das „ontologische" Denken selbst, wie es übrigens auch Heidegger wollte.

Wenn die „différence" (die Derrida in ihrer generativen Bewegung „différance" nennt) am Ursprung jeder möglichen Kommunikation steht, dann läßt sie sich nicht mehr auf irgendeine Form der Anwesenheit zurückführen (S. 83). Indem sie die ganze Bewegung des zeitlichen, menschlichen und geschichtlichen Werdens (die verschiedenen „Epochen", von denen Heidegger spricht) eröffnet, „en tant que condition du système linguistique, fait partie du système linguistique lui-même … située comme un objet dans son champ" (S. 88). Man kann von ihr also keine Struktur beschreiben.

Wenn die Differenz eine bloße „Spur" ist (noch einmal: Trennung, „béance" und χωρισμός), dann ist sie nicht nur das Verschwinden jeden Ursprungs: „elle veut dire ici que l'origine n'a même pas disparu, qu'elle n'a jamais été constituée qu'en retour par une non-origine, la trace, qui devient aussi l'origine de l'origine … Si tout commence par la trace, il n'y a surtout pas de trace originaire" (S. 90).

Man beachte, wie in dieser Bewegung des Denkens bestimmte Behauptungen, die wir bei den Meistern der strukturalen Linguistik von Saussure bis zu Hjelmslev wiederfinden, zu ihren äußersten Konsequenzen gebracht werden. Saussure hatte gesagt, daß der Laut als materielle Größe nicht zur Sprache gehöre, weil zur Sprache nur das System der Differenzen gehöre, welches die Töne signifikativ macht. Die Folgerungen, zu denen Derrida gelangt, lassen einfach den zweiten Pol der Saussureschen Opposition die Oberhand gewinnen: Nicht nur steht die Differenz der materiellen Realität des Lautes gegenüber, sondern sie ist selbst die Struktur jeder möglichen materiellen Bestimmung. Sie ist die Struktur der Bestimmung, wenn es möglich wäre, sie noch als Struktur zu bezeichnen. Was ist sie dann?

Um besser zu verstehen, in welchem Sinne diese Definition der Differenz „philosophisch" notwendig ist, muß man zu den oben gegebenen Definitionen des Codes in seinem elementarsten Sinn von „System" zurückkehren.

I. 10. Ein System wird auf die Gleichwahrscheinlichkeit einer Informationsquelle gelegt, um auf Grund bestimmter Regeln die Möglichkeit, daß *alles* geschehen kann, einzuschränken. Ein System ist ein Wahrscheinlichkeitssystem, das die ursprüngliche Gleichwahrscheinlichkeit einschränkt. Ein phonologisches System wählt ein paar Dutzend Laute aus, läßt sie in Oppositionen erstarren und verleiht ihnen eine differentielle Bedeutung. Alles das, was vor dieser Operation steht, ist die undifferenzierte Welt aller möglichen Laute und aller Geräusche, in der jede Verbindung möglich ist. Ein System greift ein, um einer Sache Sinn zu verleihen, die ursprünglich keinen Sinn hat, indem es bestimmte Elemente dieser Sache in den Rang eines Signifikans erhebt. Aber in Ermangelung eines Systems kann dieses nicht-codifizierte Etwas, das dem System vorausgeht, unendlich viele Zusammenstellungen erzeugen, denen *erst hinterher*, dadurch, daß man ein System auf sie legt, ein Sinn zugeschrieben werden kann.

Was ist das Nicht-Codifizierte? Es ist die *Quelle* jeder möglichen Information oder – wenn man will – die Realität. Es ist das, was vor jeder Semiose steht und was die Semiotik nicht untersuchen kann und darf, außer wenn ein System ihm Gestalt verleiht und seine Möglichkeiten einschränkt. Es gibt nämlich nur eine einzige Methode, das, was in der Welt des Vor- oder Nicht-Codifizierten geschehen kann, zu untersuchen: eine Wahrscheinlichkeitstheorie daraufzulegen. Aber die Wahrscheinlichkeitstheorie, ob sie die statistischen Gesetze mit den objektiven Gesetzen des Chaos Realität gleichsetzt oder ob sie diese Gesetze nur als zuverlässige Instrumente der Vorausschau versteht, kann nur sagen, auf welche Art da, wo noch nicht die einschränkende Prägung eines Systems stattgefunden hat, *Alles* geschehen kann.

Was ist es nun, dessen Gang das menschliche Denken, weil es dessen Struktur nicht bestimmen kann, durch eine Wahrscheinlichkeitstheorie vorauszusehen versucht? Wir erinnern an das in A. I. dargelegte Kommunikationsmodell. Es ist die *Quelle,* der *Ursprung* einer möglichen Kommunikation. An diesem Punkt könnte man sagen, daß Quelle und Ursprung genau bestimmte kybernetische Begriffe sind und daß, wenn man sie in philosophischem Sinne benutzt, das bedeutet, daß man sie zu einfachen Metaphern werden läßt. Und das stimmt ohne Zweifel auch. „Quelle" und „Ursprung" erinnern an Metaphern der Dichtung Hölderlins (aus der Heidegger die Inspiration für seine Definition der dichterischen Sprache bezieht): „Was aber jener tuet, der Strom, / Weiß niemand." [*Der Ister*] (wie man es auch niemals von einer Informationsquelle weiß). Und man könnte sich fragen, welchen Sinn bestimmte Anwendungen des statistischen Apparats haben, um eine Situation des Nicht-Ursprungs zu definieren, der übrigens in der Mitte zwischen philosophischer und psychoanalytischer Kategorie steht, wie bei Lacan (1966, S. 806):

> „Cet Autre, n'est rien que le pur sujet de la moderne stratégie des jeux, comme tel parfaitement accessible au calcul de la conjecture, pour autant que le sujet réel, pour y régler le sien, n'a à y tenir aucun compte d'aucune abérration dite subjective au sens commun, c'est-à-dire psychologique, par de la seule inscription d'une combinatoire dont l'exhaustion est possible."

I. 11. Aber im übrigen besteht eine tiefe Einheit zwischen der Idee einer probabilistischen Konzeption und der Idee des Spiels, welche gerade in der Definition der „Theorie der Spiele" vereinigt erscheinen. Eine Theorie der Spiele verwendet wahrscheinlichkeitstheoretische Instrumente, um zu erfahren, was dort geschehen könnte, wo es keine vorherbestimmte Struktur gibt, so daß alle Möglichkeiten eintreten könnten. Nun legt auch auf philosophischer Ebene, wenn man die Theorie eines Nicht-Ursprungs entwickelt (der auch nicht das noch mystische und „numinose" Aussehen des Heideggerschen Seins hat), die Idee des Nicht-Ursprungs die Idee des „Spiels" nahe. Bei Nietzsche findet sich dieser Gedanke, der mit großer (immer noch „philosophischer") Strenge von Derrida und Foucault (1966) aufgenommen wird.

Bei Nietzsche zeichnet sich die Thematik des Menschen als des „Ursprungslosen" und der Welt als des Feldes eines ständigen Spiels ab: „Die Welt ist uns vielmehr noch einmal ‚unendlich' geworden: insofern wir die Möglichkeit nicht abweisen können, daß sie *unendliche Interpretationen* in sich schließt" *(Die fröhliche Wissenschaft,* 374).

Die Suche nach dem Nicht-Ursprung ist also die Suche nach dem „sommet virtuel d'un cône où toutes les différences, toutes les dispersions, toutes les discontinuités seraient resserrées pour ne plus former qu'un point d'identité, d'impalpable figure du Même" (Foucault, 1966, S. 341). Noch ausdrücklicher schafft für Derrida (1967 a, S. 73) die Bewegung der „différance" selbst ein Spiel, das nicht ein *„jeu dans le monde"* ist, sondern *„le jeu du monde".*

Gerade in dieser Hinsicht bringt er die schärfsten Einwände gegen Lévi-Strauss vor, den er als den letzten und überragenden Interpreten einer „Ontologie der Präsenz" und folglich einer Metaphysik der Struktur versteht.

II. *Der ontologische Strukturalismus und seine Ideologie*

II. 1. Wie sind wir nun eigentlich von den Überlegungen über die phonologische Opposition zu Überlegungen über ontologische Oppositionen gelangt? Kehren wir für einen Moment zu dem Weg zurück, den der Linguist zurücklegt. Am Anfang sprechen zwei Personen. Sie erzeugen Laute. Materielle Fakten, die auch von einem Tonband registriert werden konnten. Der Linguist fragt: Wie kommt es denn, daß diese Laute „bedeuten"? Antwort: Weil – und die Erklärung ist hypothetisch – sie sich durch Oppositionen definieren. Der Begriff der Opposition ist das Instrument, mit dem man erklären kann, weswegen zwei materielle Ereignisse Bedeutungen erzeugen: d. h., wie sich auf einer materiellen Basis „Gedanken" entwickeln können. Der Linguist deduziert „Überbau" –

Ereignisse (in Sinne des dialektischen Materialismus) aus „struktu-ralen" Ereignissen (im Sinne einer materialistischen Dialektik). Der Linguist entwickelt die bewundernswerte Konstruktion einer „–emischen" Welt nur, weil eine „–etische" Welt existiert. Die philosophische Umkehrung erfolgt, wenn der Linguist, oder jemand an seiner Stelle, das Erklärungsinstrument (das wahrscheinlich pro-visorisch, jedenfalls aber Wirkung einer Abstraktion ist) in einen philosophischen Begriff verwandelt und *das Instrument zur verur-sachenden Ursache jenes Phänomens werden läßt, dessentwegen er das Instrument entwickelt hatte.* Das „–emische" wird zur Ursache des „-etischen". Das Phonologische, das das Phonetische erklärte, *begründet* nunmehr das Phonetische. Dieses Vorgehen besteht darin, daß man auf dem Kopf laufen läßt, was vorher auf den Füßen lief. Die Differenz, die vorher zu erklären versuchte, warum zwei Präsen-zen (die an sich „dumm" sind) bedeuten, wird nun zu dem, was die Signifikation erzeugt. Nicht das, was die Signifikation erklärt, son-dern das, weswegen man bedeutet. Jenseits aller philosophischen Erklärungen werden diese philosophischen Abstraktionen, die *Diffe-renz* und die *Abwesenheit,* die einzige beachtenswerte *Anwesenheit.* Von diesem Augenblick an muß derjenige, der die Kommunikations-phänomene erklären will, – wenn er konsequent ist – behaupten:

a) Die Sprache geht dem Menschen voraus und konstituiert ihn sogar als solchen.

b) Der Mensch „spricht" nicht die Sprache, sondern die Sprache „spricht" den Menschen.

II. 2. Die Behauptung b) bedeutet nicht, daß der Mensch ständig gezwungen ist, auf der Grundlage von gesellschaftlich bestimmenden Codes zu sprechen und zu kommunizieren; ein solcher Schluß ist auch von einem semiotisch-methodologischen Gesichtspunkt aus sehr wohl annehmbar, und von hier geht ja das Projekt einer Semiotik sogar aus, die ständig zu zeigen versucht, auf der Grundlage welcher gesellschaftlich und historisch existierenden Codes die Menschen kommunizieren. Sondern diese Prämisse b) impliziert, daß die Spra-che den Menschen nach Gesetzen und Regeln „spricht", die der Mensch nicht erforschen kann.

II. 3. Folglich wird es schon Strukturen der *historischen* Sprachen und Codes geben können, aber diese sind nicht die Struktur der

Sprache, das Ur-System, der Code der Codes. Dieser liegt immer *jenseits* unseres Zugriffs. Es ist keine metasprachliche Operation über die Grundmechanismen der Sprache möglich, weil wir gerade auf der Grundlage dieser Mechanismen über die Mechanismen der Sprache zu sprechen glauben. Die Sprache untersuchen heißt nur, die Sprache *befragen*, sie leben lassen. Die Sprache ist niemals das, was gedacht wird, sondern das, *in dem* gedacht wird. Über die Sprache sprechen heißt also nicht, Erklärungsstrukturen zu entwikkeln und die Regeln des Sprechens auf genau bestimmte kulturelle Situationen zu beziehen. Sondern es bedeutet, der Sprache ihre ganze konnotative Kraft zu geben, aus der Sprache ein künstlerisches Verfahren zu machen, damit in diesem – aber niemals vollständig – der Ruf des Seins ans Licht kommt. Das Wort ist nicht Zeichen. Es ist das Sich-Öffnen des Seins selbst. Anstelle der Semiotik gibt es dann nur eine einzige Wissenschaft von der Sprache: die Dichtung, die schöpferische *écriture*.

II. 4. Was jede Untersuchung über die Struktur der Kommunikation aufdeckt, ist also keine zugrundeliegende Struktur, sondern die Abwesenheit der Struktur, das Feld eines ständigen „Spiels".

Anstelle der zweideutigen „strukturalen Philosophie" erscheint plötzlich etwas anderes. Nicht zufällig haben diejenigen, die diese Folgerungen auf die rigoroseste Weise gezogen haben, niemals behauptet, „Strukturalisten" zu sein, (und wir denken hier an Derrida und Foucault), auch wenn es aus Bequemlichkeitsgründen gebräuchlich geworden ist, eine ganze Reihe von Gelehrten, die von einer gemeinsamen Thematik ausgegangen sind, „Strukturalisten" zu nennen.

Wenn am Ursprung der Kommunikation und folglich jedes kulturellen Phänomens ein ursprüngliches *Spiel* steht, dann kann dieses Spiel nicht unter Zuhilfenahme der Kategorien der strukturalistischen Semiotik definiert werden. Der Begriff des Code selbst z. B. bricht dann zusammen. Das bedeutet, daß es an der Wurzel jeder möglichen Kommunikation keinen Code gibt, sondern die Abwesenheit jeden Codes.

II. 5. Sobald der ontologische Strukturalismus die Sprache als die Anwesenheit einer Kraft versteht, die hinter dem Rücken des Menschen wirkt, als eine „Kette von Signifikanten", die sich durch ihre

Wahrscheinlichkeitsgesetze durchsetzt, dann hört er (der kein Strukturalismus mehr ist) auf, eine Methodologie für die Untersuchung der Kultur zu sein, und wird zu einer Naturphilosophie.

Die wissenschaftliche Analyse der signifikanten Kette wird dann zu einer bloßen Utopie. Wenn die Kette der Signifikanten mit dem Ursprung zusammenfällt, wie ist es dann möglich, eine objektive Analyse dieser Signifikanten durchzuführen, da diese ja eine ständige Befragung und folglich eine Hermeneutik verlangen?

Wie kann man die Signifikanten analysieren, indem man von dem Sinn absieht, den diese annehmen, wenn der Ursprung sich epochal gerade in Form von Signifikaten enthüllt und wenn die einzig mögliche Form der philosophischen Tätigkeit die ist, den Arten, auf die das immer verborgene Sein sich verhüllt, „epochale" Signifikate zu verleihen?

In einem in Italien gewährten Interview wandte Lévi-Strauss gegen unser Buch *Opera aperta* (Eco, 1962) ein, daß es keinen Sinn habe, sich das Problem einer Struktur der Rezeption eines Werkes zu stellen: das Werk müsse wie ein Kristall analysiert werden können, indem man von den Antworten abstrahiere, die der Empfänger als Reaktion auf den Stimulus des Werkes gebe. Aber wenn die Sprache ein Ursprungsort ist, dann ist unser Sprechen nichts anderes als eine Befragung des Seins und folglich nichts anderes als ein einziges ständiges *Antwort*geben, ohne jemals die wirkliche Struktur der Sprache identifizieren zu können.

II. 6. Wenn es die *Letzte Struktur* gibt, dann kann diese nicht definiert werden: Es gibt keine Metasprache, die sie einfangen könnte. Wenn man sie identifiziert, dann ist es nicht die *Letzte*. Die *Letzte* ist diejenige, die – verborgen und ungreifbar und nicht-strukturiert – neue Erscheinungen erzeugt. Und wenn sie, statt definiert zu werden, durch einen dichterischen Gebrauch der Sprache evoziert wird, dann hat sich in die Untersuchung der Sprache jene affektive Komponente eingeschlichen, die für die hermeneutische Befragung charakteristisch ist. Die Struktur ist dann nicht objektiv, nicht neutral: sie ist schon beladen mit Sinn.

Wenn man sich auf die Suche nach einer *letzten Grundlage* der Kommunikation macht, dann bedeutet das, daß man diese Grundlage da sucht, wo diese nicht mehr mit strukturalen Begriffen definiert werden kann. Die strukturalen Modelle sind nur gültig, wenn man *nicht* die Frage nach dem Ursprung der Kommunikation stellt. So wie die Kantischen Kategorien als Erkenntniskriterien nur für den Umkreis der Phänomene gelten und nicht für Herstellung einer Verbindung zwischen der Welt der Phänomene und der Welt des Noumenons. Die Semiotik muß also den Mut aufbringen, die Grenzen ihrer Anwendbarkeit durch eine wenn auch bescheidene „Kritik der semiotischen Vernunft" zu bestimmen. Sie kann nicht gleichzeitig eine Verfahrenstechnik und eine Erkenntnis des Absoluten sein. Wenn sie eine Verfahrenstechnik ist, muß sie es ablehnen zu erzählen, *was* am Ursprung der Kommunikation vor sich geht. Wenn sie Erkenntnis des Absoluten ist, kann sie nicht sagen, *wie* die Kommunikation funktioniert.

II. 7. Wenn dagegen der *Ursprung* jeder Kommunikation zum Gegenstand der Semiotik geworden ist und dieser *Ursprung* nicht analysiert werden kann, sondern immer „hinter" oder unterhalb der Überlegungen steht, die über ihn angestellt werden, dann ist die Frage, die sich eine solche Semiotik stellen muß: *Wer spricht?*

Wir wollen hier nicht abstreiten, daß diese Frage legitim ist. Wir möchten sogar sagen, daß sich bei dieser Fragestellung interessante und mitreißende philosophische Horizonte eröffnen. Wir müssen aber jetzt, eben weil diese Frage diejenige ist, die seit Jahrhunderten eine bestimmte Art von Philosophie darstellt, auch den Mut haben, die Ideologie zu bestimmen, die sich dahinter ausbreitet, auch wenn derjenige, der die Frage stellt, aus anderen Gründen zu fragen glaubt. Die Bestimmung dieser Ideologie ist eine semiotische Aufgabe. Um diese Aufgabe wahrzunehmen, muß man glauben, daß die Semiotik möglich ist. Glauben, daß Semiotik möglich ist, impliziert seinerseits eine andere Ideologie. Versuchen wir also zu klären, a) welches die Ideologie dessen ist, der fragt: „Wer spricht?"; b) welches die Ideologie dessen ist, der diese Frage durch eine andere ersetzt.

II. 8. Achten wir darauf: diese Frage ist die erste, diejenige, die jedes Denken begründet, wenn die Voraussetzung akzeptiert wird, daß das, was die Frage stellt, immer etwas ist, was *vor uns* da ist. Aber um zu dieser Annahme zu gelangen, muß man schon die Schlußfolgerung akzeptiert haben, zu der uns die Frage geführt hat. Sonst muß die Frage als das erkannt werden, was sie war: ein Glaubensakt, ein mystisches Postulat. Wir sagen nun nicht, daß diese

Frage nicht gestellt werden könne, daß der Mensch von Natur aus nicht dazu neige, die Frage zu stellen. Das könnte man kaum behaupten, da der Mensch einige Jahrtausende lang nichts anderes getan hat. Aber wer hat es getan? Eine bestimmte Kategorie von Menschen, die nämlich, denen die Sklavenarbeit anderer die Kontemplation des Seins erlaubte und denen es diese Sklavenarbeit der anderen erlaubte, diese Frage als die dringlichste von allen zu empfinden.[15]

Stellen wir die Hypothese auf, daß es eine wesentlichere Frage geben kann, die nicht von dem freien Mann (der unter Bedingungen lebt, die ihm „Kontemplation" ermöglichen), sondern *vom Sklaven* gestellt wird, der sie sich nicht stellen kann und der es dringlicher empfindet, sich statt „wer spricht?" *„wer stirbt?"* zu fragen (und der es daher dringlicher findet, sich zu rühren, nicht um zu philosophieren, sondern um ein wassergetriebenes Mühlrad zu konstruieren, das es ihm ermöglicht, weniger schnell zu sterben und sich von dem Mühlstein zu befreien, an den er gefesselt ist).[16]

Die *Nähe zum Sein* ist für den Sklaven nicht die tiefste Bindung: zuerst kommt *die Nähe zum eigenen Körper und zu dem der anderen*. Und im Gefühl dieser anderen Bindung tritt der Sklave nicht etwa aus dem Ontologischen heraus, um ins Ontische zurückzuweichen (oder unbewußt darin zu verweilen), sondern er nähert sich dem Denken einfach von einer anderen vorkategorialen Situation

---

15 Der Vorrang der Kontemplation der in Aristoteles' *Metaphysik* behauptet wird, gründet auf jenem in der *Politik* behaupteten Gleichgewicht der Gesellschaft, das die Funktion des Sklaven vorsieht. Es gibt keine andere **Lösung.**

16 Aber der *Kontemplierende Herr* kann diese Lösung nicht akzeptieren. So antwortet der metaphysische Gärtner, von dem Tschang Tse erzählt, voller Zorn einem, der ihm vorschlägt, für seine Bewässerungsarbeiten doch einen Kran zu benutzen: „Ich habe meinen Meister sagen hören: ‚Wer Maschinen benutzt, ist Maschine in seinen Werken: wer Maschine in seinen Werken ist, bekommt ein Maschinenherz. Aber wer ein Maschinenherz hat, hat die reine Einfachheit verloren. Wer die reine Einfachheit verloren hat, hat einen unruhigen Geist: im unruhigen Geist verweilt das Tao nicht'. Nicht, daß ich Eure Maschine nicht kännte; ich würde mich aber schämen, sie zu gebrauchen". Damit – und das sei gesagt – hat der Gärtner mit der Bewässerung mit seinen Armen die Zeit vertan, die ein guter Kran ihm gegeben hätte, um den Langen Marsch durchzuführen.

aus, welche die gleiche Würde hat wie die Situation dessen, der sich fragt, wer spricht.

Mit der Frage „wer stirbt?" sind wir nicht mit einem Schlag in eine empirische Dimension eingetreten, in der jedwede Philosophie nichts mehr gilt. Wir sind eher von einer anderen vorphilosophischen (und folglich ideologischen) Voraussetzung ausgegangen, um eine andere Philosophie zu begründen.

„Wer stirbt?". Anerkennen, daß *mein* Tod wichtiger ist als der Tod der anderen, wird nicht weniger unbarmherzig sein als die Reduktion des Subjekts auf eine Täuschung. Unser Tod ist wichtiger als ihr Tod. Der Tod dessen, der heute mit mir in der Welt lebt, als der Tod derjenigen, die vor tausend Jahren gestorben sind. Der Tod aller Menschen zu allen Zeiten als der (Wärme-) Tod der Universen und der Galaxien. Es muß klar sein: der Philosophie des *Übermenschen* steht hier die Philosophie der Sklaven entgegen.

II. 9. Es gibt eine furchtbare Stelle in Heideggers *Was heißt Denken?* (I, VI–VII, S. 64/65), wo Heidegger sich fragt, ob der Mensch, der sich immer noch so dagegen sperrt, das Sein zu denken, metaphysisch vorbereitet sei, die Beherrschung der Erde durch die Technik auf sich zu nehmen (da das, was in unserer Zeit am meisten zu denken gebe, die Tatsache sei, daß wir immer noch nicht denken). Gefangen in seinen allzu kurz tragenden politisch-sozialen Gedanken, stehe der Mensch einem schrecklichen, seit kurzem beendeten Konflikt gegenüber (Heidegger spricht im Jahre 1952). Und – angegangen in dieser Vergessenheit des Hauptthemas – was habe das Ende dieses Konfliktes denn erbracht? Nichts. Der Krieg habe nichts gelöst. Heidegger will hier auf die Tatsache Bezug nehmen, daß die auf das Ende des Konfliktes gefolgten Veränderungen das Verhältnis des Menschen zum einzig denkenswerten Gegenstand um keine Handbreit verändert haben.

Nun (und man schämt sich, ein so demagogisches Argument zu gebrauchen – aber es wäre schändlicher, aus Angst vor Demagogie auf solche Argumente zu verzichten), da das Ende des Konflikts (z. B.) dem Massaker von sechs Millionen Juden Einhalt geboten hat, wenn ich der erste der siebten Million gewesen wäre, der erste, der um eine Einheit dem Massaker entronnen wäre, so muß ich sagen, daß das Ende des Konflikts für mich eine ungeheure Wichtigkeit gehabt hätte.

Was erlaubt uns denn, zu denken, daß diese Prioritätenfolge der anderen gegenüber philosophisch sekundär ist?

II. 10. Die Entfaltung von Deduktionen, die uns zur Erkenntnis der Ausweglosigkeit eines philosophischen Strukturalismus geführt hat, hat allen Anschein der Legitimität und hat uns vor einige unumstößliche Ergebnisse gestellt: Gewiß findet die strukturale Reflexion, zu ihren äußersten Konsequenzen gebracht, zurück zum tiefen Kern jeden Fragens über die Grundlagen der Erkenntnis, über die Bestimmung der Stelle des Menschen in der Welt, über die Definition von Welt selbst.

Aber wenn der Blitz dieser Entdeckung mich zur Anbetung des Ursprungs, aus dem er aufgeblitzt ist, niederwirft, bin ich dann sicher, daß das, was ich im Dunkeln lasse, nicht ebenso radikal wichtig ist? Wenn die Lehre des Lebens zum Tod mir auch sagt, was ich tun kann, um nicht das Opfer falscher Ziele zu werden, so ist die Dialektik der angeblich falschen Ziele doch eine Dialektik des Fragens und Handelns, die, da sie mir erlaubt, die Dinge zu verändern, mir vielleicht gestattet, meinen Tod oder den Tod eines anderen hinauszuschieben. Die Anerkennung der Anwesenheit des Todes bedeutet nicht, daß eine Kultur des Todes entwickelt werden soll, sondern daß dem Tod mit mutig herausfordernden Techniken geantwortet werden muß.

Auch wenn die anderen, in denen wir uns erkennen, eine der vielen Fallen der *Differenz* sind, so findet das Denken doch im Sprechen mit ihnen und über sie einen Trost, der dem Menschen eigentümlich ist. Sofern mir die Struktur als fiktive Hypothese Instrumente liefert, um mich in der Welt der geschichtlichen und sozialen Beziehungen zu bewegen, befriedigt sie zumindest teilweise unsere ziellose Sehnsucht und setzt dieser Sehnsucht Grenzen, innerhalb deren das Lebewesen Mensch sich oft zufriedengestellt fand.

Der letzte Verdacht (da ihn jemand geäußert hat) ist, daß diese Entscheidung mich von vornherein einer Ideologie der Technik als eines verändernden Handelns ausliefere, welche unausweichlich eine Dialektik der Herrschaft impliziere und zu meiner eigenen Zerstörung führe. In diesem Fall hätte das ontologische Denken seine Wette gewonnen, die Ausgangsfrage wäre verfehlt gewesen.

Wenn ich aber meine Wette gewinne? Wie sagte ein chinesischer Weiser der letzten Dynastie: „Willst du Kenntnisse erwerben, mußt du an der die Wirklichkeit verändernden Praxis teilnehmen. Willst du den Geschmack einer Birne kennenlernen, mußt du sie verändern, das heißt sie in deinem Mund zerkauen."[17]

17 Mao Tse-tung, „Über die Praxis" (1937), in *Ausgewählte Werke* I, 1968, S. 353.
Der „Pragmatismus" dieses Projekts könnte den verletzen, der glaubt, daß die Erkenntnis auf ihrer eigenen Ebene eine absolute begriffliche Autonomie verfolgen sollte und in sich die strukturalen Bedingungen ihrer Verifizierung finden sollte. Das ist die von den Autoren von *Lire le Capital* vertretene These. In seiner antihistorischen, antipragmatischen und antiempiristischen Polemik versucht *Lire le Capital*, jede historische Einwirkung auszuschalten, welche die Selbstbestimmtheit einer Erkenntnisstruktur, die klar und selbstzufrieden sei wie ein Kristall, antastet. Aber damit die Erkenntnis sich selbst bestimmen und dennoch die Welt erkennen und verändern kann, muß das Sein auf irgendeine Weise sein. Und wenn das Sein ist, dann wird die Veränderung der Wesen nur ein Epiphänomen sein, dessen Oberflächlichkeit Marx vielleicht beunruhigt hätte. Daher — wo es sich darum handelt zu erklären, wie eine Erkenntnis, die sich auf der reinen Ebene der Erkenntnisstrukturen bewegt, auf die wirkliche Welt wirken kann — bezieht sich Althusser (implizit, aber mit verräterischen Zitaten) auf eine ontologische Lehre, die höchste von allen, auf die Lehre Spinozas. Und die marxistische Philosophie würde also auf die Welt wirken, weil — letztenendes — *ordo et connexio idearum idem est ac ordo et connexio rerum*. Was eine große und faszinierende metaphysische Entscheidung darstellt, was einen aber wegen der revolutionären Naivetät eines solchen Denkens der *Notwendigkeit* überrascht. Noch einmal: *Wo Es war, soll Ich werden*. (Vgl. L. Althusser — E. Balibar, *Lire le Capital*, Paris 1967.)

5. DIE METHODEN DER SEMIOTIK

I. Die Verfahrensfiktion

I. 1. Nun sind wir wieder zur These dieser Untersuchung zurückgekehrt. Da die Struktur in jedem Fall abwesend ist, wird sie nicht mehr als objektiver Endpunkt einer abschließenden Forschung betrachtet werden, sondern als hypothetisches Instrument, mit dem die Phänomene geprüft werden, um sie umfassenderen Korrelationen zuzuführen.

Erinnern wir noch einmal daran, wie alle unsere Überlegungen ausgegangen sind von der Möglichkeit, *auf der Ebene der Kommunikationsphänomene* Strukturen auszusagen (Codes zu erkennen). Das epistemologische Problem ist jetzt beträchtlich erleichtert: Eine semiotische Forschung bearbeitet ein *gesellschaftliches* Phänomen wie die Kommunikation und Systeme *kultureller* Konventionen wie die Codes. Diese Systeme als Codes anzuerkennen stellt vielleicht eine Fiktion dar, aber es ist eine völlig gesicherte Tatsache, daß man sie als intersubjektive Erscheinungen definieren kann, die auf der Gesellschaftlichkeit und auf der Geschichte basieren.

Die Feststellung, ob es ein Atom gibt, ist schon eine Verfahrensfiktion, die den hypothetischen Beschreibungen der Struktur des Atoms vorausgeht, aber die Feststellung, daß die Menschen Botschaften austauschen, ist ein sicherer Ausgangspunkt, um hypothetisch Strukturen anzunehmen, dank deren die Botschaften kommunizieren.

Der Sprung besteht darin, daß man durch eine Reihe von Beschreibungsfiktionen von der Welt der sprechenden menschlichen Wesen zur Welt der Kommunikationsmodelle übergeht.

I. 2. In gewisser Hinsicht stößt nun der Semiotik zu, was – in einem anderen Sinn Foucault wieder aufgreifend – den Humanwissenschaften zustößt, wenn sie versuchen sollten, aus einer philosophisch ausweglosen Lage herauszukommen, in der der Mensch sich selbst problematisch war und zum Hauptgegenstand seiner Überlegungen seine eigene Rede, die Frage, die er dem Sein stellte, erwählte. Hier würden die Humanwissenschaften den Menschen von der Szene der Kultur verbannen. Es ist aber nunmehr klar, in welchem Sinn sie – für uns – den Menschen eliminieren sollen: Sie beschränken ihre Forschung auf eine Feststellung von *kulturellen Codes*, auf deren Hintergrund man das (redundante oder informative) Sich-Gliedern jeder *Botschaft* untersuchen kann und die Variationen, denen das Austauschen von Botschaften in der Zeit und im Raum eben die Systeme kultureller Konventionen mittels eines Spiels von verschiedenen Codes unterwirft.

Um diese Dialektik zu untersuchen, entwirft die Semiotik – wie wir gesehen haben – hypothetisch Codes als strukturale Modelle jedes möglichen Kommunikationsaustauschs. Diese hypothetischen Vorschläge sind perspektivisch, partiell und von den Umständen abhängig – in einem Wort: „historisch". Aber die Behauptung, daß sie historisch sind, impliziert eine zweifache Reihe von Problemen. Einerseits muß man definieren, in welchem Sinn ihre Historizität sie nicht für die Zwecke einer allgemeinen Betrachtung der Kommunikation unbrauchbar macht. Andererseits muß man sehen, ob es ihnen gelingt (obwohl sie historisch sind und gleichzeitig eine Allgemeinheit der Verwendung anstreben), die Historizität des Kommunikationsprozesses selbst zu erklären.

II. Struktur und Prozeß

II. 1. Kehren wir zur Kommunikationskette zurück, die wir schon in A. 1. II. untersucht haben. Diese Kette impliziert, daß die signifikante Botschaft, wenn sie beim Empfänger ankommt, *leer* ist. Aber ihre Leere ist *die Verfügbarkeit eines signifikanten Apparats, der noch nicht von den Codes beleuchtet ist, die ich auswähle, um sie auf der Botschaft konvergieren zu lassen.*

II. 2. Die Leere der Botschaft ist nicht durch eine ihrer Eigenschaften bedingt: ihre „Abwesenheit" (aber dies ist deutlich nur eine Metapher) ist bedingt durch die sich aufdrängende Anwesenheit der Konventionen, die sich über sie legen. Wenn die Botschaft auch abwesend ist, so ist sie deswegen doch nicht transparent: sie enthüllt mir nichts auf einen Schlag; sie ist undurchlässig, weil sie an Codes anstößt, die vielleicht nicht die ihren sind. Meine Bemühung um

Treue kann in einer Reihe von Operationsversuchen bestehen, die darauf zielen, die Ausgangscodes wiederzufinden und zu sehen, ob die als solche Ausgangscodes hypothetisch vermuteten Codes funktionieren. Gewiß, die Glaubwürdigkeit der vorgeschlagenen Codes wird von einer *Logik der Signifikanten* geregelt. Aber auch die Logik der Signifikanten, das Erkennen dieser bestimmten Signifikanten in der Botschaft unter Ausschluß anderer, ist das Ergebnis einer ersten Decodierung. Ein Rhythmus, eine geometrische oder arithmetische Skandierung, die bestimmte Formen regelt und mich daran hindert, diesen Formen Bedeutungen zuzuschreiben, die zu dieser Regelmäßigkeit in Kontrast stehen, wird identifiziert, wenn man dessen Struktur schon *voraussetzt*. Bei der Reihe „2, 4, 6, 8" kann mir die Logik der Signifikanten das darauffolgende Erscheinen von „10" nur dann vorhersagen, wenn ich dieser Reihe die (vielleicht durch Gewohnheit anerkannte) Hypothese einer Progression „zwei um zwei" entsprechen lasse. Bei den Zahlen „3, 7, 10" gibt es nur dann eine Logik der Reihe, wenn ich folgende Regel vorhersehe: „die mittlere Zahl ergibt die folgende durch Addition der vorhergehenden", weswegen die nächste Zahl „17" sein müßte. Aber wenn der Code die Reihe der Zahlen mit sakraler Konnotation (Dreieinigkeit, Todsünden, Gebote) beträfe, dann könnte die Reihe mit anderen Zahlen fortgesetzt werden, deren letzte wahrscheinlich *siebzig mal sieben* wäre.[18]

Wenn wir uns also für die „Logik der Signifikanten" begeistern, dann respektieren wir in ihr in Wirklichkeit die Folgerichtigkeit der ausgehandelten Codes. Wenn wir uns an der sinnerzeugenden Leere berauschen, haben wir es dagegen mit dem historisch-sozialen

---

18 Sh. einen Text wie „„Les chats' de Baudelaire", in *L'Homme* 2, 1 (1962) von R. Jakobson und C. Lévi-Strauss, der ein Modell einer „objektiven" strukturalen Analyse darstellen sollte. Daß die Analyse struktural ist, steht außer Zweifel, aber was heißt „objektiv"? Wenn das Gedicht die Würde eines „absoluten Gegenstandes" erreicht, dann gerade weil die Analyse einer Ebene auf die Analyse der anderen Ebene verweist und weil alle Analysen „zusammenhalten" (und hier wird der Begriff des ästhetischen Idiolekts verifiziert, von dem wir an anderer Stelle sprachen). Nun kann offenbar die Zuordnung einer phonologischen und syntaktischen Struktur als eine einfache objektive Feststellung erscheinen, aber was soll man sagen, wenn die Autoren behaupten, daß „diese Erscheinungen formaler Distribution eine semantische Grundlage haben"? Hier sind wir schon bei der konnotativen Lektüre gewisser semantischer

Reichtum der Codes zu tun, die auf die Botschaft zulaufen und sich an ihr brechen und das Leben der Botschaft in der Zeit bestimmen. Die Dauer dieses Lebens kann entweder von der „Offenheit", die in der Botschaft angelegt ist, oder von einer zufälligen Verfügbarkeit der Botschaft abhängen. Auf jeden Fall impliziert die kommunikative Kette die historische Dimension und erklärt sie, während sie gleichzeitig von ihr begründet wird.

Wenn man also eine so erbarmungslose Schlacht zwischen Struktur und Geschichte hat inszenieren können, dann weil die betreffende Struktur nicht als ein Instrument für die synchronische Untersuchung von zutiefst historisch bedingten Phänomenen betrachtet wurde, sondern weil sich schon von vornherein die Struktur als Negation der Geschichte darstellte, insofern sie Begründung des Identischen sein wollte.

III. Die Universalien der Sprache

III. 1. Hier tritt das Problem der *Universalien der Sprache* auf, d. h. jener Konstanten, die bewirken, daß in jeder bekannten Sprache identische Lösungen gefunden werden (was auch heißt: das Problem, warum es eine intersubjektive Basis der Kommunikation gibt). Charles Osgood (1963, S. 322) meint, daß die Codes der verschiedenen Sprachen wie Eisberge seien, von denen man nur einen kleinen Teil kenne, der aus dem Wasser auftauche: darunter verbärgen sich die Potentiale, die der Entwicklung der Sprache gemeinsam seien, die universellen Mechanismen der Metapher und der Synästhesie, die

---

Elemente im Lichte bestimmter kultureller Codes (Beispiel: das Verhältnis „Erebus-Dunkelheit"), und nun wird das Erkennen selber von signifikanten Entsprechungen nach dem Muster der Bedeutungsentsprechungen bestimmt; was nur natürlich ist. Das absolute Objekt ist ein solches, weil es erklärt wird als der Mechanismus, der verschiedene Lektüren ermöglicht, aber es ist absolut in dem Sinne, daß es das Maximum an Objektivität darstellt, das von einer bestimmten historischen Perspektive aus, von der seiner Leser nämlich, möglich war. Eine Objektivität, die von der Tatsache begünstigt wird, daß die historische Nähe es den Lesern erlaubt, ziemlich sicher die Codes des Autors zu erschließen: die Modalitäten der Baudelaireschen Aussprache, die der des modernen Französisch gleich ist, auf deren Grundlagen sich die Reime aufbauen, usw.

an allen Menschen gemeinsame biologische und psychologische Wurzeln gebunden seien. Jakobson hält die Erforschung der universellen Konstanten der Semiotik für das zentrale Problem der zukünftigen Linguistik (und jeder Semiotik) (1963 b, S. 276). Jakobson ist zu scharfsinnig, um nicht zu wissen, welchen epistemologischen Einwänden eine solche Forschung ausgeliefert ist, aber an anderer Stelle bemerkt er: „Es besteht kein Zweifel, daß genauere und erschöpfendere Beschreibungen der Sprachen der Welt den Code der allgemeinen Gesetze vervollständigen, richtigstellen und vervollkommnen werden. Aber es wäre falsch, die Erforschung dieser Gesetze auf später zu verschieben, in Erwartung einer späteren Erweiterung unserer Kenntnis der Tatsachen... Ich stimme mit Grammont überein in dem Glauben, daß ein Gesetz, das Richtigstellungen verlangt, nützlicher ist als die Abwesenheit jedwelchen Gesetzes" (1963, S. 73).[19]

III. 2. Gewiß – abgesehen von der Bewußtheit Jakobsons – bringt eine Erforschung der Universalien eine philosophische Thematik ins Spiel, deren Unkenntnis viele den Linguisten vorwerfen. Welche Universalien? Platonische? Kantische? Freudsche? Biologische? Andererseits wäre es aber ziemlich anmaßend, die Linguisten wegen einer abstrakten epistemologischen Sorge daran hindern zu wollen, Konstanten herauszufinden, die uns viele Vorgänge erklären könnten. Man muß mit großer Sorgfalt unterscheiden zwischen einer Erforschung der Universalien der Kommunikation, wie sie die Linguisten durchführen, und einer jeder Forschung vorhergehenden Annahme, die unvermittelt und ohne Möglichkeit empirischer Revision die Anwesenheit einer *Absoluten Bedingung* setzt.

Vor allem sind die Universalien der Sprache, die identifiziert werden, nicht unbedingt universelle Strukturen des Geistes. *Sie sind Fakten.* Wenn man sagt: „Jede Sprache, die vordere gerundete Vokale hat, besitzt auch hintere gerundete Vokale"; oder: „Das Signifikans des Plurals neigt dazu, die Bedeutung der Zahlenvermehrung durch die Verlängerung der Form auszudrücken" (Jakobson, 1963, S. 72); oder: „Der Prozentsatz der Redundanz ist in jeder

---

19 Vgl. auch die Bemerkungen von Luigi Heilmann im Vorwort der italienischen Ausgabe. Außerdem: Emile Benveniste, „Le langage et l'expérience humaine", in *Problèmes du langage*, 1965.

bekannten Sprache meistens konstant" (Greenberg, 1963, S. XVII–XVIII), so ist das nicht dasselbe, wie wenn man z. B. sagt, daß die Struktur der sprachlichen Bestimmung von der wesentlichen Differenz abhänge, die das In-der-Welt-Sein kennzeichne.

Mit anderen Worten: eine Sache ist es, Konstanten festzustellen (ein äußerst nützliches Vorgehen), eine andere, sie philosophisch dermaßen endgültig zu definieren, daß keine Revision der Behauptung mehr möglich ist.

In diesem Sinne verbinden sich also die Untersuchungen über die Universalien der Kommunikation mit den Untersuchungen über die psychologischen Strukturen in ihren Beziehungen zu unseren biologischen Grundlagen (vgl. Piaget, 1967; Ashby, 1960;) Biologie und Kybernetik reichen sich hier die Hand, um die physischen Strukturen zu bestimmen, die die Kommunikation ermöglichen (Ivanov, 1965).

III. 3. Probleme dieser Art werden dringlich in der Untersuchung der natürlichen Sprachen, wo man von einer anerkannten Relativität der Codes ausgeht, um zu einer Erkenntnis der Konstanten zu gelangen. Für die anderen Zeichensysteme ist die Situation verschieden. Man denke an die Gebärdensprache: Man hat gewöhnlich nie daran gezweifelt, daß diese instinktiv und universell sei, und es hat eine gewisse Anstrengung gekostet, sie als historisch, situationell bedingt und konventionell zu untersuchen. Das Problem bei diesen Systemen ist es immer noch, ihre Relativität zu erkennen und ihre Codes zu unterscheiden, indem man sie mit ihrem gesellschaftlich-historischen Hintergrund verbindet. Und in diesem Fall behält die Hypothese von Whorf ihre Gültigkeit, daß der Mensch in seiner Art, die Welt zu sehen, von den kulturellen Codes determiniert sei, die die Kommunikation der Welt regeln, auch wenn es nützlich ist, jede Kommunikation auf die angeblichen und wahrscheinlichen bio-neuro-psychologischen Konstanten zurückzuführen, die in ihr herrschen.

Natürlich muß die semiotische Forschung weiterhin verschiedene Schichten von Codes unterscheiden: einige, die auf solchen biologischen Konstanten beruhen (man denke an die Codes der Wahrnehmung), daß wir in vielen Fällen ihr kulturelles Wesen vernachlässigen können und sie als natürliche Manifestationen akzeptieren können; und andere, die eindeutig kulturell sind, aber dermaßen tief in den Gewohnheiten und im Gedächtnis der Spezies oder der verschiedenen Gruppen verwurzelt sind, daß auch sie – in bestimmten Situationen – als motiviert und nicht-willkürlich akzeptiert werden können (so z. B. der mögliche ikonische Code); und schließlich andere, die ganz klar gesellschaftlich und historisch sind und als solche identifiziert, und manchmal enthüllt, werden müssen, bevor man noch den Fall des „Saussureschen Dogmas von der Willkürlichkeit des Zeichens" feiert.

IV. *Die psycholinguistische Verifizierung*

IV. 1. Negation der Objektivität der signifikanten Kette, Bestehen auf der Funktion der Zielcodes und empirische Haltung gegenüber den Universalien der Kommunikation implizieren ein anderes Problem: das der Psychologie der Rezeption. Die semiotische strukturalistische Tradition hat bis heute, dem Dogma der synchronischen und objektiven Beschreibung folgend, ihre Aufmerksamkeit auf die Botschaft und auf die Codes konzentriert. Das Problem der Rezeption wurde unter die psychologischen Schwächen verwiesen, so wie das Problem der Produktion mit Erleichterung der Philologie, der Soziologie, den romantischen Bemühungen um den schöpferischen Prozeß überlassen wurde. Der Verdacht, sich nicht für die Struktur des Codes oder der Botschaft zu interessieren, *sondern für die Struktur des Genusses und der Aufnahme,* genügte, um exkommuniziert zu werden.

Diese Täuschung liegt auch den *Inhaltsanalysen* zugrunde, die schließlich als objektive Konstituenten der Botschaft die Bedeutungen entdecken, die der Forscher in sie hineinlegt mit allen Implikationen seiner Kultur und seiner Klasse, die seine Bildung mit sich bringt. Und unsere ganze Auffassung des Problems hat dagegen versucht, die Wichtigkeit des Empfänger-Pols mit seinen Codes, das Gewicht der *Umstände der Kommunikation* und der *Ideologie* des Empfängers aufzuzeigen (vgl. Rossi-Landi, 1961, Kap. 8).

So findet sich heute die ganze Diskussion über die Kommunikation auf Schritt und Tritt dem Problem der *Psycholinguistik* gegenüber.

IV. 2. Wenn, wie man mehrmals nahegelegt hat, die Semiotik nicht sagen kann, was mit der Botschaft geschieht, sobald sie empfangen worden ist, *dann kann aber die Psycholinguistik sagen, was der*

Empfänger in bestimmten experimentellen Situationen auf die Bot-
schaft projiziert. So liefert sie der Semiotik die Daten zur Bestim-
mung der Zielcodes; sie ermöglicht es ihr, eine Kasuistik von
Umständen zu entwickeln, und vorherzusehen, welche Formulierun-
gen der Botschaft (mit allen Variationen zwischen Redundanz und
Information) die Variierung der Rezeption bestimmen können. Und
dies als experimentelle Disziplin, die „direkt den Codierungs- und
Decodierungsprozeß behandelt, sofern diese Prozesse Zustände der
Botschaften auf Zustände der Mitteilenden beziehen" (Osgood und
Sebeok, 1965, S. 4). Die Psycholinguistik verbindet sich dann mit
den paralinguistischen Forschungen, wenn sie das Problem der
Intonationen, der Pausen, des Rhythmus, der lexikalischen und
syntaktischen Präferenzen, der Nutzung der außersprachlichen kommentierenden Mittel wie der Mimik, der konventionellen Gebärdensprache usw. stellt. Sie bringt die Rolle des *Kontextes* der Botschaft
bei der Bestimmung der Interpretationsantwort ans Licht. Sie führt
dazu, das Problem der Affektivität, den Einfluß der psychophysischen
Dispositionen des Empfängers (Müdigkeit, Traurigkeit usw.) neu zu
überprüfen, und zwingt dazu, Ereignisse als zur Rubrik „Umstände"
gehörend anzusehen, die die Semiotik theoretisch nicht vorhersehen
konnte.[20] Und man versteht, wie die psycholinguistische Erfahrung
(aber man wird künftig von Psychosemiotik im allgemeinen sprechen
müssen) bei der Klärung der Kommunikationsprozesse mit ästhetischer, emotionaler, phatischer usw. Funktion helfen kann.

Das ganze Problem der Konnotation hängt von der Psycholinguistik ab. Nicht, weil die Konnotation auf ein psychologisches Geschehen reduziert werden könnte und nicht zu einem System von
Oppositionen strukturiert werden könnte, sondern im Gegenteil, weil
man sich, um die möglichen konnotativen Oppositionen zu bestim-

---

20 Vgl. Tatiana Slama-Cazacu, 1966; Renzo Titone, 1966; *Problèmes de
Psycho-Linguistique,* 1963 (mit Piaget, Oléron, Fraisse und anderen).
Ein Pionier auf diesem Gebiet ist Lev Semenovich Vygotsky (1934)
gewesen; aber Pionierarbeit ist auch das Werk von G. A. Miller (1951);
von Miller sh. auch *Psychology and Communication,* 1967, und auch
die vielfältigen Untersuchungen, die der psycholinguistischen Forschung
verschiedene Wege eröffnet haben. Eine andere orientierende Anthologie
ist: Sheldon Rosenberg (ed), *Directions in Psycholinguistics,* 1965. Psy-
cholinguistisch begründet ist auch das Buch von Roger Brown, *Words
and Things,* 1958.

men, auf die psycholinguistische Erfahrung beziehen muß, die diese Oppositionen ans Licht gebracht hat, wie z. B. auf die Untersuchungen von Osgood über das semantische Differential (Osgood, 1957).

IV. 3. Alle diese empirischen Erfahrungen tragen also dazu bei, Material für die Bestimmung der Codes zu liefern. Und gleichzeitig liefern sie Verifizierungen, die am Zielpol bestimmen, in welchem Ausmaß die Botschaft den Codes entspricht, die hypothetisch angenommen worden waren, um die Botschaft zu definieren.

Aber bedeutet dieser empirische Rückgriff nun, daß die Aufstellung der Codes ein *induktives Verfahren* darstellt?

Nun, das semiotische Vorgehen sollte implizieren, daß der Rückgriff auf die konkrete Erfahrung nicht *dem Postulat einer theoretisch-deduktiven Willkürlichkeit der Codes widerspricht*.

V. *Die Willkürlichkeit der Codes und der provisorische Charakter des strukturalen Modells*

In den vorangegangenen Kapiteln haben wir den Selbstzerstörungsprozeß einer „Struktur" verfolgt, die sich als objektiv ausgab; und wir haben entschieden, daß die Antwort auf dieses Verhalten darin besteht, anzuerkennen, daß die Strukturen, die die Semiotik beschreibt, nichts anderes sind als Erklärungsmodelle. Diese Modelle sind theoretisch in dem Sinne, daß sie als die bequemsten und „elegantesten" postuliert werden, die eine empirische Bestandsaufnahme und eine induktive Rekonstruktion vorwegnehmen, die von der großen Ausdehnung des Gebietes und von dessen diachronischem Charakter ins Reich der Utopie verwiesen werden würden.[21]

Wie Emmon Bach (1966) bemerkte, wird ein Baconsches Vorgehen (Registrierung von Erfahrungen in *tabulae*) durch ein Keplersches

---

21 Es scheint uns, daß Roland Barthes sich im Kielwasser des Einflusses des Transformationalismus als Methode (wenn nicht als impliziter rationalistischer Philosophie) mehr dieser Auffassung des Problems genähert hat (und die Utopie der absoluten Objektivität aufgegeben hat) in der „Introduction à l'analyse structurale des récits", in *Communications* 8 (1966). Vor Tausende von Erzählungen gestellt, deren Struktur sie nicht aus einer empirischen Analyse folgern kann, ist die struk-

Modell ersetzt (theoretisches Modell: die Welt könnte so sein; prüfen wir nun, ob dieses postulierte Bild sich auf die konkrete Erfahrung anwenden läßt). Wie Bach unter Berufung auf Popper meint: „die besten Hypothesen sind die am wenigsten wahrscheinlichen"; sie funktionieren auf Distanz. Ihre ideale Form ist die einer Axiomatik (die Chomskysche Linguistik ist auf dem Weg dahin; aber die strukturalen Hypothesen über die Kombinatorik, die jede Verknüpfung lenkt, gehen auf dem gleichen Weg voran). Welches die Wege auch sein mögen, die diese Hypothese bei ihrer Entstehung verfolgen kann, ihr epistemologisches Ideal könnte immer noch das der glossematischen Schule sein:

„Man kann ein solches System auf vollständig willkürliche Weise aufstellen, wie eine Art von Spiel, wo alles gut verläuft, wenn nur die gegebenen Spielregeln eingehalten werden... Die Wahl der Elemente entscheidet über das Aussehen der Systeme, und diese Wahl kann willkürlich sein, da die besagten Systeme nicht unbedingt Beziehungen mit den Gegenständen der wirklichen Welt haben müssen". Aber das bedeutet: „die Theorie wird einerseits als ein rein deduktives System ohne notwendige Beziehungen zu wirklichen Gegenständen betrachtet und andererseits als ein deduktives System, das als Beschreibungsinstrument genutzt werden kann, d. h. daß es wirklich existierende sprachliche Tatbestände zusammen mit ihren Beziehungen muß darstellen können" (Sørensen, 1967, S. 7/11).

Die Modelle des Kernphysikers sind nicht von anderer Art. Die semiotischen Modelle müssen wie jene Rechenschaft über eine synchronische Struktur und über eine diachronische Prozeßhaftigkeit der untersuchten Objekte ablegen; und wie jene *müssen sie den Mut aufbringen, sich als provisorisch zu betrachten,* auch noch nachdem sie konkrete Operationen ermöglicht haben, die von Erfolg gekrönt waren (vgl. auch Boudon, 1968).

---

turale Methodologie gezwungen, „zunächst ein hypothetisches Beschreibungsmodell aufzustellen" und dann „allmählich, von diesem Modell ausgehend, zu den Arten hinabzusteigen, die gleichzeitig an ihm teilhaben und sich von ihm entfernen" (S. 2). Aber über eine exemplarisch operativistisch-empiristische Rückübertragung der linguistischen Methoden und insbesondere des Chomskyschen „Rationalismus", sh. Luigi Rosiello, *Linguistica illuminista,* Bologna, Mulino, 1967.

VI. 1. Den Problemen des Strukturalismus widmete schon Maurice Merleau-Ponty, unter Vorwegnahme so vieler später auftauchender Fragen, einen seiner luzidesten Aufsätze in *Signes* (1960): Natürlich werden wir bei der gründlichen Untersuchung der gesellschaftlichen Phänomene immer mehr entdecken, daß diese auf Strukturen zurückgeführt werden können, und diese auf umfassendere Strukturen, aber werden wir damit am Ende *universelle Invarianten* entdecken? „C'est à voir. Rien ne limite dans ce sens la recherche structurale – mais rien aussi ne l'oblige en commençant à postuler qu'il y en ait". Ein unbewußtes Denken zeichnet sich am Grund der gesellschaftlichen Systeme und der Sprachsysteme ab, „une anticipation de l'esprit humain, comme si notre science était déjà faite dans les choses, et comme si l'ordre humain de la culture était un second ordre naturel, dominé par d'autres invariants" (S. 148/149): Aber auch wenn diese Ordnung existierte, so würde doch das Universum, das sie skizzieren würde, die besondere Wirklichkeit auch nicht mehr ersetzen, als die verallgemeinerte Geometrie die örtliche Wahrheit der Beziehungen des euklidischen Raumes vernichtet. Die reinen Modelle, die von einer rein objektiven Methode entworfenen Diagramme, sind *Erkenntnisinstrumente*. Der Ethnologe sieht sich gezwungen, ein System allgemeiner Bezüge aufzustellen, in das sein Denken und das des Eingeborenen hineinpassen: Dies ist eine Denkweise, die sich uns aufdrängt, wenn der Gegenstand der Untersuchung *verschieden* ist und verlangt, daß wir selbst uns verändern, um ihn erfassen zu können. Das ist alles.

In dieser Hinsicht scheint die Haltung von Merleau-Ponty nicht verschieden von der schon angeführten Haltung Hjelmslevs und der Haltung der Forscher der transaktionalen Psychologie (Kilpatrick, 1961). Das Experiment des *verdrehten Zimmers* sagt mir, daß die Hypothese der Struktur von einer Situation aus entworfen wird; daß die Handlung, die ich ausführen kann (ein Umhertasten mit dem Stock), mir Grundlagen für korrigierende Hypothesen liefert; daß ich als Ergebnis dieser Hypothese (immer unter Beibehaltung des vom Experiment verlangten einäugigen Sehens) den Stock besser bewegen kann, auch ohne zu wissen, wie das Zimmer „in Wirklichkeit" ist und ob es mit der Struktur übereinstimmt, die ich von ihm angenommen habe. Die genetische Psychologie erinnert uns daran, daß an den Wurzeln der Wahrnehmung selbst ein operationelles Verhältnis zwischen hypothetischen Modellen und rohen Daten steht (Piaget, 1961).

VI. 2. Das Transaktionsverhältnis, als das der Prozeß der Bildung der Wahrnehmung und des intellektuellen Verständnisses verstanden werden muß, schließt aus, daß eine schon mit einer objektiven Organisation versehene Konfiguration von Elementen erfaßt werden könnte, die dank eines grundlegenden (aber wie begründeten?) Isomorphismus zwischen Strukturen des Objekts und psycho-physiologischen Strukturen des Subjekts erkannt werden könnte. Die Erfahrung verwirklicht sich in einem Prozeß.

„Als menschliche Wesen erfassen wir nur diejenigen *Gesamtheiten,* die einen Sinn für uns als menschliche Wesen haben. Es gibt unendlich viele andere *Gesamtheiten,* von denen wir niemals etwas erfahren werden. Es ist offensichtlich, daß es uns unmöglich ist, alle möglichen Elemente in jeder Situation und alle ihre möglichen Beziehungen experimentell zu erfassen ... Daher sind wir gezwungen, die schon gemachte Erfahrung als formierenden Faktor der Wahrnehmung Situation für Situation zu Hilfe zu rufen ... Mit anderen Worten: das, was wir sehen, ist sicher Funktion eines kalibrierten Durchschnitts unserer vergangenen Erfahrungen. Es scheint so, daß wir ein bestimmtes Pattern von Stimuli vermittels einer komplexen Integration probabilistischer Art zu vergangenen Erfahrungen in Beziehung setzen ... Daraus folgt, daß die Wahrnehmungen, die aus solchen Operationen hervorgehen, keineswegs absolute Enthüllungen dessen, 'was außerhalb liegt', darstellen, sondern Vorhersagen und Wahrscheinlichkeiten, die auf erworbenen Erfahrungen basieren" (Kilpatrick, 1961, S. 41).

Von einer Integration probabilistischen Typs spricht auch Piaget (1955), wo er die Strukturation des sinnlich Gegebenen als das Produkt eines Auswägens betrachtet, das gleichzeitig von angeborenen Faktoren und von äußeren Faktoren abhängt, die beide ohne Unterlaß aufeinander einwirken.

Es handelt sich auf jeden Fall um eine strukturierende Erfahrung, die prozessual und „offen" ist und die sich bei Piaget am ausführlichsten in seiner Analyse der Intelligenz findet. Das intelligente Subjekt, geleitet von der Erfahrung, geht vor durch eine Reihe von Hypothesen und Versuchen und gelangt schließlich zur Aufstellung der Strukturen: aber diese sind nicht die statischen und vorgeformten Formen der Gestaltpsychologen, sondern bewegliche und umkehrbare Strukturen, die verschiedenen operationellen Möglichkeiten unterworfen sind (vgl. Starobinski, 1965, S. XX).

Im übrigen erscheinen auch auf der Ebene der Wahrnehmung, wenn hier auch nicht die Umkehrbarkeit der intellektuellen Operationen vorliegt, verschiedene Regelungen, die „schon jene Kompositionsmechanismen skizzieren oder ankündigen, die wirksam werden, sobald die ganze Umkehrbarkeit möglich geworden ist". Anders gesagt: wenn sich auf der Ebene der Intelligenz bewegliche und variable Strukturen bilden, dann hat man auf der Ebene der Wahrnehmung immerhin aleatorische und probabilistische Prozesse, die auch aus der Wahrnehmung einen Vorgang mit vielen möglichen Ausgängen machen (Piaget, 1955, S. 28).

VI. 3. Diese Ergebnisse des Psychologen und des Epistemologen dienen uns hier dazu, auf offene und prozessuale Weise jene endgültige Antwort zu definieren, die der Methodologe (Hjelmslev) vom Epistemologen verlangte. Statt uns definitiv zu sagen, ob wir nun Realismus oder Nominalismus betreiben sollen, stellt uns der Epistemologe einer ständigen Strukturationstätigkeit gegenüber, in der die Strukturen Gestalt gewinnen kraft einer Dialektik, die sich in aufeinanderfolgenden Abenteuern ständig erneuert und wieder ins Gleichgewicht bringt.

„Ein Grundcharakteristikum der Wahrnehmung ist es, daß sie aus einem *fluktuierenden* Prozeß hervorgeht, der einen ununterbrochenen Austausch zwischen der Disposition des Subjekts und der möglichen Konfiguration des Objekts erlaubt, und daß diese Konfigurationen des Objekts mehr oder weniger *fest* oder *beweglich* innerhalb eines mehr oder minder *isolierten* raum-zeitlichen Systems sind, das für die Verhaltensepisode charakteristisch ist ... Die Wahrnehmung kann mit wahrscheinlichkeitstheoretischen Begriffen nach dem Modell dessen, was in der Thermodynamik oder in der Informationstheorie geschieht, ausgedrückt werden" (Ombredane, 1955, S. 85–100).

Das Wahrgenommene ist so die momentan stabilisierte sinnliche Konfiguration, unter der sich die mehr oder minder redundante Gruppierung der nützlichen Informationen präsentiert, die der Empfänger im stimulierenden Feld ausgelesen hat. Dasselbe stimulierende Feld bietet die Möglichkeit, eine unbestimmte Anzahl von Modellen mit einem variablen Redundanzgrad aufzustellen; auch wenn tatsächlich das, was die Gestaltpsychologen die „gute Form" nennen, unter allen Modellen dasjenige ist, das „eine minimale Information" verlangt und „eine maximale Redundanz beinhaltet". So entspricht die gute Form „dem Zustand maximaler Wahrscheinlichkeit eines fluktuierenden Wahrnehmungsganzen".

Aber jetzt merken wir, daß die gestaltpsychologische Auffassung der guten Form, übersetzt in die Begriffe statistischer Wahrscheinlichkeit, jede ontologische Notwendigkeit verliert und nicht mehr eine feste Struktur des Nervensystems des Subjekts als ihr Korrelat beinhaltet.

Das stimulierende Feld, von dem Ombredane spricht, bietet nämlich dank seiner Unbestimmtheit verschiedene Möglichkeiten redundanter Gruppierung und steht der guten Form nicht gegenüber, wie ein nicht-wahrnehmbares Unförmiges dem tatsächlich Wahrnehmbaren und Wahrgenommenen gegenüberstehen würde.

In einem Feld von Stimuli identifiziert das Subjekt die redundanteste Form, wenn es von besonderen Absichten dazu getrieben wird, aber es ist auch möglich, daß es nicht auf die anderen Operationen möglicher Koordinierung verzichtet, die im Hintergrund bleiben. Ombredane glaubt, daß man operationell („und auch typologisch") verschiedene Mittel der Erkundung des stimulierenden Feldes unterscheiden könnte:

„Man könnte unterscheiden: das Individuum, das seine Erkundung abkürzt und beschließt, eine bemerkte Struktur zu benutzen, bevor es noch alle Informationselemente ausgenutzt hat, die es hätte sammeln können; das Individuum, das seine Operation verlängert und sich verbietet, die Struktur anzunehmen, die die Operation ihm zeigt; das Individuum, das die beiden Verhaltensweisen verbindet, sei es um mehrere mögliche Entscheidungen zu vergleichen, sei es um die beiden besser in ein allmählich aufgebautes einheitliches Perzept einzubeziehen. Man könnte noch hinzufügen: das Individuum, das von einer Struktur zur anderen gleitet, ohne sich der Unvereinbarkeiten, die zwischen diesen bestehen können, bewußt zu werden, wie man es im Falle des Onirismus sieht. Wenn die Wahrnehmung eine Verpflichtung, ein Engagement, ist, dann gibt es verschiedene Arten, sich auf dem Weg einer Suche nach nützlichen Informationen zu engagieren oder es abzulehnen, sich zu engagieren".

Solche Bemerkungen rufen uns die ins Gedächtnis zurück, die Merleau-Ponty dem gestaltpsychologischen Isomorphismus entgegenhielt, als er umgekehrt die Form (die Struktur) nicht als ein Element der Welt definierte, sondern als eine *Grenze*, zu der die physische Erkenntnis tendiere und die diese selbst definiere (Merleau-Ponty, 1942).

Aber es kommt uns hier darauf an hervorzuheben, daß uns die strukturierende Tätigkeit, wenn sie schon auf der Ebene der Wahrnehmung und der Intelligenz als frei und versuchsartig (wir möchten sagen: erfinderisch) erscheint, mit umso größerem Recht auf der Ebene der Ausarbeitung epistemologischer Modelle, die dem Universum der kulturellen Erzeugnisse Gestalt verleihen, so erscheinen muß.

VII. *Strukturale Logik und dialektische Logik*

VII. 1. Aber eliminiert die Annahme eines Begriffes von Struktur als *prognostischem Instrument* wirklich die Annahme der Existenz von konstanten Verhaltensweisen des Geistes?

Wenn uns die semiotische Forschung (man sehe z. B. die semiotischen Untersuchungen der Intrige, die so genau die Wiederkehr von konstanten Erzählstrukturen zu bestimmen scheinen) das Vorhandensein von Konstanten nahelegt, dann können wir diesen Vorschlag nur akzeptieren und ihn in seinen richtigen Dimensionen fruchtbar machen, indem wir die Verifizierung immer noch weiter vorantreiben. *Das konstante Funktionieren des menschlichen Geistes ist nämlich eine äußerst fruchtbare Voraussetzung für jede semiotische Forschung.*

VII. 2. Das Ausarbeiten eines Modells, das sich als Hypothese und Versuch versteht, schließt nicht das Vertrauen in die Tatsache aus, daß die konkreten geformten Phänomene tatsächlich die offengelegten Beziehungen aufweisen. Aber man kann das unbedingteste Vertrauen in die Wirklichkeit der von einem Modell aufgezeigten Verbindungen haben, ohne deswegen zu leugnen, daß es andere mögliche Verbindungen gibt, die nur erscheinen können, wenn sie von einem anderen Gesichtspunkt aus betrachtet werden. Und ich werde niemals wissen, wenn das vorgeschlagene Modell operationell funktioniert, welche und wie viele andere mögliche Beziehungen meine Operation im Dunkeln gelassen hat.

Während ich die Wirklichkeit in Modellen erstarren lasse (und ich kann nicht anders verfahren, um die Wirklichkeit in den Griff zu bekommen), weiß ich, daß die Wirklichkeit mir *auch* – und nicht *nur* – die Umrisse darbietet, die ich feststelle. Das Ergebnis meiner Operation (die sich verwirklicht, indem ich die Tatsachen auf eine andere Verständnisebene hebe, folglich meinen Zugriff auf die Dinge bereichere und also dazu beitrage, die Welt zu verändern) darf mich nicht zu dem Schluß veranlassen, daß sich die Welt nur auf diese Umrisse beschränkte.

Abschließend: die *ontologische Täuschung* der strukturalen Prädikation besteht nicht darin, daß man versucht, konstante Modelle zu entwickeln, um dann deren situationelle Differenzierungen zu vertiefen (die ihrerseits die Konstanten in Zweifel ziehen können). Sondern sie besteht darin, daß die mutmaßlichen Konstanten als einziger Gegenstand und als Endzweck der Untersuchung, als Endpunkt und nicht als Ausgangspunkt für neue Zweifel ausgewählt werden. Es ist keine ontologische Täuschung, wenn man eine Hypothese über das *Identische* parat hat, um zu einer einheitlichen Untersuchung des *Verschiedenen* zu kommen. Es ist aber ontologische Täuschung, wenn man die Vorratskammer des *Verschiedenen* plündert, um darin immer, sofort und mit absoluter Gewißheit das IDENTISCHE zu finden.

VII. 3. Um dieses Problem zu verstehen, müssen wir noch einmal zu dem zurückkehren, was wir in A. 2. XI. das Modell Q genannt haben. Als Modell des Universums betrachtet, ist das Modell Q die Epiphanie der *Abwesenden Struktur*. Es ist das Feld eines Spieles. In dieses kombinatorische Feld mit äußerst hoher Entropie greift die Kultur ein, indem sie Codes und folglich Strukturen darauf legt. Aber das globale Feld läßt sich (nach Gesetzen, die die Semiotik nicht untersuchen kann und die im Augenblick noch Gegenstand metaphysischer Untersuchung sind) von der Kultur durch verschiedene Codes organisieren. Die Semiotik muß die Existenz und die Organisationsbedingungen dieser Codes untersuchen, die unvermeidlich historisch sind.

Jedoch enthält das Modell Q, wenn es von einem Code *geregelt* wird, gerade wegen seiner hypothetischen Natur immer die Möglichkeit, daß dieser Code von einem Widerspruch unterhöhlt wird. Mit anderen Worten: wenn eine kulturelle Einkeit durch „Pfade" (paths), wie sie durch den Stammbaum KF untersucht worden sind, sich mit anderen Einheiten verbindet (indem sie die Achse α vs β oder die

Äquivalenz s1 = α1 = β1 aufstellt), dann enthält das Modell Q die Bedingungen, warum sowohl die Opposition als auch die Äquivalenzketten *umgestoßen* werden (so daß man α vs γ oder s1 = α2 = β3 bekommt). Die Veränderung dieser Beziehungen (die verschiedene Magnetisierung der Kugeln, um wieder auf eine schon gebrauchte Metapher zurückzugreifen) hängt von einer Reihe von Variablen ab, die zum größten Teil nicht rein semiotisch sind. Eine *faktische* diachronische Prozessualität stellt sich ein, um die semiotischen Codes zu strukturieren und umzustrukturieren, die als synchronische formalisiert und beschrieben werden müssen.

Die Beziehungen zwischen den beiden Momenten definieren, heißt, die Beziehungen zwischen einer strukturalen Logik und einer dialektischen Logik definieren. Wenn sich der Widerspruch per definitionem ins Modell Q einfügen kann, dann ist die semiotische Beschreibung der Codes die immer provisorische Beschreibung synchronischer Arrangements, die ständig vom Widerspruch unterhöhlt werden, von dem sie Leben bekommen.

Über die Art, wie sich dieser Widerspruch darstellt, gibt es einige Hypothesen.

VII. 4. Für Sève (1967) sind die struktural ausgeführten und beschriebenen Formen nur eine vorübergehende Konfiguration der „realen Bewegung"; daher ist die strukturale Logik nur eine *Logik der Segmente zwischen den Knoten der dialektischen Widersprüche;* die strukturale Logik ist eine „analytische Vernunft", die ein unvollständiges, wenn auch nützliches und notwendiges Wissen vom dialektischen Prozeß hat. Diese These nimmt einige Themen wieder auf, die Lévi-Strauss (1962) im letzten Artikel von *La Pensée sauvage* behandelt, in dem er Strukturalismus und Geschichte gegenüberstellt. Sie scheint aber die Aufgaben der strukturalen Logik einzuschränken. Sie spricht der strukturalen Logik jedoch eine Funktion zu, die mehr als ausreichend sein könnte. Statt die reale Bewegung schlecht oder intuitiv oder durch einen unklaren Begriff von „Globalität" zu erkennen, ist es besser, sie durch provisorische, aber beschreibbare Konfigurationen bestimmen zu können. Die metaphysische Versuchung dieser Beschreibungen wäre es, sich für absolut zu halten, nicht für eine Abbildung eines Moments des Prozesses, sondern für das Abbild der metahistorischen Gründe des Prozesses (vgl. die ganze Kritik an Lévi-Strauss und insbesondere D. 3.).

VII. 5. Für Godelier (1966) ist es möglich, verschiedene Formen des Widerspruchs zu identifizieren; innerhalb der Struktur und zwischen Struktur und Struktur. Dieser zweite Widerspruch erkläre die historischen Prozesse: „L'apparition d'une contradiction serait en fait l'apparition d'une limite, d'un seuil pour les conditions d'invariance d'une structure. Au-delà de cette limite un changement de structure s'imposerait. Dans cette perspective, la notion de contradiction que nous présentons intéresserait peut-être la cybernétique" (S. 858). Diese Position erinnert an die Art, wie wir in A. 2. versucht haben, die möglichen Restrukturationen eines semantischen Feldes zu sehen, wenn man von komplementären Feldern zu widersprüchlichen Feldern übergeht wegen des Erscheinens einer Botschaft, die einige konnotative Koppelungen verändert (sh. das Beispiel *Zucker vs Cyclamat* in A. 2. VI.).

Sève kritisiert diese Position (die Struktur ist intern, aber der Motor der Entwicklung ist extern), er erinnert daran, daß diese Explosionen von Strukturen sich nicht durch ein automatisches Ergebnis der strukturalen Logik ereignen, sondern durch den Eingriff jener aktiven Veränderung, die der Klassenkampf ist (wenn wir zu unserem Beispiel des Zuckers und der Cyclamate zurückkehren wollten: die Zerstörung einiger konnotativer Beziehungen entsteht durch eine praktische Entscheidung, die ein Wissenschaftler „revolutionär" getroffen hat, als er aufdeckte, daß die Cyclamate Krebs erzeugen). Aber dieser Einwand kann sowohl Zustimmung als auch einen neuen Einwand hervorrufen: Einerseits scheint es uns legitim, zu sagen, wie wir es immer im Verlauf dieses Buches getan haben, daß jede Umstrukturierung der Codes durch die Wirkung neuer Botschaften, neuer faktischer Urteile und neuer semiotischer Urteile (vgl. A. 2. XV) geschieht, die den Code dazu zwingen, sich zu bereichern oder zusammenzustürzen. Andererseits muß aber daran erinnert werden, daß eine Botschaft, wie neu sie auch immer sei, durch die Existenz vorhergehender Codes ermöglicht wird; anders gesagt: es ist möglich, die Codes umzustrukturieren, aber nur weil man von Codes ausgeht. Und eine strukturale Lektüre der Prinzipien des dialektischen Materialismus würde uns zeigen, daß auch der Klassenkampf und der revolutionäre Akt Ereignisse sind, die von einer bestimmten Gesellschaftsstruktur begünstigt und vorangetrieben werden (und hier erinnere man sich daran, daß die Marxsche Struktur als „ökonomische Basis" als System von Oppositionen und

Differenzen im strukturalistischen Sinn gelesen werden kann (vgl. Althusser 1967; Lefebvre, 1966; Godelier, 1966)). Wenn von einem marxistischen Standpunkt aus der Klassenkampf stattfinden muß, weil seine notwendigen Bedingungen entstehen, dann findet auch die Botschaft „Klassenkampf" ihre generativen Matrices in den Gesellschaftsstrukturen. Wenn man in diesem Sinn Maos Aufsatz *Über den Widerspruch* erneut läse, so könnte man eine strukturale Beschreibung einer generativen Matrix geschichtlicher Bewegung skizzieren. Maos Aufsatz, in dem die oppositive und binäre Ansicht der östlichen Prinzipien des Yin und des Yang durchscheint, übersetzt unserer Meinung nach die Hegelsche Dialektik in ein Modell, das semiotisch-strukturell entschlüsselt werden kann.

VII. 6. Damit gelangt man zu einer dritten Möglichkeit, die sich in jenem Satz abzeichnete, in dem Godelier eine Verwandtschaft zwischen dem Begriff des Widerspruchs und der Kybernetik andeutete. Unter diesem Blickwinkel muß eine Schrift von Leo Apostel (1960) überdacht werden (die zweifellos zu synthetisch und voller gewagter Analogien ist), in der versucht wird, ein kybernetisches Modell des dialektischen Widerspruchs aufzustellen. Und einige äußerst fruchtbare Ideen zu diesen Möglichkeiten hat uns ein Denker geliefert, dem wir, wie man in den vorangegangenen Abschnitten gesehen hat, viel verdanken: Piaget. In seinem schon angeführten Buch über den Strukturalismus insistiert er auf dem Begriff der Struktur als Erzeugerin ständiger Transformationen: Jede Struktur verweise nicht auf die vorhergehenden Strukturen, sondern auf einige Wirkungsmechanismen, die unterhalb der Strukturen wirken würden: „l'idée de la structure comme système de transformations devient ainsi solidaire d'un constructivisme de la formation continue" (S. 31), wo man niemals letzte und „natürliche" Strukturen feststelle (wie dies bei Lévi-Strauss geschah), und „les frontières de la formalisation sont donc mobiles ou vicariantes" (S. 31), in der Hinsicht, daß „il n'existe pas de forme en soi ni de contenu en soi, tout élément (des actions sensorimotrices aux opérations, ou de celles-ci aux théories, etc.) jouant simultanément le rôle de forme par rapport aux contenus qu'il subsume et du contenu par rapport aux formes supérieures". Das stellt einen (wie wir glauben, völlig zufälligen, aber gerade deswegen umso interessanteren) Rückgriff auf die Theorie der unbegrenzten Semiose und der unendlichen Kette der Interpretanten dar (die dann definiert ist in dem, was wir das Modell Q genannt haben). Nicht zufällig schließlich erörtern diese Seiten von Piaget mathematische Probleme, die mit den Forschungen von Goedel in Verbindung stehen. Die Strukturen enthalten einen inneren Widerspruch, und dieser Widerspruch wird evident und eventuell lösbar, wenn sich eine neue Struktur abzeichnet. Es bildet sich so eine Art Pyramide, deren Fundamente nicht auf der – immer widersprochenen – Basis stehen, sondern auf jener ständigen Öffnung und Progression der Spitze, die die Pyramide in eine Spirale verwandelt (und wenn wir immer noch graphische Darstellungen als nützliche Metaphern zuhilfenehmen wollen) mit immer weiteren Windungen, je weiter man nach oben kommt.

„Une structure une fois construite, on en nie l'un des caractères qui paraissait essentiel ou au moins nécessaire ... Dans le domaine des structures logico-mathématiques, c'est presque devenu une méthode que, une structure étant donnée, de chercher par un système de négations à construire les systèmes complémentaires ou différents que l'on pourra ensuite réunir en une structure complexe totale" (S. 104).

Piaget selbst verbindet diese Probleme mit den Problemen einer strukturalen Interpretation der dialektischen Logik und bezeichnet uns zumindest die Richtung, in der diese Untersuchung vorangetrieben werden muß. Auf jeden Fall drängt sich unter diesem Gesichtspunkt eine Bedingung auf: daß die festgestellten Strukturen niemals als letzte, objektive, natürliche und vom Gesichtspunkt, von dem aus die Hypothese aufgestellt wird, unabhängige definiert werden dürfen. In diesem Sinne, nachdem wir diese vorletzte Schwelle der Semiotik bestimmt haben, wollen wir angelegentlich die Tatsache unterstreichen, daß auch auf dieser Grenze die Kultur und die Geschichte als Kommunikationsphänomene, als Beziehungen zwischen Botschaften und Codes, die sie ermöglichen, betrachtet werden können. Die Entscheidung, ob eine Versöhnung zwischen strukturaler Logik und dialektischer Logik möglich ist oder nicht, bedeutet, daß man auch bestimmt, ob die Semiotik das Leben der Kommunikation selbst, um strukturaler Kohärenz willen, ablehnt oder ob sie eine vertieftere und vorurteilsfreiere Kenntnis der Kommunikation ermöglicht.

Es bleibt noch die letzte Schwelle der Semiotik zu bestimmen: an der Stelle, an der die Erkenntnis durch die Praxis bereichert und verändert wird, an der man eben (wie wir in D. 4. II. 4. sagten), um den Geschmack einer Birne kennenzulernen, die Birne verändern muß dadurch, daß man sie ißt.

SCHLUSS
DIE SEMIOTISCHE PRAXIS

I. Man könnte glauben, daß sich die semiotische Utopie in ihrem Schwanken zwischen dem Anspruch auf wissenschaftliche Strenge und Formalisierung und der Öffnung auf den konkreten historischen Prozeß in einen Widerspruch verstrickt, der sie unrealisierbar macht.

In der Tat haben sich im Verlauf dieses Buches zwei Linien der Überlegung abgezeichnet:

a) einerseits der Ruf nach einer Beschreibung der einzelnen semiotischen Systeme als „geschlossener", streng strukturierter und in synchronischem Schnitt betrachteter Systeme;

b) andererseits der Vorschlag des Kommunikationsmodells eines „offenen" Prozesses, wo die Botschaft je nach den Codes variiert, wo die Codes je nach den Ideologien und Umständen ins Feld geführt werden und wo das ganze Zeichensystem sich ständig umstrukturiert auf der Grundlage der Decodierungserfahrung, die der Prozeß als *Semiose in progress* begründet.

Aber in Wirklichkeit stehen sich die beiden Aspekte nicht gegenüber wie eine konkrete wissenschaftliche Option einer allgemeinen philosophischen Option; der eine impliziert den anderen und begründet ihn in seiner Geltung. Wir können den Prozeßcharakter der Kommunikationserscheinungen nicht ignorieren; wir haben gesehen, daß dies bedeutet, eleganten, aber naiven Utopien zu verfallen. Es ist nutzlos, an die Stabilität der Strukturen und an die Objektivität der signifikanten Reihen, auf die sie hinauslaufen, zu glauben, wenn wir in dem Augenblick, in dem wir diese Serien definieren, *im Prozeß* sind und eine *Phase des Prozesses* als endgültig bestimmen. Die Definition des Kommunikationsmodells eines offenen Prozesses impliziert eine Perspektive der Totalität, die – in einer Welt *sub specie communicationis* – auch die Elemente betreffen muß, die gleichzeitig mit der Kommunikation auftreten, aber nicht auf Kommunikation zurückgeführt werden können und dennoch die Modalitäten der Kommunikation bestimmen.

Aber diese Perspektive geht nicht über eine allgemeine Definition der *Bedingungen der Totalität* hinaus. Und jede Betrachtungsweise, die die Totalität der Perspektiven impliziert, gerät in die Gefahr, sich auf allgemeine Erklärungen zu beschränken aus Angst, zu besonderen Analysen hinabzusteigen, die die Homogeneität des Panoramas zerstören könnten. So bleibt die Totalität nur eine „behauptete" Totalität, und die Philosophie begeht einen ihrer gebräuchlichsten Fehler, der darin besteht, nichts zu sagen aus lauter Eile, alles zu sagen. Wenn man wissen will, *was* tatsächlich in dieser totalen Perspektive des Kommunikationsprozesses geschieht, *dann muß man zur Analyse seiner Phasen hinabsteigen.* Dann zerlegt sich die Totalität des Prozesses – die „offene" Perspektive war – in die „geschlossenen" Welten der semiotischen Systeme, die sie identifiziert. Der Prozeß wird behauptet aber nicht verifiziert. Die in den Prozeß eintretenden semiotischen Systeme, analysiert in einem bestimmten Augenblick ihrer Entstehung, werden verifiziert und nicht „behauptet": d. h., sie werden nicht als endgültige hypostasiert. Die Perspektive des Prozesses im Hintergrund seiner Forschung hält den Forscher von philosophisch unüberlegten Schritten ab (die ebenso naiv sind, wie die Schritte dessen, der die Totalität behaupten wollte und deren Phasen nicht verifizieren wollte).

So entspricht der Organisation geschlossener Welten das Bewußtsein von der Offenheit des Prozesses, der sie umfaßt und umstrukturiert; aber dieser Prozeß kann nur als Aufeinanderfolge von geschlossenen und formalisierten Welten identifiziert werden.

II. Wir erinnern aber daran, daß die deskriptive Arbeit, die zur hypothetischen Aufstellung der Codes führt (und folglich der integrierten Konventionensysteme, auf die eine Gesellschaft sich stützt), durchaus nicht dazu veranlaßt, aus der Forschung die Rechtfertigung des *Status quo* zu machen. Man hat jede Untersuchung über den Sprachgebrauch angeklagt als eine Art und Weise, das Denken auf eine einzige Dimension, auf die Dimension der eindeutigen Verständlichkeit, zurückzuführen, um das Zweideutige, das Noch-nicht-Gesagte, das, was im Dunkeln gelassen wurde und was gesagt werden könnte, und folglich das Mögliche und Widersprüchliche auszuschalten. In dieser Hinsicht kann die Kommunikationsanalyse, die die Plattheit und die Unumstößlichkeit des gewöhnlichen Sprachgebrauchs bevorzugt behandelt (wenn diese Schlußfolgerung auch gewagt und allgemein ist), eine Form beschwichtigender und konservativer Technik darstellen.

Aber – das ist gesagt worden – die Untersuchung der Codes zielt nicht darauf, die optimalen Integrationsbedingungen zu bestimmen, sondern darauf, die Bedingungen einer Gesellschaft von Kommunizierenden an einem bestimmten Punkt zu entdecken.

Die Kommunikationskette impliziert eine Dialektik Code-Botschaft mit all ihren Ambiguitäten, die von der semiotischen Forschung nicht nur gerechtfertigt wird, sondern – insofern sie das Bewußtsein von diesem Prozeß verbreitet – auch ständig gefördert wird. Daher kann die Semiotik, die kleine „Systeme" aufstellt, nicht in einem SYSTEM enden. Und deshalb darf man nicht von „semiotischem System" sprechen, sondern von „semiotischer Forschung". Wenn man zeigt, daß eine kommunikative Lösung schon codifiziert ist, so eröffnet das den Weg für einen neuen kommunikativen Versuch, der den Code dazu zwingt, sich umzustrukturieren. Das operationelle Vorgehen der semiotischen Forschung läuft *nicht* unausweichlich auf die Ideologie des Neopositivismus hinaus, für den sich die Namen auf eine einzige Bedeutung reduzieren, die der einzig möglichen Operation entspricht, die mit auf eine einzige Weise und zu einem einzigen Zweck beherrschbaren Dingen durchgeführt werden kann.

Wenn, wie Marcuse sagt, der Neopositivismus mit all seinem Erforschen, Auslesen und Klären von Ambiguitäten und Dunkelheiten kein Interesse hat für die große und allgemeine Ambiguität und Dunkelheit der bestehenden Welt der Erfahrung, dann kommt es der hier vorgeschlagenen semiotischen Perspektive im Gegenteil gerade darauf an, die Existenzmöglichkeiten dieser *Prozeßhaftigkeit des verschiedenen Sinnes* zu begründen. Die Ambiguität der Welt (die dann das Vorhandensein der Widersprüche ist) muß dort vermehrt werden, wo sie sich als produktiv erweisen sollte (als fruchtbarer Verdacht, daß alles anders sein kann, als es erscheint und als es gesagt wird). Auch wenn oft das entgegengesetzte Vorgehen nützlich sein kann: das, die Instrumente zu klären, um dort die Ambiguität einzuschränken, wo sie Technik der Herrschaft, mystifizierende Verwirrung wird.

Eine semiotische Forschung, die die Dialektik von Code und Botschaft, den ständigen *décalage* der Codes, die Verbindung zwischen rhetorischer Welt und ideologischer Welt, die massive Anwesenheit der wirklichen Umstände, welche der Wahl der Codes und der

Lektüre der Botschaften die Richtung weisen, berücksichtigen soll, eine solche semiotische Forschung wird unvermeidlich – wir haben nie daran gedacht, uns das zu verheimlichen – eine *motivierte,* perspektivische, nicht objektive Forschung (wenn die Objektivität die absolute Transparenz einer uns vorausgehenden Wahrheit ist). Sie übernimmt eine therapeutische Aufgabe.

III. Indem wir die geschlossenen semiotischen Systeme (die Hjelms-levschen „Semiotiken") der Prozeßhaftigkeit des offenen Modells unterwarfen, haben wir (in steigendem Maße, je weiter die Kapitel dieses Buches, sich gegenseitig ergänzend und erklärend, voranschritten) einem außersemiotischen Element wie den *Umständen* einen wichtigen Platz eingeräumt (vgl. A. 2. XIV.).

Was normalerweise als „Kontext" (der reale, äußere – nicht der formale Kontext der Botschaft) definiert wird, muß unterteilt werden in *Ideologien,* von denen wir gesprochen haben, und in *Umstände der Kommunikation.* Die Ideologien lösen sich in Zeichen auf oder werden nicht kommuniziert (und sind folglich nicht). Die Umstände aber lösen sich nicht alle in Zeichen auf. Es gibt einen letzten Randbereich der Umstände, wo diese sich dem Reigen der Codes und der Botschaften entziehen und ihnen auflauern, und zwar wo und wenn die Botschaft (mit allen Konnotationen, die es ihr erlauben, Ausgangsideologien und -umstände wieder zu integrieren) in einen Umstand mit unvorhergesehener Richtung *fällt.* Bis dieser „Fall" der Botschaft nicht Norm wird – und dann impliziert dieser Umstand erkennbare und homologisierbare Rezeptionscodes durch eine Konvention –, greift der Umstand störend in das Leben der Zeichen ein und stellt sich als ein unaufgelöster Rest dar.

In diesem Sinne haben die Umstände in unseren Ausführungen immer mehr Gestalt angenommen als Komplex der biologischen Faktoren, als Kontext der ökonomischen Geschehnisse, der äußeren Ereignisse und Einwirkungen, die sich als nicht ausschaltbarer Rahmen jeder Kommunikationsbeziehung abzeichnen. Fast als die Anwesenheit der „Wirklichkeit" (wenn uns dieser zweideutige Ausdruck gestattet sei), welche die nicht-autonomen Bewegungen der Signifikationsprozesse zurechtbiegt und moduliert. Wenn Alice fragt: „die Frage ist, ob du machen kannst, daß die Wörter so viele verschiedene Dinge bedeuten", antwortet Humpty-Dumpty: „die Frage ist, wer der Herr sein soll".

Sobald man diesen Blickwinkel akzeptiert hat, könnte man sich fragen, ob der Kommunikationsprozeß die Umstände, unter denen er stattfindet, verändern kann.

Die Erfahrung der Kommunikation, die die Erfahrung der Kultur ist, erlaubt es uns, positiv zu antworten, und wäre es nur insofern, als sich auch die Umstände, verstanden als „reale" Basis der Kommunikation, ständig in eine Welt von Zeichen übersetzen und mittels dieser Zeichen identifiziert, bewertet und abgelehnt werden, während die Kommunikation ihrerseits in ihrer pragmatischen Dimension Verhaltensweisen erzeugt, die zu einer Veränderung der Umstände beitragen.

IV. Aber es gibt einen semiotisch interessanteren Aspekt, wonach die Umstände ein intentionales Element der Kommunikation werden können. Wenn die Umstände dazu beitragen, die Codes zu bestimmen, mittels deren die Decodierung der Botschaften durchgeführt wird, dann kann uns die Semiotik lehren, *daß man, statt die Botschaften zu verändern oder die Sendequellen zu kontrollieren, einen Kommunikationsprozeß dadurch verändern kann, daß man auf die Umstände einwirkt, in denen die Botschaft empfangen wird.*

Dies ist ein „revolutionärer" Aspekt des semiotischen Bewußtseins. Umso bedeutender in einer Zeit, in der sich die Massenkommunikationen oft als die Manifestation einer Herrschaft darstellen, die durch die Planung der Übertragung von Botschaften die gesellschaftliche Kontrolle bekräftigt. Da, wo es unmöglich erscheint, die Modalitäten des Sendens und die Form der Botschaften zu verändern, bleibt es möglich (als eine ideale semiotische „Guerilla"), die Umstände zu verändern, in deren Licht die Empfänger die Lektürecodes auswählen werden.

Gegen eine Strategie der Kommunikation, die sich bemüht, die Botschaften so redundant zu machen, daß deren Rezeption nach den vorher festgelegten Plänen gesichert ist, zeichnet sich die Möglichkeit einer *Taktik* der Decodierung ab, die verschiedene Umstände für verschiedene Decodierungen *herstellt*, wobei die Botschaft als signifikante Form unverändert bleibt (aber das soll nicht zum Optimismus verleiten: dasselbe Vorgehen dient der Ablehnung wie der Wiedererrichtung einer Herrschaft).

Diese pragmatische Energie des semiotischen Bewußtseins zeigt, wie auch eine deskriptive Disziplin in ein aktives Projekt übergehen kann. Gleichzeitig läßt sie den Verdacht aufkommen, daß die *sub specie communicationis* betrachtete Welt nicht die ganze Welt ist, und die Befürchtung, daß die Welt der Kommunikation nur der zarte Überbau von etwas ist, was hinter dem Rücken der Kommunikation geschieht. Aber dieser dünne Überbau begründet uns in unserem ganzen Verhalten, und es bleibt auch weiterhin kein Unternehmen von geringer Bedeutung, diesen Überbau als Modalität unseres In-den-Umständen-Seins zu denken. Die Kommunikation umfaßt alle Akte der Praxis, in dem Sinne, daß die Praxis selbst globale Kommunikation, Begründung von Kultur und folglich von gesellschaftlichen Beziehungen ist. Sie ist der Mensch, der sich die Welt aneignet und der bewirkt, daß sich die Natur ständig in Kultur verwandelt. Nur daß die Handlungssysteme als Zeichensysteme interpretiert werden können, wenn nur die einzelnen Zeichensysteme sich in den globalen Kontext der Handlungssysteme einfügen; jedes als eines (für sich allein niemals wichtigstes und endgültiges) der Kapitel der Praxis als Kommunikation.

BIBLIOGRAPHIE

In dieser Bibliographie sind die Werke angeführt, auf die im Text direkt Bezug genommen wird, und solche, die mit der semiotischen Problematik direkt verbunden sind. Nicht angeführt sind die Werke, deren Bibliographie ausführlich im Text oder in den Fußnoten angegeben ist und die keinen expliziten Bezug auf semiotische Probleme nehmen (z. B. Aristoteles, Marx, Heidegger u. a.).

1970 *I linguaggi nella società e nella tecnica* (Convegno promosso dalla Ing. C. Olivetti & C., Milano, ottobre 1968) (Milano: Comunità).

1955 *La perception* (Symposium de l'Association Scientifique de Langue Française) (Paris: P. U. F.).

1961 *Poetics* (Polska Akademia Nauk, Proceedings of the International Conference of Work-in-progress, Warsaw, August 1960) (The Hague: Mouton).

1963 *Problèmes de Psycho-Linguistique* (Symposium de l'Association Scientifique de Langue Française, Neuchâtel 1962) (Paris: P. U. F.).

1966 *Problèmes du Langage, Diogène 51* (Paris: Gallimard).

1929 *Thèses présentées au Premier Congrès des philologues slaves* (Travaux du Cercle Linguistique de Prague 1) (cf. Vachek, 1964).

Alexander, Christopher
1964 *Notes on the Synthesis of Form* (Cambridge: Harvard College).

Allard, M. & Elzière, M. & Gardin, J. C. & Hours, F.
1963 *Analyse conceptuelle du Coran sur cartes perforées* (The Hague: Mouton).

Almansi, Guido (ed.)
1970 „Structuralism", *20th Century Studies* 3.

Alonso, Dámaso
1957 *Poesía española. Ensayo de métodos y límites estilísticos* (Madrid: Gredos).

Althusser, Louis & Balibar, Etienne
1967 *Lire le Capital* (Paris: Maspero).

Ambrogio, Ignazio
1968 *Formalismo e avanguardia in Russia* (Roma: Editori Riuniti).

Antal, László
1964 *Content, Meaning, and Understanding* (The Hague: Mouton).

Apostel, Leo
1960 „Matérialisme dialectique et méthode scientifique", *Le Socialisme* 7–4.

Apresjan, J.
1962 „Analyse distributionnelle des significations et champs sémantiques structurés", *Langages* 1, 1966 (cf. *Leksikografischeskij sbornik 5*).

Arcaini, Enrico
1967 *Principi di linguistica applicata* (Bologna: Mulino).

Argan, Giulio Carlo
1965 Intervento in *Strutturalismo e critica* (cf. Segre [ed.], 1965).

Ashby, Ross
1960 *Design for a Brain*, 2nd ed. (London: Chapman & Hall).

Attneave, Fred
1959 „Stochastic Compositive Processes", *Journal of Aesthetics and Art Criticism* XVII–4.

Auerbach, Erich
1946 *Mimesis* (Bern: Francke).

Austin, J. L.
1961 „The Meaning of a Word", *Philosophical Papers* (Oxford: Clarendon Press).
1962 *How to do Things with Words* (Oxford: Oxford Un. Press).

Auzias, Jean Marie
1967 *Clefs pour le structuralisme* (Paris: Seghers).

Avalle, D'Arco Silvio
1965 a „*Gli orecchini*" *di Montale* (Milano: Saggiatore).
1965 b Intervento in *Strutturalismo e critica* (cf. Segre [ed.], 1965).
1970 *Tre saggi su Montale* (Torino: Einaudi).

Bach, Emmon
1966 „Linguistique structurale et philosophie des sciences", *Problèmes du Langage* (Paris: Gallimard).

Baldinger, Kurt
1966 „Sémantique et structure conceptuelle", *Cahiers de Lexicologie* VIII–1.

Bally, Charles
1932 *Linguistique générale et linguistique française* (Bern: Francke).

Barbut, Marc
1966 „Le sens du mot ‚structure' en mathématiques", *Les Temps Modernes* 264.

Barghini, Carlo
1963 „Natura dei segni fisiognomici", *Nuova Corrente* 31.

Barison, F.
1961 a „Considerazioni sul ‚Praecoxgefühl' ", *Rivista Neurologica* 31–305.
1961 b „Art et schizophrénie", *Evolution Psychiatrique* 1–69.

Barthes, Roland
1953 *Le degré zéro de l'écriture* (Paris: Seuil).
1957 *Mythologies* (Paris: Seuil).
1963 a *Sur Racine* (Paris: Seuil).
1963 b „L'activité structuraliste", *Lettres Nouvelles* (cf. Barthes, 1964 c).
1963 c „Littérature et signification", *Tel Quel* (cf. Barthes, 1964 c).
1964 a „Eléments de sémiologie", *Communications* 4.

b   „Rhétorique del'image", *Communications* 4.

c   *Essais critiques* (Paris: Seuil).

5 a   „Introduction à l'analyse structurale des récits", *Communications* 8

6 b   *Critique et Vérité* (Paris: Seuil).

67 a   *Système de la Mode* (Paris: Seuil).

967 b   „L'arbre du crime", *Tel Quel* 28.

1968   „L'effet de réel", *Communications* 11.

1970   *S/Z* (Paris: Seuil).

Bastide, Roger (ed.)

1962   *Sens et usages du terme ‚structure'* (The Hague: Mouton).

Baudrillard, Jean

1968   *Système des objets* (Paris: Gallimard).

Bayer, Raymond

1934   *Esthétique de la Grâce* (Paris: Alcan).

Beaujour, Michel

1968   „The Game of Poetics", *Yale French Studies* 41.

Bense, Max

1956   *Aesthetische Information* (Baden-Baden, Krefeld: Agis).

1965   *Aesthetica* (Baden-Baden: Agis).

Benveniste, Emile

1966   *Problèmes de linguistique générale* (Paris: Gallimard).

1969   „Sémiologie de la langue (1)", *Semiotica* I, 1.

      „Sémiologie de la langue (2)", *Semiotica* I, 2.

Bertin, Jacques

1967   *Sémiologie graphique* (Paris: Mouton & Gauthier-Villars).

1970   „La graphique", *Communications* 15.

Bettetini, Gian Franco

1968   *Cinema: lingua e scrittura* (Milano: Bompiani).

1971   *L'indice del realismo* (Milano: Bompiani).

Bettini, Sergio

1958   „Critica semantica e continuità storica dell'architettura", *Zodiac* 2.

Birdwhistell, Ray L.

1952   *Introduction to Kinesics* (Washington D. C.: Dpt. of State, Foreign Service Institute).

1960   „Kinesics and Communication", *Explorations in Communications,* ed. by E. Carpenter & M. McLuhan (Boston: Beacon Press).

1963   „Some Relations between American Kinesics and Spoken American English", American Association for the Advancement of Science (cf. Smith, A. G., 1966).

1965   „Communication as a Multichannel System", *International Encyclopedia of Social Sciences* (New York).

Bloomfield, Leonard

1933   *Language* (New York: Holt).

Bolinger, Dwight L.

1961   *Generality, Gradience and the All-None* (The Hague: Mouton).

Bonomi, Andrea

1967 „Implicazioni filosofiche nell'antropologia di C. Lévi-Strauss", *Aut Aut* 96–97.

1970 „Sul problema del linguaggio in Husserl", *Aut-Aut* 118.

Bonsiepe, Guy

1965 „Visuell/verbale Rhetorik – Visual/Verbal Rhetoric", *Ulm* 14–16.

1968 „Semantische Analyse – Semantic Analysis", *Ulm* 21.

Bosco, Nynfa

1959 *La filosofia pragmatica di C. S. Peirce* (Torino: Ed. di „Filosofia").

Boudon, Raymond

1968 *A quoi sert la notion de „structure"?* (Paris: Gallimard).

Boulez, Pierre

1966 *Relevés d'apprenti* (Paris: Seuil).

Brandi, Cesare

1966 *Le due vie* (Bari: Laterza).

1968 *Struttura e architettura* (Torino: Einaudi).

Bremond, Claude

1964 „Le message narratif", *Communications* 4.

1966 a „L'analyse conceptuelle du Coran", *Communications* 7.

1966 b „La logique des possibles narratifs", *Communications* 8.

1968 a „Postérité américaine de Propp", *Communications* 11.

1968 b „Pour un gestuaire des bandes dessinées", *Langages* 10.

Bridgman, Percy W.

1927 *The Logic of Modern Physics* (New York: Macmillan).

Brown, Roger

1958 *Words and Things* (Glencoe: Free Press).

Burke, Kenneth

1931 *Counter-Statements* (Chicago: Un. of Chicago Press).

Buyssens, Eric

1943 *Les langages et le discours* (Bruxelles: Off. de Publicité).

1967 *La communication et l'articulation linguistique* (Paris-Bruxelles: P. U. F.).

Calboli, Gualtiero

1967 „Rilevamento tassonomico e ‚coerenza' grammaticale", *Rendiconti* 15–16.

Carnap, Rudolf

1942 *Introduction to Semantics* (Cambridge: Harvard Un. Press).

1947 *Meaning and Necessity* (Chicago: Un. of Chicago Press) (enlarged 5th edition, Phoenix Books, 1967).

1955 „Meaning and Synonymy in Natural Languages", *Phil. Studies* 7

Carpenter, E. & MacLuhan, M. (eds.)

1960 *Explorations in Communications* (Boston: Beacon Press).

Caruso, Paolo

1967 „Analisi antropologica del paesaggio", *Edilizia Moderna* 87–88.

1969 *Conversazioni con Lévi-Strauss, Foucault, Lacan* (Milano: Mursia).

Cassirer, Ernst

1923 *Philosophie der symbolischen Formen – I. Die Sprache* (Leipzig).

1945 „Structuralism in Modern Linguistics", *Word* 1, 2.

Castagnotto, Ugo
1967 a „Pubblicità e operatività semantica", *Sipradue* 9.
1967 b „Proposta per un'analisi semantica del linguaggio pubblicitario odierno", *Sigma* 13.
1970 *Semantica della pubblicità* (Roma: Silva).
Chamie, Mario
1962 Postfacio a *Lavra Lavra* (São Paulo).
Charbonnier, Georges
1961 *Entretiens avec C. Lévi-Strauss* (Paris: Plon-Julliard).
Chatman, Seymour
1966 „On the Theory of Literary Style", *Linguistics* 27.
Cherry, Colin
1961 *On Human Communication* (New York: Wiley).
Chomsky, Noam
1957 *Syntactic Structures* (The Hague: Mouton).
1962 *Current Issues in Linguistic Theory* (Ninth Int. Congress of Linguistics) (Cambridge) cf. Katz, J. J. & Fodor, J. A., 1964).
1965 a *Aspects of the Theory of Syntax* (Cambridge: M. I. T.).
1965 b „De quelques constantes de la théorie linguistique", *Diogène* 51.
1966 *Cartesian Linguistics* (New York: Harper & Row).
1967 „The Formal Nature of Language", in *Biological Foundations of Language,* ed. by E. H. Lenneberg (New York).
1968 *Language and Mind* (New York: Harcourt Brace).
1969 „Deep Structure, Surface Structure and Semantic Interpretation", erscheit in *Sematics,* ed. by Steinberg, D. D., Jakobovits, L. A. (London: Cambridge Un. Press) (vervielfältigt vom Indiana University Linguistics Club).
Church, Alonzo
1943 Review of *Introduction to Semantics* by R. Carnap, *Phil. Review* 52.
Civ'jan, T. V. & Nikolaeva, T. M. & Segal, D. M. & Volockaja, Z. M.
1962 „Zestovaja kommunicacija i ee mesto sredi drugich sistem čeloveceskogo obščenija", *Simpozium po strukturnomu izučeniju znakovich sistem* (Moskva) (cf. Faccani & Eco, 1969).
Cohen, Jonathan
1963 *The Diversity of Meaning* (New York: Herder & Herder).
Conklin, H. C.
1955 „Hanunóo Color Categories", *Southwestern Journal of Anthropology* 11 (cf. Hymes, 1964).
Coons, E. & Kraehenbuehl, D.
1958 „Information as Measure of Structure in Music", *Journal of Music Theory* II, 2.
Coquet, J.-C.
1968 „Questions de Sémantique Structurale", *Critique* janvier.
Corti, Maria
1965 Intervento in *Strutturalismo e critica* (cf. Segre [ed.], 1965).
1968 „Il codice bucolico e la ‚Arcadia' di Sannazzaro", *Strumenti Critici* 6.
1969 *Metodi e Fantasmi* (Milano: Feltrinelli).

Cralle, R. K. & Michael, G. A.
1967 „A Survey of Graphic Data Processing Equipment for Computers"
    (cf. Krampen, 1967).
Cresswell, R.
1968 „Le geste manuel associé au langage", *Langages* 10.
De Benedetti, Andrea
1966 *Il linguaggio della pubblicità contemporanea* (Torino: Facoltà di
    Magistero).
De Campos, Haroldo
1967 *Metalinguagem* (Petropolis: Vozes).
1969 *A arte no horizonte do provável* (São Paulo: Perspectiva).
De Fusco, Renato
1967 *L'arte come mass-medium* (Bari: Dedalo).
1968 „Tre contributi alla semiologia architettonica", *Op. Cit.* 12.
1969 (mit M. L. Scalvini) „Significanti e significati nella rotonda palla-
    diana", *Op. Cit.* 16.
1970 *Storia e struttura* (Napoli: E. S. I.).
De Jorio, A.
1832 *La mimica degli antichi investigata nel gestire* (Napoli).
Deleuze, Gilles
1968 *Différence et répétition* (Paris: P. U. F.).
Della Volpe, Galvano
1960 *Critica del gusto* (Milano: Feltrinelli).
1967 „I conti coi formalisti russi"; „I conti con la teoria strutturale",
    Critica dell'ideologia contemporanea (Roma; Editori Riuniti).
De Mauro, Tullio
1965 *Introduzione alla semantica* (Bari: Laterza).
1966 „Modelli semiologici. L'arbitrarietà semantica", *Lingua e Stile* 1.
1970 „Proposte per una teoria formalizzata del noema lessicale e della
    storicità e socialità dei fenomeni linguistici", *Linguaggi nella società
    e nella tecnica* (Milano: Comunità).
Derrida, Jacques
1966 „La structure, le signe et le jeu dans le discours des sciences hu-
    maines" (Conférence au Colloque International de l'Un. John Hop-
    kins, Baltimore 10. 21. 1966) (cf. Derrida 1967 a).
1967 a *L'écriture et la différence* (Paris: Seuil).
1967 b *De la Grammatologie* (Paris: Minuit).
Dinneen, Francis P.
1967 *An Introduction to General Linguistiscs* (New York: Holt).
Doležel, Lubomír
1966 „Vers la stylistique structurale", *Travaux Linguistiques de Prague* 1.
Dorfles, Gillo
1959 *Il divenire delle arti* (Torino: Einaudi).
1962 *Simbolo, Comunicazione, Consumo* (Torino: Einaudi).
1965 „Pour ou contre une esthétique structuraliste?", *Revue Internationale
    de Philosophie* 73–74.
1966 *Nuovi riti, nuovi miti* (Torino: Einaudi).

Doubrovsky, Serge
1966 *Pourquoi la nouvelle critique. Critique et objectivité* (Paris: Mercure).
Dundes, Alan
1958 *The Morphology of North-American Indian Folktales* (The Hague: Mouton).
1962 „From Etic to Emic Units in the Structural Study of Folktales", *Journal of American Folklore* 75 (296).
1964 „On Game Morphology: A Study of the Structure of Non-Verbal Folklore", *New York Folklore Quarterly* 20 (4).
Dundes, A., Leach, E. R., Maranda, P., Maybury-Lewis, D.
1966 „An Experiment in Structural Analysis", *Structural Analysis of Oral Tradition,* ed. by P. Maranda.
Durand, Jacques
1970 „Rhétorique et image publicitaire", *Communications* 15.
Eco, Umberto
1956 *Il problema estetico in Tommaso d'Aquino,* 2 a ed. (Milano: Bompiani 1970).
1962 *Opera aperta* (Milano: Bompiani).
1964 *Apocalittici e integrati* (Milano: Bompiani).
1966 „James Bond: une combinatoire narrative", *Communications* 8.
1967 „Rhétorique et idéologie dans ‚Les Mystères de Paris' d'E. Sue", *Revue Int. de Sciences Sociales* XIX, 4.
1967 „Rhetoric and Ideology in Sue's ‚Les Mystères de Paris' ", *International Social Sciences Journal* XIX, 4.
1963 „The Analysis of Structure", *The Critical Moment,* ed. by TLS (London: Faber).
1968 a *La definizione dell'arte* (Milano: Mursia).
1968 b „Lignes d'une recherche sémiologique sur le message télévisuel" (Communication au Symposium Int. de Sémiotique, Varsovie, 1968).
1968 c *La struttura assente* (Milano: Bompiani).
1970 *Socialismo y consolación* (Barcelona: Tusquets).
1969 „Lezioni e contraddizioni della semiotica sovietica", *I sistemi di segni e lo strutturalismo sovietico,* Faccani, R. & Eco, U. (eds.) (Milano Bompiani).
Efron, D.
1941 *Gesture and Environment* (New York: King's Crown Press).
Egorov, B. F.
1965 „Prostejšie semiotičeskie sistemy i tipologija siužetov", *Trudy po znakovim sistemam,* II (Tartu) (cf. Faccani & Eco, 1969).
Ehrmann, Jacques (ed.)
1966 „Structuralism", *Yale French Studies* 36–37.
1968 „Game, Play, Literature", *Yale French Studies* 41.
Ekman, Paul & Friesen, Walther
1969 „The Repertoire of Non-Verbal Behavior Categories, Origins, Usage and Coding", *Semiotica* I, 1.

Ekman, P. & Friesen, W. & Tomkins, S.
1971 „Facial Affect Scoring Technique: A First Validity Study", *Semiotica* III, 1.

Empson, William
1930 *Seven Types of Ambiguity* (London: Chatto & Windus).

Erlich, Victor
1954 *Russian Formalism* (The Hague: Mouton).

Fabbri, Paolo
1968 „Considérations sur la proxémique", *Langages* 10.

Faccani, Remo & Eco, Umberto (eds.)
1969 *I sistemi di segni e lo strutturalismo sovietico* (Milano: Bompiani).

Fagès, J.-B.
1967 *Comprendre le structuralisme* (Toulouse: Privat).

Farassino, Alberto
1969 „Ipotesi per una retorica della comunicazione fotografica", *Annali della Scuola Superiore di Comunicazioni di Massa* 4.

Faye, Jean-Pierre (ed.)
1969 „Le cercle de Prague", *Change* 3.

Folena, G.
1964 „Aspetti della lingua contemporanea", *Cultura e scuola* 9.

Fónagy, Ivan
1964 „L'information du style verbal", *Linguistics* 4.

Fontanier, Pierre
1827 *Traité général des figures du discours autres que les tropes* (cf. Fontanier, 1968).
1830 *Manuel classique pour l'étude des tropes* (cf. Fontanier, 1968).
1968 *Les figures du discours* (Paris: Flammarion).

Formigari, Lia
1970 *Linguistica ed empirismo nel 600 inglese* (Bari: Laterza).

Foucault, Michel
1966 *Les mots et les choses* (Paris: Gallimard).

Frank, Lawrence K.
1957 „Tactile Communication", *Genetic Psychology Monographs* 56 (cf. Smith A. G. (ed.), 1966).

Frege, Gottlob
1892 „Über Sinn und Bedeutung", *Zeitschrift für Philosophie und philosophische Kritik* 100.

Fresnault-Deruelle, Pierre
1970 „Le verbal dans les bandes dessinées", *Communications* 15.

Freudenthal, Hans
1960 *Lincos: Design for a Language for a Cosmic Intercourse* (Amsterdam).

Galliot, M.
1955 *Essai sur la langue de la réclame contemporaine* (Toulouse: Privat).

Gamberini, Italo
1953 *Per una analisi degli elementi dell'architettura* (Firenze: Casa Ed. Univers.).

1959   *Gli elementi dell'architettura come parole del linguaggio architetto-nico* (Firenze: Coppini).
1961   *Analisi degli elementi costitutivi dell'architettura* (Firenze: Coppini).
Garroni, Emilio
1964 a   „Estetica antispeculativa ed estetica semantica", *Nuova Corrente* 34.
1964 b   *La crisi semantica delle arti* (Roma: Officina).
1968   *Semiotica ed estetica* (Bari: Laterza).
Genette, Gérard
1966 a   „Frontières du récit", *Communications* 8 (cf. Genette, 1969).
1966 b   *Figures* (Paris: Seuil).
1968   „Vraisemblable et motivation", *Communications* 11.
1969   *Figures II* (Paris: Seuil).
Godelier, Maurice
1966   „Système, structure et contradiction dans ‚Le Capital'", *Les Temps Modernes* 55.
Goldmann, Lucien
1964   *Pour une sociologie du roman* (Paris: Gallimard).
1970   *Structures mentales et créativité culturelle* (Paris: Anthropos).
Gombrich, Ernest
1956   *Art and Illusion* (The A. W. Mellon Lectures in the Fine Arts) (Bollingen Series 35,5) (New York: Pantheon Books 1960).
Goodenough, W.
1956   „Componential Analysis and the Study of Language", *Language* 32.
1957   „Cultural Anthropology and Linguistics" (cf. Hymes, 1964).
Goodman, Nelson
1947   „The Problem of Contrafactual Conditionals", *Journal of Philosophy* XLIV.
1949   „On Likeness of Meaning", *Analysis* 10.
Goudot-Perrot, A.
1967   *Cybernétique et biologie* (Paris: P. U. F.).
Granger, Gilles-Gaston
1960   *Pensée formelle et sciences de l'homme* (Paris: Aubier).
Grassi, Corrado
1967   „Linguaggio pubblicitario vecchio e nuovo", *Sipradue* 2.
Greenberg, Charles (ed.)
1963   *Universals of Language* (Cambridge: MIT Press).
Gregotti, Vittorio
1966   *Il territorio dell'architettura* (Milano: Feltrinelli).
Gregotti, Vittorio (ed.)
1967   „La forma del territorio", *Edilizia Moderna* 87–88.
Greimas, Algirdas Julien
1966 a   *Sémantique structurale* (Paris: Larousse).
1966 b   „Eléments pour une théorie de l'interprétation du récit mythique" *Communications* 8 (cf. Greimas, 1970).
1968   „Conditions d'une sémiotique du monde naturel", *Langages* 10 (cf. Greimas, 1970).

1970 *Du Sens* (Paris: Seuil).

Greimas, A.-J. (ed.)
1968 „Pratiques et langages gestuels", *Langages* 10.

Greimas, A.-J. & Rastier, F.
1968 „The Interaction of Semiotic Constraints", *Yale French Studies* 41 (cf. Greimas, 1970) (cf. Ehrmann, 1968).

Gritti, Jules
1966 „Un récit de presse", *Communications* 8.
1968 „Deux arts du vraisemblable: la casuistique, le courrier du coeur", *Communications* 11.

Gross, M. & Lentin, A.
1967 *Notions sur les grammaires formelles* (Paris: Gauthier-Villars).

Guglielmi, Guido
1967 *La letteratura come sistema e come funzione* (Torino: Einaudi).

Guilbaud, G.-T.
1954 *La cybernétique* (Paris: P. U. F.).

Guilhot, Jean
1962 *La dynamique de l'expression et de la communication* (The Hague: Mouton).

Guiraud, Pierre
1955 *La sémantique* (Paris: P. U. F.).

Hall, Edward T.
1959 *The Silent Language* (New York: Doubleday).
1963 „A System for the Notation of Proxemic Behavior", *American Anthropologist 65*.
1966 *The Hidden Dimension* (New York: Doubleday).
1968 „Proxemics" (with comments by R. Birdwhistell, R. Diebold, Dell Hymes, Weston La Barre, G. L. Trager and others), *Current Anthropology 9*, 2/3.

Hartley, R. V. L.
1928 „Transmission of Information", *Bell System Techn. J.* 7.

Hayes, Alfred S.
1964 „Paralinguistics and Kinesics: Pedagogical Perspectives" (cf. Sebeok, Hayes, Bateson, 1964).

Hayes, F.
1957 „Gesture: A Working Bibliography", *Southern Folklore Quarterly* 21.

Heger, Klaus
1965 „Les bases méthodologiques de l'onomasiologie et du classement par concepts", *Travaux de Linguistique et de Littérature* III, 1.

Herdan, Gustav
1964 „Quantitative Linguistics or Generative Grammar?", *Linguistics* 4.

Hiz, Henry
1969 „Referentials", *Semiotica* 1, 2.

Hjelmslev, Louis
1928 *Principes de grammaire générale* (Copenhagen).

1943   *Prolegomena to a Theory of Language* (University of Wisconsin, 1961).
1957   „Pour une sémantique structurale" (cf. Hjelmslev, 1959).
1959   *Essais linguistiques* (Travaux du Cercle Linguistique de Copenhague) (Copenhagen: Nordisk Sprog-og Kulturforlag).
Hockett, C. F.
1967   *Language, Mathematics and Linguistics* (The Hague: Mouton).
1968   *The State of the Art* (The Hague: Mouton).
Huff, William S.
1967   „The Computer and Programmed Design: A Potential Tool for Teaching" (cf. Krampen, 1967).
Husserl, Edmund
1922   *Logische Untersuchungen* (Halle: Niemeyer).
Hutt, Clelia
1968   „Dictionnaire du langage gestuel chez les trappistes", *Langages* 10.
Hymes, Dell (ed.)
1964   *Language in Culture and Society* (New York: Harper).
Itten, Johannes
1961   *Kunst der Farbe* (Ravensburg: Maier).
Ivanov, V. V.
1965   „Rol' semiotiki v kibernetičeskom issledovani čeloveka i kollektiva", *Logičeskaja struktura naučnogo znanija* (Moskva) (cf. Faccani & Eco, 1969).
Ivanov, V. V & Toporov, V. N. & Zalizniak, A.
1962   „O vozmožnosti strukturno-tipologičeskogo izučenija nekotorych modelirujuščich semiotičeskich sistem", *Strukturno tipologičeskie issledovanija* (Moskva) (cf. Faccani & Eco, 1969).
1965   *Slavianskie jazykovye modelirujuščie semiotičeskie sistemy* (Moskva) (cf. Todorov, 1966 a).
Jakobson, Roman
1956   „Deux aspects du langage et deux types d'aphasie" (cf. Jakobson & Halle, 1956) (cf. Jakobson, 1963 a).
1958   „Les études typologiques et leur contribution à la linguistique historique comparée" (Rapport au VIIIme Congrès International des Linguistes à Oslo, 1957) (cf. Jakobson, 1963 a).
1959   „Boas' View of Grammatical Meaning", *The Anthropology of Franz Boas,* ed. by W. Goldschmidt, *American Anthropologist* 61, 5, 2. (cf. Jakobson 1963 a).
1960   „Closing Statement: Linguistics and Poetics", *Style in Language,* ed. by T. A. Sebeok (cf. Sebeok [ed.], 1960) (cf. Jakobson, 1963 a).
1961 a   „Linguistique et théorie de la communication", *Proceedings of Symposia in Applied Mathematics* XII (American Path. Society) (cf. Jakobson, 1963 a).
1961 b   „The Phonemic Concept of Distinctive Features", *Proceedings of the Fourth International Congress of Phonetic Sciences,* Helsinki (The Hague: Mouton 1962).
1963 a   *Essais de linguistique générale* (Paris: Minuit).

1963 b   „Implications of Language Universals for Linguistics", *Universals of Language,* ed. by J. H. Greenberg (cf. Greenberg, 1963).
1964   „On Visual and Auditory Signs", *Phonetica* 11.
1966   „A la recherche de l'essence du langage", *Problèmes du Langage* (Paris: Gallimard).
1967   „About the Relation Between Visual and Auditory Signs", *Models for the Perception of Speech and Visual Form* (Cambridge: MIT Press).
1970   *Linguistica. Poética. Cinema* (São Paulo: Perspectiva).

Jakobson, R. & Lévi-Strauss, C.
1962   „,Les Chats' de Charles Baudelaire", *L'Homme* 2, 1.

Jakobson, R. & Halle, M.
1956   *Fundamentals of Language* (The Hague: Mouton).

Jakobson, R. & Tynjanov, J.
1927   „Voprosy izučenjia literatury i jazyka" (cf. Todorov, 1965).

Karpinskaja, O. G. & Revzin, I. I.
1966   „Semiotičeskij analiz rannich p'es Ionesko", *Tezisy dokladov vo vtoroi letnej škole po vtoričnym modelirujuščim sistemam* (Tartu) (cf. Faccani & Eco, 1969).

Katz, Jerrold J. & Fodor, Jerry A.
1963   „The Structure of a Semantic Theory", *Language* 39 (cf. Katz & Fodor, 1964).

Katz, J. J. & Fodor, J. A. (eds.)
1964   *The Structure of Language* (Englewood Cliffs: Prentice-Hall).

Katz, J. J. & Postal, P. M.
1964   *An Integrated Theory of Linguistic Descriptions* (Research Monograph 26) (Cambridge: MIT Press).

Kilpatrick, P. Franklin (ed.)
1961   *Explorations in Transactional Psychology* (New York: NYU Press).

Koch, Walther A.
1969   *Vom Morphem zum Textem. From Morpheme to Texteme* (Hildesheim: Olms).

Koechlin, B.
1968   „Techniques corporelles et leur notation symbolique", *Langages* 10.

Koenig, Giovanni Klaus
1964   *Analisi del linguaggio architettonico* (Firenze: Fiorentina).
1970   *Architettura e comunicazione* (Firenze: Fiorentina).

Kolmogorov, A. N. & Kondratov, A. A.
1962   „Ritmika poèm Mayakovskogo", *Voprosy Jazykoznanija* 3 (cf. Faccani & Eco, 1969).

Krampen, Martin & Seitz, Peter (eds).
1967   *Design and Planning* 2. *Computers in Design and Communication* (New York: Hasting House).

Kreuzer, H. & Gunzenhäuser, R. (eds.)
1965   *Mathematik und Dichtung* (München: Nymphenburger).

Kristeva, Julia

1967 a „L'expansion de la sémiotique", *Informations sur les Sciences Sociales* VI, 5 (cf. Kristeva, 1969).

1967 b „Bakhtine, le mot, le dialogue et le roman", *Critique* avril.

1967 c „Pour une sémiologie des paragrammes", *Tel Quel* 29 (cf. Kristeva, 1969).

1968 a „Distance et anti-représentation", *Tel Quel* 32.

1968 b „La productivité dite texte", *Communications* 11 (cf. Kristeva, 1969).

1968 c „Le geste: pratique ou communication?", *Langages* 10 (cf. Kristeva, 1969).

1968 d „La sémiologie aujourd'hui en URSS", *Tel Quel* 35.

1969 Σημειωτική. *Recherches pour une sémanalyse* (Paris: Seuil).

Krzyzanowski, Julian

1961 „La poétique de l'énigme", *Poetics* (The Hague: Mouton).

La Barre, Weston

1964 „Paralinguistics, Kinesics and Cultural Anthropology", *Approaches to Semiotics,* ed. by Sebeok, Hayes, Bateson (The Hague: Mouton).

Lacan, Jacques

1966 *Ecrits* (Paris: Seuil).

Lakoff, George

1969 „On Generative Semantics", erscheint in *Semantics,* ed. by D. D. Sternberg, L. A. Jakobovits (London: Cambridge Un. Press) (vervielfältigt vom Indiana University Linguistics Club).

Lamb, Sydney M.

1964 „The Sememic Approach to General Semantics", *Transcultural Studies in Cognition,* ed by Romney, A. K., D'Andrade, R. G. *(American Anthropologist,* 66 : 3/2).

Langer, Susanne K.

1953 *Feeling and Form* (New York, London: Scribner's Sons).

Langleben, M. M.

1965 „K opisaniju sistemy notnoj zapisi", *Trudy po znakovym sistemam II* (Tartu) (cf. Faccani & Eco, 1969).

Lanham, Richard A.

1968 *A Handlist of Rhetorical Terms* (Un. of California Press).

Larochette, J.

1967 La signification, *Linguistica Antverpiensa* 1.

Lausberg, H.

1949 *Elemente der literarischen Rhetorik* (München: Hueber).

1960 *Handbuch der literarischen Rhetorik* (München: Hueber).

Lekomceva, M. I. & Uspenskij, B. A.

1962 „Gadanie na igral'nych kartach kak semiotičeskaja sistema", *Simpozium po strukturnomu izučeniju znakovych system* (Moskva) (cf. Faccani & Eco, 1969).

Levin, Samuel

1962 *Linguistic Structures in Poetry* (The Hague: Mouton).

Lévi-Strauss, Claude
1947 *Les structures élémentaires de la parenté* (Paris: P. U. F.).
1950 Introduction à M. Mauss, *Sociologie et anthropologie* (Paris: P. U. F.)
1958 a „Le geste d'Asdiwal", *Annuaire de l'EPHE* V *(cf. Les Temps Modernes* 179, 1961).
1958 b *Anthropologie structurale* (Paris: Plon).
1960 a „L'analyse morphologique des contes russes", *International Journal of Slavic Linguistics and Poetics* III.
1960 b Discours au collège de France, 5. 1. 1960 (*Aut-Aut* 88).
1961 *Entretiens (*cf. Charbonnier, 1961).
1962 *La pensée sauvage* (Paris: Plon).
1964 *Le cru et le cuit* (Paris: Plon).
1965 Intervento in *Strutturalismo e critica* (cf. Segre (ed.), 1965).
1966 *Du miel aux cendres* (Paris: Plon).

Lindekens, René
1968 „Essai de théorie pour une sémiolinguistique de l'image photographique" (Communication au Symposium International de Sémiotique, Varsovie, 1968).

Linsky, Leonard (ed.)
1952 *Semantics and the Philosophy of Language* (University of Illinois).

Lotman, Ju. M.
1964 „Sur la délimitation linguistique et littéraire de la notion de structure", *Linguistics* 6.
1967a „K probleme tipologii kul'tury", *Trudy po znakovym sistemam* III (Tartu) (cf. *Informations sur les sciences sociales* VI, 2/3) (cf. Faccani & Eco, 1969).
1967 b „Metodi esatti nella scienza letteraria sovietica", *Strumenti Critici* 2.

Lounsbury, F. G.
1964 „The Structural Analysis of Kinship Semantics", *Proceedings of the 9th Int. Congress of Linguists,* (The Hague: Mouton).

Lyons, John
1963 *Structural Semantics. An Analysis of Part of the Vocabulary of Plato* (Oxford: Blackwell).
1968 *Introduction to Theoretical Linguistics* (Cambridge: Un. Press).

Maccagnani, G. (ed.)
1966 *Psicopatologia dell'espressione* (Imola: Galeati).

Mahl, George & Schulze, Gene
1964 „Psychological Research in the Extralinguistic Area" (cf. Sebeok, Hayes, Bateson, 1964).

Maldonado, Tomas
1954 *Problemas actuales de la comunicación* (Buenos Aires: Nueva Visión).
1959 „Kommunikation und Semiotik-Communication and Semiotics", *Ulm* 5.
1961 *Beitrag zur Terminologie der Semiotik* (Ulm: Korrelat).
1970 *La speranza progettuale* (Torino: Einaudi).

Mäll, Linnart
1968 „Une approche possible du Sunyavada", *Tel Quel* 32.

Maranda, Elli-Kaija Köngas & Pierre
1962 „Structural Models in Folklore", *Midwest Folklore* 12–13.

Maranda, Pierre
1968 „Recherches structurales en mythologie aux Etats Unis", *Informations sur les Sciences Sociales* VI–5.

Marin, Louis
1969 „Notes sur une médaille et une gravure", *Revue d'esthétique* 22 (2).
1970 „La description de l'image", *Communications* 15.

Martinet, André
1960 *Eléments de linguistique générale* (Paris: Colin).
1962 *A Functional View of Language* (Oxford: Clarendon Press).

Masotta, Oscar
1969 „Reflexiones pre-semiológicas sobre la historieta: el esquematismo" (cf. Verón, 1969).

Mauss, Marcel
1950 *Sociologie et anthropologie* (Paris: P. U. F.).

Mayenowa, M. Renata
1965 *Poetijka i matematica* (Warszawa).

McLuhan, Marshall
1962 *The Gutenberg Galaxy* (Toronto: Un. Press).
1964 *Understanding Media* (New York: McGraw-Hill).

Melandri, Enzo
1968 *La linea e il circolo* (Bologna: Mulino).

Merleau-Ponty, Maurice
1960 *Signes* (Paris: Gallimard).

Metz, Christian
1964 „Le cinéma: langue ou langage?", *Communications* 4 (cf. Metz, 1968 a).
1966 a „La grande syntagmatique du film narratif", *Communications* 8 (cf. Metz, 1968 a).
1966 b „Les sémiotiques, ou sémies", *Communications* 7.
1968 a *Essais sur la signification au cinéma* (Paris: Klincksieck).
1968 b „Le dire et le dit au cinéma", *Communications* 11.
1969 „Specificité des codes et specificité des langages", *Semiotica* 1, 4.
1970 a „Au-delà de l'analogie, l'image", *Communications* 15.
1970 b „Images et pédagogie", *Communications* 15.

Meyer, Leonard
1967 *Music, the Arts, and Ideas* (Chicago: Un. Press).

Miller, George
1951 *Language and Communication* (New York: MacGrow Hill).
1967 *Psychology and Communication* (New York: Basic Books).

Minsky, Marvin (ed.)
1968 *Semantic Information Processing* (Cambridge: MIT Press).

Minsky, Marvin
1970   „The Limitation of Using Languages for Descriptions", *Linguaggi nella società e nella tecnica* (Milano: Comunità).

Moles, Abraham A.
1958   *Théorie de l'information et perception esthétique* (Paris: Flammarion).
1967   *Sociodynamique de la culture* (The Hague: Mouton).

Moravia, Sergio
1969   *La ragione nascosta. Scienza e filosofia nel pensiero di Lévi-Strauss* (Firenze: Sansoni).

Morin, Edgar
1962   *L'esprit tu temps* (Paris: Grasset).

Morin, Violette
1966   „L'histoire drôle", *Communications* 8.
1968   „Du larcin au hold-up", *Communications* 11.
1970   „Le dessin humoristique", *Communications* 15.

Morris, Charles
1938   *Foundations of the Theory of Signs (International Enc. of Unified Sc., I–2)* (Chicago: Un. Press 1959).
1946   *Signs, Language and Behavior* (New York: Prentice Hall).

Mounin, Georges
1964   *La Machine à traduire* (The Hague: Mouton).
1970   *Introduction à la sémiologie* (Paris: Minuit).

Mukařovský, Jan
1934   „L'art comme fait sémiologique", *Actes du 8me Congrès Int. de phil.*, Prague 1934 (Praha 1936) (cf. Mukařovský, 1971).
1936   *Esteticka funkce, norma a hodnota jako socialni facty* (Praha) (cf. Mukařovský, 1971).
1966   *Studie z estetiky* (Praha) (cf. Mukařovský, 1971).
1971   *La funzione, la norma e il valore estetico come fatti sociali* (Torino: Einaudi).

Norberg-Schulz, Christian
1963   *Intentions in Architecture* (London: Allen & Unwin).

Ogden, C. K. & Richards, I. A.
1923   (cf. Richards & Ogden, 1923).

Ombredane, A.
1955   „Perception et information", *La perception* (Paris: P. U. F.).

Osgood, Ch. & Suci, G. J. & Tannenbaum, P. H.
1957   *The Measurement of Meaning* (Urbana: Un. of Illinois Press).

Osgood, Charles
1963   „Language Universals and Psycholinguistics" (cf. Greenberg, 1963).

Osgood, Ch. & Sebeok, T. A.
1965   (cf. Sebeok 1965).

Ostwald, Peter
1964   „How the Patient Communicates about Diseases with the Doctor?" (cf. Sebeok, Hayes, Bateson, 1964).

Paci, Enzo
1965 „Antropologia strutturale e fenomenologia", *Aut-Aut* 88.

Pagnini, Marcello
1967 *Struttura letteraria e metodo critico* (Messina: D'Anna).
1970 *Critica della funzionalità* (Torino: Einaudi).

Panofsky, Erwin
1920 „Der Begriff des Kunstwollens", *Zeitschrift für Ästhetik und allgemeine Kunstwissenschaft* XIV.
1921 „Die Entwicklung der Proportionslehre als Abbild der Stilentwicklung", *Monatshefte für Kunstwissenschaft* XIV.
1924 „Die Perspektive als ‚symbolische Form' ", *Vorträge der Bibliothek Warburg (Leipzig-Berlin:* Teubner 1927).
1932 „Zum Problem der Beschreibung und Inhaltsdeutung von Werken der bildenden Kunst", *Logos* XXI.
1955 *Meaning in the Visual Arts* (New York: Doubleday).

Pareyson, Luigi
1954 *Estetica* (Torino: Edizioni di „Filosofia").

Pasolini, Pier Paolo
1966 „La lingua scritta dell'azione", *Nuovi Argumenti* aprile-giugno.

Pasquinelli, Alberto
1961 *Linguaggio, scienza e filosofia* (Bologna: Mulino).

Pavel, Toma
1962 „Notes pour une description structurale de la métaphore poétique", *Cahiers de linguistique théorique et appliquée* 1 (Bucuresti).

Peirce, Charles Sanders
1931–1935 *Collected Papers* (Cambridge: Harvard Un. Press).

Pelç, Jerzy
1969 „Meaning as an Instrument", *Semiotica* I, 1.

Péninou, Georges
1970 „Physique et métaphysique de l'image publicitaire", *Communications* 15.

Perelman, Chaim & Olbrechts-Tyteca, Lucie
1958 *Traité de l'argumentation. La nouvelle rhétorique* (Paris: P. U. F.).

Piaget, Jean
1955 Rapport, *La perception* (Paris: P. U. F.).
1961 *Les mécanismes perceptifs* (Paris: P. U. F.).
1968 *Le structuralisme* (Paris: P. U. F.).

Pignatari, Decio
1968 *Informação, Linguagem, Comunicação* (São Paulo: Perspectiva).

Pignatari, D. & De Campos, A. & H.
1965 *Teoria da poesia concreta* (São Paulo).

Pignotti, Lamberto
1965 „Linguaggio poetico e linguaggi tecnologici", *La Battana* 5 (cf. Pignotti, 1968).
1968 *Istruzioni per l'uso degli ultimi modelli di poesia* (Roma: Lerici).

459

Pike, Kenneth
1954–1960 *Language in Relation to a Unified Theory of the Structure of Human* Behavior (The Hague: Mouton 1966).

Piro, Sergio
1967 *Il linguaggio schizofrenico* (Milano: Feltrinelli).

Pittenger, R. E. & Smith, H. L. jr.
1957 „A Basis for Some Contribution of Linguistics to Psychiatry", *Psychiatry* 2 (cf. Smith A. G., 1966).

Pop, Milhai
1970 „La poétique du conte populaire", *Semiotica* II, 2.

Pottier, Berhard
1965 „La définition sémantique dans les dictionnaires", *Travaux de Linguistique et de Littérature* III, 1.

1967 „Au-delà du structuralisme en linguistique", *Critique* février.

Pouillon, Jean
1966 „Présentation: un essai de définition", *Les Temps Modernes* novembre.

Poulet, Georges (ed.)
1967 *Les chemins actuels de la critique* (Paris: Plon).

Pousseur, Henri
1965 „La question du hasard en musique nouvelle" (Conférences au Centre de Sociologie de la Musique de l'Institut de Soc. de l'Un. Libre de Bruxelles) (cf. Pousseur, 1970).

1970 *Fragments théoriques 1. Sur la musique expérimentale* (Bruxelles: Institut de Sociologie).

Prieto, Luis
1964 *Principes de noologie* (The Hague: Mouton).

1966 *Messages et signaux* (Paris: P. U. F.).

1969 „Lengua y connotación" (cf. Verón, 1969).

Propp, Vladimir Ja.
1928 *Morfologija skazki* (Leningrad).

1958 *Morphology of the Folktale* (The Hague: Mouton).

1966 *Morfologia della fiaba* (introduzione di C. Lévi-Strauss e risposta di V. J. Propp) (Torino: Einaudi).

Quillian, Ross M.
1968 „Semantic Memory" (cf. Minsky [ed.], 1968).

Quine, Willard Van Orman
1953 *From a Logical Point of View* (Cambridge: Harvard Un. Press).

1960 *Word and Object* (Cambridge: MIT Press).

Raffa, Piero
1965 „Estetica semiologica, linguistica e critica letteraria", *Nuova Corrente* 36.

Raimondi, Ezio
1967 *Tecniche della critica letteraria* (Torino: Einaudi).

1970 *Metafora e storia* (Torino: Einaudi).

Rapaport, Anatol
1953 What is Information?, *Etc.* 10.

Raphael, Bertram
1968 „SIR; A Computer Program for Semantic Information Retrieval"
(cf. Minsky (ed.), 1968).
Rastier, François
1968 „Comportement et signification", *Langages* 10.
Reichardt, Jasia (ed.)
1968 Catalogue of the Exhibition *Cybernetic Serependipity* (Institute of
Contemporary Art, London, August–October).
Richards, I. A.
1923 *The Meaning of Meaning* (with R. G. Odgen) (London: Routledge &
Kegan Paul).
1924 *Principles of Literary Criticism* (London: Routledge & Kegan Paul).
1936 *The Philosophy of Rhetoric* (New York: Oxford Un. Press).
Ricoeur, Paul
1963 a „Symbole et temporalité", *Archivio di Filosofia* 1–2.
1963 b „Structure et herméneutique", *Esprit* novembre.
1965 *De l'interprétation* (Paris: Seuil).
Rosenberg, Sheldon (ed.)
1965 *Directions in Psycholinguistics* (New York: Macmillan).
Rosiello, Luigi
1965 a Intervento in *Strutturalismo e critica* (cf. Segre [ed.], 1965).
1965 b *Struttura, uso e funzioni della lingua* (Firenze: Vallecchi).
1967 *Linguistica illuminista* (Bologna: Mulino).
Rossi, Aldo
1966 „Semiologia a Kazimierz sulla Vistola", *Paragone* 202.
1967 „Le nuove frontiere della semiologia", *Paragone* 212.
Rossi, Paolo
1960 *Clavis Universalis. Arti mnemoniche e combinatoria da Lullo a
Leibniz* (Milano: Ricciardi).
Rossi-Landi, Ferruccio
1953 *Charles Morris* (Milano: Bocca).
1961 *Significato, comunicazione e parlare comune* (Padova: Marsilio).
1968 *Il linguaggio come lavoro e come mercato* (Milano: Bompiani).
Ruwet, Nicolas
1959 „Contraddizioni del linguaggio seriale", *Incontri Musicali* III.
1963 a „L'analyse structurale de la poésie", *Linguistics* 2.
1963 b „Linguistique et sciences de l'homme", *Esprit* novembre.
1966 *Introduction* (zu *La grammaire générative*), *Langages* 4.
1967 a *Introduction à la grammaire générative* (Paris: Plon).
1967 b „Musicology and Linguistics", *Int. Social Sc. J.* 19.
Ruyer, Raymond
1958 *La genèse des formes vivantes* (Paris: Flammarion).
Sabatini, Francesco
1967 „Il messaggio pubblicitario da slogan a prosa-poesia", *Sipradue* 9.
Salanitro, Niccolo'
1969 *Peirce e i problemi dell'interpretazione* (Roma: Silva).

Sandri, Giorgio
1967 „Note sui concetti di ‚struttura‘ e ‚funzione‘ in linguistica, *Rendiconti* 15-1.
Sapir, Edward
1921 *Language* (New York: Harcourt Brace).
Saumjan, Sebastian K.
1966 „La cybernétique et la langue“, *Problèmes du Langage* (Paris: Gallimard).
Saussure, Ferdinand de
1916 *Cours de linguistique générale* (Paris: Payot).
Scalia, Gianni
1963 „Ipotesi per una teoria informazionale e semantica della letteratura“, *Nuova Corrente* 28/29.
Sceglov, Ju.
1962 a „K postroeniju strukturnoj modeli novel o Šerloke Cholmse“ *Simpozium po Strukturnomu izučeniju znakovych sistem* (Moskva) (cf. Faccani & Eco, 1969).
1962 b „Nekotorye čerty struktury ‚Metamorfoz‘ Ovidjia“, *Strukturnotipologičeskie issledovanija* (Moskva) (cf. Faccani & Eco, 1969).
Schaeffer, Pierre
1966 *Traité des objets musicaux* (Paris: Seuil).
Schaff, Adam
1962 *Introduction to Semantics* (London: Pergamon Press).
Schane, Sanford A. (ed.)
1967 „La phonologie générative“, *Langages* 8.
Schapiro, Meyer
1969 „On Some Problems of the Semiotics of Visual Arts: Field and Vehicle Image-Signs“, *Semiotica* 1, 3.
Schefer, Jean-Louis
1968 *Scénographie d'un tableau* (Paris: Seuil).
1970 „L'image: le sens ‚investi‘ “, *Communications* 15.
Schneider, David. M.
1968 *American Kinship: A Cultural Account* (New York: Prentice Hall).
Sebag, Lucien
1964 *Marxisme et structuralisme* (Paris: Payot).
1965 „Le mythe: code et message“, *Les Temps Modernes* Mars.
Sebeok, Thomas A. (ed.)
1960 *Style in Language* (Cambridge: MIT Press).
Sebeok, T. A. & Hayes, A. S. & Bateson, M. C. (eds.)
1964 *Approaches to Semiotics* (The Hague: Mouton).
Sebeok, T. A. & Osgood, Ch. (eds.)
1965 *Psycholinguistics* (Bloomington: Indiana Un. Press).
Sebeok, T. A. & Ramsay, A. (eds.)
1969 *Approaches to Animal Communication* (The Hague: Mouton).
Sebeok, T. A. (ed.)
1968 *Animal Communication* (Bloomington: Indiana Un. Press).

Sebeok, Thomas A.
1962 „Coding in Evolution of Signalling Behavior", *Behavioral Sciences* 7, 4.
1967 a „La communication chez les animaux", *Revue Int. des Sciences Sociales* 19.
1967 b „On Chemical Signs", *To Honor Roman Jakobson* (The Hague: Mouton).
1967 c „Linguistic Here and Now", *A. C. L. S. Newsletter* 18 (1).
1968 „Is a Comparative Semiotics Possible?" (Communication at 2nd Intern. Congress of Semiotics, Warsaw, august 1968).
1969 „Semiotics and Ethology" (cf. Sebeok & Ramsay, 1969).
Segre, Cesare (ed.)
1965 *Strutturalismo e critica* (Milano: Saggiatore).
Segre, Cesare
1963 Introduzione a *Linguistica Generale* di Ch. Bally (Milano: Saggiatore).
1967 „La synthèse stylistique", *Informations sur les Sc. Sociales* VI, 5.
1969 *I segni e la critica* (Torino: Einaudi).
Seiler, Hansjakob
1970 „Semantic Information in Grammar: The Problem of Syntactic Relations", *Semiotica* II, 4.
Sève, Lucien
1967 „Méthode structurale et méthode dialectique", *La pensée* 1.
Shannon, C. E. & Weaver, W.
1949 *The Mathematical Theory of Information* (Urbana: Un. of Illinois Press).
Šklovskij, Victor
1917 „Iskusstvo kak priëm", *Poètika* 1913 (cf. Todorov, 1965).
1925 *O teorii prozy* (Moskva).
Slama-Cazacu, Tatiana
1966 „Essay on Psycholinguistic Methodology and Some of Its Applications", *Linguistics* 24.
Smith, Alfred G. (ed.)
1966 *Communication and Culture* (New York: Holt).
Sørensen, H. C.
1967 „Fondements épistémologiques de la glossématique", *Langages* 6.
Soulis, George N. & Ellis, Jack
1967 „The Potential of Computers in Design Practice" (cf. Krampen, 1967).
Spitzer, Leo
1931 *Romanische Stil- und Literaturstudien* (Marburg: Elwert).
Stahl, Volker
1964 „Informationswissenschaft und Musikanalyse", *Grundlagenstudien aus Kybernetik und Geisteswissenschaft* Okt.
Stankiewicz, Edward
1960 „Linguistics and the Study of Poetic Language", *Style in Language* (Cambridge: MIT Press).

1961 „Poetic and Non-Poetic Language in Their Interrelations", *Poetics* (The Hague: Mouton).

1964 „Problems of Emotive Language", *Approaches to Semiotics* (The Hague: Mouton).

Starobinski, Jean

1957 *J. J. Rousseau. La transparence et l'obstacle* (Paris: Plon).

1965 Intervento in *Strutturalismo e critica* (Milano: Saggiatore) (cf. Segre [ed.], 1965).

Stern, Gustaf

1931 *Meaning and Change of Meaning* (Göteborg: Högskolas Arsskrift XXXVIII).

Stevenson, Charles L.

1944 *Ethics and Language* (New Haven: Yale Un. Press).

Swiners, Jean-Louis

1965 „Problèmes du photojournalisme contemporain", *Techniques Graphiques 57/59*.

Sychra, Antonin

1965 *Hudba očina vedy,* (Praha: Ceskoslovensky Spisovatel).

Szasz, Thomas S.

1961 *The Myth of Mental Illness* (New York: Harper & Row).

Tafuri, Manfredo

1968 *Teoria e storia dell'architettura* (Bari: Laterza).

Titone, Renzo

1966 „Qualche problema epistemologico della psicolinguistica;, *Lingua e stile 3.*

Todorov, Tzvetan (ed.)

1965 *Théorie de la littérature. Textes des formalistes russes* (Paris: Seuil).

Todorov., Tzvetan

1966 a Rez. von *Slavianskie jazykovye modelirujuščie semiotičeskie sistemy* von Ivanov & Toporov & Zaliznjak, *L'Homme,* avril–juin.

1966 b „Les catégories du récit littéraire", *Communications 8.*

1966 c „Perspectives sémiologiques", *Communications 7.*

1966 d „Les anomalies sémantiques", *Langages 1.*

1967 *Littérature et signification* (Paris: Larousse).

1968 a „L'analyse du récit à Urbino", *Communications 11.*

1968 b „Du vraisemblable qu'on ne saurait éviter", *Communications 11.*

Toporov, V. N.

1965 „K opisaniju nekotorych struktur, charakterizujuščich preimuščestvenno nizšie urovni, v neskol'kich poètičeskich tekstach", *Trudy po znakovym sistemam* II (Tartu) (cf. Faccani & Eco, 1969).

Trager, George L.

1964 „Paralanguage; A First Aproximation", *Language in Culture and Society,* ed. by Dell Hymes (New York: Harper and Row).

Trubeckoj, N. S.

1939 *Grundzüge der Phonologie* (TCLP VII) (*Principes de phonologie,* Paris: Klincksieck 1949).

Tynjanov, Jury
1929   *Archaisty i novatory* (Leningrad: Priboj).
Ullmann, Stephen
1951   *The Principles of Semantics* (Oxford: Blackwell).
1962   *Semantics: An Introduction to the Science of Meaning* (Oxford: Blackwell).
1964   *Language and Style* (Oxford: Blackwell).
Vachek, Joseph (ed.)
1964   *A Prague School Reader in Linguistics* (Bloomington: Indiana Un. Press).
Vailati, Giovanni
1908   „La grammatica dell'algebra", *Rivista di Psicologia Applicata* (cf. Vailati, 1911).
1911   *Scritti* (Firenze-Leipzig: Seeber-Barth).
1967   „La grammatica dell'algebra", *Nuova Corrente* 38.
Valesio, Paolo
1967 a   „Icone e schemi nella struttura della lingua", *Lingua e stile* 3.
1967 b   *Strutture dell'allitterazione* (Bologna: Zanichelli).
Van Laere, François
1970   „The Problem of Literary Structuralism" (cf. Almansi [ed.], 1970).
Van Onck, Andries
1965   „Metadesign", *Edilizia Moderna* 85.
Verón, Eliseo (ed.)
1969   *Lenguaje y comunicación social* (Buenos Aires: Nueva Visión).
Verón, Eliseo
1968   *Conducta, estructura y comunicación* (Buenos Aires: Jorge Alvarez).
1969   „Ideología y comunicación de masas: la sematización de la violencia política" (cf. Verón [ed.], 1969).
1970   „L'analogique et le contigu", *Communications* 15.
1971   „Ideology and Social Sciences", *Semiotica* III, 1.
Vygotsky, L. S.
1934   *Thought and Language* (Cambridge: MIT Press, 1962).
Wallis, Mieczysław
1966   „La notion de champ sémantique et son application à la théorie de l'art", *Sciences de l'art* 1.
1968   „On Iconic Signs" (Communication at 2nd Intern. Congress of Semiotics, Warsaw, august 1968).
Watson, O. Michael
1970   *Proxemic Behavior* (The Hague: Mouton).
Weaver, Warren
1949   „The Mathematics of Communication", *Scientific American* 181.
Weinreich, Uriel
1965   „Explorations in Semantic Theory", *Current Trends in Linguistics*, ed. by T. A. Sebeok (The Hague: Mouton).
Wellek, René & Warren, Austin
1949   *Theory of Literature* (New York: Harcourt Brace).

White, Morton
1950 „The Analytic and the Synthetic: An Untenable Dualism", *John Dewey,* ed. by S. Hook (New York: Dial Press) (cf. Linsky [ed.], 1952).

Whorf, Benjamin Lee
1956 *Language, Thought and Reality,* ed. by J. B. Carroll (Cambridge: MIT Press).

Wiener, Norbert
1948 *Cybernetics or Control and Communication in the Animal and the Machine* (Cambridge: MIT Press; Paris: Hermann).
1950 *The Human Use of Human Beings* (Boston: Houghton Mifflin).

Wimsatt, W. R.
1954 *The Verbal Icon* (Un. of Kentucky Press).

Wittgenstein, Ludwig
1922 *Tractatus Logico-Philosophicus* (London: Routledge and Kegan Paul).
1953 *Philosophische Untersuchungen* (Oxford: Blackwell).

Wollen, Peter
1969 *Signs and Meaning in the Cinema* (Bloomington: Indiana Un. Press).

Worth, Sol
1969 „The Development of a Semiotic of Film", *Semiotica* I, 3.

Wykoff, William
1970 „Semiosis and Infinite Regressus", *Semiotica* II, 1.

Zareckij, A.
1963 „Obraz kak informacija", *Voprosy Literatury* 2.

Zevi, Bruno
1967 „Alla ricerca di un codice per l'architettura", *L'Architettura* 145.

Zolkiewsi, Stefan
1968 „Sociologie de la culture et sémiotique", *Informations sur les Sciences Sociales* VII, 1.
1969 *Semiotika a kultúra* (Bratislava: Nakladelstvo Epocha).

Žolkovskij, Aleksandr K.
1962 „Ob usilenii", *Strukturno-tipologičeskie issledovanija* (Moskva) (cf. Faccani & Eco, 1969).
1967 „Deus ex machina", *Trudy po znakovym sistemam III* (Tartu) (cf. Faccani & Eco, 1969).
1970 Rez. von: U. Eco, *La struttura assente, Voprosy Filosofii* 2.

NACHTRAG ZUR BIBLIOGRAPHIE

Canziani, Fabio
1965 „Sulla comprensione di alcuni elementi del linguaggio fumettistico tra i sei e i dieci anni", *Ikon* settembre.
Choay, Françoise
1965 *L'urbanisme* (Paris: Seuil).
Goffman, Erving
1964 Diskussionsbeitrag in: Sebeok, Hayes, Bateson (eds.) 1964, S. 232–234.
Lefebvre, Henri
1966 *Le langage et la société* (Paris: NRF).
Lynch, Kevin
1966 *A View from the Road* (Cambridge: MIT Press).
Merleau-Ponty. Maurice
1942 *La structure du comportement* (Paris).
Piaget, Jean
1967 *Biologie et connaissance* (Paris: Gallimard).
Rossi-Landi, Ferruccio
1966 „Sul linguaggio verbale e non verbale", *Nuova Corrente* 37.
1967 „Note di semiotica I. Perché ‚semiotica'", *Nuova Corrente* 41.
Todorov, Tzvetan
1970 *Introduction à la littérature fantastique* (Paris: Seuil).